NOUVEAUX PROGRAMMES 2016

Cap Maths

CYCLE 2

CE1

DIRECTEUR DE COLLECTION
Roland Charnay
Professeur de mathématiques

Georges Combier
Professeur de mathématiques

Marie-Paule Dussuc
Professeur de mathématiques en ESPE

Dany Madier
Professeur des écoles

GUIDE DE L'ENSEIGNANT

Cette publication est conforme à la nouvelle orthographe
www.orthographe-recommandee.info

Cet ouvrage applique l'orthographe recommandée par le ministère de l'Éducation nationale.

PAPIER RECYCLÉ

Hatier

Responsable d'édition : Corinne Caraty
Maquette : Sophie Duclos
Illustrations : Daniel Blancou
Édition : Sophie Lechevalier
Mise en page : MARSE

ISBN : 978-2-218-96439-8

SOMMAIRE DU GUIDE DE L'ENSEIGNANT

PRÉSENTATION DE **CAP MATHS CE1**

DESCRIPTION ET COMMENTAIRE DES ACTIVITÉS

SOMMAIRE DU CD-Rom inclus dans ce guide

La nouvelle édition de **Cap Maths CE1**

Cette nouvelle édition de **Cap Maths CE1** est une adaptation de celle proposée en 2014. Elle prend en compte les attendus du programme en vigueur depuis la rentrée 2016 pour le cycle 2.

Ce programme conforte le choix d'une méthode d'enseignement qui accorde **une place essentielle à la réflexion des élèves au travers de situations de recherche** qui sont à la base des principaux apprentissages, sans négliger **la part importante qui doit être dévolue aux exercices d'entrainement et de consolidation.**

Ce choix se trouve en accord avec cette affirmation de l'introduction du **programme de cycle 2** :

> Au cycle 2, la résolution de problèmes est au centre de l'activité mathématique des élèves, développant leurs capacités à chercher, raisonner et communiquer. Les problèmes permettent d'aborder de nouvelles notions, de consolider des acquisitions, de provoquer des questionnements.

L'enseignement des mathématiques au cycle 2 est organisé autour de **six compétences essentielles** (BO spécial nº 11 du 26 novembre 2015, p. 74) qui concernent tous les niveaux de ce cycle. Les mêmes compétences sont également déclinées pour les cycles suivants (cycles 3 et 4). Voici comment les six compétences du programme (sur fond bleu) sont prises en compte dans **Cap Maths CE1**.

Chercher

- S'engager dans une démarche de résolution de problèmes en observant, en posant des questions, en manipulant, en expérimentant, en émettant des hypothèses, si besoin avec l'accompagnement du professeur après un temps de recherche autonome.
- Tester, essayer plusieurs pistes proposées par soi-même, les autres élèves ou le professeur.

Ce que propose Cap Maths CE1 :

→ La plupart des nouveaux apprentissages sont mis en place à partir d'une situation qui engage les élèves dans un travail de recherche.

→ Des séances spécifiques sont consacrées à un travail sur des stratégies de recherche : faire des essais (unité 1), inventorier les cas possibles (unité 6), organiser les étapes de la résolution (unité 7).

→ Les pages « Banques de Problèmes », à la fin de chaque unité, offrent d'autres occasions de placer les élèves en situation de recherche.

Modéliser

- Utiliser des outils mathématiques pour résoudre des problèmes concrets, notamment des problèmes portant sur des grandeurs et leurs mesures.
- Réaliser que certains problèmes relèvent de situations additives, d'autres de situations multiplicatives, de partages ou de groupements.
- Reconnaitre des formes dans des objets réels et les reproduire géométriquement.

Ce que propose Cap Maths CE1 :

→ Des problèmes dans tous les domaines d'étude : Nombres et calculs, Grandeurs et mesures, Espace et géométrie.

→ Pour les structures additives : des situations de réunion, de complément, d'augmentation et de diminution, de déplacement sur une file numérique.

→ Pour les structures multiplicatives : des situations de groupements réguliers, d'organisation d'objets en lignes et colonnes régulières et de partages équitables.

→ Dans le domaine des grandeurs et des mesures, les comparaisons et les mesures avec une unité prennent appui sur des situations qui permettent de leur donner du sens.

→ En géométrie, la reproduction de formes occupe une place importante car elle favorise le passage progressif d'une perception globale des objets à leur analyse et à la découverte de leurs propriétés.

Représenter

• Appréhender différents systèmes de représentations (dessins, schémas, arbres de calcul, etc.).
• Utiliser des nombres pour représenter des quantités ou des grandeurs.
• Utiliser diverses représentations de solides et de situations spatiales.

Ce que propose Cap Maths CE1 :

→ Les élèves sont amenés à prendre des informations sur différents supports (texte, illustration, tableau, graphique).
→ Ils sont incités à recourir à des schématisations comme supports de résolution de problèmes ou pour rendre compte d'une stratégie de calcul.
→ La progression est pensée pour articuler le travail sur les nombres et sur les grandeurs.
→ En géométrie, placés en situation de communication, les élèves découvrent différents types de représentations, en produisent et les utilisent.

Raisonner

• Anticiper le résultat d'une manipulation, d'un calcul, ou d'une mesure.
• Raisonner sur des figures pour les reproduire avec des instruments.
• Tenir compte d'éléments divers (arguments d'autrui, résultats d'une expérience, sources internes ou externes à la classe, etc.) pour modifier son jugement.
• Prendre progressivement conscience de la nécessité et de l'intérêt de justifier ce que l'on affirme.

Ce que propose Cap Maths CE1 :

→ Le recours à des situations expérimentales, qui favorisent l'appropriation d'une situation et la validation des réponses anticipées par les élèves, est un axe fort du travail proposé.
→ De même, dans des moments collectifs (les mises en commun), les élèves sont incités à justifier leurs propositions et à développer des arguments en faveur d'une solution ou pour mettre en défaut la proposition d'un autre élève.

Calculer

• Calculer avec des nombres entiers, mentalement ou à la main, de manière exacte ou approchée, en utilisant des stratégies adaptées aux nombres en jeu.
• Contrôler la vraisemblance de ses résultats.

Ce que propose Cap Maths CE1 :

→ Le calcul mental fait l'objet d'un entrainement quotidien et de séances d'apprentissage spécifiques, en veillant à faire expliciter les procédures utilisées dans le cas du calcul réfléchi.
→ Les techniques de calcul posé ne sont introduites que lorsque les élèves sont capables d'en comprendre le fonctionnement.

Communiquer

• Utiliser l'oral et l'écrit, le langage naturel puis quelques représentations et quelques symboles pour expliciter des démarches, argumenter des raisonnements.

Ce que propose Cap Maths CE1 :

→ Tout au long de la progression, notamment pour les nouveaux apprentissages, la compréhension des élèves s'articule autour de trois langages mis en relation : celui des objets et des représentations imagées, celui des mots (principalement à l'oral) et celui des symboles mathématiques.

Les supports de Cap Maths CE1

Pour l'enseignant

Le Guide de l'enseignant

C'est le « pivot » de la méthode, un outil incontournable.

Chacune des 10 unités d'apprentissage est découpée en 10 séances décrites dans le guide. 3 ou 4 séances supplémentaires, au choix de l'enseignant, sont prévues pour la consolidation et la résolution de problèmes.

Toutes les activités sont décrites et commentées, tous les exercices sont corrigés.

Pour chaque unité :

- **Tableau de programmation** des apprentissages.
- **Situations d'apprentissage, activités de révision et de calcul mental** décrites de façon détaillée avec analyse des procédures des élèves, pistes de différenciation et proposition de synthèse en fin d'apprentissage.
- **Exercices** du Fichier Nombres et Calculs et du Cahier Mesures et Géométrie commentés avec visuels et corrigés.
- **Bilan de fin d'unité** commenté avec des propositions de consolidation et remédiation : exercices dans le Fichier Nombres et Calculs ou le Cahier Mesures et Géométrie et outils complémentaires de la collection Cap Maths.
- **Exploitation de la page « Banque de problèmes ».**

Toutes les 3 ou 4 unités :

- **Évaluations** de fin de période commentées.

Le Matériel photocopiable

Les fiches du matériel sont en noir et blanc pour en faciliter la photocopie.

Leur utilisation est précisée dans le Guide.

- **Fiches de travail et matériel** pour les activités de la classe.
- **Évaluations** de fin de période.

Le CD-Rom du guide

Inclus dans le guide, il comprend le matériel qui peut être modifié par l'enseignant.

- **Fiches différenciation** pour certains exercices du Fichier et du Cahier.
- **Évaluations** de fin de période.
- **Bilans de compétences** de fin d'unité.
- **Fichier informatique** pour activité avec logiciel.
- Présentation du logiciel utilisé.

Pour l'élève

Le Fichier nombres et calculs

L'utilisation du Fichier est précisée dans le Guide.

- **10 unités de travail :** calcul mental, exercices de révision, exercices d'entrainement suite aux phases d'apprentissage.
- **10 Bilans** en fin d'unité.
- **Exercices de consolidation** en fin d'unité.
- **7 pages Problèmes** et **4 pages Jeux**.
- **Matériel individuel prédécoupé :** monnaie, compteur, cartes unités, dizaines, centaines…
- **Sous-main :** dictionnaire des nombres de 0 à 99 et lecture de l'heure.

Le Dico-maths

Ce fascicule indépendant est fourni avec le Fichier. Il sert progressivement de référence fiable aux élèves avec un vocabulaire précis.

- Connaissances et compétences attendues au CE1 dans les trois domaines : Nombres et calculs, Grandeurs et mesures, Espace et géométrie.

Le Cahier mesures et géométrie

L'utilisation du Cahier est précisée dans le Guide. Il est fourni avec le Fichier.

- **10 unités de travail :** exercices de révision, exercices d'entrainement suite aux phases d'apprentissage.
- **10 Bilans** en fin d'unité
- **Exercices de consolidation** en fin d'unité.
- **3 pages Problèmes**
- **Matériel individuel prédécoupé :** grande horloge avec aiguilles, règles graduées et unités de longueur, gabarits d'angle droit.

Les outils complémentaires pour le CE1

Ces outils sont à la disposition de l'enseignant pour enrichir son choix d'activités. Il peut y puiser librement, aidé par les indications fournies dans le Guide.

Pour entrainer, consolider et différencier dans les trois domaines du programme

Avec l'enseignant
en collectif ou avec un groupe d'élèves

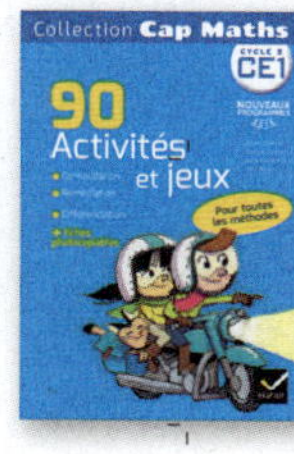

90 Activités et jeux mathématiques CE1

Activités et jeux regroupés par domaines afin d'entrainer ou de consolider des connaissances travaillées dans chaque unité.

En individuel

CD-Rom jeux interactifs GS-CP-CE1

Activités interactives qui complètent et prolongent certaines situations de Cap Maths.

Pour travailler le calcul mental

Avec l'enseignant
en collectif ou avec un groupe d'élèves

Ressources numériques classe calcul mental CE1

Activités de calcul mental interactives pour vidéo-projection et TNI.

En individuel

Androïd - IOS

Appli calcul mental CP-CE1-CE2

Activités pour tablettes et smartphones (Apple et Androïd) : entrainement au calcul rapide et calcul réfléchi (5 à 6 niveaux de jeu par classe).

Disponibles sur App Store et Play Store.

Pour gagner du temps dans la préparation du matériel collectif, en lien avec les situations de Cap Maths

Matériel collectif grand format CE1

24 posters plastifiés à découper : cartes, file numérique, tables de numération, cibles, formes géométriques, horloges...

Avec l'enseignant
en collectif ou avec un groupe d'élèves

Les solides de l'école du CP au CM2

16 solides différents en couleurs, prédécoupés et pré-pliés sur des planches cartonnées, qui permettent à chaque élève de manipuler les solides une fois montés.

Pour apprendre avec une calculatrice

Avec l'enseignant
et en individuel

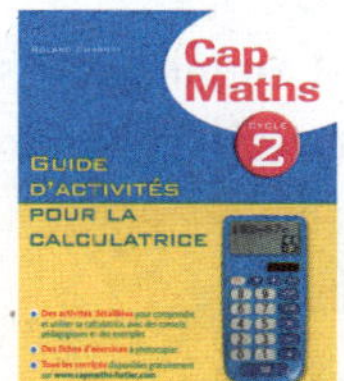

Activités pour la calculatrice GS-CP-CE1

Activités qui peuvent être conduites avec une calculatrice sur différents apprentissages du domaine Nombres et calculs. Des exercices sur fiches photocopiables sont également proposés.

Pour s'informer, discuter...

www.capmaths-hatier.com

– Présentation animée de la méthode
– Forum de discussion
– Vidéos pour la formation.

La démarche de Cap Maths CE1

Les sept piliers de la démarche d'apprentissage proposée.

1 — CHERCHER

Acquérir un nouveau savoir a du sens si ce savoir se révèle être un outil qui permet de répondre à des questions, de résoudre de nouveaux problèmes.

Ce moment du travail aide l'élève à s'approprier ces questions et problèmes, et à s'engager dans une première élaboration du savoir sous-jacent.

2 — EXPLOITER

La confrontation avec les autres élèves permet une première mutualisation des réponses et démarches (ou procédures). Elle donne également lieu à des échanges d'arguments à propos de la validité de ces réponses et des erreurs identifiées.

3 — METTRE AU POINT UNE NOUVELLE CONNAISSANCE

Les apports de l'enseignant sont indispensables pour compléter, mettre en forme et en mots, et officialiser ce qui est à retenir.

Le recours à des écrits de référence établis avec l'enseignant ou fournis aux élèves (Dico-maths de Cap Maths) contribue à cette reconnaissance du savoir à maitriser.

4 — S'ENTRAINER

Pour stabiliser et rendre les connaissances opérationnelles, on s'appuie sur la mémorisation de certains résultats et sur la répétition de certaines procédures

Des moments d'entrainement sont donc indispensables. Les exercices ou problèmes traités peuvent être corrigés individuellement si quelques élèves seulement n'ont pas réussi, ou collectivement en cas de difficultés plus nombreuses dans la classe.

5 — ÉVALUER

L'évaluation est nécessaire pour piloter les apprentissages des élèves. En ce sens, elle a d'abord un **rôle formatif** et peut prendre des aspects divers :

– **au quotidien,** en cours d'apprentissage, les travaux des élèves sont une source essentielle d'observation et d'analyse pour l'enseignant, sans qu'il soit besoin d'exercices spécifiques ;

– **régulièrement,** au terme de chacune des 10 unités d'apprentissage, les réussites et les difficultés sont identifiées pour mettre en place des réponses pédagogiques adaptées : remédiation, consolidation ;

– **au terme de chacune des périodes de l'année scolaire,** un point est fait pour savoir comment les élèves ont capitalisé leurs acquis et s'ils sont capables de les mobiliser dans des situations variées, de complexité différente.

6 — CONSOLIDER, REMÉDIER

L'apprentissage est rarement linéaire et sans embûches. Suite aux observations faites et analysées par l'enseignant, des moments personnalisés sont nécessaires, visant à remédier à une difficulté, à consolider un acquis fragile ou encore à enrichir une compréhension trop faible.

7 — RÉVISER

Un nouvel élément de savoir est rarement définitivement acquis. Des moments de reprise sont nécessaires.

Cela peut être fait à l'occasion d'un nouvel apprentissage qui mobilise cet élément de savoir ou être réalisé par des activités de révision après la période d'apprentissage.

L'organisation du travail avec Cap Maths CE1

L'ORGANISATION EN 10 UNITÉS

Les apprentissages dans **Cap Maths** sont organisés sur **10 unités** de 3 semaines chacune environ, soit **30 semaines**. L'année scolaire étant organisée sur **36 semaines**, cela laisse donc une marge de temps disponible (équivalent à 5 à 6 semaines) pour d'autres activités, notamment pour les évaluations périodiques prévues par l'Institution et pour leur exploitation.

Par rapport à l'organisation en 15 unités proposée dans l'édition précédente, le découpage de **Cap Maths** en 10 unités présente l'avantage de mieux organiser les apprentissages en une suite de séances réalisables sur une même unité et de laisser une plus grande souplesse et initiative à l'enseignant pour la gestion des apprentissages.

Chaque unité correspond à 13 ou 14 séances de travail d'une durée de 1 h à 1 h 15 min :

– **10 séances** sont décrites de façon détaillée (9 pour les apprentissages, 1 pour le bilan de fin d'unité) ;

– **3 ou 4 séances** restent à disposition de l'enseignant pour tenir compte des besoins de ses élèves. Pour cela, il peut utiliser les différentes ressources qui lui sont proposées : banques de problèmes et exercices de consolidation du Fichier Nombres et Calculs ou du Cahier Mesures et Géométrie, Fiches différenciation fournies dans le CD-Rom du Guide, activités complémentaires proposées dans le « CD-Rom Jeux interactifs » ou dans la brochure « 90 Activités et jeux mathématiques CE1 ».

LE PLAN DE TRAVAIL PROPOSÉ PAR CAP MATHS

Le schéma proposé par **Cap Maths** prend en compte les horaires officiels, mais d'autres organisations sont bien entendu possibles.

► Plan de travail pour l'année

Année scolaire horaire officiel : 180 h	• 10 unités de 15 h chacune, soit 150 h. • Compléments, évaluations périodiques : 30 h.

► Plan de travail pour chaque unité

Unité de travail de 3 semaines : 15 h	• **9 séances** d'environ 1 h 15 min avec pour chacune : calcul mental, révisions et nouveaux apprentissages (voir tableau suivant). • **1 séance** d'environ 1 h pour le bilan de fin d'unité. • **3 ou 4 séances** d'environ 45 min ou 1 h chacune pour les pages problèmes, les consolidations et la remédiation.

► Plan de travail pour chaque séance

Calcul mental oral et révision	• **30 minutes** (9 séances par unité)	Ces 2 blocs (calcul mental/révision et nouvel apprentissage) sont prévus comme pouvant être deux moments différents d'une même journée.
Nouveaux apprentissages	• **45 minutes** (9 séances par unité)	
Bilan	• **45 minutes ou 1 h** (1 séance en fin d'unité)	
Pages problèmes, consolidation, remédiation	• **1 h** (3 séances par unité) ou **45 minutes** (4 séances par unité)	

DANS UNE CLASSE À COURS MULTIPLES

Au CE1, les activités mathématiques nécessitent souvent une présence importante de l'enseignant, notamment dans les moments de travail sur de nouveaux apprentissages. **Trois choix** ont été faits pour faciliter l'utilisation de **Cap Maths** dans une classe à cours multiples.

▶ **La régularité de l'organisation des séances consacrées à de nouveaux apprentissages** permet de prévoir deux temps distincts dans la journée (de 30 minutes et de 45 minutes), ces deux temps n'étant pas nécessairement consécutifs *(voir plan de travail pour chaque séquence, p. VII).*

▶ **Le temps de travail sur le Fichier Nombres et Calculs ou le Cahier Mesures et Géométrie** est renforcé avec des activités de consolidation et remédiation, et doit progressivement devenir de plus en plus un temps de travail autonome pour l'élève.

▶ **Les moments de recherche individuelle ou en équipe** peuvent permettre à l'enseignant de se rendre disponible pour travailler avec d'autres niveaux, mais il doit pouvoir observer ce que font les élèves en vue de l'exploitation collective.

DIFFÉRENCIATION ET AIDE AUX ÉLÈVES EN DIFFICULTÉ

Tous les élèves ne progressent pas au même rythme et n'empruntent pas les mêmes chemins de compréhension. **Cap Maths** propose plusieurs moyens pour prendre en compte les besoins de chacun.

▶ Différenciation par les modes de résolution

Dans la plupart des situations-problèmes proposées aux élèves, plusieurs modes de résolution corrects sont possibles. Il est important de faire comprendre et accepter par les élèves qu'un problème peut être résolu en élaborant une solution personnelle et non en essayant de deviner celle qui est supposée être attendue par l'enseignant.

La possibilité donnée à l'élève de traiter une question, en utilisant les moyens qui correspondent le mieux à sa compréhension de la situation et aux connaissances qu'il est capable de mobiliser, constitue le moyen privilégié de la différenciation. Il permet à l'élève de s'engager dans un travail sans la crainte de ne pas utiliser le seul mode de résolution attendu par l'enseignant.

Il convient toutefois d'avoir le souci d'amener les élèves à faire évoluer leurs modes de résolution vers des modes de résolution plus élaborés. **Cap Maths** fournit des indications sur les moyens d'atteindre cet objectif.

▶ Différenciation et aide par l'aménagement des situations

Le plus souvent, dans la phase de mise en place des notions, les situations proposées le sont dans des conditions identiques pour tous les élèves. À l'issue de ce travail, il peut être nécessaire de reprendre, avec toute la classe ou avec quelques élèves, certaines activités, en adaptant des données ou en autorisant ou non le recours à tel ou tel matériel (file numérique, calculatrice…).

Les **Fiches différenciation** reprennent des exercices du Fichier Nombres et Calculs ou du Cahier Mesures et Géométrie, avec la possibilité pour l'enseignant de choisir certaines données. Ces fiches, disponibles sur le CD-Rom du guide, permettent ainsi une adaptation des exercices dans la perspective d'une aide appropriée aux besoins et aux possibilités de chacun.

▶ Différenciation et aide par le choix des tâches proposées

À d'autres moments, il est nécessaire d'apporter une aide particulière à un élève ou à un groupe d'élèves pour remédier à des difficultés ou pour consolider une connaissance particulièrement importante pour la suite des apprentissages.

Des pistes de travail sont fournies dans le Guide de l'enseignant à la fin de chaque unité :

– l'enseignant peut proposer des exercices et **problèmes de remédiation et de consolidation** dans les pages « Je consolide mes connaissances » du Fichier Nombres et Calculs ou du Cahier Mesures et Géométrie ;

– dans une double perspective d'aide et d'approfondissement, il est également possible de faire appel à des **problèmes choisis dans les pages « Banque de problèmes »** du Fichier Nombres et Calculs ou du Cahier Mesures et Géométrie ou encore aux activités de l'ouvrage « 90 Activités et jeux mathématiques CE1 » ;

– les activités du « CD-Rom Jeux interactifs » peuvent également être utilisées à ces fins, notamment pour l'**entrainement au calcul mental**.

TRACES ÉCRITES ET DICO-MATHS

L'identification des éléments de connaissance importants et leur mémorisation sont parfois difficiles pour de jeunes élèves. La méthode **Cap Maths** insiste sur les phases d'élaboration (résolution de problèmes), de mise en évidence par l'enseignant (synthèse) et d'exercices (entraînement, consolidation et révision).

Il est également nécessaire que les élèves puissent se référer à des **écrits provisoires ou permanents** qui permettent d'organiser les connaissances sur des supports écrits qui leur sont accessibles, ce que les enseignants appellent souvent les « traces écrites ». Celles-ci peuvent prendre plusieurs formes.

▸ **Le Fichier Nombres et Calculs et le Cahier Mesures et Géométrie ne comportent pas d'éléments de cours.** La mise en place des apprentissages se fait essentiellement à partir d'activités proposées dans le Guide de l'enseignant et parfois avec l'appui des fiches photocopiables. Cela n'enlève rien à la nécessité de garder des traces de ce qui a été appris.

▸ **Des écrits provisoires peuvent rester affichés quelques jours** pour que les élèves puissent s'y référer lors des séances qui suivent un nouvel apprentissage. À titre d'exemple, nous proposons ainsi que, suite à l'introduction du symbolisme de la multiplication (signe ×) en unité 4, des résultats soient recensés et affichés dans un répertoire collectif au fur et à mesure de leur production. Plus tard, ces résultats seront organisés en tables de 2 à 5 (pour le CE1) en unité 6. Ces écrits provisoires peuvent être formulés avec les mots des élèves dans la mesure où ceux-ci ne contreviennent pas au sens mathématique.

▸ **D'autres écrits sont destinés à être conservés de façon plus durable** pour être consultés par les élèves ; ils peuvent alors donner lieu :

– soit à des affichages facilement accessibles pour les élèves, par exemple affichage des figures géométriques et leurs noms, des unités de longueur (cm ou m)… Ces affichages ne doivent cependant pas être trop nombreux pour éviter que les élèves ne s'y perdent ;

– soit à des traces écrites individuelles consignées dans un cahier.

▸ **Le Dico-maths complète ces diverses traces écrites.** Son usage habitue l'élève à se reporter à une source de renseignements fiable chaque fois qu'il a oublié le sens d'un mot ou qu'il veut retrouver une méthode, un procédé appris mais oublié (souvent partiellement). Au départ, et notamment avec de jeunes élèves, il est d'abord utilisé avec l'aide de l'enseignant et sous son impulsion. Puis, progressivement, les élèves sont invités à y avoir recours de manière plus autonome. Évidemment, l'enseignant reste libre d'en autoriser ou pas l'usage en fonction de l'activité proposée à ses élèves.

ÉVALUATION

À propos d'évaluation, on pense souvent uniquement à des exercices spécifiques, codifiés et donnant lieu à un inventaire de compétences ou à une appréciation. En réalité, l'évaluation peut revêtir diverses formes.

▸ Évaluation intégrée aux activités quotidiennes

Au quotidien, **en observant et en analysant les productions écrites ou orales de ses élèves,** l'enseignant obtient des informations utiles au pilotage de son enseignement. Cette évaluation intégrée, qui ne s'appuie pas sur des exercices spécifiques, suffit souvent pour apporter les ajustements nécessaires pour la classe ou une partie des élèves. La description des procédures ou des erreurs possibles fournie dans le Guide de l'enseignant constitue pour cela une aide précieuse.

▸ Les bilans de fin d'unité

Tout au long des apprentissages, il est nécessaire de savoir comment les connaissances travaillées ont été comprises afin de pouvoir réagir au plus vite, si nécessaire. À la fin de chaque unité, dans le Fichier Nombres et Calculs et le Cahier Mesures et Géométrie, un bilan des nouveaux apprentissages est proposé :

Fichier p. 12

Cahier p. 5

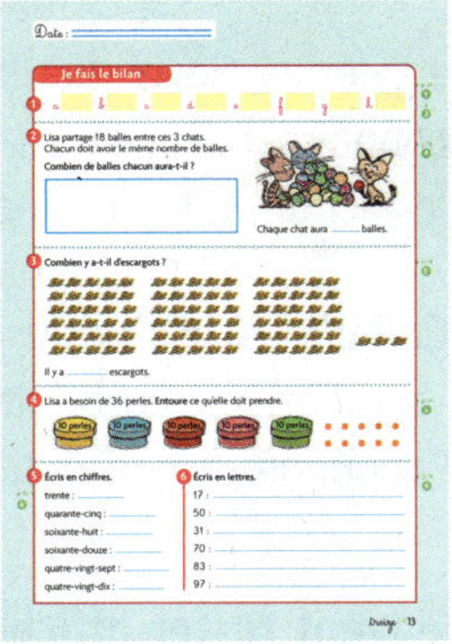

Fichier p. 13

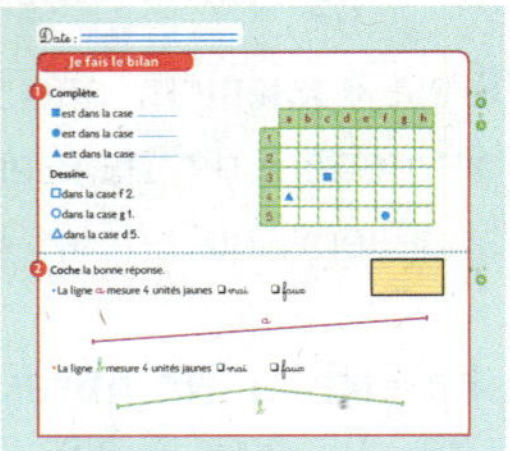

Cahier p. 5

1. Le bilan est préparé avec l'enseignant, à l'aide des supports de **« Je prépare le bilan »**, les élèves étant invités à commenter chaque planche, à évoquer l'activité correspondante et à exprimer ce qu'ils pensent avoir retenu du travail réalisé. C'est aussi l'occasion pour l'enseignant de reformuler l'essentiel de ce qu'il fallait retenir, voire de revenir sur certains apprentissages.

2. Les élèves traitent les exercices de la page **« Je fais le bilan »**. À partir de leurs réponses, l'enseignant peut renseigner un **bilan de compétences** pour chaque élève (bilans de compétences fournis dans le CD-Rom du guide) et envisager les consolidations à mettre en place (voir § ci-dessous).

▸ Les évaluations de fin de période

Il est également important, régulièrement, de faire un **bilan exhaustif des acquis des élèves,** centré sur les apprentissages essentiels inscrits dans le programme, et de relever des difficultés persistantes. Les supports de ces évaluations sont disponibles à la fois dans le Matériel photocopiable et le CD-Rom du Guide, et commentés dans le Guide. À partir de ces évaluations, l'enseignant peut renseigner les documents demandés par l'Institution et communiquer avec les parents sur la progression de leur enfant. Il peut pour cela utiliser le document « synthèse des évaluations périodiques » fourni dans le CD-Rom du guide.

CONSOLIDATION DES APPRENTISSAGES

Cap Maths met à disposition des enseignants **plusieurs outils pour organiser la consolidation des apprentissages** (remédiation, approfondissement, prolongement…). L'utilisation de ces outils est laissée à l'initiative de l'enseignant en fonction de l'organisation de sa classe et des besoins de ses élèves. Les activités de consolidation peuvent être utilisées **à la suite des bilans de fin d'unité**, mais peuvent aussi l'être **en cours d'apprentissage** lorsque l'enseignant juge utile d'insister sur des connaissances dont l'acquisition présente des difficultés.

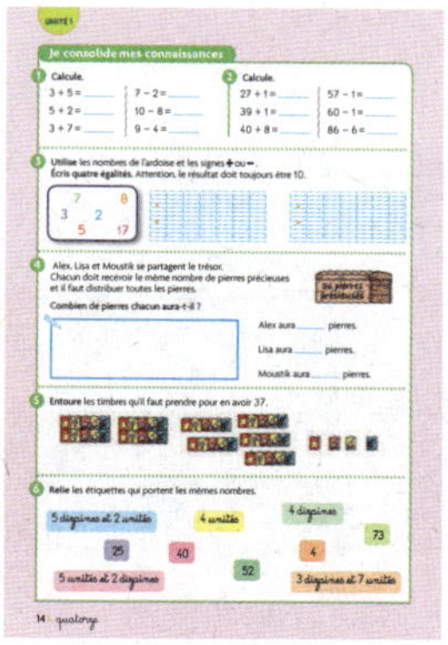

Fichier p. 14

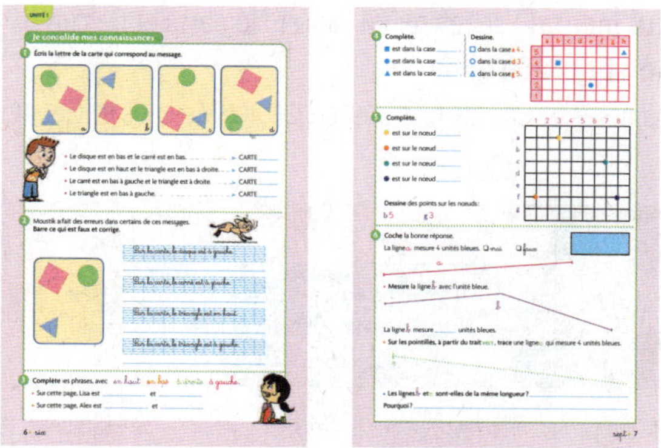

Cahier p. 6-7

▶ Exercices de consolidation du Fichier Nombres et Calculs et du Cahier Mesures et Géométrie

Pour chacun des deux outils, ces exercices sont situés en fin d'unité après les pages consacrées au bilan. Certains exercices peuvent être proposés à tous les élèves, d'autres seulement à quelques-uns, dans un atelier d'aide personnalisée par exemple.

▶ Fiches différenciation

Ces fiches sont situées dans le **CD-Rom du guide**. Elles reprennent des exercices du Fichier Nombres et Calculs ou du Cahier Mesures et Géométrie, et sont à compléter par l'enseignant qui choisit par exemple les valeurs numériques sur lesquelles il estime utile de faire travailler ses élèves. Leur utilisation est du même type que les exercices de consolidation.

▶ « 90 Activités et jeux mathématiques CE1 »

Cet ouvrage propose de nombreuses activités, souvent sous forme de jeux, qui peuvent être utilisées en complément de celles décrites dans le guide.
Regroupées par thèmes, elles sont destinées à entrainer ou approfondir des connaissances travaillées au cours de chaque unité. Elles peuvent être utilisées dans le cadre d'une action différenciée en vue de consolider des apprentissages (par exemple dans une optique de remédiation) ou bien être conduites soit en ateliers dans un coin mathématiques, soit collectivement.

▶ « CD-Rom Jeux interactifs GS-CP-CE1 »

Ce CD-Rom reprend certaines situations en favorisant le travail autonome de l'élève et en exploitant l'interactivité permise par l'ordinateur. Les activités proposées peuvent être utilisées à plusieurs fins :
– se substituer à des moments d'apprentissage proposés dans Cap Maths, notamment pour les classes à cours multiples ou pour les classes hétérogènes ;
– offrir des modalités de soutien pour des élèves en difficulté ;
– favoriser l'entraînement individualisé des élèves.

▶ « Activités pour la calculatrice GS-CP-CE1 »

Cette brochure propose des activités qui peuvent être conduites avec une calculatrice sur les différents apprentissages du domaine « Nombres et calculs ».

▶ « Appli Calcul mental pour tablette et smartphone CP-CE1-CE2 »

Cette application, disponible sur l'App Store et Play Store, propose des activités graduées pour un entrainement individualisé au calcul mental.

Toutes ces activités de consolidation des apprentissages sont indiquées dans le Guide de l'enseignant après chaque bilan d'unité, dans la rubrique Consolidation « Autres ressources », à l'exception des activités de l'Appli Calcul mental.

Les principaux apprentissages pour les 10 unités

Progression en calcul mental : se référer au Fichier Nombres et Calculs p. 4.
Activités de révision et de consolidation :
se référer au Fichier Nombres et Calculs p. 2-3 et au Cahier Mesures et Géométrie au dos de la couverture.

	Problèmes Gestion de données	Nombres et calculs		Grandeurs et mesures	Espace et géométrie
		Nombres et numération	Calculs		
Unité 1	**Nombres et calculs** • Problème « pour apprendre à chercher » (partage) • Banque de problèmes *La monnaie en euros*	**Nombres jusqu'à 99** • Dizaines et unités (valeur positionnelle des chiffres) • Lecture et écriture	**Addition soustraction** • Répertoire additif	**Longueur** • Mesure par report de l'unité	**Repérage dans un quadrillage** • Codage de cases **Repérage dans l'espace** • Repérage dans l'espace environnant
Unité 2	**Nombres et calculs** • Banque de problèmes *La classe de Lisa*	**Nombres jusqu'à 99** • Comparaison, rangement • Ligne graduée	**Addition soustraction** • Calcul sur les dizaines **Multiplication division** • Doubles et moitiés	**Longueur** • Le centimètre	**Figures planes** • Polygones
Unité 3	**Grandeurs et mesures** • Banque de problèmes *On partage !*	**Nombres jusqu'à 99** • Dizaines et unités (valeur positionnelle des chiffres)	**Addition soustraction** • Calcul réfléchi ou posé pour l'addition (nombres < 100) **Multiplication division** • Multiplication et addition itérée	**Temps** • Dates et durées en jours et mois	**Figures planes** • Reproduction avec la règle **Propriétés géométriques** • Points alignés
Unité 4	**Nombres et calculs** • Relations entre données et questions • Banque de problèmes *Le marchand de ballons*	**Nombres jusqu'à 999** • Le nombre 100 • Centaines, dizaines et unités (valeur positionnelle des chiffres) • Lecture et écriture	**Addition soustraction** • Passage par la dizaine supérieure **Multiplication division** • Multiplication et addition itérée • Calcul réfléchi de produits simples		**Figures planes** • Carré, rectangle (longueur des côtés) • Reproduction de polygones sur quadrillage
Unité 5	**Nombres et calculs** • Banque de problèmes *Les autocars*	**Nombres jusqu'à 999** • Centaines, dizaines et unités (valeur positionnelle des chiffres) • Suites de nombres	**Addition soustraction** • Calcul posé de sommes (nombres < 1 000) • Calcul sur les centaines et les dizaines **Multiplication division** • Calcul réfléchi de produits		**Repérage dans l'espace** • Points de vue **Propriétés géométriques** • Angle droit **Figures planes** • Carré, rectangle (angles et côtés)

Les principaux apprentissages pour les 10 unités

	Problèmes Gestion de données	Nombres et calculs		Grandeurs et mesures	Espace et géométrie
		Nombres et numération	Calculs		
Unité 6	**Nombres et calculs** • Chercher toutes les possibilités **Espace et géométrie** • Banque de problèmes *Reproduction à la règle*	**Nombres jusqu'à 999** • Comparaison, rangement	**Multiplication division** • Répertoire multiplicatif (tables de 2 à 5) • Multiplication par 10 et par 100	**Temps** • Lecture de l'heure en heures et demi-heure	**Figures planes** • Reproduction de polygones sur quadrillage
Unité 7	**Nombres et calculs** • Problèmes à étapes • Banque de problèmes *À la pâtisserie*	**Nombres jusqu'à 999** • Décompositions avec 10 et 100	**Multiplication division** • Calcul réfléchi de produits • Multiplication du type 40 × 7, 300 × 3		**Propriétés géométriques** • Angle droit (tracé) • Axe de symétrie **Figures planes** • Carré, rectangle (construction)
Unité 8	**Nombres et calculs** • Chercher la valeur d'un complément • Problèmes de groupements réguliers par 2 et par 5 (nombre de groupements) • Banque de problèmes *La promenade en bateau*		**Addition soustraction** • Calcul réfléchi de différences	**Longueur** • Le mètre **Temps** • Horaires et durées en heures et minutes	
Unité 9	**Nombres et calculs** • Problèmes de partage équitable en 2 et en 5 (valeur de chaque part) **Espace et géométrie** • Banque de problèmes *Autour du carré*		**Addition soustraction** • Calcul posé de sommes de plus de 2 nombres • Calcul posé de différences **Multiplication division** • Calcul réfléchi de produits (multiplicateur < 10) • Approche de la division par 2 et par 5	**Contenance** • Comparaison	**Solides** • Polyèdres, cubes, pavés droits (reconnaissance, représentation)
Unité 10	**Nombres et calculs** • Problèmes de groupements réguliers par 2 et par 5 (nombre de groupements) • Banque de problèmes *Carrés magiques Sudoku*	**Nombres jusqu'à 999** • Ligne graduée		**Longueur** • Le kilomètre **Masse** • Comparaison • Kilogramme et gramme	**Solides** • Polyèdres, cubes, pavés droits (reproduction) **Figures planes** • Carré, rectangle (construction logicielle)

Le choix de Cap Maths Nombres et Calculs

Des résolutions de problèmes contextualisés : dénombrer des collections, mesurer des grandeurs, repérer un rang dans une liste, prévoir des résultats d'actions portant sur des collections ou des grandeurs (les comparer, les réunir, les augmenter, les diminuer, les partager en parts égales ou inégales, chercher combien de fois l'une est comprise dans l'autre, etc.). Ces actions portent sur des objets tout d'abord matériels puis évoqués à l'oral ou à l'écrit ; le travail de recherche et de modélisation sur ces problèmes permet d'introduire progressivement les quatre opérations (addition, soustraction, multiplication, division).

L'étude de relations internes aux nombres : comprendre que le successeur d'un nombre entier c'est « ce nombre plus un », décomposer/recomposer les nombres additivement, multiplicativement, en utilisant les unités de numération (dizaines, centaines), changer d'unités de numération de référence, comparer, ranger, itérer une suite (+ 1, + 10, + *n*), etc.

L'étude des différentes désignations orales et/ou écrites : nom du nombre ; écriture usuelle en chiffres (numération décimale de position) ; double de, moitié de, somme de, produit de ; différence de, quotient et reste de ; écritures en ligne additives/soustractives, multiplicatives, mixtes, en unités de numération, etc.

L'appropriation de stratégies de calcul adaptées aux nombres et aux opérations en jeu. Ces stratégies s'appuient sur la connaissance de faits numériques mémorisés (répertoires additif et multiplicatif, connaissance des unités de numération et de leurs relations, etc.) et sur celle des propriétés des opérations et de la numération. Le calcul mental est essentiel dans la vie quotidienne où il est souvent nécessaire de parvenir rapidement à un ordre de grandeur du résultat d'une opération, ou de vérifier un prix, etc.

Une bonne connaissance des nombres inférieurs à mille et de leurs relations est le fondement de la compréhension des nombres entiers, et ce champ numérique est privilégié pour la construction de stratégies de calcul et la résolution des premiers problèmes arithmétiques.

Attendus de fin de cycle

- Comprendre et utiliser des nombres entiers pour dénombrer, ordonner, repérer, comparer.
- Nommer, lire, écrire, représenter des nombres entiers.
- Résoudre des problèmes en utilisant des nombres entiers et le calcul.
- Calculer avec des nombres entiers

I. LA NUMÉRATION DÉCIMALE

CONNAISSANCES ET COMPÉTENCES FONDAMENTALES

Les principales connaissances et compétences relatives à la désignation des nombres (écriture des nombres en chiffres, et en lettres, lecture) sont mises en place au CE1. Elles peuvent être résumées par le schéma suivant.

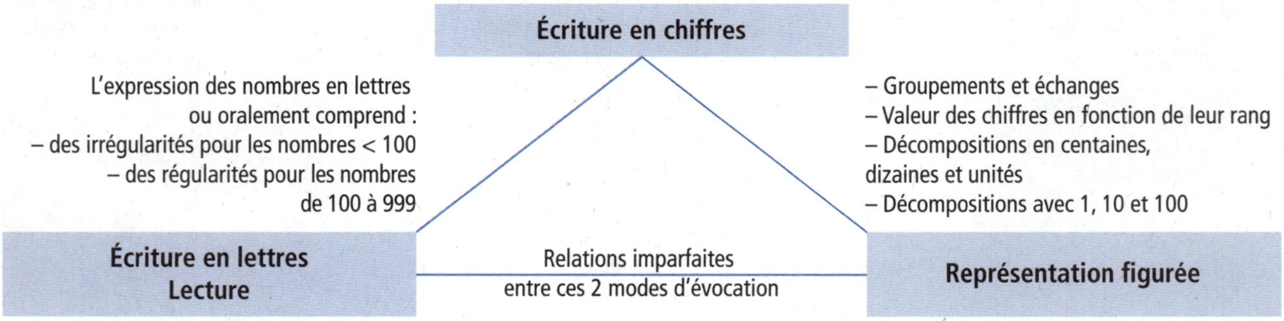

La capacité de l'élève à circuler entre les pôles de ce schéma permet de caractériser un premier niveau de maitrise des systèmes de désignation des nombres inférieurs à 1 000.

La maitrise des désignations des nombres en chiffres joue un rôle essentiel dans la compréhension de nombreux apprentissages numériques.

Compréhension des écritures en chiffres

Suites de nombres de 1 en 1, de 10 en 10…
Le passage de 139 à 140 s'explique par le fait que 10 unités = 1 dizaine.

Mesure
Les conversions relatives aux longueurs, aux masses et aux contenances s'appuient sur les mêmes équivalences que celles qui concernent les centaines, dizaines et unités.

Multiplication par 10 ou 100
13 × 10 peut être vu comme 13 dizaines donc comme 10 dizaines et 3 dizaines, soit 1 centaine et 3 dizaines (donc 130).

Calcul mental
De nombreuses procédures s'appuient sur la décomposition des nombres liée à leur écriture chiffrée.

Comparaison des nombres
La comparaison des nombres revient à la comparaison des chiffres de même rang.

Calcul posé
La compréhension des étapes de calcul et des retenues est liée à celle des décompositions en centaines, dizaines et unités et des équivalences entre dizaines et unités et centaines et dizaines.

RÉPONSES À QUELQUES QUESTIONS

▸ Le programme parle d'unités de numération. Que faut-il entendre par là ?

Les unités de numération correspondent aux termes unités (parfois appelés aussi unités simples), dizaines, centaines, milliers… Elles permettent d'exprimer des quantités d'objets : on dira par exemple « 150 craies» (expression en unités simples) ou «15 dizaines de craies» (expression en dizaines) ou «1 centaine et 5 dizaines de craies» (expression complexe avec deux unités de numération). La maitrise de notre système de numération décimale (écriture des nombres en chiffres) peut être caractérisée par deux points essentiels :
– le rang d'un chiffre qui correspond à une unité de numération et indique la valeur exprimée par ce chiffre ;
– les relations entre unités de numération comme 1 centaine = 10 dizaines = 100 unités.
Les groupements de chiffres correspondent aussi à une valeur : dans 150, le groupement «15» correspond à 15 dizaines.

▸ Dans les repères de progressivité fournis dans les programmes, il est mentionné des paliers pour l'étude de la numération décimale. Pourquoi ?

Il est tout d'abord indiqué qu'*un temps conséquent doit être consacré à la reprise de l'étude des nombres jusqu'à 100.* Cela est nécessaire dans la mesure où les acquis du CP sont encore fragiles pour certains élèves, notamment pour l'expression verbale de ces nombres au-delà de 59 dont les difficultés inhérentes à notre langue sont bien connues (le mot soixante est ainsi mobilisé pour exprimer des nombres dont le chiffre des dizaines est 6 et des nombres dont le chiffre des dizaines est 7). D'autre part, la lecture des nombres à 3 chiffres suppose une bonne capacité à lire les nombres inférieurs 100 : ainsi pour 293, le 2 est facilement interprété comme deux-cent (en relation avec le fait qu'il est rang des centaines) mais ensuite il faut compléter la lecture par *quatre-vingt-treize* pour le groupe de chiffres 93.
Les paliers 200 et 600 sont ensuite suggérés pour l'étude des nombres inférieurs à 1 000. Nous n'avons pas retenu cette indication dans la mesure où la compréhension de nombres comme 153, 367 ou 732 est de même difficulté si on s'intéresse à l'interprétation des écritures chiffrées. Seul le palier 200 peut être expliqué par le fait que, alors que pour lire 367 ou 732, on indique le nombre de centaines (**trois-cent**-soixante-sept, **sept-cent**-trente-deux), cela n'est pas le cas pour 153 (**cent**-cinquante-trois et non un-cent-cinquante-trois).

→ **Cap Maths** a fait le choix de consacrer un temps important à la reprise de l'étude des nombres inférieurs à 100 (unités 1 à 3). Par contre, les écritures chiffrées de nombres à 3 chiffres font, du point de vue de leur signification et de leur comparaison, l'objet d'une étude simultanée. Une attention particulière est apportée à la lecture de ces nombres, selon qu'ils sont inférieurs ou supérieurs à 200.

▸ Quelles difficultés les élèves peuvent-ils rencontrer dans l'apprentissage du repérage sur une droite graduée ?

Au CP, les élèves ont appris à se repérer sur la file numérique et à y résoudre des problèmes liés à des déplacements en avant ou en arrière. Le repérage sur une ligne graduée de 1 en 1 n'est pas très éloigné de celui étudié au CP, surtout si la file numérique choisie au CP est celle proposée par Cap Maths (nombres inscrits dans des cercles qu'une ligne relie entre eux). La difficulté s'accroit lorsque le saut de la graduation n'est plus égal à 1, mais prend d'autres valeurs comme 10, 50 ou 100 ou si tous les repères ne sont pas tracés. Un apprentissage spécifique est alors nécessaire. Une autre difficulté réside dans le fait qu'il faut comprendre que, par exemple, si 25 est associé à un repère cela indique que, sur la droite numérique, il existe 25 unités entre le repère 0 et le repère 25 (cela est à mettre en relation avec l'utilisation d'une règle graduée).

→ Les activités *Trouver un repère à partir d'un message* en **unité 2** et *A la bonne place* en **unité 10** sont consacrées à cet apprentissage.

▸ Pourquoi mettre en place une procédure particulière de comparaison des nombres ?

La procédure souvent enseignée distingue deux cas, selon que les nombres à comparer sont écrits ou pas avec le même nombre de chiffres, et elle constitue souvent un obstacle pour l'apprentissage de la comparaison de nombres décimaux. **La procédure que nous proposons est beaucoup plus simple.** Elle est valable quelle que soit la taille des nombres et s'étend facilement aux nombres décimaux. Enfin, elle peut être expliquée et comprise facilement à partir des connaissances des élèves relatives à la numération décimale.

234 > 78	parce que 234 comporte des centaines et que 78 n'en comporte pas (et que 78 est plus petit que 1 centaine).
234 > 219	parce que les 2 nombres comportent le même nombre de centaines et que 234 comporte plus de dizaines que 219 (et que 9 est plus petit que 1 dizaine).

Dans tous les cas, il s'agit de parcourir les écritures chiffrées des 2 nombres à partir de la gauche et de conclure dès qu'apparaissent deux chiffres différents (78 pouvant être considéré comme 078).

→ Cette procédure est travaillée sur les nombres inférieurs à 100 en **unité 2** (activités *Qui a le plus de perles ?* et *Jeu du portrait)* et sur les nombres inférieurs à 1000 en **unité 6** (activité *Qui a le plus ? Qui a le moins ?*).

ÉTAPES DE L'APPRENTISSAGE DES NOMBRES ET DE LA NUMÉRATION PROPOSÉES PAR CAP MATHS

Nombres inférieurs à 100 (révision)	
Valeur des chiffres en fonction de leur rang (dizaines et unités). Lecture des nombres et écriture en lettres.	Unité 1
Unité de numération, relations entre centaines, dizaines et unités. Comparaison et rangement des nombres. Ligne graduée.	Unité 2
Échanges.	Unité 3
Nombres inférieurs à 1 000	
Valeur des chiffres en fonction de leur rang (centaines, dizaines et unités). Lecture des nombres et écriture en lettres.	Unité 4
Unité de numération, relations entre centaines, dizaines et unités. Équivalence entre centaines, dizaines et unités. Échanges. Suites de nombres.	Unité 5
Comparaison et rangement des nombres.	Unité 6
Ligne graduée. Décompositions avec 1, 10, 100.	Unité 10

II. LE CALCUL MENTAL ET LES AUTRES MODES DE CALCUL

CONNAISSANCES ET COMPÉTENCES FONDAMENTALES

Le calcul mental est pointé par plusieurs études comme jouant un **rôle décisif** dans la réussite des élèves en mathématiques. Le schéma suivant, qui articule les différentes formes du calcul mental et ses effets sur d'autres apprentissages, permet d'en comprendre les raisons.

Formes du calcul mental

MÉMORISATION		RÉFLEXION
Résultats mémorisés *Exemple :* répertoire additif.	**Procédures mémorisées** *Exemple :* multiplication par 10 ou par 100.	**Résultats construits** *Exemple :* 17 + 9.

Calcul mental

Impact du calcul mental

Calcul posé	**Résolution de problèmes**	**Nouveaux apprentissages**
Ce calcul suppose des résultats mémorisés.	*Exemple :* se ramener à des nombres plus petits pour déterminer une procédure de résolution.	*Exemple :* approche de la multiplication qui suppose l'addition itérée de petits nombres.

RÉPONSES À QUELQUES QUESTIONS

▸ Comment aider les élèves à mémoriser des résultats ou des procédures?

La mémorisation de résultats ou de procédures de calcul est le résultat d'un processus dont quelques caractéristiques peuvent être précisées ainsi :

- Certains résultats sont mémorisés plus rapidement que d'autres.

– Pour l'addition, on peut citer en exemple les ajouts de 1 ou 2, les doubles, les résultats jusqu'à 10…
– Pour la multiplication, les résultats des tables de 2, 5 ou 4 sont plus facilement mémorisés que ceux des autres tables.

- Avant d'être mémorisé, un résultat est souvent d'abord reconstruit.

Ainsi, avant d'être associé immédiatement à 13, 7 + 6 peut être retrouvé en appui sur 6 + 6 à partir de l'ajout successif à 7 de 3 (passage par 10) ou encore pensé comme l'ajout de 5 + 2 et de 5 + 1. La progression doit donc être soigneusement pensée. .

- Certains résultats vont servir de points d'appui à l'élève pour construire d'autres résultats.

– Pour l'addition, il s'agit notamment des doubles des nombres inférieurs à 10 (souvent disponibles à l'entrée du CE1), des compléments à 10, de sommes du type 10 + 4 = 14, du fait que l'addition est commutative (si 9 + 3 est connu 3 + 9 l'est aussi, ce que beaucoup d'élèves ignorent ou n'exploitent pas).

L'entrainement enfin joue un rôle essentiel et doit faire l'objet d'un travail quotidien.

→ En plus des séances quotidiennes de calcul mental, **Cap Maths** propose des séances consacrées à la mise en place du répertoire additif (activité *Ce qu'on sait par cœur* en **unité 1**) et des premières tables de multiplication (activités autour des tables jusqu'à 5 en **unité 6**).

▸ Certains élèves semblent ne pas avoir mémorisé certains résultats additifs tout en étant capables de les donner rapidement. Que faut-il en penser ? En va-t-il de même pour la multiplication ?

Les chercheurs ont mis en évidence que le **répertoire additif** (ce qu'on appelle aussi les tables d'addition) était entièrement mémorisé par certaines personnes qui associent alors de façon réflexe **13** à **7 + 6** alors que d'autres n'en ont mémorisé qu'une partie et recomposent très rapidement les autres résultats à partir de ceux qui sont mémorisés (7 + 6 est obtenu par exemple à partir de 6 + 6). Cette seconde façon de procéder n'est pas un handicap dans la mesure où les résultats sont reconstruits de façon quasi instantanée. Cela montre l'importance qu'il y a à ne pas limiter cet apprentissage au seul entrainement et à prévoir des moments où sont explicités les moyens de reconstruire des résultats en prenant appui sur des résultats connus.

Pour la **multiplication**, il en va différemment dans la mesure où il est beaucoup plus difficile de reconstruire très rapidement les résultats non mémorisés. Il convient donc de viser une mémorisation complète du répertoire. Le travail de mémorisation des tables de multiplication, amorcé au CE1, se poursuit au CE2 et même au-delà pour certains élèves.

▸ La mémorisation des résultats soustractifs découle-t-elle de celle des résultats additifs ?

Pour beaucoup d'élèves, il est difficile de passer de la connaissance de **7 + 6 = 13** à celle de **13 – 7 = 6** ou à la réponse à la question **« Combien pour aller de 7 à 13 ? »** ou encore à la production de la **décomposition de 13 sous la forme 7 + 6**. Or, une maîtrise complète des répertoires additifs suppose la capacité à donner très rapidement les sommes, les différences, les compléments et les décompositions qui relèvent de ce répertoire. Un travail soutenu doit donc être fait dans ce sens, nécessaire pour pouvoir envisager par exemple une mise en place du calcul posé pour la soustraction.

→ Dans la plupart des **activités de calcul mental**, les élèves sont confrontés à différents types de questions où par exemple on propose le calcul de sommes, de compléments ou de différences.

▸ Pourquoi ne pas présenter le répertoire additif sous forme de table de Pythagore ?

Cette présentation sous forme de tableau à double entrée est en effet synthétique et économique, mais elle est source de difficultés de lecture pour beaucoup d'élèves au CE1. C'est la raison pour laquelle, comme au CP, nous avons préféré une autre présentation plus facile d'accès et mettant en évidence à la fois les **sommes** et les **décompositions**. En voici un extrait :

	4	5	6	
	1 + 3 2 + 2 3 + 1	1 + 4 2 + 3 3 + 2 4 + 1	1 + 5 2 + 4 3 + 3 4 + 2 5 + 1	

▸ Faut-il enseigner des procédures de calcul réfléchi ?

Pour chaque calcul ou type de calcul, il existe plusieurs procédures possibles. Prenons trois exemples :

Exemple 1 : **ajout de 9 à un nombre inférieur à 100**

On peut être tenté d'enseigner aux élèves que LA méthode consiste à ajouter 10 puis soustraire 1. Cette procédure est efficace pour calculer **36 + 9**. Elle l'est moins pour calculer **30 + 9** (la réponse devrait être immédiate et découler du travail sur la numération décimale) ou encore pour **31 + 9** où il est plus pertinent de décomposer 31 en 30 + 1 pour faire apparaître 1 + 9 = 10. Et, même pour 36 + 9, des élèves peuvent préférer « passer par 40 » en décomposant 9 en 4 + 5 et en ajoutant successivement 4, puis 5…

Il faut donc prendre en compte le fait qu'il n'existe pas, en calcul réfléchi, de procédure unique pour un type de calcul et que, pour un même calcul, les élèves peuvent, dans la classe, adopter des procédures différentes. C'est en travaillant à faire expliciter les procédures mises en œuvre par les élèves ou suggérées par l'enseignant qu'on peut leur permettre de s'approprier des procédures auxquelles ils n'ont pas pensé.

Exemple 2 : **calcul de 72 – 3**

Les nombres en jeu incitent, soit à reculer de 3 à partir de 72, soit à soustraire successivement 2 et 1, soit à décomposer 72 en 60 + 12 et à utiliser le résultat connu 12 – 3.

Exemple 3 : **calcul de 72 – 69**

Les nombres en jeu incitent cette fois plutôt à chercher ce qu'il faut ajouter à 69 pour obtenir 72 (dans ce cas, le calcul soustractif est remplacé par un calcul additif). Mais il est également possible de soustraire **60** puis **9**, ou plus tard de se ramener à **12 – 9** en soustrayant 60 aux deux termes de la différence. Pour les élèves de CE1, il est plus difficile d'envisager de soustraire 70, puis d'ajouter 1 ou encore de calculer 73 – 70 après avoir ajouté 1 aux 2 termes. Ces considérations peuvent être résumées par le schéma suivant :

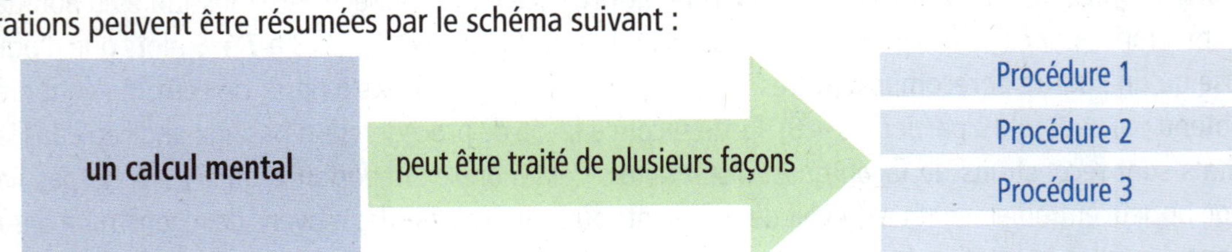

Cela a deux conséquences :

– Tout d'abord, il est important de ne pas se focaliser sur une seule procédure, car le plus souvent plusieurs procédures sont d'efficacité égale. Au contraire, il faut inciter chaque élève à choisir une procédure qui lui convient et à en changer en fonction des calculs proposés.

– Dans la conduite des moments de calcul réfléchi, un temps suffisant doit être laissé aux élèves pour l'élaboration de leur procédure et un autre temps doit être consacré à faire verbaliser les procédures utilisées et à les illustrer par un écrit ou à l'aide d'un matériel (*voir les questions suivantes*).

▶ Le programme évoque *les propriétés implicites* des opérations et *les propriétés de la numération*. Comment faut-il penser un travail dans ce sens pour le calcul réfléchi ?

Au préalable, il faut souligner que les **procédures de calcul réfléchi** se déroulent très différemment de celles en œuvre pour le calcul posé. Le calcul réfléchi porte essentiellement sur des mots alors que le calcul posé porte sur des chiffres. D'autre part, très souvent le calcul réfléchi se déroule de gauche à droite alors que le calcul posé se déroule de droite à gauche. Ainsi, pour calculer *vingt-six plus trente-quatre*, va-t-on plutôt calculer *vingt plus trente égale cinquante* (éventuellement en passant par l'ajout de 2 dizaines et 3 dizaines), puis *six plus quatre égale dix* et enfin *cinquante plus dix égale soixante*. Les élèves en difficulté en calcul mental sont souvent des élèves qui posent l'opération dans leur tête. D'où l'importance de ne pas mettre en place prématurément des techniques de calcul posé qui pourraient avoir un effet négatif sur l'élaboration de procédures de calcul mental.

Pour pouvoir mettre en œuvre et comprendre les procédures de calcul réfléchi, les élèves doivent pouvoir s'appuyer sur des résultats mémorisés solides et sur des stratégies efficaces.

Ces stratégies reviennent très souvent à décomposer un ou plusieurs des nombres en jeu, puis à recomposer les nombres obtenus, avec un calcul plus simple que celui donné initialement.

Par exemple, pour calculer 36 + 9, l'une des stratégies peut-être représentée par une suite d'égalités : 36 + 9 = 36 + (4 + 5) = (36 + 4) + 5 = 40 + 5 = 45. Cette stratégie dont la formalisation donnée ici n'est pas attendue des élèves s'appuie sur une propriété de la numération (36 = 30 + 6) et sur une propriété de l'addition (l'associativité). Une explicitation orale de la stratégie, illustrée avec du matériel (voir question suivante) et codifiée par exemple par un arbre de calcul, en insistant sur les étapes de calcul rapprochées de celles utilisées dans d'autres calculs permettra aux élèves de s'approprier progressivement, de façon implicite, les propriétés mobilisées.

Addition et soustraction

En dehors **des résultats du répertoire additif** progressivement mémorisés au CE1, les élèves doivent en mémoriser d'autres qui seront autant de points d'appui supplémentaires, en particulier : trouver rapidement le complément d'un nombre à sa dizaine supérieure, additionner ou soustraire des dizaines entières puis des centaines entières entre elles. Du point de vue stratégique, la plupart des procédures efficaces s'appuient sur une décomposition (additive ou soustractive) de l'un ou des deux termes en jeu, le plus souvent en référence à la numération décimale. Les propriétés sous-jacentes pour l'addition sont la commutativité et l'associativité et pour la soustraction le fait que soustraire une somme revient à soustraire successivement chacun de ses termes et que soustraire une différence revient à soustraire son premier terme et à ajouter ensuite son deuxième terme au résultat (ce qui est plus difficile pour les élèves de CE1), par exemple : 72 – 69 = 72 – (70 – 1) = (72 – 70) + 1.

Multiplication

Le calcul réfléchi est principalement lié à la construction progressive des résultats des tables étudiées et précède leur mémorisation. Trois points d'appui principaux peuvent être cités liés à des propriétés de la multiplication :

– la **commutativité** de la multiplication : si **3 fois 5** est connu, **5 fois 3** l'est aussi ;

– la **distributivité** de la multiplication sur l'addition : 3 fois 15, c'est 3 fois 10 plus 3 fois 5 ;

– l'**associativité** de la multiplication utilisée dans le cas des facteurs est doublé : si 3 fois 5 est connu, on peut en déduire 6 fois 5 qui vaut le double.

Ce dernier point est plus difficile à mettre en place que le précédent. Soulignons que, pour l'essentiel, c'est dans les classes suivantes que se développeront les procédures de calcul réfléchi pour la multiplication.

▸ Est-il pertinent d'utiliser des supports matériel pour le calcul mental ?

Une remarque préalable concerne le **vocabulaire utilisé**. Il peut être parfois préférable de ne pas utiliser le vocabulaire « mathématiquement correct » pour expliciter certaines procédures. Ainsi pour le calcul de **36 + 9** en passant par **40**, l'expression « 36 plus 4 c'est 40, et encore 5 c'est 45 » peut être mieux comprise qu'une expression qui utilise les mots « plus » et « égale ». La solution peut alors être d'avoir recours à plusieurs formulations équivalentes. De même, l'expression « **3 fois 5** c'est **2 fois 5** et encore **1 fois 5** » sera certainement mieux comprise que l'expression « 5 multiplié par 3 égale 5 multiplié par 2 plus 5 multiplié par 1 ».
Mais souvent, l'expression verbale des procédures gagne à être accompagnée par une **illustration imagée** qui peut faire référence soit à l'aspect cardinal des nombres, soit à leur aspect ordinal.

Exemple : calcul de **36 + 9** en passant par **40** peut être illustré par :

Une nouvelle dizaine est fabriquée avec « 6 de 36 » et « 4 de 9 ».

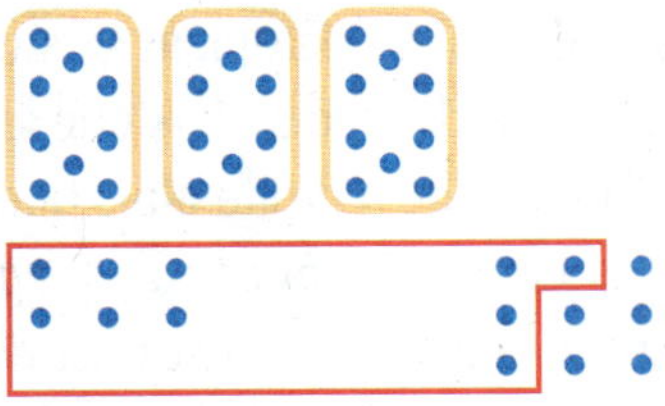

Aspect cardinal

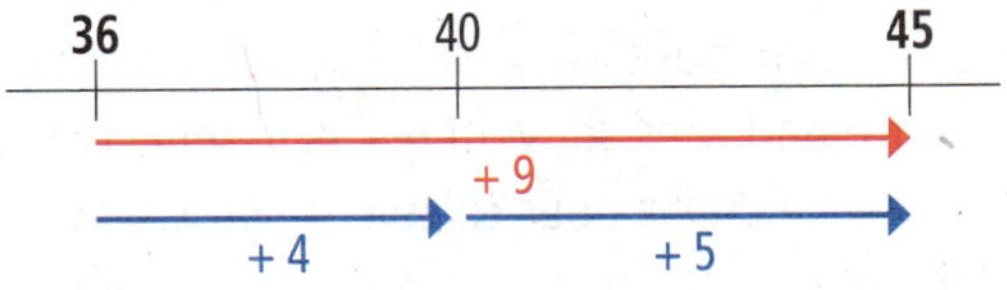

Aspect ordinal

→ **Cap Maths** propose des séances d'apprentissage consacrées à la mise en place de stratégies de calcul réfléchi :
– pour l'addition et la soustraction : *Combien de perles ont-ils ensemble ?* en **unité 3**, «Calcul réfléchi de sommes et de compléments» en **unité 4**, *Calculer le plus vite possible* en **unité 8**.
– pour la multiplication : *Multi-mariage et Décomposer sous forme de produits* en **unité 5**, *Les produits voisins* en **unité 7**, *Qui a le plus grand résultat* en **unité 8**.

▸ Quel intérêt y a-t-il à proposer des « petits problèmes » dans le cadre des activités quotidiennes de calcul mental ?

La tradition de la résolution de problèmes est marquée par la place des énoncés écrits. Il ne s'agit pas d'en nier l'importance. Mais d'autres modes de présentation des situations doivent être utilisés : sous forme expérimentale, avec **l'aide d'illustrations** ou **sous forme orale**. A cet égard, **les moments de calcul mental jouent un rôle particulier**. C'est ce qui nous a conduit à renforcer le travail consacré à ce type d'activités (en général à deux reprises pour chaque unité de travail). Portant sur des nombres bien connus des élèves, qui ne les effraient pas, les problèmes à traiter mentalement mobilisent plus facilement leur attention sur le raisonnement à mettre en œuvre et sur le sens des opérations sollicitées. Enfin, leur présentation orale évite bon nombre de difficultés que certains élèves rencontrent dans le décodage d'un texte et permet donc un accès plus rapide au travail mathématique.

→ Deux fois par unité, **Cap Maths** propose des petits problèmes de calcul mental que les élèves doivent résoudre mentalement (en général séances 1 et 5).

▸ Le programme mentionne un attendu relatif au calcul approché : « Calculer mentalement pour évaluer un ordre de grandeur ». Est-ce possible au CE1 ?

Le calcul approché est difficile pour les élèves pour au moins deux raisons :
– pour un même nombre, le choix de l'arrondi peut varier d'un calcul à l'autre compte tenu des autres nombres figurant dans le calcul ;
– le choix de l'arrondi est aussi dépendant des compétences en calcul mental exact : il faut choisir des nombres avec lesquels on pourra calculer rapidement.
Pour ces raisons, les ambitions dans ce domaine doivent donc être mesurées.

→ **Au CE1, Cap Maths** ne propose pas de séances consacrées spécifiquement au calcul approché. Mais en différentes occasions, notamment pour anticiper l'ordre de grandeur d'un résultat ou s'assurer que le résultat obtenu par un calcul posé ou avec une calculatrice est plausible, les élèves sont invités à faire un calcul approché, souvent de façon guidée. Il s'agit donc essentiellement d'un travail de sensibilisation.

▸ À quel moment faut-il introduire les symboles opératoires (+, – et ×) ?

Les symboles opératoires sont **un des éléments langagiers** qui permettent d'exprimer des relations entre nombres (par exemple, le nombre **12** peut être relié à **5** et à **7** par 7 + 5 = 12, à **3** et à **4** par 4 × 3 = 12, à **3** et **15** par 15 – 3 = 12, etc.). Ils permettent également de mathématiser des situations concrètes dans le cadre de la résolution de problèmes. Le langage verbal est un autre mode d'expression des opérations.

Il est donc faux de considérer que le travail sur une opération commence avec l'introduction du signe qui sert à l'exprimer. Celle-ci n'en est qu'une étape très importante. Les signe + et – ont été introduits au CP. Au CE1, un nouveau signe opératoire est introduit : le **signe ×** pour la multiplication. Auparavant, les élèves ont résolu des problèmes « multiplicatifs » sans disposer de la multiplication : l'addition itérée était suffisante. Par exemple lorsqu'on cherche « combien de tours identiques on peut réaliser avec 30 cubes », une solution consiste à décomposer **30** sous la forme **5 + 5 + 5 + 5 + 5 + 5**. Le mot « fois » est alors utilisé pour exprimer que, dans ce cas, on a ajouté **6 fois** le nombre **5**. C'est à partir de là qu'est introduit le signe ×. À la suite des activités précédentes, l'écriture **5 × 6** est mise en relation avec des groupements d'objets, avec l'addition itérée de **6 termes égaux à 5** ou de **5 termes égaux à 6** et avec des expressions comme **6 fois 5** ou **5 fois 6**.

▸ Faut-il distinguer 5 × 6 et 6 × 5 ?

La multiplication possède une propriété fondamentale qui est d'être commutative, ce qui se traduit par **5 × 6 = 6 × 5**. Comme cela a déjà été indiqué, cette propriété permet une économie importante dans l'apprentissage des tables de multiplication puisque la connaissance de **5 × 6 = 30** entraîne celle de **6 × 5 = 30**.

Pour un problème comme *Combien y a-t-il de cubes pour construire 5 tours de 6 cubes ?*, les deux calculs 6 × 5 = 30 et 5 × 6 = 30 sont corrects. La situation « 5 tours de 6 cubes » incite à considérer qu'on a 6 cubes et encore 6 cubes et encore 6 cubes, etc. (donc 5 fois 6 cubes), mais les élèves doivent savoir qu'ils peuvent obtenir la réponse aussi bien en calculant 6 × 5 que 5 × 6.

→ Le choix de **Cap Maths** est donc de travailler d'emblée l'égalité des écritures 5 x 6 et 6 x 5, chacune d'elles pouvant être interprétée aussi bien comme « 5 fois 6 » que comme « 6 fois 5 ».

▸ Quelle place faut-il donner à l'apprentissage du calcul posé ?

Aujourd'hui, même s'il n'est pas nul, l'intérêt pratique des techniques de calcul posé est moindre de ce qu'il était avant la vulgarisation de l'usage des calculatrices. **Mais leur intérêt pédagogique et culturel demeure :** leur étude peut renforcer chez les élèves la connaissance des nombres et de la numération décimale, à condition que leur apprentissage vise la compréhension des mécanismes à l'œuvre dans leur exécution. Dans tous les cas, une bonne connaissance des répertoires (tables) est indispensable.

Addition posée en colonnes

Sa compréhension prend appui sur les connaissances acquises en numération (en particulier sur la valeur positionnelle des chiffres et la référence aux groupements par dix) qui permettent de justifier le principe de la retenue. L'illustration par le matériel utilisé pour le travail sur la numération est utile pour certains élèves.

Soustraction posée en colonnes

Dans les repères de progressivité pour le domaine Nombres et calculs, il est mentionné que, au CE1, *les élèves apprennent une technique de calcul posé pour la soustraction. Dans le même texte, il est précisé que cet apprentissage est un moyen de renforcer la compréhension du système décimal de position et de consolider la mémorisation des relations numériques élémentaires et qu'il a donc lieu lorsque les élèves se sont approprié des stratégies de calcul basées sur des décompositions/recompositions liées à la numération décimale, souvent utilisées en calcul mental ou écrit.* Si on veut répondre à cette orientation importante du programme et en tenant compte des acquis des élèves de CE1, la seule technique envisageable au CE1 est celle souvent appelée « **par cassage ou démontage de la centaine, de la dizaine…** ». Pour la comprendre, il suffit en effet d'avoir assimilé le principe de la numération décimale (groupements et échanges en relation avec la valeur positionnelle des chiffres). Le choix aurait pu être fait de commencer par des soustractions « sans retenue ». Nous l'avons rejeté en raison des obstacles connus qu'il génère pour certains élèves qui traitent alors séparément les unités et les dizaines dans un ordre aléatoire, ce qui fonctionne pour les soustractions « sans retenue » mais conduit à des erreurs dans les cas « avec retenues ».

Multiplication posée

Le programme actuel ne prévoit son apprentissage qu'au CE2.

→ Dans **Cap Maths**, nous avons choisi, dans la dernière partie de l'année, de mettre en place la technique posée de soustraction dite «par cassage ou démontage de la dizaine...» en se limitant au cas des nombres inférieurs à 100, ce qui évite d'affronter prématurément la difficulté de calcul comme celui de 405 – 187 où on ne dispose pas directement d'une dizaine à décomposer. Ce type de calcul, sera à nouveau envisagé au CE2 avec des nombres plus grands, avec la même technique, mais avec la possibilité, selon le choix de l'enseignant, de la faire évoluer vers une autre présentation (plus familière aux parents).

▸ Les calculatrices peuvent-elles être utilisées dès le CE1 ?

Au cycle 2, il est difficile d'envisager un travail sur des spécificités des calculatrices au-delà des touches qui correspondent aux opérations usuelles. C'est la raison pour laquelle nous n'avons pas prévu de séance spécifiquement réservée aux calculatrices.

→ Dans **Cap Maths**, les calculatrices sont utilisées comme support de certains apprentissages, en **unité 5**, pour l'étude de la numération décimale – activité *Quantités, compteur et calculette* ou comme auxiliaire de calcul dans certaines activités ou pour vérifier un résultat obtenu mentalement ou par écrit. Elles peuvent alors aussi être mises à la libre disposition des élèves pour résoudre des problèmes lorsque l'enseignant l'estime nécessaire.

ÉTAPES DE L'APPRENTISSAGE DES MÉTHODES DE CALCUL PROPOSÉES PAR CAP MATHS

Les compétences signalées en gras font l'objet de séances d'apprentissage. Les autres sont entrainées dans le cadre du calcul mental quotidien ou des activités de révision.

	CALCUL MENTAL		CALCUL POSÉ
	Mémorisation de résultats et de procédures	**Procédures de calcul réfléchi**	
Unité 1	Addition, soustraction • Répertoire additif (résultats jusqu'à 10). • Ajout, retrait de 1 à un nombre inférieur à 100. • Calculs liés à la numération (20 + 7 ; 27 – 7...).		
Unité 2	Addition, soustraction • Répertoire additif (résultats jusqu'à 14). • Ajout, retrait de 2 ou de 10 à un nombre inférieur à 100. • **Addition, soustraction de dizaines entières.**	Addition • Addition itérée d'un nombre inférieur à 10. • Somme de 3 nombres inférieurs à 10. Doubles et moitiés • **Nombres jusqu'à 30.**	
Unité 3	Addition, soustraction • Répertoire additif (complet). • Addition, soustraction de dizaines entières.	Addition, soustraction • Ajout, retrait de 6, de 7 de 8 ou de 9 à un nombre inférieur à 100. • **Sommes et différences de 2 nombres inférieurs à 100.** Doubles et moitiés • Nombres de 1 à 30. Multiplication (approche) • **Addition itérée d'un nombre.**	Addition • **Somme de nombres inférieurs à 100.**

Unité 4	**Addition, soustraction** • Répertoire additif (complet). • Addition, soustraction de dizaines entières entre elles. • Complément à la dizaine proche ou supérieure ou écart à la dizaine proche.	**Addition, soustraction** • Addition, soustraction dizaines entières à un nombre inférieur à 100. • **Addition et soustraction par passage à la dizaine.** **Multiplication** • **Calcul de produits simples.**	**Addition** • Somme de nombres inférieurs à 100.
Unité 5	**Addition, soustraction** • Ajout, retrait de 5 à un nombre multiple de 5 (inférieur à 100). • Addition, soustraction de dizaines et de centaines entières.	**Addition, soustraction** • Addition itérée d'un nombre inférieur à 10. • **Addition, soustraction de dizaines et centaines entières à un nombre inférieur à 100.** **Multiplication** • **Calcul de produits simples.**	**Addition** • **Somme de nombres inférieurs à 1 000.**
Unité 6	**Addition, soustraction** • Complément à 100 d'un multiple de 10. **Multiplication** • **Tables jusqu'à 5 (construction).** • **Multiplication par 10 et par 100.**	**Addition, soustraction** • Addition et soustraction de 2 nombres inférieurs à 100. • Complément à la centaine supérieure d'un multiple de 10. **Multiplication** • Calcul de produits simples.	**Addition** • Somme de nombres inférieurs à 1 000.
Unité 7	**Multiplication** • Tables de multiplication de 2 et de 5. • Multiplication par 10 et par 100.	**Addition, soustraction** • Ajout, retrait d'un nombre inférieur à 10 à un nombre inférieur à 100. **Multiplication** • **Calcul de produits simples en appui sur un résultat connu** • **Multiplication par 20, 200…**	
Unité 8	**Addition, soustraction** • Ajout de 10 ou de 100. **Multiplication** • Table de multiplication de 4. • Multiplication par 10 et par 100.	**Addition, soustraction** • Complément à une dizaine supérieure. • **Soustraction d'un petit ou d'un grand nombre.** • Décompositions de 100. **Multiplication** • Produit d'un multiple de 10 ou de 100 par un nombre inférieur à 10.	
Unité 9	**Multiplication** • Table de multiplication de 3. • Multiplication par 10 et par 100.	**Addition, soustraction** • Ajout, retrait d'un nombre proche de 20. **Doubles et moitiés** • Nombres multiples de 5. **Multiplication, division** • **Multiplication par un nombre inférieur à 10.** • **Division par 2 et par 5 (cas simples).**	**Addition** • **Sommes de plus de 2 nombres.** **Soustraction** • **Différence de nombres inférieurs à 100.**
Unité 10	**Multiplication** • Tables de multiplication de 2 à 5. • Multiplication par 10 et par 100.	**Addition, soustraction** • Complément à 100 d'un multiple de 5. • Addition de 2 nombres inférieurs à 100. **Multiplication, division** • Multiplication par un nombre inférieur à 10.	**Addition** • Sommes de plus de 2 nombres. **Soustraction** • Différence de nombres inférieurs à 100.

III. LE SENS DES OPÉRATIONS

LES DIFFÉRENTS SENS D'UNE OPÉRATION

L'expression « sens d'une opération » évoque la capacité des élèves à utiliser à bon escient cette opération pour résoudre un problème. La situation est plus complexe que ne pourrait le laisser supposer cette expression. Comme l'ont montré de nombreux travaux (en particulier en France, ceux de Gérard Vergnaud[1]), **une même opération peut être sollicitée pour résoudre une grande variété de problèmes**. Il serait donc plus juste de parler des « différents sens » d'une opération. Si, pour certains problèmes, la reconnaissance de l'opération ne pose guère de difficultés, pour d'autres au contraire cette reconnaissance est plus tardive et nécessite la mise en place d'un enseignement organisé sur la base de situations appropriées.

Pour résumer cette problématique, on peut se référer aux deux schémas suivants :

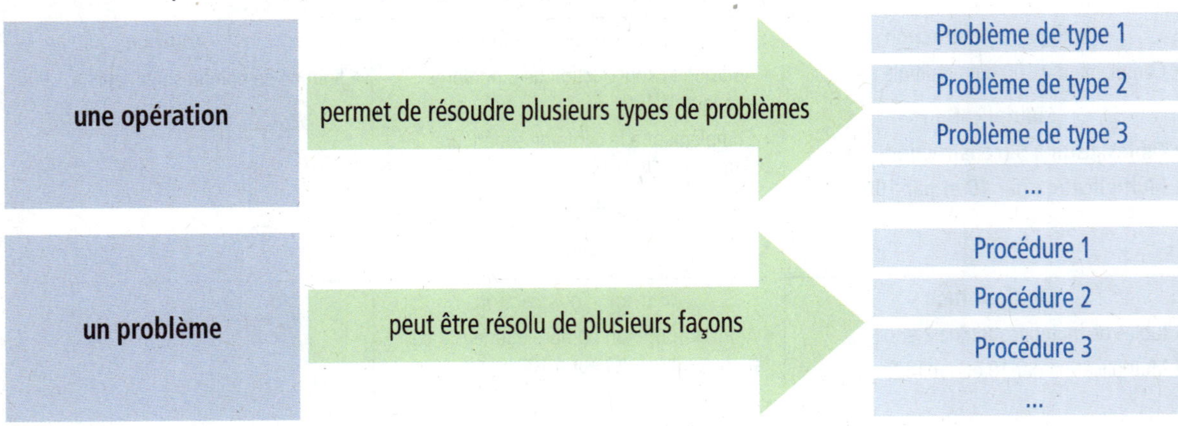

EXEMPLE : LA SOUSTRACTION

Au début, pour beaucoup d'élèves, c'est l'opération qui permet de **trouver ce qui reste** à la suite d'une diminution. En quelque sorte, **soustraire, c'est enlever**. Ce sens de la soustraction est assez tôt accessible, mais il peut aussi constituer un obstacle pour l'accès à d'autres sens de la soustraction. Elle est en effet utile pour :

– **Trouver un complément.** ***Exemple :*** *Combien de billes bleues dans un ensemble qui comporte 25 billes dont 18 rouges, sachant que toutes les autres sont bleues ?*. Dans cette situation, il est plus naturel de se demander ce qu'il faut ajouter à **18** pour obtenir **25**, autrement dit de raisonner davantage d'un point de vue additif que d'un point de vue soustractif.

– **Calculer un écart ou une différence.** ***Exemple :*** *Léo a 25 billes. Tom en a 18. Léo a plus de billes que Tom. Combien de plus ?*

Il existe d''autres catégories de problèmes qui peuvent être résolus en utilisant la soustraction. L'essentiel ici est de souligner cette pluralité de sens et le fait que, au-delà de ce qu'on pourrait appeler le « sens naturel », leur maîtrise suppose un travail didactique et ne peut pas être seulement le fruit de problèmes rencontrés de façon plus ou moins hasardeuse.

Prenons l'exemple de la **recherche de la valeur d'un complément** : *Combien de billes bleues dans un ensemble qui comporte 25 billes dont 18 rouges, sachant que toutes les autres sont bleues ?*

Les élèves peuvent résoudre ce problème :

– par un dessin ou un schéma en dénombrant directement les billes bleues ;
– par un complément en allant de 18 à 25 et en comptant le nombre de pas ou en passant par 20 ;
– par addition à trous : 18 + … = 25 ;
– par le calcul de 25 – 18.

Le fait que ces différentes modalités sont équivalentes et peuvent être remplacées l'une par l'autre est à construire avec les élèves.

1. Voir par exemple http://www-irem.ujf-grenoble.fr/revues/revue_n/fic/38/38n2.pdf pour le cas des structures additives.

À partir de là, deux questions se posent :
– Faut-il proposer des problèmes relevant d'un sens particulier avant qu'il ait été enseigné ?
– A quel moment tel sens particulier peut-il être enseigné et comment ?

La réponse à la première question peut être schématisée de la façon suivante, pour la soustraction :

Résolution dite experte
Problèmes d'emblée reconnus comme se résolvant par soustraction.

Passage d'une résolution dite personnelle à une résolution dite experte
Problèmes pour lesquels une résolution par soustraction est enseignée au CE1.

Résolution dite personnelle
Problèmes résolus par diverses procédures (sans que la soustraction soit un objectif).

Soustraction

Recherche d'un reste
Alex a 75 images. Il donne 3 paquets de 10 images à Lisa. Combien lui reste-t-il d'images ?
Unité 2, séance 3

Recherche d'un complément
unité 8, séances 1 et 2.

Recherche d'une valeur initiale (avant augmentation)
unité 10, séance 5.

Recherche d'un écart
Un car orange a 65 places et un car bleu a 80 places. Il y a plus de places dans le car bleu que dans le car orange. Combien de plus ?

ÉTAPES DE L'APPRENTISSAGE DU SENS DES OPÉRATIONS PROPOSÉES PAR CAP MATHS

Le sens enseigné au CE1.

Addition

- Total (réunion de quantités ou de grandeurs) (enseigné au CP).
- Résultat d'une augmentation.

Soustraction

Résultat d'une diminution (enseigné en CP)
- Valeur d'un complément › Unité 8.
- Valeur avant une augmentation › Unité 10.

Note : Un travail est conduit sur ces types de problèmes que des élèves peuvent déjà reconnaitre comme relevant de la soustraction. Au CE2 et au CM1 des activités seront à nouveau proposées pour que les élèves reconnaissent la soustraction comme opération permettant de résoudre ces deux types de problèmes.

Multiplication

- Réunion de plusieurs quantités identiques › Unités 3, 4 et 5 (avec utilisation du signe ×).
- Nombre d'éléments organisés en lignes et colonnes régulières › Unité 10.

Division

- Nombre de parts obtenues par des groupements réguliers (en particulier par 2 et par 5) › Unités 8 et 10.
- Valeur de chaque part dans le partage équitable d'une quantité › Unité 9.

Note : Un travail est conduit sur ces types de problèmes, mais ils ne sont le plus souvent pas reconnus comme relevant de la division. Au CE2 et au CM1 des activités seront proposées pour que les élèves reconnaissent la division comme opération permettant de résoudre ces deux types de problèmes.

AUTRES PROBLÈMES RELATIFS AU SENS DES OPÉRATIONS

En dehors des activités d'apprentissage ciblées, des problèmes sont proposés :

– dans les **activités de calcul mental**, (séances 1 et 5 de chaque unité) : problèmes proposés oralement ;

– dans les **activités de révision**, au moins deux fois par unité : problèmes proposés sous forme d'énoncés écrits ;

– dans les **activités de consolidation** ;

– dans les **pages problèmes** du Fichier Nombres et Calculs et du Cahier Mesures et Géométrie.

Selon les cas, ces problèmes peuvent être résolus :

– soit **en faisant appel à un sens connu d'une opération** ;

– **soit en mobilisant des procédures personnelles** de résolution, ce qui permet aux élèves de travailler sur la compréhension de situations qui, plus tard, pourront servir de support à l'apprentissage d'un nouveau sens pour une opération donnée.

Il faut souligner que, en fonction de la compréhension de la situation évoquée et de la maîtrise des différents sens d'une opération, un même problème peut être résolu par certains en faisant appel directement à cette opération et par d'autres en mobilisant une procédure personnelle.

Dans le tableau ci-dessous, la mention de l'opération (addition, soustraction, multiplication, division) n'implique pas que les élèves vont l'utiliser pour résoudre les problèmes correspondants.

	Calcul mental	Révision	Pages «Consolidation»	Pages « Problèmes »
Addition				
• Valeur obtenue par la réunion de 2 ou plusieurs valeurs	Unités 1, 3, 5, 9	Unités 1, 5, 6, 7, 9	Unités 2, 6	Unités 1, 2, 4, 5, 7, 8
• Résultat d'une augmentation ou position suite à un déplacement «en avant» sur une ligne graduée	Unités 4, 7		Unité 3	Unités 4, 5
• Valeur avant une diminution ou position avant un déplacement «en arrière» sur une ligne graduée				Unité 4
Soustraction				
• Résultat d'une diminution ou position suite à un déplacement «en arrière» sur une ligne graduée	Unité 4	Unité 2, 4, 6		Unité 5
• Valeur d'un complément	Unités 1, 2, 3	Unités 1, 2, 3, 4, 5	Unité 6	Unités 5, 7, 10
• Valeur avant une augmentation augmentation ou position avant un déplacement «en avant» sur une ligne graduée		Unité 4		
• Valeur d'un déplacement sur une ligne graduée ou valeur d'un écart ou d'une différence (comparaison)	Unités 4, 5, 7	Unité 7		Unités 1, 2, 4, 5
• Valeur à trouver à partir de la donnée d'un écart (comparaison)	Unité 7			
Multiplication				
• Valeur obtenue par la réunion de plusieurs valeurs identiques	Unités 2, 6, 8, 9	Unités 2, 4, 6, 8, 9	Unités 3, 4, 6	Unités 7, 8, 10
• Nombre d'éléments organisés en lignes et colonnes régulières				Unité 10
Division				
• Nombre de groupements réguliers à partir d'une quantité	Unités 6, 8, 10	Unités 6, 8, 10	Unités 6, 7	Unités 2, 7, 8, 10
• Valeur de chaque part dans le partage équitable d'une quantité	Unité 1, 10	Unités 2, 10		Unités 1, 2

IV. PROBLÈMES, ORGANISATION ET GESTION DE DONNÉES

CONNAISSANCES ET COMPÉTENCES FONDAMENTALES

La résolution de problèmes est l'activité mathématique par excellence. C'est à sa capacité à utiliser ce qu'il sait pour venir à bout d'un problème qu'on reconnaît véritablement qu'un élève maitrise ce qu'il a appris. Or on constate, dans la plupart des évaluations (nationales ou internationales), des faiblesses chez trop d'élèves dans ce domaine : angoisse face à une situation inédite, manque d'initiative, peur de se tromper…

Dans **Cap Maths**, la résolution de problèmes est travaillée dans trois directions :

– **partir d'un problème pour apprendre une nouvelle connaissance** : cela permet à l'élève de comprendre à quoi elle sert, quel est l'intérêt de la maîtriser ;

– **utiliser les connaissances acquises dans des problèmes nouveaux** : cela permet d'en renforcer le sens et d'étendre leur champ d'utilisation ;

– **développer les capacités à chercher** : exploiter des informations, explorer une piste et la remettre en cause, s'aider d'un dessin ou d'un schéma, faire de petites déductions, expliquer pourquoi une réponse convient ou ne convient pas sont autant de compétences que l'enfant doit commencer à développer très tôt.

C'est ce que le programme mentionne en indiquant : « *On veillera à proposer aux élèves, dès le CP, des problèmes pour apprendre à chercher qui ne soient pas de simples problèmes d'application à une ou plusieurs opérations mais nécessitent des recherches avec tâtonnements.* »

Cette approche du travail mathématique vise également à développer chez l'élève les **capacités à** :

– raisonner, déduire ;

– écouter pour comprendre, interroger, répéter, réaliser un travail ou une activité ;

– échanger, questionner, justifier un point de vue ;

– travailler en groupe, s'engager dans un projet ;

– se représenter son environnement proche, s'y repérer, s'y déplacer de façon adaptée.

D'autres capacités spécifiques de la résolution de problèmes sont également visées :

– développer une pensée logique (chercher, abstraire, raisonner) ;

– organiser les données d'un problème en vue de sa résolution ;

– produire une solution originale dans un problème de recherche ;

– formuler et communiquer sa démarche ;

– contrôler et discuter la pertinence ou la vraisemblance d'une solution ;

– identifier des erreurs dans une solution en distinguant celles qui sont relatives au choix d'une procédure de celles qui interviennent dans sa mise en œuvre.

Enfin, au CE1 commence à se mettre en place la capacité à **exploiter des données sur différents supports : tableaux ou graphiques simples**.

En dehors des connaissances mathématiques développées dans les activités de résolution de problèmes (*voir les commentaires relatifs aux différents domaines*), d'autres connaissances et compétences de nature méthodologique font l'objet d'un enseignement. Pour le CE1, elles sont résumées dans le schéma suivant :

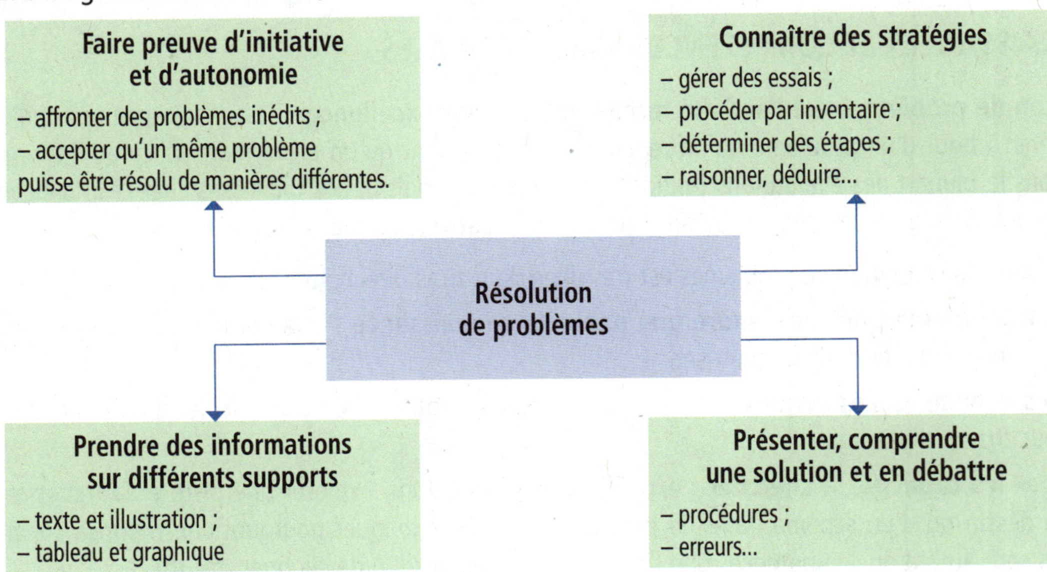

RÉPONSES À QUELQUES QUESTIONS

▸ Pourquoi faut-il proposer des problèmes de recherche ?

Trois raisons principales peuvent être avancées :

1. Développer un « comportement de chercheur ».
En effet, s'engager dans la résolution d'un problème n'est, souvent, pas une attitude spontanée des élèves qui arrivent au CE1. Ils ont parfois tendance à attendre des indications sur la démarche à suivre avant de se lancer dans un travail. Il est donc nécessaire, par l'action, de leur faire comprendre ce que l'on attend d'eux en mathématiques : prendre des initiatives, accepter la responsabilité de la résolution du problème, accepter de ne pas trouver tout de suite, argumenter à propos de la validité d'une solution...

2. Prendre conscience de la portée des connaissances dont on dispose.
Celles-ci ne permettent pas seulement de résoudre des problèmes dits « d'application » mais, (même peu nombreuses), elles peuvent être mobilisées pour traiter de nombreux autres problèmes.

3. Préparer des apprentissages ultérieurs.
L'appropriation d'un nouveau sens pour une opération suppose que l'élève mette cette opération en rapport avec une nouvelle catégorie de problèmes. Il le fera plus facilement s'il est déjà familier de tels problèmes qu'il a eu l'occasion de résoudre par d'autres méthodes. Ainsi des situations de partage équitable ou de groupements réguliers ont-elles donné lieu à des problèmes bien avant que l'élève ne soit capable de les résoudre en utilisant la division.

▸ Faut-il donner des explications complémentaires ?

Dans certains cas, des explications complémentaires peuvent être élaborées collectivement :
– sur la signification des informations fournies et la compréhension de la question ;
– sur ce qu'il faut faire : utiliser le brouillon pour chercher, expliquer ensuite comment on a trouvé, répondre à la question posée...

Progressivement, les élèves doivent pouvoir travailler de façon plus autonome.

▸ Faut-il fournir du matériel aux élèves ?

Beaucoup de problèmes sont proposés à partir d'un support écrit qui peut prendre des formes différentes : texte, illustration, tableau, graphique. Pour aider à la compréhension de la situation et de la question, il peut être utile de « **matérialiser la situation** ».

Par exemple, dans la page « Problèmes » en fin d'unité 2, le problème suivant est proposé (on sait qu'il y a 26 élèves dans la classe) : *Dans la classe, les élèves sont installés par groupes de deux élèves. Combien de groupes de deux élèves y a-t-il dans la classe de Lisa ?* Pour des élèves qui ont du mal à comprendre la situation, on peut montrer 26 objets, de préférence des personnages, qui représentent les élèves, commencer à les mettre par deux devant les élèves (8 objets par exemple), s'arrêter, remettre tous les objets dans une boîte et demander aux élèves « combien de groupes de deux on peut réaliser ? ».

Dans cette situation, le matériel est destiné à faire comprendre le problème aux élèves, mais n'est pas mis à leur disposition pour le résoudre. En effet, si les élèves répondent à la question à l'aide du matériel, ils ne font pas de mathématiques. C'est la nécessité d'avoir à construire la réponse, sans disposer du matériel, qui conduit à l'activité mathématique. Après résolution et débat entre les élèves, une solution peut être validée en faisant tous les groupes possibles avec le matériel.

▶ Quel déroulement pour le travail sur un problème de recherche ?

Le plus souvent, un problème ouvert gagne à être résolu en petites équipes, après un temps d'appropriation individuel.

Phase de recherche

Elle est élaborée sur une feuille à part ou sur le cahier de brouillon. Cela permet aux élèves de se sentir libre d'explorer une piste, puis une autre, sans se soucier de faire « juste » et « propre » du premier coup avant même d'avoir commencé à chercher.

Phase d'exploitation

Les productions des élèves sont tout d'abord une source d'information pour l'enseignant, en observant quelles connaissances et quelles stratégies les élèves mobilisent pour chaque problème. Pour ces problèmes, une mise en commun est préférable à une correction. Il s'agit alors, avec les élèves, d'examiner différentes productions pour discuter la validité des procédures utilisées, pour identifier les erreurs et pour mettre en relation des procédures de résolution différentes.

Ce travail sur les solutions des élèves est un des moyens de les faire progresser, en montrant qu'il y a rarement une seule façon de résoudre un problème et en leur permettant de s'approprier d'autres procédures que celles qu'ils ont utilisées.

▶ Faut-il une synthèse et une trace écrite à l'issue du travail sur un problème de recherche ?

Une synthèse est toujours nécessaire.
Elle peut, selon les problèmes, porter sur des points différents, par exemple :

– sur les **comportements attendus** dans ce type d'activité : on peut ne pas trouver tout de suite, au brouillon, on peut essayer, barrer, recommencer ;

– sur les **modalités du travail en équipes** : s'écouter, proposer, suivre une piste, en débattre, choisir une solution… ;

– sur les **résolutions valides** et leur mise en relation ;

– sur une **stratégie particulière** : faire un essai et en tenir compte pour l'essai suivant ; organiser un inventaire des possibilités ; déterminer des étapes possibles… ;

– sur des **erreurs caractéristiques**.

Dans certains cas, une trace écrite peut être jugée utile.
Elle peut, dans ce cas, prendre différentes formes :

– **trace écrite collective** (avec différentes solutions validées) au tableau, sur affiche, sous forme de document projetable (TNI, par exemple) et pouvant être utilisée comme source d'information par les élèves ;

– **document photocopié** remis aux élèves et contenant différentes solutions validées ;

– **trace écrite personnalisée**, chaque élève recopiant l'une des solutions qu'il pense avoir comprise et qu'il pense pouvoir utiliser dans un problème voisin qui lui sera effectivement proposé prochainement.

COMMENT UTILISER LES PAGES « PROBLÈMES »

Pour chaque série, les problèmes sont variés :
– ils sont, le plus souvent, situés dans un même contexte, ce qui contribue à maintenir l'intérêt des élèves et leur permet de se concentrer davantage sur les questions posées ;
– ils ne relèvent pas tous du même domaine mathématique, de manière à favoriser la réflexion quant au choix des procédures de résolution ;
– les données sont fournies par des supports divers : dessin, texte, schéma.

Chaque élève ne traitera pas obligatoirement l'ensemble des problèmes. Le choix, l'utilisation et la mise en œuvre de ceux-ci sont laissés à l'initiative de l'enseignant. Certains problèmes peuvent être proposés en résolution individuelle. D'autres sont résolus en équipes, soit directement, soit après une phase de résolution individuelle.

La recherche se fait d'abord au brouillon, sur une feuille à part. Ensuite, les élèves peuvent consigner leurs réponses dans le fichier.

L'exploitation prend souvent la forme d'une mise en commun au cours de laquelle sont examinées différentes productions pour discuter la validité des procédures utilisées, pour identifier les erreurs et pour mettre en relation des procédures de résolution différentes.
Ce travail sur les solutions des élèves est un des moyens de les faire progresser, en montrant qu'il y a rarement une seule façon de résoudre un problème et en leur permettant de s'approprier d'autres procédures que celles qu'ils ont utilisées.

PRINCIPALES OCCASIONS DE TRAVAIL SUR LA RÉSOLUTION DE PROBLÈMES

Le tableau suivant ne recense que les occasions de travailler spécifiquement sur telle ou telle compétence méthodologique. D'une part, celles-ci peuvent être à l'œuvre dans beaucoup d'autres situations. D'autre part, un problème pouvant toujours être résolu de plusieurs manières, il est possible que, dans un problème, des élèves mobilisent d'autres compétences que celles qui sont énoncées ci-dessous.

	Activités d'apprentissage et pages consolidation	Pages Problèmes
Gérer des essais	Unité 1 du fichier	Unités 1, 2, 7, 10 du fichier
Prendre de l'information sur différents supports	Unité 4 (texte, illustration) du fichier Unité 4 (texte, graphique) du fichier	Unités 1, 2, 5, 7, 10 (texte, illustration) du fichier Unité 4 (texte, tableau) du fichier
Procéder par inventaire	Unité 6 du fichier	Unité 7 du fichier et unité 9 du cahier
Déterminer des étapes	Unités 4, 7 du fichier	Unités 4, 5, 8 du fichier

Grandeurs et mesure

Programme du cycle 2 (en vigueur à la rentrée 2016)

Dans les différents enseignements mais aussi dans leur vie quotidienne, les élèves sont amenés à comparer des objets ou des phénomènes en utilisant des nombres. A travers des activités de comparaison, ils apprennent à distinguer différents types de grandeurs et à utiliser le lexique approprié : longueurs (et repérage sur une droite), masses, contenance (et volume contenu), durées (et repérage dans le temps), prix. La comparaison de grandeurs peut être directe, d'objet à objet (juxtaposer deux baguettes), nécessiter la comparaison à un objet intermédiaire (utiliser un troisième récipient pour déterminer laquelle de deux bouteilles a la plus grande contenance) ou à plusieurs objets de même grandeur (mettre bout à bout plusieurs baguettes identiques pour comparer les longueurs de deux lignes tracées au sol).
Elle peut également reposer sur la comparaison de mesures des grandeurs.

Dans le cas des longueurs, des masses, des contenances et des durées, les élèves ont une approche mathématique de la mesure d'une grandeur : ils déterminent combien de fois une grandeur à mesurer « contient » une grandeur de référence (l'unité). Ils s'approprient ensuite les unités usuelles et apprennent à utiliser des instruments de mesure (un sablier, une règle graduée, un verre mesureur, une balance, etc.).

Pour résoudre des problèmes liés à des situations vécues, les élèves sont amenés à calculer avec des grandeurs. Ils utilisent les propriétés des nombres et les opérations, et en consolident ainsi la maitrise.

Pour comprendre les situations et valider leurs résultats ils doivent aussi donner du sens à ces grandeurs (estimer la longueur d'une pièce ou la distance entre deux arbres dans la cour, juger si un livre peut être plus lourd qu'un autre, etc.) en s'appuyant sur quelques références qu'ils se seront construites.
Ces problèmes sont l'occasion de renforcer et de relier entre elles les connaissances numériques et géométriques, ainsi que celles acquises dans « Questionner le monde ».

Attendus de fin de cycle

- Comparer, estimer, mesurer des longueurs, des masses, des contenances, des durées.
- Utiliser le lexique, les unités, les instruments de mesures spécifiques de ces grandeurs.
- Résoudre des problèmes impliquant des longueurs, des masses, des contenances, des durées, des prix.

Les principales connaissances et compétences travaillées au CE1 s'organisent autour de la construction des différentes grandeurs : **longueur, contenance, masse, durée**.

Les principales connaissances et compétences travaillées au CE1 s'organisent autour de la construction des différentes grandeurs : **longueur, contenance, masse, durée**.

CONSTRUCTION DES NOTIONS DE GRANDEUR ET DE MESURE

La **grandeur** est une propriété d'un objet qu'il s'agit de différencier de ses autres propriétés : distinguer longueur d'une ligne et place qu'elle occupe sur la feuille, distinguer masse et volume d'un objet. La **mesure** est un nombre qui quantifie cette grandeur, une unité étant donnée.

Il est important que l'élève **comprenne la grandeur avant d'aborder sa mesure**. La grandeur est généralement mise en évidence dans la résolution d'un problème de comparaison. La mesure peut être obtenue en dénombrant les reports de l'unité ou donnée par un instrument : double-décimètre, mètre, balance... Avec les instruments d'usage social, les unités usuelles sont introduites : centimètre, mètre, gramme, kilogramme.

En ce qui concerne la notion de **longueur**, de nombreuses activités ont permis au CP de comprendre la grandeur. La mesure a été introduite par report de l'unité. Ces aspects sont repris rapidement au CE1 : résolution de problèmes de comparaison par technique de comparaison indirecte (utilisation d'une bande de papier), par mesure avec report de l'unité, pour arriver à l'utilisation de l'instrument double-décimètre.

Pour la **masse** et la **contenance**, la notion de grandeur est construite au CE1 dans la résolution de problèmes de comparaison, en utilisant une balance à plateaux ou en effectuant des transvasements. Il est important que l'**expérimentation** des élèves dans ces situations soit effective et qu'un temps suffisant y soit consacré.

STRUCTURATION PROGRESSIVE DES REPÈRES TEMPORELS ET DES DURÉES

À la suite du travail réalisé en CP, cet apprentissage est à mener avec prudence, car les notions liées au temps restent abstraites pour les élèves. Les apprentissages vont se construire sur deux échelles de temps :
– celle de la **date et des durées exprimées en jours, semaines ou mois**
– celle de **l'horaire et des durées exprimées en heures et minutes**.

Le **repérage de la date** se fait chaque jour. Les élèves renseignent la date sur leur fichier avec l'aide de l'enseignant. Les élèves sont familiarisés avec divers types de calendriers. Ils savent y lire des dates : repérage du jour, du quantième et du mois. Dans des problèmes liés à la vie courante, les élèves sont amenés à déterminer des durées en comptant le nombre de jours séparant deux dates sur le calendrier.

De la même façon, la **lecture de l'heure** se construit à partir du vécu des élèves. Ils repèrent des horaires connus qui correspondent à des moments spécifiques de la vie de la classe (début, fin de la récréation, fin de la matinée...). Progressivement, ils vont apprendre à lire l'heure sur une horloge à aiguilles. Dans de petits problèmes liés à leur vécu, les élèves sont amenés à déterminer des durées, à les distinguer des horaires, même si les désignations peuvent être les mêmes : « 2 heures et demie » peut désigner un horaire ou une durée.

RÉPONSES À QUELQUES QUESTIONS

► Pourquoi ne pas utiliser tout de suite le double-décimètre ?

La familiarité avec cet instrument n'en garantit pas le bon usage. L'utilisation d'un instrument n'en est que meilleure si on en **construit le sens**. Sur la règle graduée ou le double décimètre, le report de l'unité est déjà effectué. Chaque nombre associé à un repère indique combien de fois l'unité centimètre a été reportée en partant du repère 0. C'est pourquoi il est important de placer le repère 0 en face d'une extrémité du segment à mesurer.

→ **Cap Maths** reprend en début de CE1 les différentes étapes qui permettent de comprendre l'utilisation du double-décimètre : report de l'unité, utilisation d'une règle où l'unité est déjà reportée, introduction du double-décimètre. Dans le matériel encarté, des unités diverses et une règle graduée en centimètres sont disponibles. De nombreux exercices sont présents dans le Cahier Mesures-Géométrie où l'élève va s'exercer aux techniques de mesure.

► Comment construire le sens des unités usuelles ?

Les élèves doivent avoir un **ordre de grandeur** des unités étudiées et comprendre les **règles des équivalences** entre ces unités.

Pour les **longueurs**, les unités et les règles des équivalences peuvent être introduites par l'observation des instruments de mesure. L'équivalence 1 m = 100 cm peut être observée sur la règle de tableau. Le kilomètre est introduit comme unité adaptée à certaines situations sans que l'équivalence avec le mètre soit installée. Elle le sera en CE2 quand les compétences numériques des élèves le permettront.

En utilisant des balances de ménage ou en observant la boîte de masses marquées, le gramme et le kilogramme sont introduits comme unités usuelles de **masse** sans que là encore l'équivalence entre le kilogramme et le gramme soit installée.

→ **Cap Maths** propose des situations d'apprentissage décrites dans le guide du maitre, où les élèves sont amenés à **expérimenter** en soupesant, en transvasant, en utilisant des balances. D'autres activités sont proposées en consolidation : ateliers d'expérimentation ou compléments que l'enseignant peut trouver dans la brochure *90 Activités et jeux mathématiques au CE1*.

► Comment organiser l'apprentissage à la lecture de l'heure ?

En début d'année, en lien avec le domaine Questionner le monde, les élèves repèrent les horaires de la journée et les mettent en relation avec un événement habituel.

L'approche de la lecture de l'heure est un des objectifs importants du CE1. Notre choix est d'aborder tout d'abord une lecture « orale » de l'heure sur une horloge à aiguilles. L'unité privilégiée est **l'heure et sa fraction, la demi-heure** à laquelle on essaie de donner du sens.
La classe doit disposer d'une horloge en état de marche sur laquelle on peut expérimenter l'entraînement de la petite aiguille par la rotation de la grande aiguille. Les élèves ont à comprendre le rôle de chaque aiguille, la signification de la rotation de la grande aiguille comme mesure d'un temps écoulé, l'entraînement de la rotation de la petite aiguille : quand la grande aiguille fait un tour complet, la petite avance d'une graduation et il s'est écoulé une heure.

Ensuite la lecture de l'heure en **heures et minutes** peut être abordée, cette compétence sera encore travaillée en CE2.

Il est important que cette nouvelle capacité que les élèves acquièrent au CE1 ne soit pas mobilisée seulement dans des exercices, mais qu'elle serve **tous les jours dans la vie de la classe**.

→ **Cap Maths** propose un **sous-main** présent dans le fichier Nombres et Calcul, c'est un support ludique que les élèves ont en référence.
Dans le matériel encarté du Cahier Mesures-Géométrie, se trouvent **deux horloges** (en recto-verso) : l'une ne comporte que les graduations en heures (elle sera utilisée dans un premier temps de l'année pour la lecture de l'heure en heures et demi-heure) ; l'autre horloge comporte les graduations en minutes, numérotées de 5 en 5 (elle sera utilisée en fin d'année pour la lecture des horaires en heures et minutes et la résolution de petits problèmes portant sur horaires et durées).

Les compétences des élèves étant très hétérogènes dans ce domaine, une **possibilité importante de différenciation** est laissée à l'enseignant. Il pourra :
– aborder ou non la notion de quart d'heure ;
– différencier les exercices en utilisant les fiches différenciation et proposer des horaires plus simples aux élèves en difficulté ;
– différencier les entrainements à l'aide des exercices proposés dans le CD-Rom *Jeux interactifs GS, CP, CE1*.

ÉTAPES DE L'APPRENTISSAGE DES NOTIONS DE GRANDEURS ET DE LA MESURE PROPOSÉES PAR CAP MATHS

Longueur	
Comparaison indirecte de longueurs. Comparaison par mesure effectuée par report de l'unité	Unité 1
Mesure en utilisant la règle graduée.	Unité 2
Mesure en centimètres en utilisant le double-décimètre.	Unités 2, 4, 6, 7, 8, 9, 10
Le mètre.	Unité 8
Le kilomètre.	Unité 10
Contenance	
Comparaison de contenances. Le litre.	Unité 9
Masse	
Comparaison de masses. Kilogramme et gramme	Unité 10
Dates et durées en jours et en mois	
Lecture d'informations sur un calendrier. Problèmes liant dates et durées en jours et mois.	Unité 3
Horaires et durées en heures, demi-heure et minutes	
Lecture d'horaires en heures entières ou heures et demie, correspondant à des horaires connus.	Unité 2
Horaires en heures entières ou heures et demie. Durées en heures et demi-heure.	Unités 6 et 7
Lecture d'horaires en heures et minutes. Problèmes liant horaires et durées.	Unités 8 et 9

Espace et géométrie

Programme du cycle 2 (en vigueur à la rentrée 2016)

Au cycle 2, les élèves acquièrent à la fois des **connaissances spatiales** comme l'orientation et le repérage dans l'espace et des **connaissances géométriques** sur les solides et sur les figures planes. Apprendre à se repérer et se déplacer dans l'espace se fait en lien étroit avec le travail dans *Questionner le monde* et *Éducation physique et sportive*. Les connaissances géométriques contribuent à la construction, tout au long de la scolarité obligatoire, des concepts fondamentaux d'alignement, de distance, d'égalité de longueurs, de parallélisme, de perpendicularité, de symétrie.

Les compétences et connaissances attendues en fin de cycle se construisent à partir de problèmes, qui s'enrichissent tout au long du cycle en jouant sur les outils et les supports à disposition, et en relation avec les activités mettant en jeu les grandeurs géométriques et leur mesure.

Dans la suite du travail commencé à l'école maternelle, l'acquisition de connaissances spatiales s'appuie sur des problèmes visant à localiser des objets ou à décrire ou produire des déplacements dans l'espace réel. L'oral tient encore une grande place au CP mais les représentations symboliques se développent et l'espace réel est progressivement mis en relation avec des représentations géométriques. La connaissance des solides se développe à travers des activités de tri, d'assemblages et de fabrications d'objets. Les notions de géométrie plane et les connaissances sur les figures usuelles s'acquièrent à partir de résolution de problèmes (reproduction de figures, activités de tri et de classement, description de figures, reconnaissance de figures à partir de leur description, tracés en suivant un programme de construction simple). La reproduction de figures diverses, simples et composées est une source importante de problèmes de géométrie dont on peut faire varier la difficulté en fonction des figures à reproduire et des instruments disponibles. Les concepts généraux de géométrie (droites, points, segments, angles droits) sont présentés à partir de tels problèmes.

En géométrie comme ailleurs, il est particulièrement important que les professeurs utilisent un langage précis et adapté et introduisent le vocabulaire approprié au cours des manipulations et situations d'action où il prend sens pour les élèves, et que ceux-ci soient progressivement encouragés à l'utiliser.

Attendus de fin de cycle

- (Se) repérer et (se) déplacer en utilisant des repères et des représentations.
- Reconnaitre, nommer, décrire, reproduire quelques solides.
- Reconnaitre, nommer, décrire, reproduire, construire quelques figures géométriques.
- Reconnaitre et utiliser les notions d'alignement, d'angle droit, d'égalité de longueurs, de milieu, de symétrie.

Les principaux objectifs d'apprentissage visés au CE1 s'organisent au tour de deux grands axes :

– **le renforcement des compétences spatiales** qui concerne plus particulièrement le repérage et l'orientation.

– **la construction de connaissances et de compétences géométriques** : c'est au CE1 que s'initie le passage d'une **géométrie de la perception**, où les formes sont reconnues à vue et les actions sont contrôlées perceptivement, à une **géométrie instrumentée**, où les actions se font à l'aide des instruments et où la reconnaissance des figures et le contrôle des productions sont guidés par les propriétés.

CONNAISSANCES ET COMPÉTENCES FONDAMENTALES

I. LE RENFORCEMENT DES COMPÉTENCES SPATIALES

Les connaissances spatiales sont celles qui permettent à l'enfant de contrôler ses rapports usuels avec l'espace : savoir prendre, mémoriser, communiquer des informations spatiales pour se repérer, se déplacer, pour localiser, mais aussi pour reconnaître ou construire des objets. La plupart des compétences spatiales se construisent spontanément, mais certains apprentissages spatiaux doivent être pris en charge par l'école.

Les compétences visées en fin de cycle 2 sont dans la continuité de celles attendues en fin de cycle 1 :

– **la maîtrise des indicateurs spatiaux du langage ;**

– **la capacité à se décentrer sur le point de vue d'un autre observateur.**

– **la production et l'utilisation de représentations d'espaces familiers** (l'école, le village, le quartier) qui sollicitent les compétences précédemment citées.

L'orientation dans différents types d'espace doit être travaillée, ces espaces se différenciant par leur dimension, les systèmes de repères qui peuvent y être utilisés, le vocabulaire qui permet de s'y repérer.

• **L'espace qui nous entoure**

Dans cet espace qui a trois dimensions, un objet peut être repéré :

– **par rapport à l'observateur** *(en haut, en bas, devant, derrière, à gauche, à droite)*.

– **par rapport à une autre personne ou objet orienté** *(devant, derrière, à la gauche de, à la droite de)*.
Exemple : La plante est devant le cheval et le seau est à sa gauche.

– **par rapport à un autre objet non orienté** *(devant, derrière, à gauche de, à droite de)*.
Exemple : La plante est à gauche du panier et le seau est devant le panier.

Dire alors que « le saut est devant le panier », ou que « le panier est derrière le seau », signifie que le seau est dans un premier plan.

Il va de soi que les apprentissages spatiaux liés à l'espace qui nous entoure ne peuvent se réaliser que dans cet espace.

• **L'espace de la feuille**

Cet espace, comme le plan vertical du tableau, a une orientation conventionnelle et les mots *haut*, *bas*, *droite* et *gauche* permettent de s'y repérer. Le basculement du plan du tableau à celui de la feuille ne va pas de soi : le haut de la feuille pour l'observateur correspond à la partie de la feuille qui est la plus éloignée de lui.

• **Sur une ligne orientée**

C'est un vocabulaire temporel qui permet le repérage : *début, fin, avant, après*.
Exemple : Sur la bande numérique le chiffre 5 est après le chiffre 4.

• **Dans un quadrillage**

On va, pour repérer une case ou un nœud, utiliser des lettres, des nombres et d'autres symboles :

– **Pour repérer un nœud** relativement à un autre nœud :
Exemple : Le point vert est 2 carreaux à droite et 3 carreaux en dessous du point rouge.

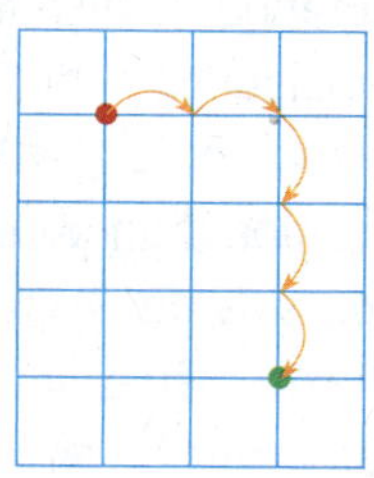

– **Pour repérer une case**, un système de repère étant donné.
Exemple : L'étoile est dans la case (e, 3).

	a	b	c	d	e	f	g
1							
2							
3					★		
4							

II. LA CONSTRUCTION DES CONNAISSANCES GÉOMÉTRIQUES

Les connaissances géométriques sont issues d'un savoir organisé en une théorie élaborée au cours de l'histoire. Elles permettent de résoudre des problèmes de l'espace physique rencontrés dans le cadre de pratiques professionnelles, sociales et culturelles. C'est au cours du CE1 que les élèves en font une première approche.

• **Notions d'alignement, d'angle droit, d'axe de symétrie**

La compréhension de ces propriétés géométriques va de pair avec l'utilisation d'**instruments** et d'outils : la règle, le gabarit d'angle droit, le calque.

• **Étude de quelques figures planes et solides**

L'étude des figures les plus usuelles permet une première mise en évidence de quelques-unes de leurs propriétés. Depuis la Grande section, les élèves savent **reconnaitre perceptivement** certaines figures et les nommer : triangles, carrés, rectangles. Pour ces figures et d'autres, le travail conduit au CP les a amenés à une **conception plus analytique** : un carré et un rectangle ont 4 côtés et 4 sommets, un triangle en a 3. Ils ont enrichi les images qu'ils ont de ces figures et ont compris :

– que tous les triangles n'ont pas la même forme :

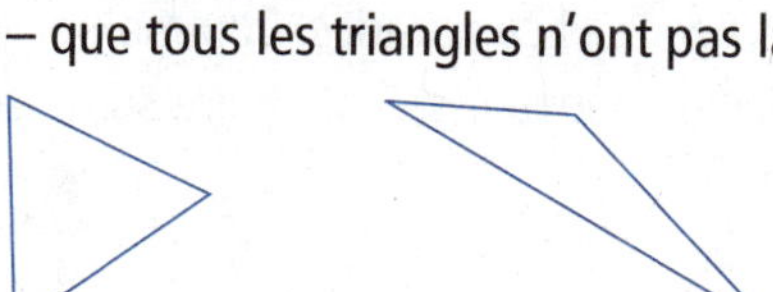

– que tous les rectangles n'ont pas la même forme :

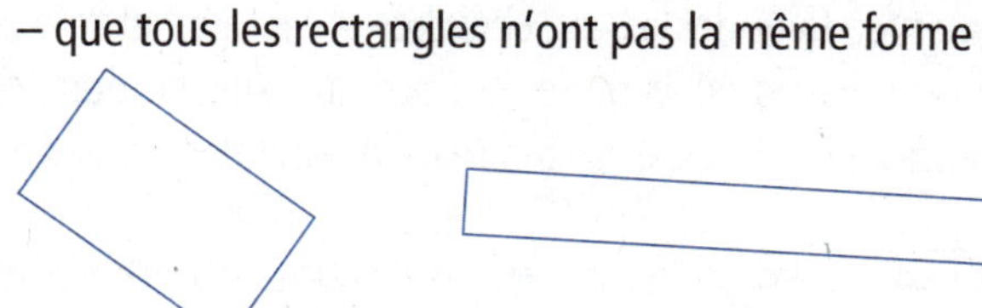

Les problèmes de reproduction posés au CE1, notamment sur des réseaux pointés ou des supports quadrillés, vont renforcer cet aspect analytique :
– Les élèves doivent identifier les segments composant la figure, percevoir des alignements, puis reconnaitre des angles droits.
– Ils vont apprendre à repérer des sous-figures dans une figure complexe.

Leurs moyens de reconnaissance et de contrôle, qui sont au début du cycle 2 perceptifs (cette figure est reconnue comme un carré parce qu'elle ressemble à un carré, c'est-à-dire à l'image prototype qui est en mémoire) vont être remplacés par **le recours aux instruments** et l'évocation de **propriétés géométriques** : cette figure est un carré car elle a 4 côtés de même longueur et 4 angles droits.

Ces propriétés sont mises en évidence puis mobilisées dans des problèmes où leur utilisation est rendue nécessaire : problèmes de reproduction, de construction, d'identification. On en privilégie ainsi le sens, sans formalisme excessif. Le **vocabulaire géométrique** conventionnel est progressivement mis en place : le mot « segment » est introduit comme synonyme de « trait ».

• **Étude de quelques solides**

Le travail sur les solides est conduit de façon similaire. Les situations proposées nécessitent de **passer d'une reconnaissance globale** d'un solide **à une connaissance plus analytique** (formes des faces et nombre de faces de chaque forme) et permettent d'approcher la question délicate de la **représentation d'un objet de l'espace sur une feuille de papier** (photographie) qui ne rend compte que de certaines des propriétés de l'objet.

RÉPONSES À QUELQUES QUESTIONS

▸ Quelles compétences spatiales doivent faire l'objet d'un travail spécifique en CE1 ?

Au CP, les élèves ont appris à repérer la position d'un objet par rapport à un autre objet ou par rapport à une personne. La plupart des élèves ont compris que ce qu'ils voient dépend de leur position, mais il leur était difficile de se décentrer sur le point de vue d'un autre observateur. Au CE1, ils vont apprendre à anticiper ce que voit une autre personne, placée différemment d'eux, et ainsi à mettre en relation la position d'un observateur avec le point de vue qu'il a sur une disposition d'objets. Au CP, les élèves ont produit des dessins de l'espace qui les entoure afin de représenter la position d'un objet, ils ont utilisé un plan de la classe à cette même fin. Ce travail de structuration de l'espace par l'utilisation de ses représentations planes doit être renforcé au CE1 en lien avec les domaines « Questionner le monde » et « Education physique et sportive ».

→ **Cap Maths** propose en début d'année une chasse au trésor dans la cour nécessitant de s'orienter à l'aide d'un plan et, plus tard, une situation proche de l'épreuve des 3 montagnes de Piaget[2]. Trois cônes de couleurs sont disposés sur une table. Les élèves ont une photo et doivent se mettre d'accord pour dire de quel endroit la photo a été prise ou alors, connaissant l'endroit d'où elle a été prise, choisir la photo correspondante. Le temps d'échange et de mise en commun est alors un moment important pour comprendre qu'il faut se référer aux positions relatives des trois objets et utiliser un vocabulaire spatial adéquat et précis *(à gauche, à droite, devant, derrière)*. Les supports du matériel collectif sont fournis dans le matériel photocopiable et les photos sont disponibles dans le guide de l'enseignant (page 320) et dans le CD-Rom du guide.

▸ Comment favoriser la construction de connaissances géométriques ?

L'élève va construire ses connaissances en résolvant des **problèmes sur du matériel** dans des situations de manipulation bien choisies que l'élève : problèmes de reconnaissance, de reproduction, de description. Il est important que l'élève puisse, au-delà de la simple manipulation, **agir effectivement** sur les objets, tourner, retourner, classer, plier, expérimenter, faire des essais, chercher et aussi émettre des hypothèses, en discuter avec ses camarades. Comme pour les apprentissages relevant de l'espace qui nous entoure, ceux portant sur les solides ne peuvent se construire sur des représentations planes, c'est-à-dire uniquement dans des exercices sur fiche.

2. Référence de l'ouvrage où l'épreuve des trois montagnes est décrite pour la première fois : J. Piaget, B. Inhelder, *La Représentation de l'espace chez l'enfant*, Paris, PUF, 1948.

→ **Cap Maths** propose de nombreuses situations (problème de reconnaissance, jeu de message, de portrait, de classement) à **faire vivre** en classe sur des **supports variés** : figures découpées à partir du matériel encarté, figures sur des étiquettes issues du matériel photocopiable, lot de solides. Les formes et dimensions des solides ont été choisies de façon à placer les élèves en situation de résolution de problèmes et donner sens aux connaissances. Les patrons de ces solides figurent dans le matériel photocopiable et sont également disponibles dans la pochette « les solides de l'école » où ils sont réalisés sur feuilles cartonnées, prédécoupés et pré-pliés. Les exercices d'application présents dans le Cahier Mesures-Géométrie évoquent de façon très contextualisée ces situations et sont à réaliser par les élèves à l'issue de la recherche sur du matériel.

▸ Comment introduire l'angle droit ?

Au CE1, l'angle droit peut difficilement être introduit comme un angle particulier, car la compréhension de la notion d'angle semble peu accessible aux élèves de cet âge. Il pourrait être introduit comme un « coin » de l'équerre, mais les équerres du commerce, bien souvent évidées avec leur bord gradué et biseauté, sont d'un emploi difficile.

→ **Cap Maths** a choisi de faire référence à des figures connues des élèves, qu'ils reconnaissent perceptivement : le carré et le rectangle. L'angle droit est ainsi présenté comme **un « coin » de figures particulières** : « coin du carré » ou « coin du rectangle ». Il s'agit pour les élèves d'une première conception donnée à cette notion. D'autres conceptions seront mises en place au cycle 3. En CE1, les élèves sont amenés à vérifier que des angles sont droits et à tracer des angles droits à l'aide de gabarits.

▸ Comment apprendre à faire des tracés avec soin ?

C'est en résolvant des **problèmes de reproduction** que les élèves vont comprendre l'exigence de ce type d'activité, construire des procédures, apprendre à faire des tracés précis avec la règle et prendre goût à un travail soigné.
Dans ce type de situation, la **comparaison de la production au modèle** constitue une phase importante. Les élèves prennent conscience de la nécessité d'analyser le modèle, d'élaborer une stratégie de reproduction. Pour cela ils doivent identifier des propriétés de la figure, les segments à tracer ou à prolonger, repérer des alignements... et ainsi passer d'une vision globale de la figure à une vision plus analytique. Une autre phase importante est **l'exploitation collective** qui suit la recherche, temps où les procédures des élèves sont explicitées. Des élèves peuvent avoir réalisé une figure proche du modèle sans pour autant avoir mobilisé les propriétés de la figure alors que d'autres qui ont correctement analysé la figure ont produit une figure plus éloignée du modèle du fait d'un manque de dextérité dans l'utilisation des instruments. Discuter les procédures de construction permet, d'une part, de valoriser le travail de ces derniers et, d'autre part, crée la motivation pour améliorer la précision des tracés.

→ **Cap Maths** propose des problèmes de reproduction dont les modèles figurent dans le matériel photocopiable. Dans le cahier Mesures-Géométrie, de nombreux exercices de tracé avec la règle, de reproduction sur réseau de points, sur papier quadrillé et sur papier blanc sont proposés en entrainement, en consolidation et en révision. Ils permettent un **entrainement systématique**, structuré et différencié. Ce travail peut être repris dans des activités du CD-Rom *activités interactives GS, CP, CE1*.

▸ N'est-il pas prématuré de proposer des activités de codage et de déplacements avec un logiciel ?

Ce n'est pas par hasard si le programme assigne à l'enseignement de l'espace et de la géométrie, en complément du codage de déplacements dans des espaces familiers et sur quadrillage, l'utilisation de logiciels de programmation. En libérant les élèves des contraintes de la maitrise des instruments, l'utilisation d'un logiciel permet l'obtention de figures soignées, à condition toutefois de connaitre le code qui rend cela possible. Il s'agit d'une première approche en CE1, ce type d'activités sera enrichi en CE2 et en cycle 3 lorsque les élèves disposeront de plus de connaissances géométriques (propriétés, figures…).

→ **Cap Maths** a fait le choix d'un logiciel ayant une interface graphique simple et ne comportant que très peu de commandes, tout en permettant une grande richesse de tracés, et donc facile à prendre en main par des élèves de CE1. La situation proposée permet à l'élève de s'approprier le code et d'apprendre quelques embryons de programmation et dans le même temps de consolider ses connaissances relatives aux côtés et aux angles du carré et du rectangle.

ÉTAPES DES APPRENTISSAGES RELATIFS À L'ESPACE PROPOSÉES PAR CAP MATHS

Repérage dans l'espace de la feuille de papier *(haut, bas, gauche, droite)*	Unité 1
Repérage dans l'espace	
Mise en relation d'un espace connu et d'un plan de cet espace	Unité 1
Différenciation du point de vue sur une disposition d'objets selon la position de l'observateur	Unité 5
Repérage dans un quadrillage	
Codage de cases et de nœuds dans un quadrillage	Unité 1
Repérage relatif de nœuds et reproduction de polygones	Unités 4 et 6
Codage de déplacements sur un écran	Unité 10

ÉTAPES DES APPRENTISSAGES RELATIFS À LA GÉOMÉTRIE PROPOSÉES PAR CAP MATHS

Solides

Notion de face, nombre et forme des faces – Cube et pavé	
Classement et jeu de messages Reconnaissance à partir d'une description ou d'une représentation	Unité 9
Reproduction d'un polyèdre à partir de polygones - Cube et pavé droit	Unité 10

Figures planes

Notion de polygone	
Classement de figures, jeu de messages.	Unité 2
Reconnaissance de sous-figures dans une figure complexe	Unité 3
Reconnaissance d'un polygone à partir d'une description	Unités 6 et 9
Reproduction d'une figure complexe sur papier blanc	Unités 3, 5 et 9
Carré, rectangle (longueurs des côtés) – Triangle rectangle	
Reconnaissance sur papier blanc / Construction sur quadrillage ou réseau pointé.	Unité 4
Carré, rectangle (angles droits et longueurs des côtés) - Triangle rectangle	
Reconnaissance	Unités 5 et 6
Reproduction	Unité 7
Construction de carrés et de rectangles avec un logiciel de programmation	Unité 10
Cercle	
Tracé avec un compas	Unité 10

Propriétés géométriques

Alignement	
Reconnaissance et placement de points alignés. Reproduction de figures sur une configuration de points en utilisant l'alignement.	Unité 3
Reproduction avec la règle sans mesurer sur papier blanc	Unité 5
Angle droit	
Coin d'un carré et d'un rectangle	Unité 5
Reconnaissance d'angles droits.	Unités 5, 6 et 9
Tracé d'angles droits.	Unité 7
Axe de symétrie	
Reconnaissance des axes de symétrie dans des figures	Unités 7 à 9

UNITÉ 1 Liaison CP – CE1

13 ou 14 séances
– 10 séances programmées (9 séances d'apprentissage + 1 bilan)
– 3 ou 4 séances pour la consolidation et la résolution de problèmes

	CALCUL MENTAL (environ 30 min par séance)	RÉVISER	APPRENDRE (environ 45 min par séance)
Séance 1 FICHIER NOMBRES p. 6	**Problèmes dictés** Doubles et moitiés jusqu'à 10	**Problème écrit** Doubles et moitiés jusqu'à 10	**Problèmes de partage équitable (1)** (résolution en gérant des essais) RECHERCHE Partager le trésor en deux
Séance 2 FICHIER NOMBRES p. 7	**Comptine orale jusqu'à 59** Le furet attentif : de 1 en 1, de 10 en 10	**Suite écrite des nombres jusqu'à 99**	**Problèmes de partage équitable (2)** (résolution en gérant des essais) RECHERCHE Partager le trésor en trois
Séance 3 FICHIER NOMBRES p. 8	**Comptine orale jusqu'à 99** Le furet attentif : de 1 en 1, de 10 en 10	**Suite écrite des nombres jusqu'à 99**	**Répertoire additif et signes +, – et =** RECHERCHE Ce qu'on sait par cœur
Séance 4 FICHIER NOMBRES p. 9	**Calculs dictés** Répertoire additif jusqu'à 10 : sommes et différences	**Suite écrite des nombres jusqu'à 99**	**Dizaines et unités (1)** RECHERCHE Combien chacun a-t-il de billes ?
Séance 5 FICHIER NOMBRES p. 10	**Problèmes dictés** Compléments à 10	**Problème écrit** Compléments à 10	**Dizaines et unités (2)** RECHERCHE Le collier de Lisa
Séance 6 FICHIER NOMBRES p. 11	**Calculs dictés** Répertoire additif jusqu'à 10 : sommes, différences et compléments	**Décompositions de 10, compléments à 10**	**Nombres inférieurs à 100 : lecture, écriture** RECHERCHE Avec 3 étiquettes
Séance 7 CAHIER GÉOMÉTRIE p. 2	**Calculs dictés** Compléments à 10	**Repérage dans l'espace de la feuille**	**Repérage sur quadrillage** RECHERCHE La chasse à l'étoile
Séance 8 CAHIER GÉOMÉTRIE p. 3	**Calculs dictés** Ajout de 1 à un nombre < 100 et recherche du nombre suivant	**Comparaison de longueurs avec une bande de papier**	**Mesure de longueurs par report d'une unité** RECHERCHE La course d'escargots
Séance 9 CAHIER GÉOMÉTRIE p. 4	**Calculs dictés** Calculs sous la forme 20 + 7 = 27	**Tracés avec la règle**	**Repérage dans un espace connu** RECHERCHE La chasse au trésor

Bilan
Je prépare le bilan puis Je fais le bilan
FICHIER NOMBRES p. 12 et 13
CAHIER GÉOMÉTRIE p. 5

En plus des 10 séances décrites dans le guide, **3 à 4 séances** sont consacrées à des **activités de consolidation et de résolution de problèmes**.
Pour cela, l'enseignant peut utiliser les ressources suivantes :

Consolidation Remédiation
Je consolide mes connaissances
FICHIER NOMBRES p. 14
CAHIER GÉOMÉTRIE p. 6 et 7

Banque de problèmes
La monnaie en euros
FICHIER NOMBRES p. 15
– Distinguer nombre de pièces et billets et somme d'argent
– Décomposer un nombre sous forme de somme de plusieurs nombres
– Résoudre un problème de recherche

L'essentiel à retenir de l'unité 1
- **Nombres et calculs dictés :**
  – Répertoire additif jusqu'à 10
  – Doubles et moitiés jusqu'à 10
  – Suivant, précédent
- **Problèmes de partage équitable**
- **Dizaines et unités (nombres jusqu'à 99)**
- **Écriture des nombres en lettres et en chiffres**
- **Codage de cases et de nœuds dans un quadrillage**
- **Repérage dans un espace connu**
- **Mesure de longueurs par report d'une unité**

UNITÉ 1 Problèmes de partage équitable (1)

SÉANCE 1

FICHIER NOMBRES p. 6

	Tâche	Matériel	Connaissances travaillées
PROBLÈMES DICTÉS	**Doubles et moitiés jusqu'à 10** – Trouver le nombre associé à la réunion de 2 quantités identiques (3 puis 4). – Trouver le nombre associé à chaque part obtenue en partageant équitablement une quantité (4) en 2.	pour la classe : – une boite opaque avec un couvercle – 10 jetons identiques – 2 enveloppes marquées Alex et Lisa par élève : FICHIER NOMBRES p. 6 (1)	– **Doubles et moitiés** – Réunion de 2 quantités identiques – Partage équitable en deux – Répertoire additif.
PROBLÈME ÉCRIT	**Doubles et moitiés jusqu'à 10** – Trouver le nombre associé à la réunion de 2 quantités identiques (5).	par élève : FICHIER NOMBRES p. 6 (2)	– **Doubles et moitiés** – Réunion de 2 quantités identiques – Répertoire additif.
APPRENDRE Problèmes, Calcul	**Problèmes de partage équitable (1)** RECHERCHE **« Partager le trésor en deux »** – Trouver le nombre associé à chaque part obtenue en partageant une quantité (12, puis 14) en 2 parts égales.	pour la classe : – 2 boites : l'une contient 12 perles bleues, l'autre 14 perles jaunes (les perles peuvent être remplacées par d'autres objets) – 2 portraits (Alex, Lisa) › **fiche 1** pour l'élève : – brouillon FICHIER NOMBRES p. 6 (3)	– **Chercher** – **Moitié** – Partage équitable en deux – Répertoire additif.

À propos de l'évaluation de début d'année

Au cours de cette **unité 1**, comme en **unité 2, les connaissances sollicitées ont déjà été travaillées en CP**, parfois assez longuement. L'**examen des productions des élèves** et le **suivi de leur travail** permettent donc à l'enseignant une première évaluation des connaissances, de la façon dont ils les utilisent, ainsi que de leur comportement face à un problème de recherche.

Ces observations sont souvent suffisantes pour éclairer l'enseignant, sans qu'il soit nécessaire de faire appel à d'autres exercices. Sur certains points cependant ou pour quelques élèves, des investigations plus poussées peuvent être nécessaires.

PROBLÈMES DICTÉS

Doubles et moitiés jusqu'à 10

– Résoudre des problèmes faisant intervenir le calcul de doubles et de moitiés (domaine des nombres inférieurs à 10).

COLLECTIF

FICHIER NOMBRES ET CALCULS p. 6

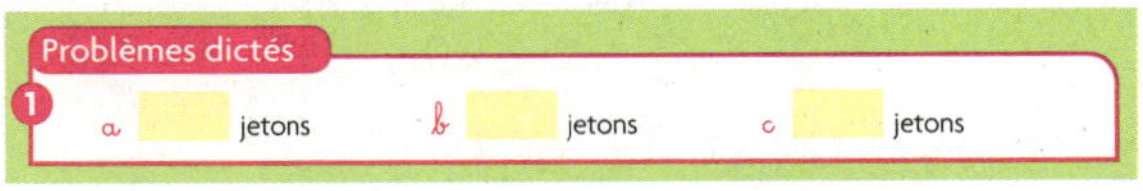

Exercice 1

• Poser les 3 problèmes suivants en utilisant la boite et les jetons. Les réponses sont écrites dans le fichier.

Problème a

• Prendre **3 jetons**, les montrer aux élèves (faire dire qu'il y en a 3) et les mettre dans la boite, puis recommencer avec **3 autres jetons**. Fermer la boite.

QUESTION : *Combien y a-t-il de jetons dans la boite ?*

• Faire l'inventaire des réponses.

• Demander une vérification en faisant compter les jetons dans la boite après ouverture ;

• Formuler en utilisant le mot « double » : 6 est le double de 3, illustré par :

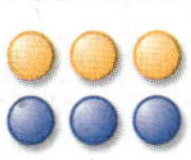

et noté 3 + 3 = 6

Problème b

• Même déroulement que le **problème a** avec **4 jetons**.

Même exploitation avec l'illustration :

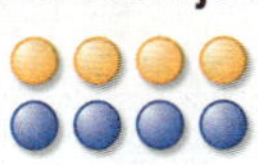

et noté 4 + 4 = 8

Problème c

Prendre **4 jetons**, les montrer aux élèves (faire dire qu'il y en a 4) et les mettre dans la boite. Fermer la boite. Montrer **2 enveloppes** marquées Alex et Lisa.

QUESTION : *Je veux donner les **4 jetons** de la boite à Alex et Lisa. Ils doivent en avoir pareil, autant, le même nombre. Combien de jetons y aura-t-il dans l'enveloppe d'Alex ?*

• Même déroulement.

• Formuler en utilisant le mot « moitié » : 2 est la moitié de 4, illustré par :

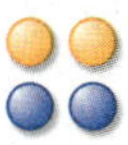

RÉPONSE : a. 6 jetons b. 8 jetons c. 2 jetons.

Les problèmes peuvent être résolus en mettant directement en œuvre un calcul connu (addition), mais d'autres résolutions peuvent être mobilisées : dessin, recours aux doigts...

La **mise en commun** doit permettre :

– de distinguer les erreurs dues au choix d'une procédure inadaptée de celles qui sont liées à une difficulté de gestion ou de calcul ;

– d'identifier différents types de procédures correctes pour un même problème et, si c'est possible, de les mettre en relation, favorisant ainsi d'éventuelles évolutions chez les élèves.

PROBLÈME ÉCRIT

Doubles et moitiés jusqu'à 10

– Résoudre un problème faisant intervenir le calcul du double de 5.

COLLECTIF

FICHIER NOMBRES ET CALCULS p. 6

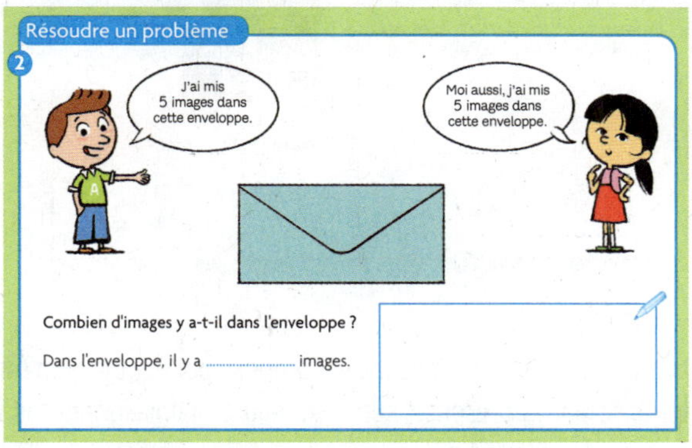

Exercice 2

• Demander une lecture individuelle de l'énoncé, puis faire « raconter » et expliquer la situation par des élèves pour en assurer une bonne compréhension, mais sans rien dévoiler des modes de résolution possibles.

• Faire une mise en commun le jour même ou le lendemain, en particulier pour confronter les différents types de solutions.

RÉPONSE : 10 images.

En début d'année, certains élèves ont besoin d'une **aide dans l'utilisation du fichier**. En particulier, il convient d'insister sur le fait que, dans certains cas, seule la réponse est demandée alors que, dans d'autres cas, une trace de la démarche est également sollicitée.

En toute circonstance, **les élèves doivent pouvoir utiliser un espace « brouillon »** (feuille, cahier, ardoise...) pour chercher.

Différenciation : En fonction des réussites ou difficultés, l'exercice 2 peut être repris avec certains élèves, à partir des fiches différenciation → CD-Rom du guide, **fiche n° 1.**

APPRENDRE

Problèmes de partage équitable (1)

– Résoudre un problème de recherche, en utilisant une démarche adaptée (ici, par exemple, essais successifs ajustés).

– Comprendre les modalités du travail mathématique (recherche, échanges collectifs...).

– Approcher la notion de moitié, suite à un partage équitable en deux.

RECHERCHE

« Partager le trésor en deux » : Les élèves ont à trouver combien Alex et Lisa recevront de perles s'ils se partagent équitablement un trésor de 12 perles.

INDIVIDUEL

PHASE 1 Partage de 12 perles bleues

• Montrer aux élèves la boite « trésor » contenant 12 perles bleues (ou 12 autres objets identiques) et afficher au tableau les portraits des 2 personnages (Alex, Lisa).

• Présenter le problème aux élèves :

→ *Alex et Lisa ont trouvé un trésor* (montrer la boite). *Dans ce trésor, il y a 12 perles bleues, toutes pareilles. Ils veulent se les partager. Il faut que chacun en ait exactement le même nombre. Vous allez chercher chacun de votre côté combien chaque personnage va recevoir de perles. Quand vous aurez trouvé une réponse au brouillon, vous pourrez comparer vos résultats par deux.*

• Recherche au brouillon, sans qu'aucune indication supplémentaire ne soit donnée.

Les élèves ont déjà pu être confrontés à des problèmes de partage au CP. Le premier nombre choisi (12) comme le suivant (14) devraient permettre à tous les élèves de s'approprier la situation et d'élaborer des réponses. En séance 2, des problèmes de même type seront proposés avec un partage en 3.

L'objectif est ici de faire prendre conscience aux élèves que :

– en utilisant leurs connaissances, ils peuvent résoudre un problème en apparence compliqué ;

– diverses procédures correctes sont possibles et acceptées ;

– les procédures proposées peuvent faire l'objet d'un débat entre les élèves : Sont-elles correctes ? Peuvent-elles être améliorées ?...

ÉQUIPES DE 2

PHASE 2 Vérification des réponses

• Demander aux élèves, par deux, d'essayer de comprendre la démarche et la réponse de leur camarade et de dire s'ils sont d'accord ou non sur la réponse.

Ce moment, assez rapide, a pour but de préparer le travail de mise en commun qui suit, en offrant l'occasion aux élèves de s'approprier éventuellement une autre démarche que la leur ou de constater l'identité des démarches.

COLLECTIF

PHASE 3 Mise en commun, synthèse et trace écrite

- Recenser les différentes réponses et les écrire sous le portrait de chaque personnage. Puis faire rechercher celles qui ne conviennent pas (partage inéquitable, trop ou pas assez de perles distribuées…).
- Faire examiner successivement par l'ensemble des élèves quelques procédures affichées au tableau (erronées ou correctes, mais différentes) en demandant :

– d'essayer de les comprendre avec, éventuellement, des précisions ;
– de rechercher des erreurs éventuelles dans leur mise en œuvre ;
– de dire si on a utilisé une méthode identique ou voisine.

- Faire vérifier la réponse en effectuant un partage effectif des perles.

RÉPONSE : 6 perles pour Alex et 6 perles pour Lisa.

SYNTHÈSE

Résoudre un problème de partage équitable

- Reformuler :

– les **contraintes à respecter** : tout répartir, donner la même quantité à chacun ;
– les **procédures correctes** les plus caractéristiques (dont un exemplaire est laissé au tableau).

- Mettre en évidence que, pour les élèves qui ont fait des essais de sommes de 2 nombres identiques, **même si un essai n'a pas abouti, il apporte une information utile pour les essais suivants** : A-t-on obtenu un résultat trop petit ou trop grand ? Très éloigné ou proche de 12 ?…
- Indiquer que chacun a reçu la moitié du trésor et que donc **6 est la moitié de 12.**

TRACE ÉCRITE

Un montage de **3 ou 4 résolutions différentes** peut être réalisé, photocopié et servir de trace écrite dans le classeur ou le cahier des élèves, par exemple :

Ils ont chacun 6 perles

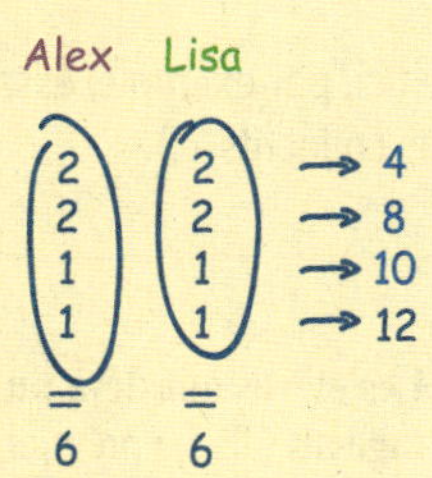

chacun a reçu 6 perles

~~4 + 4 = 8~~
~~7 + 7 = 14~~
6 + 6 = 12

chacun a 6 perles

Les procédures possibles peuvent s'appuyer sur :
– **un recours à des dessins** (simulation d'une distribution aux 2 personnages ou dessin de tous les objets et tentative de réalisation de 2 paquets équivalents) ;
– **des essais de nombres ajoutés 2 fois** ;
– **des soustractions successives de 2** avec recherche de ce qui reste après chaque tour de distribution (cette solution, qui correspond à la distribution un à un des objets à chaque personnage, – soit 2 objets par tour de distribution – est toutefois peu probable au CE1).

INDIVIDUEL

ENTRAINEMENT

FICHIER NOMBRES ET CALCULS **p. 6**

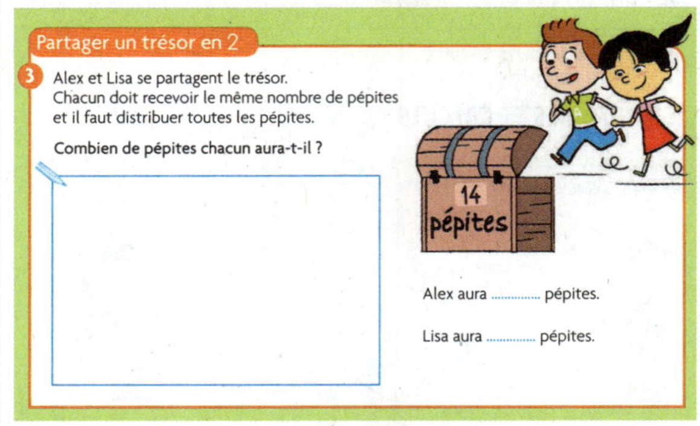
Partager un trésor en 2

3 Alex et Lisa se partagent le trésor.
Chacun doit recevoir le même nombre de pépites et il faut distribuer toutes les pépites.

Combien de pépites chacun aura-t-il ?

Alex aura .... pépites.

Lisa aura .... pépites.

Exercice 3

- Un autre problème de partage est proposé par écrit. Il peut être matérialisé par la présence, sur le bureau de l'enseignant, de la boite contenant les 14 pépites.
- La recherche peut se faire au brouillon, les élèves étant invités ensuite à ne garder trace dans le fichier que de ce qui constitue la solution du problème. Le contrôle des réponses peut être fait en utilisant le matériel.

RÉPONSE : 7 pépites pour chacun.

Un temps suffisant doit être pris pour les premières séances, surtout si les élèves ne sont pas familiers avec ce type de travail.

Différenciation : Exercice 3 → CD-Rom du guide, **fiche n° 2.**

À SUIVRE

Ce travail est étendu au cas d'un partage équitable en trois en **séance 2.**

Problèmes de partage équitable (2)

	Tâche	Matériel	Connaissances travaillées
COMPTINE ORALE	**Suite orale des nombres jusqu'à 59** – Dire les nombres de 1 en 1 et de 10 en 10, en avant ou en arrière. – Donner le nombre suivant ou le nombre précédent.		– **Suite orale des nombres jusqu'à 59** – Lecture des nombres.
RÉVISER Nombres	**Suite écrite des nombres jusqu'à 99** – Écrire les nombres de 1 en 1, en avant ou en arrière (jusqu'à 99). – Écrire le nombre suivant ou le nombre précédent.	par élève : – file numérique (pour la correction) › **matériel collectif*** FICHIER NOMBRES p. 7 1 et 2	– **Suite écrite des nombres jusqu'à 99.**
APPRENDRE Problèmes, Calcul	**Problèmes de partage équitable (2)** RECHERCHE **« Partager le trésor en trois »** – Trouver le nombre associé à chaque part obtenue en partageant une quantité (12, puis 15) en 3 parts égales.	pour la classe : – 2 boites : l'une contient 12 perles bleues, l'autre 15 perles jaunes – 3 portraits (Alex, Lisa, Moustik) › **fiche 1** par élève : – brouillon FICHIER NOMBRES p. 7 3	– **Chercher** – Partage équitable en trois – Répertoire additif.

COMPTINE ORALE

Suite orale des nombres jusqu'à 59 • Le furet attentif

– Connaitre la suite orale des nombres de un en un, de dix en dix, en avançant et en reculant.

COLLECTIF

PHASE 1 Dire les nombres de 1 en 1 ou de 10 en 10 en avançant

• Écrire au tableau 4 ou 5 nombres en chiffres, par exemple : 15, 24, 37, 45, 50.

• Demander à chaque élève de chercher, en silence, comment se lisent ces nombres, puis questionner quelques élèves. Rappeler rapidement le rôle des mots : *vingt, trente, quarante, cinquante*.

• Fixer **un nombre de départ** (par exemple : 8) et préciser la tâche :

→ *En partant de 8, vous devez dire les nombres, en avançant de un en un. Je désignerai l'élève qui doit dire chaque prochain nombre (un élève ne dit donc qu'un seul nombre). Les autres doivent être très attentifs et lever le doigt si l'élève interrogé se trompe. Mais, attention, il ne faut pas dire les nombres interdits, ceux qui sont écrits au tableau ; il faut les sauter.*

• Reprendre l'activité avec un autre nombre de départ.

• Si les élèves réussissent bien cette tâche, proposer le même travail de dix en dix.

Cette activité, rituelle en début d'année et reprise du CP, doit être conduite assez rapidement. Elle est destinée à renforcer la connaissance de la suite orale des nombres, de un en un, de dix en dix… Elle permet à l'enseignant de repérer les difficultés éventuelles de certains élèves.

Elle est l'occasion de rappeler le rôle des mots clés (*vingt, trente, quarante, cinquante*) dans la désignation orale des nombres et de souligner les particularités liées à cette désignation des nombres jusqu'à 59. La liste de ces mots clés peut être écrite au tableau. Les élèves peuvent également être incités à contrôler la lecture des nombres dans le **dico-maths** ou le **sous-main**.

COLLECTIF

PHASE 2 Dire les nombres de 1 en 1 ou de 10 en 10 en reculant

• Reprise de l'activité, en demandant de dire les nombres en reculant de un en un ou de dix en dix, et toujours en évitant les nombres interdits (ceux qui sont écrits au tableau), par exemple **à partir de 30**, puis **à partir de 55**.

Dire les nombres en reculant est beaucoup plus difficile que de les dire en avançant. Certains élèves peuvent être invités à dire comment ils s'y prennent.

* Hatier propose un nouvel **outil de matériel collectif agrandi** : des **posters à découper plastifiés en 4 couleurs.** Cela permet à l'enseignant de gagner du temps dans la préparation de ce matériel. On y trouve par exemple : une file numérique, des formes géométriques, une cible avec des nombres… Presque tous les éléments proposés sur ces posters existent également dans le matériel photocopiable (qui est en format A4 et en noir et blanc). › **Voir présentation de ce matériel collectif sur le site Hatier : www.capmaths-hatier.com.**

RÉVISER

Suite des nombres jusqu'à 99

– Connaitre la suite écrite des nombres de 1 en 1.

INDIVIDUEL

FICHIER NOMBRES ET CALCULS p. 7

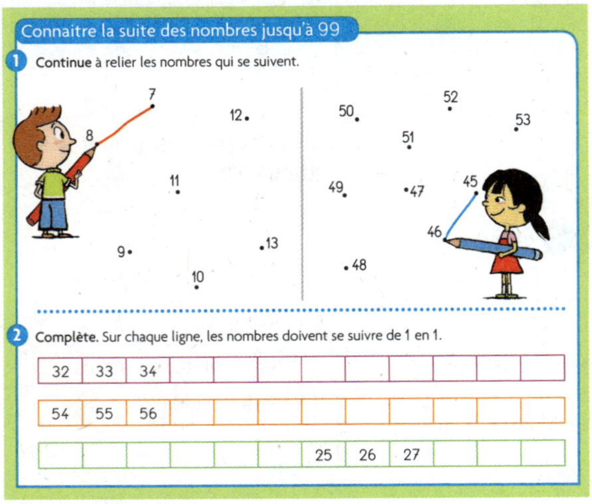

Exercice 1

- Corriger l'exercice, si nécessaire, avant de passer à l'exercice 2.
- Demander aux élèves de mettre en évidence les régularités, notamment lors du passage du chiffre des unités à 0 avec augmentation de 1 du chiffre des dizaines (la file numérique peut servir de référence).

Exercice 2

- Souligner que les lignes sont indépendantes les unes des autres.
- Indiquer que sur la 3e ligne, il faut aussi trouver des nombres qui viennent avant.
- Inciter les élèves à contrôler leurs réponses en repartant du premier nombre qu'ils ont écrit à gauche.

RÉPONSE : 32 – 33 – 34 – **35 – 36 – 37 – 38 – 39 – 40 – 41 – 42 – 43**
54 – 55 – 56 – **57 – 58 – 59 – 60 – 61 – 62 – 63 – 64 – 65**
19 – 20 – 21 – 22 – 23 – 24 – 25 – 26 – 27 – **28 – 29 – 30**

Il s'agit de connaissances qui ont dû être bien stabilisées au CP, la suite écrite étant plus facile à maîtriser que la suite orale. Cependant certains élèves s'appuient sur l'oral pour traiter ce type d'exercice.

Différenciation : Exercice 2 → CD-Rom du guide, **fiche n° 3.**

APPRENDRE

Problèmes de partage équitable (2)

– Résoudre un problème de recherche, en utilisant une démarche adaptée (ici, par exemple, essais successifs ajustés).
– Comprendre les modalités du travail mathématique (recherche, échanges collectifs…).
– Comprendre la notion de partage équitable (ici en trois).

RECHERCHE

« Partager le trésor en trois » : Les élèves ont à trouver combien Alex, Lisa et Moustik recevront de perles s'ils se partagent équitablement un trésor de 12 perles.

INDIVIDUEL

PHASE 1 Partage de 12 perles bleues

- Montrer aux élèves la boite « trésor » contenant 12 perles bleues (ou 12 autres objets identiques) et afficher au tableau les portraits des 3 personnages (Alex, Lisa et Moustik).
- Présenter le problème aux élèves :

→ *Alex, Lisa et Moustik ont trouvé un trésor (montrer la boite). Dans ce trésor, il y a 12 perles bleues, toutes pareilles. Ils veulent se les partager. Il faut que chacun en ait exactement le même nombre. Vous allez chercher chacun de votre côté combien chaque personnage va recevoir de perles. Quand vous aurez trouvé une réponse au brouillon, vous pourrez comparer vos résultats par deux.*

- Recherche au brouillon, sans qu'aucune indication supplémentaire ne soit donnée.

ÉQUIPES DE 2

PHASE 2 Vérification des réponses

- Demander aux élèves, par deux, d'essayer de comprendre la démarche et la réponse de leur camarade et de dire s'ils sont d'accord ou non sur la réponse.

Ce moment assez rapide a pour but à nouveau de préparer le travail de mise en commun qui suit.

COLLECTIF

PHASE 3 Mise en commun et synthèse

- Recenser les différentes réponses et les écrire sous le portrait de chaque personnage. Puis faire rechercher celles qui ne conviennent pas (partage inéquitable, trop ou pas assez de perles distribuées…).
- Faire examiner successivement par l'ensemble des élèves quelques procédures affichées au tableau (erronées ou correctes, mais différentes) en demandant :

– d'essayer de les comprendre avec, éventuellement, des précisions ;

– de rechercher des erreurs éventuelles dans leur mise en œuvre ;
– de dire si on a utilisé une méthode identique ou voisine.

• Faire vérifier la réponse en effectuant un partage effectif des perles.

RÉPONSE : 4 perles pour Alex, 4 perles pour Lisa et 4 perles pour Moustik.

SYNTHÈSE

Résoudre un problème de partage équitable

• Reformuler :
– les **contraintes à respecter** : tout répartir et donner la même quantité à chacun ;
– les **procédures correctes** les plus caractéristiques (dont un exemplaire est laissé au tableau).

• Mettre en évidence que, pour les élèves qui ont fait des essais de sommes de 3 nombres identiques, **même si un essai n'a pas abouti, il apporte une information utile pour les essais suivants :** A-t-on obtenu un résultat trop petit ou trop grand, très éloigné ou proche de 12 ?…

TRACE ÉCRITE

Un montage de 3 ou 4 résolutions différentes peut être réalisé, photocopié et servir de trace écrite dans le classeur ou le cahier des élèves, par exemple :

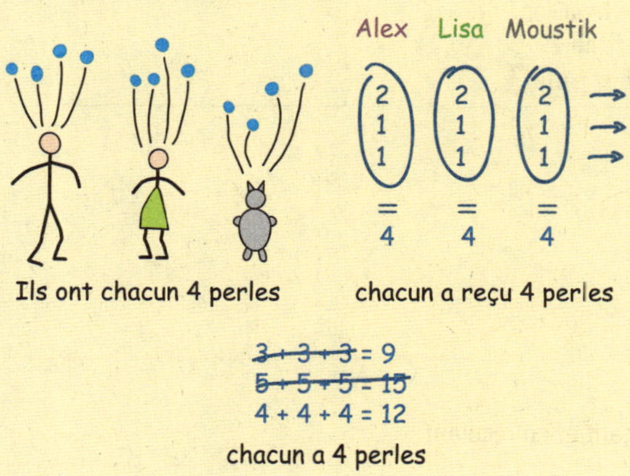

Les procédures possibles peuvent s'appuyer sur :
– **un recours à des dessins** (simulation d'une distribution aux 3 personnages ou dessin de tous les objets et tentative de réalisation de 2 paquets équivalents) ;
– **des essais de nombres ajoutés 3 fois** ;
– **des soustractions successives de 3** avec recherche de ce qui reste après chaque tour de distribution (cette solution, qui correspond à la distribution un à un des objets à chaque personnage – soit 3 objets par tour de distribution – est toutefois peu probable au CE1).

INDIVIDUEL

ENTRAINEMENT

FICHIER NOMBRES ET CALCULS p. 7

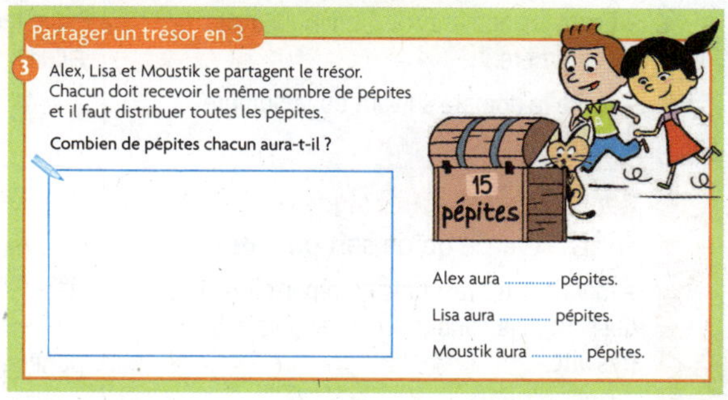
Partager un trésor en 3
3 Alex, Lisa et Moustik se partagent le trésor.
Chacun doit recevoir le même nombre de pépites et il faut distribuer toutes les pépites.
Combien de pépites chacun aura-t-il ?
Alex aura .... pépites.
Lisa aura .... pépites.
Moustik aura .... pépites.

Exercice 3

Le problème peut être matérialisé par la présence, sur le bureau de l'enseignant, de la boite contenant les 15 pépites. La recherche peut se faire au brouillon, les élèves étant invités ensuite à ne garder trace dans le fichier que de ce qui constitue la solution du problème. Le contrôle des réponses peut être fait en utilisant le matériel.

RÉPONSE : 5 pépites.

Différenciation : Exercice 3 → CD-Rom du guide, **fiche n° 2.**

UNITÉ 1

UNITÉ 1 Répertoire additif et signes +, −, =

	Tâche	Matériel	Connaissances travaillées
COMPTINE ORALE	**Suite orale des nombres jusqu'à 99** – Dire les nombres de 1 en 1 et de 10 en 10, en avant ou en arrière. – Donner le nombre suivant ou le nombre précédent.		– **Suite orale des nombres jusqu'à 99** – Lecture des nombres.
RÉVISER Nombres	**Suite écrite des nombres jusqu'à 99** – Écrire les nombres de 1 en 1, en avant ou en arrière. – Écrire le nombre suivant ou le nombre précédent.	par élève : – file numérique (pour la correction) FICHIER NOMBRES p. 8 1 et 2	– **Suite écrite des nombres jusqu'à 99.**
APPRENDRE Calcul	**Répertoire additif et signes +, −, =** RECHERCHE **« Ce qu'on sait par cœur »** – Identifier les résultats du répertoire additif qui sont déjà connus ou qu'on peut retrouver très vite. – Utiliser les signes +, – et =.	pour la classe : – extrait de la file numérique de 1 à 20, dessinée au tableau – une grande affiche par équipe de 2 : – une calculatrice ordinaire par élève : – ardoise ou cahier de brouillon – répertoire additif › **fiche 2** FICHIER NOMBRES p. 8 3 et 4	– **Répertoire additif** – Signes +, – et = – Calculatrice.

COMPTINE ORALE

Suite orale des nombres jusqu'à 99 • Le furet attentif

– Connaître la suite orale des nombres de un en un, de dix en dix, en avançant et en reculant.

COLLECTIF

PHASE 1 Dire les nombres de 1 en 1 ou de 10 en 10 en avançant

• Écrire au tableau 4 ou 5 nombres en chiffres, par exemple : **54, 2, 70, 83, 97.**

• Demander à chaque élève de chercher, en silence, comment se lisent ces nombres, puis questionner quelques élèves. Rappeler rapidement le rôle des mots *soixante* et *quatre-vingt(s)* et le fait que chacun de ces mots est utilisé pour exprimer 20 nombres (respectivement de 60 à 79 et de 80 à 99).

• Fixer un **nombre de départ** (par exemple : **52**) et préciser la tâche :

→ *En partant de 52, vous devez dire les nombres, en avançant de un en un. Je désignerai l'élève qui doit dire chaque prochain nombre* (un élève ne dit donc qu'un seul nombre). *Les autres doivent être très attentifs et lever le doigt si l'élève interrogé se trompe. Mais, attention, il ne faut pas dire les nombres interdits, ceux qui sont écrits au tableau, il faut les sauter.*

• Reprendre l'activité avec un autre nombre de départ.

• Si les élèves réussissent bien cette tâche, proposer le même travail de dix en dix.

Cette activité est l'occasion de rappeler le rôle des mots clés (*soixante* et *quatre-vingt(s)*) dans la désignation orale des nombres de 60 et 99, et de souligner les particularités liées à la désignation de ces nombres.
Les élèves peuvent également être incités à contrôler la lecture des nombres dans le **dico-maths** ou le **sous-main**.

COLLECTIF

PHASE 1 Dire les nombres de 1 en 1 ou de 10 en 10 en reculant

• Reprise de l'activité, en imposant de dire les nombres en reculant de un en un ou de dix en dix et toujours en évitant les nombres interdits (ceux qui sont écrits au tableau), par exemple **à partir de 85**, puis **à partir de 98**.

RÉVISER

Suite écrite des nombres jusqu'à 99

– Connaître la suite écrite des nombres de 1 en 1.
– Repérer les régularités de cette suite.

INDIVIDUEL

FICHIER NOMBRES ET CALCULS p. 8

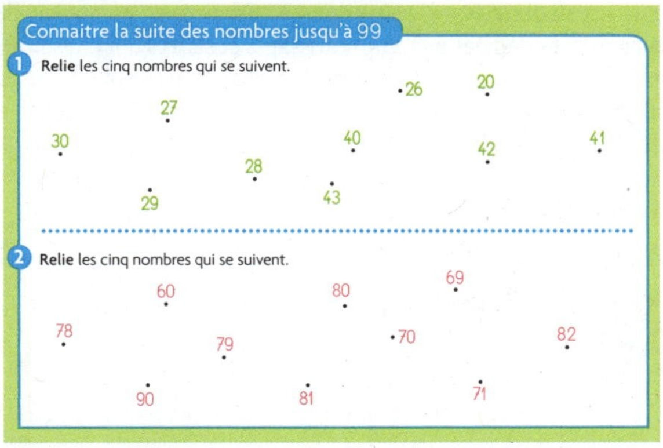
Connaître la suite des nombres jusqu'à 99

1 Relie les cinq nombres qui se suivent.

27 26 20 30 40 42 41 28 29 43

2 Relie les cinq nombres qui se suivent.

60 80 69 78 79 70 82 90 81 71

Exercices 1 et 2

• Demander de traiter l'exercice 1 et le corriger avant de passer à l'exercice 2.

• Exploiter les réponses en insistant sur les régularités de la suite écrite chiffrée, en se référant éventuellement à la file numérique (voir séance précédente).

RÉPONSE : 1 26 – 27 – 28 – 29 – 30
2 78 – 79 – 80 – 81 – 82.

Il s'agit de connaissances qui ont dû être bien stabilisées au CP, la suite écrite étant plus facile à maitriser que la suite orale. Cependant certains élèves s'appuient sur l'oral pour traiter ce type d'exercice.
AIDE L'enseignant peut, par exemple, entourer le premier nombre de la série des cinq nombres qui se suivent.

UNITÉ 1

APPRENDRE

Répertoire additif et signes +, –, =

– Entretenir la connaissance du répertoire additif.
– Identifier les résultats connus et ceux qu'on est capable de reconstruire rapidement.
– Utiliser les écritures utilisant les signes +, –, =.

COLLECTIF

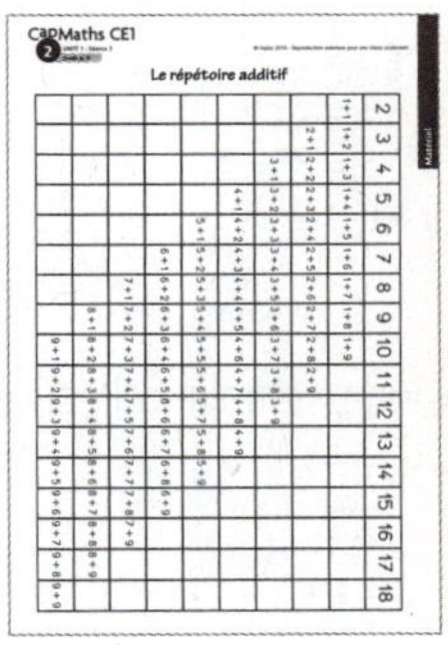

RECHERCHE Fiche 2

« Ce qu'on sait par cœur » : Les élèves doivent répondre à quelques questions portant sur des résultats du répertoire additif (sommes et différences), puis inventorier ceux qu'ils connaissent par cœur ou qu'ils peuvent reconstituer rapidement.

PHASE 1 Retour sur l'utilisation des signes +, – et =

• Proposer oralement différents calculs, par exemple :

2 plus 2	2 plus 1	3 plus 3	3 moins 1
2 moins 2	5 plus 3	6 plus 4	10 moins 2…

• Demander aux élèves d'écrire le nombre-réponse sur leur ardoise.

• Après chaque calcul, faire un bilan des procédures utilisées. Des remarques du type « C'est facile », « Je le sais » seront sans doute formulées.

• Les résultats peuvent être vérifiés par divers moyens :

– déplacement sur la file numérique : « plus » associé à « avancer » et « moins » à « reculer » ;

– recours à des objets (doigts, constellations…) : pour « 5 plus 3 », le résultat peut être vérifié en mettant 3 objets avec 5 objets ; pour « 10 moins 2 », le résultat peut être vérifié en enlevant ou en cachant 2 objets parmi 10.

• Recenser les résultats connus « par cœur » par certains élèves et proposer de les noter sur une grande affiche en **posant la question** :

→ *Comment noter que « deux plus deux, ça fait quatre » ou que « trois moins un, ça fait deux » ?*

1re SYNTHÈSE

Exemple : « 2 plus 2 »

• On note cela « **2 + 2 = 4** », qui se lit « deux plus deux égale quatre ».
On peut aussi écrire « 4 = 2 + 2 », on dit alors que « **4 est la somme de 2 et 2** ».

• De même, « **3 – 1 = 2** » se lit « trois moins un égale deux ».
On dit alors que « **2 est la différence de 3 et de 1** ».

TRACE ÉCRITE

Écrire sur la **grande affiche** les différentes égalités correspondant aux calculs connus, dans deux rubriques différentes : une pour les **sommes**, l'autre pour les **différences**.

Cette activité, reprise du CP, est destinée à :
– faire un premier inventaire des connaissances des élèves relatives aux résultats des répertoires additifs et soustractifs ;
– repérer les procédures qu'ils sont capables d'imaginer pour retrouver des résultats non mémorisés ;
– repérer s'ils connaissent ou non les écritures du type a + b et a – b ;
– introduire ou réintroduire ces écritures, si nécessaire.

L'enjeu est également de faire prendre conscience aux élèves que certains d'entre eux (sans doute une grande majorité, sinon tous) connaissent certains résultats sans avoir à les fabriquer ou bien qu'ils sont capables de les produire très vite.

Le symbolisme (écritures additives et soustractives) est ici fonctionnel dans la mesure où il permet un codage social de résultats qui peuvent alors être mis en commun et conservés.

COLLECTIF

PHASE 2 Ce que chacun sait « par cœur »

• Demander à chaque élève d'écrire avec ce langage symbolique (utilisation des signes +, – et =), sur son ardoise ou sa feuille de brouillon, une douzaine de calculs qu'il connaît « par cœur » ou qu'il peut trouver très rapidement.

• Recenser et écrire au tableau tous les calculs différents proposés ; 3 + 1 = 4 et 1 + 3 = 4 sont reportés tous les deux, mais en remarquant que le résultat est le même.

• Demander aux élèves de dire s'ils sont d'accord avec les calculs proposés et les vérifier en cas de désaccord à l'aide de la file numérique, des doigts, d'objets… Reporter ceux qui sont corrects sur la grande affiche.

2e SYNTHÈSE

Constituer un répertoire additif

• Faire retrouver d'autres résultats dans le **répertoire additif du dico-maths n° 8.**

• Distribuer la **fiche 2** comportant ce même répertoire et demander aux élèves de colorier tout ce qu'ils connaissent vraiment par cœur ou qu'ils sont capables de dire immédiatement. Ils devront ensuite compléter ce coloriage au fur et à mesure de leur apprentissage.

ÉCRIT DE RÉFÉRENCE

Dico-maths n° 8 auquel les élèves peuvent se référer pour vérifier un résultat.

Ce travail permet à l'enseignant, qui peut recueillir les feuilles des élèves, d'avoir une première idée de ce que les élèves savent déjà ou de ce qu'ils pensent savoir.

La table de Pythagore n'a pas été retenue comme organisation du répertoire additif au CE1. Son usage est en effet difficile pour certains élèves. Nous avons donc choisi de conserver l'organisation déjà retenue au CP.

Le coloriage des sommes qui peuvent être données instantanément permet à l'élève, à l'enseignant et aux parents d'avoir une vision rapide de ce qui est connu et de ce qui reste à apprendre.

ÉQUIPES DE 2

PHASE 3 La calculatrice utilise-t-elle le même langage ?

• Distribuer des calculatrices, par équipes de 2 élèves. Demander ce qu'on y voit.

• Recenser les réponses, notamment : touches chiffres, signes +, – et =.

• Faire vérifier certains résultats figurant sur l'affiche. Les élèves peuvent remarquer que si on tape bien ce qui est écrit, on obtient la bonne réponse, mais certaines calculatrices n'affichent que les nombres (pas les signes) et les effacent au fur et à mesure pour ne garder que le résultat. Il ne faut donc pas se tromper en tapant. La calculatrice permet d'afficher 2 + 2 = 4 mais ne permet pas d'afficher 4 = 2 + 2.

• Terminer par une utilisation libre de la calculatrice pour obtenir d'autres sommes ou différences, avec des nombres que les élèves choisissent librement (même très grands !).

Les calculatrices utilisées peuvent être celles d'usage courant, dites « **calculatrices 4 opérations** ». On peut aussi utiliser des **calculatrices dédiées aux apprentissages scolaires** qui ont souvent un écran permettant deux lignes d'affichage : une pour le calcul, l'autre pour le résultat, ce qui présente l'avantage d'afficher en même temps ces deux informations.

INDIVIDUEL

ENTRAINEMENT

FICHIER NOMBRES ET CALCULS p. 8

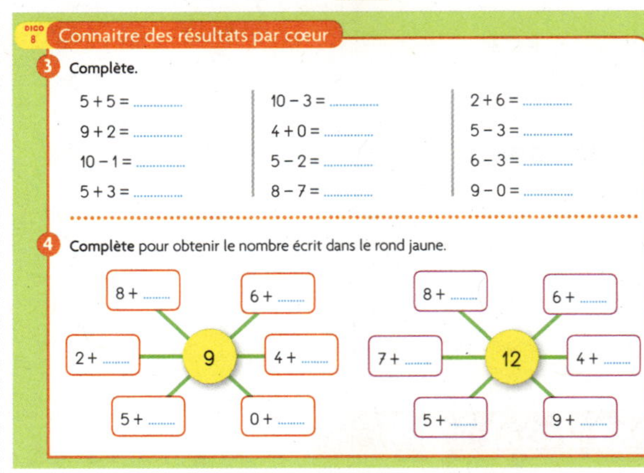
Connaitre des résultats par cœur

3 Complète.

5 + 5 = ...	10 – 3 = ...	2 + 6 = ...
9 + 2 = ...	4 + 0 = ...	5 – 3 = ...
10 – 1 = ...	5 – 2 = ...	6 – 3 = ...
5 + 3 = ...	8 – 7 = ...	9 – 0 = ...

4 Complète pour obtenir le nombre écrit dans le rond jaune.

Exercice 3

• Inviter les élèves à répondre sans utiliser le répertoire écrit (fiche 2 ou dico-maths), sauf en cas de grande difficulté.

• Lors de la correction, souligner le rôle du 0 dans l'addition comme dans la soustraction.

RÉPONSE :

5 + 5 = **10**	10 – 3 = **7**	2 + 6 = **8**
9 + 2 = **11**	4 + 0 = **4**	5 – 3 = **2**
10 – 1 = **9**	5 – 2 = **3**	6 – 3 = **3**
5 + 3 = **8**	8 – 7 = **1**	9 – 0 = **9**

Exercice 4

• Pour aider à faire comprendre la consigne, remplir collectivement une ou deux cases pour le nombre 9.

RÉPONSE :

Pour 9		Pour 12	
8 + **1**	6 + **3**	8 + **4**	6 + **6**
2 + **7**	4 + **5**	7 + **5**	4 + **8**
5 + **4**	0 + **9**	5 + **7**	9 + **3**

La tâche qui consiste à compléter un calcul est plus délicate. Certains élèves auront besoin d'être aidés :
– **soit en recourant à un matériel :** par exemple, pour compléter 2 + … de façon à obtenir 9, ils peuvent placer 2 jetons et compléter pour en avoir 9 ou encore placer un pion sur la case 2 de la file numérique et chercher de combien il faut avancer pour arriver à 9 ;
– **soit en cherchant les réponses dans le répertoire additif.**
Mais, progressivement, ils doivent aussi être incités à répondre sans aide.

Différenciation : Exercice 4 → CD-Rom du guide, **fiche n° 3.**

	Tâche	Matériel	Connaissances travaillées
CALCULS DICTÉS	**Répertoire additif jusqu'à 10 : sommes et différences** – Donner rapidement des sommes et des différences dont les résultats vont jusqu'à 10.	par élève : FICHIER NOMBRES p. 9 1	**– Répertoire additif.**
RÉVISER Nombres	**Suite écrite des nombres jusqu'à 99** – Écrire les nombres de 1 en 1, en avant ou en arrière (jusqu'à 99). – Écrire le nombre suivant ou le nombre précédent.	par élève : – file numérique (pour la correction) FICHIER NOMBRES p. 9 2 et 3	**– Suite écrite des nombres jusqu'à 99.**
APPRENDRE Problèmes, Calcul	**Dizaines et unités (1)** RECHERCHE **« Combien chacun a-t-il de billes ? »** – Utiliser des groupements par dix pour dénombrer une collection. – Utiliser la valeur des chiffres en fonction de leur rang dans l'écriture d'un nombre.	pour la classe : – **fiche 3** agrandie par élève : – les billes › **fiche 3** FICHIER NOMBRES p. 9 4 et 5	**– Écriture des nombres en chiffres** **– Rôle de la dizaine** – Groupements par dix – Dizaines et unités.

CALCULS DICTÉS

Répertoire additif jusqu'à 10 : sommes et différences • Mémorisation

– Donner rapidement des sommes, des différences, des compléments (résultats jusqu'à 10).

COLLECTIF

FICHIER NOMBRES ET CALCULS p. 9

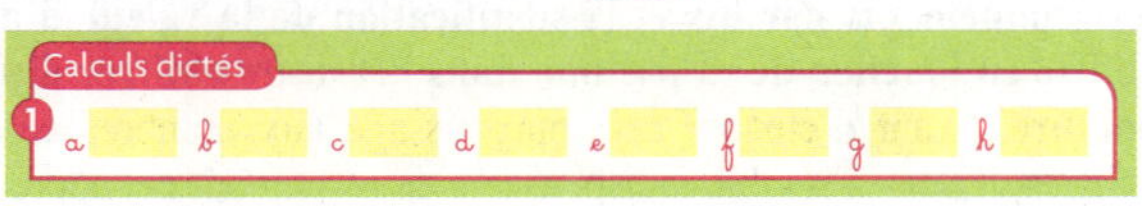

Exercice 1

• Dicter les calculs sous la forme « quatre plus cinq », « dix moins cinq ». Les réponses sont écrites dans le fichier.

• Procéder à une correction immédiate après chaque calcul (voir commentaire ci-dessous).

a. 8 + 1	b. 7 – 1	c. 5 + 2	d. 9 – 2
e. 4 + 5	f. 3 + 7	g. 10 – 5	h. 9 – 6

RÉPONSE : a. 9 b. 6 c. 7 d. 7 e. 9 f. 10 g. 5 h. 3.

Les résultats de ces calculs doivent pouvoir être donnés très rapidement, parce qu'ils sont mémorisés ou parce que l'élève est capable de les construire sans difficulté.

La validation peut se faire, si nécessaire :

• soit **en utilisant les doigts** (en s'assurant que les élèves sont tous capables d'afficher instantanément tout nombre jusqu'à 10 à l'aide des doigts) ;

• soit surtout **en s'appuyant sur des propriétés ou des calculs annexes**, par exemple :

– **ajouter ou soustraire 1** revient à donner le nombre suivant ou précédent (propriété essentielle dont il faut s'assurer que chaque élève est en mesure de l'utiliser) ;

– **ajouter ou soustraire 2** revient à donner le nombre suivant du suivant ou précédent du précédent (propriété qui découle de la précédente) ;

– **utiliser des calculs annexes :**

4 + 5 obtenu en appui sur **4 + 4**,

3 + 7 remplacé par **7 + 3** ;

9 – 6 est plus délicat à trouver car la procédure consistant à chercher le complément de 6 à 9 en appui sur 6 + 3 = 9 n'est pas nécessairement disponible pour tous les élèves ; ils peuvent alors par exemple retrancher 3, puis encore 3 de 9.

CONSOLIDATION **Les résultats jusqu'à 10 devraient être bien maitrisés en début de CE1.** Si pour certains élèves ce n'est pas le cas, il est conseillé de mettre en place des activités d'entrainement et de consolidation.

RÉVISER

Suite écrite des nombres jusqu'à 99

– Connaitre la suite écrite des nombres de 1 en 1 et de 10 en 10.
– Repérer les régularités de cette suite.

INDIVIDUEL

FICHIER NOMBRES ET CALCULS p. 9

Connaitre la suite des nombres jusqu'à 99

2 **Complète.** Sur chaque ligne, les nombres doivent se suivre de 1 en 1.

47	48	49									
75	76	77									
						93	94	95			

3 **Complète.** Sur chaque ligne, les nombres doivent se suivre de 10 en 10.

0	10	20							
			39	49	59				

Exercices 2 et 3

• Demander de traiter l'exercice 2 et le corriger avant de passer à l'exercice 3.

• Exploiter les réponses en insistant sur :
– les régularités de la suite écrite chiffrée de 1 en 1, en se référant éventuellement à la file numérique (voir séances précédentes) ;
– le fait que pour les suites de 10 en 10, seul le chiffre des dizaines (celui de gauche) avance ou recule de 1 à chaque fois.

RÉPONSE : 2 47 – 48 – 49 – 50 – 51 – 52 – 53 – 54 – 55 – 56 – 57 – 58
75 – 76 – 77 – 78 – 79 – 80 – 81 – 82 – 83 – 84 – 85 – 86
87 – 88 – 89 – 90 – 91 – 92 – 93 – 94 – 95 – 96 – 97 – 98
3 0 – 10 – 20 – 30 – 40 – 50 – 60 – 70 – 80 – 90
14 – 24 – 34 – 44 – 54 – 64 – 74 – 84 – 94
9 – 19 – 29 – 39 – 49 – 59 – 69 – 79 – 89 – 99

Cet exercice peut s'accompagner d'un travail sur la **lecture de ces suites de nombres** permettant de mettre en relation les régularités de la suite écrite avec les régularités et les irrégularités de la suite orale.

APPRENDRE

Dizaines et unités (1)

– Utiliser des groupements par dix pour dénombrer une collection (nombres < 100).
– Comprendre la valeur positionnelle des chiffres.
– Relier l'écriture d'un nombre comme 34 à sa décomposition de la forme 10 + 10 + 10 + 4.

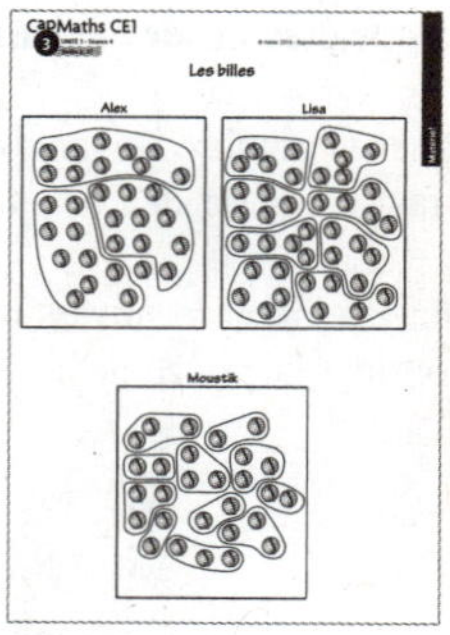

RECHERCHE Fiche 3

« Combien chacun a-t-il de billes ? » : Les élèves doivent dénombrer trois quantités de billes dessinées, les unes étant regroupées par 10, les autres par 5 (des groupements de 10 sont donc faciles à mettre en évidence) et les autres par 2 ou par 3 (les groupements par 10 sont moins évidents à faire apparaître, mais possibles).

INDIVIDUEL, PUIS PAR DEUX

PHASE 1 Combien chacun a-t-il de billes ?

• Donner la **fiche 3** aux élèves et la faire commenter avant de préciser la tâche :

→ *Alex, Lisa et Moustik ont reçu des billes. Pour savoir combien ils en ont, ils ont décidé de faire des paquets. Regardez bien comment ils ont fait leurs paquets, cela peut vous aider pour trouver combien de billes chacun a reçues. À vous maintenant de trouver et d'écrire combien de billes chacun a reçues. Vous pouvez dessiner sur la fiche. Vous devrez dire comment vous avez trouvé la réponse.*

• Demander aux élèves d'écrire la réponse sous chaque nom de personnage.

• Demander aux élèves de se mettre d'accord par deux sur la réponse après avoir comparé ce qu'ils ont trouvé.

Au CP, les élèves ont déjà beaucoup travaillé sur la **relation entre les groupements par dix** et la **signification de la valeur d'un chiffre en fonction de sa position dans l'écriture chiffrée d'un nombre**. Avant d'étendre cet apprentissage aux nombres de 3 chiffres, il nous a semblé indispensable de revenir sur cet apprentissage fondamental, en installant de plus le vocabulaire correspondant : *dizaine, unité.*
Cette activité permet donc d'observer ce que les élèves ont retenu et sont capables d'utiliser.

COLLECTIF

PHASE 2 Mise en commun et synthèse

• Recenser les réponses et demander aux élèves d'expliciter leurs procédures de résolution (en identifiant les erreurs).

Les procédures de résolution possibles
Pour Alex,
– Écrire le nombre, en associant directement un chiffre aux « paquets de dix billes » (trois paquets de dix billes et une bille), donc **31** ;
– Utiliser l'addition ou le comptage de 10 en 10 :
10 + 10 + 10 + 1 = 31 (égalité écrite au tableau) ;
– Ne pas tenir compte des paquets et procéder à un comptage de un en un (avec risque d'erreurs).
Pour Lisa,
– Faire des paquets de dix en regroupant deux paquets de cinq et écrire le nombre en associant directement un chiffre aux « paquets de dix billes » (quatre paquets de dix billes et pas de bille isolée), donc **40** ;

– Faire des paquets de dix en regroupant deux paquets de cinq et utiliser l'addition ou le comptage de 10 en 10 :
10 + 10 + 10 + 10 = 40 (égalité écrite au tableau) ;
– Utiliser l'addition ou le comptage de 5 en 5 :
5 + 5 + 5 + 5 + 5 + 5 + 5 + 5 = 40 (égalité écrite au tableau) ;
– Ne pas tenir compte des paquets et procéder à un comptage de un en un (avec risque d'erreurs).

Pour Moustik,

– Faire des paquets de dix en regroupant deux paquets de trois et deux paquets de deux, et écrire le nombre en associant directement un chiffre aux « paquets de dix billes » (deux paquets de dix billes et huit billes non groupées en dix), donc **28** ;
– Faire des paquets de dix de la même manière et utiliser l'addition ou le comptage de 10 en 10 :
10 + 10 + 8 = 28 (égalité écrite au tableau) ;
– Utiliser l'addition ou le comptage de 3 en 3 et de 2 en 2 : plusieurs écritures additives peuvent être produites et écrites au tableau ;
– Ne pas tenir compte des paquets et procéder à un comptage de un en un (avec risque d'erreurs).

Pour Moustik, il n'est pas sûr que toutes les procédures apparaissent. Au cours de la mise en commun, on provoquera si nécessaire la mise en évidence des groupements par dix en groupant deux paquets de trois et deux paquets de deux.

• **Au terme de la mise en commun,** on aura fait apparaitre que des groupements par dix sont utilisables dans tous les cas.

COLLECTIF

PHASE 3 Synthèse

• Faire une synthèse en utilisant les mots « unités » et « dizaines » et en insistant sur leur signification : objets isolés et groupements de 10 objets.

SYNTHÈSE

Dizaines et unités

Les **groupements par dix (appelés aussi dizaines)** sont intéressants car ils permettent d'obtenir très facilement la réponse :

• **Soit directement :**

– 31 billes, c'est 3 groupements de 10 billes et 1 bille isolée ou **31 = 3 dizaines + 1 unité**

– 40 billes, c'est 4 groupements de 10 billes et 0 bille isolée ou **40 = 4 dizaines = 4 dizaines + 0 unité**.

• **Soit par un calcul :**

31 = 10 + 10 + 10 + 1 (où on retrouve les 3 dizaines et 1 unité).

TRACE ÉCRITE

Écrire au tableau ou sur une petite affiche à conserver quelque temps :
– le mot **« dizaine »** ;
– l'égalité **« 1 dizaine = 10 unités »**.

ÉCRIT DE RÉFÉRENCE

Faire retrouver l'information dans le **dico-maths n° 3**.

INDIVIDUEL

ENTRAINEMENT

FICHIER NOMBRES ET CALCULS p. 9

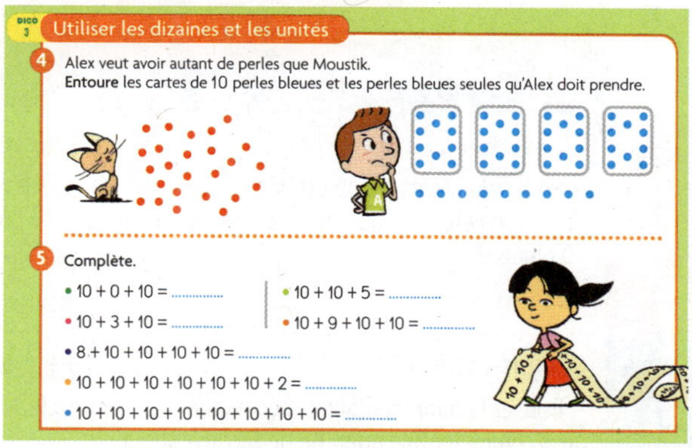

Ces exercices viennent en application directe des acquis précédents.

Exercice 4

• Il peut être nécessaire de préciser qu'une carte ne peut pas être entourée partiellement.

• Lors de la correction, souligner l'intérêt de faire des groupements par dix avec les perles rouges et souligner qu'on peut répondre sans dire combien il y a de perles rouges : il suffit alors de prendre autant de cartes de 10 perles bleues et de perles bleues isolées qu'on a fait de groupements de perles rouges et qu'il est resté de perles rouges isolées.

On a pu aussi dénombrer les perles rouges (25) et prendre 2 dizaines de perles bleues (2 cartes) et 5 perles bleues isolées.

RÉPONSE : 2 cartes et 5 perles bleues.

Exercice 5

• Lors de la correction, souligner qu'on peut répondre directement en comptant les 10 ou en les additionnant.

• Pour 10 + 10 + 5, la réponse peut s'appuyer sur les raisonnements suivants :
il y a 2 « 10 », donc 2 dizaines et 5, cela fait 25 ;
ou 10 + 10 c'est 20, plus 5, cela fait 25.

RÉPONSE : 10 + 0 + 10 = **20** | 10 + 10 + 5 = **25**
10 + 3 + 10 = **23** | 10 + 9 + 10 + 10 = **39**
8 + 10 + 10 + 10 + 10 = **48**
10 + 10 + 10 + 10 + 10 + 10 + 2 = **62**
10 + 10 + 10 + 10 + 10 + 10 + 10 + 10 = **80**.

À SUIVRE

En **séance 5**, ce travail sera exploité et consolidé dans le cadre d'une activité plus complexe au cours de laquelle les élèves vont être confrontés au problème inverse : interpréter une écriture comme 73 pour prendre le bon nombre de dizaines et d'unités.

Dizaines et unités (2)

	Tâche	Matériel	Connaissances travaillées
PROBLÈMES DICTÉS	**Compléments à 10** – Trouver le nombre d'objets nécessaires pour compléter une quantité de façon à obtenir 10 objets.	pour la classe : – une enveloppe ou pochette – 10 photos de Moustik › **fiche 4** par élève : FICHIER NOMBRES **p. 10** 1	– **Répertoire additif** – **Compléments à 10** – Problèmes de recherche de compléments.
PROBLÈME ÉCRIT	**Compléments à 10** – Trouver le nombre d'objets nécessaires pour compléter une quantité de façon à obtenir 10 objets.	par élève : FICHIER NOMBRES **p. 10** 2	– **Répertoire additif** – **Compléments à 10** – Problèmes de recherche de compléments – Prise d'informations dans un texte et sur un dessin.
APPRENDRE Nombres	**Dizaines et unités (2)** RECHERCHE **« Le collier de Lisa »** – Réaliser une collection de perles dont le nombre est donné, en utilisant des groupements de 10 perles (nombres < 100).	pour la classe : – 120 cartes de 1 perle › **fiche 5 et 6** – 60 cartes de 10 perles › **fiche 7 et 8** pour l'élève : – ardoise ou cahier de brouillon FICHIER NOMBRES **p. 10** 3, 4 et 5	– **Écriture des nombres en chiffres** – **Rôle de la dizaine** – Groupements par dix – Dizaines et unités.

PROBLÈMES DICTÉS

Compléments à 10

– Résoudre des problèmes dans lesquels il faut calculer des compléments à 10.

COLLECTIF

FICHIER NOMBRES ET CALCULS **p. 10**

Exercice 1

- Proposer aux élèves deux problèmes à résoudre, chacun faisant l'objet d'une simulation à l'aide du matériel, ce qui facilite la représentation mentale de la situation par les élèves et, à la fin, permet une vérification expérimentale des réponses.
- Chaque résolution peut se dérouler ainsi :

– poser la question, en réalisant l'« expérience » (la question peut, éventuellement, être formulée par les élèves) et écrire les informations numériques au tableau ;

– demander une résolution individuelle sur l'ardoise ou le cahier de brouillon, avec réponse dans le fichier ;

– lors de la mise en commun, recenser les réponses et demander de repérer celles qui peuvent être rapidement reconnues comme « impossibles » en référence à la situation, puis faire expliciter et discuter quelques procédures caractéristiques (erronées ou correctes).

Problème a

- Mettre 8 photos dans la pochette, en l'indiquant aux élèves et en l'écrivant au tableau.

QUESTION : *Alex veut 10 photos dans la pochette. Combien faut-il encore en mettre ?*

Problème b

- Mettre 5 photos dans la pochette, en l'indiquant aux élèves et en l'écrivant au tableau.

QUESTION : *Lisa veut 10 photos dans la pochette. Combien faut-il encore en mettre ?*

RÉPONSE : a. 2 photos   b. 5 photos.

Les problèmes a et b peuvent être résolus en mettant directement en œuvre un **calcul connu** (addition, complément ou soustraction), mais d'autres résolutions peuvent être mobilisées : **dessin, doigts, constellations**…

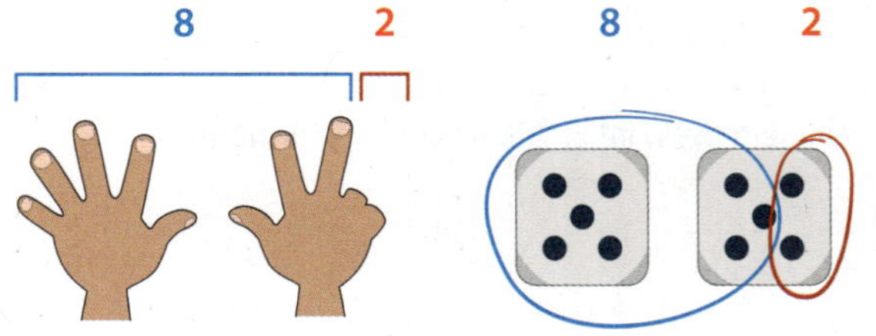

La mise en commun doit permettre de :
– distinguer les erreurs dues au choix d'une procédure inadaptée de celles qui sont liées à une difficulté de gestion ou de calcul ;
– identifier différents types de procédures correctes pour un même problème et, si c'est possible, les mettre en relation, favorisant ainsi d'éventuelles évolutions chez les élèves.

UNITÉ 1

PROBLÈME ÉCRIT

Compléments à 10

– Résoudre un problème dans lequel il faut calculer un complément à 10.

INDIVIDUEL

FICHIER NOMBRES ET CALCULS p. 10

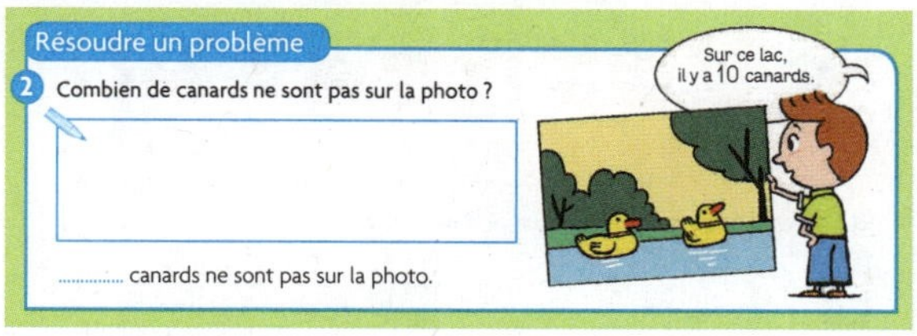

Exercice 2

• Demander une lecture individuelle de l'énoncé, puis faire « raconter » et expliquer la situation par des élèves pour en assurer une bonne compréhension, mais sans rien dévoiler des modes de résolution possibles.

• Une mise en commun peut être faite le lendemain, en particulier pour confronter les différents types de solutions.

RÉPONSE : 8 canards.

Cette activité sera reprise avec des problèmes très divers, sans relation directe avec les apprentissages en cours, de façon à éviter tout automatisme dans les réponses. Ce parti pris devrait inciter les élèves à la vigilance et à la réflexion.

Différenciation : Exercice 2 → CD-Rom du guide, **fiche n° 1.**

APPRENDRE

Dizaines et unités (2)

– Utiliser des groupements par dix pour dénombrer une collection (nombres < 100).
– Comprendre la valeur positionnelle des chiffres.
– Relier l'écriture d'un nombre comme 34 à sa décomposition de la forme 10 + 10 + 10 + 4.

RECHERCHE

« Le collier de Lisa » : Les élèves doivent commander ce qu'il faut de groupements de 10 perles et de perles à l'unité pour obtenir un nombre donné de perles (par exemple 48).

ÉQUIPES DE 2

PHASE 1 Commander 48 perles

• Montrer aux élèves quelques exemples de cartes avec 1 perle et avec un groupement de 10 perles. Les mots « unité » et « dizaine » figurant au dos des cartes sont également montrés aux élèves et leur signification est rappelée :

– 1 unité c'est 1 (comme 1 perle)

– 1 dizaine c'est un groupement de 10 unités, c'est 10 (comme 10 perles).

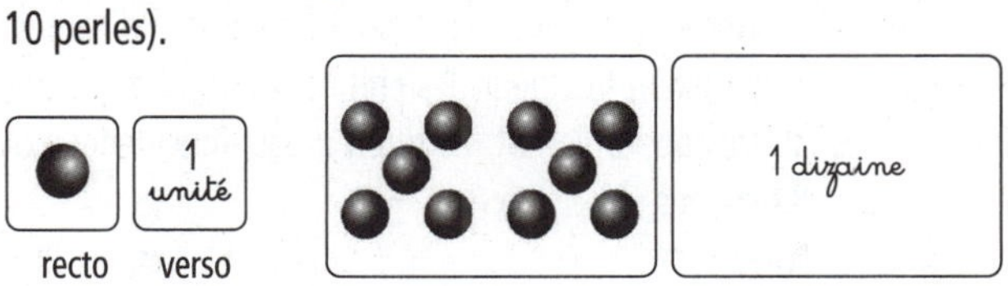

recto verso — **Carte « 1 perle »**

recto verso — **Carte « 10 perles »**

• Formuler la tâche :

→ *Pour faire un joli collier, Lisa a besoin de **48 perles**. Les perles sont vendues par paquets de dix perles (montrer à nouveau une carte avec dix perles) ou à l'unité (montrer à nouveau une perle isolée). Lisa en veut exactement 48, pas une de plus, pas une de moins. Mais attention, je n'ai pas beaucoup de perles à l'unité. Mettez-vous d'accord par deux, puis écrivez sur votre feuille ce qu'il vous faut pour avoir exactement 48 perles. Écrivez combien vous voulez de paquets de dix perles et combien vous voulez de perles à l'unité. Ensuite vous m'apporterez votre commande. Si je comprends la commande et si je peux le faire, je vous servirai.*

(Le rôle de marchand peut aussi être tenu par un élève ou quelques élèves.)

• Écrire le nombre de perles au tableau : « 48 perles » et laisser les élèves chercher.

• Inviter les élèves à venir chercher leurs perles. Le vendeur donne ce qui est demandé, à deux conditions :

– la commande doit être claire (distinction entre paquets et unités) ;

– il doit lui être matériellement possible de donner ce qui est demandé.

• Demander à chaque équipe, au retour, de coller ce qui lui a été remis (perles et paquets de perles) en dessous de la commande rédigée (ou au dos).

• Observer quelques cartes retournées et associer ainsi le mot « dizaine » à « groupement de dix » et le mot « unité » à « objet isolé », en précisant que par la suite les élèves peuvent utiliser le vocabulaire qu'ils comprennent le mieux.

COLLECTIF

PHASE 2 Mise en commun et synthèse

• Demander à chaque équipe de contrôler, par le moyen de son choix, qu'elle a bien les 48 perles et d'indiquer sur sa feuille si elle estime avoir réussi ou non.

• Afficher quelques feuilles (commandes et perles) et les faire discuter : Sont-elles correctes ? Comment sont-elles rédigées ?

• Faire formuler les différentes procédures utilisées pour trouver ce qu'il fallait commander, notamment celles qui prennent appui sur :
– les dessins des objets ;
– un comptage de 10 en 10 ou une addition répétée de 10 ;
– une lecture directe du nombre de dizaines du nombre proposé (dans 48, il y a 4 dizaines et 8 unités).

C'est la dernière procédure qui est mise en évidence et formulée dans la synthèse qui suit, en lien avec la décomposition additive utilisant le plus possible de « 10 ».
Deux types de difficultés doivent retenir l'attention et être clarifiés avec les élèves, au cours de la mise en commun :
– certains élèves peuvent ne pas se détacher d'une lecture « globale » du nombre et donc ne pas penser qu'il est possible de demander les perles autrement qu'à l'unité (il en faut 48 !) ;
– d'autres peuvent encore confondre 48 et 4 + 8 (ce qui devrait être peu fréquent au CE1).

• Faire une **synthèse** en utilisant les mots « unités » et « dizaines ».

SYNTHÈSE

Dizaines et unités

• Les **groupements par dix (appelés aussi dizaines)** sont intéressants car ils permettent d'obtenir très facilement la réponse :
– soit directement :
48 perles, c'est 4 groupements de 10 perles et 8 perles isolées ou **48 = 4 dizaines + 8 unités**
– soit par un calcul :
48 = 10 + 10 + 10 + 10 + 8
(où on retrouve les 4 dizaines et 8 unités)

• Il faut se souvenir que « **1 dizaine = 10 unités = 10** ».

• **Dans 48 :**
– le **4** (à gauche) dit combien il y a de dizaines (de groupements de dix) ;
– le **8** dit combien il y a d'unités seules.
Pour s'en souvenir, on peut utiliser un tableau de numération :

dizaines	unités
4	8

ÉCRIT DE RÉFÉRENCE

Faire retrouver l'information concernant les dizaines et les unités dans le **dico-maths n° 3**.

Le **tableau de numération** est introduit comme référence, mais les élèves doivent pouvoir reconnaître directement la valeur exprimée par chaque chiffre.

COLLECTIF ET INDIVIDUEL

ENTRAINEMENT

FICHIER NOMBRES ET CALCULS p. 10

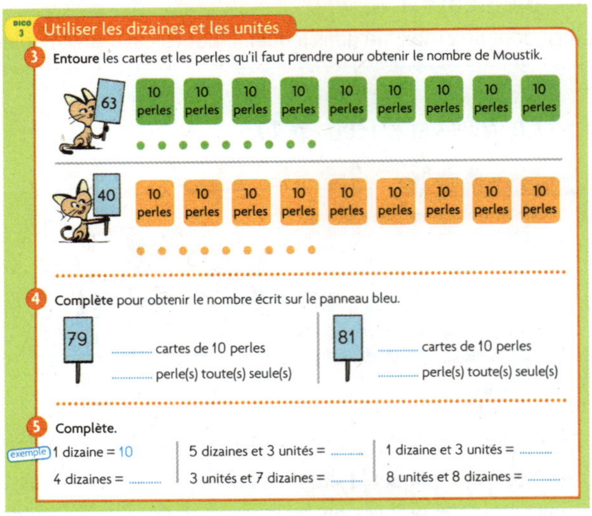
DICO 3 Utiliser les dizaines et les unités

3 **Entoure** les cartes et les perles qu'il faut prendre pour obtenir le nombre de Moustik.

63 — 10 perles (×9)

40 — 10 perles (×9)

4 **Complète** pour obtenir le nombre écrit sur le panneau bleu.

79 .... cartes de 10 perles .... perle(s) toute(s) seule(s)

81 .... cartes de 10 perles .... perle(s) toute(s) seule(s)

5 **Complète.**

exemple 1 dizaine = 10 | 5 dizaines et 3 unités = ... | 1 dizaine et 3 unités = ...
4 dizaines = ... | 3 unités et 7 dizaines = ... | 8 unités et 8 dizaines = ...

Activité collective

• Proposer un **entrainement avec réponses orales à des questions** du type :
– Combien de cartes de 10 perles et 1 perle pour avoir **30** perles, **54** perles, **88** perles… ?
– Combien de dizaines et d'unités pour obtenir **80**, **69**, **7**… ?
– Montrer **5** cartes avec **10** perles et **3** perles isolées et demander d'écrire le nombre de perles.
– Montrer 8 cartes « 1 dizaine » et 3 cartes « 1 unité » et demander d'écrire le nombre correspondant.

Exercice 3

• Cet exercice, ainsi que les deux autres, viennent en application directe des acquis précédents.
• Il est peut-être nécessaire de préciser qu'une carte ne peut pas être entourée partiellement.
RÉPONSE : **63 :** 6 cartes et 3 perles **40 :** 4 cartes.

Exercice 4

• Lors de la correction, souligner qu'on peut répondre directement en repérant les dizaines et les unités de chaque nombre.
RÉPONSE : **79 :** 7 cartes et 9 perles **81 :** 8 cartes et 1 perle.

Exercice 5

• Lors de la correction, faire remarquer que dans des expressions comme « 3 unités et 7 dizaines », ce sont les mots « dizaines » et « unités » qui fixent la valeur des chiffres et non l'ordre dans lequel ces chiffres apparaissent (ce qui n'a pas d'incidence pour 8 unités et 8 dizaines !).
RÉPONSE : 1 dizaine = **10**
4 dizaines = **40**
1 dizaine et 3 unités = **13**
8 unités et 8 dizaines = **88**.
5 dizaines et 3 unités = **53**
3 unités et 7 dizaines = **73**

Différenciation : Exercices 3 et 4 → CD-Rom du guide, **fiche nº 4**.

	Tâche	Matériel	Connaissances travaillées
CALCULS DICTÉS	**Répertoire additif jusqu'à 10 : sommes, différences et compléments** – Donner rapidement des sommes, des différences, des compléments pour la partie du répertoire dont les résultats vont jusqu'à 10.	par élève : FICHIER NOMBRES p. 11 ①	– **Répertoire additif.**
RÉVISER Nombres	**Décompositions de 10, compléments à 10** – Reconnaître ou écrire des sommes ou des différences égales à 10.	par élève : FICHIER NOMBRES p. 11 ② et ③	– **Répertoire additif** – **Décompositions de 10.**
APPRENDRE Nombres	**Nombres inférieurs à 100 : lecture, écriture** RECHERCHE **« Avec 3 étiquettes »** – Réaliser des nombres avec des étiquettes mots, les traduire en écriture chiffrée et trouver les décompositions associées.	pour la classe : – étiquettes portant les mots : *quatre, huit, dix, quinze, vingt(s), soixante* par élève : – ardoise ou cahier de brouillon FICHIER NOMBRES p. 11 ④ et ⑤	– **Écriture des nombres en lettres et en chiffres** – **Rôle des mots-clés « soixante » et « quatre-vingt(s) ».**

CALCULS DICTÉS

Répertoire additif jusqu'à 10 : sommes, différences et compléments • Mémorisation

– Donner rapidement des sommes, des différences, des compléments (résultats jusqu'à 10).

COLLECTIF

FICHIER NOMBRES ET CALCULS p. 11

Exercice 1

• Dicter les calculs sous la forme « deux plus six », « huit moins cinq », « Combien pour aller de 3 à 6 ? ». Les réponses sont écrites dans le fichier.

• Procéder à une correction immédiate après chaque calcul (voir commentaire ci-contre).

a. 2 + 6 b. 6 + 4 c. 8 – 5 d. 7 – 2

Combien pour aller de :

e. 3 à 6 f. 2 à 10 g. 1 à 7 h. 8 à 10

RÉPONSE : a. 8 b. 10 c. 3 d. 5 e. 3 f. 8 g. 6 h. 2.

De nouvelles questions, formulées « Combien pour aller de 3 à 6 ? », correspondent à une recherche de complément. Elles peuvent être reformulées sous la forme « Combien faut-il ajouter à 3 pour avoir 6 ? » et illustrées :

– soit **sur la file numérique** : « Un pion est sur la case 3, de combien faut-il avancer pour arriver à 6 ? »

– soit **par des objets :** « Il y a déjà 3 cubes dans cette boite, combien faut-il en ajouter pour en avoir 6 dans la boite ? »

Ces contextes peuvent, pendant un temps, être évoqués pour faire comprendre les questions, mais les élèves doivent pouvoir répondre en l'absence de tout contexte.

Pour les résultats jusqu'à 10 : il est également possible d'utiliser une figuration sur les doigts mais en visant un affichage direct (donc en évitant un comptage de un en un) ou encore de recourir aux constellations avec 1 ou 2. dés

RÉVISER

Décompositions de 10, compléments à 10

– Reconnaitre et produire des décompositions additives et soustractives de 10.
– Compléter un nombre, une somme de nombre pour obtenir 10.

INDIVIDUEL

FICHIER NOMBRES ET CALCULS p. 11

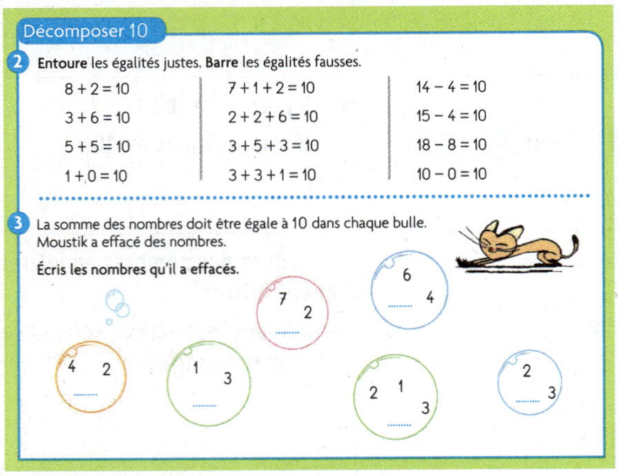
Décomposer 10

2 Entoure les égalités justes. Barre les égalités fausses.

8 + 2 = 10	7 + 1 + 2 = 10	14 – 4 = 10
3 + 6 = 10	2 + 2 + 6 = 10	15 – 4 = 10
5 + 5 = 10	3 + 5 + 3 = 10	18 – 8 = 10
1 + 0 = 10	3 + 3 + 1 = 10	10 – 0 = 10

3 La somme des nombres doit être égale à 10 dans chaque bulle.
Moustik a effacé des nombres.
Écris les nombres qu'il a effacés.

Exercice 2

• Insister pour que les élèves barrent les égalités fausses afin de s'assurer que toutes ont été examinées.

ÉGALITÉS JUSTES : 8 + 2 = 10 5 + 5 = 10 7 + 1 + 2 = 10 2 + 2 + 6 = 10 14 – 4 = 10 18 – 8 = 10 10 – 0 = 10.

Exercice 3

• Les réponses peuvent être trouvées :
– soit en calculant d'abord la somme des nombres donnés, puis en complétant à 10 ;
– soit en testant des nombres et en vérifiant si la somme est égale à 10.

Lors de la correction, la première méthode est reconnue comme plus efficace que la seconde.

RÉPONSE : 4 + 2 + **4** 7 + 2 + **1** 2 + 1 + 3 + **4** 6 + 4 + **0** 2 + 3 + **5** 1 + 3 + **6**.

Une bonne maîtrise des décompositions du nombre 10 est indispensable pour le calcul mental. Plusieurs points peuvent attirer l'attention lors de la correction, notamment :
– **l'égalité 1 + 0 = 10** considérée comme juste par des élèves qui confondent écriture additive et écriture en chiffres des nombres, le recours au matériel (cartes perles, fiches 5 à 8) permet d'éclairer cette confusion ;
– **les égalités vraies relatives à la soustraction** qui montrent que, pour obtenir 10 à partir de nombres comme 14 et 18, il suffit de soustraire le chiffre des unités ; là encore, le recours au matériel (cartes perles, fiches 5 à 8) permet d'éclairer ces égalités.

AIDE **Pour l'exercice 3,** certains éléves peuvent être incités à utiliser du matériel, par exemple le dessin de 2 dés avec 5 points chacun, le complément de 4+2 à 10 est alors obtenu en entourant 4 points sur le premier dé, 2 points (1 sur le premier dé et 1 sur le deuxième dé), la somme intermédiaire est alors lisible directement (6) ainsi que le complément à 10 (4).
Progressivement, ces éléves doivent être incités à répondre sans recourir au matériel.

APPRENDRE

Nombres inférieurs à 100 : lecture, écriture

– Lire et écrire les nombres.
– Passer de la désignation orale ou littérale à la désignation chiffrée.
– Comprendre ces désignations grâce à des décompositions associées.

En fonction du travail réalisé au CP ou des constats faits auprès des éléves, cette séance peut être dédoublée avec une séance consacrée à la lecture des nombres jusqu'à 79 (avec la tranche des soixante) et une autre consacrée à la lecture des nombres jusqu'à 99 (avec la tranche des quatre-vingts).

RECHERCHE

« Avec 3 étiquettes » : Les élèves doivent réaliser des nombres écrits en lettres en choisissant 3 étiquettes parmi celles qui sont disponibles, puis écrire les nombres trouvés en chiffres.

ÉQUIPES DE 2

PHASE 1 Choisir 3 étiquettes pour écrire des nombres

• Distribuer à chaque équipe les 6 étiquettes portant les mots : *quatre, huit, dix, quinze, vingt(s) et soixante.*
• Préciser la tâche :

→ *Vous devez chercher les nombres qu'on peut fabriquer en utilisant 3 étiquettes. Il faut parfois ne pas écrire le « s » de vingt(s) et ajouter un tiret. À vous de trouver et d'écrire tous les nombres qu'on peut former avec 3 étiquettes. Attention, après avoir formé un nombre, les étiquettes peuvent être à nouveau utilisées.*

• Aider les élèves dans la manipulation des étiquettes et, si nécessaire, suggérer à certains des lots de 3 étiquettes avec lesquelles ils doivent former un ou plusieurs nombres.

RÉPONSE : 78, 88, 90, 95.

COLLECTIF

PHASE 2 Mise en commun et travail sur les décompositions associées

• Après un temps de travail suffisant, recenser au tableau toutes les réponses trouvées par les élèves (y compris les réponses erronées).

• Demander d'abord quelles sont les réponses fausses en distinguant celles qui relèvent seulement d'une erreur orthographique (corrigée collectivement) de celles qui ne correspondent pas à un nombre (en le faisant justifier).

• Puis faire vérifier les traductions en chiffres.

• Choisir le nombre **95** et son écriture en lettres ***quatre-vingt-quinze***.

• Demander ce que représente **chaque chiffre dans 95**. Faire discuter les propositions et retenir celle qui évoque « 9 dizaines ou groupements de 10 et 5 unités ou objets isolés ». Demander de l'écrire avec le signe + :
10 + 10 + 10 + 10 + 10 + 10 + 10 + 10 + 10 + 5.

• Demander ensuite d'écrire en chiffres **les mots entendus (et écrits) dans *quatre-vingt-quinze*** : 4, 20 et 15. Demander comment il est possible de retrouver **95** avec ces 3 nombres. Faire discuter les propositions et retenir :
20 + 20 + 20 + 20 + 15
(le 4 étant le nombre de fois où 20 est répété).
La décomposition **80 + 15** est également étudiée, en notant toutefois que 4 et 20 n'y figurent ni l'un ni l'autre.

Pour ce travail, les difficultés orthographiques ne sont pas à mettre en avant.

COLLECTIF

PHASE 3 Synthèse et traces écrites

SYNTHÈSE

1. Écriture des nombres de 20 à 59

De 20 à 59, chaque nombre de dizaines possède un nom :
– *vingt* pour 2 dizaines ;
– *trente* pour 3 dizaines ;
– *quarante* pour 4 dizaines ;
– *cinquante* pour 5 dizaines.

2. Écriture des nombres à partir de 60

À partir de 60, il faut faire attention :

• **Quand on entend ou écrit *soixante***, il peut y avoir **6** ou **7** dizaines :
– **6 dizaines** si *soixante* est seul ou suivi d'un mot allant de *un* à *neuf* ;
– **7 dizaines** si *soixante* est suivi d'un mot allant de *dix* à *dix-neuf*.

• **Quand on entend ou écrit *quatre-vingts***, il peut y avoir **8** ou **9** dizaines :
– **8 dizaines** si *quatre-vingt(s)* est seul ou suivi d'un mot allant de *un* à *neuf* ;
– **9 dizaines** si *quatre-vingt(s)* est suivi d'un mot allant de *dix* à *dix-neuf*.

• Faire remarquer que « quatre-vingts » ne s'écrit avec un « s » que pour le nombre *quatre-vingts* (mais pas pour les autres).
Exemple : quatre-vingt cinq

3. Décompositions associées à la numération orale

Exemple : **95** peut s'écrire :

95
10 + 10 + 10 + 10 + 1 0 + 10 + 10 + 10 + 10 + 5
quatre-vingt-quinze
20 + 20 + 20 + 20 + 15

Comparer avec le cas de **88** pour conclure à nouveau que : « quatre-vingt(s) » se traduit par un **8** ou par un **9**, selon ce qui suit.

TRACE ÉCRITE

Quelques exemples de nombres écrits en chiffres et en lettres peuvent être affichés en classe pendant quelque temps, par exemple : **78, 88, 90, 95.**

ÉCRIT DE RÉFÉRENCE

Dico-maths n° 1 auquel les élèves peuvent être renvoyés en cas de difficulté.

Deux remarques importantes au sujet de la numération :
– **On considère souvent que 69 est une étape dans l'étude de la lecture des nombres** (en se fondant sur une régularité de 20 à 69). C'est une **erreur didactique** car cela renforce chez les élèves l'idée que « soixante » se traduit toujours par un 6 comme chiffre des dizaines et conduit à des erreurs comme « soixante-douze » écrit 612 ou 6012.
– **L'orthographe des nombres** doit bien sûr être respectée (ici avec quatre-vingts écrit avec « s »), mais cela ne doit pas devenir la préoccupation principale au regard de ce qui vient d'être énoncé en synthèse.

INDIVIDUEL

ENTRAINEMENT

FICHIER NOMBRES ET CALCULS p. 11

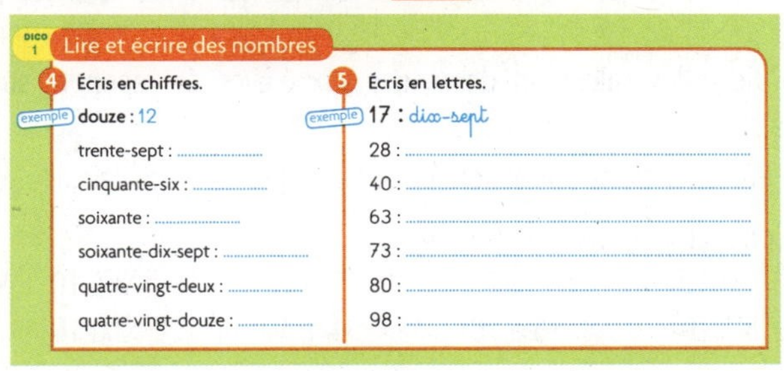
DICO 1 Lire et écrire des nombres

4 Écris en chiffres.
exemple douze : 12
trente-sept : ....
cinquante-six : ....
soixante : ....
soixante-dix-sept : ....
quatre-vingt-deux : ....
quatre-vingt-douze : ....

5 Écris en lettres.
exemple 17 : dix-sept
28 : ....
40 : ....
63 : ....
73 : ....
80 : ....
98 : ....

Exercices 4 et 5

Ces exercices viennent en application directe des acquis précédents.

RÉPONSE :

4	5
37	vingt-huit
56	quarante
60	soixante-trois
77	soixante-treize
82	quatre-vingts
92	quatre-vingt-dix-huit.

UNITÉ 1

	Tâche	Matériel	Connaissances travaillées
CALCULS DICTÉS	**Compléments à 10** – Donner rapidement des compléments à 10.	par élève : – ardoise ou cahier de brouillon	– Répertoire additif. – Compléments à 10.
RÉVISER Espace	**Repérage dans l'espace de la feuille** – Utiliser le vocabulaire spatial pour décrire et retrouver une carte comportant plusieurs formes connues	pour la classe : – les 6 cartes agrandies, affichées verticalement au tableau par élève : – 6 cartes « formes » › **fiches 11 et 12**	– Repérage conventionnel dans l'espace de la feuille de papier : en haut / en bas, à gauche / à droite.
APPRENDRE Espace	**Repérage sur quadrillage** RECHERCHE **« La chasse à l'étoile »** – Repérer une case dans un quadrillage. – Utiliser le codage par un couple	pour la classe : – quadrillage de 8 lignes × 7 colonnes (cases de 10 cm × 10 cm) sans indications › **à fabriquer par l'enseignant** – 56 cartons (8 cm × 8 cm) dont 1 avec une étoile sur une face › **à fabriquer par l'enseignant** – pâte à fixer pour les cartons par élève : – ardoise CAHIER GÉOMÉTRIE **p. 2 1, 2 et 3**	– Repérage de cases ou de nœuds dans un quadrillage.

CALCULS DICTÉS

Compléments à 10 • Mémorisation

– Donner rapidement des compléments à 10.

COLLECTIF

• Dicter les calculs et demander aux élèves de répondre sur l'ardoise.

• Procéder à une correction immédiate après chaque calcul.

Combien pour aller de :

a. 1 à 10 b. 9 à 10 c. 7 à 10 d. 3 à 10
e. 5 à 10 f. 6 à 10 g. 4 à 10 h. 2 à 10

RÉPONSE : a. 9 b. 1 c. 3 d. 7 e. 5 f. 4 g. 6 h. 8.

La visualisation des compléments à 10 peut être utile à certains élèves :
– avec les doigts, le complément de 7 à 10 correspond aux doigts restés pliés lorsqu'on lève 7 doigts ;
– avec deux dés affichant 5, le complément de 7 à 10 est obtenu en cachant 7 points des deux dés (5 points sur l'un et 2 points sur l'autre.
Le passage par 10, et donc la connaissance des compléments correspondants, constituent un point d'appui très utile pour le calcul mental. C'est pourquoi un travail important est fait autour du nombre 10 en début d'année (compléments, décompositions...).

RÉVISER

Repérage dans l'espace de la feuille

– Repérer des éléments sur une carte disposée verticalement ou horizontalement.
– Connaître et utiliser le vocabulaire spatial : à gauche / à droite, en haut / en bas, au-dessus de / au-dessous de.

COLLECTIF

1 Présentation des cartes

• Afficher les 6 cartes au tableau :

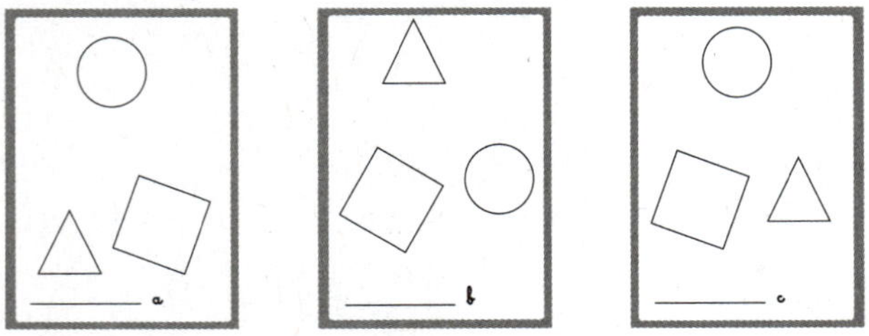

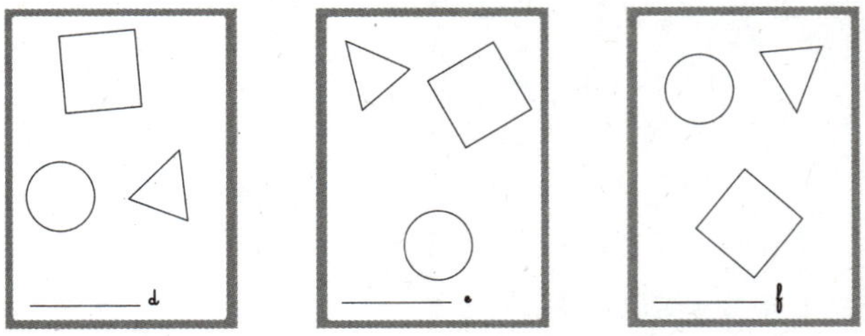

• Vérifier que les élèves connaissent le nom des formes dessinées sur les cartes. Écrire leur nom au tableau : un **carré** (même s'il est « penché »), un **triangle**, un **cercle** (ou un disque). Faire remarquer que ces trois éléments sont présents sur toutes les cartes.

- Distribuer un lot de 6 cartes à chaque élève. Demander de les placer sur la table, avec le trait noir en bas ou près de l'élève. Vérifier l'orientation des cartes.
- Expliquer le jeu :

→ *Je vais choisir une carte, mais je ne vous dirai pas laquelle. Je vais vous donner un indice qui doit vous permettre de trouver la carte que j'ai choisie. Quand je vous dirai « levez », vous prendrez devant vous la carte que vous pensez être la bonne et vous la lèverez. Mais ne la prenez pas avant que je dise de lever.*

COLLECTIF

2 Reconnaissance d'une carte à partir d'un message oral

- Faire le choix d'une carte et donner une information sur la localisation d'une seule forme, suffisante pour déterminer la carte choisie. Par exemple : le triangle est en bas, à gauche (carte a).
- Après que les élèves ont levé la carte qu'ils pensent être la bonne, discuter les différents choix.
- Le jeu est repris une ou deux fois, toujours en choisissant carte et forme de façon à ce qu'une information sur la localisation d'une seule forme suffise pour déterminer la carte choisie.

Par exemple : Le cercle est en haut à gauche (carte f)
Le carré est en bas, au milieu (carte f)
Le carré est en haut, au milieu (carte d)

- Enchainer en faisant le choix d'une carte et d'une forme pour laquelle une seule information ne suffit pas.

Par exemple : Le triangle est en bas, à droite (cartes c et d)
Le cercle est en haut, au milieu (cartes a et c)

- Après que les élèves ont levé la carte qu'ils pensent être la bonne, discuter les différents choix. Conclure que l'information donnée n'est pas suffisante.
- Solliciter les élèves pour qu'ils donnent une information complémentaire pour trouver la carte. Discuter les propositions.

Par exemple :

Carte c : Le triangle est en bas, à droite et le cercle est en haut.

Carte d : Le triangle est en bas, à droite et le cercle est en bas.

Carte c : Le cercle est en haut, au milieu et le carré est en bas, à gauche.

Carte a : Le cercle est en haut, au milieu et le carré est en bas, à droite.

L'activité permet de travailler le repérage dans l'espace de la feuille (dans un plan vertical et un plan horizontal). Il s'agit d'un **repérage absolu**, obtenu conventionnellement par projection du repère propre (celui de chaque individu) sur le plan vertical ou sur le plan horizontal : il y a le haut, le bas, la droite et la gauche. L'orientation des cartes est importante, leur plus long côté étant ici pris verticalement, le trait noir étant mis en bas.
L'activité permet également de revoir des **positions relatives** comme « au-dessus de » ou « au-dessous de », « à gauche de » ou « à droite de ».
Chaque carte peut être désignée, à la fin, par la lettre inscrite dessus.
De plus, l'activité oblige à reconnaitre un carré, un triangle dans différentes orientations.

COLLECTIF

3 Synthèse

- Demander aux élèves de préciser ce qui, dans un message, permet de retrouver la carte choisie

SYNTHÈSE

1. Pour retrouver la carte
Le message doit indiquer la **position d'une ou plusieurs formes** et utiliser un **vocabulaire précis** : en haut ou au-dessus, en bas ou en dessous, à droite ou à gauche…

2. Distinguer la droite de la gauche
Revenir sur le repérage droite/gauche : demander aux élèves de lever leur main droite, puis leur main gauche. Préciser que, si on n'est pas sûr, on peut utiliser la référence à la main qui écrit (l'élève doit savoir s'il est gaucher ou droitier) et ainsi distinguer la droite de la gauche.

TRACE ÉCRITE

Afficher au tableau une carte agrandie et écrire le vocabulaire spatial par rapport aux positions relatives des figures.

- **Reprendre l'activité** en demandant à chaque fois à un élève d'être meneur de jeu. Faire si besoin un bilan collectif sur les messages donnés.

À SUIVRE

Toutes les occasions seront saisies au cours de cette unité et des suivantes pour travailler ce type d'indications dans l'espace d'une feuille de papier, d'une page du cahier (spécificité du plan horizontal) ou encore dans l'espace du tableau (spécificité du plan vertical).

UNITÉ 1

APPRENDRE

Repérage sur quadrillage

– Repérer une case ou un nœud dans un quadrillage.
– Coder la position d'une case ou d'un nœud par un couple.

RECHERCHE

« La chasse à l'étoile » : Les élèves doivent réaliser un message qui permette de localiser une case particulière dans un quadrillage (celle qui contient une étoile).

COLLECTIF ET ÉQUIPES DE 2

PHASE 1 Une chasse à l'étoile

- Afficher le quadrillage de 8 lignes × 7 colonnes et placer les 56 cartons en bristol avec de la pâte à fixer sur chaque case du quadrillage. Le carton avec l'étoile est fixé de façon à ce que l'étoile ne soit pas visible.

• Faire des équipes de 2 élèves et formuler la tâche :

→ *Nous allons faire une « chasse à l'étoile ». Sur chaque case de ce quadrillage, j'ai fixé un carton. Un de ces cartons a une étoile cachée, sur son envers. Deux élèves vont sortir. Aux autres, je montrerai où est ce carton. Chaque équipe de 2 élèves devra fabriquer un message qui permettra aux deux élèves de retrouver à leur retour le carton avec l'étoile.*

• Demander à deux élèves de sortir.

• Retourner le carton avec l'étoile (étoile apparente), puis rappeler la consigne : se mettre d'accord, par deux, sur un message pour indiquer l'emplacement du carton-étoile.

L'objectif de l'activité est d'amener les élèves à comprendre le **codage conventionnel d'une case dans un quadrillage** à l'aide d'un couple. Le problème posé engage les élèves à rechercher comment désigner une case particulière.
Ils peuvent utiliser :
– un **codage absolu** : par exemple, l'étoile est dans la troisième colonne (en partant de la gauche) et la deuxième ligne (en partant du haut) ;
– un **repérage relatif par rapport à une case** : l'étoile est située à partir du coin en haut à gauche, une case plus bas et deux cases à droite.
Certains peuvent se contenter, dans un premier temps, de n'utiliser que le vocabulaire revu auparavant (en haut, à gauche…), ce qui est ici insuffisant.

COLLECTIF

PHASE 2 Validation et mise en commun

• Avant le retour des deux élèves, retourner la carte-étoile pour que l'étoile ne soit plus visible. Puis, faire rentrer les deux élèves.

• Demander à une équipe, puis à une ou deux autres de communiquer oralement leurs messages aux deux élèves qui essaient de trouver l'étoile à partir de chacun de ces messages .

• Engager ensuite la discussion sur la validité des messages, sur les possibilités de trouver la case.

Les élèves peuvent compter les cases ou les traits, ce qui peut amener à des confusions dans la communication.

COLLECTIF

PHASE 3 Proposition de coder les lignes et les colonnes

• Proposer un codage qu'on utilise dans les mots croisés :
– sur le côté vertical des 8 cases, inscrire les chiffres de 1 à 8 ;
– sur le côté horizontal des 7 cases, inscrire les lettres de a à g.

• Proposer ensuite de recommencer une partie de « chasse à l'étoile ». Deux autres élèves sortent et l'activité est reprise comme précédemment.

• Faire une nouvelle mise en commun permettant de mettre en évidence les points suivants :

SYNTHÈSE

Le codage des cases

• La **lettre** code l'ensemble de la colonne et le **nombre** l'ensemble de la ligne.

• La **case**, intersection de la ligne et de la colonne, est **codée** par ces deux éléments.

Exemple : La case de l'étoile pourra être codée **d3** ou **3d**.
Les deux codages peuvent être indifféremment utilisés.

• Placer le carton étoile sur une case du quadrillage affiché et demander aux élèves de noter le code de la case sur leur ardoise. Recommencer en plaçant le carton étoile dans une autre case.

• Proposer ensuite un code et demander à un élève de venir placer le carton étoile dans la case correspondante.

TRACE ÉCRITE

Inviter les élèves à se reporter au **dico-maths n° 30**.

Ce type de codage utilisé dans les jeux de bataille navale par exemple ou dans les mots croisés a déjà pu être rencontré par les élèves.

INDIVIDUEL

ENTRAINEMENT

CAHIER MESURES ET GÉOMÉTRIE p. 2

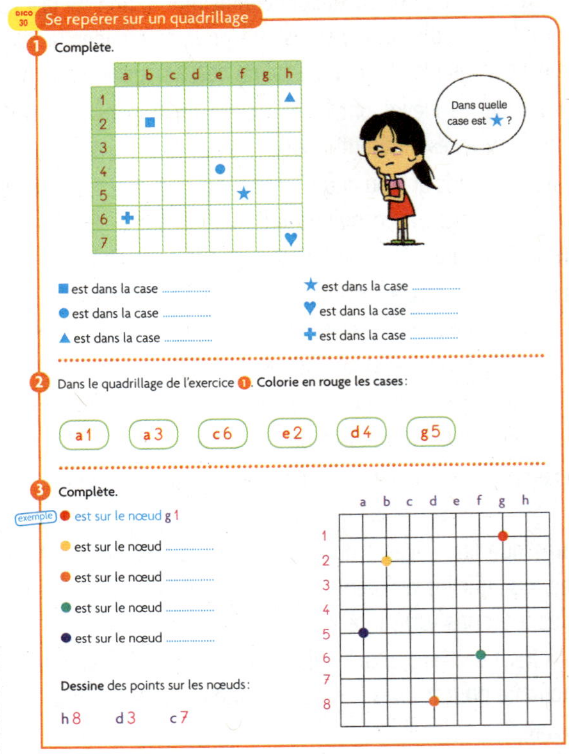

Exercices 1 et 2

• Il s'agit d'une application directe de ce qui a été établi au moment de la synthèse.

RÉPONSE : 1 ■ b 2 ● e 4 ▲ h 1 ★ f 5 ♥ h 7 ✚ a 6.

Exercice 3

• Cet exercice peut être proposé plus tard en réinvestissement.

• Faire remarquer que cette fois, ce sont les traits du quadrillage et non les cases qui sont numérotés. Il s'agit donc de repérer et de coder des nœuds du quadrillage par un couple, mais aussi de placer des points à partir d'un codage.

RÉPONSE : ● b 2 ● d 8 ● f 6 ● a 5.

Différenciation : Exercices 1, 2 et 3 → CD-Rom du guide, **fiche n° 6**.

Mesure de longueurs par report d'une unité

	Tâche	Matériel	Connaissances travaillées
CALCULS DICTÉS	**Ajout de 1 et recherche du nombre suivant** – Ajouter 1 à un nombre inférieur à 100.	par élève : – ardoise ou cahier de brouillon	– **Ajout de 1 et nombre suivant** – Suite des nombres.
RÉVISER Mesures	**Comparaison de longueurs avec une bande de papier** – Comparer les longueurs de segments avec une bande de papier.	pour la classe : – exercices 1 et 2 de la page 3 du cahier Géométrie agrandies par élève : – bande de papier blanc de 21 cm (largeur de 2 à 3 cm) › **à découper dans une feuille A4** CAHIER GÉOMÉTRIE **p. 3 1 et 2**	– **Comparaison indirecte de longueurs.**
APPRENDRE Mesures	**Mesure de longueurs par report d'une unité** RECHERCHE **« La course d'escargots »** – Comparer les longueurs de 2 lignes brisées. – Mesurer des longueurs par report d'une unité.	pour la classe : – **fiches 13 et 14** agrandies au format A3 – unité jaune agrandie dans les mêmes proportions par équipe de 2 : – lignes a et b (21 cm) › **fiche 13** – unité jaune (3 cm) › **planche A** du cahier – fiche-réponse › **fiche 14** – 2 crayons par élève : – unité jaune (3 cm) › **planche A** du cahier CAHIER GÉOMÉTRIE **p. 3 3**	– Comparaison indirecte de longueurs – **Mesure de longueurs par report d'une unité.**

CALCULS DICTÉS

Ajout de 1 et recherche du nombre suivant • Automatismes
– Donner rapidement des sommes du type 25 + 1, 39 + 1…

COLLECTIF

• Dicter les calculs sous la forme « 25 plus 1 ». Demander aux élèves de répondre sur l'ardoise.

• Procéder à une correction immédiate après chaque calcul (voir commentaire ci-contre).

a. 25 + 1	b. 9 + 1	c. 37 + 1	d. 29 + 1
e. 50 + 1	f. 67 + 1	g. 79 + 1	h. 90 + 1

RÉPONSE : a. 26 b. 10 c. 38 d. 30 e. 51 f. 68 g. 80 h. 91.

Le fait qu'« ajouter 1 » revient à dire le nombre suivant n'est pas forcément compris par tous les élèves, même au CE1. Le recours à la file numérique et au matériel « perles » (fiches 5 à 8) peut être utile à certains élèves.
Ajouter 1 à 29 revient à chercher le suivant de 29 (file numérique) ou à ajouter une perle à 2 cartes « 10 perles » et 9 cartes « 1 perle », aboutissant à 10 cartes « 1 perle » échangées contre 1 carte « 10 perles », d'où 30.

Ce travail constitue aussi un entraînement à la lecture-écriture des nombres, dans la mesure où la question est posée oralement et la réponse est donnée par écrit. Si nécessaire, les sommes données oralement peuvent être écrites au tableau, ce qui diminue les difficultés liées au passage de l'oral à l'écrit.

RÉVISER

Comparaison de longueurs avec une bande de papier

– Comparer des longueurs de segments et de lignes brisées par comparaison indirecte.

INDIVIDUEL

CAHIER MESURES ET GÉOMÉTRIE p. 3

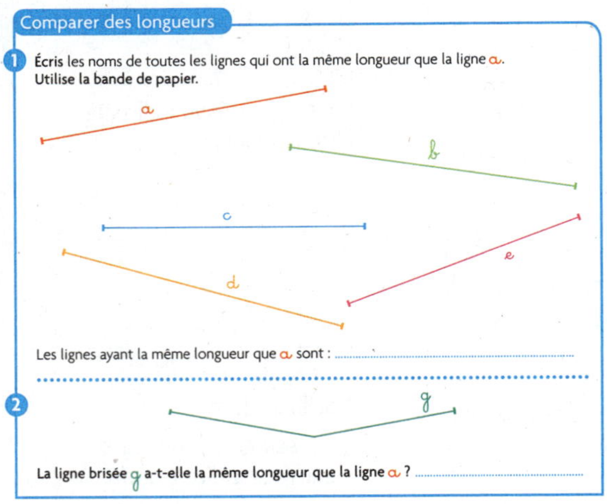

Exercice 1

Les élèves vont réinvestir ici ce qui a été travaillé au CP à diverses reprises : comparaison de longueurs à l'aide d'une comparaison intermédiaire (ici, en utilisant la bande de papier).

RÉPONSE : Les segments **b** et **d** ont la même longueur que **a** (**c** et **e** sont plus courts).

Exercice 2

Le report de longueur de la ligne brisée sur la bande de papier est plus délicat. Certains élèves risquent de ne s'attacher qu'à l'encombrement de la figure et ainsi déclarer que la ligne brisée **g** est plus courte que le segment **a**.

RÉPONSE : **a** et **g** ont la même longueur.

• Faire une **synthèse orale** avec si possible la page du cahier affichée sur le TNI ou au rétroprojecteur (après photocopie sur transparent de la page) ou encore au vidéoprojecteur (après un scan de la page).

SYNTHÈSE

1. Définition du mot « segment »

Introduire le mot « **segment** » comme signifiant « **ligne droite** » ou « **morceau de ligne droite** ».

2. Reporter la longueur d'un segment sur une bande de papier

On place une extrémité de la bande contre une extrémité du segment, et on fait une marque au crayon sur la bande en face de l'autre extrémité du segment.

3. Comparer deux longueurs

Exemple : les segments **a** et **b** :

• Soit **on reporte la longueur du segment a sur la bande de papier** et on se sert ensuite de la bande de papier pour comparer avec la longueur de l'autre segment (pour cela, on place une extrémité de la bande contre une extrémité du segment **b** et on observe la position de l'autre extrémité du segment **b** par rapport à la marque faite sur la bande).

• Soit on **reporte les longueurs des deux segments a et b sur la bande de papier** (à partir de la même extrémité de la bande) et on compare les positions des 2 marques de longueurs directement sur la bande de papier.

4. Reporter la longueur d'une ligne brisée sur une bande de papier

On reporte bout à bout les longueurs des segments qui la composent.

APPRENDRE

Mesure de longueurs par report d'une unité

– Mesurer des lignes brisées en mettant en œuvre l'additivité des mesures..
– Mesurer des longueurs par report d'une unité.

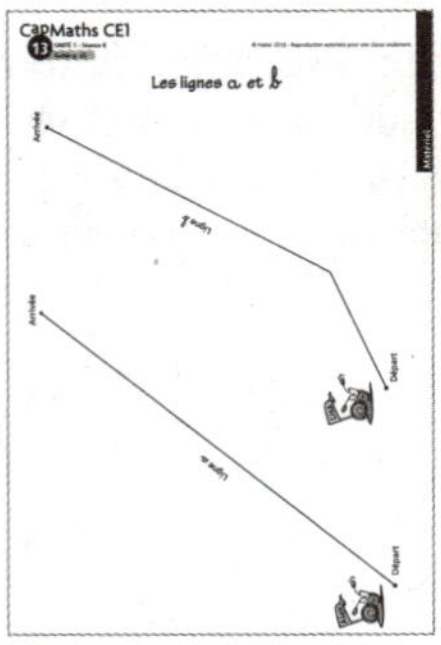

RECHERCHE Fiches 13 et 14

« La course d'escargots » : Les élèves ont à comparer les longueurs de deux lignes en utilisant le report d'une unité.

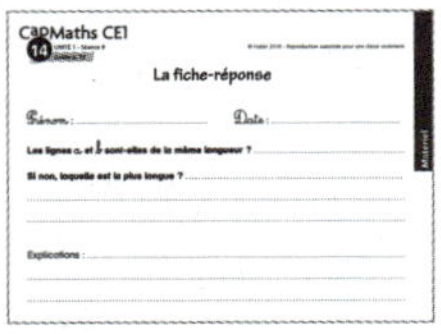

ÉQUIPES DE 2

PHASE 1 Comparaison des longueurs de 2 lignes

• Afficher **les fiches 13 et 14** agrandies, puis formuler la tâche :

→ *Alex et Lisa veulent faire une course d'escargots. Moustik a dessiné deux lignes a et b qui sont les chemins pour les escargots. Mais Alex et Lisa ne savent pas si les deux chemins sont de la même longueur. Il faut les aider à résoudre cette question. Dans l'exercice précédent, on a revu que l'on pouvait utiliser une bande de papier pour comparer des longueurs, mais cette fois, vous ne pourrez utiliser que ce petit bout de papier jaune* (montrer l'unité jaune aux élèves).

Vous travaillerez par équipe de 2. Vous devrez vous mettre d'accord sur la réponse et l'écrire sur la fiche-réponse. Vous devrez noter vos explications.

• Insister sur le fait que les élèves ne peuvent pas utiliser un autre matériel que celui indiqué. Les élèves sont libres de s'organiser, voire de se partager le travail.

COLLECTIF

PHASE 2 **Mise en commun et synthèse**

• Recenser les réponses qui peuvent être de trois types : la ligne **a** est plus longue que la ligne **b** ; la ligne **b** est la plus longue ; les deux lignes sont de la même longueur.

• Faire formuler les arguments et les méthodes de comparaison :
– des équipes ont utilisé le **petit bout de papier jaune comme unité** pour mesurer les deux lignes, en le reportant (noter alors les mesures trouvées par les élèves pour chacune des lignes) ;
– d'autres ont utilisé l'**écartement de leurs doigts** (ou la longueur de leur main) et fait des reports ;
– d'autres encore ont procédé à des **estimations à vue**.

• Faire discuter les arguments et conclure que les deux lignes sont de même longueur.

• Faire une synthèse orale avec la fiche projetée ou affichée au tableau.

SYNTHÈSE

1. Reporter une unité

Pour reporter une unité sur un segment, il faut :
1) Placer une extrémité de l'unité contre une extrémité du segment, puis faire une marque sur le segment à l'autre extrémité de l'unité.
2) Déplacer ensuite l'unité, placer l'extrémité de l'unité contre la marque, faire une autre marque à l'autre extrémité et ainsi de suite jusqu'au bout du segment.

2. Mesurer avec une unité

• **La mesure de la longueur d'un segment** est égale au **nombre de reports de l'unité**. Il faut effectuer des reports très précis et compter le nombre de reports effectués.

• **La mesure de la longueur d'une ligne brisée** est obtenue en ajoutant les nombres de reports faits sur chacun des segments qui composent la ligne brisée.

3. Comparer indirectement

Pour comparer les longueurs de deux segments ou lignes brisées, on peut :
– soit utiliser une bande de papier assez longue comme dans l'exercice 1 ;
– soit mesurer les longueurs de chacun des deux segments (ou lignes brisées) en utilisant la même unité et comparer ensuite les nombres obtenus.

• Engager chacune des équipes à effectuer les mesures par la méthode du report de l'unité et conclure en indiquant que les deux lignes mesurent 7 **unités jaunes** ».

Les objectifs de la situation sont doubles : on s'attend à ce que les élèves réinvestissent la mesure d'une ligne droite par report d'une unité (travaillée au CP à diverses reprises) et mettent en œuvre l'additivité des mesures pour trouver la longueur d'une ligne brisée, ce qu'ils découvrent pour la première fois.

Le fait que les deux lignes soient sur la même feuille bloque la méthode par comparaison directe.

À l'issue des deux activités de la séance, il est important que les élèves comprennent qu'il y a **deux techniques de comparaison indirecte :**
– soit en utilisant une bande de papier plus longue que les objets à comparer ;
– soit par report d'une unité.

INDIVIDUEL

ENTRAINEMENT

CAHIER MESURES ET GÉOMÉTRIE p. 3

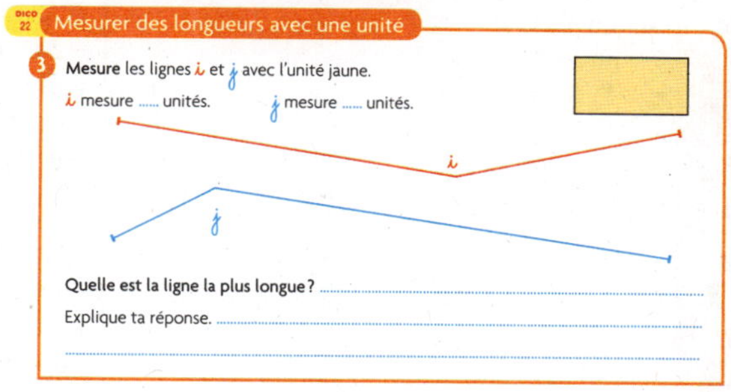

Exercice 3

• Il s'agit de mesurer des lignes brisées par report de l'unité jaune.

RÉPONSE : Les lignes **i** et **j** mesurent toutes les deux 5 unités jaunes. Elles ont donc la même longueur.

Différenciation : Exercice 3 → CD-Rom du guide, **fiche n° 7.**

À SUIVRE

La méthode de mesure par report de l'unité, ainsi que la mesure des lignes brisées seront réinvesties en **unité 2** avec une unité particulière (le centimètre).

UNITÉ 1

	Tâche	Matériel	Connaissances travaillées
CALCULS DICTÉS	**Calcul sous la forme 20 + 7 = 27** – Répondre à des questions du type : 20 + 7, combien pour aller de 20 à 27 ?	par élève : – ardoise ou cahier de brouillon	**– Décompositions des nombres sous la forme 27 = 20 + 7** **– Dizaines et unités.**
RÉVISER Géométrie	**Tracés avec la règle** – Tracer le segment reliant 2 points. – Compléter un quadrillage en partie effacé.	par élève : – règle et crayon à papier CAHIER GÉOMÉTRIE **p. 4 1 et 2**	**– Utilisation de la règle pour réaliser des tracés.**
APPRENDRE Espace	**Repérage dans un espace connu** RECHERCHE **« La chasse au trésor »** – Retrouver un objet dans la cour à partir de la connaissance de son emplacement sur un plan.	pour la classe : **À réaliser ou à se procurer :** – un plan vierge de la cour au format A3 – le même plan où sont repérés 15 emplacements numérotés de 1 à 15 – 2 exemplaires de l'image agrandie découpée en 15 morceaux avec un symbole au dos de chaque morceau › **Fiche 15** – un tableau de correspondance : équipe / n° de l'emplacement / symbole › **Fiche 16** par équipe de 2 : – un plan de la cour au format A4 où sont reportés les 15 emplacements numérotés › **À réaliser** par élève : – une photocopie du plan vierge de la cour au format A4 (pour l'entrainement individuel)	**– Mise en relation d'un espace connu et d'une représentation de cet espace** **– Lecture d'un plan.**

CALCULS DICTÉS

Calcul sous la forme 20 + 7 = 27 • Automatismes

– Donner rapidement des sommes, des différences, des compléments.

COLLECTIF

• Dicter les calculs sous la forme « vingt plus cinq », « Combien pour aller de 10 à 18 ? ». Les réponses sont données sur l'ardoise ou le cahier de brouillon.

• Procéder à une correction immédiate après chaque calcul.

a. 20 + 5 b. 70 + 3 c. 80 + 9 d. 90 + 2

Combien pour aller de :

e. 10 à 18 f. 20 à 29 g. 40 à 48 h. 70 à 75

RÉPONSE : a. 25 b. 73 c. 89 d. 92 e. 8 f. 9 g. 8 h. 5.

La maitrise des décompositions associées à la numération décimale suffit pour répondre.
Pour cela, faire remarquer aux élèves que :
– 70 + 3 c'est 7 dizaines et 3 unités (donc 73)
– le complément de 40 à 48 c'est ce qu'il faut ajouter à 4 dizaines pour obtenir 4 dizaines et 8 unités.
Si nécessaire, le matériel de numération utilisé les **séances 4 et 5** peut être mobilisé.

RÉVISER

Tracés avec la règle

– Utiliser la règle pour tracer un segment reliant deux points, prolonger un trait, tracer un trait joignant deux segments placés dans le prolongement l'un de l'autre.

INDIVIDUEL

CAHIER MESURES ET GÉOMÉTRIE p. 4

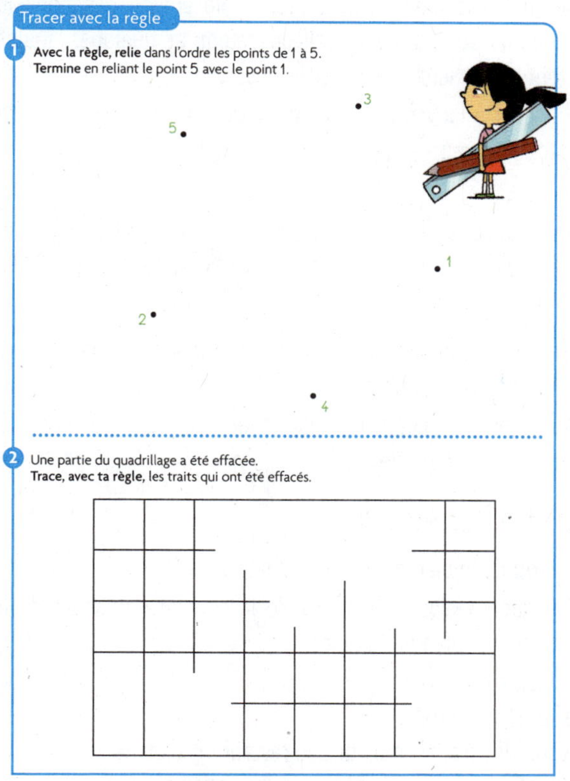
Tracer avec la règle

1 **Avec la règle, relie** dans l'ordre les points de 1 à 5.
Termine en reliant le point 5 avec le point 1.

2 Une partie du quadrillage a été effacée.
Trace, avec ta règle, les traits qui ont été effacés.

Ces exercices sont classiques.

Exercice 1

Les élèves ont à tracer une série de segments reliant chacun deux points.

• Préciser que le travail consiste à relier les points dont les numéros se suivent par un trait droit, tracé à la règle. Ajouter qu'une fois arrivé au point 5, il faut relier celui-ci au point 1.

• Insister sur la nécessité de faire des tracés soignés.

• Aider les élèves qui en auraient besoin à placer correctement la règle pour que les deux points soient contre le bord de la règle et leur indiquer comment tenir la règle pour que celle-ci ne se déplace pas pendant le tracé.

RÉPONSE : La figure obtenue est une étoile :

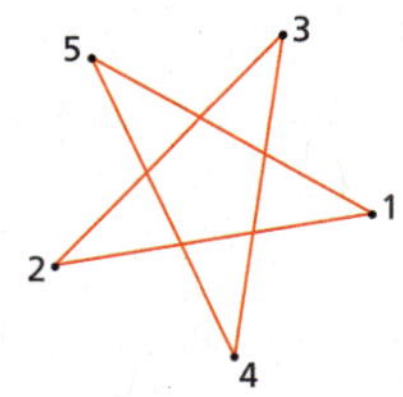

Exercice 2

Les élèves doivent, selon le cas, prolonger un trait ou tracer un trait joignant deux segments placés dans le prolongement l'un de l'autre.

• Les deux principales difficultés consistent :

– à positionner correctement la règle le long du trait déjà tracé pour que, une fois le tracé effectué, on ne voit qu'un seul trait droit et non une ligne brisée ;

– à prendre en compte l'épaisseur de la mine de crayon lors du placement de la règle.

APPRENDRE

Repérage dans un espace connu

– Lire des informations sur un plan d'un espace connu.

– Mettre en relation un espace et une représentation de cet espace.

RECHERCHE

« La chasse au trésor » : Les élèves disposent d'un plan de la cour avec indication de 15 emplacements numérotés où sont cachés des morceaux d'une image. Chaque équipe se voit attribuer un numéro qui correspond à l'emplacement du morceau d'image qu'elle doit aller chercher.

Préparation du jeu

L'activité se déroule dans un espace assez grand qui doit avoir une certaine complexité et pour lequel l'enseignant dispose d'un plan au format A3 (la cour, un terrain de sport ou un gymnase par exemple).

Avant l'activité :

– noter un symbole différent au dos de chacun des 15 morceaux de l'image ;

– placer les 15 morceaux à divers endroits de l'espace, cachés ou non (avec au moins deux fois le même morceau au même endroit) ;

– repérer sur le plan les emplacements par des numéros de 1 à 15 ;

– noter dans le tableau les correspondances entre chaque équipe, un numéro d'emplacement d'un morceau de l'image, le symbole écrit au dos du morceau.

L'espace choisi doit avoir une certaine complexité, avec plusieurs éléments pouvant servir de repères et plusieurs éléments identiques comme des bancs ou des arbres. Si l'espace paraît trop simple, le complexifier en y ajoutant plusieurs boîtes identiques ou des plots qui serviront de cachettes et qu'il faudra repérer les uns par rapport aux autres et par rapport à des éléments fixes de la cour. Ces boites ou plots sont mentionnés sur le plan.

COLLECTIF

PHASE 1 Un plan avec des cachettes

- Afficher le plan de la cour (sans les emplacements) au tableau et demander aux élèves ce que cela représente, ce qu'ils reconnaissent. Si certains éléments ne sont pas identifiés, ne pas intervenir, ils le seront en fin de séance.
- Afficher ensuite le plan comportant les numéros. Expliquer que les numéros indiquent l'emplacement de toutes les cachettes.

→ *Nous allons faire une chasse aux trésors. Chaque équipe devra trouver son « trésor » qui est un morceau d'une image. A chaque équipe de deux, je vais donner un plan et un numéro qui indique la position du « trésor » à trouver.*

Attention :

– si vous trouvez deux images au même emplacement, vous n'en rapportez qu'une ;

– si vous rapportez un « trésor » qui ne correspond pas à votre numéro, vous aurez perdu et devrez me le rendre.

ÉQUIPES DE 2

PHASE 2 Recherche et validation

- Après réflexion et concertation, chaque équipe part et ramène son « trésor ».
- Valider chacune des réponses à l'aide des informations contenues dans le tableau de correspondance. Si une équipe n'a pas rapporté le bon trésor, il le garde. Le problème de la recherche de leur « trésor » sera repris pendant le temps collectif.

La situation comporte une validation : chaque équipe doit rapporter le morceau d'image qui correspond à son numéro, la validation se fait grâce à un symbole placé au dos de chaque morceau d'image. Le fait de placer plusieurs images identiques au même endroit permet au jeu de continuer même si une équipe a emporté par erreur une image.

COLLECTIF

PHASE 3 Mise en commun

- Revenir d'abord sur les échecs de certaines équipes :

– Montrer sur le plan l'emplacement du numéro et recenser et discuter les idées sur le lieu effectif de la cachette ;

– Après quoi l'équipe concernée part à la recherche de son « trésor ». Les autres observent.

- Si les 15 morceaux n'ont pas tous été rapportés car il y a moins de trente élèves dans la classe, les emplacements des morceaux manquants sont discutés collectivement et quelques équipes partent les rechercher. Les autres observent.
- Procéder à l'inventaire de tout ce qui est reconnu sur le plan et dégager que :

SYNTHÈSE

Sur le plan de la cour sont représentés les éléments fixes présents dans la cour, les positions relatives des éléments sont les mêmes que dans la réalité.

- Expliciter comment certains ont trouvé leur trésor dans des cas de repérage plus difficiles.
- Avec les 15 morceaux maintenant retrouvés, l'image est reconstruite par les élèves.

INDIVIDUEL

ENTRAINEMENT

- Distribuer le plan de la cour à chaque élève.
- Désigner quelques éléments de la cour et demander de les repérer sur le plan par une lettre.

Par exemple :

– **a** sur le toboggan ;

– **b** sur les escaliers qui vont au restaurant scolaire ;

– **c** sur l'arbre qui est le plus près du portail…

Cette application permet d'évaluer la reconnaissance que chacun a des éléments dessinés sur le plan.

BILAN de l'UNITÉ 1 — CONSOLIDATION

CALCUL MENTAL

Calcul mental (séances 1 à 9)

Connaissances à acquérir
- → Dictée de nombres (< 100)
- → Répertoire additif (jusqu'à 10)
- → Ajout et retrait de 1
- → Calculs du type 40 + 8
- → Décompositions de 10.

Pas de préparation de bilan proposée dans le fichier.

Je fais le bilan › FICHIER NOMBRES p. 13

Exercice 1 Écrire des nombres < 100 et utiliser le répertoire additif (jusqu'à 10).

Nombres dictés :

a. 50 b. 76 c. 87 d. 93.

Calculs dictés :

e. 7 + 3 f. 3 + 6 g. 9 – 5 h. 10 – 6.

RÉPONSES : e. 10 f. 9 g. 4 h. 4.

Je consolide mes connaissances › FICHIER NOMBRES p. 14

Exercice 1
3 + 5 = **8** 7 – 2 = **5**
5 + 2 = **7** 10 – 8 = **2**
3 + 7 = **10** 9 – 4 = **5**

Exercice 2
27 + 1 = **28** 57 – 1 = **56**
39 + 1 = **40** 60 – 1 = **59**
40 + 8 = **48** 86 – 6 = **80**

Exercice 3
7 + 3 = 10 8 + 2 = 10
5 + 3 + 2 = 10 17 – 7 = 10

Les sommes obtenues en inversant les termes sont évidemment correctes.

CD-Rom du guide

› Fiches différenciation n° 1 et n° 3

Autres ressources

› 90 Activités et jeux mathématiques CE1
18. Couleur 10
21. Un nombre à l'écran (1)

› CD-Rom Jeux interactifs GS-CP-CE1
5. Des nombres sans suite
10. Je calcule à la vitesse de l'éclair (niveau 1)

› Activités avec la calculatrice GS-CP-CE1
10. Tables d'addition (CP ou CE1)

NOMBRES ET CALCULS

Problèmes de partage équitable, résolution pour essais (séances 1 et 2)

Je prépare le bilan › FICHIER NOMBRES p. 12 A

→ **Pour résoudre un problème,** il y a toujours plusieurs méthodes correctes.

→ **Ce qui est important,** c'est de bien comprendre ce qui est demandé et de choisir « sa » méthode qui peut être différente de celle des autres. On peut, par exemple, faire des essais. Au brouillon, on peut barrer, recommencer.

Je fais le bilan › FICHIER NOMBRES p. 14

Exercice 2 Résoudre un problème de partage équitable.
Chaque chat aura **6** balles.

Je consolide mes connaissances › FICHIER NOMBRES p. 14

Exercice 4
Chacun recevra 12 pierres précieuses.

CD-Rom du guide

› Fiche différenciation n° 2

Autres ressources

› Activités avec la calculatrice GS-CP-CE1
16. Un bon partage (version 2 parts)
17. Un bon partage (version 3 parts)

BILAN de l'UNITÉ 1

CONSOLIDATION

NOMBRES ET CALCULS

Dizaines et unités (nombres < 100) (séances 4 à 5)

Je prépare le bilan › FICHIER NOMBRES p. 12 B

→ **Dans le nombre 32**, « **3** » dit combien il y a de groupements de dix objets (dizaines) et « **2** » dit combien il y a d'objets isolés (unités).

→ On peut aussi écrire l'égalité : **32 = 10 + 10 + 10 + 2 = 32.**

Je fais le bilan › FICHIER NOMBRES p. 13

Exercice 3 Dénombrer des quantités importantes, partiellement organisées en dizaines.

Il y a **93** escargots.

Exercice 4 Décomposer un nombre en dizaines et unités.

3 boites de perles et **6** perles isolées.

Je consolide mes connaissances › FICHIER NOMBRES p. 14

Exercice 5

2 carnets de 10, 3 barres de 5, 2 timbres isolés,
mais aussi 1 carnet de 10, 5 barres de 5, 2 timbres isolés.

CD-Rom du guide

› Fiche différenciation n° 4

Autres ressources

› 90 Activités et jeux mathématiques CE1

1. Combien de billes ?
2. Combien de doigts ?

› CD-Rom Jeux interactifs GS-CP-CE1

4. Le collier de Lisa

NOMBRES ET CALCULS

Lecture et écriture des nombres inférieurs à 100 (séance 6)

Je prépare le bilan › FICHIER NOMBRES p. 12 C

→ **Pour lire un nombre**, il faut d'abord regarder le chiffre des dizaines :
– c'est facile pour les nombres jusqu'à **59** ;
– ensuite, il faut faire attention : le mot ***soixante*** correspond aux chiffres des dizaines **6** ou **7** et le mot ***quatre-vingt(s)*** aux chiffres des dizaines **8** ou **9**.

Je fais le bilan › FICHIER NOMBRES p. 13

Exercice 5 Passer de l'écriture en lettres à l'écriture en chiffres.

30 45 68 72 87 90.

Exercice 6 Passer de l'écriture en chiffres à l'écriture en lettres.

dix-sept cinquante trente-et-un soixante-dix
quatre-vingt-trois quatre-vingt-dix-sept.

Je consolide mes connaissances › FICHIER NOMBRES p. 14

Exercice 6

5d 2u et 52
25 et 5u 2d
40 et 4d
4u et 4.

Autres ressources

› 90 Activités et jeux mathématiques CE1

5. Mariage de nombres

BILAN de l'UNITÉ 1

CONSOLIDATION

MESURES ET GÉOMÉTRIE

Repérage dans l'espace d'une feuille

Pas de préparation de bilan proposée dans le fichier.
Repérer la droite de la gauche ou le haut du bas a été travaillé au CP, mais il est important que l'enseignant s'assure que tous ses élèves maitrisent ces connaissances.
C'est pourquoi nous proposons, à ce sujet, des exercices de consolidation pour les élèves qui en auraient besoin.

Je consolide mes connaissances › CAHIER GÉOMÉTRIE p. 6

Exercice 1 carte b carte c carte c carte a.

Exercice 2 Les assertions fausses sont :
Sur la carte, le disque est **à gauche** ;
Sur la carte, le triangle est **en haut**.

Exercice 3 Sur cette page, Lisa est **en bas** et **à droite**.
Sur cette page, Alex est **en haut** et **à gauche**.

CD-Rom du guide

› Fiche différenciation n° 5

Autres ressources

› 90 Activités et jeux mathématiques CE1
45. Jeu de messages

MESURES ET GÉOMÉTRIE

Repérage sur quadrillage (séance 7)

Je prépare le bilan › CAHIER GÉOMÉTRIE p. 5 A

→ **Pour coder une case d'un quadrillage,** on peut désigner chaque colonne par une lettre et chaque ligne par un nombre. La case est alors désignée par un couple formé d'une lettre et d'un nombre.
→ **Le codage d'un nœud** se fait de la même manière, en repérant, par des lettres les traits horizontaux et par des nombres les traits verticaux du quadrillage, ou l'inverse.

Je fais le bilan › CAHIER GÉOMÉTRIE p. 5

Exercice 1 **Repérer des cases d'un quadrillage par un couple.**

- ■ case **c 3**.
- ● case **f 5**.
- ▲ case **a 4**.

	a	b	c	d	e	f	g	h
1							○	
2						□		
3			■					
4	▲							
5				△		●		

Je consolide mes connaissances › CAHIER GÉOMÉTRIE p. 7

Exercice 4

- ■ case **b 4**.
- ● case **e 2**.
- ▲ case **h 5**.

	a	b	c	d	e	f	g	h
5							△	▲
4	□	■						
3				○				
2					●			
1								

Exercice 5

- ● nœud **a 3**.
- ● nœud **f 1**.
- ● nœud **c 7**.
- ● nœud **f 8**.

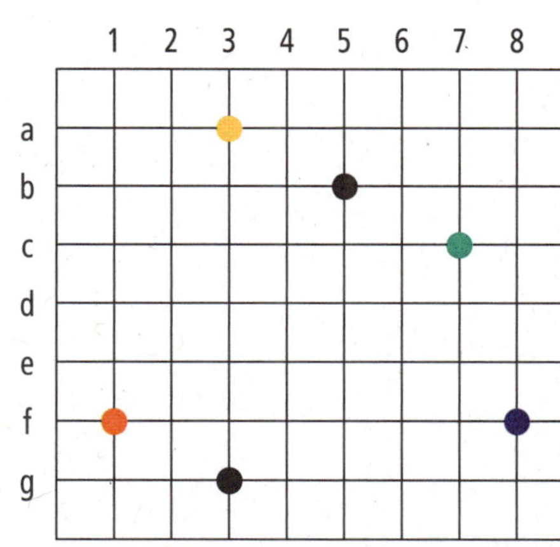

CD-Rom du guide

› Fiche différenciation n° 6

Autres ressources

› 90 Activités et jeux mathématiques CE1
48. Jeu des serpents (déplacements en suivant les traits d'un quadrillage)
49. Le jeu des jetons (codage de cases dans un quadrillage)

Mesure de longueurs par report de l'unité (séance 8)

Je prépare le bilan › CAHIER GÉOMÉTRIE p. 5 B

→ **Pour mesurer la longueur d'un segment, avec une bande unité**, on reporte la bande unité sur le segment. La mesure de la longueur est égale au nombre d'unités reportées.

→ **Pour mesurer la longueur d'une ligne brisée**, on ajoute les nombres d'unités reportées sur chaque segment qui la compose.

Je fais le bilan › CAHIER GÉOMÉTRIE p. 5

Exercice 2 Mesurer la longueur d'un segment, d'une ligne brisée, par report d'une unité.

matériel par élève : bande-unité jaune › ***planche A du cahier***

Faux, la ligne **a** mesure entre 4 et 5 unités jaunes.
Vrai, la ligne **b** mesure 4 unités jaunes.

Je consolide mes connaissances › CAHIER GÉOMÉTRIE p. 7

matériel par élève : bande-unité bleu › ***planche A du cahier***

Exercice 6

Faux, la **ligne a** mesure moins de 4 unité bleues.
La **ligne b** mesure 4 unités bleues, donc les **lignes b et c** sont de la même longueur.

CD-Rom du guide

› Fiche différenciation n° 7

La monnaie en €uros

› FICHIER NOMBRES ET CALCULS p. 15

L'ensemble des problèmes de cette page permet aux élèves de se familiariser avec la monnaie en euros (sans les centimes) et les pièces et billets jusqu'à 20 €.

Problèmes 1 et 2

1

- Combien Lisa a-t-elle de billets ? Lisa a .... billets.
- Combien Lisa a-t-elle de pièces ? Lisa a .... pièces.
- Quelle somme d'argent Lisa a-t-elle ? Lisa a .... €.

2

- Combien Alex a-t-il de billets ? Alex a .... billets.
- Combien Alex a-t-il de pièces ? Alex a .... pièces.
- Quelle somme d'argent Alex a-t-il ? Alex a .... €.

OBJECTIFS :
– Distinguer nombre de pièces et billets, et somme d'argent.
– Utiliser l'addition.
TÂCHE : Chercher le nombre de pièces et de billets et la somme d'argent de l'illustration.

RÉPONSE : 1. Lisa possède 34 €. 2. Alex possède 35 €.

Problème 3

3 Utilise les réponses que tu as trouvées dans les problèmes 1 et 2.
- Quel est le personnage, qui a le plus d'argent ? C'est .... qui a le plus d'argent.
- Combien d'argent a-t-il de plus que l'autre ? Il a .... € de plus.

OBJECTIFS :
– Distinguer nombre de pièces et billets, et somme d'argent.
– Comparer 2 nombres et calculer un écart.
TÂCHE : Comparer deux sommes d'argent.

RÉPONSE : C'est Alex qui possède le plus d'argent. Il a 1 euro de plus que Lisa.

Problème 4

4 **Entoure** les billets et les pièces qu'il faut donner au libraire pour payer le livre.

OBJECTIFS : Décomposer un nombre sous forme de somme de plusieurs nombres.
TÂCHE : Réaliser une somme d'argent en choisissant parmi un lot de pièces et de billets.

RÉPONSE : Il faut donner au libraire : 10 € + 10 € + 2 € + 2 € + 1 €.

Problème 5

5 Lisa et Alex veulent se partager 18 euros.
Ils veulent avoir exactement la même somme d'argent.
Combien chacun aura-t-il d'argent ?
- Lisa aura .... €.
- Alex aura .... €.

OBJECTIFS :
– Résoudre un problème de recherche.
– Utiliser l'addition.
TÂCHE : Partager équitablement une somme d'argent en 2 parts égales.

RÉPONSE : Lisa et Alex auront chacun 9 €.

Mise en œuvre

La recherche se fait d'abord au brouillon, individuellement ou par petites équipes. Ensuite, les élèves peuvent consigner leurs solutions et leurs réponses sur leur fichier.

Aides possibles

– Pour les élèves faibles en lecture, les énoncés peuvent être verbalisés par l'enseignant.

– Pour certains élèves, le matériel « monnaie » peut être fourni aux élèves.

Exploitation

Mise en commun de différentes productions pour discuter la validité des procédures utilisées, pour identifier les erreurs et pour mettre en relation des procédures de résolution différentes.

Erreurs intéressantes à exploiter

Les erreurs intéressantes sont celles qui correspondent à une confusion entre nombre de pièces et de billets, et somme d'argent. Des échanges des pièces et billets avec des pièces toutes de 1 € peuvent aider à lever cette confusion.

Procédures à observer particulièrement

Ces procédures sont celles qui concernent le problème 5. Elles représentent un réinvestissement dans le domaine de la monnaie des problèmes étudiés en séances 1 et 2.

UNITÉ 2

13 ou 14 séances
– 10 séances programmées (9 séances d'apprentissage + 1 bilan)
– 3 ou 4 séances pour la consolidation et la résolution de problèmes

	CALCUL MENTAL (environ 30 min par séance)	RÉVISER	APPRENDRE (environ 45 min par séance)
Séance 1 FICHIER NOMBRES p. 16	**Problèmes dictés** Compléments	**Problème écrit** Sommes et compléments	**Comparaison de quantités et de nombres inférieurs à 100** RECHERCHE Qui a le plus de perles ?
Séance 2 FICHIER NOMBRES p. 17	**Calculs dictés** Répertoire additif jusqu'à 14 : sommes, différences, compléments du type 8 + 4 ou 12 – 9	**Décomposition d'un nombre en dizaines et unités**	**Comparaison de nombres inférieurs à 100** RECHERCHE Jeu du portrait
Séance 3 FICHIER NOMBRES p. 18	**Calculs dictés** Répertoire additif jusqu'à 14 : sommes, différences, compléments du type 8 + 4 ou 12 – 9	**Dizaines et unités**	**Calcul sur les dizaines entières (1)** RECHERCHE Le nombre cible
Séance 4 FICHIER NOMBRES p. 19	**Calculs dictés** Répertoire additif jusqu'à 14 : sommes, différences, compléments du type 8 + 4 ou 12 – 9	**Addition de 3 nombres inférieurs à 10**	**Calcul sur les dizaines entières (2)** RECHERCHE Le nombre cible
Séance 5 FICHIER NOMBRES p. 20	**Problèmes dictés** Sommes et compléments	**Problème écrit** Sommes et différences, gestion d'essais	**Doubles et moitiés pour les nombres de 1 à 30** RECHERCHE Ce nombre est-il un double ?
Séance 6 CAHIER GÉOMÉTRIE p. 8	**Calculs dictés** Ajout et retrait de 2 à un nombre 100	**Heures entières et heures et demie**	**Mesure de longueurs : le centimètre** RECHERCHE La course sur 15 centimètres
Séance 7 CAHIER GÉOMÉTRIE p. 9-10	**Calculs dictés** Ajout ou retrait de 10 à un nombre 100	**Mesure de longueurs en centimètres**	**Figures planes : propriétés et vocabulaire** RECHERCHE Polygones ou non ?
Séance 8	**Calculs dictés** Ajout plusieurs fois d'un nombre 10	**Écriture de nombres en lettres et en chiffres (jusqu'à 99)**	**Ligne graduée de 1 en 1** RECHERCHE Trouver un repère à partir d'un message
Séance 9 FICHIER NOMBRES p. 21	**Calculs dictés** Ajout plusieurs fois d'un nombre 10	**Écriture de nombres en lettres et en chiffres (jusqu'à 99)**	**Ligne graduée de 5 en 5** RECHERCHE Trouver un repère à partir d'un message

Bilan	Je prépare le bilan puis Je fais le bilan FICHIER NOMBRES p. 22 et 23 CAHIER GÉOMÉTRIE p. 11
Consolidation Remédiation	Je consolide mes connaissances FICHIER NOMBRES p. 24 CAHIER GÉOMÉTRIE p. 12 et 13
Banque de problèmes	*La classe de Lisa* FICHIER NOMBRES p. 25 – Résoudre un problème de réunion de quantité – Comparer deux quantités – Calculer une moitié – Utiliser l'addition itérée ou la notion de dizaine – Résoudre un problème de recherche

L'essentiel à retenir de l'unité 2

- **Calculs dictés :**
  – Mémorisation du répertoire additif : sommes, différences et compléments
  – Ajout ou retrait de 2 ou 10 à un nombre inférieur à 10
- **Comparaison de nombres inférieurs à 100**
- **Calcul sur les dizaines et unités**
- **Ligne graduée**
- **Mesure de longueurs par report d'une unité et avec une règle graduée en centimètres**
- **Figures planes et polygones**

UNITÉ 2 Comparaison de quantités et de nombres inférieurs à 100

<table>
<tr><th></th><th>Tâche</th><th>Matériel</th><th>Connaissances travaillées</th></tr>
<tr><td>PROBLÈMES DICTÉS</td><td>Compléments
– Trouver le nombre d'objets nécessaires pour compléter une quantité de façon à obtenir une autre quantité.</td><td>pour la classe :
– une enveloppe ou pochette
– 15 photos de Moustik › fiche 4
par élève :
FICHIER NOMBRES p. 16 ①</td><td>– Répertoire additif
– Compléments à un nombre
– Problèmes de recherche de compléments.</td></tr>
<tr><td>PROBLÈME ÉCRIT</td><td>Sommes et compléments
– Calculer une somme et un complément dans le contexte de la monnaie.</td><td>par élève :
FICHIER NOMBRES p. 16 ②</td><td>– Répertoire additif
– Compléments à un nombre
– Problèmes de recherche de compléments.</td></tr>
<tr><td>APPRENDRE Nombres</td><td>Comparaison de quantités et de nombres inférieurs à 100
RECHERCHE « Qui a le plus de perles ? »
– Comparer des quantités organisées en dizaines et unités.</td><td>pour la classe :
– enveloppe contenant des perles isolées et des perles regroupées en dizaines
› fiches 5 à 8
par équipe de 2 :
– une des 10 enveloppes préparées à l'avance avec des perles isolées et perles regroupées en dizaines :
<table>
<tr><th></th><th>A</th><th>B</th><th>C</th><th>D</th><th>E</th><th>F</th><th>G</th><th>H</th><th>I</th><th>J</th></tr>
<tr><td>dz</td><td>4</td><td>3</td><td>6</td><td>8</td><td>5</td><td>2</td><td>5</td><td>1</td><td>3</td><td>4</td></tr>
<tr><td>u</td><td>3</td><td>17</td><td>36</td><td>2</td><td>32</td><td>16</td><td>10</td><td>37</td><td>13</td><td>12</td></tr>
</table>
par élève :
– feuille de recherche et brouillon
FICHIER NOMBRES p. 16 ③ et ④</td><td>– Comparer des quantités et des nombres.</td></tr>
</table>

PROBLÈMES DICTÉS

Compléments • Quantité

– Résoudre des problèmes où il faut calculer des compléments comme celui de 5 à 8, de 10 à 13…

COLLECTIF

FICHIER NOMBRES ET CALCULS p. 16

Exercice 1

• Proposer aux élèves **trois problèmes** à résoudre, chacun faisant l'objet d'une simulation à l'aide du matériel.

• Chaque résolution peut se dérouler ainsi :

– poser la question, en réalisant l'« expérience » (la question peut éventuellement être formulée par les élèves) et écrire les informations numériques au tableau ;

– demander une résolution individuelle sur l'ardoise ou le cahier de brouillon, avec réponse dans le fichier ;

– lors de la mise en commun, recenser les réponses et demander de repérer celles qui peuvent être rapidement reconnues comme « impossibles » (en référence à la situation), puis faire expliciter et discuter quelques procédures caractéristiques (erronées ou correctes).

Problème a

Mettre **5 photos** dans la pochette, en l'indiquant aux élèves et en l'écrivant au tableau. Alex veut **8 photos** dans la pochette.

QUESTION : *Combien faut-il encore en mettre ?*

Problème b

Mettre **2 photos** dans la pochette, en l'indiquant aux élèves et en l'écrivant au tableau. Lisa veut **8 photos** dans la pochette.

QUESTION : *Combien faut-il encore en mettre ?*

Problème c

Mettre **10 photos** dans la pochette, en l'indiquant aux élèves et en l'écrivant au tableau. Lisa veut **13 photos** dans la pochette

QUESTION : *Combien faut-il encore en mettre ?*

RÉPONSE : a. 3 photos b. 6 photos c. 3 photos.

Les problèmes peuvent être résolus en faisant appel à des résultats revus en unité 1 (répertoire additif jusqu'à 10, calcul du type 10 + 3 = 13…), mais d'autres résolutions peuvent être mobilisées : dessin, comptage avec les doigts…

La mise en commun doit permettre :

– de distinguer les erreurs dues au choix d'une procédure inadaptée de celles qui sont liées à une difficulté de gestion ou de calcul ;

– d'identifier différents types de procédures correctes pour un même problème et, si c'est possible, de les mettre en relation, favorisant ainsi d'éventuelles évolutions chez les élèves.

PROBLÈME ÉCRIT

Sommes et compléments • Monnaie

– Résoudre un problème faisant intervenir le calcul d'une somme et d'un complément dans le domaine de la monnaie.

INDIVIDUEL

FICHIER NOMBRES ET CALCULS **p. 16**

Résoudre un problème

2 Quelle est la valeur des 2 pièces qui sont dans le sac d'Alex ?

Les 2 pièces valent .... € chacune.

Exercice 2

• Présenter aux élèves les pièces et billets en euros jusqu'à 50 euros.

• Faire calculer des **sommes de monnaie simples** du type :

5 € + 2 €　　　2 € + 2 € + 1 €　　　10 € + 2 €

Faire trouver éventuellement comment les sommes peuvent être obtenues avec d'autres billets ou pièces.

• Demander une lecture individuelle de l'énoncé, puis faire « raconter » et expliquer la situation par des élèves pour en assurer une bonne compréhension, mais sans rien dévoiler des modes de résolution possibles.

• Une mise en commun peut être faite le jour même ou le lendemain, en particulier pour confronter les différents types de solutions et dégager les étapes de la résolution :

– Combien représentent le billet et les pièces visibles ?

– Combien doivent représenter les pièces cachées ?

RÉPONSE : Les 2 pièces valent 2 € chacune.

En fonction du travail déjà réalisé au CP » sur la monnaie, un temps plus ou moins long devra être consacré à la **connaissance des pièces et billets**, en mettant l'accent sur le fait que des sommes comme **3 €, 4 €, 7 €** ne peuvent pas être réalisées avec une seule pièce ou un seul billet, et qu'il faut alors en combiner plusieurs.

AIDE Utilisation possible de billets et de pièces fictives (matériel encarté dans le fichier, planche 1).

Différenciation : Exercice 2 → CD-Rom du guide, **fiche n° 8.**

APPRENDRE

Comparaison de quantités et de nombres inférieurs à 100

– Utiliser la notion d'échange entre 10 unités et 1 dizaine et faire la distinction entre valeur et quantité.

– Comparer des nombres inférieurs à 100.

RECHERCHE

« Qui a le plus de perles ? » : Les élèves doivent déterminer, parmi deux lots, celui qui comporte le plus grand nombre de perles, les lots étant composés de perles isolées et de perles regroupées en dizaines.

ÉQUIPES DE 2

PHASE 1 Comparer les avoirs de 2 élèves voisins

• Distribuer les enveloppes préparées : (une par équipe), avec des appariements d'équipes voisines : enveloppes A et B ; C et D ; E et F ; G et H ; I et J.

	A	B	C	D	E	F	G	H	I	J
dz	4	3	6	8	5	2	5	1	3	4
u	3	17	36	2	32	16	10	37	13	12

Certaines équipes non voisines peuvent recevoir des enveloppes de même contenu. Les élèves peuvent également travailler individuellement si l'effectif est trop réduit.

• Faire un commentaire rapide sur le contenu des enveloppes, puis donner la consigne :

→ *Les enveloppes contiennent des perles seules et des cartes de 10 perles. Chaque équipe doit d'abord écrire sur la feuille ce que contient son enveloppe, par exemple : 4 dizaines de perles et 3 perles seules. Puis, pour deux équipes voisines, il s'agit de savoir celle qui a le plus de perles et celle qui a le moins de perles. Lorsque vous serez d'accord, vous écrirez la réponse sur la feuille et surtout pourquoi vous pouvez dire que c'est telle équipe qui est a le moins ou le plus de perles.*

• Pendant le travail des élèves, vérifier que la consigne a été bien comprise et que le contenu des enveloppes des deux équipes n'est pas mélangé !

Au CE1, **deux conceptions peuvent encore s'opposer** :

– certains pensent, de façon erronée, que celui qui a le plus d'objets (perles isolées et cartes) a le plus ;

– d'autres ont compris qu'il faut prendre en compte la valeur de chaque carte.

COLLECTIF

PHASE 2 Mise en commun et synthèse

• Pour chacune des paires d'équipes, écrire les deux contenus des enveloppes au tableau (sous la forme « 3 dizaines de perles et 17 perles »), ainsi que la conclusion commune (ou éventuellement le désaccord) et demander aux équipes d'expliquer comment ils ont trouvé la réponse.

• Demander aux autres élèves de dire s'ils sont d'accord ou non avec la conclusion et de préciser pourquoi (notamment en cas de désaccord).

• Faire une synthèse des **procédures utilisées pour comparer les avoirs**, à partir de deux exemples.

SYNTHÈSE

1. Les deux méthodes de comparaison des avoirs

Exemple : Les avoirs **A** : 43 perles et **B** : 47 perles et les avoirs **I** : 43 perles et **J** : 52 perles.

• **Échanger le plus possible de groupements de 10 perles isolées contre une carte de 10 perles**, puis comparer le nombre de ces cartes dizaines : s'il est différent, on peut conclure directement (sans s'occuper des perles restées seules), sinon il faut comparer le nombre de perles isolées.

• **Chercher le nombre total de perles de chaque équipe**, soit par le dessin, soit en additionnant de 10 en 10 (addition du type 10 + 10 + 10 + 10 + 3), soit en écrivant directement 43 (4 dizaines et 3 unités), puis comparer les deux nombres.

2. Erreurs à éviter

Il ne faut pas confondre les **cartes de 10 perles** et les **cartes de 1 perle**.

3. Conclure

• **Enveloppes A et B :**
43 est plus petit que **47** parce qu'ils ont autant de dizaines, mais il y a moins d'unités dans 43 que dans 47.

• **Enveloppes I et J :**
43 est plus petit que **52** parce que dans 43 il y a moins de dizaines que dans 52.

• Faire remarquer que, sur la file numérique, **43** vient avant **47** qui vient avant **52**.

Si le temps le permet, un **rangement collectif de tous les avoirs** peut être proposé.
La **procédure de comparaison** doit mettre en évidence le fait qu'il faut **commencer par comparer les dizaines** dans la mesure où celles-ci pèsent beaucoup plus (10 fois plus) que les unités. L'argument de la longueur des écritures (un nombre écrit avec 2 chiffres est plus grand qu'un nombre écrit avec un seul chiffre) n'en est qu'une conséquence.

INDIVIDUEL

ENTRAINEMENT

FICHIER NOMBRES ET CALCULS p. 16

Exercice 3

• Dans le domaine de la monnaie, plus encore que dans celui des perles, deux conceptions peuvent s'opposer : « le plus riche, c'est celui qui a le plus de pièces ou de billets » contre « c'est celui qui a le plus d'euros » (cette 2e conception demande à tout ramener à des euros). Les échanges effectifs pour se ramener à deux lots composés seulement de pièces de 1 € peuvent être utiles pour certains élèves.

• Le lien peut également être fait entre un billet de 10 € et une dizaine d'euros (c'est comme 10 pièces de 1 €).

RÉPONSE : Lisa a plus d'argent car ce qu'elle possède représente plus de dizaines d'euros qu'Alex ou parce que Lisa a 42 € et Alex 19 €.

Exercice 4

• Une explication de la tâche (relier chaque personnage à son sac de billes) peut être nécessaire.

RÉPONSE : Moustik → 47 billes Alex → 38 billes Lisa → 50 billes.

À SUIVRE
Ce travail sur la comparaison des nombres sera repris en **séance 2** dans un contexte de jeu du portrait.
Les **symboles < et >** seront introduits à ce moment-là.

Comparaison de nombres inférieurs à 100

	Tâche	Matériel	Connaissances travaillées
CALCULS DICTÉS	**Répertoire additif jusqu'à 14** – Donner des sommes, différences et compléments	par élève : FICHIER NOMBRES **p. 17** 1	– **Répertoire additif.**
RÉVISER Nombres	**Décomposition d'un nombre en dizaines et unités** – Reconnaitre un nombre exprimé sous différentes formes.	par élève : FICHIER NOMBRES **p. 17** 2 **et** 3	– **Valeur positionnelle des chiffres** – **Dizaines et unités.**
APPRENDRE Nombres	**Comparaison de nombres inférieurs à 100** RECHERCHE **« Jeu du portrait »** – Comparer des nombres.	par élève : – tableau des nombres de 0 à 99 › **fiche 17** – une soixantaine de petits objets (nouilles, trombones…) – bandes de papier pouvant cacher une ligne de nombres – crayon à papier FICHIER NOMBRES **p. 17** 4, 5 **et** 6	– **Comparer des nombres** – Utiliser les symboles < et > – Opérer des déductions.

CALCULS DICTÉS

Répertoire additif jusqu'à 14 • Mémorisation

– Donner rapidement des sommes, différences, compléments du type 8 + 4 ; 11 – 3 ; 7 pour aller à 11.

COLLECTIF

FICHIER NOMBRES ET CALCULS **p. 17**

Exercice 1

• Dicter les calculs sous la forme « huit plus quatre », « onze moins trois », « combien pour aller de 7 à 11 ? » Les réponses sont données dans le fichier.

• Procéder à une correction immédiate après chaque calcul (voir commentaire ci-dessous).

a. 8 + 4 b. 7 + 5 c. 9 + 4 d. 8 + 5
e. 11 – 3 f. 12 – 9
Combien pour aller de : g. 7 à 11 h. 9 à 11

RÉPONSE : a. 12 b. 12 c. 13 d. 13 e. 8 f. 3 g. 4 h. 2.

Les résultats de ces calculs doivent pouvoir être donnés très rapidement, parce qu'ils sont mémorisés ou parce que l'élève est capable de les construire sans difficulté, par exemple en passant par 10 (7 + 5 c'est 7 + 3 + 2) ou en appui sur une autre décomposition appropriée (7 + 5 = 5 + 5 + 2).

Si nécessaire, l'**explication** et la **validation** peuvent se faire en **utilisant un matériel (doigts, jetons, file numérique)**, mais en évitant le comptage ou le décomptage de 1 en 1.

Exemple avec la file numérique pour **7 + 5** :

+3 → +2 →

1 2 3 4 5 6 [7] 8 9 <u>10</u> 11 **<u>12</u>** 13 14

RÉVISER

Décomposition d'un nombre en dizaines et unités

– Reconnaitre un nombre sous différentes formes (décomposition avec 10, écriture usuelle, nombre de dizaines et d'unités).

INDIVIDUEL

FICHIER NOMBRES ET CALCULS p. 17

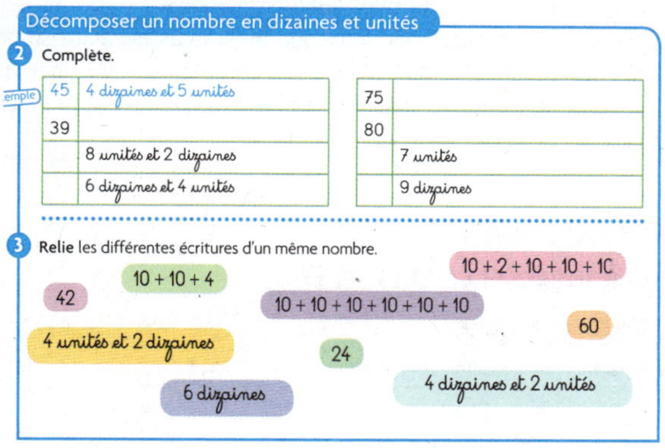

Ces exercices écrits peuvent être précédés d'une **question collective** du type :

> Lisa a besoin de **54 timbres**. Combien doit-elle acheter de carnets de 10 timbres et de timbres tout seuls ?

Pour répondre, les élèves peuvent procéder en interprétant directement l'écriture 54 comme 5 paquets de 10 et 4 unités, en utilisant le comptage de 10 en 10 ou l'addition.

Exercice 2

• Il s'agit essentiellement de s'assurer que les élèves maitrisent les mots « dizaine » et « unité » et leur mise en relation avec la place occupée par un chiffre dans l'écriture d'un nombre. Il est important de rappeler le sens de ces mots liés à « groupement de 10 unités » et « objet isolé », ce qui permet par exemple de retrouver ou de prouver que 8 unités et 2 dizaines, c'est 28 car c'est aussi 10 + 10 + 8. Cela est réinvesti dans l'exercice 3.

• Le cas « 8 unités et 2 dizaines » sera exploité pour indiquer que, dans l'écriture en dizaines et unités explicites (comme 8 unités et 2 dizaines), l'ordre d'énonciation peut être modifié, mais pas dans l'écriture chiffrée (28 est différent de 82).

RÉPONSE : **45 : 4 dizaines et 5 unités** — 75 : **7 dizaines et 5 unités**
39 : **3 dizaines et 9 unités** — 80 : **8 dizaines**
28 : 8 unités et 2 dizaines — **7 :** 7 unités
64 : 6 dizaines et 4 unités — **90 :** 9 dizaines

Exercice 3

• Les élèves doivent mettre en relation des nombres avec leurs décompositions utilisant le nombre 10 ou les mots dizaines et unités. Ces décompositions sont utiles pour comprendre les désignations orales et chiffrées.

• Les cas « 4 unités et 2 dizaines » et « 4 dizaines et 2 unités » seront exploités en faisant remarquer que le nombre de 10 de la décomposition est associé au chiffre des dizaines.

RÉPONSE : **24** avec « 4 unités et 2 dizaines » et 10 + 10 + 4.
42 avec « 4 dizaines et 2 unités » et 10 + 10 + 10 + 10 + 2.
60 avec « 6 dizaines » et 10 + 10 + 10 + 10 + 10 + 10.

APPRENDRE

Comparaison de nombres inférieurs à 100

– Comparer des nombres inférieurs à 100.
– Organiser un questionnement et faire des déductions.

RECHERCHE Fiche 17

« Jeu du portrait » : Les élèves ont à trouver un nombre choisi par l'enseignant en posant des questions avec le vocabulaire « plus petit que », « plus grand que ».

COLLECTIF

PHASE 1 Présentation du jeu et début de partie

• Distribuer une soixantaine de petits objets ainsi qu'un tableau des nombres à chaque élève.

• Faire décrire l'organisation de ce tableau :
– nombres écrits de 1 en 1 (de gauche à droite, avec changement de ligne) ;
– une ligne pour chaque dizaine (avec rappel de la lecture des nombres, notamment pour les quatre dernières lignes) ;
– même chiffre des unités dans chaque colonne.

• Préciser la règle du jeu :

→ *Je choisis un des nombres du tableau. Vous devez trouver lequel j'ai choisi. Pour cela, à tour de rôle, vous me posez des questions. Pour chaque question, je dois pouvoir répondre « oui » ou « non » et pas autre chose. J'écrirai vos questions au tableau, avec les réponses « oui » ou « non » à côté. Lorsque j'ai répondu à la question d'un élève, s'il pense avoir trouvé le nombre, il peut me le proposer. Mais, attention, si ce n'est pas le bon nombre, l'élève est éliminé du jeu ! Il peut aussi ne pas proposer de nombre et continuer à jouer.*

• Commencer une partie, en acceptant pour le moment toutes les questions dont la réponse peut être « oui » ou « non ».

Dans ce premier jeu, **aucune contrainte sur les questions n'est imposée**. Il s'agit de faire comprendre que la question n'est valide que si la réponse peut être « oui » ou « non ». L'enchaînement des questions ne fait pas non plus l'objet d'une attention particulière pour le moment. **L'usage des objets** (trombones, nouilles…) n'est pas non plus précisé. Il le sera en phase 2.

UNITÉ 2

COLLECTIF

PHASE 2 **Nouvelle partie avec plus grand que … ?, plus petit que … ?**

• Préciser la nouvelle contrainte du jeu :

→ *Nous allons reprendre le jeu, mais cette fois vous ne pourrez pas poser n'importe quelle question. Vous n'avez droit qu'à deux formes de questions comme « ton nombre est-il plus grand que 27 ? » ou « ton nombre est-il plus petit que 55 ? »* (écrire au tableau ces deux exemples de questions). *Bien sûr, vous pouvez choisir les nombres que vous voulez dans vos questions. Attention, si par exemple j'ai choisi 36 et que vous demandez « ton nombre est-il plus grand que 36 ? » ou « ton nombre est-il plus petit que 36 ? », je répondrai « non ».*

• Jouer une première partie, puis faire une **mise en commun** en insistant sur deux points :

– comment trouver les nombres plus petits ou plus grands qu'un nombre donné dans le tableau ;

– comment utiliser le matériel, pour cacher par exemple les nombres que les élèves pensent être exclus.

• Lorsqu'un élève propose une réponse (dans le jeu où par exemple 36 est le nombre à trouver), vérifier qu'elle est en adéquation avec les réponses déjà données en utilisant pour cela les signes < et >, par exemple : 36 > 27   36 < 44.

COLLECTIF

PHASE 3 **Nouvelles parties et synthèse**

• Reprendre quelques parties en faisant remarquer que :

– il faut s'intéresser à toutes les réponses, celles qu'on obtient et celles que les autres obtiennent ;

– la suite des questions doit être pertinente (faire repérer les questions inutiles par les élèves devrait par exemple les aider à en prendre conscience) ;

– des déductions peuvent être faites après chaque réponse, qu'elle soit positive ou négative ;

– noter les « conséquences » d'une réponse est une aide, comme par exemple mettre un objet sur les nombres éliminés.

SYNTHÈSE

1. Les deux méthodes de comparaison des nombres

Un nombre est **plus petit** qu'un autre :
– s'il est situé avant dans la suite des nombres ;
– s'il a moins de dizaines ou, dans le cas où ils ont autant de dizaines, s'il a moins d'unités.

2. Signes < et >

Rappeler l'usage des signes < et > pour coder le résultat d'une comparaison : **du côté fermé on place le plus petit nombre** et **du côté ouvert le plus grand.**

ÉCRIT DE RÉFÉRENCE

Dico-maths n° 7 auquel les élèves peuvent se reporter.

Les élèves sont encouragés à utiliser les **symboles < et >** au cours des différentes parties, mais il faut bien distinguer les erreurs qui sont dues à leur usage et celles qui sont dues à une difficulté à comparer les nombres.
Un élève qui écrit **27 > 34** mais qui affirme que « 27 est plus petit que 34 » sait comparer ces deux nombres, mais ne maitrise pas l'usage des symboles pour coder cette comparaison. Le matériel de numération « perles » peut être utilisé pour illustrer la première méthode de comparaison.

INDIVIDUEL

ENTRAINEMENT

FICHIER NOMBRES ET CALCULS **p. 17**

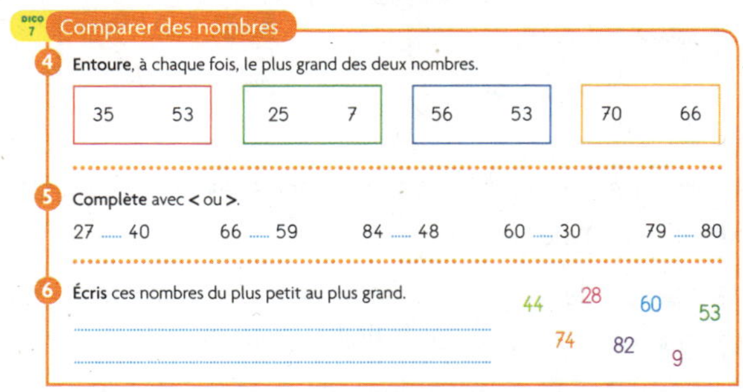

Il s'agit d'exercices classiques.

Exercice 4

• Cet exercice permet de vérifier si les élèves savent comparer les nombres.

RÉPONSE : 53   25   56   70.

Exercice 5

• Il permet de plus de s'assurer de la maitrise des symboles < et >.

RÉPONSE : 27 < 40   66 > 59   84 > 48   60 > 30   79 < 80.

Exercice 6

• Il nécessite que les élèves adoptent une stratégie, par exemple : écrire le plus petit nombre, puis le barrer dans la liste du fichier, écrire le plus petit des nombres restants, etc. Le symbole < n'est pas exigé dans la consigne.

AIDE On peut proposer d'écrire d'abord les nombres sur des étiquettes, puis de ranger les étiquettes avant d'écrire les nombres sur le fichier.

RÉPONSE : 9 < 28 < 44 < 53 < 60 < 74 < 82.

Différenciation → CD-Rom du guide, **fiche n° 9.**

Calcul sur les dizaines entières (1)

	Tâche	Matériel	Connaissances travaillées
CALCULS DICTÉS	**Répertoire additif jusqu'à 14** – Donner des sommes, différences et compléments	par élève : FICHIER NOMBRES p. 18 (1)	– Répertoire additif.
RÉVISER Nombres	**Dizaines et unités** – Utiliser la valeur positionnelle des chiffres pour résoudre des problèmes (nombres < 100).	par élève : FICHIER NOMBRES p. 18 (2), (3) et (4)	– Valeur positionnelle des chiffres – Dizaines et unités.
APPRENDRE Calcul	**Calcul sur les dizaines entières (1)** RECHERCHE « Le nombre-cible » – Décomposer un nombre entier de dizaines en somme de 3 dizaines entières.	par équipe de 2 : – 3 jeux de cartes avec les nombres 0, 10, 20, 30, 40, 50 › **fiche 18** – 8 cartes-cibles avec les nombres 20, 30, 40, 50, 60, 70, 80, 90 › **fiche 18** – feuille de jeu et stylo de couleurs différentes pour chaque joueur – calculatrice par élève : FICHIER NOMBRES p. 18 (5)	– Calculer les dizaines – Somme – Décomposition – Calculatrice.

CALCULS DICTÉS

Répertoire additif jusqu'à 14 • Mémorisation

– Donner rapidement des sommes, différences, compléments du type 8 + 4 ; 11 – 3 ; 7 pour aller à 11.

COLLECTIF

FICHIER NOMBRES ET CALCULS p. 18

Exercice 1

• Dicter les calculs sous la forme « six plus cinq », « douze moins quatre », « combien pour aller de 7 à 12 ? ». Les réponses sont données dans le fichier.

• Procéder à une correction immédiate après chaque calcul.

a. 6 + 5 b. 8 + 3 c. 9 + 5 d. 7 + 4
e. 12 – 4 f. 13 – 5
Combien pour aller de : g. 7 à 12 h. 9 à 13

RÉPONSE : a. 11 b. 11 c. 14 d. 11 e. 8 f. 8 g. 5 h. 4.

Les résultats de ces calculs doivent pouvoir être donnés très rapidement, parce qu'ils sont mémorisés ou parce que l'élève est capable de les construire sans difficulté, par exemple en passant par 10 (6 + 5 c'est 6 + 4 + 1) ou en appui sur une autre décomposition appropriée (6 + 5 = 5 + 5 + 1).

Si nécessaire, l'**explication** et la **validation** peuvent se faire en **utilisant un matériel (doigts, jetons, file numérique)**, mais en évitant le comptage ou le décomptage de 1 en 1.

Exemple avec la file numérique pour **6 + 5** :

+4 +1

1 2 3 4 5 [6] 7 8 9 10 **11** 12 13 14

L'appui sur les doubles ou sur le passage par 10 pour retrouver rapidement un résultat oublié ont dû être bien installés au CP. Si ce n'est pas le cas, un travail spécifique doit être fait en s'appuyant sur les représentations matérielles évoquées ci-dessus.

RÉVISER

Dizaines et unités

– Utiliser la valeur positionnelle des chiffres pour résoudre des problèmes (nombres < 100).

INDIVIDUEL

FICHIER NOMBRES ET CALCULS **p. 18**

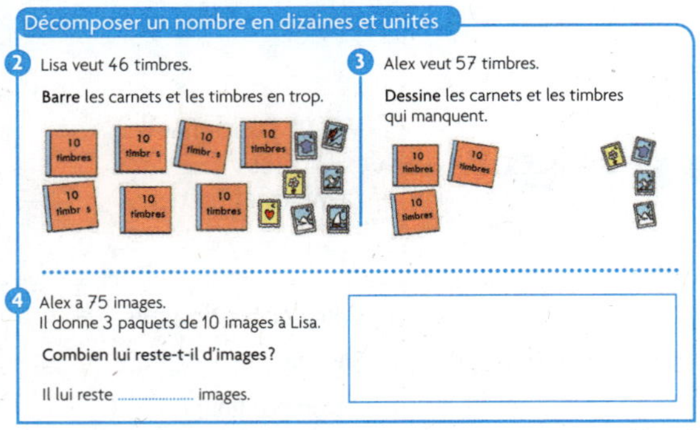
Décomposer un nombre en dizaines et unités

2 Lisa veut 46 timbres.
Barre les carnets et les timbres en trop.

3 Alex veut 57 timbres.
Dessine les carnets et les timbres qui manquent.

4 Alex a 75 images.
Il donne 3 paquets de 10 images à Lisa.
Combien lui reste-t-il d'images ?
Il lui reste .... images.

Exercices 2 et 3

Ces exercices peuvent être résolus en utilisant directement les connaissances sur la valeur positionnelle des chiffres (par exemple, 46 c'est 4 groupements de 10 et 6 unités) ou en utilisant le comptage ou le calcul avec 10. C'est l'occasion de mettre à nouveau en relation 46 avec 10 + 10 + 10 + 10 + 6, et de rappeler les égalités 1 dizaine = 10 unités et 10 unités = 1 dizaine.

RÉPONSE : 2 Il faut barrer 3 carnets de timbres et 1 timbre.
3 Il manque 2 carnets de timbres et 3 timbres.

Exercice 4

Cet exercice peut être résolu en utilisant seulement les connaissances sur la valeur positionnelle des chiffres (enlever 3 au chiffre des dizaines de 75) en remplaçant 3 dizaines en 30 et faire le calcul. Les deux procédures peuvent être mises en relation.

RÉPONSE : 45 images ou 4 paquets et 5 images seules.

APPRENDRE

Calcul sur les dizaines entières (1)

– Calculer sur les dizaines entières : sommes, décompositions additives.

RECHERCHE Fiche 18

« Le nombre-cible » : À partir de nombres donnés (dizaines entières), les élèves doivent déterminer comment atteindre des nombres cibles (qui sont eux aussi des dizaines entières).

COLLECTIF

PHASE 1 Jeu collectif

• Présenter le **jeu du nombre-cible** avec un début de partie collective.

• Afficher au tableau les **3 jeux de cartes** (nombres visibles) :

cartes Alex :	0	10	20	30	40	50
cartes Lisa :	0	10	20	30	40	50
cartes Moustik :	0	10	20	30	40	50

• Afficher aussi les **8 cartes-cibles** retournées (nombres non visibles) :

cartes cibles :	20	30	40	50	60	70	80	90

• Demander à deux élèves de venir au tableau. Le 1er joueur doit tirer une carte-cible et la retourner face visible. Le 2e joueur prend ensuite 3 cartes (une de chaque personnage) pour tenter de réaliser le nombre de la carte-cible. Il additionne les 3 nombres-personnages et écrit la somme au tableau. En cas de contestation, une vérification peut être faite avec la calculatrice. Si la somme est correcte, le 2e joueur garde les 3 cartes ; sinon le 1er joueur tente à son tour de réaliser la somme. Si aucun des deux ne parvient à réaliser le nombre tiré, la carte-cible est mise de côté.

• Lorsque la somme est réalisée ou lorsque la carte-cible est mise de côté, recommencer avec une autre carte-cible tirée par le 2e joueur.

• Arrêter dès que le jeu est compris par tous les élèves.

Le calcul sur les dizaines doit devenir, rapidement, un prolongement du répertoire additif. Pour montrer l'analogie avec le répertoire additif, un autre répertoire (limité pour le moment aux dizaines de 0 à 50) peut être élaboré avec les élèves, occasion d'une première rencontre avec le nombre 100 au CE1.

ÉQUIPES DE 2

PHASE 2 Jeu par équipes de 2

• Le jeu est pratiqué par équipes de 2, l'enseignant étant disponible pour aider certaines équipes à s'organiser.

• Insister sur la nécessité d'écrire sur la feuille de jeu les sommes réalisées, en barrant celles qui ont été reconnues erronées.

• À l'issue du jeu, quelques feuilles peuvent être analysées collectivement.

COLLECTIF

PHASE 3 Proposition de coder les lignes et les colonnes

• Choisir quelques feuilles de calcul et faire exprimer les différentes procédures utilisées pour effectuer les calculs et en discuter l'efficacité.

SYNTHÈSE

Calculer 40 + 30

Dans cette étape intermédiaire du calcul de 40 + 30 + 20 pour atteindre la cible 90, **deux procédures peuvent être retenues,** la seconde devant à terme être privilégiée :

- **Ajouts successifs de 10 ou comptage de 10 en 10** (3 fois) à partir de 40 qu'on peut illustrer par des bonds de 10 en 10 sur la file numérique.
- **Ajout de 4 dizaines et de 3 dizaines, qui peut être illustré :**
  – soit avec les cartes dizaines (matériel « perles ») ;
  – soit avec 4 élèves levant leurs 10 doigts et 3 autres levant également leurs 10 doigts ;
  – soit encore avec des billets de 10 €.

ÉCRIT DE RÉFÉRENCE

Inviter les élèves à consulter le **dico-maths nº 10.**

- Si nécessaire, le jeu peut être repris à l'issue de cette synthèse.

Il s'agit d'amener les élèves à comprendre et à utiliser le fait que **20 + 30 est calculable facilement dès lors que 2 + 3 = 5 est mémorisé**, puisque 20 + 30 c'est 2 dizaines + 3 dizaines, donc 5 dizaines. Cette verbalisation accompagnée d'une illustration par le matériel doit permettre une circulation entre les 3 registres (figuré, verbal et symbolique) que l'on peut schématiser ainsi :

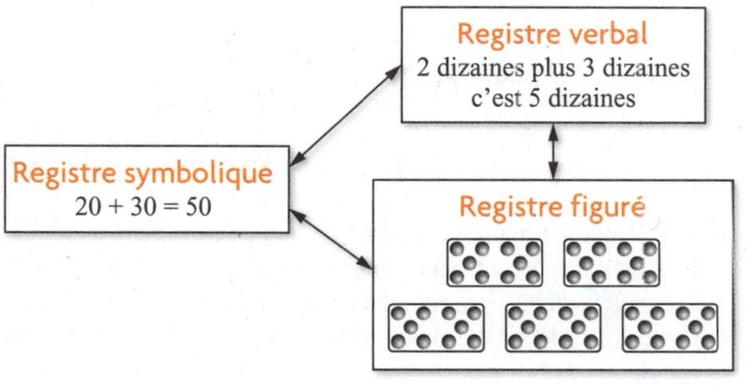

INDIVIDUEL

ENTRAINEMENT

FICHIER NOMBRES ET CALCULS p. 18

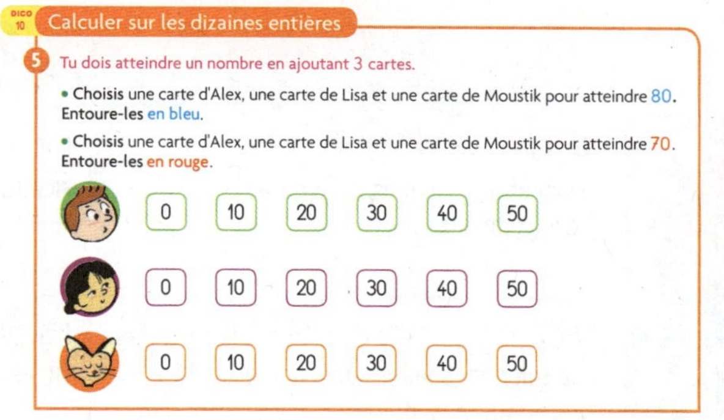

Exercice 5

Exercice proche de l'activité pratiquée dans le jeu précédent, mais avec une difficulté supplémentaire qui est due au fait que les cartes utilisées pour réaliser le premier nombre doivent être enlevées « en pensée » pour réaliser le deuxième nombre. De nombreuses solutions sont possibles.

AIDE Les cartes peuvent être mises à disposition des élèves si nécessaire.

LES RÉPONSES POSSIBLES :

80 : 50 + 30 + 0   50 + 20 + 10   40 + 40 + 0   40 + 30 + 10   40 + 20 + 20

70 : 40 + 30 + 0   40 + 20 + 10   30 + 20 + 20   30 + 30 + 10.

Différenciation → CD-Rom du guide, **fiche nº 10.**

À SUIVRE

Le travail est poursuivi en **séance 4**, avec le calcul de sommes et de différences.

UNITÉ 2

UNITÉ 2

Calcul sur les dizaines entières (2)

SÉANCE 4

FICHIER NOMBRES p. 19

	Tâche	Matériel	Connaissances travaillées
CALCULS DICTÉS	**Répertoire additif jusqu'à 14** – Donner des sommes, différences et compléments	par élève : FICHIER NOMBRES p. 19 ①	– **Répertoire additif.**
RÉVISER Calcul	**Addition de 3 nombres inférieurs à 10** – Calculer des sommes de 3 nombres < 10. – Compléter de telles sommes (compléments).	par élève : FICHIER NOMBRES p. 19 ②, ③ et ④	– **Répertoire additif** – Stratégie de calcul : réorganisation d'un calcul.
APPRENDRE Calcul	**Calcul sur les dizaines entières (2)** RECHERCHE **« Le nombre cible »** – Décomposer un nombre entier de dizaines en somme de 3 dizaines entières ou en différence de 2 nombres.	par équipe de 2 : – même matériel qu'en séance 3 par élève : FICHIER NOMBRES p. 19 ⑤ et ⑥	– **Calcul sur les dizaines** – Somme – Décomposition – Calculatrice.

CALCULS DICTÉS

Répertoire additif jusqu'à 14 • Mémorisation

– Donner rapidement des sommes, différences, compléments du type 8 + 4 ; 11 – 3 ; 7 pour aller à 11.

COLLECTIF

FICHIER NOMBRES ET CALCULS **p. 19**

Exercice ①

• Dicter les calculs sous la forme « trois plus neuf », « quatorze moins cinq », « combien pour aller de 8 à 11 ? ». Les réponses sont données dans le fichier.

• Procéder à une correction immédiate après chaque calcul (voir commentaire ci-contre).

a. 3 + 9 b. 5 + 8 c. 14 – 5 d. 13 – 9
e. 12 – 7 f. 11 – 6
Combien pour aller de : g. 8 à 11 h. 8 à 13

RÉPONSE : a. 12 b. 13 c. 9 d. 4 e. 5 f. 5 g. 3 h. 5.

Voir le commentaire de la séance 2.
Des élèves peuvent déjà remarquer que le calcul de 12 – 7 peut avantageusement être remplacé par celui de « 7 pour aller à 12 ». Cette équivalence des deux calculs fera l'objet d'un apprentissage ultérieur.

RÉVISER

Addition de 3 nombres inférieurs à 10

– Additionner 3 nombres inférieurs à 10 et compléter une somme.

INDIVIDUEL

FICHIER NOMBRES ET CALCULS **p. 19**

Additionner trois nombres

② Complète.

3 + 5 + 5 = ... | 8 + 5 + 2 = ... | 6 + 4 + 8 = ...
8 + 3 + 4 = ... | 7 + 5 + 4 = ... | 3 + 6 + 8 = ...

③ Complète avec = ou ≠. Le signe ≠ veut dire que ce n'est pas égal.

• 3 + 4 + 5 .... 11 • 8 + 5 + 3 .... 16 • 7 + 4 + 3 14

④ Complète.

• 3 + 5 + ... = 10 • .... + 7 + 2 = 14 • 5 + ... + 4 = 12

Ces exercices sont classiques.

Exercice ②

• Lors de l'exploitation, faire remarquer l'intérêt qu'il peut y avoir à ne pas toujours faire les calculs dans l'ordre, par exemple pour 3 + 5 + 5, il est plus facile de commencer par calculer 5 + 5 + 3.

RÉPONSE : 3 + 5 + 5 = **13** 8 + 5 + 2 = **15** 6 + 4 + 8 = **18**
8 + 3 + 4 = **15** 7 + 5 + 4 = **16** 3 + 6 + 8 = **17**.

Exercice 3

Avant le traitement de l'exercice :

• Préciser collectivement **la signification des signes = et ≠** qui est déjà connue des élèves. Il suffit d'expliquer qu'on écrit ≠ lorsqu'il n'y a pas égalité ou lorsque c'est faux avec = (le signe ≠ est lu « différent de »).

• Demander aux élèves de produire des expressions avec ces deux signes.

RÉPONSE : 3 + 4 + 5 ≠ 11 8 + 5 + 3 = 16 7 + 4 + 3 = 14.

Exercice 4

• Traiter éventuellement en collectif quelques égalités à trous avant de proposer cet exercice.

RÉPONSE : 3 + 5 + **2** = 10 **5** + 7 + 2 = 14 5 + **3** + 4 = 12.

UNITÉ 2

APPRENDRE

Calcul sur les dizaines entières (2)

– Calculer sur les dizaines entières : sommes, différences, décompositions additives et soustractives.

RECHERCHE

ÉQUIPES DE 2

« Le nombre-cible » : A partir de nombres donnés (dizaines entières), les élèves doivent déterminer comment atteindre des nombres cibles (qui sont eux aussi des dizaines entières).

PHASE 1 Avec l'addition et la soustraction

• Reprise du jeu « Le nombre-cible » dans les mêmes conditions que lors de la séance précédente, mais en ajoutant une possibilité :

– le nombre-cible peut être réalisé en ajoutant 3 nombres (comme dans la séance précédente) ;

– le nombre-cible peut être réalisé en soustrayant un des nombres à un autre nombre (ce qui doit être alors indiqué par le joueur).

• Une partie collective peut être proposée pour présenter la nouvelle règle du jeu.

COLLECTIF

PHASE 2 Mise en commun et synthèse

• Recenser et exploiter quelques décompositions additives et soustractives, exactes et erronées.

SYNTHÈSE

Calculer 50 – 20

Formuler avec l'aide du matériel : un calcul comme **50 – 20** revient à **soustraire 2 dizaines de 5 dizaines.**

Il suffit donc de connaître **5 – 2.**

ÉCRIT DE RÉFÉRENCE

Inviter les élèves à consulter le **dico-maths n° 10.**

ENTRAINEMENT

INDIVIDUEL

FICHIER NOMBRES ET CALCULS p. 19

DICO 10 Calculer sur les dizaines entières

5 Complète.

• 20 + 30 + 20 = ... • 10 + 50 + 20 = ... • 80 − 20 = ...

• 70 − 50 = ... • 30 + 30 + 30 = ... • 90 − 10 = ...

6

0 10 20 30 40 50

0 10 20 30 40 50

0 10 20 30 40 50

• Avec une carte d'Alex, une carte de Lisa et une carte de Moustik, complète de 3 façons différentes :

.... + ... + ... = 90 .... + ... + ... = 90 .... + ... + ... = 90

• Avec une carte d'Alex et une carte de Lisa, complète de 4 façons différentes :

.... − .... = 20 .... − .... = 20 .... − .... = 20 .... − .... = 20

Exercice 5

• Cet exercice vient en application directe des acquis précédents.

RÉPONSE : 20 + 30 + 20 = **70** 10 + 50 + 20 = **80**
80 – 20 = **60** 70 – 50 = **20.**
30 + 30 + 30 = **90** 90 – 10 = **80.**

Exercice 6

• Cet exercice est une application directe du jeu joué précédemment.

RÉPONSE : Pour **90**, les égalités sont du type :
0 + 50 + 40 10 + 60 + 20 20 + 30 + 40…
Pour **20**, les égalités sont :
20 – 0 30 – 10 40 – 20 50 – 30.

À SUIVRE

Le travail sera poursuivi en **unité 5** (séance 6), avec des centaines et des dizaines.

UNITÉ 2 Doubles et moitiés pour les nombres de 1 à 30

	Tâche	Matériel	Connaissances travaillées
PROBLÈMES DICTÉS	**Sommes et compléments** – Trouver le nombre d'objets obtenus suite à la réunion de 2 collections. – Trouver le nombre d'objets nécessaires pour compléter une quantité de façon à obtenir une autre quantité.	pour la classe : – une enveloppe ou pochette – 15 photos de Moustik › **fiche 4** par élève : FICHIER NOMBRES **p. 20** 1	– **Répertoire additif** – **Compléments à un nombre** – Problèmes de recherche de compléments.
PROBLÈME ÉCRIT	**Sommes et différences, gestion d'essais** – Trouver deux nombres connaissant leur somme et leur différence.	par élève : FICHIER NOMBRES **p. 20** 2	– **Répertoire additif** – **Recherche par essais.**
APPRENDRE Calcul	**Doubles et moitiés pour les nombres de 1 à 30** RECHERCHE **« Ce nombre est-il un double ? »** – Trouver si un nombre compris entre 1 et 30 est ou non un double. – Trouver sa moitié.	pour la classe : – répertoire additif agrandi › **fiche 2** par élève : – cahier de brouillon FICHIER NOMBRES **p. 20** 3, 4 et 5	– **Doubles et moitiés** – Calcul mental.

PROBLÈMES DICTÉS

Sommes et compléments

– Résoudre des problèmes où il faut calculer une somme et des compléments comme celui de 8 à 12.

COLLECTIF

FICHIER NOMBRES ET CALCULS **p. 20**

Exercice 2

• Proposer aux élèves **trois problèmes** à résoudre, chacun faisant l'objet d'une simulation à l'aide du matériel.

• Chaque résolution peut se dérouler ainsi :

– poser la question, en réalisant l'« expérience » (la question peut éventuellement être formulée par les élèves) et écrire les informations numériques au tableau ;

– demander une résolution individuelle sur l'ardoise ou le cahier de brouillon, avec réponse dans le fichier ;

– lors de la mise en commun, recenser les réponses et demander de repérer celles qui peuvent être rapidement reconnues comme « impossibles » (en référence à la situation), puis faire expliciter et discuter quelques procédures caractéristiques (erronées ou correctes).

Problème a

Mettre **9 photos**, puis **4 photos** dans la pochette, en l'indiquant aux élèves et en l'écrivant au tableau.

QUESTION : *Combien y a-t-il de photos dans la pochette ?*

Problème b

Mettre **8 photos** dans la pochette, en l'indiquant aux élèves et en l'écrivant au tableau. Lisa veut **12 photos** dans la pochette.

QUESTION : *Combien faut-il encore en mettre ?*

Problème c

Mettre **6 photos** dans la pochette, en l'indiquant aux élèves et en l'écrivant au tableau. Lisa veut **11 photos** dans la pochette.

QUESTION : *Combien faut-il encore en mettre ?*

RÉPONSE : a. 13 photos b. 4 photos c. 5 photos.

Les **problèmes a, b et c** peuvent être résolus en mettant directement en œuvre un calcul connu (addition, complément ou soustraction), mais d'autres résolutions peuvent être mobilisées : dessin, comptage avec les doigts…

La **mise en commun** doit permettre :
– de distinguer les erreurs dues au choix d'une procédure inadaptée de celles qui sont liées à une difficulté de gestion ou de calcul ;
– d'identifier différents types de procédures correctes pour un même problème et, si c'est possible, de les mettre en relation, favorisant ainsi d'éventuelles évolutions chez les élèves.

PROBLÈME ÉCRIT

Sommes et différences, gestion d'essais

– Résoudre un problème dans lequel il faut faire des essais.

INDIVIDUEL

FICHIER NOMBRES ET CALCULS p. 20

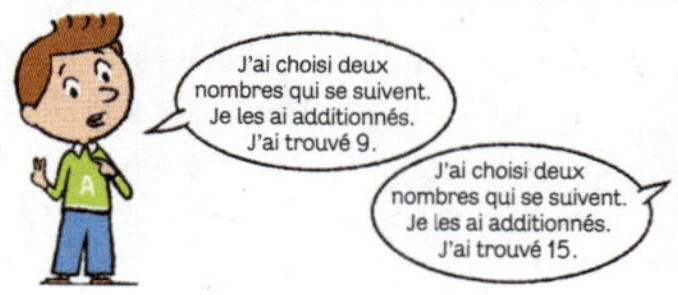
Résoudre un problème

2 **Trouve** les deux nombres choisis par Alex et les deux nombres choisis par Lisa.

• Alex a choisi les nombres .... et ....
• Lisa a choisi les nombres .... et ....

Exercice 2

• Demander une lecture individuelle de l'énoncé, puis faire « raconter » et expliquer la situation par des élèves pour en assurer une bonne compréhension, mais sans rien dévoiler des modes de résolution possibles.

• Une mise en commun peut être faite le lendemain, en particulier pour confronter les différents types de solutions.

RÉPONSE : **Alex** : 4 et 5 ; **Lisa** : 7 et 8.

Les élèves ont déjà eu à gérer des essais pour résoudre un problème (unité 1). Leur maitrise du répertoire additif est également sollicitée dans ce travail.
Des élèves peuvent remarquer que les réponses sont données en calculant les moitiés de 8 et de 14. Il est plus probable que beaucoup feront des essais pour trouver les réponses.

UNITÉ 2

APPRENDRE

Doubles et moitiés pour les nombres de 1 à 30

– Connaitre les notions de double et de moitié.
– Reconnaitre si un nombre compris entre 1 et 30 est ou non un double.
– Trouver la moitié d'un nombre.

COLLECTIF

RECHERCHE

« Ce nombre est-il un double ? » : Parmi une liste de nombres, les élèves doivent reconnaître ceux qui sont des doubles et, si oui, en calculer la moitié.

Les notions de double et de moitié ont déjà été évoquées en unité 1 (séance 1 : calcul mental et idée de partage équitable en 2). Elle fait ici l'objet d'un travail plus systématique.

PHASE 1 Notion de double

• Écrire le nombre **6** au tableau et demander aux élèves :

→ *Donnez (à l'oral) plusieurs façons d'obtenir 6 en ajoutant deux nombres.*

• Écrire au tableau ces décompositions. Parmi celles qui ont été données, encadrer **3 + 3** et écrire **3 + 3 = 6**.

• Afficher le répertoire additif et entourer 3 + 3 dans la colonne « 6 ».

• Dire et écrire au tableau que « *6 est un double* », que c'est « *le double de 3* » car « *on peut l'écrire avec + et deux fois le même nombre* » :
6, c'est 3 + 3, c'est 2 fois 3.
Il peut également être représenté avec deux ensembles identiques de 3 points, par exemple comme sur le dé :

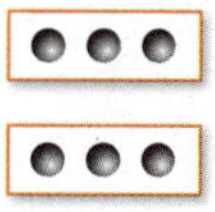

ou

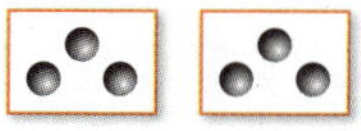

• Demander ensuite si **5** est aussi un double. Conclure négativement :

→ *On ne peut pas écrire 5 avec + et deux fois le même nombre ou le représenter avec deux collections ayant le même nombre d'objets, car on ne peut pas le partager exactement en deux.*

1re SYNTHÈSE

Les doubles

• **Un double est un nombre qu'on peut partager exactement en deux.** On peut l'écrire comme somme de deux nombres identiques :

Exemple : **6 est le double de 3.** Quand on partage un tas de 6 objets exactement en deux, chaque tas comporte 3 objets.
On dit aussi que **3 est la moitié de 6.**

• **5 n'est pas un double.**

La notion de double a déjà été utilisée au CP. Il s'agit ici de la formaliser. Mais **l'objectif principal reste celui de la mémorisation des doubles de la table** (point d'appui important pour le calcul mental). Il est en effet très utile que les élèves soient capables de produire instantanément le **double des nombres inférieurs à 10** et, un peu plus tard, de trouver rapidement la moitié des **nombres pairs inférieurs à 20**.
La représentation par le calcul (3 + 3) et par l'expression « 2 fois 3 » est appuyée par des figurations utilisant les quantités.

INDIVIDUEL, PUIS COLLECTIF

PHASE 2 **Ces nombres sont-ils des doubles ?**

• Après avoir masqué le répertoire additif, écrire les nombres suivants au tableau :

8 11 12 15 18

• Poser la question :

→ *Parmi ces nombres, il faut trouver ceux qui sont des doubles et ceux qui ne sont pas des doubles, et expliquer pourquoi. Si ce sont des doubles, il faut trouver leur moitié.*

• Recherche individuelle au brouillon.

• Recenser les réponses et leurs justifications. La notion de double est à nouveau éventuellement précisée. Les nombres reconnus comme doubles sont repérés et coloriés dans le répertoire additif, ainsi que la décomposition qui le montre.

ÉQUIPE DE 2, PUIS COLLECTIF

PHASE 3 **Tous les doubles…**

• Proposer une nouvelle recherche :

→ *Parmi les nombres qui sont entre 1 et 20, trouvez tous ceux qui sont des doubles. Ceux qui auront terminé plus rapidement chercheront d'autres doubles qui sont entre 20 et 30, ou même d'autres encore plus grands.*

• Recherche par deux : les élèves doivent se mettre d'accord sur les réponses et sur leurs justifications.

• Recenser les réponses et demander comment les doubles ont été trouvés. Faire exprimer les accords et les désaccords, et demander des justifications.

• Des élèves ont pu chercher à décomposer chaque nombre en somme de 2 termes égaux, d'autres ont pu remarquer que les doubles vont de 2 en 2… et leurs moitiés de 1 en 1.

• Situer les doubles dans le répertoire additif. Donner leur moitié.

2e SYNTHÈSE

Les doubles et moitiés

Faire exprimer ou rassembler les remarques qui ont été formulées précédemment, notamment :
– les doubles vont de 2 en 2 ;
– les doubles ont 0, 2, 4, 6 ou 8 pour chiffres des unités ;
– **12** est le **double** de **6**, car 6 + 6 = 12 (12, c'est 2 fois 6) ;
– **6** est la **moitié** de **12**.

INDIVIDUEL

ENTRAINEMENT

FICHIER NOMBRES ET CALCULS **p. 20**

DICO 20 Calculer des doubles et des moitiés

3 **Complète.**

Le double de 2 est	Le double de 5 est	Le double de 9 est ....
Le double de 10 est	Le double de 13 est	Le double de 15 est ....

4 **Entoure** les nombres qui sont des doubles.

12 9 16 8 20 14 22 25 40 30

5 **Complète.**

La moitié de 2 est	La moitié de 4 est	La moitié de 8 est ....
La moitié de 12 est	La moitié de 6 est	La moitié de 10 est ....
La moitié de 20 est	La moitié de 16 est	La moitié de 14 est ....
La moitié de 26 est	La moitié de 30 est	La moitié de 18 est ....

Exercices 3, 4 et 5

Ces exercices permettent d'exploiter la connaissance des doubles et moitiés nouvellement acquise par les élèves et de formuler quelques procédures :
– **double de 13** : on peut le décomposer en **10 + 3** ou en 1 dizaine + 3 unités ;
– **moitié de 30** : on peut le décomposer en **20 + 10** ou en 2 dizaines plus 10 unités ;
– si on sait que **30 est le double de 15**, on sait aussi que **15 est la moitié de 30**.

RÉPONSE :

1. double de 2 = **4** double de 5 = **10** double de 9 = **18**
double de 10 = **20** double de 13 = **26** double de 15 = **30**

2. 12 16 8 20 14 22 40 30.

3. moitié de 2 = **1** moitié de 4 = **2** moitié de 8 = **4**
moitié de 12 = **6** moitié de 6 = **3** moitié de 10 = **5**
moitié de 20 = **10** moitié de 16 = **8** moitié de 14 = **7**
moitié de 26 = **13** moitié de 30 = **15** moitié de 18 = **9**

Différenciation → CD-Rom du guide, **fiche n° 11.**

Mesure de longueurs : le centimètre

	Tâche	Matériel	Connaissances travaillées
CALCULS DICTÉS	**Ajout ou retrait de 2 à un nombre < 100** – Donner rapidement ces résultats.	par élève : – ardoise ou brouillon	– **Calcul mental réfléchi.**
RÉVISER Mesures	**Heures entières et heures et demie** – Lire des horaires sur une horloge à aiguilles et les associer à des moments de la journée.	pour la classe : – une horloge à aiguilles par élève : – sous-main du fichier nombres (lecture de l'heure)	– **Unité de temps : heure et demi-heure** – Lecture de l'heure.
APPRENDRE Mesures	**Mesure de longueurs : le centimètre** RECHERCHE **« La course sur 15 centimètres »** – Mesurer un segment en centimètres en utilisant une règle graduée.	par équipe de 2 : – les lignes › **fiche 19** – unités jaune, verte et rouge et règle à mesurer verte › **planche A** du cahier – double-décimètre par élève : – cahier de brouillon CAHIER GÉOMÉTRIE **p. 8 1 et 2**	– **Mesure de longueurs en utilisant une règle graduée** – Unité usuelle : le centimètre.

CALCULS DICTÉS

Ajout ou retrait de 2 à un nombre inférieur à 100 • Réflexion

– Donner rapidement ces résultats.

COLLECTIF

• Dicter les calculs sous la forme « vingt-sept plus deux », « cinquante-deux moins deux ».

• Demander aux élèves de répondre sur l'ardoise ou sur le cahier de brouillon.

• Procéder à une correction immédiate après chaque calcul.

a. 27 + 2	b. 28 + 2	c. 39 + 2	d. 70 + 2
e. 52 – 2	f. 38 – 2	g. 50 – 2	h. 61 – 2

RÉPONSE : a. 29 b. 30 c. 41 d. 72 e. 50 f. 36 g. 48 h. 59.

Les réponses peuvent être données :
– en additionnant ou soustrayant « 1 » deux fois de suite ;
– en calculant uniquement sur les unités lorsque c'est possible :
27 + 2   52 – 2   38 – 2
– pour l'addition, en calculant sur les unités et en répercutant sur les dizaines si nécessaire, comme pour 39 + 2 où le calcul sur les unités (9 + 2 = 11) conduit à ajouter une dizaine aux 3 dizaines de 39.

RÉVISER

Heures entières et heures et demie

– Lire l'heure (heures entières ou heures et demie) sur une horloge à aiguilles.
– Associer des horaires à certains moments de la journée.

COLLECTIF

Marquer sur l'horloge des horaires correspondant à des moments repères de la journée (heures exactes ou heures et demie), par exemple :

8 h 30 (rentrée du matin), **10 h** (récréation du matin)…

• Demander aux élèves de lire l'heure affichée et de préciser à quelle activité de la journée elle peut être associée. Pour les horaires de l'après-midi, on peut dire : 2 h de l'après-midi ou 14 h si certains élèves le proposent.

• Insister sur le rôle de la petite aiguille qui indique les heures.

• Pour entrainer à la lecture des **heures entières** :
– afficher un horaire en heures entières sur l'horloge ;
– interroger des élèves ;
– soumettre leur réponse à la discussion.

• **À l'inverse, demander à des élèves d'afficher sur l'horloge des horaires dictés en heures entières,** et aux autres élèves de contrôler les réponses apportées : la petite aiguille indique l'heure et la grande est sur le 12.

• En conclusion, montrer aux élèves le **sous-main** en les invitant à repérer les horaires en heures entières et en faisant commenter les moments de la journée correspondants. Pour chaque horaire, les élèves doivent repérer la position de la petite aiguille et l'associer à l'horaire écrit.

Cette activité constitue **une révision de ce qui a été vu au CP.** Néanmoins, pour certains élèves, la lecture de l'heure sur une horloge à aiguilles s'avère difficile. Il s'agit pour eux, dans une première étape, de différencier le **rôle des deux aiguilles** et d'identifier la **petite aiguille comme indiquant les heures.**
Les activités 1 et 2 du jeu 20 du CD-Rom Jeux interactifs GS-CP-CE1 peuvent être utilisées.

À SUIVRE
Un apprentissage systématique de la lecture de l'heure sera mené plus tard dans l'année : en **unité 6** (heures et demi-heure) et en **unité 8** (horaires et durées en heures et minutes).

APPRENDRE

Mesure de longueurs : le centimètre

– Mesurer une longueur par report d'une unité et en utilisant une règle graduée.
– Connaître une unité conventionnelle : le centimètre.

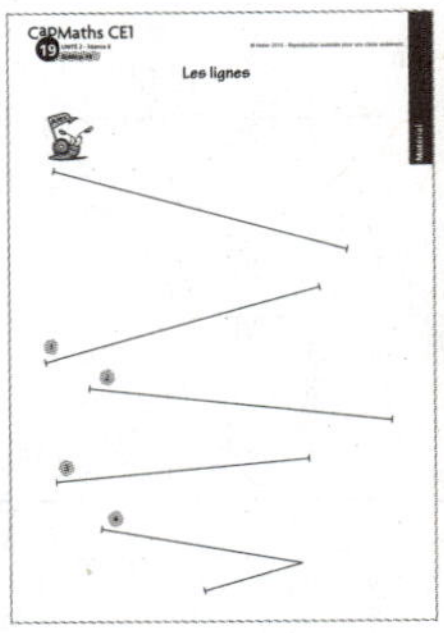

RECHERCHE Fiche 19

« La course sur 15 centimètres » :
Il s'agit tout d'abord de mesurer la longueur d'une ligne par report de différentes unités, dont le centimètre, puis de trouver parmi plusieurs lignes brisées et segments à l'aide d'une règle graduée en centimètres ceux qui ont une longueur donnée.

ÉQUIPES DE 2

PHASE 1 **Mesurer la ligne d'Alex dans différentes unités**

• Montrer la fiche avec les lignes aux élèves, demander à chaque équipe de prendre l'unité jaune et expliquer la consigne :
→ *Alex, Lisa et Moustik organisent une nouvelle course d'escargots. Alex a tracé une ligne en haut de la feuille. Vous allez la mesurer avec l'unité jaune.*

• Quand tous les élèves ont effectué les reports, conclure avec eux sur la mesure de la longueur : la ligne d'Alex mesure 5 unités jaunes.
→ *Lisa propose de mesurer la ligne avec d'autres unités : la verte et la rouge.* (Demander à chaque équipe de prendre l'unité verte et l'unité rouge). *À vous de trouver combien la ligne d'Alex mesure d'unités vertes et combien elle mesure d'unités rouges.*

• Demander aux élèves de **prendre l'unité verte dans le sens de la largeur** ou dans le sens de la lecture des lettres cm et l'unité rouge dans le sens de la longueur ou dans le sens de la lecture des lettres dm. Encourager les élèves à faire les reports de l'unité verte, ce qui est très fastidieux, à être précis dans ces reports et à s'organiser dans le travail à 2 : un élève peut faire les reports et l'autre vérifier la précision et faire les marques.

• Organiser des échanges autour des propositions des équipes :
– La plupart ont trouvé par report que la longueur de la ligne (ou segment) est de 15 unités vertes (prises dans le sens de la largeur) ou 14 ou entre 14 et 15 si les reports ont été faits de manière imprécise.
– Par report de l'unité rouge, la plupart ont conclu que la ligne d'Alex mesure entre 1 et 2 unités rouges ou 1 unité rouge et, à vue, une moitié d'unité rouge.
– Certains trouvent que la mesure de la ligne est d'une unité rouge et de 5 unités vertes.
Conclure que la **ligne d'Alex mesure 5 unités jaunes, 15 unités vertes et entre 1 et 2 unités rouges.**

COLLECTIF

PHASE 2 **Première synthèse**

1re SYNTHÈSE

1. Différentes unités

Le nombre de reports effectués pour trouver la longueur d'une ligne dépend de l'unité choisie. Pour pouvoir savoir de quelle unité on parle, on utilise, dans la plupart des pays, des unités qui sont toujours les mêmes et communes à tous.

2. Unité verte et unité rouge

• **L'unité verte est appelée le centimètre** (quand elle est utilisée dans le sens de la largeur), « cm » est l'abréviation de « centimètre ». C'est une unité habituellement utilisée pour mesurer des segments ou des lignes sur le cahier.
L'unité centimètre est « petite » et il est difficile de faire des reports précis.

• **L'unité rouge est appelée le décimètre.** « dm » est l'abréviation de « décimètre ». C'est une unité plus grande que le centimètre.

Conclure : La ligne d'Alex mesure 15 centimètres, elle mesure aussi entre 1 et 2 décimètres.

ÉQUIPE DE 2

PHASE 3 **Trouver les autres lignes mesurant 15 centimètres**

→ *Alex a tracé d'autres lignes pour les escargots de Moustik et Lisa. Il faut aider Lisa et Moustik à trouver parmi toutes les lignes tracées en bas de la feuille celles qui font aussi 15 centimètres. Vous travaillerez encore par équipes de 2. Vous pouvez utiliser l'unité verte* (le centimètre). *Lisa pense qu'avec la règle verte, cela est plus rapide.* (Demander aux élèves de prendre la règle verte). *À vous de trouver comment on utilise la règle verte !*

• Observer les procédures utilisées. Certains élèves reportent l'unité bien que cette méthode donne des résultats peu précis. La plupart utilisent la règle en papier.

• Effectuer un recensement des réponses de chaque équipe.

Noter les désaccords. Ceux-ci peuvent être importants du fait des procédures utilisées et du manque de précision (voir commentaire plus bas).

• Si besoin, proposer de nouveaux mesurages des chemins en utilisant la règle à mesurer verte. Engager les élèves à numéroter les unités :

ou les graduations sur la règle, ce qui évite de les recompter :

Se mettre d'accord sur les résultats :

– Pour la ligne 4, engager les élèves à noter sur la feuille les longueurs de chacun des segments qui composent cette ligne.

• Écrire les résultats au tableau sous cette forme :

– la ligne 2 mesure **15** centimètres ;

– la ligne 3 mesure entre **12** centimètres et **13** centimètres…

RÉPONSE : Les **lignes 2** et **4** mesurent 15 centimètres (ligne **4** : 10 cm + 5 cm). La **ligne 1** mesure 14 cm ; la **ligne 3** mesure entre 12 cm et 13 cm.

Les erreurs de mesure peuvent avoir plusieurs causes :
– prise en compte de l'unité dans le sens de la longueur ;
– difficulté à effectuer les reports précis ;
– erreur de comptage des reports ou des graduations sur la règle ;
– erreur d'addition pour les mesures des lignes brisées.

• Faire formuler des idées et des remarques sur l'utilisation de la « règle à mesurer ».

• Faire comparer l'écart entre deux graduations de la règle à mesurer verte et l'unité verte prise dans le sens de la largeur.

COLLECTIF

PHASE 4 Deuxième synthèse

2e SYNTHÈSE

1. La règle à mesurer verte comporte des graduations

L'espacement entre deux graduations est égal à l'unité. Cet espacement est donc de 1 centimètre. *(Superposer l'unité verte entre deux graduations de la règle.)*

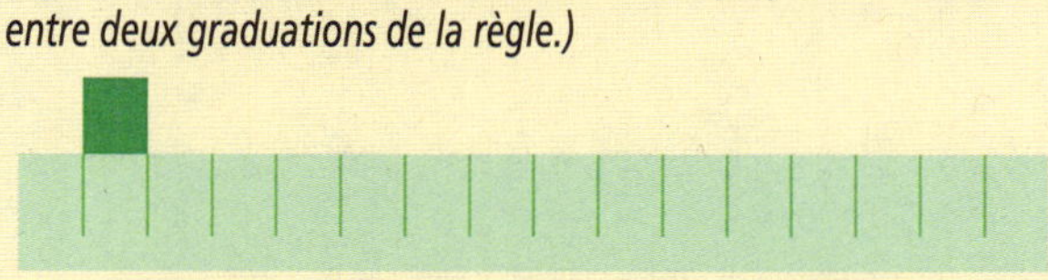

• **La règle verte permet de mesurer la longueur d'un segment sans effectuer de report de l'unité** : l'unité est déjà reportée sur la règle et les reports sont marqués.

2. Mesurer la longueur d'un segment avec la règle verte

1) Placer l'extrémité de la règle à une extrémité du segment.

2) Repérer la graduation de la règle qui est en face de l'autre extrémité du segment.

3) Compter le nombre d'unités sur la règle comprises entre son extrémité et cette graduation. Le nombre obtenu est **la mesure du segment en centimètres**.

On peut vérifier, en utilisant la règle verte, que le chemin d'Alex mesure bien 15 centimètres.

Demander aux élèves de mesurer l'unité rouge avec la règle verte. Conclure qu'elle mesure 10 centimètres.

Si des élèves avaient dit que la ligne d'Alex mesure une unité rouge et 5 unités vertes, mettre en relation cette mesure avec ce résultat dernièrement trouvé. Sinon ne pas aller plus loin sur ce sujet maintenant.

3. Centimètre et décimètre

Le centimètre est une unité très utilisée pour mesurer des petites longueurs. On utilise aussi le décimètre : 1 décimètre = 10 centimètres.

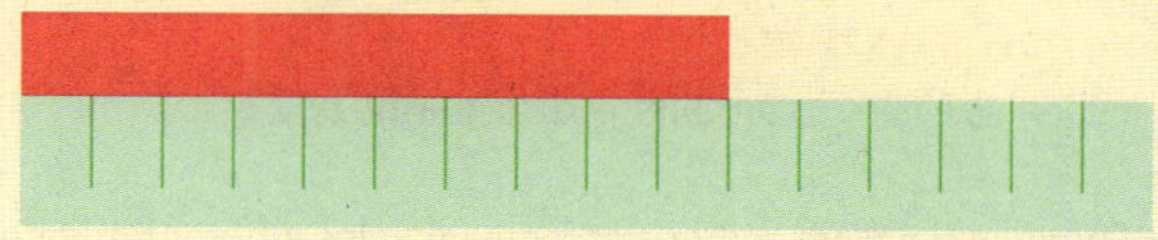

COLLECTIF

PHASE 5 Le double-décimètre

Certains élèves ont déjà suggéré d'utiliser la règle (le double – décimètre) pour mesurer, sinon faire la proposition :

→ *Moustik propose d'utiliser la règle qui s'appelle double-décimètre pour mesurer, il dit que c'est presque comme la règle verte. Qu'en pensez-vous ?*

Demander à chaque équipe de comparer le double-décimètre et la règle à mesurer verte.

• Collecter les remarques. La comparaison entre le double-décimètre et la règle à mesurer amène à remarquer les points suivants :

3e SYNTHÈSE

1. La règle verte et le double-décimètre

Les espacements entre deux graduations sont les mêmes : deux graduations sont espacées d'un centimètre.

2. Le double-décimètre

• **Les graduations sont numérotées** (et non les unités).

• **La graduation 1** correspond à la marque du report d'une unité (1 centimètre).

• **La première graduation est numérotée 0.** C'est à partir de celle-ci qu'est fait le premier report d'unité. C'est la graduation 0 que l'on doit mettre en face de l'extrémité du segment à mesurer. Il faut faire attention : la graduation 0 n'est pas au bout de la règle (comme pour la règle verte).

L'instrument s'appelle « double-décimètre » car il contient 2 fois un décimètre (2 fois 10 centimètres).

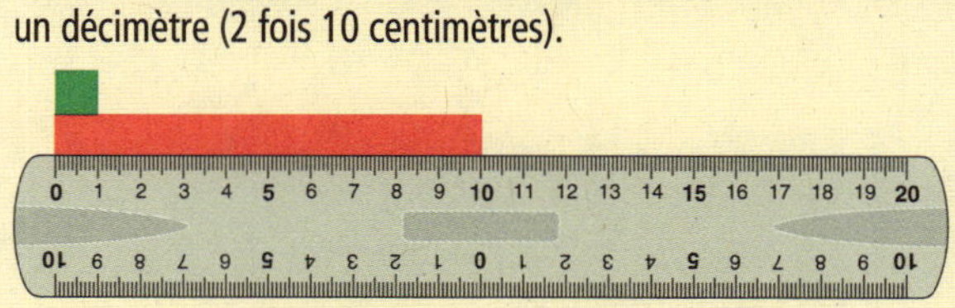

3. Mesurer la longueur d'un segment avec le double-décimètre

1) Placer la graduation 0 en face d'une extrémité du segment.

2) Lire le nombre correspondant à la graduation qui est en face ou la plus proche de l'autre extrémité du segment.

TRACE ÉCRITE

Afficher une bande verte et une bande rouge et écrire :

La bande rouge mesure 1 dm ou 10 cm. L'abrévation « dm » signifie « décimètre » : « cm » signifie « centimètre » **1 dm = 10 cm**

ÉCRIT DE RÉFÉRENCE

Inviter les élèves à consulter le **dico-maths n° 22.**

- Engager, si besoin, à mesurer à nouveau les différentes lignes à l'aide du double-décimètre.

INDIVIDUEL

ENTRAINEMENT

CAHIER MESURES ET GÉOMÉTRIE p. 8

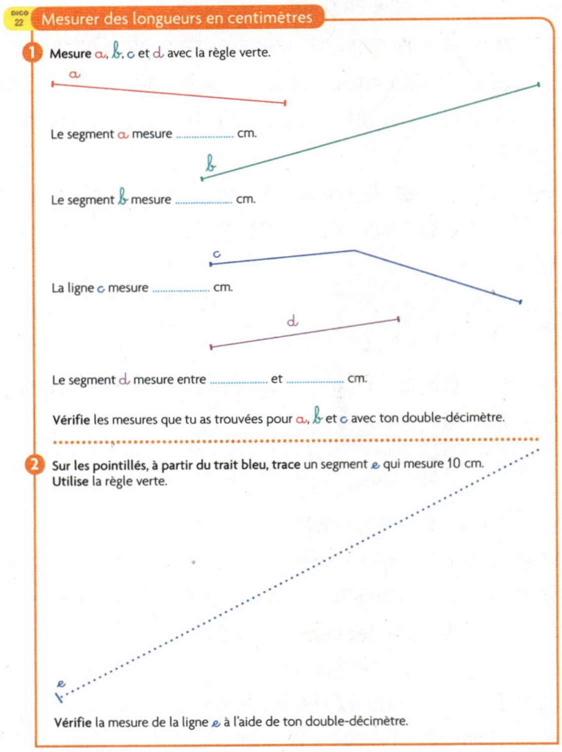
DICO 22 Mesurer des longueurs en centimètres

1 **Mesure** a, b, c et d avec la règle verte.

Le segment a mesure .... cm.

Le segment b mesure .... cm.

La ligne c mesure .... cm.

Le segment d mesure entre .... et .... cm.

Vérifie les mesures que tu as trouvées pour a, b et c avec ton double-décimètre.

2 **Sur les pointillés, à partir du trait bleu, trace** un segment e qui mesure 10 cm.
Utilise la règle verte.

Vérifie la mesure de la ligne e à l'aide de ton double-décimètre.

Exercice 1

- Il s 'agit de mesurer des segments et des lignes brisées à l'aide de la règle verte, puis de vérifier ces mesures à l'aide du double-décimètre.

RÉPONSE : a. 8 cm b. 12 cm c. 11 cm d. entre 6 et 7 cm.

Exercice 2

Il est demandé de construire un segment de longueur donné.
La vérification de la mesure à l'aide du double-décimètre aide à se reposer la question du positionnement de la graduation 0.

Différenciation : Exercices 1 et 2 → CD-Rom du guide, **fiche n° 12.**

À SUIVRE

Le mesurage à l'aide du double-décimètre est entrainé en **séance 7** de cette unité.

	Tâche	Matériel	Connaissances travaillées
CALCULS DICTÉS	Ajout ou retrait de 10 à un nombre < 100 – Donner rapidement ces résultats.	par élève : – ardoise ou brouillon	– Calcul mental réfléchi.
RÉVISER Mesures	Mesure de longueurs en centimètres – Mesurer un segment en centimètres en utilisant le double-décimètre. – Construire un segment de longueur donnée en centimètres.	pour la classe : – page 11 du cahier photocopiée sur transparent par élève : – double-décimètre CAHIER GÉOMÉTRIE p. 9 1, 2, 3 et 4	– Unité usuelle de longueur : le centimètre – Mesure de longueurs en utilisant le double-décimètre.
APPRENDRE Géométrie	Figures planes : propriétés et vocabulaire RECHERCHE « Polygones ou non ? » – Poser une question pour reconnaitre une figure plane. – Classer des figures selon des critères donnés.	pour la classe : – figures de (a) à (p) agrandies par équipe de 2 : – lot de 16 figures planes notées de (a) à (p) › planche B du cahier – enveloppe CAHIER GÉOMÉTRIE p. 10 5 et 6	– Polygone : côté, sommet – Reconnaissance perceptive des figures planes usuelles : triangle, carré, rectangle.

CALCULS DICTÉS

Ajout ou retrait de 10 à un nombre inférieur à 100 • Réflexion
– Donner rapidement ces résultats.

COLLECTIF

• Dicter les calculs et demander aux élèves de répondre sur l'ardoise ou sur le cahier de brouillon.

• Procéder à une correction immédiate après chaque calcul.

a. 27 + 10	b. 48 + 10	c. 9 + 10	d. 70 + 10
e. 52 – 10	f. 30 – 10	g. 79 – 10	h. 91 – 10

RÉPONSE : a. 37 b. 58 c. 19 d. 80 e. 42 f. 20 g. 69 h. 81.

Les réponses peuvent être données en considérant qu'ajouter ou soustraire 10, c'est ajouter ou soustraire 1 dizaine.

RÉVISER

Mesure de longueurs en centimètres
– Mesurer une longueur en utilisant le double-décimètre.
– Connaitre une unité conventionnelle : le centimètre.

Exercices 1 et 2 *(voir visuel p. 54)*

• Il s'agit de mesurer des segments et lignes brisées à l'aide du double-décimètre.

• Interroger les élèves sur la signification possible de « cm ». Rappeler que :

« cm » est l'abréviation du mot **« centimètre »**.
Pour **« 4 cm »**, on lit « 4 centimètres ».

• Faire discuter certaines réponses. La discussion doit amener les élèves à comprendre que les erreurs de mesure proviennent d'un mauvais positionnement du zéro et de l'utilisation du bout du double-décimètre comme repère.

• Rappeler que, pour le segment b, cela aide d'écrire les mesures intermédiaires au-dessus des segments.

• Montrer, si besoin, au **rétroprojecteur**, avec la page du fichier photocopiée sur transparent, comment utiliser correctement le double-décimètre.

RÉPONSE : 1 **a** Les segments vert et mauve mesurent 4 cm. Les segments orange et rose : entre 4 et 5 cm. Le segment bleu : 3 cm. Le segment violet : 5 cm.
2 **a** mesure **18** cm ; **b** mesure **13** cm (5 cm + 4 cm + 4 cm).

INDIVIDUEL

CAHIER MESURES ET GÉOMÉTRIE p. 9

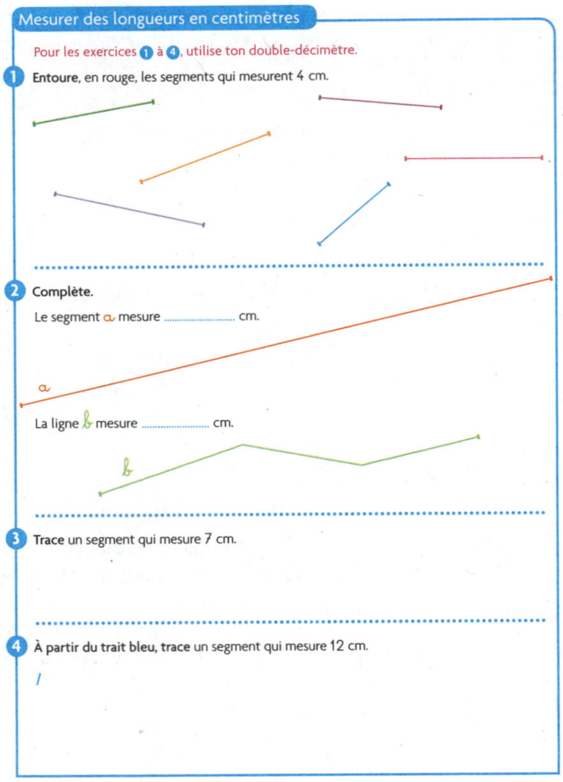
Mesurer des longueurs en centimètres

Pour les exercices 1 à 4, utilise ton double-décimètre.

1 Entoure, en rouge, les segments qui mesurent 4 cm.

2 Complète.

Le segment a mesure .... cm.

La ligne b mesure .... cm.

3 Trace un segment qui mesure 7 cm.

4 À partir du trait bleu, trace un segment qui mesure 12 cm.

Exercices 3 et 4

L'élève doit cette fois-ci, non plus mesurer, mais construire des segments de longueurs données.

- Il n'y a plus de ligne support qui est plus donnée, il s'agit donc d'utiliser le double-décimètre à la fois comme une règle pour tracer un trait droit et comme instrument de mesure. Pour le segment de l'exercice 4, une extrémité du segment à construire est donnée.
- Veiller à ce que chaque élève utilise correctement son double-décimètre.

Un mauvais positionnement du double-décimètre (bout de la règle coïncidant avec l'extrémité du segment) amène les élèves à des mesures différant de 0,5 ou 1 cm suivant l'instrument.
Les **exercices 1 et 3** doivent permettre d'évaluer le bon positionnement du zéro du double-décimètre.

APPRENDRE

Figures planes : propriétés et vocabulaire

– Reconnaitre perceptivement certaines figures : cercle, triangle, carré, rectangle.
– Comprendre que tous les triangles et tous les rectangles n'ont pas la même forme.
– Distinguer les polygones et non-polygones, et utiliser le vocabulaire des polygones : côté, sommet.
– Distinguer les polygones suivant leur nombre de côtés (ou sommets).

RECHERCHE Figures (a) à (p)

« Polygones ou non ? » : Sur un lot de 16 figures planes, les élèves vont réaliser des classements et des jeux de portrait.

Préparation (à réaliser avant l'activité).
L'activité est conduite en équipe de 2 élèves. Demander à un élève de chaque équipe de détacher 16 figures de la planche A du cahier géométrie et de les placer dans une enveloppe.

COLLECTIF

PHASE 1 Observation des figures

- Demander à chaque équipe de 2 élèves d'étaler les 16 figures sur la table.
- Inciter à des commentaires, demander par exemple quelles figures sont reconnues. On peut s'attendre à ce que certains élèves :

– distinguent les formes arrondies et celles dont les bords sont droits ;
– reconnaissent un cercle (ou disque) (**a**), des portions de disque, des triangles (comme **c**, **i**, **j**, **o**, ne pas les recenser de suite), des carrés (**b** et **h**), des rectangles (**f** et **n**).

ÉQUIPES DE 2

PHASE 2 Les triangles

- Demander à chaque équipe :

→ *Ne laissez sur la table que les triangles et rangez les autres figures dans l'enveloppe.*

- Recenser ensuite le nombre de figures que chaque équipe a sur la table, puis les figures reconnues comme des triangles.
- Engager la discussion si la question de savoir si la figure **d** (elle est perçue comme ayant 3 côtés), voire la figure **k** ou **m** (elles sont pointues) sont des triangles, est abordée.

Conclure : Les triangles sont des figures qui ont **trois bords droits ou trois sommets** (ce sont les figures **c, i, j et o**)

ÉQUIPES DE 2

PHASE 3 Les polygones

- Demander à chaque équipe de placer sur la table les 16 figures puis dire :

→ *Ne laissez sur la table que les figures qui n'ont que des bords droits et rangez les autres figures dans l'enveloppe.*

- Recenser ensuite le nombre de figures que chaque équipe a sur la table, soit les figures reconnues comme n'ayant que des bords droits.

• Engager la discussion si la question de savoir si les figures **d** ou **l** n'ont que des bords droits se présente : **d** et **l** ont des bords droits et un bord courbe, le bord des figures **a** (le cercle) et **g** (l'ovale) est courbe.

Conclure que les 12 figures, qui n'ont que des bords droits, s'appellent des **polygones**.

Ce sont les figures **b, c, e, f, h, i, j, k, m, n, o, p**.

Ce sont les **triangles**, les **carrés**, les **rectangles** et d'autres figures. Leurs bords droits s'appellent des « **côtés** ».

• Demander aux élèves :

→ *Classez ces figures suivant leur nombre de côtés, c'est-à-dire mettez ensemble les figures qui ont trois côtés, celles qui en ont quatre, celles qui en ont cinq...*

• Recenser les figures :

– qui ont **quatre côtés** : ce sont : **b, e, f, h, m, n** ;

– qui ont **cinq côtés** : c'est **k**

et qui ont **six côtés** : c'est **p** ;

• Faire une synthèse orale en prenant appui sur certaines figures affichées au tableau (dont **j** et **d**) et en les comparant.

SYNTHÈSE ET TRACE ÉCRITE

1. Propriétés des figures

• **Certaines figures ont des bords arrondis** (mais aussi d'autres bords non arrondis). Parmi celles-ci, on reconnait le **cercle** (ou disque) **a** et **des portions de disque d** et **l**, **l'ovale g**.

• **Certaines figures n'ont que des bords droits** ; elles ont été entièrement tracées à la règle : ce sont des **polygones**. Parmi celles-ci, on reconnait des **triangles**, des **carrés**, des **rectangles** et des figures dont on ne connait pas le nom.

2. Vocabulaire lié aux polygones (côté, sommet)

• Certains polygones ont 3, 4, ou 5 **côtés**. On peut remarquer qu'ils ont alors le même nombre de **sommets** (*montrer les côtés et sommets d'un polygone*).

• Les figures qui ont **trois côtés** sont appelés **triangles**.

• Les figures qui ont **quatre côtés** sont des **quadrilatères**.

• Tous les triangles et tous les quadrilatères n'ont pas la même forme.

ÉCRIT DE RÉFÉRENCE

Inviter les élèves à consulter le **dico-maths n° 34** et **35**.

ÉQUIPES DE 2

PHASE 4 Jeu du portrait

• Si la durée de l'activité précédente le permet, demander aux équipes d'étaler toutes les figures sur leurs tables. Donner la consigne du jeu collectif :

→ *Nous allons organiser un jeu du portrait sur ces figures. Je vais choisir une figure et chaque équipe posera une question à tour de rôle pour deviner la figure choisie. Attention il n'est pas permis de poser une question sur la lettre inscrite dans la figure. Vous devez poser des questions auxquelles je répondrai par oui ou par non.*

• Organiser deux jeux successifs pour lesquels la figure choisie est (**p**) dans le premier jeu et (**d**) dans le deuxième.

• Reprendre à chaque fois le même déroulement : solliciter une première équipe pour poser une question, écrire la question et la réponse au tableau, puis demander si une équipe pense avoir deviné de quelle figure il s'agit ; sinon, demander à une autre équipe de poser une deuxième question, etc.

• Les équipes vont réinvestir ce qui a été vu précédemment en utilisant les critères suivants : **bords droits** (polygone) ou non ; **nombre de côtés ; nom de la figure**. Il peut être difficile de traiter l'information donnée : engager les équipes à placer dans l'enveloppe les figures rejetées après chaque donnée d'information.

RÉPONSE : Les figures choisies pour le jeu permettent de mettre en œuvre ce qui a été vu auparavant :
– **p** est un polygone, il a 6 côtés ;
– **d** n'est pas un polygone (deux bords droits et un bord arrondi).

À SUIVRE

La reconnaissance de figures planes dans des figures complexes sera travaillée en **unité 3**.

Les propriétés géométriques de certains polygones (notamment les carrés et les rectangles) seront étudiées en **unités 4 et 5**.

INDIVIDUEL

ENTRAINEMENT

CAHIER MESURES ET GÉOMÉTRIES p. 10

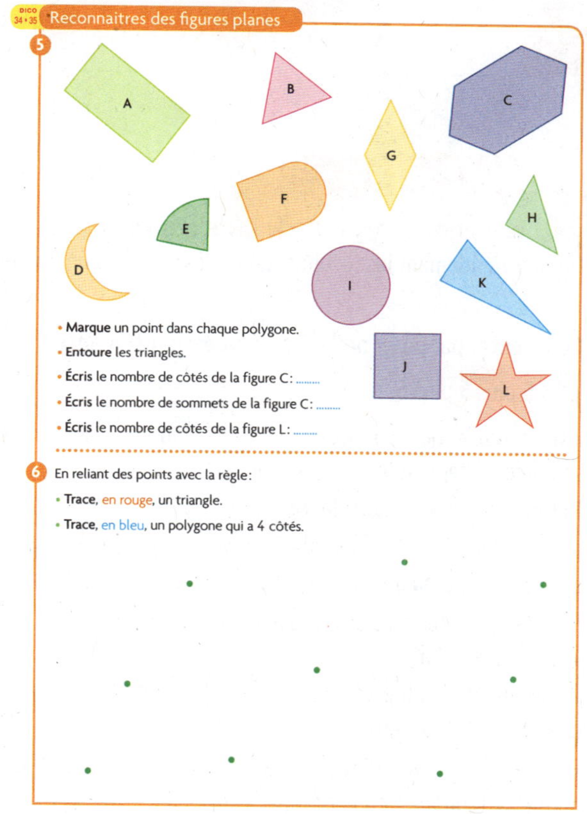

Exercice 5

Dans un lot de figures dessinées, il s'agit de repérer les polygones, puis les triangles et de dénombrer les côtés de certaines figures.

RÉPONSE : Les polygones sont : A, B, C, G, H, J, K et L.
Les triangles sont : B, H et K
C a 6 côtés et 6 sommets. L a 10 côtés.

Exercice 6

Il s'agit de tracer un triangle et un quadrilatère, leurs sommets étant des points déjà placés.

Différenciation : Exercices 5 et 6 → CD-Rom du guide, **fiche n° 13**.

UNITÉ 2

Ligne graduée de 1 en 1

SÉANCE 8
Pas d'exercices dans le fichier nombres ni dans le cahier géométrie

	Tâche	Matériel	Connaissances travaillées
CALCULS DICTÉS	**Ajout plusieurs fois d'un nombre < 10** – Calculer rapidement des sommes de termes égaux (< 10).	par élève : – ardoise ou cahier de brouillon	**– Calcul mental réfléchi.**
RÉVISER Nombres	**Écriture de nombres en lettres et en chiffres** – Passer de l'écriture en lettres à l'écriture en chiffres et inversement (nombres < 100).	par élève : – ardoise ou cahier de brouillon – étiquette vierges pour écrire les mots	**– Nombres inférieurs à 100 : lecture et écriture.**
APPRENDRE Nombres	**Ligne graduée de 1 en 1** RECHERCHE **« Trouver un repère à partir d'un message »** – Associer des nombres et des repères sur une ligne graduée.	pour la classe : – ligne graduée identique à celle remise aux élèves, mais agrandie et reproduite au tableau ou projetée par équipe de 2 : – ligne graduée › **fiche 20** – feuille de papier	**– Nombres inférieurs à 100 : graduation** – Suites régulières de nombres – Comparaison.

CALCULS DICTÉS

Ajout plusieurs fois d'un nombre inférieur à 10 • Réflexion

– Donner rapidement les résultats d'addition itérée d'un nombre inférieur à 10.

COLLECTIF

• Commencer par poser oralement la **question suivante** :

5 plus 5 plus 5 plus 5.

Il est probable que beaucoup d'élèves n'auront pas « enregistré » correctement le calcul demandé.

• Reformuler le calcul sous la forme :

→ *Il faut ajouter 4 fois le nombre 5. Écrivez la réponse sur l'ardoise (ou le cahier de brouillon). Vous pouvez aussi écrire vos calculs.*

• Recenser les réponses et écrire le calcul sous la forme :
$5 + 5 + 5 + 5 = 20$.
Faire formuler les différents procédés utilisés : calcul de 5 en 5, regroupement de « deux 5 » pour faire 10…

• Recommencer avec d'**autres calculs** en les formulant sous la forme : *« Ajouter 3 fois le nombre 5 »*…

a. 3 fois 5 b. 4 fois 10 c. 3 fois 2
d. 2 fois 6 e. 3 fois 3

RÉPONSE : a. 15 b. 40 c. 6 d. 12 e. 9.

• Procéder à une correction immédiate après chaque calcul.

Il s'agit d'une **première familiarisation avec l'addition répétée et l'utilisation du mot « fois »**. Cela contribue à préparer le travail sur la multiplication, mais celle-ci n'est pas abordée ici.
Il est possible, mais peu probable, que certains élèves proposent d'utiliser le signe × pour coder le calcul demandé. Si c'est le cas, on peut l'accepter, mais sans travail spécifique sur cette écriture (qui sera abordée en unité 3).

RÉVISER

Écriture de nombres en lettres et en chiffres

– Passer de l'écriture en lettres à l'écriture en chiffres et inversement (nombres < 100).

COLLECTIF

1 Écrire en chiffres 5 nombres donnés en lettres

• Écrire au tableau 5 nombres en lettres, sans les oraliser :

quarante-deux soixante-trois soixante-quinze
quatre-vingt(s) quatre-vingt-dix-huit

• Demander à chaque élève d'écrire ces nombres en chiffres. Faire une correction immédiate, en renvoyant les élèves au **dico-maths n° 1** (autocorrection).

• Formuler, avec les élèves, les règles de passage des écritures littérales (ou orales) aux écritures chiffrées.

C'est l'occasion de rappeler le **rôle des mots clés** (vingt, trente, quarante) dans la désignation orale des nombres et de souligner les particularités liées à la désignation des nombres au-delà de 20 :
– régularité pour la tranche des nombres de 20 à 59 ;
– le mot **soixante** peut conduire à écrire un 6 ou 7 ;
– les mots **quatre-vingt(s)** peuvent conduire à écrire un 8 ou 9.

2 Trouver tous les nombres avec quatre mots

- Écrire au tableau les **4 mots** :

soixante	huit	dix	treize

- Proposer la tâche :

→ *Vous devez écrire tous les nombres possibles en utilisant les mots écrits au tableau, soit avec un mot, deux, trois ou quatre mots. Chaque fois que vous aurez un nombre, écrivez-le aussi avec des chiffres. Si vous le souhaitez, vous pouvez écrire les mots sur 4 étiquettes, puis essayez d'assembler ces étiquettes.*

- Recenser et faire vérifier les nombres proposés, en se référant éventuellement au dico-maths.

AIDE Remettre des **étiquettes** aux élèves en difficulté devrait leur permettre de faire des essais d'assemblages des mots proposés.

RÉPONSE : 8 10 13 18 60 68 70 73 78.
Il n'existe pas de nombre qui peut s'écrire avec les quatre mots.

UNITÉ 2

APPRENDRE

Ligne graduée de 1 en 1

– Associer des nombres et des repères sur une ligne graduée de 1 en 1.

ÉQUIPES DE 2

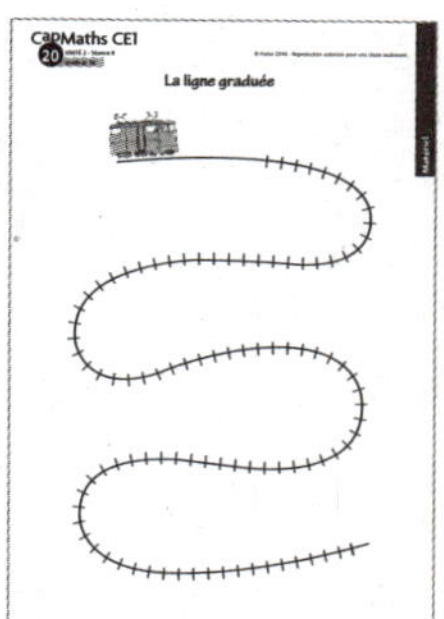

RECHERCHE Fiche 20

« Trouver un repère à partir d'un message » : Les élèves doivent trouver un moyen de retrouver le repère qu'ils ont choisi sur une ligne graduée régulièrement.

PHASE 1 Retrouver des repères sur une ligne graduée

- Afficher au tableau la ligne graduée et la décrire rapidement :

→ *Sur cette ligne, on a placé des traits qui sont tous à la même distance. On appelle ces traits des « **repères** ».*

- Distribuer un exemplaire de la ligne graduée à chaque équipe et formuler la tâche :

→ *Deux élèves vont sortir de la classe. Je vais leur donner également une ligne graduée. À leur retour, ils devront retrouver, sur leur ligne, les repères que vous aurez choisis. Chaque équipe choisira un seul repère* (montrer différents repères). *Il faudra leur donner des indications (orales ou écrites) qui leur permettront de trouver rapidement le repère que vous aurez choisi. Il est bien entendu interdit de montrer ce repère.*

- Demander à deux élèves de sortir, puis à chaque équipe de choisir et marquer au feutre un repère sur sa ligne, et d'élaborer un message qui permettra aux deux élèves qui sont sortis de retrouver le repère choisi.
- Rappeler les deux élèves et commencer par un message peu performant. Demander aux deux élèves de dire s'ils peuvent trouver le repère et, si oui, d'indiquer lequel sur leur ligne graduée, puis sur celle qui est affichée.
- Engager une discussion collective : Cette première équipe a-t-elle réussi ? Le message est-il pertinent ? Vérifier éventuellement en superposant les 2 feuilles.
- Recommencer avec d'autres messages. Si nécessaire, reprendre l'activité une ou deux fois avant la phase de synthèse.
- Si aucune proposition d'utiliser les nombres n'est faite par les élèves, proposer un message du type « J'ai choisi le 16e repère » et demander à chaque élève de trouver ce repère.

Se repérer sur une ligne graduée nécessite de la part des élèves de désigner chaque repère par un nombre et de préciser un sens de déplacement (de gauche à droite ou de droite à gauche).
Les messages se différencient par :
– leur **forme** : orale ou écrite ;
– les **types d'indications** : numériques ou non (allusion aux bosses et aux creux, par exemple) ;
– le **choix de l'origine du comptage des traits** si le message est numérique : une extrémité ou un repère remarquable de la ligne.

COLLECTIF

PHASE 2 Débat et synthèse

- Engager une discussion collective sur le meilleur moyen de situer les repères choisis, puis en faire une synthèse.

SYNTHÈSE

Se repérer sur une ligne graduée

- **Numéroter des repères à partir d'une extrémité est une solution efficace :**
  – si la ligne graduée est **verticale** comme sur la fiche de travail, il faut numéroter à partir du haut ou du bas ;
  – si ligne graduée est **horizontale** (*tourner la fiche*), il faut numéroter à partir de la gauche (mettre en relation la suite des nombres et les repères de la ligne graduée).
- **La numérotation des repères peut commencer à 0.**

Il s'agit de mettre en place un **nouveau système de représentation de la suite écrite des nombres** : la ligne numérique (basée sur des repères ponctuels) vient ainsi se substituer à la file numérique du CP (basée sur des cases).

INDIVIDUEL

PHASE 3 Graduation de la ligne de 5 en 5

- Demander à chaque élève (ou chaque équipe de 2) de numéroter certains repères de sa ligne, en respectant cette consigne :

→ *Vous ne devez placer sur votre ligne, à partir de 0, que les nombres dont le chiffre des unités est 0 ou 5. Vous n'écrivez pas les autres nombres. Attention à bien laisser ces repères vides, c'est-à-dire « sans nombre ».*

- Commencer par placer **0**, **5** et **10** sur la file collective.
- Vérifier que les nombres sont placés correctement.

À SUIVRE
Il faut que chaque élève conserve soigneusement sa ligne graduée de 5 en 5 car le travail sera poursuivi en **séance 9**.

Ligne graduée de 5 en 5

	Tâche	Matériel	Connaissances travaillées
CALCULS DICTÉS	**Ajout plusieurs fois d'un nombre < 10** – Calculer rapidement des sommes de termes égaux (< 10).	par élève : – ardoise ou cahier de brouillon FICHIER NOMBRES p. 21 (1)	– **Calcul mental réfléchi.**
RÉVISER Nombres	**Écriture de nombres en lettres et en chiffres** – Passer de l'écriture en lettres à l'écriture en chiffres et inversement (nombres < 100).	par élève : FICHIER NOMBRES p. 21 (2) et (3)	– **Nombres inférieurs à 100 : lecture et écriture.**
APPRENDRE Nombres	**Ligne graduée de 5 en 5** RECHERCHE **« Trouver un repère à partir d'un message »** – Associer des nombres et des repères sur une ligne graduée.	pour la classe : – ligne graduée identique à celle remise aux élèves, mais agrandie et reproduite au tableau ou projetée par équipe de 2 : – ligne graduée de 5 en 5 et numérotée à partir de 0 › réalisée en séance 8 ou photocopiée – feuille de papier par élève : FICHIER NOMBRES p. 21 (4) et (5)	– **Nombres inférieurs à 100 : graduation** – Suites régulières de nombres – Comparaison.

CALCULS DICTÉS

Ajout plusieurs fois d'un nombre inférieur à 10 • Réflexion

– Donner rapidement les résultats d'addition itérée d'un nombre inférieur à 10.

COLLECTIF

FICHIER NOMBRES ET CALCULS p. 21

Exercice 1

• Formuler les calculs sous la forme « il faut ajouter 4 fois le nombre 2 ». Le cahier de brouillon ou l'ardoise sont disponibles pour ceux qui ont besoin d'écrire leurs calculs.

• Recenser les réponses après chaque calcul.

a. 4 fois 2	b. 2 fois 4	c. 2 fois 6	d. 6 fois 2
e. 5 fois 10	f. 8 fois 1	g. 3 fois 8	h. 7 fois 0

RÉPONSE : a. 8 b. 8 c. 12 d. 12 e. 50 f. 8 g. 24 h. 0.

Voir les procédures du commentaire de la séance 8.

RÉVISER

Écriture de nombres en lettres et en chiffres

– Passer de l'écriture en lettres à l'écriture en chiffres et inversement (nombres < 100).

INDIVIDUEL

FICHIER NOMBRES ET CALCULS p. 21

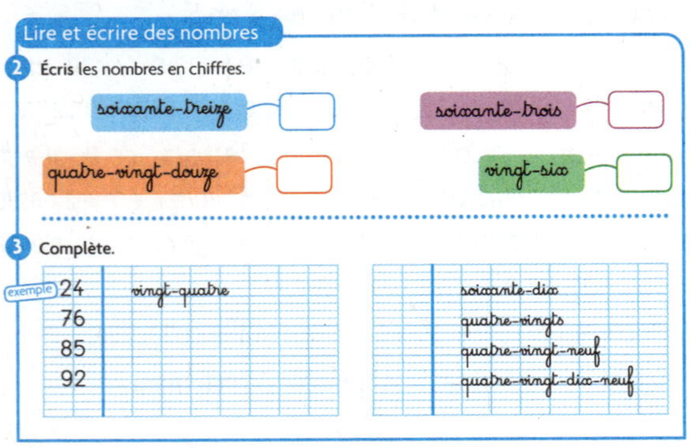

Exercice 2

• Les élèves qui éprouvent des difficultés ou qui se sont trompés sont invités à utiliser le **dico-maths n° 1** pour retrouver les écritures chiffrées correspondantes.

• Une vérification peut également être faite en utilisant la numérotation des pages du fichier.

RÉPONSE : 73 92 63 26.

Exercice 3

• L'orthographe correcte *quatre-vingts* doit être expliquée.

AIDE Les élèves peuvent être incités à fabriquer de petites étiquettes sur lesquelles ils écrivent les mots proposés.

RÉPONSE : soixante-seize quatre-vingt-cinq quatre-vingt-douze
70 80 89 99.

APPRENDRE

Ligne graduée de 5 en 5

– Associer des nombres et des repères sur une ligne graduée de 5 en 5.

RECHERCHE

« Trouver un repère à partir d'un message » : Les élèves doivent trouver un moyen de retrouver le repère qu'ils ont choisi sur une ligne graduée régulièrement et dont les repères sont déjà numérotés de 5 en 5.

ÉQUIPE DE 2

PHASE 1 Retrouver des repères sur une ligne graduée

- Reprendre l'activité de la séance précédente selon les mêmes modalités, mais avec les lignes numérotées de 5 en 5 par les élèves.
- Faire sortir 2 élèves et demander à chaque équipe :

→ *Vous devez choisir un repère qui ne correspond pas à un nombre déjà écrit et écrire un nombre qui permet aux 2 élèves qui sont sortis de retrouver ce repère.*

- Au retour des 2 élèves, demander aux équipes d'énoncer oralement les nombres proposés pour que ces 2 élèves puissent retrouver les repères associés. Si la formulation des nombres est trop difficile, les nombres peuvent être communiqués par écrit et oralisés avec l'aide des autres élèves.

ÉQUIPE DE 2

PHASE 2 Mise en commun et synthèse

- Exploiter les réponses dans deux directions :

– Les messages permettent-ils de retrouver les repères choisis ?

– Comment s'appuyer sur les nombres déjà placés pour retrouver les repères associés à d'autres nombres ?

- Faire porter la synthèse sur deux points :

SYNTHÈSE

1. Désignation orale des nombres

Insister à nouveau sur les mots clés :

– *vingt, trente, quarante, cinquante* ;

– *soixante* (qui se traduit par 6 ou par 7) ;

– *quatre-vingt(s)* (qui se traduit par 8 ou par 9).

2. Pour repérer un nombre sur une ligne graduée

Il faut prendre appui sur les nombres déjà placés.

Exemples :

Le repère associé à **78** peut être trouvé facilement :

– à partir de **70**, c'est le 8e repère après 70, car **78 = 70 + 8**.

– à partir de **75**, c'est le 3e repère après 75, car **78 = 75 + 3** ;

– à partir de **80**, c'est 2e repère avant 80, car **78 = 80 – 2**.

ÉCRIT DE RÉFÉRENCE

Inviter les élèves à consulter le **dico-maths n° 1**.

INDIVIDUEL

ENTRAINEMENT

FICHIER NOMBRES ET CALCULS p. 21

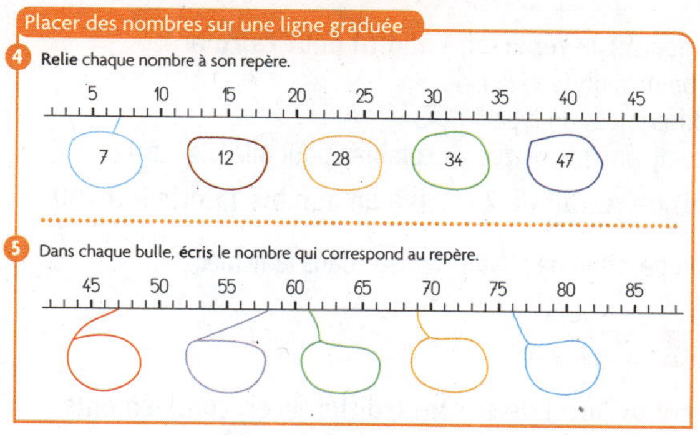

Activité collective

- Proposer une **activité collective** avant de demander de résoudre les exercices 4 et 5 :

– proposer un nombre (oralement ou par son écriture chiffrée) et demander aux élèves de trouver le repère correspondant et d'écrire le nombre au-dessus ;

– montrer une position et demander de donner (oralement ou par écrit) le nombre correspondant.

Exercices 4 et 5

- Il s'agit de trouver le repère associé à un nombre donné et inversement, en s'appuyant sur les nombres terminés par 0 ou par 5. Le morceau de droite graduée choisi ne permet pas de partir de 0.

RÉPONSE : 4

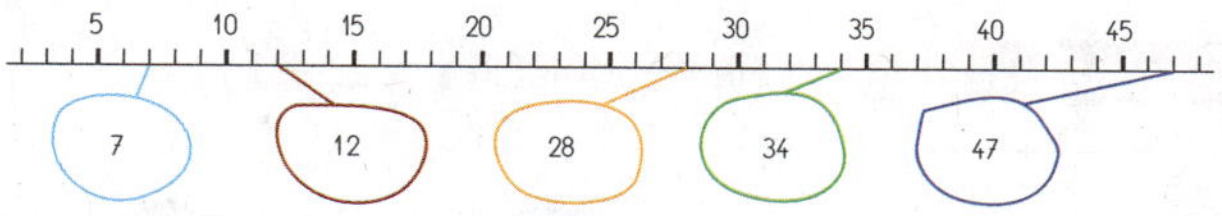

5 47 58 61 69 76.

BILAN de l'UNITÉ 2

CONSOLIDATION

CALCUL MENTAL

Calcul mental (séances 1 à 9)

Connaissances à acquérir

→ **Mémoriser le répertoire additif pour calculer :**
– des sommes du type 8 + 4
– des différences du type 11 – 3
– des compléments du type « combien pour aller de 7 à 11 »

→ **Ajout ou retrait de 2 et 10 à un nombre inférieur à 100**

Pas de préparation de bilan proposée dans le fichier.

Je fais le bilan › FICHIER NOMBRES p. 23

Exercice 1 Calcul de sommes, différences, compléments et produits dont le résultat est inférieur à 30.

Calculs dictés :

a. 8 + 5 b. 7 + 4 c. 11 – 5
d. Combien pour aller de 9 à 13 ?
e. 19 + 2 f. 34 – 10 g. 3 fois 5 h. 4 fois 2.

RÉPONSES : a. 13 b. 11 c. 6 d. 4 e. 21 f. 24 g. 15 h. 8.

Je consolide mes connaissances › FICHIER NOMBRES p. 24

Exercice 1
8 + 5 = **13** 11 – 5 = **6**
7 + 4 = **11** 12 – 8 = **4**
9 + 4 = **13** 12 – 3 = **9**

Exercice 2
18 + 2 = **20** 45 – 10 = **35**
18 + 10 = **28** 5 + 5 + 5 = **15**
31 – 2 = **29** 2 + 2 + 2 + 2 = **8**

Exercice 3
3 + 5 = 8 6 – 3 = 3
3 + 6 = 9 6 – 5 = 1
5 + 6 = 11 5 – 3 = 2

Pour les sommes, les réponses avec les termes inversés sont évidemment correctes.

Autres ressources

› 90 Activités et jeux mathématiques CE1
19. Mariage de doubles
20. Égalités
22. La punta

› CD-Rom Jeux interactifs GS-CP-CE1
10. Je calcule à la vitesse de l'éclair (niveau 1)
11. Je suis un as du calcul (niveau 1)

› Activités avec la calculatrice GS-CP-CE1
10. Tables d'addition (CP ou CE1)
12. Course au nombre

NOMBRES ET CALCULS

Comparaison de nombres inférieurs à 100 (séances 1 et 2)

Je prépare le bilan › FICHIER NOMBRES p. 22 A

Pour comparer deux nombres de 1 ou 2 chiffres, on peut utiliser deux méthodes :

→ **Penser à leur décomposition en dizaines** (groupements de dix) et unités : le plus petit est soit celui qui a le moins de dizaines (ou pas de dizaine), soit celui qui a le moins d'unités (s'ils ont autant de dizaines l'un que l'autre) ;

→ **Penser à la place qu'ils occupent dans la suite des nombres :** le plus petit est avant le plus grand.

Je fais le bilan › FICHIER NOMBRES p. 23

Exercices 2 et 3 Comparer des nombres.

Exercice 2 18 < 35 42 > 27 9 < 90 35 > 26
58 < 85 8 < 12 99 > 88 87 > 78

Exercice 3 Nombres plus grands que **50** : 52 ; 62 ; 90.
Nombres plus petits que **37** : 25 ; 29 ; 35.

Je consolide mes connaissances › FICHIER NOMBRES p. 24

Exercice 4
Les nombres que Lisa a pu choisir sont :
70 ; 71 ; 72 ; 73 ; 74 ; 75.

CD-Rom du guide

› Fiches différenciation n° 9

Autres ressources

› CD-Rom Jeux interactifs GS-CP-CE1
7. Le nombre mystère

NOMBRES ET CALCULS

Calcul sur les dizaines entières (séances 3 et 4)

Je prépare le bilan › FICHIER NOMBRES p. 22 B

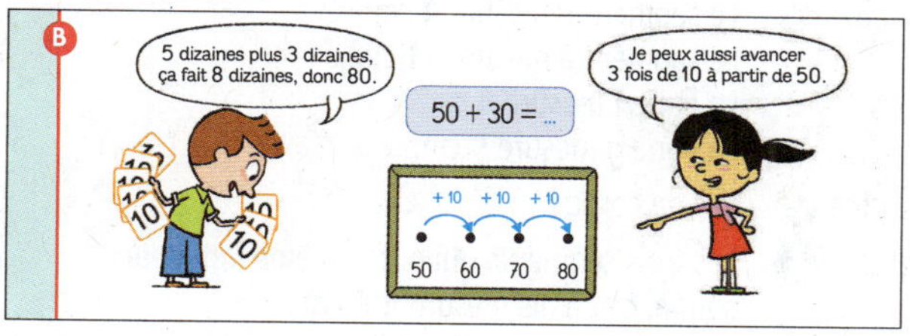

→ **Pour calculer des sommes et des différences avec des nombres comme 40, 50…**, il est commode d'utiliser les dizaines :
50 + 30 c'est 5 dizaines plus 3 dizaines, donc **8 dizaines** (80) ;
50 – 30 c'est 5 dizaines moins 3 dizaines, donc **2 dizaines** (20).

Je fais le bilan › FICHIER NOMBRES p. 23

Exercices 4 et 5 Compléter des sommes ou des différences (nombres entiers de dizaines).

Exercice 4 60 + 30 = **90** 50 + 20 = **70** 50 + **40** = 90
50 – **20** = 30 70 – **60** = 10 **30** – 10 = 20.

Exercice 5 **50 + 30** = 80 ou **60 + 20** = 80 **50 – 10** = 40 ou **60 – 20** = 40
30 + 20 + 10 = 60 **80 – 10** = 70 ou **90 – 20** = 70

Je consolide mes connaissances › FICHIER NOMBRES p. 24

Exercice 5 Alex : **80 €** Lisa : **70 €**.
C'est **Alex** qui a le plus d'euros.

CD-Rom du guide

› Fiche différenciation n° 10

Autres ressources

› 90 Activités et jeux mathématiques CE1
24. La punta des dizaines
25. Recto verso des dizaines

› CD-Rom Jeux interactifs GS-CP-CE1
11. Je suis un as du calcul (niveau 1)
14. La punta

NOMBRES ET CALCULS

Ligne graduée (séance 9)

Je prépare le bilan › FICHIER NOMBRES p. 22 C

→ **Pour trouver facilement un repère sur une ligne graduée**, il est commode d'utiliser la suite des nombres.

→ **Si des nombres comme 0, 5, 10, 15… sont déjà placés**, il est alors plus facile de placer rapidement d'autres nombres en face du bon repère (donner quelques exemples).

Je fais le bilan › FICHIER NOMBRES p. 23

Exercice 6 Trouver le nombre associé à un repère.
a. 22 b. 39 c. 44 d. 53

Exercice 7 Placer un nombre en face du bon repère.

Je consolide mes connaissances › FICHIER NOMBRES p. 24

Exercice 6

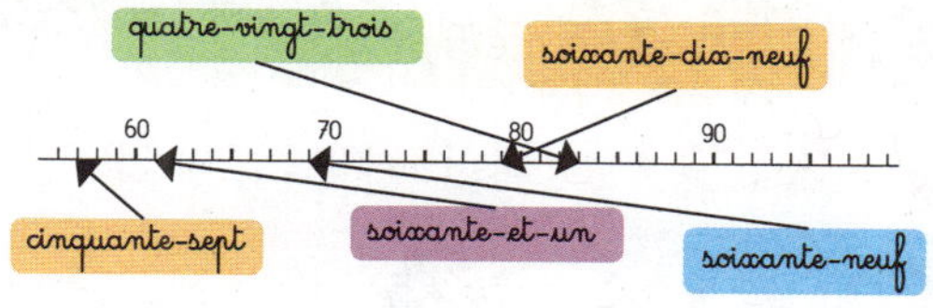

CD-Rom du guide

› Fiche différenciation n° 13

Autres ressources

› 90 Activités et jeux mathématiques CE1
16. Ligne graduée

› CD-Rom Jeux interactifs GS-CP-CE1
6. Sur une ligne graduée

BILAN de l'UNITÉ 2

CONSOLIDATION

MESURES ET GÉOMÉTRIE

Mesure de longueurs à l'aide d'une règle graduée en centimètres (séance 6)

Je prépare le bilan › CAHIER GÉOMÉTRIE p. 11 A

→ **Pour mesurer la longueur d'un segment**, on peut **soit reporter l'unité** sur le segment, la mesure de la longueur est égale au nombre d'unités reportées, **soit utiliser une règle graduée.**

→ **Sur la règle graduée**, l'unité est déjà reportée plusieurs fois. L'unité qui est le plus souvent utilisée pour mesurer des lignes sur un cahier est le **centimètre**.
Le **double-décimètre** est une règle graduée en centimètres.

→ **Pour mesurer la longueur d'un segment avec un double-décimètre**, il faut placer la graduation en face d'une extrémité du segment et lire le nombre correspondant à la graduation la plus proche de l'autre extrémité du segment.

Je fais le bilan › CAHIER GÉOMÉTRIE p. 11

Exercices 1 et 2 Mesurer la longueur d'un segment ou d'une ligne à l'aide d'un double-décimètre.

1. Faux, le segment *a* mesure 13 cm.
2. La ligne *b* mesure 10 cm (4 cm + 6 cm).

Exercice 3 Construire un segment de longueur donnée.
Pas de corrigé.

Je consolide mes connaissances › CAHIER GÉOMÉTRIE p. 12

Exercice 1 Le segment ***d*** mesure **4** cm.
Le segment ***e*** mesure **11** cm.
La ligne ***f*** mesure **8** cm.
La ligne ***g*** mesure **9** cm.

Exercice 2 Pas de corrigé.

Exercice 3 Les trois segments qui ont la même longueur sont ***a***, ***c*** et ***d***. Ils mesurent **8 cm**.

CD-Rom du guide

› Fiche différenciation n° 11

Autres ressources

› 90 Activités et jeux mathématiques CE1
80. Constructions (mesure à l'aide du double-décimètre)

MESURES ET GÉOMÉTRIE

Figures planes (séance 7)

Je prépare le bilan › CAHIER GÉOMÉTRIE p. 11 B

→ **Certaines figures** ont des **bords arrondis**, comme le **cercle**. D'autres figures n'ont que des **bords droits** (ou **côtés**). On les appelle des **polygones**.

→ **Les polygones qui ont 3 côtés** (ou 3 sommets) sont des **triangles**.

→ Le **carré**, le **rectangle** sont des **polygones à 4 côtés** (quadrilatères). D'autres polygones ont 5, 6, 7... côtés.

Je fais le bilan › CAHIER GÉOMÉTRIE p. 11

Exercice 4 Reconnaitre un polygone, dénombrer ses côtés, ses sommets.
Figure ***a***, les phrases justes : *a* est un polygone. *a* a 6 côtés.
Figure ***b***, les phrases justes : aucune.

Je consolide mes connaissances › CAHIER GÉOMÉTRIE p. 13

Exercice 4 carré : **D** rectangle : **B** triangle : **I** disque : **F**
polygones : A, B, D, E, H, I.

Exercice 5 *Je suis un triangle, je suis* **I**.
Je suis un polygone et j'ai 8 côtés, je suis : **H**.
Je n'ai aucun bord droit, je suis **F**.
Je suis un polygone et j'ai 4 côtés, mais je ne suis pas un rectangle, ni un carré, je suis **A**.

Exercice 6 Pas de corrigé.

CD-Rom du guide

› Fiche différenciation n° 13

Autres ressources

› 90 Activités et jeux mathématiques CE1
65. Jeu de messages sur les figures planes
66. Création de polygones (activité de renforcement)

› CD-Rom Jeux interactifs GS-CP-CE1
21. Le memory des formes

La classe de Lisa

› FICHIER NOMBRES ET CALCULS p. 25

L'ensemble des problèmes de cette page permet aux élèves de mettre en œuvre leurs connaissances sur des nombres simples.

Problème 1

1 Combien y a-t-il d'élèves dans la classe de Lisa ?

Il y a .... élèves dans la classe de Lisa.

OBJECTIFS :

– Résoudre un problème de réunion de quantités (valeur totale).
– Utiliser l'addition.

TÂCHE : Chercher le nombre total d'élèves connaissant le nombre de garçons et le nombre de filles.

RÉPONSE : 26 élèves.

Problème 2

Pour les problèmes 2 à 5, utilise ta réponse au problème 1.

2

Réponds à la question d'Alex.

Il y a .... garçons de plus que de filles.

OBJECTIFS :

– Comparer deux quantités.
– Comparer deux nombres.
– Calculer un écart.

TÂCHE : Comparer deux effectifs (garçons et filles).

RÉPONSE : 4 garçons de plus.

Problème 3

3 À midi, la moitié des élèves de la classe de Lisa mangent à la cantine.
Combien d'élèves de cette classe mangent à la cantine ?

.... élèves mangent à la cantine.

OBJECTIFS :

– Calculer une moitié.
– Résoudre un problème de recherche.

TÂCHE : Calculer la moitié d'un effectif.

RÉPONSE : 13 élèves.

Problème 4

4 La maitresse de la classe de Lisa a acheté 3 boites de crayons pour ses élèves.
Y a-t-il assez de crayons pour tous les élèves de la classe ? Coche la bonne réponse.

☐ Oui ☐ Non

Explique ta réponse : ....

OBJECTIFS :

– Utiliser l'addition itérée ou la notion de dizaine.
– Comparer deux quantités.
– Résoudre un problème à 2 étapes.

TÂCHE : Calculer le nombre d'objets contenus dans 3 boites identiques ; comparer le résultat à un nombre connu.

RÉPONSE : Oui, car 30 est plus grand que 26 .

Problème 5

5 Dans la classe, les élèves sont installés par groupe de deux élèves.
Combien de groupes de deux élèves y a-t-il dans la classe de Lisa ?

Il y a .... groupes de deux élèves.

OBJECTIFS :

– Résoudre un problème de recherche (nombre de groupes identiques).
– Utiliser l'addition.

TÂCHE : Chercher combien de groupes de 2 élèves il y a avec 26 élèves.

RÉPONSE : 13 groupes.

Mise en œuvre

La recherche se fait d'abord au brouillon. Ensuite, les élèves peuvent consigner leurs solutions et leurs réponses sur leur fichier.

Aides possibles

Pour les élèves faibles en lecture, les énoncés peuvent être verbalisés par l'enseignant.

Problème 3 : Préciser la notion de moitié sur des très petits nombres, en l'illustrant avec du matériel.

Problème 4 : Proposer aux élèves en difficulté de dessiner les 3 boites, avec ou sans leur contenu.

Exploitation

Mise en commun de différentes productions pour discuter la validité des procédures utilisées, pour identifier les erreurs et pour mettre en relation des procédures de résolution différentes.

Erreurs intéressantes à exploiter

Problème 2 : Les termes « de plus » ont pu inciter des élèves à utiliser l'addition ; une figuration peut alors être utilisée pour aider à la compréhension de cette expression.

Problème 5 : S'il y a difficulté à démarrer une procédure, on peut en amorcer une en dessinant les tables de 2 élèves :

2	2

Procédures à observer particulièrement

Problème 4 : Les élèves peuvent utiliser l'addition de 3 termes égaux à 10 ou le fait que 3 boites de 10, c'est aussi 3 dizaines, donc 30.

Problème 5 : Les élèves peuvent :
– ajouter des « 2 » en faisant le total après chaque ajout de 2 ;
– ajouter un certain nombre de « 2 » et faire le total, puis soit réajuster soit tout recommencer ;
– se rendre compte que le résultat est le même que « 26 partagé en 2 » (*cf.* **problème 3**) ; cette procédure est quand même peu probable au CE1.

UNITÉ 3

13 ou 14 séances
– 10 séances programmées (9 séances d'apprentissage + 1 bilan)
– 3 ou 4 séances pour la consolidation et la résolution de problèmes

	CALCUL MENTAL (environ 30 min par séance)	RÉVISER	APPRENDRE (environ 45 min par séance)
Séance 1 FICHIER NOMBRES p. 26	**Problèmes dictés** Sommes et compléments	**Problème écrit** Compléments	**Dizaines et unités : échanges** RECHERCHE La fortune de Moustik change
Séance 2 FICHIER NOMBRES p. 27	**Calculs dictés** Doubles et moitiés (nombres < 20)	**Comparaison des nombres (jusqu'à 99)**	**Addition : calcul réfléchi** RECHERCHE Combien de perles ont-ils ensemble ?
Séance 3 FICHIER NOMBRES p. 28	**Calculs dictés** Répertoire additif : sommes, différences, compléments	**Écriture de nombres en lettres et en chiffres (jusqu'à 99)**	**Addition : calcul posé (nombres < 100)** RECHERCHE L'addition en colonnes
Séance 4 FICHIER NOMBRES p. 29	**Calculs dictés** Répertoire additif : sommes, différences, compléments	**Placement de nombres sur une ligne graduée**	**Approche de la multiplication : addition itérée (1)** RECHERCHE Combien de fois ?
Séance 5 FICHIER NOMBRES p. 30	**Problèmes dictés** Dizaines et unités	**Problème écrit** Doubles et moitiés	**Approche de la multiplication : addition itérée (2)** RECHERCHE Les tours
Séance 6 FICHIER NOMBRES p. 31	**Calculs dictés** Répertoire additif : sommes, différences, compléments	**Sommes et différences de dizaines entières**	**Multiplication : le signe ×** RECHERCHE Les tours
Séance 7 CAHIER GÉOMÉTRIE p. 14-15	**Calculs dictés** Dizaines entières (addition, soustraction)	**Reconnaissance de figures dans une figure complexe**	**Reproduction de figures avec la règle** RECHERCHE Reproduire un modèle
Séance 8 CAHIER GÉOMÉTRIE p. 16	**Calculs dictés** Ajout ou retrait de 6, 7, 8 ou 9 à un nombre < 100	**Calendrier : informations et dates**	**Alignement** RECHERCHE Points alignés
Séance 9 CAHIER GÉOMÉTRIE p. 17	**Calculs dictés** Ajout ou retrait de 6, 7, 8 ou 9 à un nombre < 100	**Reproduction de figures avec la règle**	**Dates et durées en jours et mois** RECHERCHE Le calendrier

Bilan	**Je prépare le bilan** puis **Je fais le bilan** FICHIER NOMBRES p. 32 et 33 CAHIER GÉOMÉTRIE p. 19
Consolidation Remédiation	**Je consolide mes connaissances** FICHIER NOMBRES p. 34 et 35 CAHIER GÉOMÉTRIE p. 20 et 21
Banque de problèmes	***On partage !*** CAHIER GÉOMÉTRIE p. 22 – Recourir au pliage pour partager une bande en 2 et en 4 – Recourir à une bande intermédiaire et au pliage ou à la mesure pour partager une bande en 2 ou 4 bandes de longueurs égales – Recourir à la mesure pour partager une bande en 3 bandes de longueurs égales

L'essentiel à retenir de l'unité 3

- **Calculs dictés :**
  – Mémorisation de tout le répertoire additif
  – Ajout ou retrait de 6, 7, 8 et 9, sans dépasser la dizaine supérieure ou inférieure (nombres < 100)
- **Addition : calcul réfléchi**
- **Addition : calcul posé ou en ligne**
- **Multiplication : addition itérée, signe ×**
- **Dates et durées en mois et jours**
- **Alignement et reproduction à la règle**

Dizaines et unités : échanges

	Tâche	Matériel	Connaissances travaillées
PROBLÈMES DICTÉS	**Sommes et compléments** – Trouver un nombre total d'objets suite à des ajouts successifs, un nombre d'objets à ajouter, un nombre d'objets restants.	pour la classe : – une enveloppe ou pochette – 20 photos de Moustik › **fiche 4** par élève : FICHIER NOMBRES **p. 26** 1	– **Répertoire additif** – **Compléments à un nombre** – Problèmes de recherche de compléments.
PROBLÈME ÉCRIT	**Compléments** – Calculer un complément.	par élève : FICHIER NOMBRES **p. 26** 2	– **Compléments à un nombre** – Énoncé avec des informations dans un texte et sur un dessin.
APPRENDRE Nombres	**Dizaines et unités : échanges** RECHERCHE **« La fortune de Moustik change »** – Modifier l'écriture d'un nombre en fonction des ajouts ou retraits d'unités et de dizaines apportés à la quantité exprimée.	pour la classe : – 3 boites marquées Alex, Lisa et Moustik identifiées par les noms ou les images des personnages – des perles isolées et des perles regroupées en dizaines (voir descriptif de l'activité, prévoir une réserve de perles et de cartes de 10 perles) › **fiches 5 à 8** par élève : – ardoise ou cahier de brouillon FICHIER NOMBRES **p. 26** 3 **et** 4	– **Dizaines et unités** – **Valeur positionnelle des chiffres** – **Échanges.**

PROBLÈMES DICTÉS

Sommes et compléments

– Résoudre des problèmes dans lesquels il faut calculer une somme, un complément, un reste.

COLLECTIF

FICHIER NOMBRES ET CALCULS **p. 26**

Exercice 1

• Proposer aux élèves **trois problèmes** à résoudre, chacun faisant l'objet d'une simulation à l'aide du matériel.

• Chaque résolution peut se dérouler ainsi :

– poser la question, en réalisant l'« expérience » (la question peut éventuellement être formulée par les élèves) et écrire les informations numériques au tableau ;

– demander une résolution individuelle sur l'ardoise ou le cahier de brouillon, avec réponse dans le fichier ;

– lors de la mise en commun, recenser les réponses et demander de repérer celles qui peuvent être rapidement reconnues comme « impossibles » (en référence à la situation), puis faire expliciter et discuter quelques procédures caractéristiques (erronées ou correctes).

Au départ, il y a **20 photos** sur le bureau de l'enseignant (elles ne sont visibles que de lui).

Problème a

Mettre **5 photos** dans la pochette, puis encore **5 photos** et à nouveau **3 photos** en l'indiquant aux élèves et en l'écrivant au tableau.

QUESTION : *Combien y a-t-il de photos dans la pochette ?*

Problème b (après correction du problème a) :

Il y a donc maintenant **13 photos** dans la pochette (l'écrire au tableau). Je veux envoyer **15 photos**.

QUESTION : *Combien faut-il encore en mettre dans la pochette ?*

Problème c (après correction du problème b) :

Au tout début, il y avait **20 photos** sur mon bureau. J'en ai mis **15** dans la pochette pour les envoyer.

QUESTION : *Combien en reste-t-il sur mon bureau ?*

RÉPONSE : a. 13 photos b. 2 photos c. 5 photos.

Les problèmes peuvent être résolus en faisant appel à des **résultats connus** (répertoire additif par exemple), mais d'autres résolutions peuvent être mobilisées : **dessin, comptage avec les doigts**...

La mise en commun doit permettre de :
– distinguer les erreurs dues au choix d'une procédure inadaptée de celles qui sont liées à une difficulté de gestion ou de calcul ;
– identifier différents types de procédures correctes pour un même problème et, si c'est possible, les mettre en relation, favorisant ainsi d'éventuelles évolutions chez les élèves.

PROBLÈME ÉCRIT

Compléments

– Résoudre un problème faisant intervenir le calcul d'un complément.
– Résoudre un problème dont l'énoncé nécessite une double prise d'informations (texte et dessin).

INDIVIDUEL

FICHIER NOMBRES ET CALCULS p. 26

Résoudre un problème

2 Combien de gâteaux Moustik a-t-il mangés ?

Moustik a mangé .... gâteaux.

Problème 2

• Demander une lecture individuelle de l'énoncé, puis faire « raconter » et expliquer la situation par des élèves pour en assurer une bonne compréhension, mais sans rien dévoiler des modes de résolution possibles.

• Une mise en commun peut être faite le lendemain, en particulier pour confronter les différents types de solutions : recours à un dessin schématisé, calcul d'un complément, recours à la soustraction...

RÉPONSE : 15 gâteaux.

La résolution par la soustraction de 18 – 3 nécessite un changement de point de vue. Il faut considérer qu'en enlevant les 3 gâteaux qui restent des 18 gâteaux de départ, on trouve les gâteaux mangés.
Les élèves procéderont sans doute plutôt :
– par dessin,
– par recherche du complément de 3 à 18,
– par recherche du nombre à soustraire de 18 pour obtenir 3 (qui peut être codée par 18 – … = 3 et résolue par essais de nombres).

APPRENDRE

Dizaines et unités : échanges

– Utiliser la notion d'échange entre 10 unités et 1 dizaine.
– Comprendre la valeur positionnelle des chiffres.
– Modifier l'écriture d'un nombre en relation avec l'ajout ou le retrait d'unités ou de dizaines.

RECHERCHE

« La fortune de Moustik change » : Déterminer ce que devient une quantité qui subit des ajouts ou des retraits d'unités ou de dizaines entières.

COLLECTIF

PHASE 1 La fortune de Moustik change

• Au début de l'activité, montrer aux élèves le contenu de chacune des boites :

– la **boite d'Alex** ne contient que des unités (montrer la face « unité », puis la face avec 1 perle) ;

– la **boite de Lisa** des dizaines (montrer la face « dizaine », puis la face avec les 10 perles) ;

– la **boite de Moustik** est vide.

• Formuler la tâche :

→ *À chaque étape, Alex et Lisa vont donner ou reprendre des perles à Moustik, sous forme d'unités ou de dizaines. Je vous dirai ce qu'ils donnent ou reprennent à Moustik et je l'écrirai également au tableau. Vous devez écrire combien de perles il y aura dans la boite de Moustik après y avoir mis ou repris ce qui est indiqué (on ne s'intéresse pas à ce qui reste dans les boites d'Alex et de Lisa). Puis nous vérifierons en mettant ou en reprenant les perles demandées dans la boite de Moustik.*

• Noter chaque « demande » au tableau. Puis, après chaque annonce, demander aux élèves d'écrire sur l'ardoise ou le cahier de brouillon le nombre de perles que possèdera Moustik à la suite de l'ajout ou du retrait *(voir suite des changements proposés en page suivante)*.

• Recenser à chaque fois les différentes réponses et les noter au tableau. Faire expliciter et discuter les procédures utilisées pour évaluer l'avoir de Moustik *(voir synthèse ci-après)* avant de le faire vérifier en faisant réaliser l'action et en comptant les perles contenues dans sa boite. C'est à ce moment que des échanges 1 dizaine contre 10 unités peuvent être nécessaires.

• Le contenu de la boite de Moustik est alors mis en relation avec l'écriture du nombre de perles et les échanges éventuels 1 dizaine contre 10 unités.

Changements	Contenu de la boite	Nombre de perles	Échanges éventuels
Lisa donne 4 dizaines	→ 4 dizaines	40	
Alex donne 7 unités	→ 4 dizaines 7 unités	47	
L. donne 1 dizaine	→ 5 dizaines 7 unités	57	
L. donne 3 dizaines	→ 8 dizaines 7 unités	87	
A. donne 5 unités	→ 8 dizaines 12 unités 9 dizaines 2 unités	92	10 unités échangées contre 1 dizaine
A. demande 2 unités	→ 9 dizaines	90	
L. demande 4 dizaines	→ 5 dizaines	50	
A. demande 5 unités	→ D'abord impossible, puis 4 dizaines 5 unités	45	1 dizaine échangée contre 10 unités pour permettre le retrait
L. donne 1 dizaine	→ 5 dizaines 5 unités	55	
A. donne 5 unités	→ 5 dizaines 10 unités 6 dizaines	60	10 unités échangées contre 1 dizaine
L. demande 2 dizaines	→ 4 dizaines	40	
A. demande 8 unités	→ D'abord impossible, puis 3 dizaines 2 unités	32	1 dizaine échangée contre 10 unités pour permettre le retrait
L. donne 3 dizaines	→ 6 dizaines 2 unités	62	
A. demande 5 unités	→ D'abord impossible, puis 5 dizaines 7 unités	57	1 dizaine échangée contre 10 unités pour permettre le retrait
A. donne 9 unités	→ 5 dizaines 16 unités 6 dizaines 6 unités	66	10 unités échangées contre 1 dizaine
L. demande 1 dizaine	→ 5 dizaines 6 unités	56	

• L'activité peut être reprise avec d'autres données.

L'activité est destinée à travailler les effets, sur l'écriture d'un nombre, d'un ajout ou d'un retrait d'unités ou de dizaines entières. Pour cela, il est nécessaire de prendre en compte la valeur de chaque chiffre en fonction de sa position.
À certaines étapes de l'activité (en particulier lorsque le retrait d'unités est supérieur aux unités isolées effectivement présentes dans la boite), la nécessité d'échanges apparaît et prépare l'explication du **principe des retenues**. Cette activité est également à mettre en relation avec le calcul sur les dizaines.
Il peut être utile, pour visualiser l'avoir de Moustik, de le présenter en **deux piles** : une pour les dizaines, l'autre pour les unités.

COLLECTIF

PHASE 2 Synthèse

• Mettre en évidence l'**équivalence des procédures** à partir de plusieurs exemples.

SYNTHÈSE

Les différentes procédures

• **Ajout de 3 dizaines à 57 :**
– calcul de 57 + 30 ;
– ajout de 3 au chiffre des dizaines de 57 ;
– comptage de 10 en 10 (trois fois) à partir de 57...

• **Retrait de 5 unités à 62 :**
– calcul de 62 – 5 ;
– retrait de 2 unités (on arrive à 60), puis échange d'1 dizaine contre 10 unités et nouveau retrait de 3 unités ;
– échange préalable d'1 dizaine contre 10 unités et retrait direct de 5 unités...

• **Ces procédures reviennent au même, car :**
1 dizaine = 10 unités
3 dizaines = 30 unités

INDIVIDUEL

ENTRAINEMENT

FICHIER NOMBRES ET CALCULS p. 26

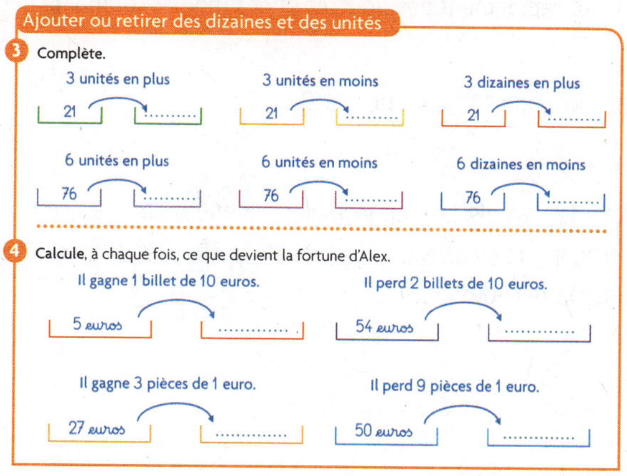

Exercice 3

Application directe de la recherche

RÉPONSE : 24 18 51
82 70 16.

Exercice 4

• Faire remarquer que les questions sont indépendantes les unes des autres.

• Au cours de l'exploitation, faire le lien entre 10 euros et 1 dizaine d'euros.

RÉPONSE : 15 euros 34 euros
30 euros 41 euros.

Différenciation → CD-Rom du guide, **fiche n° 14.**

Addition : calcul réfléchi (nombres inférieurs à 100)

	Tâche	Matériel	Connaissances travaillées
CALCULS DICTÉS	**Doubles et moitiés jusqu'à 20** – Donner rapidement les doubles et les moitiés	par élève : FICHIER NOMBRES p. 27 ①	– **Doubles et moitiés** – Répertoire additif.
RÉVISER Nombres	**Comparaison de nombres** – Comparer des nombres inférieurs à 100.	par élève : FICHIER NOMBRES p. 27 ② et ③	– **Comparer des nombres** – Utiliser les symboles < et >.
APPRENDRE Calcul	**Calcul réfléchi : somme de 2 ou 3 nombres** RECHERCHE **« Combien de perles ont-ils ensemble ? »** – Trouver le nombre de perles obtenu en réunissant plusieurs quantités de perles données en dizaines et unités.	par équipe : – 9 cartes de 10 perles et 20 cartes de 1 perle › **fiche 5 à 8** par élève : – ardoise ou cahier de brouillon FICHIER NOMBRES p. 27 ④ et ⑤	– **Calcul réfléchi : addition de nombres inférieurs à 100** – Dizaines et unités – Valeur positionnelle des chiffres.

CALCULS DICTÉS

Doubles et moitiés • Mémorisation

– Donner rapidement des doubles et des moitiés (domaine des nombres inférieurs à 20).

COLLECTIF

FICHIER NOMBRES ET CALCULS p. 27

Exercice 1

- Dicter les calculs. Les réponses sont données dans le fichier.
- Procéder à une correction immédiate après chaque calcul (voir commentaire ci-dessous).

Double de :	a. 8	b. 7	c. 9	d. 6
Moitié de :	e. 8	f. 12	g. 16	h. 14

RÉPONSE : a. 16 b. 14 c. 18 d. 12 e. 4 f. 6 g. 8 h. 7.

Les résultats de ces calculs doivent pouvoir être donnés instantanément, dans la mesure où les doubles sont des points d'appui importants pour reconstituer certains résultats. Ils doivent être parfaitement maîtrisés en début de CE1.

RÉVISER

Comparaison des nombres

– Comparer des nombres inférieurs à 100.

INDIVIDUEL

FICHIER NOMBRES ET CALCULS p. 27

Comparer des nombres

2 Complète avec < ou >.

38 47	40 29	17 71	86 76
29 38	46 64	79 89	78 88

3 **Entoure** tous les nombres plus petits que 54.
Souligne tous les nombres plus grands que 45.

90 48 35 74 50 39 93 72 32 28 9 61

Exercice 2

- Avant le traitement de l'exercice, demander aux élèves de produire des expressions avec les signes < et >. Rappeler que < est lu « **plus petit que** » et > est lu « **plus grand que** ».

RÉPONSE : 38 < 47 40 > 29 17 < 71 86 > 76
29 < 38 46 < 64 79 < 89 78 < 88.

Exercice 3

- Signaler que certains nombres peuvent être à la fois entourés et soulignés.

RÉPONSE : Plus petits que **54** : 48 ; 35 ; 50 ; 39 ; 32 ; 28 ; 9.
Plus grands que **45** : 90 ; 48 ; 74 ; 50 ; 93 ; 72 ; 61.

APPRENDRE

Calcul réfléchi : Somme de 2 ou 3 nombres • Combien de perles ont-ils ensemble ?

– Calculer la somme de 2 ou nombres inférieurs à 100 par un calcul réfléchi.

RECHERCHE

« Combien ont-ils ensemble ? » : Les élèves doivent trouver et exprimer par un nombre écrit en chiffres la quantité de perles obtenue en réunissant deux ou trois quantités de perles exprimées en dizaines et unités et par des nombres écrits en chiffres.

COLLECTIF ET ÉQUIPE DE 2

PHASE 1 Calcul de 32 + 54

- Placer 3 cartes « 1 dizaine » et 2 cartes « 1 unité » dans l'enveloppe d'Alex, et 5 cartes « 1 dizaine » et 4 cartes « 1 unité » dans l'enveloppe de Lisa.
- Montrer le contenu de l'enveloppe d'Alex. Demander le nombre total de perles qu'elle contient : 32 perles. Écrire au tableau : « Alex : 3 dizaines et 2 unités → 32 perles ». Recommencer avec l'enveloppe de Lisa et écrire au tableau sans disposition particulière des nombres : « Lisa : 5 dizaines et 4 unités → 54 perles ».
- Présenter le problème à résoudre :

→ *Je mets toutes les perles d'Alex et de Lisa dans cette nouvelle enveloppe (le faire devant les élèves). Vous devrez trouver combien il y a de perles dans cette enveloppe ? À la fin, nous pourrons vérifier en ouvrant l'enveloppe.*

- Recherche par équipes de 2, une réponse commune doit être produite.

Dans cette activité, à partir du contexte des perles, les questions doivent amener les élèves à utiliser ou à reconstruire des techniques de calcul réfléchi rencontrées au CP. Dans la séance suivante, ces techniques déboucheront sur le calcul posé en colonnes.
Les nombres sont écrits au tableau sous deux formes (en dizaines et unités) et en écriture ordinaire de façon à les inciter à mobiliser leurs connaissances relatives à la numération décimale.

COLLECTIF

PHASE 2 Mise en commun

- Recenser les réponses. Au début, certains élèves donnent peut-être le contenu de l'enveloppe en énonçant uniquement le nombre totale de dizaines et d'unités ; leur demander alors le nombre total de perles exprimé en chiffres.
- Faire expliciter et justifier les méthodes utilisées. Chaque méthode peut être illustrée à l'aide du matériel, ce qui permet de vérifier le résultat obtenu, par exemple :

SYNTHÈSE

1re méthode : dessin des cartes dizaines et unités et regroupement.

2e méthode : calcul réfléchi fondé sur une décomposition en dizaines et unités, puis regroupement :

6 unités
3 dizaines et 2 unités plus 5 dizaines et 4 unités
8 dizaines

RÉPONSE : 8 dizaines et 6 unités donc 86 perles

3e méthode : calcul réfléchi fondé sur une décomposition des deux nombres : 30 + 2 + 50 + 4, puis calcul de 30 + 50 et de 2 + 4, etc.

4e méthode : addition posée (technique usuelle), en faisant éventuellement référence à la décomposition des nombres en dizaines et unités.

- Dans tous les cas, on arrive à 32 + 54 = 86
- Conserver une trace au tableau ou sur une affiche des méthodes correctes caractéristiques : les élèves pourront s'y référer pour les problèmes suivants. Cette affiche servira également de référence au cours des séances suivantes.
- Si une des méthodes 2 et 3 (calcul réfléchi à partir des décompositions en dizaines et unités ou du type 32 = 30 + 2) n'apparait pas, l'enseignant la suggère en l'expliquant. En effet, il est important d'une part de faire prendre conscience aux élèves de la diversité des moyens de calculer, d'autre part de leur permettre d'évoluer vers des méthodes plus efficaces.

Chaque méthode peut être illustrée à l'aide du matériel «perles» et soutenue par une écriture, comme ci-dessus.
Au début, l'utilisation de dessins peut être fréquente. Dans les problèmes suivants, sans en interdire l'utilisation, inciter les élèves qui en ont la possibilité à recourir au calcul.
La disposition en colonnes est abordée en fin de CP. Il est donc possible qu'elle n'apparaisse pas. Dans ce cas, elle n'est pas présentée au cours de cette séance. Elle le sera dans la séance suivante.

COLLECTIF

PHASE 3 Calcul de 38 + 26

- Reprendre le même déroulement (recherche, puis mise en commun) avec un nouveau problème :

Alex	Lisa
3 dizaines	2 dizaines
et 8 unités	et 6 unités
(38 perles)	(26 perles)

COLLECTIF

PHASE 4 Mise en commun et synthèse

SYNTHÈSE

Même déroulement qu'en phase 2. Deux méthodes sont particulièrement valorisées.

1re méthode : calcul réfléchi fondé sur une décomposition en dizaines et unités, puis regroupement :

14 unités = 1 dizaine et 4 unités
3 dizaines et 8 unités plus 2 dizaines et 6 unités
5 dizaines

On arrive donc à 5 dizaines et 14 unités. Mais 14 unités = 1 dizaine + 4 unités.
On a donc au total : 6 dizaines et 4 unités, donc 64 perles

2e méthode : calcul réfléchi fondé sur une décomposition des deux nombres : 30 + 8 + 20 + 6, puis calcul de 30 + 20 = 50 et de 8 + 6 = 14, puis 50 + 14 = 64.

- Dans tous les cas, on arrive à 38 + 26 = 64. Insister sur le fait que : 8 unités + 6 unités =14 unités = 1 dizaine et 4 unités
- Conserver une trace au tableau ou sur une affiche de ces deux méthodes: les élèves pourront s'y référer pour le problème suivant.

Là encore, chaque méthode peut être illustrée à l'aide du matériel «perles» et soutenue par une écriture, comme ci-dessus.

COLLECTIF

PHASE 5 **Calcul de 43 + 22 + 15**

• Reprendre le même déroulement (recherche, puis mise en commun) avec un nouveau problème :

Alex	Lisa	Moustik
4 dizaines	2 dizaines	1 dizaine
et 3 unités	et 2 unités	et 5 unités
(43 perles)	(22 perles)	(15 perles)

COLLECTIF

PHASE 6 **Mise en commun et synthèse**

• Même déroulement qu'en phases 2 et 4. Deux méthodes sont particulièrement valorisées au cours de la synthèse.

SYNTHÈSE

1re méthode : calcul réfléchi fondé sur une décomposition en dizaines et unités, puis regroupement :

10 unités = 1 dizaine

4 dizaines et 3 unités plus 2 dizaines et 2 unités plus 1 dizaine et 5 unités

7 dizaines

On arrive donc à 7 dizaines et 10 unités.
Mais 10 unités = 1 dizaine.
On a donc au total : **8 dizaines, donc 80 perles.**

2e méthode : calcul réfléchi fondé sur une décomposition des deux nombres :
40 + 3 + 20 + 2 + 10 + 5,
puis calcul de 40 + 20 + 10 = 70 et de 3 + 2 + 5 = 10,
puis 70 + 10 = 80.

TRACE ÉCRITE

Conserver une trace de ces deux méthodes auxquelles les élèves pourront se référer ultérieurement.

Chaque méthode peut à nouveau être illustrée à l'aide du matériel «perles» et soutenue par une écriture, comme ci-dessus.

INDIVIDUEL

ENTRAINEMENT

FICHIER NOMBRES ET CALCULS p. 27

Additionner des nombres

4 Alex et Lisa mettent leurs billes en commun.
Combien cela fait-il de billes en tout ?

5 Calcule avec la méthode de ton choix.

26 + 32 | 8 + 35 | 17 + 8 + 35 | 17 + 23 + 35

Exercice 4

• Il s'agit du même type de questions que celles qui ont été traitées collectivement.
Préciser qu'il s'agit à chaque fois d'écrire le nombre total de perles.

AIDE Pour les élèves qui ont des difficultés à se représenter les quantités mentalement, le matériel «perles» peut être mis à leur disposition pour répondre à ces premières questions.

Exercice 5

• Les questions sont maintenant posées hors contexte.

AIDE Pour certains élèves, une incitation à décomposer les nombres en dizaines et unités peut être nécessaire.
Pour certain d'entre eux, le matériel «perles» peut encore être nécessaire, mais ils doivent être incités à répondre sans l'utiliser puis à y avoir recours pour vérifier leurs réponses.

RÉPONSE : 4 60 ; 75
5 26 + 32 = 58 ; 8 + 35 = 43 ; 17 + 8 + 35 = 60 ;
17 + 23 + 35 = 75

Différenciation : Exercice 4 → CD-Rom du guide, **fiche n° 15.**

À SUIVRE
Dans la séance suivante, l'addition posée en colonnes est proposée aux élèves.

Addition : calcul posé (nombres inférieurs à 100)

	Tâche	Matériel	Connaissances travaillées
CALCULS DICTÉS	**Répertoire additif** – Donner rapidement des sommes, différences et compléments.	par élève : FICHIER NOMBRES p. 28 ❶	– Répertoire additif.
RÉVISER Nombres	**Lecture et écriture des nombres** – Passer de l'écriture en chiffres à l'écriture en lettres et inversement.	par élève : FICHIER NOMBRES p. 28 ❷ et ❸	– Écriture et lecture des nombres inférieurs à 100.
APPRENDRE Calcul	**Addition : calcul posé** RECHERCHE **« L'addition en colonnes »** – Calculer la somme de 2 nombres inférieurs à 100, par un calcul posé.	par équipe de 2 : – 9 cartes de 10 perles et 20 cartes de 1 perle › fiche 5 à 8 par élève : – ardoise ou cahier de brouillon FICHIER NOMBRES p. 28 ❹ et ❺	– Addition : technique opératoire (addition posée en colonnes) – Addition : calcul en ligne – Dizaines et unités.

CALCULS DICTÉS

Répertoire additif • Mémorisation

– Donner rapidement des sommes, différences, compléments.

COLLECTIF

FICHIER NOMBRES ET CALCULS p. 28

Exercice ❶

• Dicter les calculs sous la forme « six plus six », « quinze moins neuf », « combien pour aller de 6 à 13 ? ». Les réponses sont données dans le fichier.

• Procéder à une correction immédiate après chaque calcul (voir commentaire ci-contre).

a. 6 + 6	b. 6 + 7	c. 7 + 7	d. 9 + 7
e. 15 – 9	f. 15 – 8		
Combien pour aller de :		g. 6 à 13	h. 9 à 16

RÉPONSE : a. 12 b. 13 c. 14 d. 16 e. 6 f. 7 g. 7 h. 7.

Cette partie du répertoire, correspondant au calcul de sommes ou de différences de 2 nombres supérieurs à 5, est plus difficile à mémoriser. Mais beaucoup de résultats peuvent être reconstruits rapidement :
– en s'appuyant sur un double voisin :
6 + 7, c'est par exemple 6 + 6 + 1 ;
– en utilisant le passage par 10 :
9 + 7, c'est par exemple 9 + 1 + 6.

L'utilisation de ces points d'appui peut être illustrée soit par le recours à des objets (constellations, par exemple), soit par des déplacements sur la file numérique (pour 9 + 7, en allant de 9 à 10, puis de 10 à 16).

RÉVISER

Écriture des nombres en lettres et en chiffres

– Passer de l'écriture en lettres à l'écriture en chiffres et inversement (nombres jusqu'à 99).

INDIVIDUEL

FICHIER NOMBRES ET CALCULS p. 28

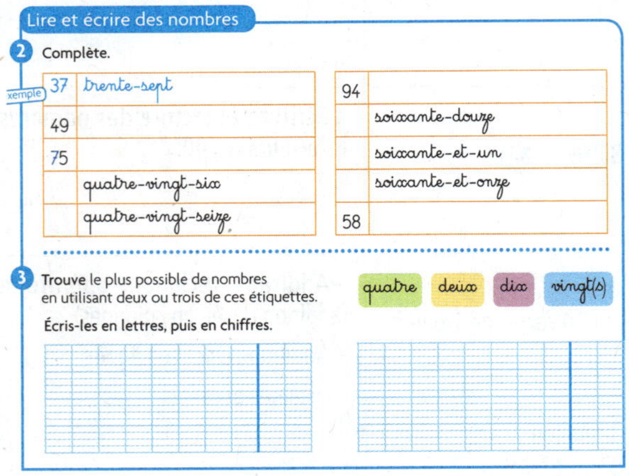

Lire et écrire des nombres

2 Complète.

37	trente-sept	94	
49			soixante-douze
75			soixante-et-un
	quatre-vingt-six		soixante-et-onze
	quatre-vingt-seize	58	

3 Trouve le plus possible de nombres en utilisant deux ou trois de ces étiquettes.

quatre deux dix vingt(s)

Écris-les en lettres, puis en chiffres.

Exercice 2

• Cet exercice est maintenant familier : il s'agit de passer d'une écriture littérale à une écriture chiffrée, et vice versa.

RÉPONSE : 37 : trente-sept — 94 : **quatre-vingt-quatorze**
49 : **quarante-neuf** — **72** : soixante-douze
75 : **soixante-quinze** — **61** : soixante-et-un
86 : quatre-vingt-six — **71** : soixante-et-onze
96 : quatre-vingt-seize — 58 : **cinquante-huit**

Exercice 3

• Recenser et faire vérifier les nombres proposés, en se référant éventuellement au dico-maths.

AIDE L'utilisation d'**étiquettes** permet aux élèves de faire des essais d'assemblages des mots proposés.

RÉPONSE : 22   24   80   82   90.

APPRENDRE

Addition : calcul posé • Nombres inférieurs à 100

– Calculer la somme de 2 nombres inférieurs à 100 par un calcul posé ou en ligne.

COLLECTIF ET INDIVIDUEL

RECHERCHE

« **L'addition en colonnes** » : Les élèves doivent calculer des sommes déjà posées en colonnes.

PHASE 1 Calcul de 45 + 23

• Informer les élèves qu'ils doivent, aujourd'hui, calculer en posant les opérations en colonnes. Écrire ce premier calcul au tableau en posant l'opération en colonnes sous la forme et en affichant le **matériel perles** correspondant :

```
  45
+ 23
```

4 dizaines et 5 unités

2 dizaines et 3 unités.

• Laisser un temps de recherche suffisant aux élèves pour que tous puissent élaborer une réponse. Puis, faire une mise en commun immédiate suivie d'une synthèse.

SYNTHÈSE

Technique de l'addition en colonnes (sans retenue)

• Faire expliquer le fonctionnement de la **méthode « en colonnes »** :
– en ayant recours au matériel « perles » (cartes dizaines et unités) ;
– en utilisant le langage des dizaines et des unités.

```
  45
+ 23
  68
```

Au rang des unités 5 + 3, égale 8.
On écrit les **8 unités** au résultat,
puis on calcule le total des dizaines.
4 + 2, c'est 6.
On écrit les **6 dizaines** au résultat.

COLLECTIF ET INDIVIDUEL

PHASE 2 Calcul de 49 + 25

• Écrire ce deuxième calcul au tableau en posant l'opération en colonnes et en affichant le **matériel perles** correspondant :
4 dizaines et 9 unités
2 dizaines et 5 unités .

• Procéder de la même manière que pour le premier calcul.

SYNTHÈSE (suite)

Technique de l'addition en colonnes (avec retenue)

• Faire expliquer le fonctionnement de la **méthode « en colonnes »** :
– en ayant recours au matériel « perles » (cartes dizaines et unités) ;
– en utilisant le langage des dizaines et des unités ;
– en mettant l'accent sur les **groupements-échanges** liés à la retenue :

```
  1
  49
+ 25
  74
```

Au rang des unités 9 + 5, égale 14.
Dans 14, il y a 4 unités et 1 dizaine.
On écrit les **4 unités** au résultat et on garde la dizaine (retenue) pour la suite du calcul.
On ajoute toutes les dizaines (**1 + 4 + 2 = 7**)
et on écrit **7 dizaines** au résultat.

Le calcul de l'addition posée en colonnes est basé sur le même principe que celui utilisé en calcul réfléchi lorsque chaque nombre est décomposé en dizaines et unités.

La différence principale tient au fait que, pour le calcul réfléchi, on commence le plus souvent par l'addition des dizaines alors que, pour le calcul posé, il faut commencer par l'addition des unités afin de mieux pouvoir gérer les retenues. Cette similitude et cette différence peuvent être soulignées auprès des élèves.

TRACE ÉCRITE

– Cette opération avec retenue peut rester affichée quelques jours.
– L'illustration à l'aide du **matériel « perles »** des deux additions « posées en colonnes » (avec et sans retenue) peut faire l'objet d'une affiche à laquelle les élèves pourront se référer pour d'autres calculs.

ÉCRIT DE RÉFÉRENCE

Dico-maths n° 14 à utiliser lorsque l'addition aura été étendue aux nombres de 3 chiffres.

COLLECTIF

PHASE 3 Autres additions

Pour chaque question, après un calcul individuel, au cours de la correction, insister sur :
– le fait qu'il faut traiter les unités puis les dizaines
– à chaque rang, le chiffre écrit au total est au plus égal à 9
– dans certains cas, il n'y a pas de retenue, dans d'autres cas, elle est égal à 1 dizaine et dans d'autres cas encore, elle est supérieure à 1 dizaine (comme pour le dernier calcul proposé).

• Proposer ces **additions** à calculer :

55 + 7 48 + 32 24 + 12 + 34 56 + 28 + 19.

Le contrat avec les élèves doit être précisé : Il existe plusieurs méthodes pour calculer une somme. Aujourd'hui, la contrainte de calculer en posant les opérations en colonnes est destinée à mieux comprendre cette méthode et à s'entrainer à l'utiliser. Pour d'autres activités, les élèves seront ensuite libres de choisir leur mode de calcul.

INDIVIDUEL

ENTRAINEMENT

FICHIER NOMBRES ET CALCULS p. 28

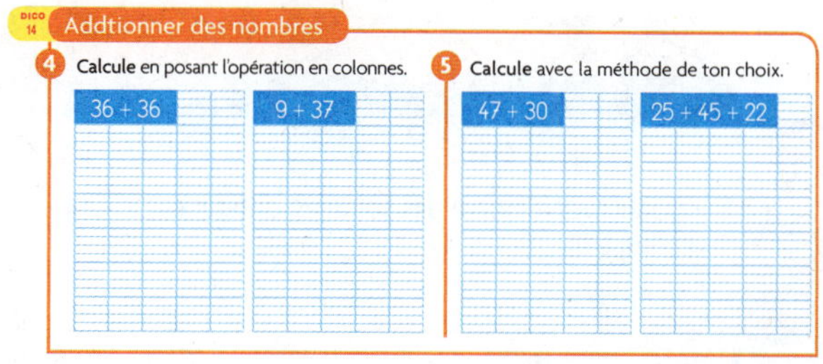

Exercice 4

• Application directe de la recherche.

RÉPONSE : 36 + 36 = **72** 9 + 37 = **46**.

Exercice 5

• Le choix de la méthode de calcul peut dépendre des nombres en présence.

• Trois types d'erreurs sont à exploiter particulièrement :
– celles qui sont liées à la pose de l'opération (mauvais alignement des dizaines et des unités) ;
– celles qui touchent aux retenues, oubliées ou abusives ;
– celles qui touchent à la connaissance des résultats du répertoire additif.

RÉPONSE : 47 + 30 = **77** 25 + 45 + 22 = **92**.

Différenciation → CD-Rom du guide, **fiche n° 16.**

À SUIVRE
En **unité 5** (séance 5), l'addition posée en colonnes sera proposée avec des nombres inférieurs à 1 000.

UNITÉ 3

Approche de la multiplication : addition itérée (1)

	Tâche	Matériel	Connaissances travaillées
CALCULS DICTÉS	**Répertoire additif** – Donner rapidement des sommes, différences et compléments.	par élève : FICHIER NOMBRES p. 29 ❶	– **Répertoire additif.**
RÉVISER Nombres	**Placement de nombres sur une ligne graduée** – Associer des nombres et des repères sur une ligne graduée régulièrement.	par élève : FICHIER NOMBRES p. 29 ❷ et ❸	– **Repérage sur une ligne graduée** – Suite des nombres – Comparaison des nombres – Écriture en chiffres et en lettres.
APPRENDRE Calcul	**Approche de la multiplication : addition itérée (1)** RECHERCHE **« Combien de fois ? »** – Trouver combien de fois il faut additionner un nombre pour en obtenir un autre.	par élève : FICHIER NOMBRES p. 29 ❹ et ❺	– **Addition itérée** – Multiplication (approche) – Calcul mental – Résolution de problèmes : inventaire de tous les possibles.

CALCULS DICTÉS

Répertoire additif • Mémorisation

– Donner rapidement des sommes, différences, compléments.

COLLECTIF

FICHIER NOMBRES ET CALCULS p. 29

Exercice ❶

- Dicter les calculs sous la forme « huit plus huit », « seize moins sept », « combien pour aller de 7 à 16 ? ». Les réponses sont données dans le fichier.
- Procéder à une correction immédiate après chaque calcul.

a. 8 + 8 b. 9 + 8 c. 6 + 9 d. 8 + 7
e. 16 – 7 f. 13 – 6
Combien pour aller de : g. 7 à 16 h. 8 à 15

RÉPONSE : a. 16 b. 17 c. 15 d. 15 e. 9 f. 7 g. 9 h. 7.

Voir commentaire de la **séance 3**.

RÉVISER

Placement de nombres sur une ligne graduée

– Associer des nombres et des repères sur une ligne graduée régulièrement.

INDIVIDUEL

FICHIER NOMBRES ET CALCULS p. 29

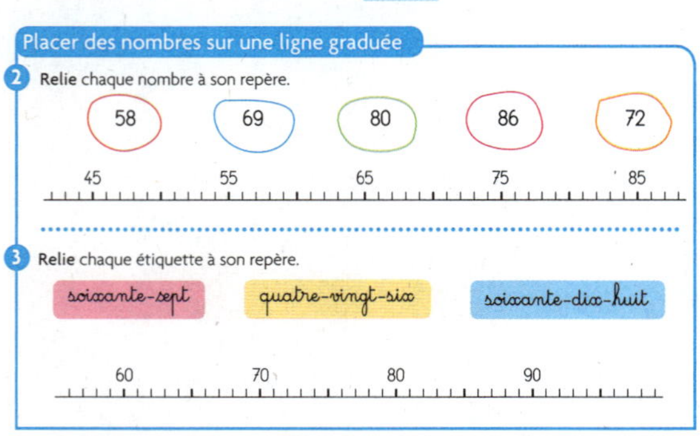

Exercices ❷ et ❸

AIDE Dans l'**exercice** ❸, les élèves peuvent être incités à utiliser le **dico-maths n° 1** pour traduire les nombres en chiffres.

APPRENDRE

Approche de la multiplication : addition itérée (1)

– Utiliser l'addition itérée d'un nombre.
– Comprendre le sens du mot « fois » et préparer l'étude de la multiplication.

RECHERCHE

« Combien de fois ? » : Un nombre étant donné, les élèves doivent essayer de l'atteindre en additionnant plusieurs fois un même nombre.

INDIVIDUEL

PHASE 1 Obtenir 12 par addition itérée d'un nombre

• Demander d'abord : Ajouter 3 fois le nombre 4.

• Le résultat « 12 » ayant été trouvé, écrire au tableau :

12 = 4 + 4 + 4

en remarquant qu'on a bien ajouté 3 fois le nombre 4.

• Poser une nouvelle question :

→ *Trouvez d'autres façons d'obtenir **12** en additionnant plusieurs fois un autre nombre. Trouvez le plus possible de possibilités* (insister sur la contrainte d'utiliser un seul nombre répété plusieurs fois).

• Recenser les différentes solutions et les faire traduire sous forme d'écritures additives.

RÉPONSES POSSIBLES :
2 + 2 + 2 + 2 + 2 + 2 = **12**
3 + 3 + 3 + 3 = **12**
6 + 6 = **12**.

La solution consistant à additionner 12 fois le nombre 1 est bien entendu acceptée (12, c'est 12 fois 1).

Le mot « fois » est utilisé par les élèves pour exprimer leur réponse : « j'ai additionné 2, 6 fois », « j'ai fait une addition avec 6 fois le nombre 2 »…
Le signe × n'a pas à être introduit ici.

INDIVIDUEL

PHASE 2 Obtenir 20 par addition itérée d'un nombre

• Demander d'abord : Ajouter 4 fois le nombre 5.

• Le résultat « 20 » ayant été trouvé, écrire au tableau :

20 = 5 + 5 + 5 + 5

en remarquant qu'on a bien ajouté 4 fois le nombre 5.

• Poser une nouvelle question :

→ *Trouvez d'autres façons d'obtenir **20** en additionnant plusieurs fois un autre nombre. Trouvez le plus possible de solutions* (insister sur la contrainte d'utiliser un seul nombre répété plusieurs fois)

• Recenser les différentes solutions et les faire traduire sous forme d'écritures additives. Inciter à l'utilisation du mot « fois » : Pour faire 20, il faut « 10 fois 2 » ou « 5 fois 4, c'est 20 ».
2 + 2 + 2 + 2 + 2 + 2 + 2 + 2 + 2 + 2 = **20**
4 + 4 + 4 + 4 + 4 = **20**
10 + 10 = **20**
et l'addition de 20 fois le nombre 1.

INDIVIDUEL

ENTRAINEMENT

FICHIER NOMBRES ET CALCULS p. 29

Obtenir un nombre par addition répétée

4 **Trouve** quatre façons de construire des tours avec 16 cubes.
On peut construire .... tours de .... cubes chacune.
On peut construire .... tours de .... cubes chacune.
On peut construire .... tours de .... cubes chacune.
On peut construire .... tours de .... cubes chacune.

5 **Complète.** 6 + 6 + 6 = ...
• **Trouve d'autres façons** d'obtenir le même résultat en ajoutant plusieurs fois le même nombre.

Exercice 4

– 4 tours de 4 cubes chacune
– 2 tours de 8 cubes chacune
– 8 tours de 2 cubes chacune
– 1 tour de 16 cubes
– 16 tours de 1 cube chacune

Exercice 5

• Il s'agit de la même activité que celle proposée collectivement avec 6 + 6 + 6 et 18.

RÉPONSES POSSIBLES :
9 + 9 = 18
3 + 3 + 3 + 3 + 3 + 3 = 18
2 + 2 + 2 + 2 + 2 + 2 + 2 + 2 + 2 = 18
et addition de 18 fois le nombre 1.

À SUIVRE
En **séances 5 et 6**, l'addition itérée permet de résoudre un problème où il faut construire des tours identiques avec un nombre donné de cubes. Elle sert ensuite de point d'ancrage à l'écriture multiplicative.

Approche de la multiplication : addition itérée (2)

	Tâche	Matériel	Connaissances travaillées
PROBLÈMES DICTÉS	**Dizaines et unités** – Trouver le nombre de groupements de 10 objets dans une quantité donnée d'objets (nombre < 100).	pour la classe : – 4 enveloppes – 50 petits objets ou photos de Moustik › **fiche 4** par élève : FICHIER NOMBRES **p. 30** 1	– **Dizaines et unités.**
PROBLÈME ÉCRIT	**Doubles et moitiés** – Résoudre des problèmes faisant intervenir les notions de doubles et de moitiés.	par élève : FICHIER NOMBRES **p. 30** 2 **et** 3	– **Doubles et moitiés.**
APPRENDRE Calcul	**Approche de la multiplication : addition itérée (2)** RECHERCHE **« Les tours »** – Chercher combien de cubes sont nécessaires pour réaliser 5 tours de 4 cubes – Trouver d'autres tours identiques réalisables avec 20 cubes.	pour la classe : – 60 cubes emboitables ou superposables par équipe de 2 : – feuille grand format et feutre – calculatrice – répertoire additif par élève : – cahier de brouillon FICHIER NOMBRES **p. 30** 4 **et** 5	– **Addition itérée** – Multiplication (approche) – Calcul mental – Résolution de problèmes : inventaire de tous les possibles.

PROBLÈMES DICTÉS

Dizaines et unités

– Résoudre des problèmes dans lesquels il faut déterminer combien de groupements de 10 objets il est possible de réaliser.

COLLECTIF

FICHIER NOMBRES ET CALCULS **p. 30**

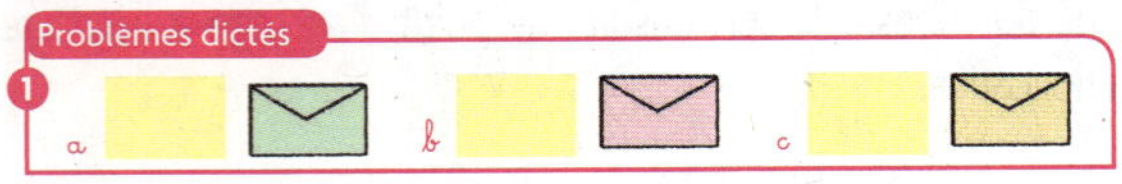

Exercice 1

- Proposer aux élèves **trois problèmes** à résoudre, chacun faisant l'objet d'une simulation à l'aide du matériel.
- Chaque résolution peut se dérouler ainsi :

– poser la question, en montrant les objets et en écrivant les informations numériques au tableau ;
– demander une résolution individuelle sur l'ardoise ou le cahier de brouillon, avec réponse dans le fichier ;
– lors de la mise en commun, recenser les réponses et demander de repérer celles qui peuvent être rapidement reconnues comme « impossibles » (en référence à la situation), puis faire expliciter et discuter quelques procédures caractéristiques (erronées ou correctes) ;
– une vérification expérimentale peut être nécessaire.

Problème a

Mettre **15 objets** sur le bureau, en vrac (ils sont d'abord montrés aux élèves, puis cachés). Je vais placer ces objets dans des enveloppes, en mettant **10 objets** dans chaque enveloppe. Les objets non utilisés resteront sur le bureau.

QUESTION : *Combien d'enveloppes puis-je remplir avec ces 15 objets ?*

Problème b

Même question avec **30** objets en vrac sur le bureau.

Problème c

Même question avec **43** objets en vrac sur le bureau.

RÉPONSE : a. 1 enveloppe b. 3 enveloppes c. 4 enveloppes.

Les problèmes peuvent être résolus :
– en repérant le chiffre des dizaines de chaque nombre proposé ;
– en décomposant chaque nombre sous la forme :
10 + 5   10 + 10 + 10   10 + 10 + 10 + 10 + 3.
La première procédure est plus rapide et plus sûre. Les deux procédures sont mises en relation : le nombre de 10 de la décomposition correspond au chiffre des dizaines.

PROBLÈME ÉCRIT

Doubles et moitiés

– Résoudre des problèmes faisant intervenir les notions de doubles et de moitiés.

INDIVIDUEL

FICHIER NOMBRES ET CALCULS p. 30

Résoudre des problèmes

2 Alex a 2 boites.
Dans chaque boite, il y a 12 crayons de couleur.
Combien de crayons de couleur a-t-il ?

3 Lisa a 10 balles. Elle donne la moitié de ses balles à Moustik.
Combien de balles donne-t-elle à Moustik ?

Problèmes 2 et 3

• Demander une lecture individuelle de l'énoncé, puis faire « raconter » et expliquer la situation par des élèves pour en assurer une bonne compréhension, mais sans rien dévoiler des modes de résolution possibles.

• Faire confronter les différents types de solutions. La procédure attendue n'est évidemment pas la multiplication qui n'a pas encore été abordée. Les élèves peuvent utiliser :

– l'addition ;

– le dessin et le dénombrement ;

– leur connaissance des doubles et des moitiés.

RÉPONSE : **2** 24 crayons **3** 5 balles.

UNITÉ 3

APPRENDRE

Approche de la multiplication : addition itérée (2)

– Utiliser l'addition itérée d'un nombre pour résoudre un problème.
– Préparer l'étude de la multiplication.
– Chercher une solution originale dans un problème pour chercher.

RECHERCHE

« Les tours » : Après avoir cherché combien de cubes sont nécessaires pour construire 5 tours de 4 cubes, les élèves doivent trouver quelles autres tours identiques il est possible de construire avec 20 cubes à chaque fois.

ÉQUIPE DE 2

PHASE 1 Combien de cubes pour 5 tours de 4 cubes ?

• Montrer le tas de cubes aux élèves et un exemple de tours de même hauteur (par exemple 2 tours de 3 cubes chacune). Faire évaluer le nombre de cubes utilisés par comptage ou addition, puis annoncer le problème :

→ *Alex veut construire des tours avec des cubes. Toutes ses tours doivent avoir la même hauteur, c'est-à-dire le même nombre de cubes. Il veut pouvoir construire exactement 5 tours qui auront toutes 4 cubes de hauteur. Combien doit-il demander de cubes ? Il faut qu'il commande juste ce qu'il faut, pas un cube de plus, pas un cube de moins.*

• Écrire la donnée au tableau : « 5 tours qui ont toutes 4 cubes de hauteur ».

• Organiser la recherche par équipes de 2 : démarche et réponse doivent être écrites sur les grandes feuilles.

• Mise en commun :

– inventaire des réponses ;

– repérage rapide des réponses erronées en justifiant pourquoi elles sont erronées ;

– explicitation de quelques procédures et analyse de certaines erreurs ;

– vérification expérimentale du nombre de cubes à commander, par réalisation des tours et comptage des cubes nécessaires (comptage un par un ou recours au calcul par addition itérée).

• Faire un résumé des **méthodes correctes utilisées :**

– recours à un dessin ou à un schéma et comptage effectif ;

– comptage de 4 en 4 ;

– addition répétée... avec mise en évidence de l'écriture additive correspondante : 4 + 4 + 4 + 4 + 4 = 20.

Le matériel n'est pas disponible au moment de la résolution. Il permet, à la fin de la mise en commun, de valider les réponses des élèves.
Bien que les élèves aient déjà résolu des problèmes voisins (avec les nombres), il est probable que ceux qui sont proposés ici leur apparaissent comme nouveaux, ce que montrera la **diversité des procédures de résolution**.
Dans tous les cas, lors de la synthèse, mettre en évidence l'écriture additive associée au problème posé. Si des élèves le proposent ou si une formulation équivalente est avancée, on peut exprimer qu'on a « ajouté 5 fois le nombre 4 ».

ÉQUIPE DE 2

PHASE 2 Quelles autres tours identiques avec 20 cubes ?

• Placer 20 cubes sur le bureau et présenter le problème :

→ *Lisa veut aussi construire des tours toutes pareilles, en utilisant tous ses cubes. Elle a 20 cubes. Elle veut faire des tours différentes de celles d'Alex. Combien de tours peut-elle faire ? Avec combien de cubes dans chaque tour ? Attention, il y a sûrement plusieurs possibilités. Il faut aider Lisa à en trouver le plus possible. Lorsque vous aurez trouvé plusieurs façons de faire des tours toutes pareilles avec 20 cubes, nous pourrons vérifier si vos solutions sont bonnes en utilisant ces 20 cubes qui sont sur le bureau.*

- Organiser la recherche par équipe de 2 : les solutions (démarche et réponse) doivent à nouveau être écrites sur les grandes feuilles. Il est probable que certains élèves auront recours au dessin pour résoudre le problème.
- La **mise en commun** est identique à celle de l'étape précédente. Les solutions du type 1 tour de 20 cubes ou 20 tours de 1 cube sont acceptées. Comme en phase 1, des formulations du type « on a ajouté 10 fois le nombre 2 » peuvent être utilisées par les élèves ou suggérées par l'enseignant.
- Faire une **synthèse** qui porte sur ces points.

SYNTHÈSE

1. Les différentes stratégies de recherche utilisées

- **Dessiner ou schématiser 20 cubes** et tenter de les regrouper de façon identiques.
- **Dessiner les tours** et les aménager progressivement pour qu'elles comportent 20 cubes au total.
- **Choisir un nombre et l'ajouter plusieurs fois** pour essayer d'atteindre 20, puis recommencer en choisissant d'autres nombres.
- **Essayer** systématiquement tous les nombres à partir de 1.

2. Écriture additive

Exemple : **5 + 5 + 5 + 5 = 20**

- Le nombre « 5 » indique la hauteur de chaque tour et il faut compter les 5 pour savoir combien de tours cela représente.
- Il faut s'assurer que tous les termes de la somme sont égaux et que le total est bien égal à 20.

3. Mise en relation des différentes procédures

- On peut mettre en relation les schémas, les écritures additives et les réponses.

Exemple :

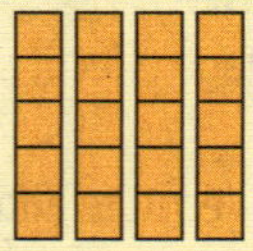	5 + 5 + 5 + 5	4 tours de 5 cubes

- Le mot « fois » est à nouveau envisagé dans des formulations du type : *On a écrit 5 fois le nombre 4. On a utilisé 5 fois 4 cubes.*

RÉPONSES POSSIBLES :
2 + 2 + 2 + 2 + 2 + 2 + 2 + 2 + 2 + 2 = 20
4 + 4 + 4 + 4 + 4 = 20 (déjà vu en phase 1)
5 + 5 + 5 + 5 = 20
10 + 10 = 20
et addition de 20 fois le nombre 1 (20 tours de 1 cube).
La solution 1 tour de 20 cubes est aussi acceptée.

Ce travail prépare celui qui sera fait sur la multiplication, à partir de la séance suivante, en utilisant le même contexte. Mais pour le moment ni la multiplication, ni la division n'ont à être évoquées. Il est possible que certains élèves aient recours « spontanément » (ou plutôt à partir d'un apprentissage fait en dehors de l'école) à la touche × de la calculatrice.
Mais, ici, l'objectif est d'amener les élèves à utiliser l'addition répétée en distinguant le rôle des deux nombres : nombre d'itérations (ici, le nombre de tours) et la valeur itérée (ici, le nombre de cubes par tour).

INDIVIDUEL

ENTRAINEMENT

FICHIER NOMBRES ET CALCULS p. 30

Construire des tours avec des cubes

4 Alex a construit 3 tours avec des cubes.
Pour chaque tour, il a utilisé 5 cubes.
Combien a-t-il utilisé de cubes pour construire les 3 tours ?

5 Moustik a 10 cubes.
Il veut utiliser tous ses cubes pour construire des tours de même hauteur.
Écris le plus possible de solutions.

Exercice 4

- Les élèves peuvent utiliser un dessin, le comptage de 5 en 5 ou l'addition itérée de 5 (3 fois).

RÉPONSE : 15 cubes.

Exercice 5

- Le problème est le même que celui traité dans la recherche, avec un nombre plus simple.

RÉPONSE :
2 tours de 5 cubes et 5 tours de 2 cubes ;
1 tour de 10 cubes et 10 tours de 1 cube.

Différenciation → CD-Rom du guide, **fiche n° 16.**

À SUIVRE
En **séance 6**, ce travail est repris avec une autre quantité de cubes et le **signe** × est introduit.

Multiplication : le signe ×

	Tâche	Matériel	Connaissances travaillées
CALCULS DICTÉS	**Mémoriser le répertoire additif** – Donner rapidement des sommes, des différences, des compléments.	par élève : FICHIER NOMBRES p. 31 (1)	– **Répertoire additif.**
RÉVISER Calcul	**Sommes et différences de dizaines entières** – Donner ou comparer rapidement des sommes, des différences, des compléments.	par élève : FICHIER NOMBRES p. 31 (2) et (3)	– **Calcul mental.**
APPRENDRE Calcul	**Multiplication : le signe ×** RECHERCHE **« Les tours »** – Chercher le nombre de cubes nécessaires pour réaliser des tours identiques de hauteur donnée. – Traduire les résultats obtenus de différentes manières. – Calculer quelques produits simples.	par la classe : – une centaine de cubes emboitables en hauteur par équipe de 2 : – grande feuille – feutre – calculette par élève : FICHIER NOMBRES p. 31 (4) et (5)	– **Multiplication : signe ×** – Addition itérée – Calcul mental – Résolution de problèmes : inventaire de tous les possibles.

CALCULS DICTÉS

Répertoire additif • Mémorisation
– Donner rapidement des sommes, des différences, des compléments.

COLLECTIF

FICHIER NOMBRES ET CALCULS p. 31

Exercice 1

• Dicter les calculs sous la forme « neuf plus neuf », « seize moins sept », « combien pour aller de 8 à 16 ? ». Les réponses sont données sur le fichier.

• Procéder à une correction immédiate après chaque calcul.

a. 9 + 9 b. 7 + 9 c. 17 – 9 d. 16 – 7 e. 17 – 8
Combien pour aller de : f. 7 à 16 g. 8 à 15 h. 9 à 17

RÉPONSE : a. 18 b. 16 c. 8 d. 9 e. 9 f. 9 g. 7 h. 8.

Voir le commentaire de la **séance 3**.

30 c. 41 d. 72 e. 50 f. 36 g. 48 h. 59.

RÉVISER

Sommes et différences de dizaines entières

– Donner ou comparer rapidement des sommes, des différences, des compléments (résultats < 100).

INDIVIDUEL

FICHIER NOMBRES ET CALCULS p. 31

Calculer sur les dizaines

2 Complète avec = ou ≠.

10 + 30 30	20 + 10 30	10 + 10 + 10 ...... 20 + 20
20 + 10 50	30 + 30 + 30 60	30 + 50 + 20 ...... 50 + 50
40 + 30 70	10 + 10 + 20 40	60 + 30 ...... 20 + 20 + 30 + 20

3 Complète.

60 – 20 = ...	70 – 10 = ...	90 – 30 = ...
80 – 50 = ...	70 – 40 = ...	90 – 70 = ...

Exercice 2

• Traiter éventuellement en collectif quelques égalités à vérifier, dont au moins une du type : 40 + 30…10 + 40 +20 pour montrer qu'on peut répondre en calculant chaque somme ou en remarquant que certains termes sont communs (ici 40) et qu'il suffit donc de comparer 30 et 10 + 20. Il peut être utile de préciser à nouveau la signification des signes = et ≠.

• Lors de la correction, insister sur l'appui sur les dizaines : 40 + 30 c'est 4 dizaines et 3 dizaines.

RÉPONSE :

10 + 30 ≠ 30	20 + 10 = 30	10 + 10 + 10 ≠ 20 + 20
20 + 10 ≠ 50	30 + 30 + 30 ≠ 60	30 + 50 + 20 = 50 + 50
40 + 30 = 70	10 + 10 + 20 = 40	60 + 30 = 20 + 20 + 30 +20

Exercice 3

• Lors de la correction, insister sur l'appui sur les dizaines : 60 – 20 c'est 6 dizaines – 2 dizaines.

RÉPONSE :

60 – 20 = **40**	70 – 10 = **60**	90 – 30 = **60**
80 – 50 = **30**	70 – 40 = **30**	90 – 70 = **20**

APPRENDRE

Multiplication : le signe ×

– Résoudre un problème du domaine multiplicatif.
– Comprendre l'écriture multiplicative en relation avec l'addition itérée et l'usage du mot « fois ».

COLLECTIF

RECHERCHE

« Les tours » : Les élèves doivent trouver combien de tours identiques il est possible de construire avec 30 cubes. L'enseignant exploite ensuite les réponses pour introduire le signe ×.
Le nombre 30 a été choisi parce que le nombre de solutions est suffisamment important (8 solutions différentes, si on accepte la tour de hauteur 30 et les 30 tours de hauteur 1) et pour que l'expression de certaines solutions (addition de 2 répétée 15 fois) justifie la proposition d'une nouvelle écriture (avec le signe ×).

PHASE 1 Présentation du problème

Ce problème reprend la situation proposée en séance 6.

• Montrer les **30 cubes** placés sur le bureau et rappeler le « problème des tours » :

→ *Voici **30 cubes*** (écrire ce nombre au tableau). *Alex et Lisa veulent construire avec ces cubes des tours toutes pareilles. Attention, ils veulent utiliser tous les cubes ! Ils doivent trouver le plus de façons possibles de le faire. Après avoir trouvé une solution, ils peuvent tout démolir pour trouver une autre solution. Vous allez les aider et chercher par équipes de 2 sur une grande feuille. Ensuite, nous mettrons ensemble toutes vos solutions et vous devrez expliquer comment vous les avez trouvées.*

• Préciser d'emblée que les tours peuvent être posées « à plat » pour éviter les questions liées à leur écroulement si elles sont trop hautes.

Au départ, la situation sera probablement reconnue comme relevant de l'addition par les élèves. C'est au cours de l'exploitation collective, devant la difficulté à exprimer certaines écritures additives plus longues, que se posera la **question d'un langage plus économique** (par exemple 15 tours de hauteur 2).
La situation présente aussi l'avantage de mettre immédiatement en relation les solutions qui montrent l'**aspect commutatif de la multiplication** (5 tours de hauteur 6 et 6 tours de hauteur 5).

ÉQUIPE DE 2

PHASE 2 Phase de recherche

• Se montrer disponible pour :
– préciser à nouveau les contraintes à certains élèves ;
– suggérer, pour des équipes qui sont en situation de blocage persistant, de recourir à un dessin ou poser une question du type : « Est-il possible de faire des tours ayant pour hauteur 12 cubes ? » ;
– inciter à chercher d'autres solutions possibles.

Les procédures de résolution correctes (issues des essais réalisés) peuvent prendre appui sur :
– des dessins effectifs des tours ;
– un comptage de n en n, par exemple : 5 / 10 / 15 / 20 / 25 / 30 et dénombrement des nombres utilisés ;
– une addition itérée, par exemple : 5 + 5 + 5 + 5 + 5 + 5 = 30 et dénombrement des « 5 » utilisés ;
– des produits (cette procédure étant peu probable en dehors d'un apprentissage extérieur à la classe).

ÉQUIPE DE 2

PHASE 3 Mise en commun et synthèse

• Recenser toutes les réponses (y compris celles qui sont erronées) et les inscrire au tableau sous la forme : 3 tours de 10 cubes ; 5 tours de 6 cubes ; etc.

• Demander de vérifier l'exactitude des réponses. En cas de désaccord, recourir à la construction effective avec les 30 cubes.

• Faire expliciter les procédures qui ont permis de trouver les réponses, en inscrivant à côté de chaque réponse :
– le dessin des tours (s'il est proposé) ;
– le comptage de *n* en *n* ;
– l'addition itérée.

• Faire contrôler le nombre de termes des écritures additives (ou des comptages), notamment lorsqu'elles sont longues. Cela nécessite l'utilisation du mot « fois » et d'expressions du type « 5 fois 6 » qui sont inscrites à côté des écritures correspondantes.

• Récapituler l'ensemble des solutions dans une organisation en colonnes du type :

Dessin	Comptage	Ecriture additive	Expression avec « fois »
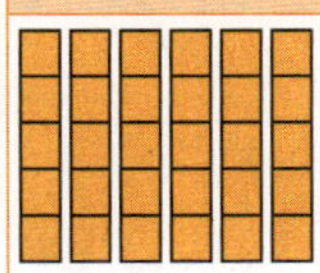 6 tours de 5 cubes	5 / 10 / 15 / 20 / 25 / 30	5 + 5 + 5 + 5 + 5 + 5 = 30	6 fois 5

• Faire remarquer que lorsqu'on a trouvé une solution (par exemple 5 tours de 6 cubes), on en a une deuxième (6 tours de 5 cubes).

SYNTHÈSE

Introduction du signe ×

• **Proposer l'écriture multiplicative** si elle n'a pas été, comme c'est probable, suggérée par un élève :
Il existe une **opération** qui permet de calculer « les fois quelque chose », en utilisant le **signe × de la calculatrice**. Ainsi, on peut vérifier que « 5 fois 6 » peut être calculé aussi bien en tapant 5 × 6 (dit « 5 multiplié par 6 ») que 6 × 5 (dit « 6 multiplié par 5 »).

• **Écrire les deux écritures correspondantes** en ajoutant une 5e colonne au tableau précédent :

Dessin	Comptage	Écriture additive	Expression avec « fois »	Écriture avec ×
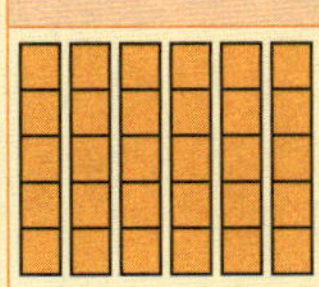 6 tours de 5 cubes	5 / 10 / 15 / 20 / 25 / 30	5 + 5 + 5 + 5 + 5 + 5 = 30	6 fois 5	6 × 5 = 30 5 × 6 = 30

• **Écritures possibles :**
1 × 30 2 × 15 3 × 10 5 × 6
30 × 1 15 × 2 10 × 3 6 × 5.

• **Faire remarquer aux élèves que les solutions vont par deux :**
1 × 30 et 30 × 1 5 × 6 et 6 × 5…

TRACE ÉCRITE

Réaliser une affiche reprenant ce tableau avec toutes les écritures de 30 et la conserver dans la classe comme référence pour les élèves.

Le choix retenu pour l'introduction de l'écriture multiplicative est le suivant :
5 × 6 et 6 × 5 sont deux calculs qui permettent de traiter les situations qui s'expriment par « 6 fois 5 » ainsi que « 5 fois 6 » et qui correspondent chacune aussi bien à l'addition itérée de 6 termes égaux à 5 qu'à celle de 5 termes égaux à 6.
Ainsi, d'emblée, la multiplication est posée comme commutative et 5 × 6 (lu « 5 multiplié par 6 ») exprime aussi bien « 5 fois 6 » (ou 6 + 6 + 6 + 6 + 6) que « 6 fois 5 » (ou 5 + 5 + 5 + 5 + 5 + 5).

L'utilisation d'arbres de calcul, pour déterminer une somme réitérée, peut être montrée comme un moyen commode, mais non exclusif, par exemple :

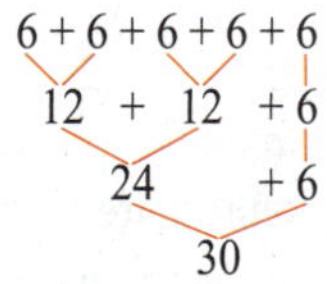

INDIVIDUEL

ENTRAINEMENT

FICHIER NOMBRES ET CALCULS p. 31

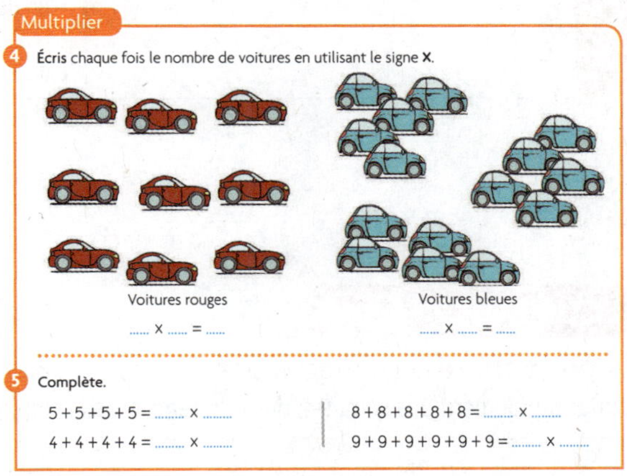

Exercice 4

La disposition des voitures rouges peut évoquer celle des tours. Pour les voitures bleues, c'est plutôt l'évocation de la situation par une expression du type 3 fois 5 voitures ou une écriture additive comme 5 + 5 + 5 qui conduit à l'écriture multiplicative.
Lors de la correction, indiquer que 2 réponses sont chaque fois possibles, par exemple pour les voitures rouges 3 x 4 et 4 x 3.
RÉPONSE : 3 × 4 ou 4 × 3 ; 5 × 3 ou 3 × 5.

Exercice 5

RÉPONSE :
5 + 5 + 5 + 5 = **4 × 5** 8 + 8 + 8 + 8 + 8 = **5** × **8**
4 + 4 + 4 + 4 = **4 × 4** 9 + 9 + 9 + 9 + 9 + 9 = **6** × **9**.

UNITÉ 3

Reproduction de figures avec la règle

	Tâche	Matériel	Connaissances travaillées
CALCULS DICTÉS	**Dizaines entières** – Calculer sur les dizaines entières : sommes, différences, compléments (nombres < 100).	par élève : – ardoise ou cahier de brouillon	– **Calcul mental.**
RÉVISER Géométrie	**Reconnaissance de figures dans une figure complexe** – Identifier des figures planes dans une figure complexe.	pour la classe : – reproduction du dessin de l'exercice 1 agrandi par élève : – crayons de couleur CAHIER GÉOMÉTRIE **p. 14 1 et 2**	– **Reconnaissance perceptive de figures planes** – **Notion de polygone, quadrilatère, triangle.**
APPRENDRE Géométrie	**Reproduction de figures avec la règle** RECHERCHE **« Reproduire un modèle »** – Reproduire un dessin constitué de segments.	pour la classe : – calques des modèles A à E par équipe de 2 : – modèle A › **fiche 22** par élève : – 3 supports › **fiche 21** – un des modèles B, C, D ou E › **fiches 22 et 23** – règle, gomme, crayon CAHIER GÉOMÉTRIE **p. 15 3 et 4**	– **Reproduction de figures à l'aide de la règle.**

CALCULS DICTÉS

Dizaines entières • Automatismes

– Donner rapidement des sommes, des différences, des compléments.

COLLECTIF

- Dicter les calculs sous la forme « cinquante plus vingt », « cinquante moins vingt », « combien pour aller de trente à soixante ? ».
- Demander aux élèves de répondre sur l'ardoise ou le cahier de brouillon.
- Procéder à une correction immédiate après chaque calcul.

a. 50 + 20 b. 30 + 60 c. 40 + 40
d. 50 – 20 e. 50 – 10 f. 90 – 50
Combien pour aller de : g. 30 à 60 h. 20 à 70

RÉPONSE : a. 70 b. 90 c. 80 d. 30 e. 40 f. 40 g. 30 h. 50.

Insister à nouveau sur le fait qu'il suffit de **bien connaitre le répertoire additif** : 50 + 20, c'est 5 dizaines plus 2 dizaines.

RÉVISER

Reconnaissance de figures dans une figure complexe

– Identifier des figures planes dans une figure complexe.
– Comprendre la notion de polygone, de côtés.
– Reconnaitre des figures et notamment le carré dans différentes orientations.

INDIVIDUEL

CAHIER MESURES ET GÉOMÉTRIE p. 14

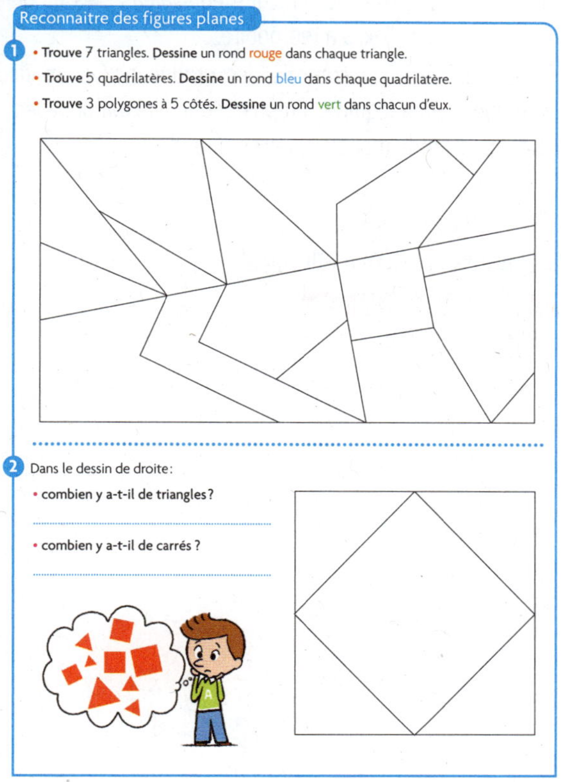
Reconnaitre des figures planes

1 • Trouve 7 triangles. Dessine un rond rouge dans chaque triangle.
• Trouve 5 quadrilatères. Dessine un rond bleu dans chaque quadrilatère.
• Trouve 3 polygones à 5 côtés. Dessine un rond vert dans chacun d'eux.

2 Dans le dessin de droite :
• combien y a-t-il de triangles ?
• combien y a-t-il de carrés ?

Exercice 1

• Faire rappeler ce qui a été vu en unité 2 : ce que sont les triangles, les quadrilatères, les polygones.

• Passer auprès de chaque élève pour contrôler son travail.

Exercice 2

• Procéder à une discussion collective : il y a dans la figure 4 triangles et 2 carrés, que les élèves ont du mal à identifier car ils sont emboîtés l'un dans l'autre et dans des orientations différentes. On peut demander aux élèves de repasser le contour de chacun des deux carrés avec une couleur différente.

APPRENDRE

Reproduction de figures avec la règle

– Effectuer des tracés à la règle.
– Isoler des points ou des segments dans une figure modèle.
– Se donner une stratégie de reproduction.

RECHERCHE Fiches 21 à 24

« Reproduire un modèle » : Les élèves doivent, sur un support comportant des points, s'entrainer à tracer des segments à la règle, puis reproduire un modèle donné.

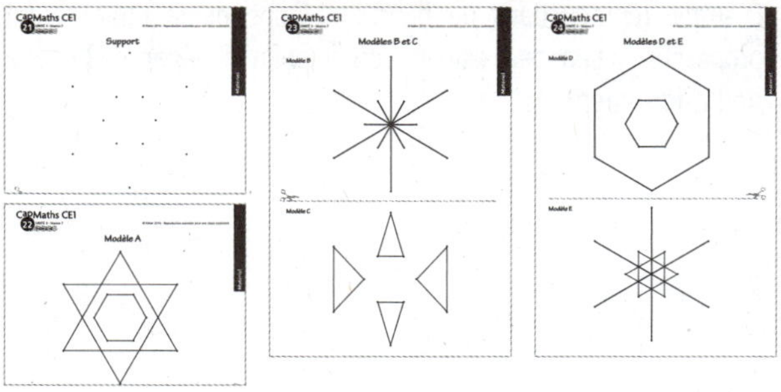

INDIVIDUEL, PUIS COLLECTIF

PHASE 1 Tracés à la règle

• Distribuer à chaque élève un support avec les points et donner la consigne :

→ *Vous devez faire un dessin à la règle en reliant les points comme vous le souhaitez. Vous allez tracer des segments qui ont pour extrémités certains de ces points. Appliquez-vous car les dessins les plus soignés serviront de modèles pour une activité de reproduction.*

• Passer auprès de chacun pour vérifier la bonne position de la règle, du crayon.

• Une fois les dessins réalisés, en afficher quelques-uns au tableau.

• Discuter du respect des contraintes : les segments tracés ont pour extrémités les points dessinés sur la fiche. Ce premier temps permet de revenir sur le placement de la règle pour permettre de relier deux points et la technique de tracé.

• Proposer si besoin à certains de refaire un autre dessin avec le même support.

INDIVIDUEL ET PAR ÉQUIPE DE 2

PHASE 2 **Première reproduction**

• Donner la nouvelle consigne :

→ *Vous allez maintenant reproduire un dessin, comme ceux qui sont affichés, à partir du même support. Chacun fera une reproduction, mais il y aura un seul modèle par équipe de 2. Attention, il faut refaire exactement le même dessin que le modèle.*

• Distribuer à chaque élève une nouveau support et à chaque équipe le modèle A.

• Rappeler que tous les dessins ont été effectués en reliant les points du support à l'aide de la règle. Engager chacun à analyser le modèle et à apporter beaucoup de soin à la reproduction.

• Lorsque les deux élèves d'une équipe ont terminé leur tâche, les engager à observer et comparer leurs productions. La validation par superposition avec le modèle sur calque et contrôle par transparence peut s'avérer nécessaire pour certains.

• Faire une mise en commun rapide, prenant appui sur une reproduction commencée par un élève au tableau, afin d'expliciter les stratégies de reproduction et de contrôle.

SYNTHÈSE

Stratégies de résolution

• **Stratégie d'analyse du modèle :**
– la figure est constituée de segments ;
– tous les segments ont pour extrémités les points du support.

• **Stratégie de reproduction :**
– isoler un segment dans la figure modèle ;
– repérer ses extrémités et retrouver ses extrémités sur le support ;
– tracer le segment.

• **Stratégie de contrôle :**
– vérifier que les segments tracés sont conformes à ceux du modèle et que la figure tracée est la même que le modèle.

Il est important, en plus d'expliciter les stratégies de résolution pour la reproduction, de rappeler ici les **méthodes de tracé** (comment tenir la règle, placer le crayon, tourner ou non la feuille…). Les mots « trait » ou « segment » peuvent être indifféremment employés pour nommer les éléments tracés.
Le moment de contrôle à deux et la validation par superposition au modèle sont des temps forts de la situation. Les élèves doivent comprendre l'exigence du travail de reproduction et l'insuffisance d'une action privée d'anticipation et de contrôle.

INDIVIDUEL

PHASE 3 **Deuxième reproduction**

• Distribuer à chaque élève un nouveau support et un nouveau modèle, avec si possible le même modèle entre deux voisins pour permettre échange et contrôle :
– soit un modèle réalisé par un élève en phase 1 avec la fiche support ;
– soit un des modèles B, C, D ou E en différenciant suivant le niveau des élèves.
Les modèles B et C sont de difficulté équivalente, les modèles D et E sont plus complexes à reproduire.

• Engager ensuite à un contrôle des productions entre deux élèves d'une même équipe. Proposer une validation avec le calque comportant le modèle si nécessaire.

INDIVIDUEL

ENTRAINEMENT

CAHIER MESURES ET GÉOMÉTRIE **p. 15**

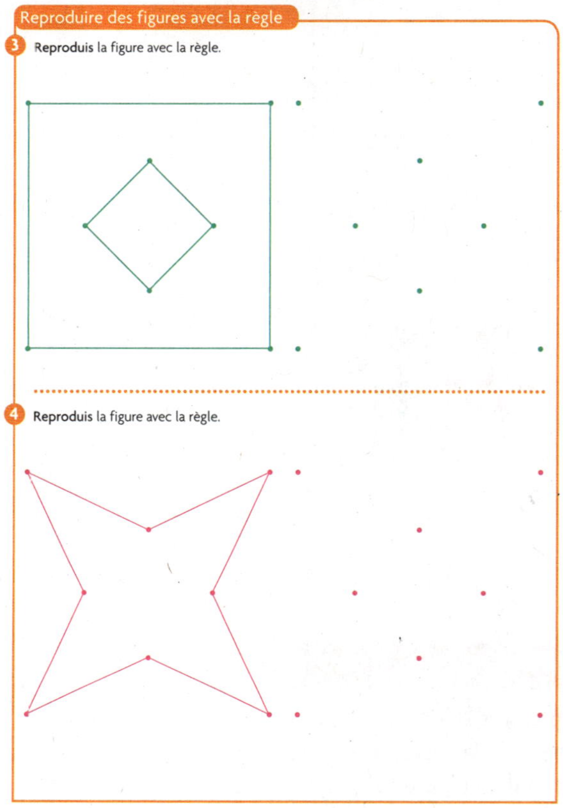

Exercices 3 et 4

• Chaque élève réalise les reproductions demandées sur le cahier. L'exercice 4, plus complexe, pourra être réservé aux élèves les plus rapides.

À SUIVRE

D'autres reproductions de figures à l'aide de la règle seront proposées en **séance 8** ; elles seront le point de départ de **l'étude de l'alignement**.

	Tâche	Matériel	Connaissances travaillées
CALCULS DICTÉS	**Ajout ou retrait de 6, 7, 8 ou 9 à un nombre < 100** – Ajouter ou soustraire 6, 7, 8 ou 9 sans dépasser la dizaine supérieure ou inférieure.	par élève : – ardoise ou cahier de brouillon	**– Calcul mental réfléchi.**
RÉVISER Mesures	**Calendrier : prise d'informations et dates** – Lire des informations et des dates sur un calendrier.	par équipe de 2 : – photocopie d'un calendrier (les 6 derniers mois de l'année) › **matériel sur le site Hatier** par élève : – feuille pour chercher	**– Utilisation d'un calendrier pour déterminer des dates et durées en mois et jours.**
APPRENDRE Géométrie	**Alignement** RECHERCHE **« Points alignés »** – Reconnaitre des points alignés. – Placer un point aligné avec deux ou plusieurs autres.	pour la classe : – **fiches 25 et 26** sur transparent ou agrandies au format A3 par élève : – figures à reproduire et configurations de points › **fiches 25 et 26** – double-décimètre CAHIER GÉOMÉTRIE **p. 16 1, 2, 3 et 4**	**– Points alignés.**

CALCULS DICTÉS

Ajout ou retrait de 6, 7, 8 ou 9 à un nombre inférieur à 100 • Réflexion

– Ajouter ou soustraire 6, 7, 8 ou 9 sans dépasser la dizaine supérieure ou inférieure.

COLLECTIF

• Dicter les calculs sous la forme « cinquante-deux plus six », « quarante-neuf moins six ». Demander aux élèves de répondre sur l'ardoise ou le cahier de brouillon.

• Procéder à une correction collective après chaque calcul.

a. 52 + 6	b. 21 + 9	c. 42 + 7	d. 72 + 8
e. 49 – 6	f. 57 – 7	g. 88 – 6	h. 79 – 7

RÉPONSE : a. 58 b. 30 c. 49 d. 80 e. 43 f. 50 g. 82 h. 72.

Pour chaque calcul, plusieurs procédures sont possibles, par exemple :
– pour **52 + 6** ou **49 – 6**, il suffit d'opérer sur les unités ;
– pour **21 + 9**, il est possible de décomposer 21 en 20 + 1, d'opérer sur les unités (1 + 9 = 10) et d'ajouter donc 1 dizaine aux 2 dizaines de 21 ;
– pour **21 + 9**, il est aussi possible d'ajouter 10 puis de soustraire 1, mais cette procédure n'est pas plus avantageuse que la précédente.

RÉVISER

Calendrier : prise d'informations et dates

– Lire la durée d'un mois et des dates sur un calendrier.

INDIVIDUEL

1 Se repérer dans un calendrier

• Chaque équipe de 2 élèves dispose d'un **calendrier**. Engager les élèves à reconnaître :
– les mois (s'assurer que les élèves connaissent la liste des mois de l'année) ;
– les jours de la semaine (donnés par leurs initiales) ;
– le découpage en semaine ;
– le nombre de jours par mois ;
– le nombre de jours par semaine.

• Poser des questions entraînant la lecture de dates et le repérage de l'ordre des mois dans le calendrier, auxquelles les élèves répondent oralement. Les **questions sont du type** :

Quel est le premier jour du mois de septembre ? le dernier ?
Quel jour est le 15 octobre ?
Quelle est la date du premier dimanche de novembre ?
Ranger dans l'ordre chronologique les dates suivantes (de la même année) : 13 novembre, 20 septembre, 2 décembre, 13 octobre.

INDIVIDUEL

2 Entrainement

• Inscrire les **questions suivantes au tableau**. Chaque élève répond sur sa feuille aux questions posées en utilisant le calendrier en possession de chaque équipe de 2 élèves :

1. Combien y a-t-il de jours dans le mois de novembre ?
2. Quelle est la date du premier lundi du mois de septembre ?
3. Quelle est la date du dernier dimanche du mois de décembre ?
4. Quel jour est le 29 octobre ?

• Un contrôle entre voisins peut être envisagé avant une correction collective.

Ce travail peut être mené en lien avec le domaine « Questionner le monde ». Le travail s'appuie sur les données d'**un calendrier où les mois sont donnés sous forme de liste**.
En prolongement de ce travail, l'**étude de différents calendriers** apportés par les élèves pourra être faite : éphéméride, présentation mois par mois, sous forme d'un tableau (les jours de la semaine sont en entrée), présentation par semestre ou par année.

À SUIVRE
En **séance 9**, les élèves sont amenés à déterminer des **durées** à l'aide d'un calendrier.

APPRENDRE

Alignement

– Percevoir l'alignement de points et utiliser la règle pour le vérifier.
– Utiliser la règle pour placer un point aligné avec deux ou plusieurs autres.

RECHERCHE Fiches 25 et 26

« Points alignés » : Les élèves vont d'abord reproduire des figures avec leur règle en cherchant à déplacer le moins de fois possible la règle. Ensuite, ils vont repérer des alignements de points et utiliser l'alignement pour placer un point.

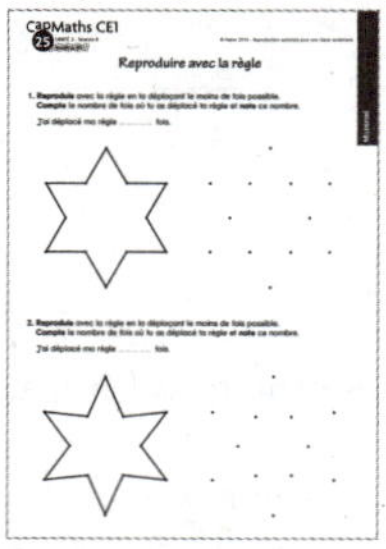

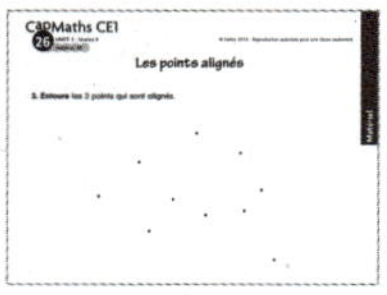

INDIVIDUEL, PUIS PAR ÉQUIPE DE 2

PHASE 1 Tracés à la règle

Remettre la **fiche 25 (questions 1 et 2)** aux élèves. Leur demander d'observer les deux figures et recueillir leurs commentaires.

• Questionner sur le nombre de branches de chaque étoile ainsi que sur le nombre de points marqués pour reproduire chacune d'elles. Conclure que les deux étoiles ont 6 branches chacune et que dans les deux cas 12 points sont placés.

• Faire lire la consigne qui est la même pour les deux questions et la commenter :

→ *Vous allez chercher à reproduire chaque étoile en changeant le moins de fois possible votre règle de place pour faire tous les tracés. Pour chaque étoile, vous compterez le nombre de fois où vous déplacez votre règle pour faire les tracés en comptant dans ce nombre le premier placement de la règle pour le premier tracé.*

• Les élèves traitent les deux questions. Faire ensuite comparer avec le voisin de table que les reproductions sont correctes. Au besoin, intervenir pour les valider.

COLLECTIF

PHASE 2 Mise en commun et synthèse

• Collecter les réponses apportées aux deux questions et les écrire au tableau :

1. Le nombre de placements de la règle peut aller de 6 à 12.
2. Le nombre de placements de la règle est de 12.

• Faire commenter les réponses à la **question 2** pour laquelle il devrait y avoir accord, en demandant au besoin à un élève de montrer au tableau comment il a fait, et conclure : « **il est nécessaire de déplacer la règle pour tracer chaque segment** ».

• Après avoir fait constater que, pour la **question 1**, les réponses varient, solliciter un élève qui a répondu 12 et lui demander de dire comment il a fait. Sa démarche est analogue à la reproduction de la deuxième figure : « **autant de placements de la règle que de segments à tracer** ».

• Demander ensuite aux élèves qui ont déplacé moins de fois leur règle, comment cela a été possible et demander à l'un d'eux de venir en faire la démonstration au tableau. Il doit ressortir que « quand on place la règle de façon à joindre les points 11 et 12 par exemple pour tracer le segment joignant ces deux points, les points 2 et 3 sont également contre le bord de la règle ; on peut donc tracer en même temps le segment qui joint les points 2 et 3 ».

• En réponse aux difficultés des élèves pour expliquer comment ils ont fait, **numéroter les points**, ce qui facilite les échanges. En faire la remarque après coup aux élèves si eux-mêmes ne constatent pas que c'est plus facile de « parler » ainsi de la figure.

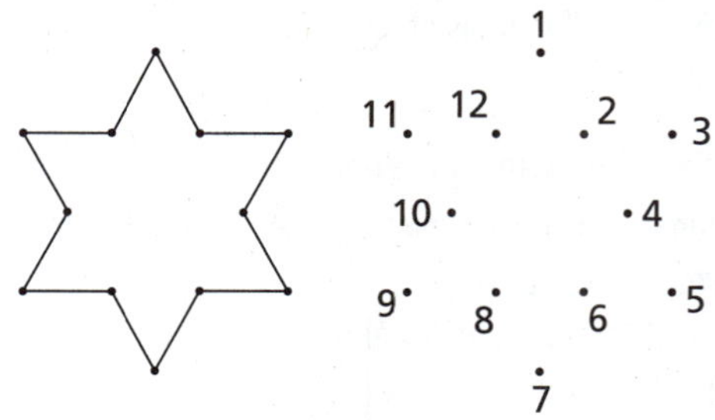

• Poursuivre la reproduction de la première figure au tableau en sollicitant successivement plusieurs élèves, de préférence des élèves qui n'ont pas tiré parti de l'alignement des points. Faire comptabiliser le nombre de placements de la règle pour cette figure (6 placements).

• Conclure : Le nombre de placements de la règle pour la première figure (6) est moindre que pour la deuxième figure (12) car quand on place la règle de façon à ce que, par exemple, les points 1 et 2 soient contre le bord de la règle, les point 4 et 5 sont également contre le même bord de la règle.

On dit que les points **1**, **2**, **4** et **5** sont **alignés**.

• Demander ensuite par exemple aux élèves :

1. Quels autres points de la figure sont alignés ? *(il y a 5 autres alignements 3, 4, 6, 7 – 5, 6, 8, 9 – 7, 8, 10, 11 – 9, 10, 12, 1 – 11, 12, 2, 3).*
2. Les points 1, 2 et 4 sont-ils alignés ? *(oui).*
3. Les points 10, 11 et 6 sont-ils alignés ? *(non ; quand on place le bord de la règle contre deux des trois points, le troisième point n'est pas contre le bord de la règle).*

• Conclure :

Si on veut savoir si des points sont ou non alignés, il faut utiliser la **règle** pour le **vérifier**.

COLLECTIF

PHASE 3 Trois points alignés

• Remettre la **fiche 26** aux élèves pour traiter la **question 3**.

• Afficher l'agrandissement de la figure ou la projeter au tableau. Observer comment font les élèves. Les procédures possibles soit sont perceptives, soit passent par l'utilisation de la règle.

• Solliciter un premier élève qui a déterminé à vue les 3 points alignés, lui demander de venir entourer au tableau les points qu'il pense être alignés. Le questionner sur sa façon de faire pour savoir si ces points sont alignés. Demander l'avis des autres élèves sur cette façon de faire, sans conclure.

• Solliciter un second élève qui a utilisé sa règle pour déterminer les points alignés et procéder comme précédemment.

1re SYNTHÈSE

Savoir si des points sont alignés

On peut se faire un avis uniquement en observant les points, mais pour avoir la certitude que trois points ou plus sont alignés, **il faut utiliser la règle** :

1) Placer le bord de la règle contre deux des points.

2) Observer si les autres points sont également contre le bord de la règle. Si c'est le cas les points sont alignés, sinon les points ne sont pas alignés.

ÉCRIT DE RÉFÉRENCE

Faire retrouver l'information dans le **dico-maths n° 31**.

• Tracer au tableau la droite passant par les 3 points qui sont alignés et demander aux élèves qui ne l'auraient pas fait d'en faire de même.

• Poser cette **nouvelle question** :

Placer un quatrième et un cinquième points. Ils doivent être alignés avec les trois points reconnus comme étant alignés.

• Après un temps de recherche laissé aux élèves, leur demander comment ils ont fait.

2e SYNTHÈSE

Placer un point aligné avec deux ou plusieurs autres points

1) Commencer par tracer la droite qui passe par les points déjà placés.

2) Marquer un point n'importe où sur la droite, entre les points déjà placés ou au-delà de ces points.

UNITÉ 3

INDIVIDUEL

ENTRAINEMENT

CAHIER MESURES ET GÉOMÉTRIE p. 16

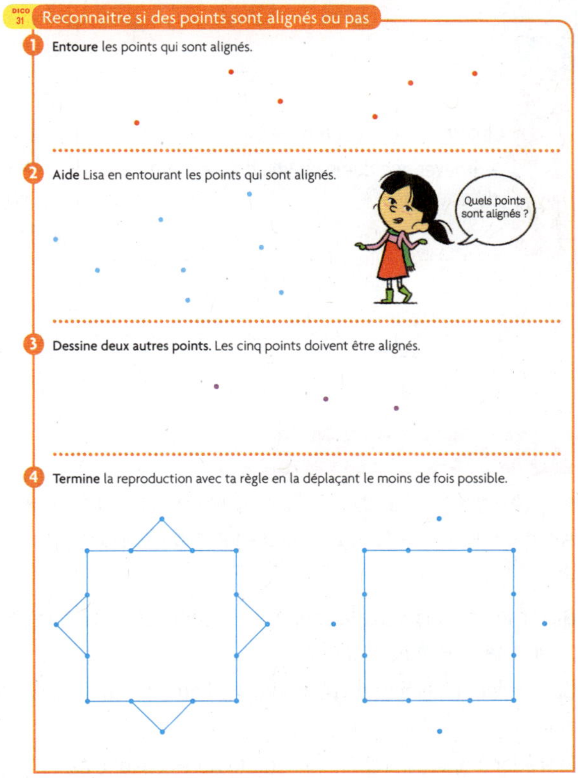

Exercices 1 à 3

Il s'agit d'applications directes de ce qui vient d'être fait. Il est essentiel que tous les élèves traitent les exercices 1 et 3 (rechercher des points alignés et placer des points alignés avec d'autres).

RÉPONSE :

1

2

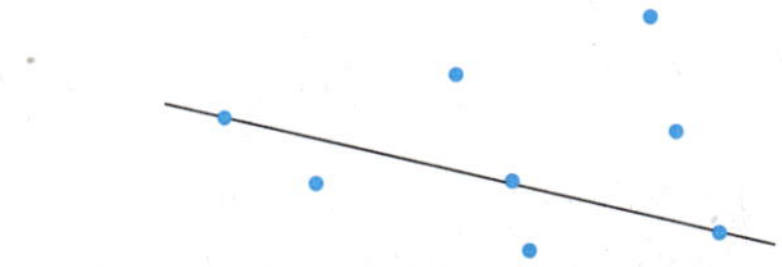

3 La droite passant par les 3 points violets doit être tracée et les deux nouveaux points placés sur cette droite.

Différenciation → CD-Rom du guide, **fiche n° 17**.

Exercice 4

Cet exercice peut être réservé aux élèves plus rapides.

RÉPONSE : Le déplacement optimum de la règle est 4 fois.

À SUIVRE

L'alignement de points sera utilisé ultérieurement dans des activités de reproduction de figures.

Dates et durées en jours et en mois

	Tâche	Matériel	Connaissances travaillées
CALCULS DICTÉS	**Ajout ou retrait de 6, 7, 8 ou 9 à un nombre < 100** – Ajouter ou soustraire 6, 7, 8 ou 9 sans dépasser la dizaine supérieure ou inférieure.	par élève : – ardoise ou cahier de brouillon	**– Calcul mental réfléchi.**
RÉVISER Géométrie	**Reproduction de figures avec la règle** – Reproduire un dessin en identifiant des segments.	pour la classe : – modèles reproduits sur calque pour la validation par élève : – crayons de couleur CAHIER GÉOMÉTRIE **p. 17 1 et 2**	**– Reproduction d'une figure à l'aide de la règle** **– Points alignés.**
APPRENDRE Mesure	**Dates et durées en jours et en mois** RECHERCHE **« Le calendrier »** – Trouver une durée ou une date à l'aide du calendrier.	par équipe de 2 : – photocopie du calendrier p. 18 – 2 énoncés de problèmes > **fiche 27** par élève : CAHIER GÉOMÉTRIE **p. 18 3 et 4**	**– Utilisation d'un calendrier pour déterminer dates et durées en mois et jours.**

CALCULS DICTÉS

Ajouter ou retrancher 6, 7, 8 ou 9 à un nombre inférieur à 100 • Réflexion

– Ajouter ou soustraire 6, 7, 8 ou 9 sans dépasser la dizaine supérieure ou inférieure.

COLLECTIF

- Dicter les calculs sous la forme « soixante-treize plus sept », « cinquante-huit moins huit ».
- Demander aux élèves de répondre sur l'ardoise ou le cahier de brouillon.
- Procéder à une correction immédiate après chaque calcul.

a. 73 + 7	b. 62 + 6	c. 71 + 8	d. 93 + 6
e. 58 – 8	f. 68 – 6	g. 79 – 6	h. 99 – 7

RÉPONSE : a. 80 b. 68 c. 79 d. 99 e. 50 f. 62 g. 73 h. 92.

Voir commentaire de la **séance 8**.

RÉVISER

Reproduction de figures avec la règle

– Isoler des points ou des segments dans une figure modèle, se donner une stratégie de reproduction.
– Reconnaître que des points sont alignés et effectuer des tracés à la règle.

INDIVIDUEL

CAHIER MESURES ET GÉOMÉTRIE p. 17

Reproduire des figures avec la règle

1 **Reproduis** la figure avec la règle.

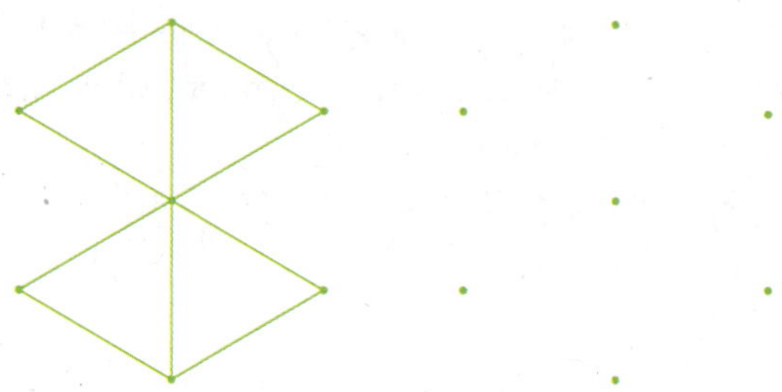

2 **Reproduis** la figure avec la règle.

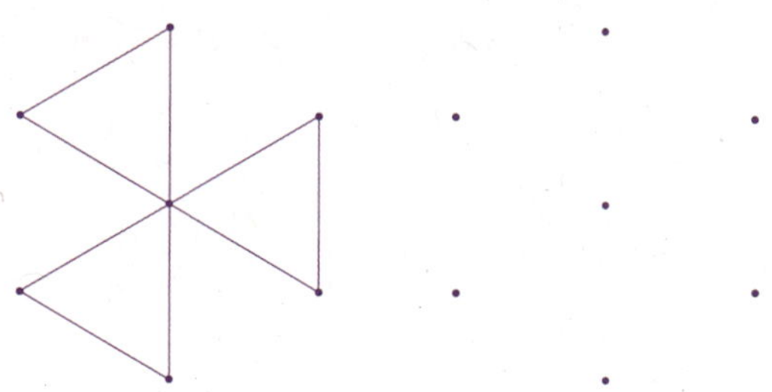

Exercices 1 et 2

• Faire rappeler ce qui a été fait dans les deux séances précédentes et expliquer la tâche :

→ *Il faut refaire exactement le même dessin que le modèle à partir des points déjà placés. Pour cela, il faut bien étudier le modèle et apporter beaucoup de soin à la reproduction.*

• Engager les élèves par deux au contrôle de leur production. La validation par superposition avec le modèle sur calque et contrôle par transparence peut s'avérer nécessaire pour certains.

• Faire formuler de manière collective des éléments d'analyse des points supports :

– les points sont alignés trois par trois, en prenant en compte le point central ;

– il faut analyser le modèle et décider quels sont les points qu'il faut relier pour tracer les mêmes segments que ceux du modèle ;

– on a intérêt à déplacer la règle le moins de fois possible pour bien respecter les alignements.

Différenciation → CD-Rom du guide, **fiche n° 18.**

APPRENDRE

Dates et durées en jours et en mois

– Lire des dates sur un calendrier et utiliser un calendrier pour trouver des durées.
– Comprendre le lien entre dates et durées exprimées en jours.
– Exprimer des durées en jours ou en mois et jours.

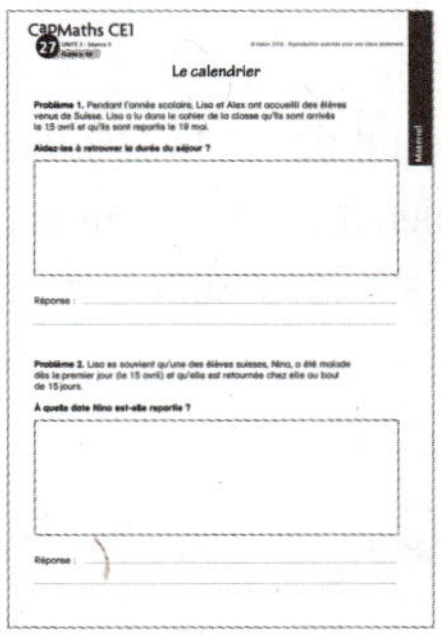
Le calendrier

RECHERCHE Fiche 27

« Le calendrier » : Les élèves vont avoir à résoudre deux problèmes liant dates et durées en utilisant le calendrier.

ÉQUIPES DE 2

PHASE 1 Résolution des 2 problèmes

• Distribuer à chaque équipe de 2 élèves la fiche de travail ainsi qu'un calendrier. Faire lire le texte du **problème 1**.

• Aider à reformuler la question. Demander aux élèves de résoudre le problème 1. Indiquer que l'on peut utiliser le calendrier pour résoudre le problème.

• Demander ensuite aux élèves de résoudre le **problème 2**.

Les procédures attendues :
– comptage des jours sur le calendrier pour le problème 1 ;
– comptage des semaines sur le calendrier ;
– comptage d'un mois du 15 avril au 15 mai, puis comptage des jours du 15 au 19 mai ;
– comptage d'un mois du 15 avril au 15 mai, puis calcul 19 – 15.
Il faut compter les premiers et derniers jours des séjours. Néanmoins, on considèrera comme « quasi correctes » des réponses données à un jour près.

COLLECTIF

PHASE 2 Mise en commun pour le problème 1

• Rassembler les résultats que les élèves ont trouvés au problème 1. Faire remarquer que les réponses sont exprimées soit en nombre de jours, soit en nombre de mois et jours. Faire discuter sur :

– certaines réponses qui peuvent être jugées d'emblée fausses et éliminées (par exemple celles qui sont en nombre d'années, celles qui n'ont pas pris en compte le changement de mois) ;

– les méthodes et les erreurs commises.

1re SYNTHÈSE

1. Déterminer une durée en jours entre deux dates

• **Première méthode**

1) Repérer les deux dates de début et de fin sur le calendrier.
2) Compter le nombre de jours séparant les deux dates.

Cette méthode est sûre mais peut être longue.

Remarque : Suivant la question posée, on compte ou non le premier jour.

• **Deuxième méthode**

1) Repérer les deux dates de début et de fin sur le calendrier.
2) Trouver le nombre de jours par un calcul.

2. Calculer une durée

• **Si les deux dates sont dans le même mois de la même année,** on peut calculer la **durée en jours**.

Calculer la durée entre le 10 janvier 2013 et le 15 janvier 2013.
Il s'est écoulé 15 – 10 = **5 jours**.

• **Si les deux dates sont dans des mois différents,** quand le numéro de la date de fin est plus grand ou égal à celui de la date de début, on peut calculer la **durée en mois et en jours**.

Calculer la durée entre le 10 janvier et le 11 février.
– Entre le 10 janvier et le 10 février, il s'écoule 1 mois.
– Entre le 10 janvier et le 11 février, il s'écoule 1 mois et 1 jour.

• **Entre un jour d'un certain numéro d'un mois à celui du même numéro du mois suivant, il s'écoule 1 mois.**
Exemple : Entre le 21 avril et le 21 mai, il s'écoule 1 mois.

• Aider, si le cas se présente, à passer d'une réponse en nombre de mois et jours à une réponse en nombre de jours, pour montrer l'équivalence des résultats.

1re SYNTHÈSE (suite)

3. Passer d'une durée en mois et jours à une durée en jours

Ce n'est pas simple car les mois ont 30 jours ou 31 jours ou encore 28 ou 29 jours pour le mois de février.

Calculer la durée entre le 15 avril et le 19 mai.
Comme avril a 30 jours, la durée entre le 15 avril et le 15 mai est de 30 jours.
Du 15 mai au 19 mai, il y a 4 jours.
La durée est donc de : 30 + 4 = **34 jours** ou **1 mois et 4 jours.**

RÉPONSE (PROBLÈME 1) : 1 mois et 4 jours ou (34 jours) ou 1 mois et 5 jours (ou 35 jours) si l'on compte le premier jour.

COLLECTIF

PHASE 3 Mise en commun pour le problème 2

• Faire ensuite le bilan des réponses pour ce problème. Certains élèves (rares) ont fait des comptages ou des calculs sans se servir du calendrier. Leur faire expliquer leurs procédures devant la classe.

2e SYNTHÈSE

1. Déterminer une date de fin, connaissant la date de début et la durée en jours

• **Première méthode**

1) Repérer la date de début sur le calendrier.
2) Compter à partir de là le nombre de jours correspondant à la durée.
3) Repérer la date de fin.

• **Deuxième méthode**

Si les deux dates sont dans le même mois de la même année, on peut faire un **calcul**.
Exemple : 5 jours après le 10 janvier, on est le 10 + 5 = **15 janvier**.

• Poser la question suivante :
Quelle date est-on 1 mois après le 15 avril ?
Commenter la réponse (le 15 mai).

2e SYNTHÈSE (suite)

2. Déterminer une date de fin, sachant que la durée est de 1 mois

Si une durée entre deux dates est de 1 mois, la date de fin a le même numéro que la date de début.
Exemple : 1 mois après le 15 avril, on est le **15 mai**.

RÉPONSE (PROBLÈME 2) : 30 avril.

INDIVIDUEL

ENTRAINEMENT

CAHIER MESURES ET GÉOMÉTRIE p. 18

Utiliser un calendrier

Avril	Mai	Juin	Juillet	Aout	Septembre
M 1	V 1	L 1	M 1	S 1	M 1
J 2	S 2	M 2	J 2	D 2	M 2
V 3	D 3	M 3	V 3	L 3	J 3
S 4	L 4	J 4	S 4	M 4	V 4
D 5	M 5	V 5	D 5	M 5	S 5
L 6	M 6	S 6	L 6	J 6	D 6
M 7	J 7	D 7	M 7	V 7	L 7
M 8	V 8	L 8	M 8	S 8	M 8
J 9	S 9	M 9	J 9	D 9	M 9
V 10	D 10	M 10	V 10	L 10	J 10
S 11	L 11	J 11	S 11	M 11	V 11
D 12	M 12	V 12	D 12	M 12	S 12
L 13	M 13	S 13	L 13	J 13	D 13
M 14	J 14	D 14	M 14	V 14	L 14
M 15	V 15	L 15	M 15	S 15	M 15
J 16	S 16	M 16	J 16	D 16	M 16
V 17	D 17	M 17	V 17	L 17	J 17
S 18	L 18	J 18	S 18	M 18	V 18
D 19	M 19	V 19	D 19	M 19	S 19
L 20	M 20	S 20	L 20	J 20	D 20
M 21	J 21	D 21	M 21	V 21	L 21
M 22	V 22	L 22	M 22	S 22	M 22
J 23	S 23	M 23	J 23	D 23	M 23
V 24	D 24	M 24	V 24	L 24	J 24
S 25	L 25	J 25	S 25	M 25	V 25
D 26	M 26	V 26	D 26	M 26	S 26
L 27	M 27	S 27	L 27	J 27	D 27
M 28	J 28	D 28	M 28	V 28	L 28
M 29	V 29	L 29	M 29	S 29	M 29
J 30	S 30	M 30	J 30	D 30	M 30
	D 31		V 31	L 31	

3 Lisa est en vacances chez ses grands-parents du 18 juillet au 10 aout.
Combien de jours reste-t-elle chez ses grands-parents ?

4 L'oncle d'Alex part en vacances pendant 1 mois et 10 jours.
La date de son départ est le 20 avril.
Quelle sera la date de son retour ?

Les problèmes posés sont similaires à ceux de l'activité précédente. Les élèves peuvent utiliser le calendrier. Le travail peut se terminer par une mise en commun sur les résultats et les méthodes.

Exercice 3

• Recherche d'une durée en jours ou en semaines, étant données deux dates.

RÉPONSE : **23 ou 24 jours** selon que l'on compte le 1er jour comme faisant partie du séjour.

Exercice 4

• Recherche d'une date de retour, étant données une date de départ et une durée.

RÉPONSE : le **30 mai** si on compte que, du 20 avril au 20 mai, il s'écoule un mois.

Différenciation : Exercices 3 et 4 → CD-Rom du guide, **fiche n° 19.**

BILAN de l'UNITÉ 3

CONSOLIDATION

CALCUL MENTAL

Calcul mental (séances 1 à 9)

Connaissances à acquérir

→ **Mémoriser le répertoire additif pour calculer** : sommes et différences.

→ **Ajout ou retrait de 6, 7, 8 et 9 à un nombre inférieur à 100** sans dépasser la dizaine inférieure ou supérieure (calcul réfléchi).

→ **Calcul sur les dizaines entières (nombres < 100)** : compléments.

Pas de préparation de bilan proposée dans le fichier.

Je fais le bilan › FICHIER NOMBRES p. 33

Exercice 1 Calcul de sommes, différences et compléments dont le résultat est inférieur à 30.

Calculs dictés :

a. 6 + 6 b. 7 + 8 c. 16 – 9
d. Combien pour aller de 9 à 15 ?
e. 32 + 7 f. 44 + 6 g. 48 – 6 h. 77 – 7.

RÉPONSES : a. 12 b. 15 c. 7 d. 6 e. 39 f. 50 g. 42 h. 70.

Je consolide mes connaissances › FICHIER NOMBRES p. 34

Exercice 1
8 + 8 = **16** 14 – 7 = **7**
8 + 9 = **17** 15 – 8 = **7**
6 + 9 = **15** 17 – 8 = **9**

Exercice 2
34 + 6 = **20** 48 – 6 = **42**
42 + 7 = **49** 99 – 7 = **92**
52 + 8 = **60** 86 – 6 = **80**

Exercice 3
2 + 5 = 7 5 – 2 = 3
2 + 9 = 11 9 – 2 = 7
5 + 9 = 14 9 – 5 = 4
2 + 5 + 9 = 16

Les sommes obtenues en inversant les termes sont évidemment correctes.

Autres ressources

› **90 Activités et jeux mathématiques CE1**
21. Un nombre à l'écran
22. La punta
23. Recto verso

› **CD-Rom Jeux interactifs GS-CP-CE1**
11. Je suis un as du calcul (niveau 1)
12. Je calcule à la vitesse de l'éclair (niveau 2)

› **Activités avec la calculatrice GS-CP-CE1**
10. Tables d'addition (CP ou CE1)
12. Course au nombre

NOMBRES ET CALCULS

Dizaines et unités : échanges (séance 1)

Je prépare le bilan › FICHIER NOMBRES p. 32 A

→ Pour certains calcul, il est intéressant d'échanger 1 dizaine contre 10 unités. Il faut se souvenir que 1 dizaine = 10 unités.

Je fais le bilan › FICHIER NOMBRES p. 33

Exercice 2 Ajouter et soustraire des unités à un nombre inférieur à 100.

42 plus 7 unités : **49** 42 moins 4 unités : **38** 42 moins 4 dizaines : **2**
86 plus 4 unités : **90** 86 moins 9 unités : **77** 86 plus 1 dizaine : **96**

Je consolide mes connaissances › FICHIER NOMBRES p. 34

Exercice 4
5 € → 45 € → 39 € → 19 € → 27 €

CD-Rom du guide

› **Fiche différenciation n° 14**

Autres ressources

› **Activités avec la calculatrice GS-CP-CE1**
6. Suite régulière de nombres
7. Des chiffres qui changent, des chiffres qui ne changent pas

NOMBRES ET CALCULS

Addition : calcul posé ou en ligne (nombres < 100) (séances 2 et 3)

Je prépare le bilan › FICHIER NOMBRES p. 32 B

→ **Pour calculer une addition, on peut la poser en colonnes** : il faut bien écrire les unités sous les unités, les dizaines sous les dizaines et ne pas oublier la retenue si le total des unités est plus grand que 10.

→ **On peut aussi la calculer en ligne** de la même façon ou par un calcul réfléchi.

Je fais le bilan › FICHIER NOMBRES p. 33

Exercice 3 **Calculer des sommes en posant l'opération en colonnes ou par un calcul en ligne.**

$$\begin{array}{r} 35 \\ +\,43 \\ \hline 78 \end{array} \qquad \begin{array}{r} 28 \\ +\,54 \\ \hline 82 \end{array} \qquad \begin{array}{r} 13 \\ 25 \\ +\,42 \\ \hline 80 \end{array}$$

Je consolide mes connaissances › FICHIER NOMBRES p. 34

Exercice 5

$$\begin{array}{r} 13 \\ +\,43 \\ \hline 56 \end{array} \qquad \begin{array}{r} 47 \\ +\,47 \\ \hline 94 \end{array} \qquad \begin{array}{r} 8 \\ +\,56 \\ \hline 64 \end{array} \qquad \begin{array}{r} 25 \\ 50 \\ +\,16 \\ \hline 91 \end{array}$$

CD-Rom du guide

› Fiche différenciation n° 15

NOMBRES ET CALCULS

Multiplication : approche par l'adition itérée, signe × (séances 4 à 6)

Je prépare le bilan › FICHIER NOMBRES p. 32 C

→ **Un nombre peut être décomposé en sommes de nombres identiques de plusieurs façons.**
Exemple : **20** c'est **4 fois 5**, c'est aussi **5 fois 4**...
On peut écrire 5 × 4 = 20 ou 4 × 5 = 20.

Je fais le bilan › FICHIER NOMBRES p. 33

Exercice 4 **Calculer 4 fois 6 (dans une situation).**
Lisa a utilisé 24 cubes.

Exercice 5 **Exprimer une quantité sous forme multiplicative et donner le résultat.**
5 × 3 = 15 ou 3 × 5 = 15.

Je consolide mes connaissances › FICHIER NOMBRES p. 34

Exercice 6 20 champignons.

Exercice 7 5 + 5 + 5 3 + 3 + 3 + 3 + 3
1 + 1 + 1 + 1 + 1 + 1 + 1 + 1 + 1 + 1 + 1 + 1 + 1 + 1 + 1.

Exercice 8 10 + 10 = 20 5 + 5 + 5 = 5 = 20
4 + 4 + 4 + 4 + 4 = 20 10 fois 2 = 20 20 fois 1 = 20.

Exercice 9 **fleurs :** 5 × 5 = 25
pommes : 3 × 10 = 30 ou 10 × 3 = 30.

Exercice 10 6 + 6 + 6 + 6 + 6 = 6 × 5 (ou 5 × 6)
5 + 5 + 5 + 5 + 5 = 5 × 5
7 + 7 = 7 × 2 (ou 2 × 7)
2 + 2 + 2 + 2 + 2 + 2 + 2 = 2 × 7 (ou 7 × 2).

CD-Rom du guide

› Fiche différenciation n° 15

Autres ressources

› CD-Rom Jeux interactifs GS-CP-CE1
15. Les tours

MESURES ET GÉOMÉTRIE

Reproduction à la règle (séance 7)

Pas de bilan proposé dans le cahier.

Tracer un segment reliant deux points, prolonger un segment ont été travaillés en CP et consolidés en unité 1.
Dans les **activités de reproduction** proposées en séance 7, avant d'effectuer les tracés, les élèves ont dû isoler des points ou des segments dans une figure modèle. Il s'agit là d'un premier travail d'analyse d'une figure, compétence qui sera fréquemment sollicitée par la suite.
C'est pourquoi nous proposons à ce sujet des exercices de consolidation.

Je consolide mes connaissances › CAHIER GÉOMÉTRIE p. 20

Exercices 1 à 3 Pas de corrigé.

Les figures modèles peuvent être photocopiées sur papier calque pour la validation.

CD-Rom du guide

› Fiche différenciation n° 18

Autres ressources

› 90 Activités et jeux mathématiques CE1

58. Reproduction à la règle (1)
59. Reproduction à la règle (2)

MESURES ET GÉOMÉTRIE

Alignement (séance 8)

Je prépare le bilan › CAHIER GÉOMÉTRIE p. 19 A

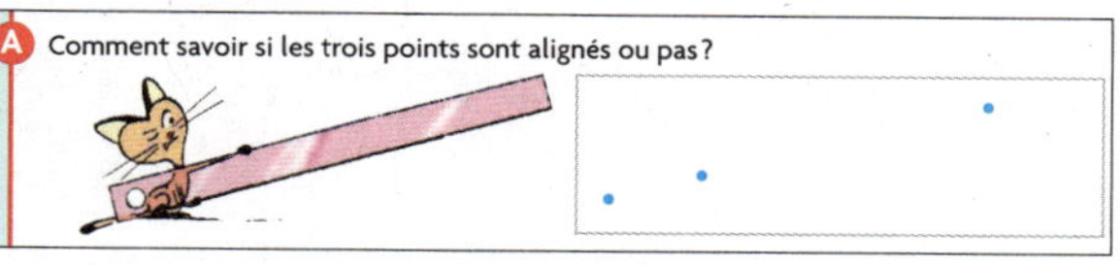
A Comment savoir si les trois points sont alignés ou pas ?

→ **L'alignement de points** peut être constaté à l'œil, mais il faut utiliser la règle pour le vérifier.
Pour dessiner trois points alignés ou plus, il faut commencer par tracer une droite et placer ensuite les points dessus.

Je fais le bilan › CAHIER GÉOMÉTRIE p. 19

Exercice 1 Décider si des points sont alignés.

Les phrases justes :
– Les points noirs sont alignés.
– Les points gris ne sont pas alignés.

Exercice 2 Placer un point de façon à ce qu'il soit aligné avec d'autres.

Pas de corrigé.

Je consolide mes connaissances › CAHIER GÉOMÉTRIE p. 21

Exercice 4

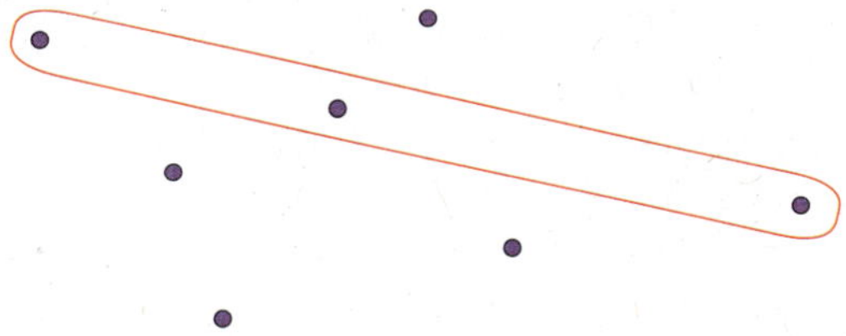

Exercice 5 Pas de corrigé.

CD-Rom du guide

› Fiche différenciation n° 17

Autres ressources

› 90 Activités et jeux mathématiques CE1

60. Quatre points alignés et c'est gagné
61. Le morpion
62. Il manque un point !

BILAN de l'UNITÉ 3

CONSOLIDATION

Dates et durées en jours et mois (séance 9)

Je prépare le bilan › CAHIER GÉOMÉTRIE p. 19 B

→ **Sur le calendrier, on peut :**
– trouver des **dates** ;
– trouver une **durée entre deux dates** en comptant les jours.

→ Entre un jour ayant un certain numéro dans un mois et le jour du mois suivant ayant le même numéro, **il s'écoule 1 mois.**

Je fais le bilan › CAHIER GÉOMÉTRIE p. 19

Exercice 3 Trouver une date de fin à l'aide du calendrier, étant données une date de début et une durée en jours
(les élèves peuvent se reporter au calendrier utilisé en séance 7).

28 ou **29 décembre** selon si on compte ou pas le premier jour.

Je consolide mes connaissances › CAHIER GÉOMÉTRIE p. 21

Exercice 6 9 avril, 18 juin, 10 juillet, 22 septembre, 20 décembre.

Exercice 7

matériel : le calendrier est donné sous une autre forme que celui de la séance d'apprentissage.

- Le mardi
- Le samedi
- Le 17 juin
- 19 jours (*on compte le premier jour*)
- Le 10 juin ou 9 juin si on inclut le 2 juin.
- 42 jours (28 + 14) ou 1 mois et 14 jours (*on compte le premier jour*).

CD-Rom du guide

› Fiche différenciation n° 19

On partage !

› CAHIER MESURES ET GÉOMÉTRIE p. 22

Le thème du partage « équitable », travaillé dès la maternelle dans le contexte des quantités, est ici abordé dans celui des longueurs.
Les bandes superposables sont des rectangles identiques (de même dimension), le problème du partage des bandes se ramène ici au partage de longueurs.
Si les premiers problèmes peuvent être indifféremment résolus par des procédures « pratiques » (pliage) ou des procédures numériques (utilisation de la mesure), les procédures numériques s'imposent par leur côté économique lorsque le pliage devient difficile à réaliser (c'est le cas dans le problème 4).

Problème 1

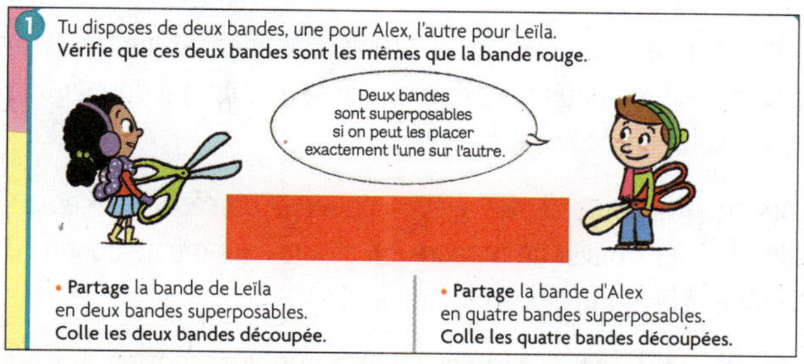
1 Tu disposes de deux bandes, une pour Alex, l'autre pour Leïla.
Vérifie que ces deux bandes sont les mêmes que la bande rouge.

• **Partage** la bande de Leïla en deux bandes superposables.
Colle les deux bandes découpée.
• **Partage** la bande d'Alex en quatre bandes superposables.
Colle les quatre bandes découpées.

OBJECTIFS : Recourir au pliage pour partager une bande en 2, en 4 bandes de longueurs égales.
TÂCHE : Partager une bande en 2 bandes, puis en 4 bandes superposables.

Problème 2

2 Moustik veut partager la bande bleue pour avoir deux bandes superposables.
Marque par un trait l'endroit où il doit couper.

OBJECTIFS : Recourir à une bande intermédiaire et au pliage ou à la mesure pour partager une bande dessinée en 2 bandes de longueurs égales.
TÂCHE : Partager une bande en 2 bandes superposables, sans pouvoir plier la bande bleue.

Problème 3

3 Alex veut partager la bande violette pour avoir quatre bandes superposables.
Marque par des traits les endroits où il doit couper.

OBJECTIFS : Recourir à une bande intermédiaire et au pliage ou à la mesure pour partager une bande dessinée en 4 bandes de longueurs égales.
TÂCHE : Partager une bande en 4 bandes superposables, sans pouvoir plier la bande violette.

Problème 4

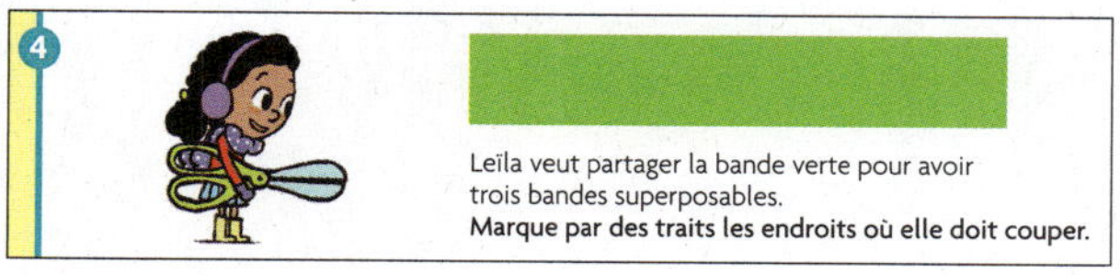
4 Leïla veut partager la bande verte pour avoir trois bandes superposables.
Marque par des traits les endroits où elle doit couper.

OBJECTIFS : Recourir à la mesure pour partager une bande dessinée en 3 bandes de longueurs égales.
TÂCHE : Partager une bande en 3 bandes superposables, sans pouvoir plier la bande verte.

Matériel par élève

– 2 ou 4 bandes de papier pour le problème 1 › **fiche 28**
– 1 feuille de papier
– 1 bande de papier blanc › bande de 1 cm (ou moins) de large et de 21 cm de long **à fabriquer par l'enseignant dans une feuille A4** (prendre garde à ce que la largeur des bandes ne soit pas celle des bandes dessinées sur le fichier)
– double-décimètre
– paire de ciseaux par équipe de 2

Mise en œuvre

Problème 1 : Il sert d'« amorce » aux problèmes suivants, les élèves ne disposent que des bandes de la fiche 28 et d'une paire de ciseaux.

Une première mise en commun peut être nécessaire pour disqualifier un découpage rapide par essai en 2 ou 4 morceaux qui s'avèrent non superposables. Les élèves disposent alors de deux autres bandes pour réfléchir à une procédure valide avant de découper. Quand une procédure a été trouvée (pliage ou mesure), les élèves sont autorisés à découper les bandes avec les ciseaux.

Il y a en fait deux solutions pour chacun des deux sous-problèmes proposés, obtenues par partage des bandes dans le sens de la longueur ou dans le sens de la largeur (qui est plus difficile, vu les mesures choisies). **On privilégiera pour la suite le partage dans le sens de la longueur.**

Problèmes 2, 3 et 4 : Les élèves disposent de la bande de papier blanc, du double-décimètre et d'une paire de ciseaux par équipe de deux.
– La recherche se fait individuellement ou par équipes de deux.
– Une mise en commun peut être effectuée après la recherche des problèmes 2 et 3, et en fin du **problème 4**.

Aides possibles

Pour les élèves ayant des difficultés en lecture, les énoncés peuvent être verbalisés par l'enseignant.

Problème 1 : Superposer deux bandes de même largeur et de même longueur pour aider à la compréhension du terme « superposable ».

Problèmes 2 et 3 : Après un temps de recherche, si des élèves n'envisagent aucune procédure, leur demander ce qui leur interdit d'utiliser la même méthode qui fonctionnait dans le problème 1 et relancer la recherche en demandant ce qu'ils pourraient faire pour pouvoir utiliser la méthode du problème 1 sachant qu'ils ne peuvent pas découper la page du fichier sur laquelle est dessinée la bande.

Problème 4 : En cours de recherche, faire un point intermédiaire en vue d'arriver au constat que :
– plier une bande en 3 est difficile ;
– couper trois morceaux de même longueur à vue, de façon à ce qu'en les mettant bout à bout on arrive à recouvrir exactement la bande de Leïla, nécessite de s'y prendre à plusieurs fois, sans nécessairement obtenir une solution satisfaisante.

Relancer ensuite la recherche en formulant différemment le problème : « Comment sans plier, ni découper, trouver exactement la longueur à donner au morceau de bande pour qu'en mettant trois morceaux identiques bout à bout on recouvre exactement la bande de Leïla ? ».

Exploitation

La mise en commun porte sur les différentes procédures utilisées. Mettre en débat la validité de chacune d'elles, reconnaître celles qui permettent de réussir chacun des problèmes sans en privilégier aucune.

Si seule une procédure « pratique » (pliage) permet de résoudre le problème 1 du fait des outils à disposition, les problèmes 2 et 3 peuvent l'être par cette procédure ou par une procédure numérique (utilisation de la mesure). Dans le **problème 4** où le pliage en trois s'avère difficile, la procédure numérique est, elle, beaucoup plus économique.

Procédures permettant de réussir

Problème 1 : La bande est manipulable et les élèves ne disposent que d'une paire de ciseaux. Si le pliage en deux ne devrait pas faire difficulté, le pliage en quatre (deux fois en deux) peut être moins spontané et nécessiter d'être montré aux autres par quelques élèves, après un temps de recherche.

Problèmes 2 et 3 : Les élèves peuvent :

– Réaliser une bande superposable à la bande dessinée sur la page du fichier, la découper et ainsi se ramener au problème 1.

Une fois la bande « moitié » ou « quart » découpée, ils l'utilisent comme gabarit pour porter les repères sur la bande dessinée aux endroits où elle doit être découpée.

– Faire une marque de report, sur la bande de papier blanc, de la longueur de la bande dessinée sur le fichier. Découper ou non une bande de la même longueur que la bande dessinée. Puis plier en deux ou en quatre pour avoir la longueur de la bande cherchée. Enfin porter des repères sur la bande dessinée en utilisant la bande pliée comme gabarit.

– Mesurer la longueur de la bande dessinée et utiliser une procédure numérique pour déterminer la longueur à donner à la bande solution du problème.

Pour le **problème 2**, les élèves peuvent procéder par essais additifs pour trouver un nombre qui ajouté à lui-même donne 10 ou utiliser le fait que 5 est la moitié de 10.

Pour le **problème 3**, certains verront que découper en 4, c'est découper en 2 et encore en 2. Ils peuvent utiliser la même procédure que pour le problème 2 pour trouver la longueur de la moitié de de bande et la répéter pour déterminer la longueur du quart de bande. D'autres rechercheront un nombre qui ajouté 3 fois à lui-même donne 12 (3 cm).

Problème 4 : Seule la dernière procédure – détermination d'un nombre qui ajouté 2 fois à lui-même donne 9 – permet d'arriver rapidement au résultat exact (3 cm).

Le pliage en trois d'une bande de même longueur que la bande dessinée est délicat et guère envisageable en CE1. La procédure qui consiste à découper une bande, dont la longueur correspond approximativement au tiers de la bande dessinée, et à la reporter 3 fois sur cette bande puis à ajuster la longueur de la bande peut conduire à un résultat matériellement satisfaisant en quelques essais. Cette procédure sera validée en précisant toutefois qu'elle peut être longue.

UNITÉ 4

13 ou 14 séances
– 10 séances programmées (9 séances d'apprentissage + 1 bilan)
– 3 ou 4 séances pour la consolidation et la résolution de problèmes

	CALCUL MENTAL (environ 30 min par séance)	RÉVISER (environ 30 min par séance)	APPRENDRE (environ 45 min par séance)
Séance 1 FICHIER NOMBRES p. 37	**Problèmes dictés** Déplacement sur une ligne graduée	**Problèmes écrits** Déplacement sur une ligne graduée	**Multiplication : signe × et signe +** RECHERCHE Combien de cubes ?
Séance 2 FICHIER NOMBRES p. 38	**Calculs dictés** Répertoire additif : sommes, différences, compléments	**Addition posée ou réfléchie**	**Multiplication : calcul de produits simples** RECHERCHE Combien de cubes ?
Séance 3 FICHIER NOMBRES p. 39	**Calculs dictés** Répertoire additif : sommes, différences, compléments	**Équivalence entre 1 dizaine et 10 unités (nombres < 100)**	**Le nombre 100** RECHERCHE Le nombre 100 et quelques autres…
Séance 4 FICHIER NOMBRES p. 40	**Calculs dictés** Complément à la dizaine supérieure	**Addition posée ou réfléchie**	**Nombres inférieurs à 1 000 : centaines, dizaines, unités** RECHERCHE Le collier de la reine
Séance 5 FICHIER NOMBRES p. 41	**Problèmes dictés** Déplacement sur une ligne graduée	**Problèmes écrits** Déplacement sur une ligne graduée	**Nombres inférieurs à 1 000 : lecture, écriture** RECHERCHE Avec le mot « cent »
Séance 6 CAHIER GÉOMÉTRIE p. 23-24	**Calculs dictés** Complément à la dizaine supérieure ou écart à la dizaine inférieure	**Mesure de longueurs en centimètres**	**Carrés et rectangles : longueur des côtés** RECHERCHE Trouver un carré ou un rectangle à partir d'un message
Séance 7 CAHIER GÉOMÉTRIE p. 25-26	**Calculs dictés** Ajout, retrait de dizaines entières (résultat < 100)	**Construction de carrés et de rectangles**	**Reproduction sur quadrillage (1)** RECHERCHE Polygones sur quadrillage
Séance 8 FICHIER NOMBRES p. 42	**Calculs dictés** Passage par la dizaine supérieure	**Problèmes écrits** Multiplication et addition itérée	**Sommes et compléments : passage par la dizaine supérieure** RECHERCHE Calcul réfléchi de sommes et compléments
Séance 9 FICHIER NOMBRES p. 43	**Calculs dictés** Passage par la dizaine supérieure	**Problème écrit** Multiplication et addition itérée	**Résolution de problèmes : formuler une question, y répondre, présenter la solution** RECHERCHE Combien de fleurs ?

Bilan
Je prépare le bilan puis Je fais le bilan
FICHIER NOMBRES p. 44 et 45
CAHIER GÉOMÉTRIE p. 27 et 28

Consolidation Remédiation
Je consolide mes connaissances
FICHIER NOMBRES p. 46
CAHIER GÉOMÉTRIE p. 29 et 30

Banque de problèmes
Le marchand de ballons
FICHIER NOMBRES p. 47
– Résoudre un problème de recherche d'un état initial qui a subi une diminution
– Exploiter les données d'un tableau à double entrée
– Résoudre un problème de recherche

L'essentiel à retenir de l'unité 4

- **Calculs dictés :**
  – Mémorisation de tout le répertoire additif
  – Complément à la dizaine supérieure
  – Ajout, retrait d'un nombre, avec passage de la dizaine
  – Problèmes liés à des déplacements sur une ligne numérique
- **Multiplication et addition itérée**
- **Centaines, dizaines et unités**
- **Lecture et écriture des nombres inférieurs à 1 000**
- **Carrés et rectangles : longueur des côtés**
- **Reproduction de polygones sur quadrillage**

	Tâche	Matériel	Connaissances travaillées
PROBLÈMES DICTÉS	**Déplacement sur une ligne graduée** – Trouver la valeur de la case d'arrivée ou la valeur du déplacement dans des situations de déplacement sur une ligne graduée.	pour la classe : – ligne numérique agrandie, graduée de 1 en 1 jusqu'à 49, mais seuls les multiples de 5 sont écrits › fiche 29 – bande de papier permettant de cacher une partie de la ligne numérique – pion (punaise, aimant...) par élève : FICHIER NOMBRES p. 37 1	– **Répertoire additif** – Sommes, différences, compléments.
PROBLÈMES ÉCRITS	**Déplacement sur une ligne graduée** – Trouver la valeur de la case d'arrivée ou la valeur du déplacement.	pour la classe : – ligne numérique agrandie de 0 à 45 › fiche 29 par élève : FICHIER NOMBRES p. 37 2 et 3	– **Calcul réfléchi** – Sommes, différences, compléments.
APPRENDRE Calcul	**Multiplication : signe × et signe +** RECHERCHE **« Combien de cubes ? »** – Calculer quelques produits simples. – Distinguer la signification des signes × et +.	pour la classe : – une centaine de cubes emboitables en hauteur par élève : – grande feuille et un feutre – calculette FICHIER NOMBRES p. 37 4 et 5	– **Multiplication** – **Distinction entre signes × et +** – Lien avec l'addition itérée.

PROBLÈMES DICTÉS

Déplacement sur une ligne graduée

– Résoudre des problèmes dans lesquels il faut calculer des sommes, des différences, des compléments.

COLLECTIF

FICHIER NOMBRES ET CALCULS p. 37

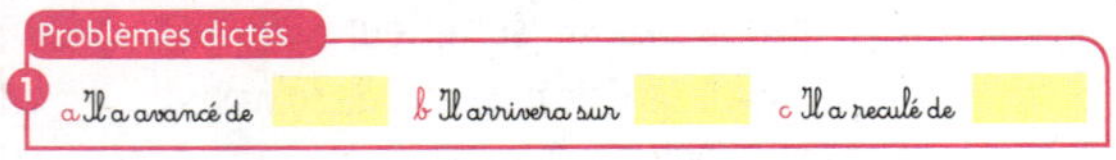

Exercice 1

• Proposer successivement aux élèves trois problèmes à résoudre, chacun faisant l'objet d'une simulation à l'aide de la **ligne graduée de la fiche**, ce qui facilite la représentation mentale de la situation par les élèves et, à la fin, permet une vérification expérimentale des réponses.

• Une courte phase d'appropriation du contexte est nécessaire, en particulier pour les élèves qui ont peu ou pas travaillé avec la bande numérique au CP :

– présenter le support « ligne numérique », faire situer des nombres marqués et des nombres non marqués : *À quel nombre correspond ce repère ? Où se trouve le repère du nombre 12* ;

– faire avancer ou reculer le pion à partir d'un repère donné et constater la position d'arrivée.

• Faire remarquer que « avancer de 4 » revient à parcourir 4 segments « en avant » ou à faire 4 petits sauts.

Problème a

Placer le pion sur le **repère 5**. Avancer le pion très rapidement (sans que les élèves puissent compter en même temps) et s'arrêter sur le **repère 12**. Cacher la ligne.

QUESTION : *Le pion était sur* **5**. *Il est arrivé à* **12**. *De combien a-t-il avancé ?*

Problème b

QUESTION : *Le pion était donc sur* **12**. *Il va reculer de* **4**. *Où arrivera-t-il ?*

Problème c

Le pion est maintenant sur le **repère 8**. Le reculer très rapidement (sans que les élèves puissent compter en même temps) et s'arrêter sur le **repère 3**. Cacher la ligne.

QUESTION : *Le pion etait donc sur* **8**. *Il est arrivé à* **3**. *De combien a-t-il reculé ?*

Certains élèves, peu familiers avec la ligne graduée (introduite en unité 2, séance 8), peuvent avoir la possibilité de se référer à une **ligne collective graduée de 1 en 1**, affichée dans un coin et visible d'eux seuls. Ils ne peuvent pas agir directement sur cette ligne, mais seulement y « déplacer leur regard ».

Différentes procédures peuvent être utilisées par les élèves, par exemple pour le **problème a** :

– écriture des nombres de la piste et réalisation de l'action ;

– essai d'un nombre pour le déplacement et calcul de l'arrivée correspondante, puis ajustement ;

– utilisation de l'addition à trou ;

– utilisation de la soustraction (sans doute rare)...

Les procédures sont exprimées oralement et traduites par écrit par l'enseignant, par exemple sous la forme :

5 + **7** = 12 12 – 4 = **8** 8 – **5** = 3.

RÉPONSE : a. 7 b. 8 c. 5.

PROBLÈMES ÉCRITS

Déplacement sur une ligne graduée

– Résoudre un problème faisant intervenir le calcul d'un complément.
– Résoudre un problème dont l'énoncé nécessite une double prise d'informations (texte et dessin).

INDIVIDUEL

FICHIER NOMBRES ET CALCULS p. 37

Résoudre des problèmes

2 Alex avance son pion de 15.
Il arrive sur le repère 29.
Sur quel repère se trouvait le pion d'Alex avant qu'il l'avance ?

3 Le pion de Lisa est sur le repère 0.
Elle avance d'abord trois fois de 10,
puis encore deux fois de 6.
Sur quel repère le pion de Lisa arrive-t-il ?

Problèmes 2 et 3

• Ces problèmes utilisent le support d'une ligne numérique comme ceux qui viennent d'être traités collectivement, mais avec des nombres plus grands (en particulier pour le problème 2).

RÉPONSE : 2 14 3 42.

Les **procédures** envisageables sont identiques à celles des problèmes dictés, la taille des nombres conduisant cependant les élèves à recourir plus fréquemment à l'écrit.

Différenciation → CD-Rom du guide, **fiche n° 20.**

APPRENDRE

Multiplication : signe × et signe +

– Comprendre l'écriture multiplicative en relation avec l'addition itérée et l'usage du mot « fois ».

RECHERCHE

« Combien de cubes ? » : Les élèves doivent trouver combien de cubes sont nécessaires pour construire 8 tours de 5 cubes, 12 tours de 15 cubes et 2 tours ayant l'une 12 cubes, l'autre 15 cubes.

COLLECTIF

PHASE 1 Combien de cubes pour construire 8 tours de 5 cubes ?

• Présenter la boite avec les cubes et formuler le premier problème :

Problème 1 : Moustik veut construire des tours. Il veut faire **8 tours de 5 cubes** chacune. Combien lui faut-il de cubes ?

• La recherche est individuelle.

• Recenser les réponses et mettre en discussion celles, erronées, qui ont été obtenues par addition des 2 nombres. Les mettre en relation avec la réalisation effective des tours.

• Faire expliciter les procédures correctes utilisées et les reformuler :
– dessin ;
– comptage de 5 en 5 ;
– addition itérée de 5 ;
– calcul éventuel de 8 × 5 ou de 5 × 8 avec la calculette.

• Faire formuler les deux écritures multiplicatives sous la forme « 8 fois 5 ». La lecture « 8 multiplié par 5 » pour la première écriture ou « 5 multiplié par 8 » pour la seconde est également utilisée.

• Demander de formuler, avec le signe ×, le nombre de cubes à trouver : 5 × 8 ou 8 × 5. À partir des erreurs analysées, souligner que : **5 + 8** (ou 8 + 5) et **5 × 8** (ou 8 × 5) ne correspondent pas au même nombre de cubes.

• Distinguer la signification des signes + et ×.

• Faire réaliser les tours correspondant aux deux types d'écriture.

• Faire remarquer que pour le calcul, on a pu utiliser le fait que : $8 \times 5 = 5 \times 8 = 5 + 5 + 5 + 5 + 5 + 5 + 5 + 5$.

Les questions posées dans cette séance sont inverses de celles des séances 5 et 6 de l'unité 3 : on connait le nombre de tours et leur hauteur, on cherche le nombre de cubes nécessaires à leur réalisation.
Cette séance a pour objectif d'entraîner à l'utilisation de l'écriture multiplicative en la distinguant de l'écriture additive.

RÉPONSE : 1. 40 cubes.

COLLECTIF

PHASE 2 Distinction entre 12 + 15 et 12 × 15

• Proposer deux nouveaux problèmes :

Problème 2 : Pour faire 12 tours très hautes de 15 cubes chacune, combien faut-il de cubes à Lisa ?

Problème 3 : Alex veut construire 2 tours : une avec 12 cubes et l'autre avec 15 cubes. Combien lui faut-il de cubes ?

• Après résolution des deux problèmes, exploiter les réponses comme en phase 1.

RÉPONSE : 2. 180 cubes 3. 27 cubes.

SYNTHÈSE

1. Le signe × à différencier du signe +

- **Il faut bien distinguer** la signification de :
12 + 15 *(12 plus 15)* et **12 × 15** *(12 multiplié par 15)*
car **12 × 15** → c'est 12 fois 15 (15 + 1 5 + 15… *12 fois*)
ou encore 15 fois 12.
alors que **12 + 15** → c'est 15 ajouté à 12.
- **Avec la calculatrice**, il est plus rapide et plus sûr d'**utiliser le signe** × pour calculer une somme de termes égaux, surtout lorsqu'il y en a beaucoup,
car 12 × 15 et 15 + 15 + 15... *(12 fois)* sont égaux.
Ils donnent le même résultat.

2. Vocabulaire : *produit et somme*

Il faut aussi distinguer le « **produit de 12 et 15** » de la « **somme de 12 et 15** ». *(Mais l'usage de ces termes n'est pas exigé de la part de tous les élèves.)*

COLLECTIF

PHASE 3 De l'addition à la multiplication et inversement

- Proposer quelques sommes et produits à traduire sous forme de produits ou de sommes, avec correction immédiate, par exemple :

8 + 8 + 8 + 8	12 + 12 + 12 + 12 + 12 + 12
7 × 3	8 × 5.

INDIVIDUEL

ENTRAINEMENT

FICHIER NOMBRES ET CALCULS p. 37

Signes × et +

4 Pour trouver le nombre de fleurs de chaque massif, utilise : 7 × 6 ou 7 + 6.
Écris le bon calcul sous chaque massif.

5 Complète avec = ou ≠.

7 + 7 + 7 .... 3 × 7	9 + 2 .... 9 + 9	6 + 9 .... 9 + 6
4 × 6 .... 4 + 4 + 4 + 4	5 × 5 .... 5 + 5 + 5 + 5 + 5	8 × 1 .... 8 + 1

Exercice 4

- Les élèves doivent faire la distinction entre écriture additive et écriture multiplicative.

RÉPONSE : **7 × 6** ou **6 × 7** pour le 1er et le 3e massif
7 + 6 pour le 2e et le 4e massif.

Exercice 5

Ces exercices ont pour but d'entrainer les élèves à reconnaitre les relations entre multiplication et addition itérée et à distinguer ces deux signes, sans nécessairement recourir au calcul. Ainsi 7 + 7 + 7 = 3 × 7 car le terme 7 est répété 3 fois dans l'addition et 4 × 6 ≠ 4 + 4 +4 + 4 car le terme 4 n'est pas répété 6 fois.

RÉPONSE : 7 + 7 + 7 = 3 × 7 9 + 2 ≠ 9 + 9
6 + 9 = 9 + 6 4 x 6 ≠ 4 + 4 + 4 + 4
5 × 5 = 5 + 5 + 5 + 5 +5 8 × 1 ≠ 8 + 1.

Multiplication : calcul de produits simples

	Tâche	Matériel	Connaissances travaillées
CALCULS DICTÉS	**Répertoire additif** – Donner rapidement des sommes, des différences, des compléments.	par élève : FICHIER NOMBRES **p. 38** 1	– **Répertoire additif.**
RÉVISER Calcul	**Addition posée ou réfléchie** – Pour chaque addition, choisir un calcul réfléchi ou posé et l'effectuer.	par élève : FICHIER NOMBRES **p. 38** 2	– **Addition : calcul posé ou réfléchi.**
APPRENDRE Calcul	**Multiplication : calcul de produits simples** RECHERCHE **« Combien de cubes ? »** – Calculer des produits simples.	pour la classe : – une cinquantaine de cubes emboitables en hauteur – une calculatrice par élève : – grande feuille – feutre FICHIER NOMBRES **p. 38** 3, 4 et 5	– **Multiplication** – Lien avec l'addition itérée.

CALCULS DICTÉS

Répertoire additif • Mémorisation

– Donner rapidement des sommes, des différences, des compléments.

COLLECTIF

FICHIER NOMBRES ET CALCULS **p. 38**

Exercice 1

• Dicter les calculs sous la forme « trois plus huit », « douze moins neuf », « combien pour aller de 6 à 11 ? ».

• Les réponses sont données dans le fichier.

• Procéder à une correction immédiate après chaque calcul

a. 3 + 8 b. 5 + 7 c. 4 + 9 d. 8 + 3
e. 12 – 9 f. 12 – 8
Combien pour aller de : g. 6 à 11 h. 9 à 14

RÉPONSE : a. 11 b. 12 c. 13 d. 11 e. 3 f. 4 g. 5 h. 5.

RÉVISER

Addition posée ou réfléchie

– Choisir entre calcul en ligne ou calcul posé, et effectuer le calcul.

INDIVIDUEL

FICHIER NOMBRES ET CALCULS **p. 38**

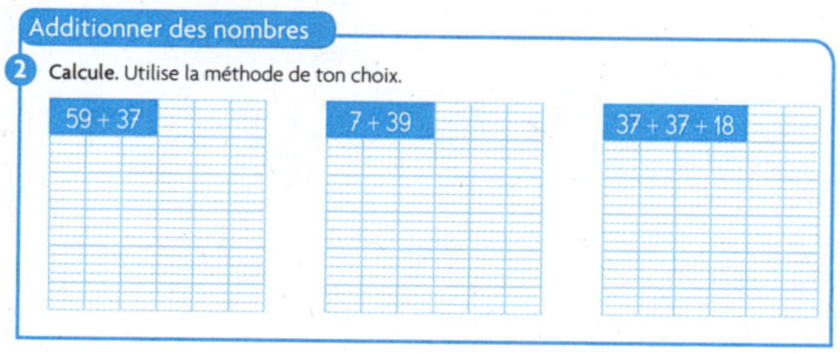

Exercice 2

• Indiquer aux élèves qu'ils ont le choix du mode de calcul et que ce choix peut varier d'un calcul à l'autre.

• Au cours de l'exploitation, préciser qu'on peut aussi inverser l'ordre des nombres, par exemple calculer 39 + 7 à la place de 7 + 39.

RÉPONSE : 59 + 37 = **96** 7 + 39 = **46** 37 + 37 + 18 = **92**.

APPRENDRE

Multiplication : calcul de produits simples

– Comprendre l'écriture multiplicative, en relation avec l'addition itérée et l'usage du mot « fois ».
– Calculer des produits en utilisant l'addition itérée.

RECHERCHE

« Combien de cubes ? » : Les élèves doivent d'abord trouver un calcul simple à proposer à la calculatrice (sans l'exécuter immédiatement) pour savoir combien de cubes sont nécessaires pour construire, par exemple, 7 tours de 6 cubes, puis chercher comment obtenir le résultat d'une multiplication par un calcul écrit qui sera vérifié en exécutant le calcul proposé à la calculatrice.

INDIVIDUEL

PHASE 1 Quels calculs pour savoir combien il faut de cubes pour construire 7 tours de 6 cubes ?

• Poser le problème suivant :

→ *Moustik veut construire des tours. Il veut faire 7 tours de 6 cubes chacune. Combien lui faut-il de cubes ?* (écrire « 7 tours de 6 cubes chacune » au tableau). *J'ai une calculatrice. Trouvez un calcul simple que je peux taper sur la calculatrice pour obtenir la réponse. Pour le moment, je ne vous demande pas de faire le calcul vous-même.*

• Lorsque tous les élèves ont écrit leurs calculs, organiser une mise en commun :

– Recenser les réponses et mettre en discussion celles qui sont erronées (par exemple calcul 7 + 6, mise en relation avec la réalisation effective des tours).

– Faire expliciter les calculs corrects et les conserver au tableau : addition (6 + 6 + 6 + 6 + 6 + 6 + 6) ou multiplication (7 x 6 ou 6 x 7).

– Formuler que :
  – chaque calcul correspond bien à 7 fois 6 ;
  – les calculs 7 x 6 et 6 x 7 sont plus simples à taper sur la calculatrice.

INDIVIDUEL OU ÉQUIPES DE 2

PHASE 2 Quel résultat affichera la calculatrice si on tape 6 × 7 ou 7 × 6 ?

• Poser la question suivante :

→ *Trouvez ce qu'affichera la calculatrice si je tape 6 × 7 = … ou 7 × 6 = …*

• À la suite des calculs des élèves, organiser une mise en commun :

– Recenser les réponses et mettre en discussion celles qui sont erronées (par exemple 13 qui correspond à 7 + 6, en rappelant qu'il faut distinguer 7 + 6 et 7 × 6 (voir **séance 1**).

– Faire expliciter différentes procédures correctes (elles peuvent comporter des erreurs de calcul) qui consistent à calculer l'addition en ligne 6 + 6 + 6 + 6 + 6 + 6 + 6 (ou 7 + 7 + 7 + 7 + 7 + 7, moins probable car elle correspond moins directement aux 7 tours de 6 cubes) et dont le résultat peut être obtenu :
  – en additionnant successivement des 6 (ou des 7) ;
  – en regroupant des termes, par exemple en remplaçant 6 + 6 par 12 ou 6 + 6 + 6 par 18…

– Vérifier les réponses obtenues en exécutant le calcul avec la calculatrice.

COLLECTIF

PHASE 3 Synthèse

• **Rappeler la relation entre addition itérée, expression** avec le mot **« fois » et écriture avec le signe** ×.
7 fois 6 peut se traduire par 6 x 7 ou 7 x 6 et se calculer comme 6 + 6 + 6 + 6 + 6 + 6 + 6 (ou 7 + 7 + 7 + 7 + 7 + 7 + 7).

• On peut donc écrire 7 x 6 = 6 x 7 = 6 + 6 + 6 + 6 + 6 + 6 + 6 = 7 + 7 + 7 + 7 + 7 + 7.

• Préciser qu'on a ainsi une première façon de calculer des produits en se ramenant à l'addition itérée (éventuellement en regroupant des termes), mais que d'autres moyens de calculer des produits seront appris au CE1 et plus tard.

INDIVIDUEL

PHASE 4 Des produits à calculer

• Proposer quelques produits simples, en demandant de trouver les réponses le plus rapidement possible (produits écrits au tableau et traités successivement) :

4 × 2   5 × 6   2 × 7   3 × 3   5 × 10

• Pour chaque produit, faire exprimer les méthodes utilisées.

• **En synthèse**, mettre en évidence que :

– les produits dont l'un des facteurs est 2 peuvent être exprimés et calculés en termes de doubles connus ;
– il est important de choisir l'addition la plus facile à traiter : c'est souvent celle qui comporte le moins de termes, par exemple : 2 x 7 calculer comme 7 + 7 plutôt que comme 2 + 2 +2 + 2 + 2 + 2 + 2 ;
– mais, parfois, il est préférable d'utiliser une addition plus longue avec un nombre «plus agréable» : 5 + 5 +5 + 5 + 5 + 5 comporte plus de termes que 6 + 6 + 6+ 6+ 6 mais elle est plus facile à calculer ;
– 5 x 10 peut être facilement calculé car c'est 5 dizaines (donc 50).

Certains éléments de cette synthèse seront repris ultérieurement (notamment la multiplication par 10 en **unité 6**). Il ne s'agit ici que d'une première remarque qui ne suffit pas à mettre en place la connaissance d'une méthode générale de calcul de produits dont un terme est 10.

INDIVIDUEL

ENTRAINEMENT

FICHIER NOMBRES ET CALCULS p. 38

Multiplier

Pour les exercices 3 à 5, tu ne peux pas utiliser la calculatrice.

3 **Entoure** les calculs qui ont 8 pour résultat.

2 × 4	8 × 1	8 × 0
4 + 4	4 + 2	4 × 2

4 Calcule.

3 × 4 = ………	2 × 7 = ………	7 × 2 = ………
4 × 10 = ………	5 × 1 = ………	5 × 5 = ………
6 × 2 = ………	4 × 4 = ………	10 × 3 = ………

5 **Complète**, chaque fois, de 4 façons différentes.

• 10 = …… × …… • 10 = …… × …… • 10 = …… × …… • 10 = …… × ……

• 12 = …… × …… • 12 = …… × …… • 12 = …… × …… • 12 = …… × ……

Pour trouver 12, existe-t-il d'autres solutions possibles ? Si oui, lesquelles ?

………………………………………………

Pour ces trois exercices, la calculette n'est pas autorisée.

Exercice 3

• La question peut être mise en relation avec les possibilités de faire des tours avec les 8 cubes de l'illustration. Mais les réponses peuvent aussi être trouvées par un simple calcul.

Le calcul 8 x 1 peut être mis en relation avec 1 tour de 8 cubes ou 8 tours de 1 cube ou avec l'écriture additive 1 + 1 + 1 + 1 + 1 + 1 + 1 + 1 = 8 (8 fois 1).

Le calcul 8 x 0 peut conduire à des erreurs (par parenté avec 8 + 0). L'erreur peut être traitée en référence à 0 tour de 8 cubes ou avec l'écriture additive 0 + 0 + 0 + 0 +0 + 0 +0 + 0 = 0 (8 fois 0).

RÉPONSE : 2 × 4 ; 4 + 4 ; 8 × 1 ; 4 × 2

Exercice 4

• Calcul de produits : les élèves doivent utiliser soit l'addition itérée (le plus souvent), soit une connaissance acquise (2 × 7 et 7 × 2, c'est le double de 7 ou 4 × 10 c'est 4 dizaines).

• Lors de la correction, insister sur le choix de l'addition la plus simple liée à une expression avec le mot fois.

Par exemple :

4 × 10 : mieux vaut calculer 4 fois 10 que 10 fois 4 ;

5 × 1 : mieux vaut calculer 1 fois 5 que 5 fois 1 !

On peut aussi faire remarquer que pour 5 × 1 la réponse est facile à obtenir, et que c'est vrai aussi pour 13 × 1 ; 1 × 57…

RÉPONSE : 3 × 4 = **12** 2 × 7 = **14** 7 × 2 = **14**
4 × 10 = **40** 5 × 1 = **5** 5 × 5 = **25**
6 × 2 = **12** 4 × 4 = **16** 10 × 3 = **25**.

Exercice 5

• Les décompositions de 10 et de 12 ne nécessitent que le calcul mental simple basé sur la connaissance du répertoire additif.

• Certains élèves ont pu exploiter la facilité de choisir 1 comme un des facteurs (ce qui est nécessaire pour trouver 4 décompositions pour 10) et le fait qu'un produit est souvent accompagné d'un autre produit égal, par exemple 2 × 5 et 5 × 2.

RÉPONSE : **10** : 1 × 10 2 × 5 5 × 2 10 × 1
12 : 1 × 12 2 × 6 3 × 4 4 × 3 6 × 2 12 × 1.

Différenciation : Exercices 3 et 5 → CD-Rom du guide, **fiche n° 21.**

UNITÉ 4

	Tâche	Matériel	Connaissances travaillées
CALCULS DICTÉS	**Répertoire additif** – Donner rapidement des sommes, différences et compléments.	par élève : FICHIER NOMBRES p. 39 ①	– **Répertoire additif.**
RÉVISER Nombres	**Équivalence entre 1 dizaine et 10 unités** – Décomposer un nombre de plusieurs manières en dizaines et unités.	par élève : FICHIER NOMBRES p. 39 ②	– **Dizaines et unités** – Monnaie.
APPRENDRE Nombres	**Le nombre 100** RECHERCHE **« Le nombre 100 et quelques autres... »** – Connaitre le nombre 100 et utiliser le fait que 100 est égal à 10 dizaines. – Repérer quelques régularités qui permettent d'écrire des suites de nombres au-delà de 99.	par équipe de 2 : – environ 50 cartes de 10 perles et 120 perles isolées dans deux boites différentes › **fiches 5 à 8** par élève : – feuille pour écrire la commande FICHIER NOMBRES p. 39 ③, ④ et ⑤	– **Numération décimale** – Vers les nombres écrits avec 3 chiffres – Suite des nombres.

CALCULS DICTÉS

Répertoire additif • Mémorisation

– Donner rapidement des sommes, des différences, des compléments.

COLLECTIF

FICHIER NOMBRES ET CALCULS p. 39

Exercice 1

• Dicter les calculs sous la forme « trois plus neuf », « dix-sept moins huit », « combien pour aller de 4 à 13 ? ». Les réponses sont données dans le fichier.

• Procéder à une correction immédiate après chaque calcul.

a. 3 + 9   b. 5 + 8   c. 17 – 8   d. 15 – 6   e. 16 – 7

Combien pour aller de : f. 4 à 13   g. 8 à 15   h. 6 à 13

RÉPONSE : a. 12   b. 13   c. 9   d. 9   e. 9   f. 9   g. 7   h. 7.

RÉVISER

Équivalence entre 1 dizaine et 10 unités • Monnaie

– Décomposer de plusieurs manières un nombre en dizaines et unités (ici en billets de 10 € et pièces de 1 €).

INDIVIDUEL

FICHIER NOMBRES ET CALCULS p. 39

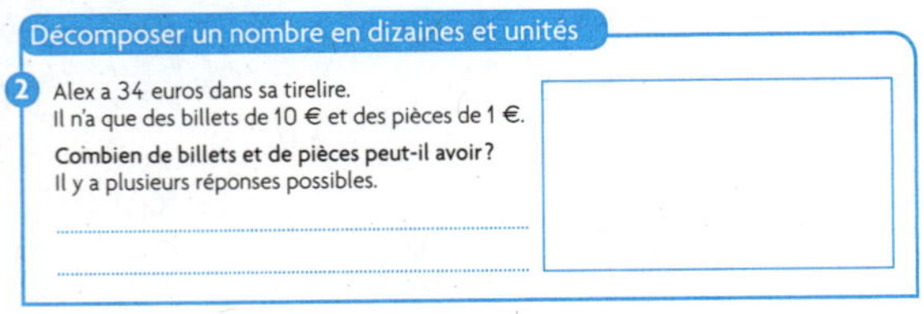
Décomposer un nombre en dizaines et unités

2 Alex a 34 euros dans sa tirelire.
Il n'a que des billets de 10 € et des pièces de 1 €.
Combien de billets et de pièces peut-il avoir ?
Il y a plusieurs réponses possibles.

Exercice 2

• Les réponses peuvent être obtenues par lecture directe (c'est le cas notamment de la première réponse en référence à 3 dizaines et 4 unités), par un calcul ou en s'aidant d'un dessin.

AIDE Les élèves en difficulté peuvent être autorisés à utiliser de la monnaie fictive.

RÉPONSES POSSIBLES : 3 billets et 4 pièces ; 2 billets et 14 pièces ; 1 billet et 24 pièces (cette dernière réponse pouvant être contestée puisqu'on parle de billets au pluriel).

Différenciation → CD-Rom du guide, **fiche n° 22.**

APPRENDRE

Le nombre 100

– Comprendre le nombre 100 sous différents aspects : nombre suivant 99, quantité de 100 objets, quantité de 10 fois 10 objets.
– Repérer quelques régularités qui permettent d'écrire des suites de nombres.

RECHERCHE

« Le nombre 100 et quelques autres... » : Les élèves découvrent le nombre 100 dans différents contextes, notamment celui de la suite des nombres et celui des quantités organisées en dizaines.

COLLECTIF

PHASE 1 La bonne page

Demander aux élèves de prendre leur fichier.

• Annoncer un numéro de page (par exemple 47), sous deux formes : écrit en chiffres au tableau et oralisé par les élèves avec l'aide de l'enseignant, cette lecture n'étant pas un objectif pour cette séance.

• Demander à chaque élève d'ouvrir son fichier à la page indiquée. La vérification se fait en faisant décrire un élément caractéristique de cette page.

• Poser la question pour d'autres numéros de pages, en demandant préalablement pour certains de ces numéros de page s'il faut chercher « en avant » ou « en arrière » par rapport à la page trouvée précédemment.

Exemples de pages cherchées : 84, 70, 68, 95, 99, 100, 101, 124, 140, 135, 110, 122, 103, 100.

• Faire remarquer que la page 100 (cent) vient immédiatement après la page 99 :

100 est le premier nombre qui s'écrit avec 3 chiffres.

Les nombres supérieurs à 99 n'ont pas encore été étudiés par les élèves, mais ils les ont déjà rencontrés (comme par exemple avec les numéros de page de leurs livres). Ici, les nombres supérieurs à 100 n'interviennent que pour situer 100 comme premier nombre écrit avec 3 chiffres.
Le nombre 100 joue un rôle important dans la connaissance des nombres et dans leur usage social :
– rôle de la centaine en numération ;
– frontière entre deux domaines de quantités (au-delà de cent, il devient plus difficile d'évoquer mentalement les quantités) ;
– nombre référence (expressions en pourcentage), etc.

INDIVIDUEL

PHASE 2 Suite de numéros de page

• Demander aux élèves de fermer leur fichier :

→ *Vous devez écrire, sur votre feuille, la suite des numéros de pages de **95** à **125**.*

• Demander aux élèves de vérifier avec leur fichier.

• Écrire la suite au tableau, les nombres les uns sous les autres. Avec les élèves, formuler quelques remarques sur la manière de l'obtenir : passage de 99 à 100, nombre qui suit 100, modification des chiffres d'un nombre à l'autre...

Il ne s'agit pas encore d'assurer une maîtrise complète de la suite des nombres au-delà de 100, mais de favoriser une première prise de conscience de son organisation :
– passage de 99 à 100 (tous les chiffres changent) ;
– régularités de 100 à 109 ;
– passage de 109 à 110 ;
– nouvelles régularités de 110 à 119...

ÉQUIPES DE 2

PHASE 3 Les 100 perles de Lisa

Reprise du problème posé au cours de l'unité 1 séance 5 (le collier de Lisa).

• Présenter la boite contenant les cartes de 10 perles et celle contenant les cartes de 1 perle, puis formuler la tâche :

→ *Lisa a besoin de **100 perles*** (écrire le nombre en chiffres au tableau). *Rédigez un bon de commande en indiquant le nombre de cartes de 10 perles et le nombre de cartes de 1 perle que vous devez demander pour avoir 100 perles. Nous comparerons ensuite tous vos bons de commande et nous les réaliserons avec les cartes pour savoir s'ils sont corrects.*

• Quand chaque équipe a rempli son bon de commande, recenser puis faire comparer et discuter les commandes. Les faire « concrétiser » pour vérification avec le matériel.

Les commandes ont pu prendre des formes diverses, notamment 100 cartes de 1 perle ; 10 cartes de 10 perles ; 9 cartes de 10 perles et 10 cartes de 1 perle…
Il est probable que le problème sera résolu rapidement par certains élèves. Nous pensons qu'il est cependant important que chacun puisse **concevoir cent objets sous forme de 10 dizaines** et pas seulement sous forme d'unités.
L'analyse de l'écriture « 100 » et de la valeur de chaque chiffre n'est pas ici un objectif : **« 100 » est considéré globalement**.

• En **synthèse**, mettre en évidence et formuler les points suivants :

COLLECTIF

PHASE 4 Synthèse

1. Le nombre 100

• 100, c'est dix groupements de 10, c'est donc 10 fois 10.
100 = 10 + 10 + 10 + 10 + 10 + 10 + 10 + 10 + 10 + 10
(10 est répété dix fois)

• Cent, c'est dix fois dix.
100 = 10 × 10 (cette écriture résume la précédente et ne nécessite pas de connaissances sur la multiplication par 10).

2. Égalité à retenir

100 = 1 centaine = 10 dizaines (le terme centaine est introduit).

TRACE ÉCRITE

L'égalité **100 = 1 centaine = 10 dizaines** peut être affichée quelques jours.

ÉCRIT DE RÉFÉRENCE

Dico-maths n° 4 auquel les élèves peuvent se référer.

INDIVIDUEL

ENTRAINEMENT

FICHIER NOMBRES ET CALCULS p. 39

Découvrir le nombre 100

3 **Complète** cette suite de nombres de 1 en 1.

95	96	97							

4 **Combien d'euros tous ces billets représentent-ils ?**

5 **Entoure 100 points.** Attention, tu dois dessiner un seul paquet.

Exercice 3

- Reprise d'une question de la recherche.

RÉPONSE : 95 – 96 – 97 – **98** – **99** – **100** – **101** – **102** – **103** – **104**.

Exercice 4

- La réponse peut être trouvée en additionnant 10 fois le nombre 10 ou en utilisant les acquis de la recherche : 100 c'est 10 dizaines (chaque dizaine correspondant ici à 1 billet) ou 10 × 10 = 100 formulé au cours de la synthèse.

RÉPONSE : 100 euros.

Exercice 5

- À l'issue de la résolution, faire comparer et vérifier des productions, puis expliciter quelques procédures.
- Différentes méthodes peuvent être utilisées, que ce soit au moment de la résolution ou de la vérification :

– dénombrement un par un ;

– dénombrement dix par dix organisé en lignes, en colonnes ou en paquets.

À SUIVRE

En **séance 4**, le problème du collier de Lisa est repris pour des nombres à 3 chiffres, avec un travail sur la valeur des chiffres en fonction de leur rang.

Nombres inférieurs à 1 000 : centaines, dizaines, unités

	Tâche	Matériel	Connaissances travaillées
CALCULS DICTÉS	**Complément à la dizaine supérieure** – Donner rapidement ces compléments (nombres < 100).	par élève : FICHIER NOMBRES p. 40 (1)	– Compléments à la dizaine supérieure.
RÉVISER Calcul	**Addition posée ou réfléchie** – Calculer la somme de 2 nombres < 100, par un calcul posé ou réfléchi.	par élève : FICHIER NOMBRES p. 40 (2)	– Addition posée ou réfléchie.
APPRENDRE Nombres	**Nombres inférieurs à 1 000 : centaines, dizaines, unités** RECHERCHE **« Le collier de la reine »** – Commander un nombre de perles parmi des lots organisés en centaines, dizaines et unités.	pour la classe : – environ 50 cartes de 100 perles, 50 cartes de 10 perles et 50 perles isolées dans trois boites différentes › fiches 5 à 10 par élève : – demi-feuille A4 pour chercher et écrire la commande FICHIER NOMBRES p. 40 (3) et (4)	– Écriture des nombres en chiffres – Rôle de la dizaine et de la centaine – Groupements par dix et par cent. – Centaines, dizaines et unités.

CALCULS DICTÉS

Complément à la dizaine supérieure • Automatismes

– Donner rapidement des compléments à la dizaine supérieure (nombres inférieurs à 100).

COLLECTIF

FICHIER NOMBRES ET CALCULS p. 40

Exercice 1

• Dicter les calculs sous la forme « combien pour aller de 7 à 10 ? ». Les réponses sont données dans le fichier.

• Procéder à une correction immédiate après chaque calcul (voir commentaire).

Combien pour aller de :

a. 7 à 10	b. 27 à 30	c. 47 à 50	d. 77 à 80
e. 5 à 10	f. 35 à 40	g. 2 à 10	h. 62 à 70

RÉPONSE : a. 3 b. 3 c. 3 d. 3 e. 5 f. 5 g. 8 h. 8.

Les principales procédures utilisées (par exemple pour déterminer « combien pour aller de 27 à 30 ? ») peuvent être du type :
– compter en avant de 1 en 1 ou par sauts plus importants ;
– se ramener à « 7 pour aller à 10 » en ayant remarqué que c'est le même résultat.
La remarque peut être justifiée en appui sur le matériel de numération par le fait que : 27 c'est 2 dizaines et 7 unités. Pour obtenir 3 dizaines, il suffit de compléter 7 unités pour avoir la dizaine manquante.
La seconde procédure repérée comme plus efficace par l'enseignant est mise en valeur. Elle peut donner lieu à une illustration par déplacements sur la ligne numérique (le déplacement nécessaire pour aller de 27 à 30 est le même que celui nécessaire pour aller de 7 à 10). Cette procédure est même « audible » dans certains cas, comme « combien pour aller de soixante-deux à soixante-dix » où le « deux » et le « dix » sont exprimés.
Cette connaissance des compléments à la dizaine supérieure est indispensable pour la pratique du calcul mental, notamment pour des calculs comme 78 + 7 qui peuvent, entre autres, être réalisés en calculant d'abord 78 + 2, puis 80 + 5.

RÉVISER

Addition posée ou réfléchie

– Calculer la somme de deux nombres inférieurs à 100, en choisissant la procédure la plus adaptée.

INDIVIDUEL

FICHIER NOMBRES ET CALCULS p. 40

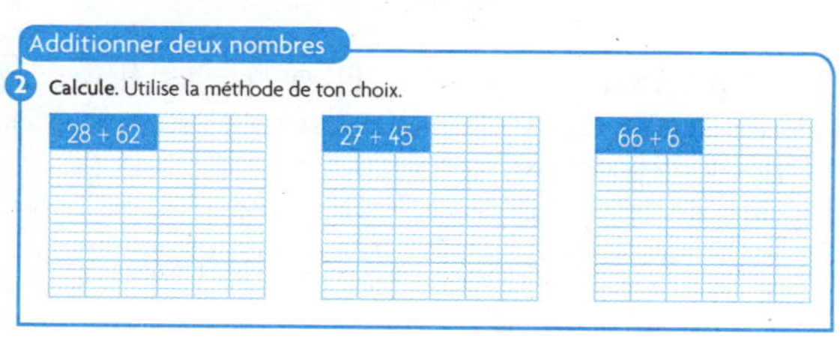

Exercice 2

S'assurer que les élèves ont bien compris qu'ils ont le choix du mode de calcul pour chaque somme.

RÉPONSE : 28 + 62 = **90** 27 + 45 = **72** 66 + 6 = **72**.

APPRENDRE

Nombres inférieurs à 1 000 : centaines, dizaines, unités

– Comprendre et utiliser la signification des chiffres dans l'écriture d'un nombre, en fonction de leur rang.
– Relier l'écriture d'un nombre comme 143 à sa décomposition 100 + 10 + 10 + 10 + 10 + 3 ou 1 centaine, 4 dizaines et 3 unités.

RECHERCHE

« Le collier de la reine » : Les élèves doivent commander ce qu'il faut de groupements de 100 perles, de 10 perles et de perles à l'unité pour obtenir un nombre donné de perles (par exemple 143). La situation reprend un contexte déjà utilisé en unité 1 séance 5 (le collier de Lisa).

ÉQUIPES DE 2

PHASE 1 Un collier de 143 perles

• Expliquer l'activité aux élèves :

→ *Lisa veut faire un grand collier qu'elle appelle « le collier de la reine ». Pour cela, Lisa a besoin de **143 perles**. Les perles sont vendues par **centaines de perles*** (l'enseignant montre une carte avec cent perles, la vérification du nombre de perles étant faite par un élève), *par **dizaines de perles*** (l'enseignant montre une carte avec dix perles) *ou « **à l'unité** »* (l'enseignant montre une perle isolée). *Lisa veut juste 143 perles, pas une de plus, pas une de moins. Mais, attention, je n'en ai pas beaucoup « à l'unité ».*
Mettez-vous d'accord par deux, écrivez sur votre feuille ce qu'il vous faut pour avoir juste 143 perles, c'est-à-dire combien de centaines de perles, combien de dizaines de perles et combien de perles seules (« à l'unité »). Puis apportez-moi votre commande. Si je peux, je vous servirai.

• Écrire le nombre de perles au tableau : **143 perles**, lu « cent-quarante-trois » par l'enseignant ou par un élève.

• Le rôle de vendeur est tenu par l'enseignant ou un petit groupe d'élèves. Chaque équipe cherche sur sa feuille et rédige une commande pour le vendeur. Celui-ci donne ce qui est demandé, à deux conditions :
– la commande doit être claire (distinguer paquets et unités) ;
– il peut effectivement donner ce qui est demandé (s'il ne peut pas, l'équipe retourne à sa place pour chercher une autre commande).

• À son retour, chaque équipe réunit sa « livraison » avec un trombone et doit déterminer s'il a bien reçu les 143 perles nécessaires (ni plus, ni moins). Mais elle ne peut pas renouveler sa commande.

Cette activité doit être menée de manière à laisser les élèves faire des hypothèses sur le décodage d'une écriture comportant 3 chiffres. À partir de leur connaissance sur le nombre 100 (séance précédente) et de la lecture du nombre faite par l'enseignant (cent-quarante-trois), les élèves peuvent faire des hypothèses sur la signification des chiffres du nombre proposé.
Pour cette 1re question, on se limite aux nombres de 3 chiffres comportant une seule centaine, ce qui permet un appui plus facile sur le nombre 100.
Par la suite, du point de vue des écritures chiffrées des nombres de 3 chiffres, il n'y a pas de raison de différencier l'étude des nombres inférieurs à 200 ou 500 de ceux qui sont plus grands dans la mesure où ce sont les mêmes connaissances qui sont sollicitées.

INDIVIDUEL

PHASE 2 Mise en commun et synthèse

• Choisir quelques messages (erronés et corrects) et engager un débat sur leur validité en distinguant la forme du message (texte, dessin, calcul...) du nombre de cartes et perles demandées.

• Demander ensuite à quelques équipes de préciser comment elles ont trouvé ce qu'il fallait commander (procédure utilisée).

• Mettre en évidence deux procédures très efficaces avec les élèves.

SYNTHÈSE

1. Les procédures pour obtenir 143 perles

Procédure 1
Elle consiste à décomposer 143 avec des 100 et des 10 :
143 = 100 + 10 + 10 + 10 + 10 + 3
en notant qu'il y a 2 fois le nombre 100 et 4 fois le nombre 10.

Procédure 2
Elle consiste à repérer que dans 143 :
– le **chiffre 1** indique les groupements de 100 (les centaines, terme à nouveau utilisé à cette occasion et qu'on entend dans la lecture « cent ») ;
– le **chiffre 4** les groupements de 10 (les dizaines) ;
– le **chiffre 3** les perles isolées (les unités).

2. Rappel de l'égalité

1 centaine = 10 dizaines = 100 unités.

TRACE ÉCRITE

Ces 2 connaissances donnent lieu à un **écrit collectif sous diverses formes** et qui sera affiché pendant quelques jours.
Par exemple pour **143** :

Tableau de numération

centaines	dizaines	unités
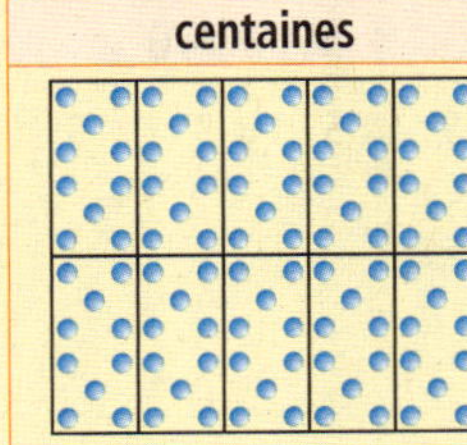	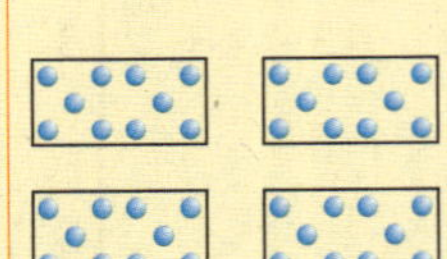	
1	4	3

Expression : **1** centaine, **4** dizaines et **3** unités
Addition : **100 + 10 + 10 + 10 + 10 + 1 + 1 + 1**
Désignation orale : cent-quarante-trois
(où on entend le nombre de cent).

ÉCRIT DE RÉFÉRENCE

Dico-maths n° 3 et 4 auquel les élèves peuvent se référer.

D'autres procédures ont pu être utilisées par les élèves, sans que le nombre de cartes soit minimalisé pour certaines valeurs (14 cartes de 10 perles par exemple...).
Si un élève demande 143 perles, la commande n'est pas honorée (la consigne précise que le nombre de perles à l'unité est réduit !).

INDIVIDUEL

PHASE 3 **Avec d'autres nombres de perles**

• Reprendre collectivement le problème de la phase 1 avec d'autres nombres comme **305**, **220**, en se limitant à des réponses données oralement et en assurant les réalisations avec le matériel seulement si cela apparait nécessaire.

SYNTHÈSE

Tableau de numération

centaines	dizaines	unités
3	0	5

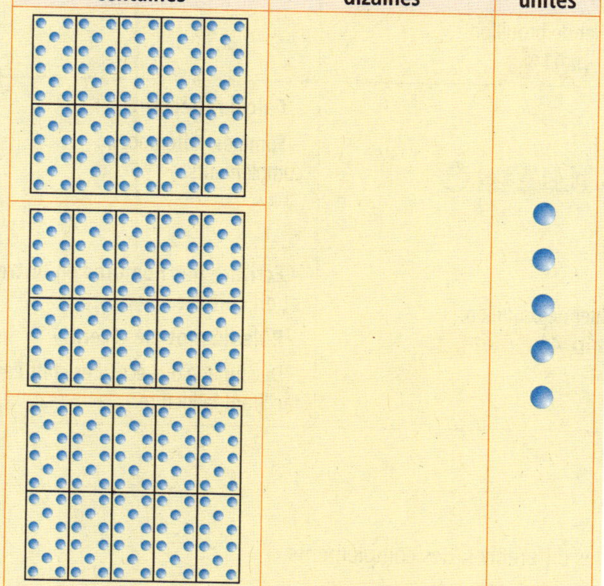

Expression : **3** centaines et **5** unités

Addition : **100 + 100 + 100 + 5**

Désignation orale : **trois-cents-cinq** (où on entend le nombre de cent).

Tableau de numération

centaines	dizaines	unités
2	2	0

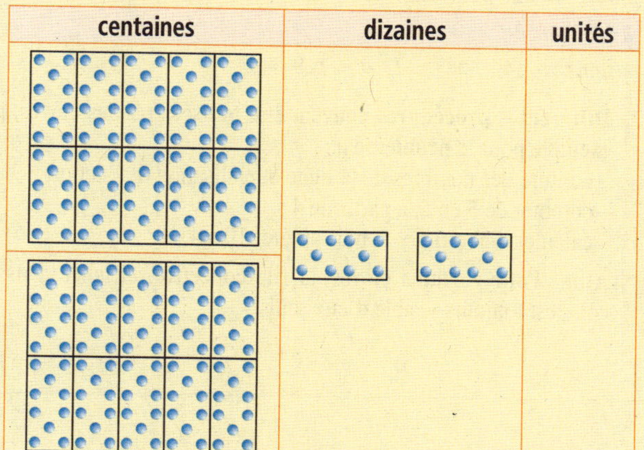

Expression : **2** centaines et **2** dizaines

Addition : **100 + 100 + 10 + 10**

Désignation orale : **deux-cents-vingt** (où on entend le nombre de cent).

INDIVIDUEL

ENTRAINEMENT

FICHIER NOMBRES ET CALCULS **p. 40**

DICO 3 — Décomposer un nombre en centaines, dizaines et unités

3 **Entoure** la bonne commande.

- 9 cartes de 100 perles
- 1 carte de 100 perles et 9 perles seules
- 1 carte de 10 perles et 9 perles seules

4 **Complète.**

exemple 42	4 dizaines et 2 unités	10 + 10 + 10 + 10 + 2
204		
310		
	4 dizaines et 2 centaines	
		100 + 100 + 10 + 10 + 6
	8 unités et 2 centaines	

Pour faciliter le travail des élèves, l'affiche réalisée précédemment ainsi qu'un exemplaire de chaque carte peuvent être laissés au tableau.

Exercice 3

• Cet exercice reprend l'activité de recherche en demandant à l'élève de choisir parmi trois propositions de commande.

RÉPONSE : **1** carte de 100 perles et **9** perles seules.

Exercice 4

• La 3e question de cet exercice peut conduire aux réponses 42 ou 420. La correction permet de mettre l'accent sur le fait que dans l'écriture du nombre la place des chiffres est importante, alors que les expressions «4 dizaines» et «2 centaines» peuvent être inversés tout comme les «10» et les «100» de la décomposition additive.

RÉPONSE : **310** = **3** centaines et **1** dizaine = **100 + 100 + 100 + 10**
204 = **2** centaines et **4** unités = **100 + 100 + 4**
240 = **4** dizaines et **2** centaines = **100 + 100 + 10 + 10 + 10 + 10**
226 = **2** centaines et **2** dizaines et **6** unités
208 = **8** unités et **2** centaines = **100 + 100 + 8**

À SUIVRE

En **séance 5**, le travail sera prolongé par l'apprentissage de la lecture et de l'écriture en lettres des nombres inférieurs à 1 000.

Différenciation : Exercice 4 → CD-Rom du guide, **fiche n° 22.**

UNITÉ 4

Nombres inférieurs à 1 000 : lecture, écriture

	Tâche	Matériel	Connaissances travaillées
PROBLÈMES DICTÉS	**Déplacement sur une ligne graduée** – Trouver la valeur de la case d'arrivée ou la valeur du déplacement dans des situations de déplacement sur une ligne graduée.	pour la classe : – ligne numérique agrandie de 0 à 49 › **fiche 29** par élève : – ardoise ou cahier de brouillon FICHIER NOMBRES **p. 41** ❶	– **Répertoire additif** – Sommes, différences, compléments.
PROBLÈMES ÉCRITS	**Déplacement sur une ligne graduée** – Trouver la valeur de la case d'arrivée ou la valeur du déplacement.	par élève : – brouillon FICHIER NOMBRES **p. 41** ❷ **et** ❸	– **Calcul réfléchi** – Sommes, différences, compléments.
APPRENDRE Calcul	**Nombres inférieurs à 1 000 : lecture, écriture** RECHERCHE **« Avec le mot cent »** – Associer désignations chiffrées, orales et littérales des nombres.	par élève : – ardoise ou cahier de brouillon FICHIER NOMBRES **p. 41** ❹ **et** ❺	– **Ecriture des nombres en lettres et en chiffres** – **Rôle du mot-clé « cent »** – Découpage des écritures chiffrées facilitant la lecture.

PROBLÈMES DICTÉS

Déplacement sur une ligne graduée

– Résoudre des problèmes dans lesquels il faut calculer des sommes, des différences, des compléments.

COLLECTIF

FICHIER NOMBRES ET CALCULS p. 41

Problèmes dictés

1 a Il arrivera sur ___ b Il a reculé de ___ c Il a avancé de ___

Exercice 1

• Même déroulement qu'en séance 1.

Problème a

Placer le pion sur le **repère 4** et cacher la ligne au-delà de 4.

QUESTION : *Le pion est sur 4. Tout à l'heure, je vais le faire avancer d'abord de 5, puis encore de 5. Sur quelle case sera-t-il à la fin ?*

Problème b

Le pion est maintenant sur le **repère 14**, le reculer très rapidement pour l'amener sur le **repère 7**. Cacher la ligne.

QUESTION : *Le pion était donc sur 14. Il est arrivé à 7. De combien a-t-il reculé ?*

Problème c

Le pion est maintenant sur le **repère 7**, l'avancer très rapidement et s'arrêter sur le **repère 16**. Cacher la ligne.

QUESTION : *Le pion était donc sur 7. Il est arrivé à 16. De combien a-t-il avancé ?*

RÉPONSE : a. 14 b. 7 c. 9.

Différentes procédures peuvent être utilisées par les élèves, par exemple pour le **problème a** :
– écriture des nombres de la ligne et réalisation de l'action ;
– compter de 5 en 5, à partir de 4 ;
– calculer d'abord 5 + 5, puis ajouter 10 à 4, etc.

AIDE **Pour certains élèves**, la file collective, affichée dans un coin, est toujours visible d'eux seuls.

PROBLÈMES ÉCRITS

Déplacement sur une ligne graduée

– Résoudre des problèmes dans lesquels il faut calculer des sommes, des différences, des compléments.

INDIVIDUEL

FICHIER NOMBRES ET CALCULS p. 41

Résoudre des problèmes

2 Le pion de Moustik est sur le repère 8.
Il veut déplacer son pion sur le repère 20.
De combien doit-il le faire avancer ?

3 Le pion de Lisa est sur le repère 0.
Elle avance son pion d'abord une fois de 10, puis encore trois fois de 5.
Sur quel repère le pion de Lisa arrivera-t-il ?

Problèmes 2 et 3

• Ces problèmes utilisent le support d'une ligne numérique comme ceux qui viennent d'être traités collectivement, mais avec des nombres plus grands.

RÉPONSE : ❷ 12. ❸ 25.

Les procédures envisageables sont identiques pour les deux exercices, la taille des nombres conduisant toutefois les élèves à recourir plus fréquemment à l'écrit.

APPRENDRE

Nombres inférieurs à 1 000 : lecture, écriture

– Lire et écrire les nombres inférieurs à 1 000.
– Comprendre le rôle du mot « cent » dans la lecture des nombres.

RECHERCHE

« Avec le mot cent » : Les élèves doivent écrire en chiffres des nombres donnés oralement, puis réaliser des nombres à partir de 3 étiquettes portant des mots-nombres et les traduire en écritures chiffrées.

COLLECTIF

PHASE 1 Dictée de nombres

• Dicter quelques nombres oralement aux élèves, en leur demandant de les écrire en chiffres sur leur ardoise :

135   285   300   405   190

• Faire une correction pour chaque nombre dicté, accompagnée d'une écriture au tableau, en chiffres et avec des mots. À la fin, inviter les élèves à émettre des remarques sur ce qui aide à lire ou écrire des nombres.

SYNTHÈSE

Lire et écrire les nombres à 3 chiffres

• Le mot « **cent** » concerne le chiffre de gauche (celui des centaines) lorsqu'il y a 3 chiffres.

• Pour **lire un nombre à 3 chiffres,** on peut séparer mentalement le chiffre de gauche des deux suivants qui correspondent à un nombre « qu'on a déjà appris à lire » (une référence peut être faite au dico-maths et au sous-main) :

2 8 5
↙ ↘
deux-cents   quatre-vingt-cinq

Le mot « cent » se dit mais ne se voit pas directement dans 285, c'est le rang occupé par le chiffre « 2 » qui permet de savoir ce qu'il faut dire.

• Souligner le cas particulier de **135** ou **190** où on ne dit pas « *un cent-quatre-vingt-dix* », mais « *cent-quatre-vingt-dix* ».

ÉCRIT DE RÉFÉRENCE

Dico-maths n° 2 auquel les élèves peuvent se référer.

• Proposer à nouveau aux élèves de lire quelques nombres écrits en chiffres au tableau.

Dans les séances précédentes, les élèves ont eu l'occasion de lire quelques nombres inférieurs à 1 000. Un travail plus organisé est conduit à ce sujet au cours de cette séance.
À partir de cent, il n'y a pas de difficultés importantes. Beaucoup d'élèves auront acquis les principes de la désignation orale à l'issue de cette séance de travail. Les difficultés persistantes risquent plutôt de se situer dans le domaine des nombres inférieurs à 100. C'est pourquoi, il ne nous a pas paru pertinent de découper l'étude des nombres de 3 chiffres en tranches. La seule différence se trouve dans le fait que lorsque le chiffre des centaines est 1, celui-ci n'est pas traduit par « un » (on dit cent-huit pour 108) alors qu'il l'est dans les autres cas (on dit deux-cent-huit pour 208).

INDIVIDUEL

PHASE 2 Avec des mots écrits

• Écrire au tableau les mots : cent(s), trois, neuf puis préciser la nouvelle tâche :

→ *En utilisant un ou plusieurs de ces mots, vous devez écrire le plus possible de nombres et les traduire en écriture chiffrée.*

• Recenser les réponses, faire rechercher les erreurs (mauvais assemblages de mots et traduction en chiffres erronée) et faire expliciter les principes de traduction en chiffres.

• Préciser à nouveau les règles d'écriture des nombres supérieurs à cent avec des mots et leurs traductions chiffrées.

RÉPONSE : 3   9   100   103   109   300   309   900   903.

Les erreurs les plus caractéristiques sont du type : **trois cent neuf** traduit par **3009** ou **39**. Pour ce type de nombre, il faut revenir à la valeur des chiffres en fonction de leur rang : « Dans trois cent neuf, il y a 3 centaines et 9 unités (et 0 dizaine isolée) ».
AIDE Certains élèves peuvent **utiliser 3 étiquettes** portant les mots et chercher à les assembler de toutes les façons possibles.

INDIVIDUEL

ENTRAINEMENT

FICHIER NOMBRES ET CALCULS p. 41

DICO 2 Lire et écrire des nombres

4 Écris ces nombres en chiffres.

quatre-cent-vingt-sept
trois-cent-soixante-dix-huit
cent-treize

sept-cent-neuf
huit-cent-dix-neuf
neuf-cents

5 Écris ces nombres en lettres.

52
502
205
180
178

Exercices 4 et 5

• Il s'agit d'une application directe des acquis de la séance. Le recours au dico-maths peut être suggéré à certains élèves.

• La correction permet :

– de revenir sur des erreurs fréquentes du type quatre-cent-vingt-sept écrit 40027 ou 4027... ;

– d'insister sur le fait que certains mots (comme cent) se traduisent par la position d'un chiffre (4 est le chiffre des centaines).

RÉPONSE : **4** 427   378   113   709   819   900.
5 cinquante-deux   cinq-cent-deux   deux-cent-cinq
cent-quatre-vingts   cent-soixante-dix-huit.

Différenciation → CD-Rom du guide, **fiche n° 23.**

À SUIVRE

Le travail sur les nombres inférieurs à 1 000 se poursuit en **unité 5** (séances 3 et 4).

Carrés et rectangles : longueur des côtés

	Tâche	Matériel	Connaissances travaillées
CALCULS DICTÉS	**Complément à la dizaine supérieure ou écart à la dizaine inférieure** – Donner rapidement ces compléments ou écarts.	par élève : – ardoise ou cahier de brouillon	– **Compléments à la dizaine supérieure** – **Écarts à la dizaine inférieure.**
RÉVISER Mesures	**Mesure de longueurs en centimètres** – Mesurer des lignes brisées à l'aide du double décimètre.	par élève : – double décimètre CAHIER GÉOMÉTRIE **p. 23 1, 2 et 3**	– **Mesurer des lignes brisées à l'aide du double décimètre.**
APPRENDRE Géométrie	**Carrés et rectangles : longueurs des côtés** RECHERCHE **« Trouver un carré ou un rectangle à partir d'un message »** – Identifier des carrés et des rectangles. – Retrouver un carré ou un rectangle à partir d'une description.	pour la classe : – photocopie sur transparent des étiquettes – plusieurs bandes de papier (leur longueur doit être supérieure à la longueur des côtés des figures projetées) – feutres par élève : – étiquettes 1 à 6 découpées › **fiche 30** – bande de papier uni (sa longueur est la largeur d'une feuille A4, sa largeur est de 2 à 3 cm) – double décimètre, feuille de brouillon CAHIER GÉOMÉTRIE **p. 24 4, 5 et 6**	– **Carrés et rectangles :** propriétés relatives à la longueur de leurs côtés.

CALCULS DICTÉS

Complément à la dizaine supérieure ou écart à la dizaine inférieure • Automatismes

– Donner rapidement ces compléments ou écarts (nombres inférieurs à 100).

COLLECTIF

- Dicter les calculs sous la forme « combien pour aller de 28 à 30 ? » Demander aux élèves de répondre sur l'ardoise.
- Procéder à une correction immédiate après chaque calcul.

Combien pour aller de :
a. 28 à 30 ? b. 43 à 50 ? c. 61 à 70 ? d. 84 à 90 ?
e. 40 à 42 ? f. 60 à 67 ? g. 80 à 89 ? h. 60 à 66 ?

RÉPONSE : a. 2 b. 7 c. 9 d. 6 e. 2 f. 7 g. 9 h. 6.

Ces deux types de calcul doivent pouvoir être effectués rapidement pour aborder la question du calcul en passant par la dizaine (voir situation d'apprentissage de cette séquence en séance 8).

RÉVISER

Mesure de longueurs en centimètres

– Mesurer des lignes brisées à l'aide du double-décimètre.
– Construire une ligne brisée de longueur donnée.

INDIVIDUEL

CAHIER MESURES ET GÉOMÉTRIE p. 23

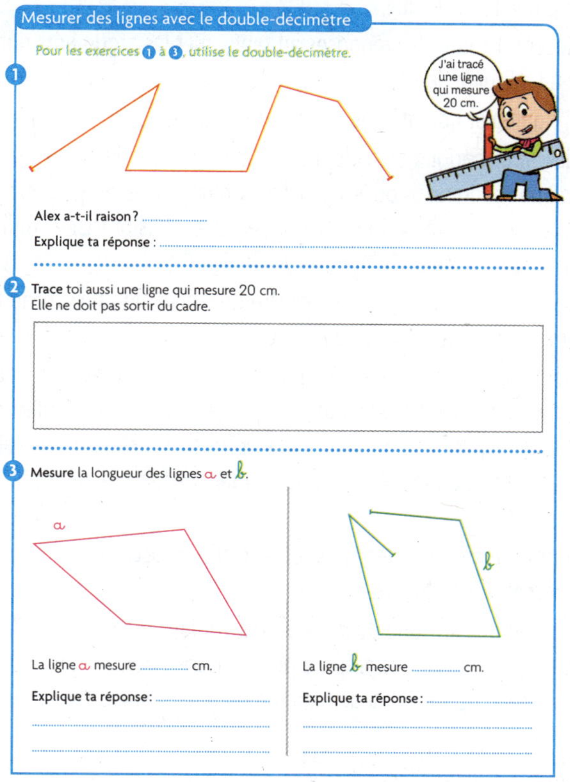

Mesurer des lignes avec le double-décimètre

Pour les exercices 1 à 3, utilise le double-décimètre.

1

Alex a-t-il raison ? ....

Explique ta réponse : ....

2 Trace toi aussi une ligne qui mesure 20 cm.
Elle ne doit pas sortir du cadre.

3 Mesure la longueur des lignes a et b.

La ligne a mesure .... cm.

Explique ta réponse : ....

La ligne b mesure .... cm.

Explique ta réponse : ....

Exercices 1 et 2

• Il s'agit, comme en unité 2 séance 6, de mesurer une ligne brisée (exercice 1) ainsi que de construire une ligne de longueur donnée qui ne doit pas sortir d'un cadre (exercice 2).

RÉPONSE : 1 La ligne d'Alex mesure bien **20** cm.

Exercice 3

L'exercice 3 sera réservé aux élèves les plus rapides.

• Les élèves peuvent comparer les longueurs des segments, en effet chaque ligne comporte 3 segments qui mesurent 4 cm. La ligne **a** comporte de plus un segment de 5 cm et la ligne **b** deux segments, l'un de 2 cm et l'autre de 3 cm. Le calcul des mesures en centimètres des deux lignes brisées permet aussi de conclure que chaque ligne mesure **17 cm**.

RÉPONSE : La ligne **a** mesure **17** cm car $5 + 4 + 4 + 4 = 17$.
La ligne **b** mesure **17** cm car $3 + 4 + 4 + 4 + 2 = 17$.

Les élèves comprennent que la **longueur d'une ligne brisée**, constituée de segments mis bout à bout, est égale à la somme des longueurs de chaque segment. Dans ces exercices, ils peuvent expérimenter que la longueur d'**une ligne ne dépend pas de la place occupée**.

UNITÉ 4

APPRENDRE

Carrés et rectangles : longueurs des côtés

– Connaitre et utiliser les propriétés du carré et du rectangle relatives à la longueur de leurs côtés.

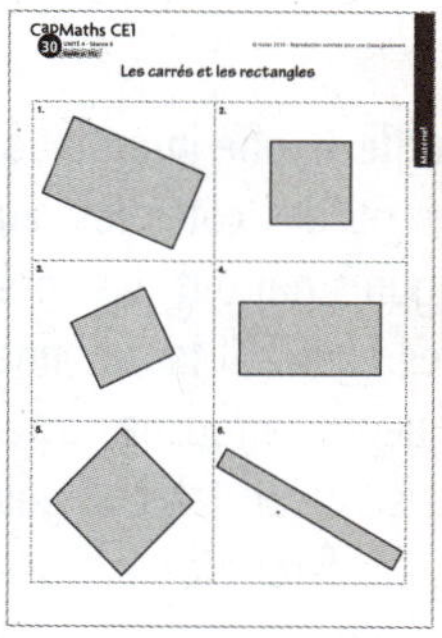

RECHERCHE Fiche 30

« Trouver un carré ou un rectangle à partir d'un message » : Les élèves vont classer des quadrilatères en deux catégories : carrés et rectangles, puis préparer un message oral pour que d'autres élèves puissent trouver parmi ces quadrilatères le carré ou le rectangle qu'ils auront choisi.

ÉQUIPES DE 2

PHASE 1 Classement des carrés et rectangles

• Distribuer à chaque équipe les **6 étiquettes découpées des figures 1 à 6** de la fiche et une **bande de papier**. Demander de ranger le double décimètre.

• Projeter les 6 étiquettes au tableau. Demander aux élèves ce qu'ils voient. Réponse possible : des figures (ou polygones ou quadrilatères), certaines sont des carrés et des rectangles.

• Préciser alors que toutes les figures dessinées sur cette feuille sont des carrés et des rectangles et qu'il n'y a pas d'autres figures, mais que certains de ces carrés et rectangles sont placés dans des positions dans lesquelles on n'a pas l'habitude de les voir.

• Préciser la tâche :

→ *Il faut regrouper d'un côté les étiquettes sur lesquelles sont dessinés des carrés et de l'autre les étiquettes sur lesquelles sont dessinés des rectangles. Il faut vous mettre d'accord à deux. Si vous en avez besoin, vous pouvez vous aider de la bande de papier.*

Observer les procédures utilisées :
– perceptives, éventuellement en tournant l'étiquette pour ramener les côtés horizontaux et verticaux ;
– utilisation de la bande de papier pour comparer les longueurs des côtés.

COLLECTIF

PHASE 2 **Première mise en commun**

• Recenser rapidement les réponses de chaque équipe et les noter au tableau :

– **Figures 1, 4 et 6 :** tous les élèves devraient être d'accord pour dire que deux côtés sont plus longs ou plus courts que les deux autres « car ça se voit ».

– **Figures 2, 3 et 5 :** toutes les équipes ne devraient pas être d'accord. Choisir l'une des trois figures et demander aux élèves comment ils ont fait pour décider. Arguments possibles : « ça se voit » ; « en tournant l'étiquette » ; « les longueurs des côtés sont égales » ou « les côtés n'ont pas la même longueur » ; « deux côtés sont plus longs »…

• Demander alors selon le cas :

→ *Comment peut-on être sûr que les côtés ont même longueur ?*

ou

→ *Comment peut-on être sûr qu'il y a deux côtés plus longs (ou plus courts) que les deux autres ?*

• Solliciter une équipe qui propose d'utiliser la bande pour comparer les longueurs des côtés et lui demander de venir le faire au tableau. L'aider au besoin pour placer la bande. Conclure à l'égalité ou non des longueurs des côtés.

• Pour les figures pour lesquelles il y a encore désaccord (carrés **2** et **5**), demander aux équipes de reprendre le travail en s'aidant cette fois de leur bande de papier et de rectifier éventuellement leurs groupements.

• Recenser les réponses et ne faire vérifier au tableau que les figures pour lesquelles subsisteraient des désaccords.

RÉPONSE : Les figures **2** et **5** sont des carrés
Les figures **1**, **3**, **4** et **6** sont des rectangles.

Cette première phase a pour objectif de **mettre en défaut une reconnaissance seulement perceptive des figures**, notamment liée à leur orientation sur l'étiquette : carrés et rectangles avec leurs côtés horizontaux et verticaux. Elle permet par ailleurs de réinvestir la comparaison indirecte de longueurs à l'aide d'une bande. Elle doit pouvoir être conduite assez rapidement.

ÉQUIPES DE 2

PHASE 3 **Reconnaitre une figure à partir d'un message**

• Demander aux élèves de ranger leur bande de papier et de sortir leur double décimètre.

• Expliquer la tâche :

→ *Par équipes de 2, choisissez une des six étiquettes. Notez sur une feuille le numéro de la figure que vous avez choisie. Mettez-vous d'accord sur un message que vous allez dire aux autres élèves de la classe pour qu'ils trouvent la figure que vous avez choisie. Mais, attention, vous ne pouvez pas utiliser les numéros des figures, ni décrire la position de la figure sur l'étiquette (elle est penchée à droite...). Vous pouvez, en revanche, vous aider de votre double décimètre. Vous noterez sur votre feuille tout ce qui vous est utile pour préparer le message.*

S'assurer que les équipes écrivent bien sur leur feuille le numéro qui repère l'étiquette choisie et **observer** le type d'informations qu'elles prennent ou notent : nom de la figure, information sur les côtés, dimensions...

COLLECTIF

PHASE 4 **Deuxième mise en commun**

1. Commencer par un message erroné

• Commencer par interroger une équipe qui n'a pas mesuré la longueur des côtés. L'équipe dit son message oralement, la figure choisie restant secrète.

• Demander aux autres élèves de préciser si le message leur permet ou non de retrouver la figure choisie et, si oui, d'écrire son numéro sur leur feuille.

• Recenser toutes les réponses au tableau et les arguments donnés à l'appui de la réponse :

– la figure est nommée ou pas : carré ou rectangle ;

– des informations sont données sur les longueurs des côtés : « même longueur » ou « deux côtés plus courts ou plus longs que les deux autres », mais la longueur n'est pas précisée ; ou il y a plusieurs carrés ou rectangles sur la fiche.

• Valider les réponses en les confrontant avec le numéro de la figure choisie par l'équipe émettrice.

• Demander alors aux équipes de compléter le message pour qu'il permette de retrouver le carré ou rectangle choisi. Solliciter d'abord l'équipe à l'origine de ce premier message. Faire valider ce nouveau message, éventuellement le faire rectifier par la classe.

2. Poursuivre avec des messages qui permettent de retrouver la figure

• Enchainer avec une ou deux autres équipes qui ont choisi une autre figure et qui ont préparé des messages qui permettent de retrouver la figure. Procéder comme pour le premier message.

1re SYNTHÈSE ET TRACE ÉCRITE

Rédaction des messages

• Pour permettre de trouver la figure choisie, le **message** doit contenir des **informations sur la mesure des longueurs des côtés**.

• **Exemples** en prenant appui sur des messages produits :
Figure 2 : Les quatre côtés ont même longueur et mesurent 4 cm.
C'est un carré ; ses côtés mesurent 4 cm.
Figure 6 : Un côté mesure 1 cm.
Figure 4 : Deux côtés mesurent 7 cm et les deux autres entre 3 cm et 4 cm.
Figure 1 : C'est un rectangle. Deux côtés mesurent 7 cm et les deux autres 4 cm.

• Faire remarquer que, si pour le **rectangle 6**, une information sur la longueur des côtés les plus longs ou des côtés les plus courts suffit (car il n'y a pas d'autres figures qui ont des côtés de cette longueur), pour toutes les autres figures il faut donner des informations sur la mesure des longueurs de tous les côtés. Cette première partie de la synthèse est écrite au tableau pour que les élèves puissent s'y reporter lorsqu'ils feront les exercices d'entraînement.

RÉPONSE : 1. **rectangle** (2 côtés de 4 cm et 2 côtés de 7 cm)
2. **carré** (côtés de 4 cm)
3. **rectangle** (2 côtés de 4 cm et 2 côtés compris entre 3 cm et 4 cm)
4. **rectangle** (2 côtés de 7 cm et 2 côtés compris entre 3 cm et 4 cm)
5. **carré** (côtés de 5 cm)
6. **rectangle** (2 côtés de 1 cm et 2 côtés de 10 cm).

Cette **seconde phase** permet d'**installer les propriétés sur les longueurs des côtés des carrés et rectangles** qui font l'objet de la synthèse qui suit. Elle permet également de travailler la compétence qui en découle, à savoir que, pour identifier un carré, une information sur la longueur de ses côtés suffit alors que, pour un rectangle, deux informations sont nécessaires.

COLLECTIF

PHASE 5 Synthèse finale

2e SYNTHÈSE

1. Longueurs des côtés des carrés et rectangles

- **Dans un carré :** les 4 côtés ont même longueur.
- **Dans un rectangle :** les côtés opposés ont même longueur. (Les côtés opposés sont les côtés qui ne se touchent pas.)

2. Faut-il toujours mesurer avec la règle ?

- Pour certaines figures, **il n'y a pas besoin d'outils** pour voir que les côtés n'ont pas tous même longueur (ça se voit) et pour conclure que ce sont des rectangles qui ne sont pas des carrés.
- Pour d'autres figures, **on ne peut pas décider seulement en les regardant**. Il est nécessaire de comparer les longueurs avec un instrument, c'est le cas quand ces longueurs sont égales ou pas très différentes.

TRACE ÉCRITE

La première partie de cette synthèse est écrite au tableau pour que les élèves puissent s'y reporter lorsqu'ils feront les exercices d'entraînement.

INDIVIDUEL

ENTRAINEMENT

CAHIER MESURES ET GÉOMÉTRIE p. 24

DICO 36 Reconnaitre des carrés et des rectangles

4 La figure orange est-elle un carré ? ....
Pourquoi ? ....

Pour les exercices 5 et 6, utilise ces figures.

5 **Utilise** une bande de papier.
- **Trouve** les figures qui sont des carrés.
- **Trouve** les figures qui sont des rectangles, mais pas des carrés.

6 **Utilise** ton double-décimètre.
- **Trouve** la figure qui correspond à chaque message.

Je suis un rectangle. Mes côtés mesurent 3 cm et 5 cm.

Je suis un carré. Mes côtés mesurent 4 cm.

Il s'agit d'une application directe des acquis de la séance.

Exercice 4

RÉPONSE : Cette figure n'est pas un carré car tous ses côtés n'ont pas la même longueur.

Exercice 5

RÉPONSE : *k* et *p* sont des carrés ; *l* et *m* des rectangles.

Exercice 6

- Les élèves peuvent utiliser les réponses de l'exercice 5 pour restreindre pour chaque message leur recherche à deux figures.

RÉPONSE : Premier message : *m* deuxième message : *p*.

À SUIVRE

Les propriétés des longueurs des côtés du carré et du rectangle seront utilisées dans des activités de construction sur papier quadrillé ou pointé en **séance 7**.

La caractérisation du carré et du rectangle par la présence de quatre angles droits fera l'objet d'un travail spécifique en **unité 5**.

	Tâche	Matériel	Connaissances travaillées
CALCULS DICTÉS	**Ajout, retrait de dizaines entières** – Ajouter ou soustraire des dizaines entières à un nombre (résultat < 100).	par élève : – ardoise ou cahier de brouillon	**– Ajout, retrait de dizaines entières.**
RÉVISER Géométrie	**Construction de carrés et de rectangles** – Construire ou terminer la construction d'un carré et d'un rectangle sur papier quadrillé et papier pointé.	par élève : – règle CAHIER GÉOMÉTRIE p. 25 1, 2, 3 et 4	**– Carrés et rectangles :** propriétés relatives à la longueur de leurs côtés.
APPRENDRE Géométrie	**Reproduction sur quadrillage (1)** RECHERCHE **« Polygones sur quadrillage »** – Reproduire sur quadrillage des polygones dont les côtés suivent les lignes ou les diagonales du quadrillage.	pour la classe : – **fiche 31** agrandie ou photocopiée sur transparent pour rétroprojecteur – calques des modèles A, B et C par élève : – modèles A et B › **fiche 31** – modèle C › **fiche 32** – règle, crayon, gomme CAHIER GÉOMÉTRIE p. 26 5 et 6	**– Reproduction de figures sur quadrillage.**

CALCULS DICTÉS

Ajout, retrait de dizaines entières • Automatismes

– Donner rapidement des sommes, des différences, des compléments.

COLLECTIF

• Dicter les calculs sous la forme « 34 plus 10 », « 58 moins 10 », « combien pour aller de 24 à 54 ? ». Demander aux élèves de répondre sur l'ardoise.

• Procéder à une correction immédiate après chaque calcul.

a. 34 + 10	b. 47 + 40	c. 30 + 65
d. 58 – 10	e. 63 – 20	f. 95 – 40
Combien pour aller de :	g. de 24 à 54 ?	h. de 30 à 57 ?

RÉPONSE : a. 44 b. 87 c. 95 d. 48 e. 43 f. 55 g. 30 h. 27.

Les méthodes repérées peuvent être du type (avec l'exemple **47 + 40**) :
– **comptage de 10 en 10, à partir de 47** (ou encore comptage en avant ou ajout direct de 40 à partir de 47), ce qui peut être illustré par des déplacements sur la ligne numérique ;
– **utilisation de « quarante plus quarante », puis « plus sept »** (on profite pleinement de l'oral) ;
– **décomposition de chaque nombre en dizaines et unités**, et ajout séparé des dizaines et des unités.
Les questions du type **30 + 65** peuvent inciter à permuter les deux termes de la somme.

RÉVISER

Construction de carrés et de rectangles

– Construire ou terminer la construction d'un carré, d'un rectangle sur papier quadrillé ou pointé.
– Reconnaitre perceptivement un carré, un rectangle.

INDIVIDUEL

CAHIER MESURES ET GÉOMÉTRIE p. 25

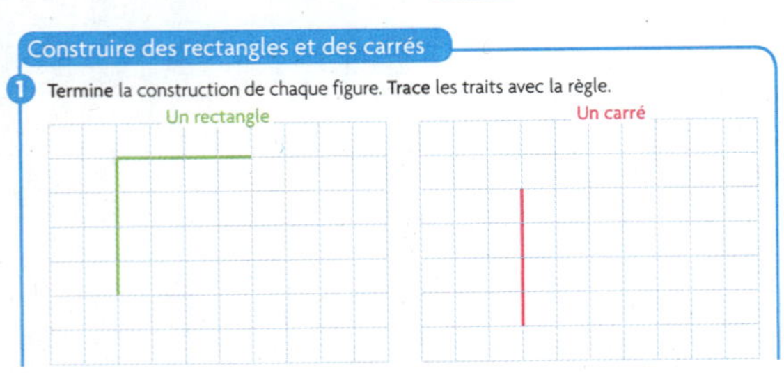

Tous les élèves traiteront les exercices 1 à 3. Les plus rapides feront aussi l'exercice 4. Les inviter à apporter un maximum de soin et de précision dans les tracés.

Exercice 1

• Pour le rectangle, les longueurs (en nombre de côtés de carreaux) des deux segments tracés sont les mêmes. Les élèves vont donc devoir d'abord prolonger un des segments.

• Pour le carré, la longueur des côtés est donnée par le segment tracé, mais les élèves peuvent aussi prolonger ce segment pour tracer un plus grand carré. Le contrôle de la forme est perceptif, éventuellement complété par le comptage des carreaux.

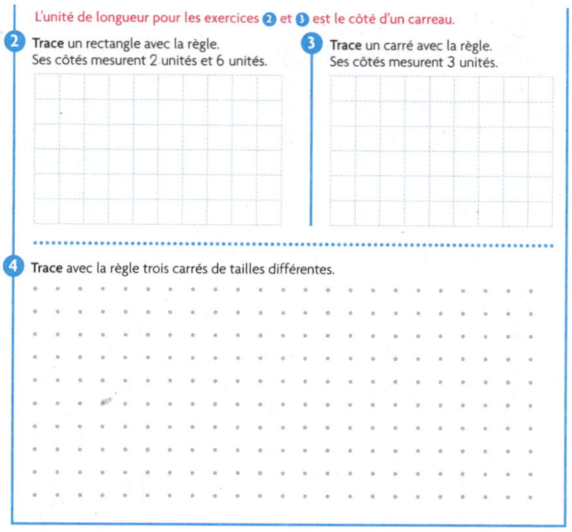

Exercices 2 et 3

• Les élèves ont le choix du premier élément qu'ils traceront. Ils devront veiller à le placer de façon à ce que la figure puisse être tracée sur le quadrillage.

• Ils devront aussi vérifier la longueur des côtés par comptage des côtés des carreaux.

Exercice 4

• C'est une reprise sur papier pointé à maille carrée de l'**exercice 3**. Les lignes supports des côtés ne sont pas tracées, l'alignement des points suggère ces lignes. Les élèves privilégieront les directions verticales et horizontales, il est peu probable que certains tracent un carré dont les côtés suivent les diagonales du maillage.

• Les élèves doivent veiller à placer les carrés pour qu'ils ne débordent pas du réseau et pour qu'ils ne se chevauchent pas. Ils doivent s'assurer que tous sont de tailles différentes.

Des élèves peuvent faire des erreurs dans la longueur des segments en dénombrant le nombre de nœuds, en comptabilisant les deux extrémités du segment, au lieu du nombre de côtés de carreaux.

Différenciation : Exercices 1, 2 et 3 → CD-Rom du guide, **fiche n° 24.**

UNITÉ 4

APPRENDRE

Reproduction sur quadrillage (1)

– Effectuer des tracés à la règle.
– Se repérer dans un quadrillage par rapport aux lignes et aux noeuds.
– Développer des méthodes de reproduction : analyse du modèle, mise en oeuvre d'une stratégie, contrôle de la production.

RECHERCHE Fiches 31 et 32

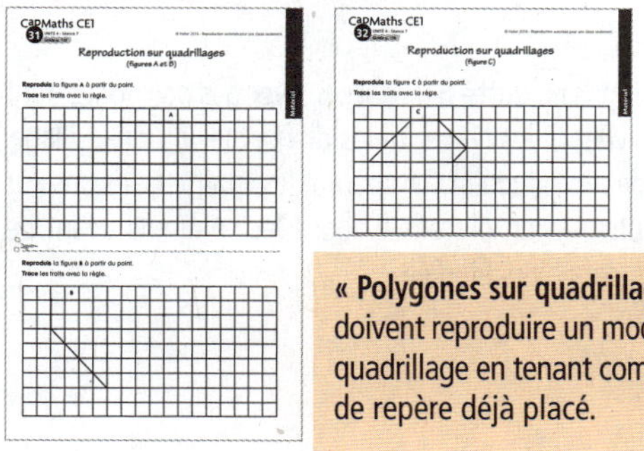

« Polygones sur quadrillage » : Les élèves doivent reproduire un modèle sur le même quadrillage en tenant compte d'un point de repère déjà placé.

INDIVIDUEL, CONTRÔLE À 2

PHASE 1 Polygone A dont les côtés suivent les lignes du quadrillage

• Distribuer le **modèle A** à chaque élève et formuler la tâche :

→ *Il s'agit de reproduire la figure **A** sur le quadrillage à partir du point qui est déjà tracé. Pour cela vous utiliserez la règle. Attention, il faut que la figure reproduite soit exactement pareille que la figure modèle, orientée sur le quadrillage comme la figure modèle. Quand vous aurez terminé vos reproductions, vous contrôlerez avec votre voisin que les tracés sont corrects. Je vous donnerai également un calque du modèle **A** que vous superposerez sur vos dessins.*

• Veiller au respect des contraintes : les segments doivent avoir des nœuds pour extrémités, être situés sur des lignes et avoir la longueur voulue.

• Inciter les élèves au contrôle mutuel de leurs productions : la superposition d'un calque modèle sur la production peut être utilisée s'il y a contestation.

Les élèves procèdent généralement en traçant un segment après l'autre et en comptant les carreaux au fur et à mesure.
Le fait que les deux figures soient placées sur un **même réseau quadrillé** oblige à un repérage par rapport à l'élément déjà placé, et non par rapport aux bords du quadrillage.
Le moment de contrôle à deux et **le moment de validation** par superposition au modèle sont des temps forts de la situation où l'élève comprend l'exigence du travail de reproduction.

• Engager un débat sur quelques productions d'élèves reproduites totalement ou partiellement sur le transparent.

• Recenser les arguments des élèves qui permettent de valider une reproduction.

SYNTHÈSE

1. Que signifie le mot « reproduction » ?

Reproduire une figure c'est dessiner une **figure exactement pareille au modèle.** Elle doit pouvoir **se superposer** au modèle du calque (on dit qu'elle est « superposable » au modèle).
Remarque : La figure reproduite n'est pas placée au même endroit que la figure modèle sur la feuille de papier.

2. Pour valider la reproduction d'une figure dont les côtés suivent les lignes du quadrillage

Il faut vérifier que les **côtés** :
1) ont pour extrémités des nœuds ;
2) suivent les lignes du quadrillage ;
3) ont la bonne orientation et la bonne longueur.

3. Stratégie de reproduction

1) **Analyser le modèle,** identifier les segments qui le composent : les côtés du polygone.

2) **Repérer sur le modèle la position du point** (ou des points) de repère donné(s) comme début de reproduction.

3) **Choisir sur le modèle un côté à reproduire :**
– repérer sa position par rapport au point de repère ;
– repérer son orientation (vertical ou horizontal) ;
– mesurer sa longueur en nombre de côtés de carreaux et reproduire ce côté.

INDIVIDUEL, CONTRÔLE À 2

PHASE 2 **Polygones B et C comportant des obliques**

- Distribuer maintenant le **modèle B** à chaque élève et formuler la tâche comme précédemment, en invitant les élèves à être précis.
- Chaque élève réalise la reproduction. Observer les difficultés et les procédures. Pour les élèves les plus rapides, proposer le **modèle C**.
- Demander aux élèves, par équipes de 2, de contrôler mutuellement leurs reproductions. Proposer un calque du ou des modèles, notamment aux équipes qui ont du mal à repérer leurs erreurs.

Procédures : Pour les côtés suivant les diagonales du quadrillage, les élèves utilisent souvent la même procédure que pour les côtés suivant les lignes du quadrillage : ils contrôlent que le côté passe par les nœuds du quadrillage et ils comptent les carreaux traversés. Il y a peu de chance que la méthode qui consiste à placer d'abord les extrémités des côtés avant de les tracer n'apparaisse.
La phase de contrôle et de validation est importante :
- pour la compréhension de l'enjeu de l'activité (certains se contentent encore d'un dessin « à peu près ») ;
- pour la remise en cause de procédures non valides.

- Engager un débat sur quelques productions d'élèves reproduites totalement ou partiellement sur le transparent pour la figure B.
- Recenser les arguments des élèves : il faut vérifier si les côtés passent par les nœuds, s'ils suivent les diagonales de carreaux, s'ils ont la bonne longueur...

Certains arguments porteront peut-être sur l'idée de repérage d'un sommet par rapport aux autres.

SYNTHÈSE (suite)

Stratégie de reproduction

Pour reproduire un polygone, il est en général plus simple de commencer par reproduire les côtés horizontaux et verticaux : ce sont ceux qui suivent les lignes du quadrillage.

TRACE ÉCRITE

Pour reproduire un modèle sur quadrillage :

1) La règle doit être placée contre les lignes ou contre les nœuds du quadrillage.
2) Tous les côtés ont leurs extrémités sur des nœuds.
3) Il y a deux sortes de côtés :
– les **côtés qui suivent les lignes du quadrillage** : il faut respecter leur orientation (verticale, horizontale) et respecter leur longueur en nombre de côtés de carreaux.
– les **côtés qui suivent les diagonales du quadrillage** : il faut respecter leur orientation et leur longueur.

INDIVIDUEL

ENTRAINEMENT

CAHIER MESURES ET GÉOMÉTRIE p. 26

Reproduire un dessin sur quadrillage

5 **Reproduis** le dessin à partir du point.
Trace les traits avec la règle.

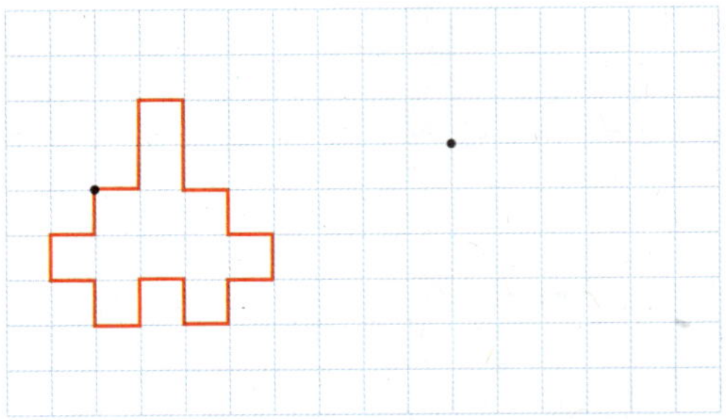

6 **Reproduis** le dessin à partir du point.
Trace les traits avec la règle.

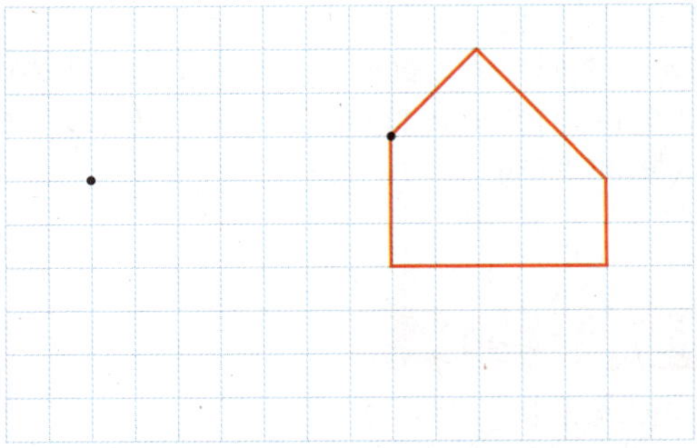

Exercices 5 et 6

- Les reproductions sont une reprise de l'activité de recherche.

Différenciation : Exercice 5 → CD-Rom du guide, **fiche n° 25.**

À SUIVRE

Ce travail sera repris en **unité 6** (séance 6) avec des polygones dont les côtés ne suivent ni les lignes, ni les diagonales du quadrillage. Une stratégie de reproduction en repérant les sommets les uns par rapport aux autres et en plaçant d'abord les sommets avant de tracer les côtés, sera alors étudiée.

Sommes et compléments : passage par la dizaine supérieure

	Tâche	Matériel	Connaissances travaillées
CALCULS DICTÉS	**Passage par la dizaine supérieure** – Calculer une somme ou un complément par diverses procédures, dont le passage par la dizaine supérieure.	par élève : FICHIER NOMBRES p. 42 (1)	– **Calcul mental réfléchi** – **Passage par la dizaine supérieure** – Sommes et compléments.
PROBLÈMES ÉCRITS	**Multiplication et addition itérée** – Résoudre des problèmes en utilisant la multiplication ou l'addition itérée.	par élève : FICHIER NOMBRES p. 42 (2) et (3)	– **Multiplication** – Addition itérée.
APPRENDRE Calcul	**Sommes et compléments : passage par la dizaine supérieure** RECHERCHE « **Calcul réfléchi de sommes et compléments** » – Calculer une somme ou un complément par diverses procédures, dont le passage par la dizaine supérieure.	par équipe de 2 : – ligne graduée de 1 en 1. – cartes unités, dizaines › **fiches 5 à 8** par élève : – ardoise ou cahier de brouillon FICHIER NOMBRES p. 42 (4) et (5)	– **Calcul mental réfléchi** – **Passage par la dizaine supérieure** – Sommes et compléments.

CALCULS DICTÉS

Passage par la dizaine entière • Réflexion

– Calculer une somme, un complément par diverses procédures, dont le passage par la dizaine supérieure.

COLLECTIF

FICHIER NOMBRES ET CALCULS p. 42

Exercice 1

- Dicter les calculs sous la forme « vingt-sept plus quatre », « combien pour aller de 7 à 13 ? ». Demander aux élèves de répondre dans leur fichier.
- Procéder à une correction immédiate après chaque calcul.

a. 27 + 4 b. 88 + 3 c. 48 + 7 d. 34 + 8
Combien pour aller de :
e. 7 à 13 ? f. 17 à 23 ? g. 5 à 12 ? h. 35 à 42 ?

RÉPONSE : a. 31 b. 91 c. 55 d. 42 e. 6 f. 6 g. 7 h. 7.

Les principales procédures consistent (exemple : combien pour aller de 35 à 42 ?) :
– à surcompter de 1 en 1 (assez peu efficace) ;
– à surcompter par sauts en passant par la dizaine supérieure (de 35 à 40 et de 40 à 42) ;
– à se ramener à « 5 pour aller à 12 » en ayant remarqué que ça donne le même résultat.
Mais d'autres procédures peuvent être tout aussi efficaces, comme par exemple : aller de 35 à 45 et reculer de 3.

PROBLÈMES ÉCRITS

Multiplication et addition itérée

– Résoudre des problèmes en utilisant la multiplication ou l'addition itérée.

INDIVIDUEL

FICHIER NOMBRES ET CALCULS p. 42

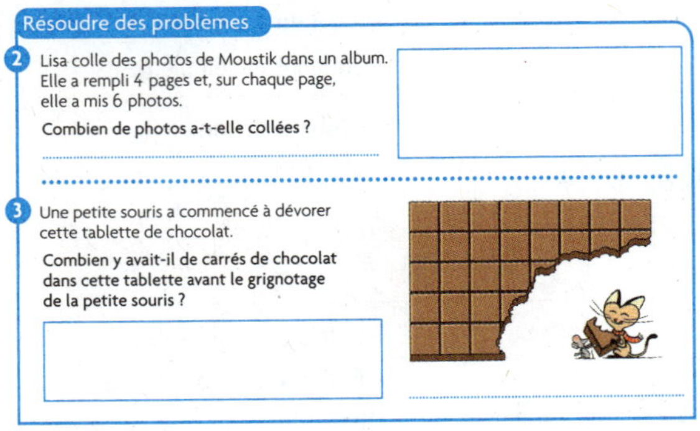
Résoudre des problèmes

2 Lisa colle des photos de Moustik dans un album. Elle a rempli 4 pages et, sur chaque page, elle a mis 6 photos.
Combien de photos a-t-elle collées ?

3 Une petite souris a commencé à dévorer cette tablette de chocolat.
Combien y avait-il de carrés de chocolat dans cette tablette avant le grignotage de la petite souris ?

Exercice 2

• La situation conduit à envisager rapidement l'addition itérée ou la multiplication, par le biais du fait qu'on a 4 fois 6 photos.

RÉPONSE : 24 photos.

Exercice 3

• Le recours à la multiplication ou à l'addition itérée est là moins évident. Certains élèves peuvent compléter mentalement ou réellement le dessin et compter les carrés un par un. D'autres peuvent imaginer 8 colonnes de 5 carrés ou 5 lignes de 8 carrés et utiliser alors l'addition itérée ou la multiplication. C'est cette dernière approche qui sera valorisée au moment de la correction.

RÉPONSE : 40 carrés.

APPRENDRE

Sommes et compléments : passage par la dizaine supérieure

– Calculer une somme, un complément par diverses procédures, dont le passage par la dizaine supérieure.

COLLECTIF

RECHERCHE

« **Calcul réfléchi de sommes et compléments** » : Les élèves doivent imaginer des procédures pour calculer mentalement des sommes et des différences.

PHASE 1 Additions

• Écrire deux calculs au tableau :

16 + 4 16 + 7

• Demander aux élèves :

→ *Écrivez le résultat de ces deux calculs. Vous devrez expliquer ensuite comment vous avez trouvé les réponses.*

• Recenser les réponses, faire identifier les réponses fausses, par exemple en utilisant le matériel ligne graduée en avançant de 4 et de 7 à partir de 16 ou le matériel dizaines-unités en ajoutant 4 ou 7 unités à 1 dizaine et 6 unités.

• Faire expliciter les procédures utilisées, puis procéder à **une synthèse des deux procédures les plus efficaces pour 16 + 7**, en les illustrant à l'aide du matériel :

SYNTHÈSE

Pour calculer 16 + 7

Il y a deux procédures efficaces :

Procédure 1

Passage par la dizaine

Elle consiste à ajouter d'abord 4, puis 3 au résultat obtenu. Cette procédure peut être illustrée de deux manières :

a) **Avec la ligne graduée** : on cherche à utiliser le moins possible de bonds.

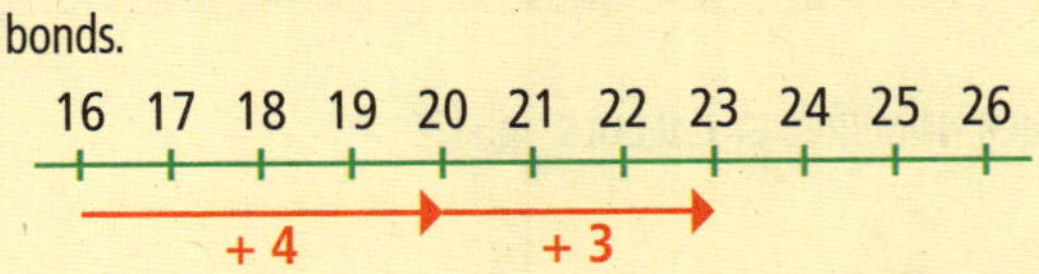

Ce schéma peut être simplifié en ne notant sur une ligne que les repères utiles 16, 20 et 23.

b) **Avec le matériel perles**

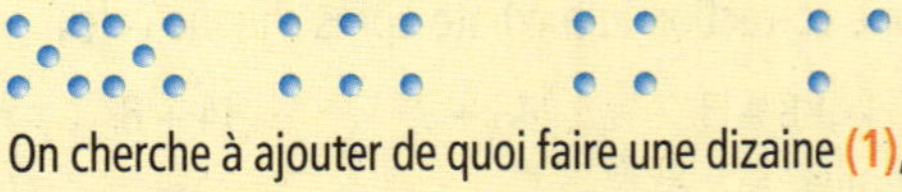

On cherche à ajouter de quoi faire une dizaine (1), puis on ajoute ce qui reste (2) :

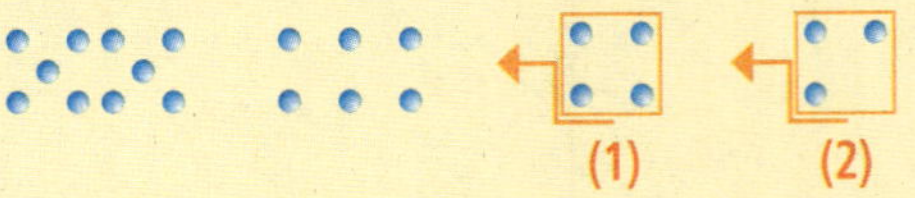

Procédure 2

Décomposition des nombres en dizaines et unités

Elle consiste à utiliser le fait que **16 = 10 + 6** et qu'on peut donc calculer 6 + 7, puis ajouter 10.

Elle ne peut être illustrée qu'avec le **matériel dizaines-unités** :

ÉCRIT DE RÉFÉRENCE

Demander aux élèves de se référer au **dico-maths nº 12**.

• Reprendre le même scénario avec un ou deux nouveaux calculs, par exemple :

35 + 8	47 + 5

en mettant en évidence lors de l'exploitation les deux procédures:

1. **Passage par la dizaine**

Addition **35 + 5**, puis addition **40 + 3**, illustré par :

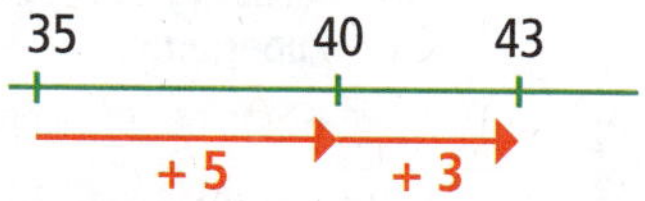

2. **Décomposition des nombres en dizaines et unités**

Addition des unités : **5 + 8**, puis addition **13 + 30**.

COLLECTIF

PHASE 2 **Compléments**

• Écrire ces deux questions au tableau :

Combien pour aller de : 48 à 50 ?	48 à 54 ?

• Demander aux élèves :

→ *Écrivez les réponses à ces deux questions. Vous devrez expliquer ensuite comment vous avez trouvé les réponses.*

• Faire expliciter les procédures utilisées, puis faire une **synthèse** de la procédure la plus efficace pour « combien pour aller de 48 à 54 ? », qui consiste à **passer par la dizaine supérieure**, en l'illustrant à l'aide du matériel :

SYNTHÈSE (suite)

Combien pour aller de 48 à 54 ?

• **Procédure du passage par la dizaine**

Elle consiste à ajouter d'abord 2, puis 4 au résultat obtenu.

Elle peut-être illustrée de deux manières :

a) **Avec la règle graduée** : on cherche à trouver les calculs les plus simples.

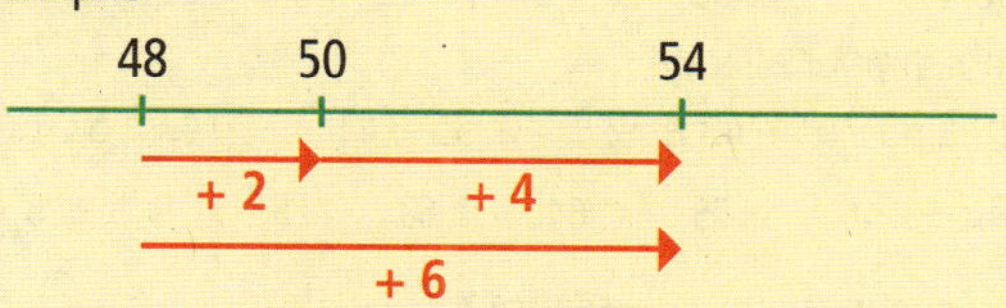

Le schéma simplifié est proposé directement.

b) **Avec le matériel perles** : On ajoute d'abord 2 pour avoir 50 (5 dizaines), puis on complète avec 4 pour arriver à 54 (5 dizaines et 4 unités) :

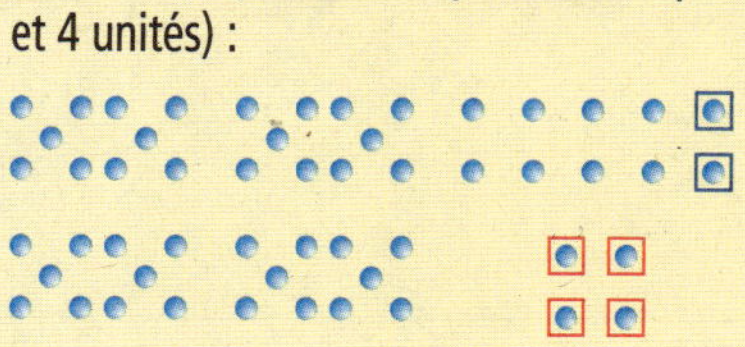

• Reprendre le même scénario avec un nouveau calcul :

Combien pour aller de 64 à 72 ?

• Mettre en évidence, lors de l'exploitation, la **procédure de passage par la dizaine** : addition de **6** pour aller à **70**, puis de **2** pour aller à **72**.

Il existe d'autres procédures possibles, par exemple :
– pour **35 + 8**, il est possible d'ajouter d'abord 10, puis de retrancher 2 ;
– pour **64 pour aller à 72**, il est possible d'aller d'abord à 74 (en ajoutant 10), puis à 72 en reculant de 2.
Si ces procédures apparaissent, elles sont bien entendu prises en considération et validées. Elles seront d'ailleurs enseignées plus tard dans l'année.

Mais beaucoup d'élèves, au CE1, ont des difficultés à envisager deux opérations différentes pour traiter un même calcul (par exemple une addition et une soustraction pour traiter une addition). C'est pourquoi nous avons choisi de privilégier dans un premier temps la **procédure de passage par la dizaine supérieure**, souvent efficace et qui sera d'ailleurs étendue à des calculs plus difficiles comme **47 + 15**, qui peut être traité en ajoutant successivement 10, 3 et 2 ou 3, 10 et 2 ou encore 3 et 12.

Enfin, il faut noter que, progressivement et de façon variable selon les enfants et selon les nombres en jeu, **les calculs additifs où interviennent un nombre inférieur à 100 et un nombre inférieur à 10** (comme 48 + 5 ou combien pour aller de 48 à 53 ?) **seront traités de façon quasi automatisée :** les élèves devront rapidement repérer que, pour **48 + 5**, le chiffre des unités du résultat (3) vient de 8 + 5 et qu'il faut « avancer la dizaine de 1 » (4 devient 5).

UNITÉ 4

INDIVIDUEL

ENTRAINEMENT

FICHIER NOMBRES ET CALCULS **p. 42**

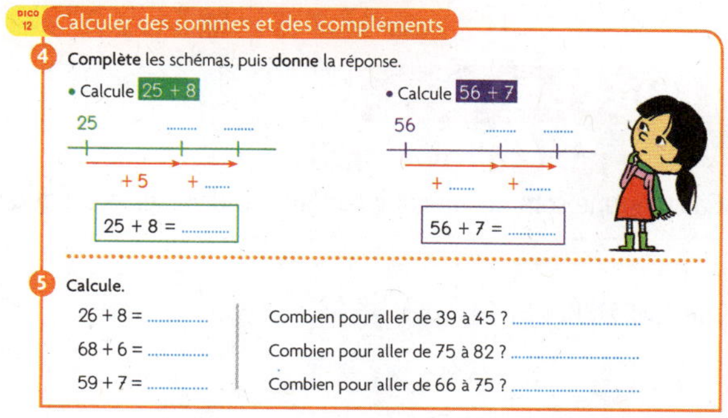
DICO 12 Calculer des sommes et des compléments

4 **Complète** les schémas, puis **donne** la réponse.

• Calcule 25 + 8 — 25 … … — + 5 + … — 25 + 8 = ……

• Calcule 56 + 7 — 56 … … — + … + … — 56 + 7 = ……

5 Calcule.

26 + 8 = …… | Combien pour aller de 39 à 45 ? ……
68 + 6 = …… | Combien pour aller de 75 à 82 ? ……
59 + 7 = …… | Combien pour aller de 66 à 75 ? ……

Exercice 4

Les élèves doivent s'appuyer sur le schéma fourni qui les incite à passer par la dizaine supérieure.

RÉPONSE : 25 + 8 = 33 56 + 7 = 63.

Exercice 5

• Les questions sont du même type que celles de la recherche.

AIDE L'enseignant peut proposer à certains élèves des schémas du type de ceux de l'exercice 4.

RÉPONSE : 26 + 8 = **34** Il faut **6** pour aller de 39 à 45.
68 + 6 = **74** Il faut **7** pour aller de 75 à 82.
59 + 7 = **66** Il faut **9** pour aller de 66 à 75.

	Tâche	Matériel	Connaissances travaillées
CALCULS DICTÉS	**Passage par la dizaine supérieure** – Calculer une somme ou un complément par diverses procédures, dont le passage par la dizaine supérieure.	par élève : FICHIER NOMBRES p. 43 ①	– **Calcul mental réfléchi** – **Passage par la dizaine supérieure** – Sommes et compléments.
PROBLÈME ÉCRIT	**Multiplication et addition itérée** – Résoudre des problèmes en utilisant la multiplication ou l'addition itérée.	par élève : FICHIER NOMBRES p. 43 ②	– **Multiplication** – Addition itérée.
APPRENDRE Problèmes	**Résolution de problèmes : Formuler une question, y répondre, présenter la solution** RECHERCHE **« Combien de fleurs ? »** – Formuler une question à partir d'informations prélevées dans un texte et sur une illustration, y répondre, présenter la solution.	par équipe de 2 : – grande feuille – calculatrice, feutre par élève : – 3 problèmes › **fiche 33** FICHIER NOMBRES p. 43 ③ et ④	– **Résolution d'un problème de groupements** (recherche d'un nombre de parts égales) – Formulation de questions – Présentation d'une solution.

CALCULS DICTÉS

Passage par la dizaine entière • Réflexion

– Calculer une somme, un complément par diverses procédures, dont le passage par la dizaine supérieure.

COLLECTIF

FICHIER NOMBRES ET CALCULS p. 43

Exercice 1

- Dicter les calculs sous la forme « trente-huit plus sept », « combien pour aller de 28 à 33 ? ». Demander aux élèves de répondre dans leur fichier.
- Procéder à une correction immédiate après chaque calcul.

a. 38 + 7 b. 68 + 7 c. 57 + 7 d. 58 + 5
Combien pour aller de :
e. 28 à 33 ? f. 43 à 52 ? g. 35 à 41 ? h. 42 à 51 ?

RÉPONSE : a. 45 b. 75 c. 64 d. 63 e. 5 f. 9 g. 6 h. 9.

Voir commentaire de la **séance 8**.

PROBLÈME ÉCRIT

Multiplication et addition itérée

– Résoudre des problèmes en utilisant la multiplication ou l'addition itérée.

INDIVIDUEL

FICHIER NOMBRES ET CALCULS p. 43

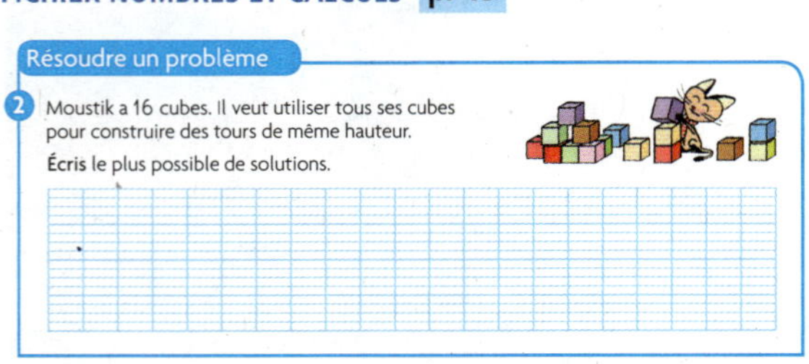
Résoudre un problème

2 Moustik a 16 cubes. Il veut utiliser tous ses cubes pour construire des tours de même hauteur.
Écris le plus possible de solutions.

Problème 2

- Expliquer aux élèves qu'il faut chercher comment construire des tours identiques en utilisant 16 cubes et que, lorsqu'on a trouvé une réponse, il faut en chercher une autre, toujours avec 16 cubes, etc.
- Lors de l'exploitation des réponses, le fait de mettre en relation le recours à l'addition itérée, au mot « fois » et à l'écriture multiplicative s'avère utile pour exprimer les réponses trouvées.

RÉPONSE : 1 tour de 16 cubes ; 2 tours de 8 cubes ;
4 tours de 4 cubes ; 8 tours de 2 cubes, 16 tours de 1 cube.

APPRENDRE

Résolution de problèmes : formuler une question, y répondre, présenter la solution

– Formuler une question à partir d'informations prélevées dans un texte et sur une illustration, y répondre, présenter la solution.

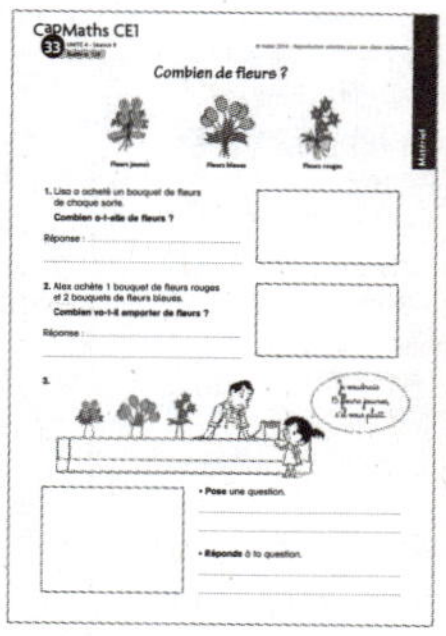

RECHERCHE Fiche 33

« Combien de fleurs ? » : Les élèves doivent d'abord répondre à deux questions en utilisant les informations données sur une illustration puis, à partir de données complémentaires, formuler une nouvelle question, y répondre et présenter leur solution.

INDIVIDUEL

PHASE 1 Résolution des problèmes 1 et 2

• Distribuer la **fiche** aux élèves et faire commenter la première illustration, par exemple :

– il y a 3 sortes de bouquets ;

– ils n'ont pas le même nombre de fleurs…

Préciser que le fleuriste a plusieurs bouquets de chaque sorte et que Zoé, Alex et Lisa veulent en acheter.

• Demander une réponse individuelle aux deux premiers problèmes, en précisant aux élèves qu'ils doivent rédiger la réponse à la question et indiquer comment ils ont fait pour la trouver.

• Exploiter quelques productions correctes ou non :

1. **Pour les productions erronées,** distinguer entre démarches correctes avec erreurs de calcul ou réponse non cohérente avec la procédure et démarches incorrectes.

2. **Parmi les démarches correctes,** il faut distinguer :

– **les procédures qui ne font appel qu'au comptage :** l'élève a compté les fleurs sur l'illustration, en parcourant par exemple 2 fois le bouquet de fleurs bleues pour le problème 2 ;

– **les procédures qui font appel à des calculs qui peuvent être additifs** ($5 + 6 + 4 = 15$ pour le problème 1, et $4 + 6 + 6$ pour le problème 2) ou **en partie multiplicatif** pour le problème 2 ($6 \times 2 = 12$, puis $12 + 4 = 16$) ;

– **si l'élève a utilisé la multiplication,** il est possible qu'on ait affaire à une expression comme $6 \times 2 = 12 + 4 = 16$; elle est reconnue correcte du point de vue de la démarche et de la réponse fournie, mais doit ensuite être corrigée dans la mesure où on peut y lire que $6 \times 2 = 16$!

Une autre écriture en deux étapes $6 \times 2 = 12$, puis $12 + 4 = 16$ est validée comme correcte.

• En **synthèse**, avec les élèves, mettre en évidence les points suivants :

SYNTHÈSE

1. Pour répondre à une question

– Il faut **bien savoir ce qu'on cherche** (on le sait par la question) et choisir les informations qui permettent d'y répondre ;
– Il faut **choisir un moyen d'obtenir la réponse** (il y en a toujours plusieurs possibles).

2. Pour présenter sa solution

– Il faut **indiquer comment on a trouvé** (par exemple en donnant la suite des calculs effectués) ;
– Il faut **écrire une phrase** pour répondre à la question posée.

TRACE ÉCRITE

Conserver au tableau, pour chaque question, les différentes procédures qui permettent d'y répondre et la phrase qui répond à la question posée.

RÉPONSE : **Problème 1 :** 15 fleurs **Problème 2 :** 16 fleurs.

Progressivement, les élèves devront prendre en charge la présentation de leur solution avec les éléments qui ont permis de trouver la réponse et une réponse explicite à la question posée.

À ce niveau de la scolarité, il est encore difficile pour beaucoup d'élèves de distinguer les **écrits de recherche** (brouillon avec essais, reprises, abandons…) des **écrits de présentation** de la solution qui ne retiennent que les éléments efficaces de la recherche. On peut cependant commencer à aider les élèves à distinguer ces deux types d'écrits.

La présentation en deux colonnes (opérations, solution) **n'est pas pertinente ici**, notamment parce que les calculs peuvent être réalisés mentalement. En général, elle n'est d'ailleurs pas la seule méthode de présentation de la solution d'un problème et, si elle est utilisée, ne doit pas l'être de façon systématique au risque de rigidifier et de limiter les modes de résolution des élèves.

ÉQUIPES DE 2

PHASE 2 Résolution du problème 3

• Préciser la première tâche :

→ *Avec les renseignements que vous avez, vous devez poser une question intéressante à laquelle vous êtes sûrs de pouvoir répondre et, bien sûr, y répondre. Tout à l'heure, nous comparerons vos questions et vos réponses.*

• Après que chaque groupe a écrit sa question et y a répondu, organiser une mise en commun :

1. **Recensement de toutes les questions.**

2. **Tri des questions :**

– Questions auxquelles on peut répondre directement, sans calcul ni comptage, par exemple :
Combien Lisa veut-elle de fleurs ?
Aura-t-elle plus de fleurs qu'Alex ?…

– Questions auxquelles on peut peut-être répondre, notamment : *Combien aura-t-elle de bouquets ?* ou des questions équivalentes.

– Questions auxquelles on est sûr de ne pas pouvoir répondre.

3. **Examen des réponses aux deux premières catégories de questions :**

– Quelle procédure a été utilisée ?
– La réponse est-elle correcte ?
– Comment formuler la réponse ?

UNITÉ 4

4. **Pour la question *Combien Lisa aura-t-elle de bouquets ?*, distinguer les procédures :**

– **par utilisation de schémas des fleurs et des bouquets** (dessin répété de 5 bouquets de 5 fleurs jusqu'à en avoir 15 ou dessin de 15 fleurs regroupées ensuite par lots de 5 fleurs) ;

– **par essais et ajustements** utilisant l'addition ou la multiplication (essais de sommes itérant le nombre 5, essais de produits par 5), la réponse se trouvant dans le nombre de fois où 5 doit être utilisé pour obtenir 15.

• En **synthèse**, avec les élèves, mettre en évidence les points suivants :

SYNTHÈSE (suite)

3. Question et réponse

• **La question posée**, en mathématiques, nécessite une recherche, du travail (des calculs par exemple).

• **La réponse** ne se trouve pas toujours derrière le signe « = ».

Exemple : si on a trouvé que 5 + 5 + 5 = 15, il faut compter les 5 pour trouver qu'il faut 3 bouquets.

INDIVIDUEL

ENTRAINEMENT

FICHIER NOMBRES ET CALCULS p. 43

Résoudre des problèmes

Pour les exercices 3 et 4, utilise ce dessin.

3 Julie achète 2 bouquets de fleurs bleues et 3 bouquets de fleurs rouges.

Combien de fleurs a-t-elle achetées ?

4 Alex et Lisa ont acheté, chacun, des fleurs jaunes.
Ils les ont mises ensemble pour faire un beau bouquet de ... fleurs jaunes.
On sait qu'Alex en a acheté ... .
Combien Lisa a-t-elle acheté de fleurs jaunes ?

Sous les taches d'encre, il y avait les nombres 10 et 25.

Écris-les à la bonne place, puis **réponds** à la question.

Exercice 3

• Reprise du problème 2 de la recherche.

RÉPONSE : 24 fleurs.

Exercice 4

• Le bon placement des nombres peut assurer une compréhension de la situation décrite par le texte. Les nombres ont été choisis simples pour que le calcul ne soit pas le principal obstacle.

RÉPONSE : 15 fleurs.

Différenciation → CD-Rom du guide, **fiche n° 26.**

FICHIER NOMBRES ET CALCULS p. 44 à 46
CAHIER MESURES ET GÉOMÉTRIE p. 27 à 30

BILAN de l'UNITÉ 4

CONSOLIDATION

CALCUL MENTAL

Calcul mental (séances 1 à 9)

→ **Répertoire additif complet :** sommes, différences, compléments
→ **Complément à la dizaine supérieure ou écart à la dizaine inférieure :** automatisation
→ **Addition, soustraction de dizaines entières :** automatisation
→ **Passage par la dizaine supérieure : ajout d'un nombre < 10 ou calcul d'un complément**
→ **Problèmes de déplacement sur une ligne numérique**

Pas de préparation de bilan proposée dans le fichier.

Je fais le bilan › FICHIER NOMBRES p. 45

Exercice 1 Calcul de sommes, différences et compléments.
Calculs dictés :
a. 4 + 9 b. 6 + 7 c. 15 – 8
Combien pour aller de : d. 7 à 16 ? e. 36 à 40 ?
f. 48 + 30 g. 76 – 50 h. 26 + 7.

RÉPONSES : a. 13 b. 13 c. 7 d. 9 e. 4 f. 78 g. 26 h. 33.

Je consolide mes connaissances › FICHIER NOMBRES p. 46

Exercice 1
9 + 5 = **14** 13 – 7 = **6**
8 + 6 = **14** 50 + 30 = **70**
15 – 9 = **6** 90 – 60 = **30**

Exercice 2
54 + **6** = 60 62 – 20 = **42**
82 + **8** = 90 45 + 8 = **53**
57 + 30 = **87** 68 + 7 = **75**

Exercice 3
7 + 18 = 25 18 – 7 = 11
7 + 20 = 27 20 – 7 = 13
18 + 20 = 38 20 – 18 = 2
7 + 18 + 20 = 45

Les sommes obtenues en inversant les termes sont évidemment correctes.

Autres ressources

› 90 Activités et jeux mathématiques CE1
27. Jeu de pistes

› CD-Rom Jeux interactifs GS-CP-CE1
12. Je calcule à la vitesse de l'éclair (niveau 2)
14. La punta

› Activités avec la calculatrice GS-CP-CE1
9. Concours de calcul
10. Tables d'addition (CP ou CE1)

NOMBRES ET CALCULS

Multiplication et addition itérée (séances 1 et 2)

Je prépare le bilan › FICHIER NOMBRES p. 44 A

→ **Un produit peut être remplacé par deux sommes de nombres égaux, par exemple 6 × 4 est égal à :**
6 + 6 + 6 + 6 = 24 › c'est 6 fois 4
ou 4 + 4 + 4 + 4 + 4 + 4 = 24 › c'est 4 fois 6
→ Attention, il ne faut pas confondre **6 × 4** (égal à 24) avec **6 + 4** (égal à 10).

Je fais le bilan › FICHIER NOMBRES p. 45

Exercice 2 Calculer des sommes et des produits.
5 × 4 = **20** 5 + 4 = **9** 4 + 4 = **8** 4 × 4 = **16**.

Exercice 3 Décomposer un nombre sous forme de sommes et de produits.
Il y a plusieurs réponses possibles :
1 × 12 2 × 6 3 × 4 4 × 3 6 × 2 12 × 1
0 + 12 1 + 11 2 + 10 3 + 9 4 + 8 5 + 7 6 + 6 7 + 5
8 + 4 11 + 1 10 + 2 9 + 3 12 + 0

Je consolide mes connaissances › FICHIER NOMBRES p. 46

Exercice 4
1 tour de **50 cubes** 2 tours **25 cubes**
5 tours de **10 cubes** 10 tours de **5 cubes**
25 tours de **2 cubes** 50 tours de **1 cube**

CD-Rom du guide
› Fiche différenciation n° 21

Autres ressources

› 90 Activités et jeux mathématiques CE1
38. Jeu du mariage

› CD-Rom Jeux interactifs GS-CP-CE1
15. Les tours

BILAN de l'UNITÉ 4

CONSOLIDATION

Centaines, dizaines et unités (séances 3 et 4)

Je prépare le bilan › FICHIER NOMBRES p. 44 **B** et **C**

→ **Le nombre 100 vient juste après 99.**
Il vaut 10 dizaines ou 100 unités. C'est aussi 1 centaine.

→ **Dans 234, chaque chiffre à une valeur particulière :**
2 › 2 groupements de 100 (ou centaines)
3 › 3 groupements de 10 (ou dizaines)
4 › 4 objets seuls (ou unités).

Je fais le bilan › FICHIER NOMBRES p. 45

Exercice 4 Comprendre le nombre 100 comme 10 dizaines.
Alex doit prendre 10 boites.

Exercice 5 Utiliser la valeur positionnelle des chiffres.
3 cartes de 100 perles, 6 cartes de 10 perles. Autres réponses comme : 2 cartes de 100 perles et 16 cartes de 10 perles...

Je consolide mes connaissances › FICHIER NOMBRES p. 46

Exercice 5 3 billets de 100 €, 2 billets de 10 € et 4 pièces de 1 €.

CD-Rom du guide

› Fiche différenciation n° 22

Autres ressources

› 90 Activités et jeux mathématiques CE1
7. À la recherche du nombre 100
8. Dénombrer des collections importantes

› CD-Rom Jeux interactifs GS-CP-CE1
4. Le collier de Lisa

Lecture et écriture des nombres inférieurs à 1 000 (séance 5)

Je prépare le bilan › FICHIER NOMBRES p. 44 **D**

→ **La lecture des nombres de 2 chiffres comporte beaucoup de pièges** *(rappeler le cas des nombres de 60 à 79 et de 80 à 99).* **Celle des nombres de 3 chiffres est plus simple.** Il suffit d'utiliser le mot « cent » et de savoir lire le nombre formé par les 2 chiffres de droite.
Exemple : **273** se lit **« deux-cent-soixante-treize »**.

→ **Si chiffre de gauche est 1,** celui-ci ne se prononce pas.
Exemple : **173** se lit **« cent-soixante-treize »**.

Je fais le bilan › FICHIER NOMBRES p. 45

Exercice 6 Traduire en chiffres des nombres donnés en lettres.
208 170 700 818.

Exercice 7 Exprimer une quantité sous forme multiplicative et donner le résultat.
Cent-vingt-cinq cent-sept neuf-cent-quatre-vingts cinq-cent-soixante-douze.

Je consolide mes connaissances › FICHIER NOMBRES p. 46

Exercice 6

cent	100
cent-quatre	104
cent-vingt	120
cent-vingt-quatre	124
cent-quatre-vingts	180
quatre-cents	400
quatre-cent-vingt	420

CD-Rom du guide

› Fiche différenciation n° 23

Autres ressources

› 90 Activités et jeux mathématiques CE1
13. Je dis le nombre

BILAN de l'UNITÉ 4

CONSOLIDATION

MESURES ET GÉOMÉTRIE

Reproduction de polygones sur quadrillage (séance 7)

Je prépare le bilan › CAHIER GÉOMÉTRIE p. 27 A

→ Les **sommets des polygones** sont sur les nœuds du quadrillage ou les points du réseau pointé.

→ Quand les côtés suivent les lignes du quadrillage, on peut mesurer les côtés des polygones en nombre de côtés de carreaux.

Je fais le bilan › CAHIER GÉOMÉTRIE p. 27-28

Exercice 1 Reproduire une figure sur quadrillage à partir d'un sommet fixé.

Pas de corrigé.

Je consolide mes connaissances › CAHIER GÉOMÉTRIE p. 29

Exercices 1 à 3 Pas de corrigé.

Les figures modèles peuvent être photocopiées sur papier calque pour la validation.

CD-Rom du guide

› Fiche différenciation n° 25

Autres ressources

› 90 Activités et jeux mathématiques CE1

50. Des frises sur quadrillage
51. Dessins et frises sur réseau triangulaire
52. Reproduction sur quadrillage (1)
53. Reproduction sur quadrillage (2) modèles 1 et 2

› CD-Rom Jeux interactifs GS-CP-CE1

22. Dessins sur quadrillage (activités 1 à 7 et 10)

MESURES ET GÉOMÉTRIE

Carré, rectangle : longueurs des côtés (séance 6)

Je prépare le bilan › CAHIER GÉOMÉTRIE p. 27 B

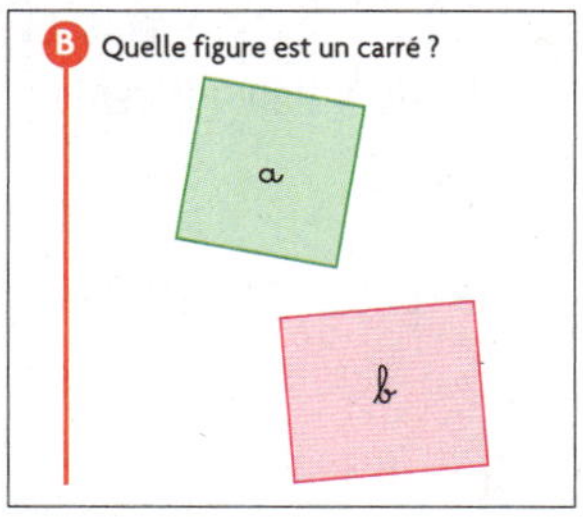

→ **Dans un carré**, les 4 côtés ont même longueur.

→ **Dans un rectangle**, les côtés opposés (rappeler que ce sont les côtés qui ne se touchent pas) ont même longueur.

→ **La vue** ne suffit pas toujours pour décider si une figure est un carré ou un rectangle. **Il faut utiliser un instrument** pour comparer la longueur des côtés.

Je fais le bilan › CAHIER GÉOMÉTRIE p. 28

Exercice 2 Terminer la construction d'un carré dont un côté est déjà tracé, sur un quadrillage.

Pas de corrigé.

Exercice 3 Trouver les carrés et les rectangles.

carrés : *a*, *e* rectangles : *b*, *c*, *d*.

Je consolide mes connaissances › CAHIER GÉOMÉTRIE p. 29

Exercice 3 Alex a raison, c'est un carré : les 4 côtés sont de même longueur.

Exercice 4

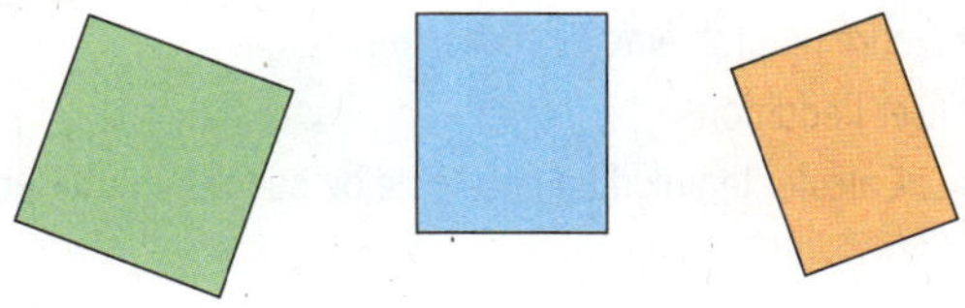

D C A

Exercices 5 et 6 Pas de corrigé.

Il s'agit de tracer des carrés et rectangles sur un réseau de points.

CD-Rom du guide

› Fiche différenciation n° 24

Autres ressources

› 90 Activités et jeux mathématiques CE1

69. Le plus grand carré possible !

BANQUE DE PROBLÈMES

Le marchand de ballons

Le problème principal (n° 2) donne aux élèves l'occasion de travailler sur la prise d'informations dans un tableau.

Problème 1

OBJECTIFS :

– Résoudre un problème de recherche d'un état initial qui a subi une diminution.

– Utiliser l'addition.

TÂCHE : Chercher un nombre de ballons à partir de la connaissance du nombre de ballons restants et du nombre de ballons vendus.

RÉPONSE : 30 ballons.

Problème 2

OBJECTIFS :

– Exploiter les données d'un tableau à double entrée.

– Comparer des nombres.

– Utiliser l'addition.

– Résoudre un problème à plusieurs étapes.

TÂCHE : Répondre à des questions en prenant de l'information dans un tableau à double entrée.

RÉPONSE :
- samedi
- ballons bleus
- 75 ballons vendus le vendredi
- 85 ballons bleus vendus du jeudi au dimanche
- vendredi.

Problème 3

OBJECTIFS :

– Résoudre un problème de recherche.

– Utiliser l'addition.

TÂCHE : Calculer le prix d'un ensemble de ballons en utilisant un tarif dégressif.

RÉPONSE : 45 centimes.

Mise en œuvre

La recherche se fait d'abord au brouillon, individuellement ou par petites équipes (par exemple pour le problème 3). Ensuite, les élèves peuvent consigner leurs solutions et leurs réponses dans leur fichier.

Aides possibles

Pour les élèves faibles en lecture, les énoncés peuvent être verbalisés par l'enseignant.

Problème 1 : Faire une mise en commun intermédiaire pour formuler le fait que les informations sont à prendre sur le dessin et dans la bulle.

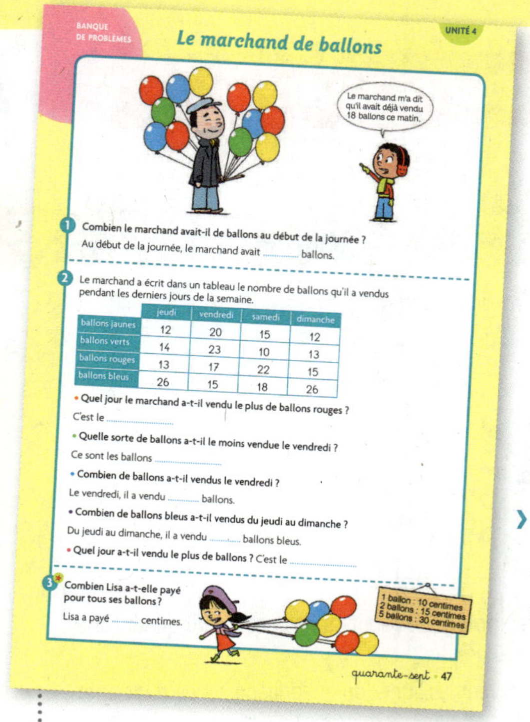

BANQUE DE PROBLÈMES

UNITÉ 4

Le marchand de ballons

1 Combien le marchand avait-il de ballons au début de la journée ?
Au début de la journée, le marchand avait .... ballons.

2 Le marchand a écrit dans un tableau le nombre de ballons qu'il a vendus pendant les derniers jours de la semaine.

	jeudi	vendredi	samedi	dimanche
ballons jaunes	12	20	15	12
ballons verts	14	23	10	13
ballons rouges	13	17	22	15
ballons bleus	26	15	18	26

- Quel jour le marchand a-t-il vendu le plus de ballons rouges ?
C'est le ....
- Quelle sorte de ballons a-t-il le moins vendue le vendredi ?
Ce sont les ballons ....
- Combien de ballons a-t-il vendus le vendredi ?
Le vendredi, il a vendu .... ballons.
- Combien de ballons bleus a-t-il vendus du jeudi au dimanche ?
Du jeudi au dimanche, il a vendu .... ballons bleus.
- Quel jour a-t-il vendu le plus de ballons ? C'est le ....

3 Combien Lisa a-t-elle payé pour tous ses ballons ?
Lisa a payé .... centimes.

quarante-sept 47

› FICHIER NOMBRES p. 47

Problème 2 : Aider les élèves en difficulté à se repérer dans le tableau (par exemple avec un fil marquant les lignes ou colonnes à prendre en compte).

Problème 3 : Faire une mise en commun intermédiaire pour formuler le fait que les informations sont à prendre sur le dessin et sur l'affichette et que la solution optimale n'est pas de payer les ballons à l'unité.

Exploitation

Mise en commun de différentes productions pour discuter la validité des procédures utilisées, pour identifier les erreurs et pour mettre en relation des procédures de résolution différentes.

Erreurs intéressantes à exploiter

Problème 2 : Erreurs relatives à la prise d'informations dans le tableau (voir aide ci-dessus).

Procédures à observer particulièrement

Problème 1 : Les élèves ont-ils surcompté à partir de 18 en pointant chaque ballon du marchand ou ont-ils d'abord cherché le nombre de ballons restants pour l'ajouter à 18 ?

Problème 3 : Les élèves peuvent :

– faire les 3 calculs possibles (avec chaque tarif), puis comparer les résultats et choisir le moins cher ;

– choisir directement la décomposition en « 5 ballons » plus « 2 ballons ».

Évaluations de fin de période 1 (unités 1 à 4)

Cette évaluation concerne les acquis des élèves relatifs aux apprentissages des unités 1 à 4.
Les supports élèves sont fournis sous forme de fiches photocopiables.

EXERCICES DICTÉS ORALEMENT PAR L'ENSEIGNANT

Chaque nombre ou chaque calcul est dicté deux fois.

Exercice 1 Dictées de nombres

Attendus de fin de cycle : Nommer, lire, écrire, représenter des nombres entiers.

Compétence spécifique : Écrire en chiffres des nombres inférieurs à 100 donnés oralement.

Commentaire : Cette compétence devrait être bien assurée pour tous les élèves. C'est une condition pour la maitrise de la lecture des nombres de 3 chiffres.
Pour les élèves qui ont encore des difficultés (soixante-quatorze écrit 614 ou 6014 par exemple), un entrainement spécifique doit être organisé.

Nombres dictés :

a. 516	b. 20	c. 74	d. 55	e. 46	f. 80
g. 64	h. 90	i. 95	j. 83.		

Exercice 2 Doubles et moitiés (nombres < 20)

Attendus de fin de cycle : Calculer avec des nombres entiers.

Compétence spécifique : Connaitre les doubles et moitiés de nombres (domaine des nombres inférieurs à 20).

Commentaire : Ces résultats constituent l'un des points d'appui important pour la maitrise des répertoires additifs. Le recours à des figurations du type

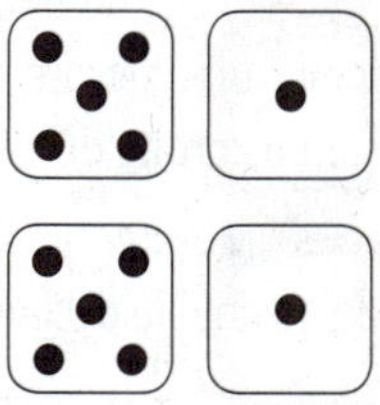

pour le double de 6 et la moitié de 12 peuvent aider certains élèves.

Calculs dictés :

Doubles de :	a. 3	b. 5	c. 7	d. 8	e. 9
Moitiés de :	f. 4	g. 6	h. 10	j. 12	h. 14.

Exercice 3 Répertoire additif

Attendus de fin de cycle : Calculer avec des nombres entiers.

Compétence spécifique : Connaitre ou reconstruire très rapidement les résultats des tables d'addition (sommes, compléments, différences), donner le complément à la dizaine supérieure.

Commentaire : La capacité à fournir rapidement ce type de résultats est essentielle pour aller plus loin en calcul mental. Si des difficultés persistent, l'entrainement doit être poursuivi, notamment en s'assurant que les points d'appui principaux sont assurés : ajout ou retrait de 1 ou de 2, doubles des nombres inférieurs à 10, compléments à 10...

Calculs dictés :

a. 5 + 3	b. 4 + 7	c. 8 + 8	d. 3 + 9
Combien pour aller :			
e. de 4 à 6 ?	f. de 3 à 7 ?	g. de 5 à 12 ?	
h. 8 – 3	j. 10 – 5	h. 12 – 8.	

Exercice 4 Calcul réfléchi (addition, soustraction)

Attendus de fin de cycle : Calculer avec des nombres entiers.

Compétences spécifiques : Ajouter 1, 2 ou 10 à un nombre inférieur à 100, calculer sur les dizaines entières (sommes, compléments, différences) et trouver les compléments à la dizaine supérieure

Commentaire : Ces diverses compétences sont des points d'appui pour le calcul réfléchi. Progressivement, les résultats doivent pouvoir être produits rapidement. Des difficultés persistantes nécessitent la mise en place d'un entrainement spécifique pour les élèves concernés, aidés par des illustrations des calculs proposés avec du matériel (matériel de numération, référence à une piste numérique…).

Calculs dictés :

a. 15 + 2	b. 18 + 2	c. 25 + 10
d. 30 + 20	e. 60 – 10	f. 80 – 50
Combien pour aller :		
g. de 20 à 40 ?	h. de 30 à 70 ?	
i. de 34 à 40 ?	j. de 42 à 50 ?	

EXERCICES À ÉNONCES ÉCRITS

Pour certains élèves, les consignes peuvent être lues par l'enseignant.

Exercices 5 et 6 Dizaines et unités (valeur positionnelle des chiffres)

Attendus de fin de cycle : Comprendre et utiliser des nombres entiers pour dénombrer, ordonner, repérer, comparer.
Nommer, lire, écrire, représenter des nombres entiers.

Compétence spécifique : Comprendre et utiliser les unités de numération, en particulier la valeur des chiffres en fonction de leur position dans l'écriture décimale d'un nombre inférieur à 100.

Commentaire : Il s'agit de s'assurer que les élèves ont bien compris qu'une écriture comme 67 devait être référée à 6 groupements de 10 objets (6 dizaines) et 7 objets isolés (7 unités).
Exercice 5 : On identifiera les élèves qui n'utilisent pas le fait que certaines barres comportent 10 cubes (ils entourent par exemple 34 cubes en les comptant un par un en partant de la gauche) et ceux qui considèrent que toute barre « vaut 1 dizaine » (ils ne s'assurent pas du nombre de cubes de chaque barre).

Exercices 7 et 8 Suites de nombres

Attendus de fin de cycle : Nommer, lire, écrire, représenter des nombres entiers.

Compétences spécifiques : Écrire le nombre qui suit et le nombre qui précède un nombre ; produire des suites écrites de nombres de 1 en 1, de 5 en 5, de 10 en 10.

Commentaire : Si des difficultés importantes persistent pour certains élèves (passage de 69 à 70, par exemple), un travail différencié avec le compteur doit être proposé.

Exercice 9 Comparaison de nombres

Attendus de fin de cycle : Comprendre et utiliser des nombres entiers pour dénombrer, ordonner, repérer, comparer.

Compétences spécifiques : Comparer des nombres inférieurs à 100, utiliser les symboles < et >.

Commentaire : La capacité à comparer deux nombres (dire si 28 est plus petit ou plus grand que 42) est plus importante que celle à coder le résultat de la comparaison sous la forme 28 < 42. En cas de doute, on peut demander aux élèves de d'abord entourer le plus petit des 2 nombres puis d'écrire les signes < et >.

Exercice 10 Ligne graduée

Attendus de fin de cycle : Nommer, lire, écrire, représenter des nombres entiers.

Compétence spécifique : Associer un nombre entier à une position sur une demi-droite graduée.

Commentaire : Si des difficultés persistent, elles pourront être surmontées ultérieurement.

Des erreurs peuvent être dues au fait que les élèves ne tiennent pas compte des nombres placés et répondent comme si la graduation commençait à 0 ou à 1.

Exercice 11 Addition en ligne ou posée

Attendus de fin de cycle : Calculer avec des nombres entiers.

Compétences spécifiques : Élaborer ou choisir des stratégies de calcul à l'oral et à l'écrit ; calculer des sommes mentalement, en ligne ou par addition posée en colonne (nombres inférieurs à 100).

Commentaire : À partir des résultats observés et des difficultés repérées (disposition des nombres, tables d'addition, retenue), le travail d'entrainement peut être aménagé. Il doit s'accompagner d'un travail de compréhension de la technique utilisée (avec recours au matériel de numération, si nécessaire).

Exercices 12, 13 et 14 Problèmes

Attendus de fin de cycle : Résoudre des problèmes en utilisant des nombres entiers et le calcul.

Compétences spécifiques : Problèmes relevant des structures additives (addition/soustraction) et/ou multiplicatives (multiplication), en particulier déterminer :
– le résultat d'une diminution (dans un problème à 2 étapes) ;
– de combien il faut avancer pour passer d'un repère à un autre sur une ligne graduée ;
– la quantité obtenue par réunion de plusieurs quantités identiques.

Commentaire :

Problème 12 : Pour ce type de problème, il convient de bien cerner l'origine des difficultés éventuelles :
– prise d'informations dans le texte et sur l'illustration ;
– détermination des étapes de la résolution ;
– procédures sollicitées pour la résolution : témoignent-elles d'une compréhension de la situation ou non ?

Problème 13 : Pour ce problème, on observera si les élèves ont recours au calcul ou s'ils matérialisent la piste pour répondre. On sera attentif aux réponses à 1 près qui peuvent témoigner du fait que l'élève a compté la case de départ.

Problème 14 : Il est possible que tous les élèves ne recourent pas encore au calcul pour répondre. Ici, recours à un schéma ou à un calcul additif sont tout aussi pertinents.... et à distinguer du recours au calcul 4 + 6. Dans ce dernier cas, un travail sur la structure de la situation par une simulation, par exemple, est nécessaire.

Exercice 15 Dates et durées

Attendus de fin de cycle : Se repérer dans le temps et mesurer des durées. Exprimer une mesure dans une unité imposée.

Compétence spécifique : Lire des dates et déterminer des durées en jours à l'aide du calendrier.

Commentaire : Le calendrier utilisé doit être sous forme de liste de jours pour chaque mois. Pour l'expression de la durée séparant deux dates, accepter la réponse à un jour près (on peut compter ou non le premier jour).
Les erreurs sont souvent liées à la difficulté à se repérer dans le calendrier. Vérifier si l'élève connait la liste des mois de l'année.
La maitrise de la compétence se fait en lien avec « Questionner le monde ».

Exercices 16 et 17 Mesures de longueurs

Attendus de fin de cycle : Mesurer des longueurs avec un instrument adapté. Exprimer une mesure dans une unité choisie. Reporter une longueur sur une droite déjà tracée.

Compétences spécifiques : Mesurer la longueur d'un segment et d'une ligne brisée à l'aide du double décimètre ; tracer un segment de longueur donnée.

Commentaire : Si pour le tracé de 5 cm, des élèves produisent un segment plus long de quelques millimètres, cela peut être dû au mauvais positionnement de la graduation 0 du double-décimètre.
Les élèves auront aussi dans ce cas une difficulté à donner les mesures des lignes a et b en nombres entiers de centimètres.
Pour la mesure de la longueur de la ligne brisée, l'erreur peut provenir d'une :
– erreur de mesure pour tout ou partie des segments ;
– erreur de calcul dans l'ajout des 3 mesures ;
– difficulté de report sur la règle, si l'élève mesure la ligne sur sa règle en plaçant la graduation correspondant à la mesure du premier segment (6) en face de l'extrémité du deuxième segment...;
– représentation incorrecte de la tâche : mesure d'un seul segment, mesure de la distance entre les deux extrémités de la ligne.

Exercice 18 Repérage dans la feuille de papier

Attendus de fin de cycle : Se repérer en utilisant des repères.

Attendus de fin de cycle 1 : Orienter correctement une feuille de papier. Utiliser des marqueurs spatiaux adaptés.

Compétence spécifique : Connaitre et utiliser le vocabulaire spatial de repérage dans la feuille de papier

Commentaire : La maitrise de cette compétence étant essentielle, il convient d'accompagner particulièrement les élèves en difficulté dans ce domaine.

Exercice 19 Repérage de cases dans un quadrillage

Attendus de fin de cycle : Repérer en utilisant des repères. Coder et décoder sur un quadrillage.

Compétences spécifiques : Coder une case par un couple ; repérer la case codée par un couple.

Commentaire : Cette compétence de repérage sur quadrillage est également nécessaire à l'utilisation d'un tableau à double entrée. Si l'élève commet plusieurs erreurs dans cet exercice, c'est qu'il ne comprend pas la case comme intersection d'une ligne et d'une colonne dans le quadrillage. Dans ce cas, il peut être important de lui faire colorier la ligne et la colonne correspondant à une case.

Exercice 20 Reproduction de figures

Attendus de fin de cycle : Reproduire des figures ou des assemblages de figures planes sur papier quadrillé ou uni. Utiliser la règle comme instrument de tracé. Reconnaitre et utiliser la notion d'alignement.

Compétences spécifiques : Élaborer une stratégie de reproduction en repérant les alignements sur la figure modèle ; utiliser la règle pour réaliser des tracés.

Commentaire : Pour ce problème, il convient de bien cerner l'origine des erreurs :
– **manque de motricité fine** et difficulté à faire des tracés soignés : mauvais placement de la règle, appui sur le crayon ;
– **difficulté à analyser le modèle :** l'élève en garde une image globale et ne conçoit pas la figure comme un ensemble de segments déterminés par leurs extrémités ;
– **difficulté à repérer des alignements :** l'élève déplace la règle pour tracer des segments alignés, ce qui crée une imprécision d'alignement dans la figure reproduite ;
– **difficulté à élaborer une stratégie de reproduction** : la reproduction n'est pas terminée, il manque des segments ;
– **difficulté à contrôler sa reproduction** : des segments non présents sur le modèle sont tracés, il manque des segments ;
– **difficulté de repérage dans la feuille de papier :** il y a une inversion gauche/droite dans la reproduction réalisée par l'élève.

Exercice 21 Points alignés

Attendus de fin de cycle : Reconnaitre et utiliser la notion d'alignement.

Compétence spécifique : Placer un point aligné avec deux autres.

Commentaire : On observera si les élèves placent le troisième point au jugé ou si, au contraire, ils utilisent la règle, même maladroitement, pour joindre les deux points déjà placés.

Exercices 22 et 23 Carrés et rectangles

Attendus de fin de cycle : Construire quelques figures géométriques.

Compétences spécifiques : Utiliser les propriétés relatives à la longueur des côtés d'un carré, d'un rectangle pour tracer un carré, un rectangle sur quadrillage et réseau pointé.

Commentaire :

Problème 22 : Trois erreurs doivent retenir l'attention :
– celle qui consiste à fermer la figure, on obtient alors un triangle rectangle ;
– celle qui consiste à tracer un rectangle sans avoir prolongé auparavant le trait horizontal de façon à ce que tous les côtés aient même longueur ;
– enfin celle qui consiste à compter le nombre de nœuds et non le nombre de carreaux, ce qui conduit à tracer un rectangle.
Cet exercice permet par ailleurs d'apprécier la précision du tracé d'un segment joignant deux points.

Problème 23 : Une erreur possible consiste à compter le nombre de nœuds et non le nombre de carreaux, ce qui conduit à tracer un rectangle de côtés 3 unités et 6 unités.
Des élèves peuvent ne pas avoir anticipé la position du sommet à partir duquel ils commencent le tracé pour que la figure tienne sur le quadrillage.

Corrigés Évaluation de fin de période 1

Fiches photocopiables

Exercice 1

a. 16 b. 20 c. 74 d. 55 e. 46
f. 80 g. 64 h. 90 i. 95 j. 83.

Exercice 2

Doubles de : a. 6 b. 10 c. 14 d. 16 e. 18
Moitiés de : f. 2 g. 3 h. 5 i. 6 j. 7.

Exercice 3

a. 8 b. 11 c. 16 d. 12 e. 2
f. 4 g. 7 h. 5 j. 5 h. 4.

Exercice 4

a. 17 b. 20 c. 35 d. 50 e. 50
f. 30 g. 20 h. 40 i. 6 j. 8.

Exercice 5

3 tours de 10 cubes et 1 tour de 4 cubes.

Exercice 6

6 paquets de 10 images.

Exercice 7

26 **39** **60** **78**
27 40 61 79
28 **41** **62** **80**

Exercice 8

38 - 39 - 40 - 41 - 42 - 43 - 44 - 45 - 46 - 47 - 48 - 49 - 50 - 51
25 - 30 - 35 - 40 - 45 - 50 - 55 - 60 - 65 - 70 - 75 - 80 - 85 - 90
7 - 17 - 27 - 37 - 47 - 57 - 67 - 77 - 87 - 97

Exercice 9

46 < 64 68 > 9 82 < 90 98 > 89.

Exercice 10

60 – 66 – 74 – 80 – 82 – 90 – 92.

Exercice 11

73 + 25 = **98** 18 + 52 = **70** 56 + 39 = **95** 9 + 78 = **87**.

Exercice 12

8 caramels.

Exercice 13

6 cases.

Exercice 14

24 photos.

Exercice 15

Le mois de juillet a **31 jours**.
Entre le 25 juillet et le 2 aout, il s'écoule **9 jours**.

Exercice 16

a mesure **11 cm**.
b mesure **15 cm** (6 cm + 4 cm + 5 cm).

Exercice 17

Pas de corrigé.

Exercice 18

Sur la carte, l'étoile est **en haut** à droite.
Sur la carte, le triangle est en bas **à droite**.

Exercice 19

■ est dans la colonne **a**.
■ est dans la ligne **5**.
■ est dans la case **a5**.
▼ est dans la case **a5**.

UNITÉ 5

13 ou 14 séances
– 10 séances programmées (9 séances d'apprentissage + 1 bilan)
– 3 ou 4 séances pour la consolidation et la résolution de problèmes

	CALCUL MENTAL (environ 30 min par séance)	RÉVISER	APPRENDRE (environ 45 min par séance)
Séance 1 FICHIER NOMBRES p. 48	**Problèmes dictés** Sommes et compléments	**Problème écrit** Sommes et compléments	**Multiplication : calcul de produits (1)** RECHERCHE Multi-mariage
Séance 2 FICHIER NOMBRES p. 49	**Calculs dictés** Ajout, retrait de 5 à un nombre multiple de 5	**Décomposition en centaines, dizaines et unités**	**Multiplication : calcul de produits (2)** RECHERCHE Décomposer sous forme de produits
Séance 3 FICHIER NOMBRES p. 50	**Calculs dictés** Ajout, retrait de 5 à un nombre multiple de 100	**Décomposition en centaines, dizaines et unités**	**Suite des nombres : ajout de dizaines et unités (1)** RECHERCHE Quantités, compteur et calculette
Séance 4 FICHIER NOMBRES p. 51	**Calculs dictés** Addition itérée de 2 et 5	**Addition posée ou en ligne**	**Suite des nombres : ajout de centaines, de dizaines et unités (2)** RECHERCHE Quantités, compteur et calculette
Séance 5 FICHIER NOMBRES p. 52	**Problèmes dictés** Prise d'information dans un tableau	**Problème écrit** Prise d'information dans un tableau	**Addition : calcul posé ou en ligne** RECHERCHE Combien de perles ont Alex et Lisa ?
Séance 6 FICHIER NOMBRES p. 53	**Calculs dictés** Addition itérée de 4	**Lecture et écriture des nombres < 1 000**	**Calcul sur les centaines et dizaines entières** RECHERCHE Le nombre cible
Séance 7 CAHIER GÉOMÉTRIE p. 31	**Calculs dictés** Ajout, retrait de dizaines et centaines entières	**Reproduction de figures et alignement**	**Carrés, rectangles, angles droits** RECHERCHE Les quatre coins
Séance 8 CAHIER GÉOMÉTRIE p. 32	**Calculs dictés** Ajout, retrait de dizaines et centaines entières	**Angle droit et gabarits**	**Différents points de vue sur une disposition d'objets (1)** RECHERCHE Les trois cônes
Séance 9 CAHIER GÉOMÉTRIE p. 33	**Calculs dictés** Ajout, retrait de dizaines et centaines entières	**Angles droits et triangles**	**Différents points de vue sur une disposition d'objets (2)** RECHERCHE Les trois cônes

Bilan

Je prépare le bilan puis **Je fais le bilan**
FICHIER NOMBRES p. 54 et 55
CAHIER GÉOMÉTRIE p. 34

Consolidation Remédiation

Je consolide mes connaissances
FICHIER NOMBRES p. 56
CAHIER GÉOMÉTRIE p. 35 et 36

Banque de problèmes

Les autocars
FICHIER NOMBRES p. 57
– Résoudre un problème de réunion de quantités
– Comparer deux quantités et deux nombres
– Résoudre un problème de recherche de complément
– Associer données et question possibles

L'essentiel à retenir de l'unité 5

- **Calculs dictés :**
  – Ajout, retrait de 5 à un multiple de 5
  – Addition, soustraction de dizaines et centaines
- **Multiplication : calcul de produits (décomposer ou compléter un produit)**
- **Suites des nombres : centaines, dizaines et unités**
- **Carrés, rectangles, angles droits**
- **Différenciation des points de vue**

UNITÉ 5 Multiplication : calcul de produits (1)

	Tâche	Matériel	Connaissances travaillées
PROBLÈMES DICTÉS	**Sommes et compléments** – Calculer des sommes ou des compléments (domaine de la monnaie).	par élève : FICHIER NOMBRES p. 48 1	– Sommes et compléments.
PROBLÈME ÉCRIT	**Sommes et compléments** – Calculer des sommes ou des compléments (domaine de la monnaie).	par élève : – brouillon FICHIER NOMBRES p. 48 2	– Sommes et compléments.
APPRENDRE Calcul	**Multiplication : calcul de produits (1)** RECHERCHE **« Multi-mariage »** – Associer écritures multiplicatives et résultats associés	par équipe de 2 : – 4 cartons blancs (nombres) et 12 cartons gris (produits) › **fiche 34** – feuille A4 – les calculatrices sont interdites par élève : – grande affiche FICHIER NOMBRES p. 48 3, 4 et 5	– **Multiplication** – **Calcul de produits** – Propriétés (1 élément neutre, commutativité).

PROBLÈMES DICTÉS

Sommes et compléments • Monnaie
– Résoudre des problèmes dans lesquels il faut calculer des sommes ou des compléments.

COLLECTIF

FICHIER NOMBRES ET CALCULS p. 48

Problèmes dictés
1 a ……… euros b ……… euros c ……… euros de plus

Exercice 1

• Proposer successivement aux élèves trois problèmes à résoudre, chacun pouvant être illustré par les pièces et billets montrés par l'enseignant et les données écrites au tableau. Les réponses sont dans le fichier.

Problème a

Dans sa tirelire, Lisa a **2** billets de **5 €** et **1** pièce de **2 €**.

QUESTION : *Quelle somme d'argent possède Lisa ?*

Problème b

Alex a un billet de **10 €**. Il voudrait avoir **15 €**.

QUESTION : *Combien d'euros lui manque-t-il ?*

Problème c

Lisa a donc **12 €** et Alex **10 €**.

QUESTION : *Combien Lisa a-t-elle d'euros de plus qu'Alex ?*

RÉPONSE : a. 12 € b. 5 € c. 2 €.

Au moment de la correction, des pièces et des billets peuvent être utilisés pour illustrer les données et vérifier les réponses.

PROBLÈME ÉCRIT

Sommes et compléments • Monnaie
– Résoudre des problèmes dans lesquels il faut calculer des sommes ou des compléments.

INDIVIDUEL

FICHIER NOMBRES ET CALCULS p. 48

Résoudre un problème
2 Le papa d'Alex veut acheter ce téléviseur.
A-t-il assez d'argent pour le payer ? ………
S'il n'en a pas assez, combien lui manque-t-il ?

Exercice 2

• La somme représentée par les billets (430 €) peut être trouvée :
– soit directement en référence à 4 centaines et 3 dizaines ;
– soit par addition : 100 + 100 + 100 + 100 + 10 + 10 + 10.
• Faire noter le rôle de 0 (absence d'unité = absence de pièce de 1 €).
• Le calcul du complément revient à calculer un écart de dizaines (tous les calculs peuvent donc être faits mentalement).

RÉPONSE : Il lui manque 60 €.

APPRENDRE

Multiplication : calcul de produits (1)

– Comprendre l'écriture multiplicative et calculer des produits.
– Utiliser quelques propriétés de la multiplication (1 comme élément neutre, commutativité).

RECHERCHE

« Multi-mariage » : Les élèves doivent classer des écritures multiplicatives en les associant à leurs résultats.

ÉQUIPES DE 2

PHASE 1 Classer les étiquettes-produits

• Distribuer à chaque équipe les **4 cartons blancs** et les **12 cartons gris**. Faire remarquer ce qui est écrit sur chacun d'eux : nombres sur les blancs, des écritures avec le signe × sur les gris.

• Présenter le problème à résoudre :

→ *Alex a écrit des produits sur des cartons gris* (en montrer quelques-uns pour rappeler le sens du mot « produit »). *Lisa a écrit les résultats de certains de ces produits sur des cartons blancs. Mais Moustik a tout mélangé. Vous allez travailler par deux et remettre ensemble les cartons qui donnent le même résultat. Attention, pour un carton blanc, il y a parfois plusieurs cartons gris qui peuvent aller avec lui et qui correspondent donc au même résultat. Lorsque vous aurez trouvé les cartons gris qui vont avec un carton blanc, vous les collerez sur votre feuille prise dans le sens de la largeur : dans une colonne, vous collerez en haut le carton blanc et, en dessous, les cartons gris qui correspondent à ce résultat.*

• Proposer aux équipes qui ont terminé plus rapidement de chercher s'il existe d'autres écritures multiplicatives pour les nombres donnés.

AIDE Pour certains élèves, le matériel « cubes » peut être utile pour réaliser des groupements (éventuellement sous forme de tours).

Les cartons ont été choisis de telle sorte que les élèves puissent utiliser (de façon implicite ou explicite) quelques propriétés :
– **cartons du type 15 × 1 :** référence peut être faite à 15 tours de hauteur 1 ou 1 tour de hauteur 15 ;
– **cartons du type 3 × 5 et 5 × 3 :** certains élèves reconnaitront sans doute, sans calcul, qu'ils vont dans la même colonne ;
– **cartons du type 20 × 2 :** il est plus facile de calculer ce produit avec « 2 fois 20 » qu'avec « 20 fois 2 »...
La calculatrice n'est pas disponible pour obliger les élèves à utiliser la signification de a × b (référence à des groupements, à l'addition itérée, au mot « fois ») pour réaliser leur travail.

COLLECTIF

PHASE 2 Mise en commun et synthèse

• Rassembler au tableau, dans une présentation en colonnes (comme dans la trace écrite), les différentes propositions. Les faire discuter par les élèves du point de vue de leur validité. Inviter les élèves à décrire comment ils ont résolu le problème posé.

SYNTHÈSE

Pour calculer des produits

Connaitre ces quelques propriétés simples qui facilitent les calculs :

• **Commutativité de la multiplication :**
3 × 5 c'est comme **5 × 3**.
Le mot « commutativité » n'est pas utilisé avec les élèves : il suffit de dire, par exemple, qu'on peut échanger la place des deux nombres.

• **Rôle de 1 dans la multiplication :**
Multiplier un nombre par 1 « ne change pas ce nombre ».

• **Choix de l'addition itérée :**
L'addition la plus facile à calculer est souvent la moins longue, mais pas toujours ; par exemple pour **5 × 8**, il est plus facile d'ajouter 8 fois 5 que 5 fois 8, car compter de 5 en 5 c'est facile *(le faire réaliser par deux élèves, un avec 5, l'autre avec 8).*

TRACE ÉCRITE

Traduire sous forme d'égalités les réponses obtenues (3 × 5 = 15 ou 15 = 3 × 5 par exemple) et les écrire sur une grande affiche qui constitue un **premier répertoire multiplicatif**.

15	16	19	40
3 × 5 5 × 3 15 × 1	1 × 16 2 × 8 4 × 4 8 × 2	1 × 19 19 × 1	4 × 10 5 × 8 20 × 2

Un premier répertoire multiplicatif « non organisé » est constitué au gré des produits rencontrés et calculés. Lorsqu'il aura atteint une taille importante, la question de son organisation sera posée... pour déboucher sur les tables de multiplication.
Ce répertoire collectif peut rester à disposition des élèves.

INDIVIDUEL

ENTRAINEMENT

FICHIER NOMBRES ET CALCULS p. 48

Calculer des produits

3 Entoure les étiquettes lorsque le résultat est égal à 32.
16 × 2 | 8 × 4 | 4 × 8 | 30 × 2 | 1 × 32

4 Complète.
2 × 8 = ... | 2 × 9 = ... | 5 × 4 = ...
7 × 1 = ... | 5 × 2 = ... | 5 × 6 = ...

5 Le nombre d'étoiles de certaines cartes peut être obtenu en calculant 6 × 3.
Entoure ces cartes et écris en dessous leur nombre d'étoiles.

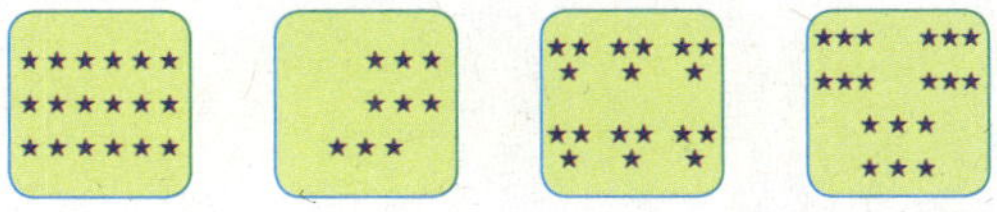

Exercices 3 et 4

• Les élèves peuvent utiliser :
– soit l'addition itérée ou un schéma pour certains calculs ;
– soit le fait que multiplier un nombre par 1 donne ce nombre pour résultat ;
– soit la commutativité de la multiplication.

RÉPONSE : 3 Il faut entourer toutes les cartes sauf 30 × 2.
4 2 × 8 = 16   2 × 9 = 18   5 × 4 = 20
7 × 1 = 7   5 × 2 = 10   5 × 6 = 30.

Exercice 5

• Le résultat 18 peut être obtenu par addition itérée (par exemple de 6, 3 fois) ou en comptant le nombre d'étoiles.

RÉPONSE : Il faut entourer toutes les cartes sauf la deuxième.

À SUIVRE
Le travail est poursuivi en **séance 2**.

UNITÉ 5 Multiplication : calcul de produits (2)

SÉANCE 2

FICHIER NOMBRES p. 49

	Tâche	Matériel	Connaissances travaillées
CALCULS DICTÉS	**Ajout ou retrait de 5** – Ajouter ou soustraire 5 à un multiple de 5 (nombres < 100).	par élève : FICHIER NOMBRES p. 49 ①	– **Calcul mental : automatismes.**
RÉVISER Nombre et numération	**Décomposition en centaines, dizaines et unités** – Dénombrer en groupant par dizaines et par centaines.	par élève : FICHIER NOMBRES p. 49 ②	– **Centaines, dizaines et unités** – Dénombrer en groupant – Valeur positionnelle des chiffres.
APPRENDRE Calcul	**Multiplication : calcul de produits (2)** RECHERCHE **« Décomposer sous forme de produits »** – Décomposer des nombres sous forme multiplicative.	par élève : – cahier de brouillon – grande affiche FICHIER NOMBRES p. 49 ③, ④	– **Multiplication** – **Calcul de produits** – **Décomposition sous forme de produits.**

CALCULS DICTÉS

Ajout ou retrait de 5 • Automatismes

– Donner rapidement des sommes et des différences du type 45 + 5, 50 – 5….

COLLECTIF

FICHIER NOMBRES ET CALCULS p. 49

Exercice 1

- Dicter les calculs sous la forme « quinze plus cinq », « quarante-cinq moins cinq » . Les réponses sont données dans le fichier.
- Procéder à une correction immédiate après chaque calcul.

a. 15 + 5	b. 30 + 5	c. 55 + 5	d. 75 + 5
e. 45 – 5	f. 50 – 5	g. 70 – 5	h. 80 – 5

RÉPONSE : a. 20 b. 35 c. 60 d. 80 e. 40 f. 45 g. 65 h. 75.

Lors de la correction, faire remarquer que l'ajout de 5 à un nombre dont le chiffre des unités est 5 ou le retrait de 5 à un nombre dont le chiffre des unités est 0 provoque un changement du chiffre des dizaines. Les réponses devraient assez rapidement devenir automatiques.

RÉVISER

Centaines, dizaines et unités

– Dénombrer une quantité d'objets en utilisant des groupements par dizaines et centaines.

INDIVIDUEL

FICHIER NOMBRES ET CALCULS p. 49

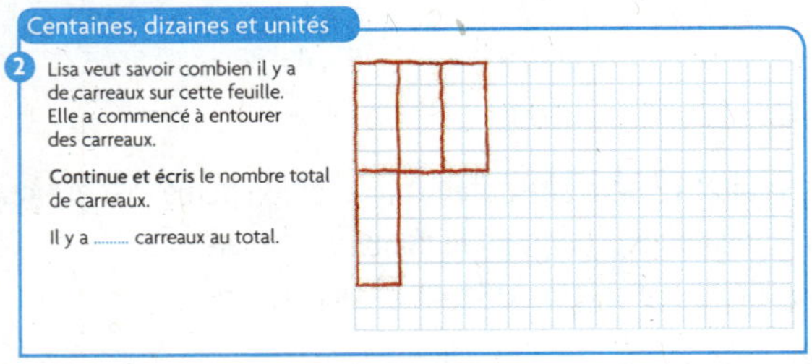
Centaines, dizaines et unités

2 Lisa veut savoir combien il y a de carreaux sur cette feuille. Elle a commencé à entourer des carreaux.

Continue et écris le nombre total de carreaux.

Il y a .... carreaux au total.

Exercice 2

- Les élèves doivent reconnaitre que Lisa a commencé à faire des groupements par dizaines d'objets et continuer de même, puis soit ajouter des dizaines, soit effectuer des regroupements de 10 dizaines en centaines.

La quantité importante de carreaux devrait les dissuader de procéder par comptage de un en un.

RÉPONSE : 240 carreaux.

APPRENDRE

Multiplication : calcul de produits (2)

– Comprendre l'écriture multiplicative.
– Calculer des produits en utilisant l'addition itérée.

RECHERCHE

« Décomposer sous forme de produits » : Les élèves doivent trouver des décompositions multiplicatives de nombres donnés.

INDIVIDUEL

PHASE 1 Décomposer des nombres sous forme de produits

• Demander à chaque élève de chercher des décompositions sous la forme ... × ... pour des nombres donnés, par exemple pour **9**, pour **13** et pour **20**. Les réponses trouvées doivent être données sous forme d'égalités.

• Recenser les réponses et les faire vérifier par le calcul d'additions itérées (et éventuellement avec des objets si nécessaire).

• Faire exprimer quelques stratégies utilisées, par exemple choisir un nombre et essayer de l'additionner plusieurs fois pour atteindre le résultat souhaité. Si c'est nécessaire, revenir sur la distinction à opérer entre les signes × et +, par exemple à partir de réponses erronées comme 4 × 5 = 9.

AIDE Du matériel de type « cubes » ou feuilles quadrillées peut être remis à certains élèves.

SYNTHÈSE

Pour trouver des produits

• **Certains produits sont faciles à trouver.**
Exemple : **9 × 1** ou **1 × 9** (propriété du nombre 1).

• **Quand on a trouvé un produit, un autre peut être souvent donné.**
Exemple : **4 × 5** et **5 × 4** pour 20.

• **Certains nombres comme 13 ne peuvent être décomposés qu'en 1 × 13 et 13 × 1.**

• **Certains produits peuvent être complétés, d'autres pas.**

RÉPONSE : pour **9** : 1 × 9 3 × 3 9 × 1.
pour **13** : 1 × 13 13 × 1.
pour **20** : 1 × 20 2 × 10 4 × 5 5 × 4 10 × 2 20 × 1.

TRACE ÉCRITE

Conserver les résultats sous forme d'égalités dans le répertoire déjà amorcé.

COLLECTIF

PHASE 2 Compléter une addition ou un produit

• Proposer :

3 × ... = 9	3 + ... = 9	(les deux sont possibles)
3 × ... = 13	3 + ... = 13	(seule l'addition est possible)
5 × ... = 15	5 + ... = 15	(les deux sont possibles).

• Conclure :

Si, pour l'addition, il est toujours possible de compléter une somme pour obtenir un autre nombre, ce n'est pas toujours possible avec un produit.
Exemple : 3 + ... = 13 est possible alors que 3 x ... = 13 ne l'est pas (dans le domaine des nombres entiers, seul connu des élèves).

INDIVIDUEL

ENTRAINEMENT

FICHIER NOMBRES ET CALCULS p. 49

Calculer des produits

3 Avec les résultats notés sur l'ardoise de Lisa et les produits des cartons jaunes, **écris le plus d'égalités possibles.**

5 × 7 8 × 3 2 × 6 4 × 6
5 × 5 6 × 3 2 × 9 3 × 4

exemple 12 = 2 × 6

4 **Complète**, si c'est possible.
Si ce n'est pas possible, **barre l'égalité**.

4 = 2 ×	16 = ... × 2	14 = 4 × ....
10 = ... × 5	30 = 5 ×	28 = 7 × ....
20 = 10 ×	20 = 15 ×	20 = ... × 5

Exercice 3

• Exercice voisin de l'activité de recherche de la séance 1.

RÉPONSE : 5 × 7 = **35** 8 × 3 = **24** 2 × 6 = **12** 4 × 6 = **24**
5 × 5 = **25** 6 × 3 = **18** 2 × 9 = **18** 3 × 4 = **12**

Exercice 4

• Si nécessaire, indiquer aux élèves que tous les produits, sauf deux, peuvent être complétés.

Faire une correction après chaque exercice ou une correction globale, selon les réactions des élèves.
Des petits cartons portant le facteur donné peuvent être fournis aux élèves qui ont alors à se demander si, en les utilisant un certain nombre de fois, il est possible d'atteindre le résultat.

RÉPONSE : 4 = 2 × **2** 16 = **8** × 2 14 (impossible)
10 = **2** × 5 30 = 5 × **6** 28 = 7 × **4**
20 = 10 × **2** 20 (impossible) 20 = **4** × 5.

Différenciation : Exercice 4 → CD-Rom du guide, **fiche n° 27.**

Suite des nombres : ajout de dizaines et unités (1)

	Tâche	Matériel	Connaissances travaillées
CALCULS DICTÉS	Ajout ou retrait de 5 – Ajouter ou soustraire 5 à un nombre inférieur à 100.	par élève : FICHIER NOMBRES p. 50 ①	**– Calcul mental réfléchi.**
RÉVISER Nombres	Décomposition en centaines, dizaines et unités – Utiliser la valeur des chiffres en fonction de leur rang.	par élève : FICHIER NOMBRES p. 50 ② et ③	**– Centaines, dizaines et unités** – Valeur positionnelle des chiffres.
APPRENDRE Nombres	Suite des nombres : ajout de dizaines et unités (1) RECHERCHE **« Quantités, compteur et calculette »** – Trouver le nombre obtenu suite à l'ajout d'unités ou de dizaines (suite des nombres < 1 000).	pour la classe : – compteur collectif – boite avec 10 cartes de 10 perles et 40 perles isolées › **fiches 5 à 8** pour 2 élèves : – calculatrice – compteur › **à fabriquer à partir de la planche 3** – cahier de brouillon par élève : FICHIER NOMBRES p. 50 ④ et ⑤	**– Numération décimale** – Valeur positionnelle des chiffres – Suite des nombres – Groupements et échanges.

CALCULS DICTÉS

Ajout ou retrait de 5 • Réflexion

– Donner rapidement des sommes et des différences dont le deuxième terme est 5.

COLLECTIF

FICHIER NOMBRES ET CALCULS p. 50

Exercice 1

- Dicter les calculs. Les réponses sont données dans le fichier.
- Procéder à une correction immédiate après chaque calcul.

a. 13 + 5	b. 26 + 5	c. 47 + 5	d. 79 + 5
e. 16 – 5	f. 29 – 5	g. 32 – 5	h. 44 – 5

RÉPONSE : a. 18 b. 31 c. 52 d. 84 e. 11 f. 24 g. 27 h. 39.

Les réponses peuvent être obtenues de diverses manières, par exemple :
– pour **26 + 5** : appui sur 25 + 5 (avec ajout de 1 au résultat) ou passage par la dizaine (calcul de 26 + 4 + 1) ou décomposition et calcul de 20 + 6 + 5, donc de 20 + 11…
– pour **32 – 5** : retrait de 2 puis de 3 ou calcul de 20 + 12 – 5…

RÉVISER

Décomposition en centaines, dizaines, unités

– Utiliser la valeur de chaque chiffre en fonction de son rang.

INDIVIDUEL

FICHIER NOMBRES ET CALCULS p. 50

Utiliser les centaines, dizaines et unités

2 Combien Alex a-t-il de timbres ?

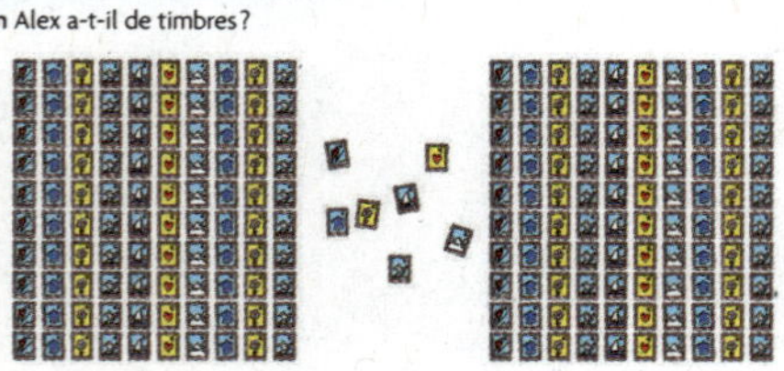

Les deux exercices peuvent être résolus en faisant appel à des connaissances relatives à la numération décimale (valeur positionnelle des chiffres) ou par calcul (addition des nombres).

Exercice 2

Les élèves doivent d'abord dénombrer les timbres contenus dans chaque plaque, la solution la plus simple consistant à considérer 10 lignes (ou 10 colonnes) de 10 timbres, puis mettre en relation 1 centaine avec 10 dizaines.

RÉPONSE : 207 timbres.

3 **Complète** en utilisant seulement des nombres plus petits que 10.

10 unités = ... dizaine	14 unités = ... dizaine et ..... unités
10 dizaines = ... centaine	12 dizaines = ... centaine et ..... dizaines
17 dizaines = ... centaine et .... dizaines	26 dizaines = ... centaines et ..... dizaines
50 dizaines = ... centaines	207 unités = ... centaines et ..... unités

Exercice 3

Cet exercice est destiné à faire fonctionner les égalités entre 1 dizaine et 10 unités et entre 1 centaine et 10 dizaines. Il prépare le travail sur l'addition posée de nombres de plus de 2 chiffres.

AIDE Le matériel «perles» peut être proposé à certains élèves.

RÉPONSE : 10 unités = 1 dizaine
14 unités = 1 dizaine et 4 unités
10 dizaines = 1 centaine
12 dizaines = 1 centaine et 2 dizaines
17 dizaines = 1 centaine et 7 dizaines
26 dizaines = 2 centaines et 6 dizaines
50 dizaines = 5 centaines
207 dizaines = 2 centaines et 7 unités.

UNITÉ 5

APPRENDRE

Suite des nombres : ajout de dizaines et unités (1)

– Comprendre l'organisation de la suite écrite des nombres (de 1 en 1, de 10 en 10).
– Faire la relation entre changement de chiffre des dizaines, et groupements et échanges.

RECHERCHE

« Quantités, compteur et calculette » : Suite à l'ajout d'une unité ou d'une dizaine à une quantité, les élèves doivent déterminer le nombre associé à la nouvelle quantité, soit en l'écrivant au tableau, soit en utilisant un compteur ou une calculette.

Les compteurs de chaque élève ont été construits avant la mise en place de cette séance.

COLLECTIF

PHASE 1 Découverte du matériel

• **Distribuer les compteurs** aux élèves (un pour deux élèves). Si ceux-ci ne sont pas familiers aux élèves, organiser un moment d'observation libre, puis d'initiation à leur fonctionnement : description, identification de ce qui est reconnu, affichage de quelques nombres, convention selon laquelle **8** s'affiche « 008 », **17** s'affiche « 017 », etc.

• **Distribuer ensuite les calculettes** (une pour deux élèves). Si celles-ci ne sont pas familières aux élèves, organiser un moment d'observation libre, puis d'initiation à leur fonctionnement : mise en route, arrêt, description, identification de ce qui est reconnu (touches chiffres et opérations connues), affichage de quelques nombres.

• Préciser que :

– deux élèves voisins auront l'un une calculette, l'autre un compteur (on changera en cours d'activité) ;

– sur la calculette, on n'utilisera que les touches connues : chiffres, [+] et [=].

Les compteurs à 3 roues ont déjà été utilisés au CP. En assemblant deux compteurs côte à côte, il sera possible plus tard d'afficher des nombres de plus de 3 chiffres, en respectant l'écriture en classes d'unités (le compteur de gauche affichera les milliers).
L'intérêt de ce type de matériel est de renforcer chez les élèves la prise de conscience des modifications apportées (séparément ou conjointement) aux chiffres d'un nombre lorsqu'on ajoute 1 ou 10 (puis 100 dans la séance suivante) à ce nombre, et donc de mieux connaitre la suite des nombres.
Le temps consacré à cette phase est plus ou moins long selon la familiarité des élèves avec les deux matériels utilisés.

PHASE 2 Organisation du travail

• Indiquer qu'on va travailler à nouveau avec le **matériel « perles »**.

Préparer l'organisation du travail :

– un élève au tableau sera chargé d'écrire le nombre de perles qui sont dans la boite, au fur et à mesure de l'évolution de la quantité ;

– un élève de chaque équipe devra le faire afficher sur le compteur (sans remettre le compteur à 0) ;

– l'autre élève devra le faire afficher sur l'écran de la calculatrice (sans remettre la calculatrice à 0).

ÉQUIPES DE 2

PHASE 3 Ajout de un en un dans la boite jusqu'à 10 perles

1. Présenter la situation :

→ *Je vais mettre des perles dans cette boite. Je dirai ce que je mets à chaque fois. Chacun doit afficher sur son compteur ou sur sa calculette le nombre de perles qui sont dans la boite.*

• Démarrer l'activité en montrant la boite vide et demander :

→ *Que doit afficher le compteur ?* **(000)**. *La calculette ?* **(0)**.

Que faut-il écrire au tableau ? **(0)**.

2. Faire tomber, lentement, des perles une à une dans la boite, jusqu'à 6 perles.

• S'arrêter et questionner les élèves :

→ *Que faut-il faire chaque fois qu'une perle est mise dans la boite pour que la calculatrice et le compteur affichent le nombre de perles qui sont dans la boite ?*

• Recenser les propositions. Mettre en évidence qu'il faut :

– taper [+ **1** =] sur la calculette (qui affiche **1**, puis **2**, puis **3**) ;

– avancer la roue de droite du compteur (qui affiche **001**, puis **002**, puis **003**).

Faire remarquer que l'élève au tableau a, lui, écrit la suite des nombres jusqu'à **6**.

3. Poursuivre jusqu'à 10, en mettant toujours les perles une à une, en s'assurant que chaque élève effectue les bonnes actions sur son matériel au fur et à mesure.

4. S'arrêter après avoir mis la dixième perle dans la boite.

• Constater éventuellement que certains compteurs affichent **000** si on tourne seulement la roue de droite en passant de la 9e à la 10e perle. À partir de là, questionner les élèves en remarquant que la calculette affiche **10** (comme ce qui est aussi écrit au tableau) :

→ *Comment avoir le bon affichage sur le compteur ?*

Mettre en évidence qu'il faut aussi tourner la roue du milieu (celle des dizaines) pour afficher **010**…

• À partir de la comparaison entre l'écriture **10** et le contenu de la boite, poser une nouvelle question :

→ *Comment organiser les perles, dans la boite, pour que ce qui s'y trouve corresponde bien aux deux chiffres : le 1 et le 0 ? Comment avoir « 1 quelque chose » et « 0 autre chose » ?*

Pour répondre, les élèves peuvent se référer à la signification de chacun des chiffres : « il faudrait avoir un **paquet de dix** » (ce qui est alors matérialisé en échangeant les 10 perles contre une carte de dix perles).

> **Ce premier travail** réalisé dans cette séquence reprend une activité proposée dans Cap maths CP, en se limitant au cas des nombres inférieurs à 100. Il pourra donc être écourté pour les élèves déjà familiarisés avec cette situation, à condition que les acquis soient assurés.

ÉQUIPES DE 2

PHASE 4 Ajout de un en un dans la boite jusqu'à 37 perles

• Continuer à mettre des perles une à une dans la boite.

• Envisager les mêmes questions qu'en phase **2** lors des passages à **20** et à **30**, en mettant en relation la nécessité pour le **passage à 20** par exemple :
– d'agir à nouveau sur la roue du milieu du compteur (celle des dizaines) ;
– de faire un nouvel échange de 10 perles contre 1 carte de 10 perles (1 dizaine) pour avoir 2 dizaines et 0 unité.

• **S'arrêter à 37 perles** et faire une **synthèse** sur le fonctionnement du compteur :
– actions sur les roues et modification des affichages lorsqu'on ajoute un objet, avec le cas particulier des passages à 0 de la roue des unités : il faut alors faire avancer la roue du milieu (des dizaines), puis ne pas oublier de revenir à celle de droite pour continuer ;
– correspondance avec les groupements / échanges par dix : si le compteur affiche 023, il y a 2 cartes de dix perles et 3 perles isolées.

PHASE 5 Ajout de un ou de dix dans la boite au-delà de 37 perles

• Poursuivre l'activité en faisant échanger les instruments utilisés par les élèves. Cette fois-ci on ajoute dans la boite soit une dizaine, soit 1 seule perle (en le précisant aux élèves).

Valeurs des ajouts successifs :
– 1 dizaine de perles
– 1 perle
– 1 dizaine de perles (3 ajouts successifs)
– 1 perle (5 ajouts successifs).

• Après chaque ajout de 1 ou 1 dizaine de perles, un bilan est fait à propos des affichages obtenus et de la manière de les obtenir. C'est seulement après ce bilan que l'élève au tableau écrit le nombre de perles contenues dans la boite.

• Commencer chaque ajout par une question :

→ *Comment traduire sur le compteur, sur la calculette et au tableau un « ajout de 1 ou de 10 » ?*

• À partir des propositions des élèves pour chaque matériel, formuler les éléments suivants :

SYNTHÈSE

1. Ajout d'une dizaine de perles

L'ajout d'une carte de 10 perles (ou d'une dizaine) se traduit :

• **Avec le compteur :**
– soit en avançant 10 fois la roue des unités ;
– soit en avançant directement de 1 la roue des dizaines
(cette dernière remarque sera valorisée).

• **Avec la calculatrice :**
– soit en tapant 10 fois [+1] ;
– soit en tapant directement [+10]
(cette dernière découverte sera sans doute plus rapide).

• Faire la relation avec le fait que **10 unités c'est 1 dizaine**.

2. Ajout d'une carte d'1 perle

L'ajout d'une seule perle peut aussi provoquer le changement du chiffre des dizaines si celui des unités passe à 0.

• Remarquer qu'on est arrivé à **83 perles dans la boite** (8 cartes de 10 et 3 perles isolées, suite à un échange de 10 perles isolées contre 1 carte de 10). L'écrire au tableau et préciser que le travail sera poursuivi, à partir de là, dans la prochaine séance.

> **L'usage simultané de trois contextes** (quantités, compteur, calculette) permet notamment de faire le lien entre le fait d'avancer de 1 en 1, de 10 en 10 (puis de 100 en 100 dans la séance suivante), les ajouts correspondants et les modifications induites sur les chiffres dans l'écriture des nombres.

INDIVIDUEL

ENTRAINEMENT

FICHIER NOMBRES ET CALCULS **p. 50**

Ajouter des unités ou des dizaines

4 Complète en ajoutant chaque fois 1 unité.

27	28	....	....	....	....	....	....

5 Complète en ajoutant chaque fois 1 dizaine.

27	37	....	....	....	....	....	....

Ces exercices sont des applications directes de la recherche.

Exercice 4

• L'erreur principale peut venir du passage de 29 à 30.

RÉPONSE : 27 – 28 – **29** – **30** – **31** – **32** – **33** – **34**.

Exercice 5

• Certains élèves vont continuer à avancer de 1 en 1 ou vont augmenter de 1 à la fois le chiffre des dizaines et celui des unités.

• Pour les deux exercices, le recours au compteur peut aider les élèves à surmonter ces difficultés, en faisant de plus, si nécessaire, appel aux cartes dizaines et unités.

RÉPONSE : 27 – 37 – **47** – **57** – **67** – **77** – **87** – **97**.

À SUIVRE

Au cours de cette séance, le travail a été limité aux nombres inférieurs à 100. Dans la **séance suivante** seront posées des questions concernant les nombres supérieurs à 100 à partir du nombre de perles obtenu dans cette séance, soit **83 perles**.

Suite des nombres : ajout de centaines, dizaines et unités (2)

	Tâche	Matériel	Connaissances travaillées
CALCULS DICTÉS	**Addition itérée de 2 ou de 5** – Calculer des sommes de termes égaux à 2 et à 5.	par élève : FICHIER NOMBRES p. 51 ①	– Préparation aux tables de multiplication par 2 et 5.
RÉVISER Calcul	**Addition posée ou en ligne** – Pour chaque addition, choisir un calcul en ligne posé et l'effectuer.	par élève : FICHIER NOMBRES p. 51 ②	– Addition : calcul posé ou en ligne.
APPRENDRE Nombres	**Suite des nombres : ajout de centaines, dizaines et unités (2)** RECHERCHE **« Quantités, compteur et calculette »** – Trouver le nombre obtenu suite à l'ajout d'unités, de dizaines ou de centaines (suite des nombres < 1 000).	pour la classe : – boite de la séance 3 avec « 83 perles » – 10 cartes de 100 perles, 10 cartes de 10 perles et 40 perles isolées › **fiches 5 à 10** – compteur collectif pour 2 élèves : – calculatrice et cahier de brouillon par élève : FICHIER NOMBRES p. 51 ③, ④ et ⑤	– Numération décimale – Valeur positionnelle des chiffres – Suite des nombres – Groupements et échanges.

CALCULS DICTÉS

Addition itérée de 2 ou de 5 • Automatismes

– Calculer mentalement des sommes de nombres égaux à 2 et à 5.

COLLECTIF

FICHIER NOMBRES ET CALCULS p. 51

Exercice 1

• Commencer par poser oralement la **question a** :

a. 2 plus 2 plus 2 plus 2.

Il est probable que beaucoup d'élèves n'auront pas enregistré correctement le calcul demandé. Reformuler le calcul sous la forme :

→ *Il faut ajouter 4 fois le nombre 2. Vous pouvez écrire vos calculs sur l'ardoise ou le cahier de brouillon avant de répondre dans le fichier.*

• Recenser les réponses et écrire le calcul sous ces deux formes :

$2 + 2 + 2 + 2 = 8$ (oralisé « 4 fois 2 égale 8 ») ;

$4 \times 2 = 8$ et $2 \times 4 = 8$.

• Faire formuler les différents procédés utilisés : calcul de 2 en 2, regroupement de deux « 2 » pour faire 4….

• Poursuivre avec les **autres questions** :

b. 5 + 5 + 5 c. 6 fois 2 d. 4 fois 5 e. 5 fois 2 f. 2 fois 5

RÉPONSE : a. 8 b. 15 c. 12 d. 20 e. 10 f. 10.

Il est possible que certains élèves répondent en mobilisant des résultats déjà connus du répertoire multiplicatif.
Les produits correspondants sont inscrits dans le **répertoire multiplicatif non organisé** qui a commencé à être élaboré. Certains élèves ont d'ailleurs pu s'y référer pour répondre à certaines questions.

RÉVISER

Addition posée ou en ligne

– Calculer la somme de deux nombres inférieurs à 100, en choisissant la procédure la plus adaptée.

INDIVIDUEL

FICHIER NOMBRES ET CALCULS p. 51

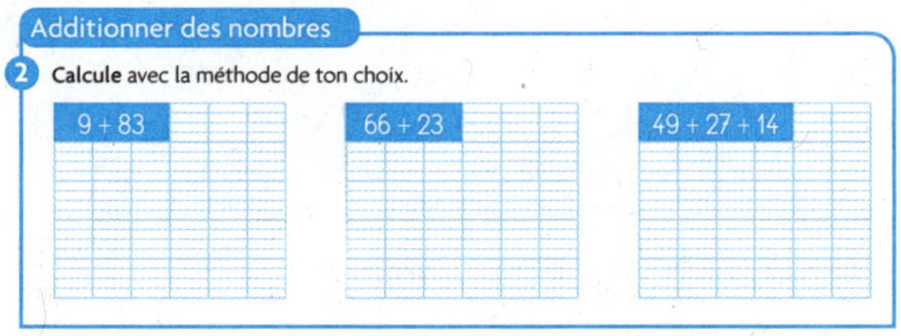

Exercice 2

• Préciser aux élèves qu'ils ont le choix du mode de calcul pour chaque somme.

RÉPONSE : 9 + 83 = **92** 66 + 23 = **89** 47 + 27 + 14 = **90**.

APPRENDRE

Suite des nombres : ajout de centaines, dizaines et unités (2)

– Comprendre l'organisation de la suite écrite des nombres (de 1 en 1, de 10 en 10, de 100 en 100).
– Faire la relation entre changement de chiffre des dizaines, et groupements et échanges.

RECHERCHE

« Quantités, compteur et calculette » : Suite à l'ajout d'une unité, d'une dizaine ou d'une centaine à une quantité, les élèves doivent déterminer le nombre associé à la nouvelle quantité, soit en l'écrivant au tableau, soit en utilisant un compteur ou une calculette.

ÉQUIPES DE 2

PHASE 1 Ajout de un ou d'une dizaine : passage de la centaine

• Reprendre l'activité de la séance précédente, avec la boite contenant déjà **83** perles. Ajouter successivement : **1 dizaine de perles**, puis **7 perles** une à une. Faire un bilan après chaque ajout comme en séance précédente.

• Faire une **synthèse** en mettant l'accent sur les points suivants.

SYNTHÈSE

Passage de 99 à 100

• **Avec le compteur :**
– on agit d'abord sur les unités (puisqu'on ajoute 1) ;
– ce qui entraine le passage à 0 du chiffre des unités (**090** s'affiche !) ;
– ce qui entraine la roue des dizaines (**000** s'affiche !) ;
– ce qui entraine la roue des centaines (**100** s'affiche).

• **Faire la relation avec le fait d'échanger :**
– « dix perles » contre « une dizaine de perles » ;
– puis « dix dizaines de perles » contre « une centaine de perles ».

ÉCRIT DE RÉFÉRENCE

Demander aux élèves de se référer au **dico-maths n° 4, 5 et 6**.

• Poursuivre l'activité, dans les mêmes conditions, en ajoutant soit une carte de 10 perles, soit 1 seule perle :

Valeur des ajouts successifs :
– 1 dizaine de perles (5 fois de suite)
– 1 perle (6 fois de suite)
– 1 dizaine de perles (6 fois de suite)
– 1 perle (4 fois de suite).

Le **vocabulaire unité, dizaine, centaine** peut être traduit en « perle », « carte de 10 perles », « carte de 100 perles ».

ÉQUIPES DE 2

PHASE 2 Anticipation des affichages

• Poursuivre l'activité en ajoutant maintenant, à chaque « coup », soit une unité, soit une dizaine, soit encore une centaine de perles. Penser à faire échanger de temps à autre les instruments utilisés par les élèves.

• Demander aux élèves, avant d'agir sur leur instrument, d'anticiper ce que sera le prochain affichage sur le compteur, la calculette ou au tableau, avant de vérifier expérimentalement. D'autres quantités sont réalisées, selon cette dernière modalité.

Le vocabulaire « centaines », « dizaines », « unités » prend la place du vocabulaire relatif aux perles, favorisant ainsi une généralisation des apprentissages. On parle, par exemple, d'échanger 10 dizaines contre 1 centaine… Mais la relation avec les quantités est rappelée dès que c'est nécessaire.

INDIVIDUEL

ENTRAINEMENT

FICHIER NOMBRES ET CALCULS p. 51

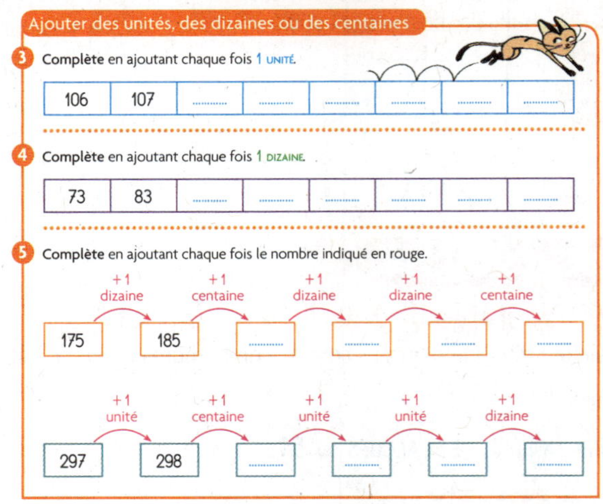

Les calculatrices ne sont pas disponibles, mais le compteur peut être laissé aux élèves qui en éprouvent le besoin.

Exercice 3

• Application directe de la recherche.

RÉPONSE : 106 – 107 – **108** – **109** – **110** – **111** – **112** – **113**.

Exercice 4

• Application directe de la recherche.

RÉPONSE : 73 – 83 – **93** – **103** – **113** – **123** – **133** – **143**.

Exercice 5

Préciser aux élèves la signification des actions à réaliser

RÉPONSE : 175 – 185 – **285** – **295** – **305** – **405**.
297 – 298 – **398** – **399** – **400** – **410**.

Différenciation → CD-Rom du guide, **fiche n° 28**.

Addition : calcul posé ou en ligne (nombres inférieurs à 1 000)

	Tâche	Matériel	Connaissances travaillées
PROBLÈMES DICTÉS	**Prise d'information dans un tableau** – Exploiter les données d'un tableau.	par élève : – ardoise ou cahier de brouillon FICHIER NOMBRES p. 52 ①	**– Lire et utiliser des données fournies dans un tableau** – Résoudre un problème en choisissant les données pertinentes – Calculer mentalement.
PROBLÈME ÉCRIT	**Prise d'information dans un tableau** – Exploiter les données d'un tableau.	par élève : – ardoise ou cahier de brouillon FICHIER NOMBRES p. 52 ②	**– Lire et utiliser des données fournies dans un tableau** – Résoudre un problème en choisissant les données pertinentes.
APPRENDRE Calcul	**Addition : calcul posé ou en ligne** RECHERCHE **« Combien de perles ont Alex et Lisa ? »** – Calculer des sommes en choisissant la procédure la plus efficace (calcul en ligne ou posé en colonnes).	pour la classe : – boite avec 9 cartes de 100 perles, 20 cartes de 10 perles, 20 cartes isolées › **fiches 5 à 10** par élève : – cahier de brouillon FICHIER NOMBRES p. 52 ③	**– Numération décimale** – Valeur positionnelle des chiffres – Suite des nombres – Groupements et échanges.

PROBLÈMES DICTÉS

Prise d'information dans un tableau

– Utiliser des données organisées en tableau pour répondre à des questions.
– Résoudre un problème en utilisant le calcul mental.

COLLECTIF

FICHIER NOMBRES ET CALCULS p. 52

Problèmes dictés
1 a. Lisa a mangé .... gâteaux. b. C'est le .... c. Ils en ont mangé ....

Exercice 1

• Afficher ou reproduire au tableau les données fournies dans le fichier :

	lundi	mardi	mercredi	jeudi	vendredi	samedi	dimanche
Lisa	5	3	3	4	3	3	3
Alex	4	6	1	2	5	2	3
Moustik	0	6	0	5	4	5	3

• Préciser la signification de ce tableau :

→ *Alex, Lisa et Moustik ont noté dans un tableau le nombre de petits gâteaux qu'ils ont mangés chaque jour. Grâce à ce tableau, vous allez pouvoir répondre à quelques questions.*

• Poser trois questions visant à s'assurer de la compréhension du tableau, par exemple :

a. Combien de gâteaux Lisa a-t-elle mangés le jeudi ?
b. Quel jour Alex a-t-il mangé le plus de gâteaux ?
c. Combien de gâteaux au total ont été mangés le samedi par les trois amis ?

RÉPONSE : a. 4 gâteaux b. mardi c. 10 gâteaux.

PROBLÈME ÉCRIT

Prise d'information dans un tableau

– Utiliser des données organisées en tableau pour répondre à des questions.
– Résoudre un problème en utilisant le calcul mental.

INDIVIDUEL

FICHIER NOMBRES ET CALCULS **p. 52**

Résoudre un problème

2 Lisa et Alex ont écrit, chaque jour, dans un tableau le nombre de gâteaux qu'ils ont mangés avec Moustik.

	lundi	mardi	mercredi	jeudi	vendredi	samedi	dimanche
Lisa	5	3	3	4	3	3	3
Alex	4	6	1	2	5	2	3
Moustik	0	6	0	5	4	5	3

• **Quel jour** nos trois amis ont-ils mangé le même nombre de gâteaux ?

• **Combien de jours**, dans la semaine, Lisa a-t-elle mangé 3 gâteaux ?

• **Combien de gâteaux** Moustik a-t-il mangés pendant la semaine ?

• **De lundi à jeudi, combien de gâteaux** nos trois amis ont-ils mangés en tout ?

Problème 2

• La réponse à certaines questions nécessite une lecture plus « fine » du tableau ou un traitement des données ayant recours à des calculs qui peuvent être réalisés mentalement.

• La prise d'information dans un tableau à double entrée peut être encore difficile pour certains élèves. Une aide technique peut leur être apportée sous forme de questionnement :

– Quelles informations sont nécessaires ?

– Où sont-elles situées ?

– Comment les extraire du tableau ? *(en suivant ligne et colonne des yeux, avec le doigt, avec la règle, avec des fils de laine...).*

RÉPONSE : • dimanche • 5 jours • 23 gâteaux • 39 gâteaux.

Différenciation → CD-Rom du guide, **fiche n° 29.**

APPRENDRE

Addition : calcul posé ou en ligne • Nombres < 1 000

– Calculer une addition posée en colonnes (nombres inférieurs à 1 000).
– Choisir le moyen de calcul le plus approprié (addition en ligne, en colonnes, calcul réfléchi).

ÉQUIPES DE 2

RECHERCHE

« Combien de perles ont Alex et Lisa ? » : Les élèves doivent trouver le nombre de perles obtenues en réunissant 2 collections de perles organisées en centaines, dizaines et unités.

PHASE 1 **Calcul de 425 + 231**

• Montrer les **perles d'Alex** : 4 planches de 100 perles, 2 planches de 10 perles et 5 perles et faire évaluer leur nombre total (**425 perles**). Écrire au tableau : « Alex : 425 perles ».
Mettre les perles d'Alex dans la boite.

• Procéder de même avec les **perles de Lisa** : 2 planches de 100 perles, 3 planches de 10 perles et 1 perle (**231 perles**). Écrire au tableau sans disposition particulière des nombres :
« Lisa : 231 perles ».

• Présenter le problème :

→ *Alex et Lisa ont mis leurs perles en commun. Combien en ont-ils ensemble, au total ? Vous devez trouver une méthode pour le savoir. Nous pourrons vérifier dans la boite, tout à l'heure.*

• Recherche par équipes de 2 avec production d'une réponse commune, suivie d'une **mise en commun** : recensement des réponses obtenues ; puis recensement, explicitation et justification des méthodes utilisées. L'utilisation de dessins est possible pour certains élèves, mais, sans en interdire l'utilisation, inciter ceux qui en ont la possibilité à recourir au calcul. **Chaque méthode peut être illustrée à l'aide du matériel**, ce qui permet également de vérifier le résultat obtenu.

SYNTHÈSE

Calcul de 425 + 231 avec le matériel « perles »

• **Les avoirs de chacun sont disposés en colonnes :** une colonne pour chaque type d'unités, puis un regroupement par colonne en commençant par la droite, comme dans « l'addition ».

+	4 cartes de 100 perles 2 cartes de 100 perles	2 cartes de 10 perles 3 cartes de 10 perles	5 perles 1 perle
=	6 cartes de 100 perles ou **6 centaines**	5 cartes de 10 perles ou **5 dizaines**	6 perles ou **6 unités**

• **Conserver au tableau** les méthodes correctes caractéristiques. Pour les calculs suivants, regrouper les méthodes qui sont de même nature. Elles resteront affichées visibles des élèves. Ceux-ci pourront s'y référer à différentes occasions.

L'addition en colonnes (technique usuelle) est déjà connue des élèves pour les nombres inférieurs à 100 (apprentissage unité 3, séance 3). Il s'agit ici simplement de l'étendre aux nombres inférieurs à 1 000.

Les procédures que les élèves peuvent produire :
– utilisation de dessins schématisés des avoirs de chacun ;
– décompositions additives des nombres du type 400 + 20 + 5 ;
– décompositions du type 4 centaines, 2 dizaines, 5 unités.

Si des élèves le proposent, certaines procédures peuvent être mises en relation avec **l'addition posée** (technique usuelle). Le scénario est identique à celui utilisé pour les nombres inférieurs à 100. L'addition posée peut, en effet, faire explicitement référence à la décomposition des nombres en centaines, dizaines et unités (avec l'appui du matériel « perles »). Certains élèves auront sans doute besoin du support de ce matériel au-delà de cette première étape de l'apprentissage.

ÉQUIPES DE 2

PHASE 2 Calcul de 580 + 74

• Reprise du même dispositif avec 5 planches de 100 perles, 8 planches de 10 perles (**580 perles**) pour Alex et 7 planches de 10 perles et 4 perles (**74 perles**) pour Lisa.

• Si une méthode caractéristique (proche de l'addition en colonnes) n'apparait pas au terme de ce deuxième calcul, la suggérer mais en insistant sur le fait qu'il s'agit d'une méthode parmi les autres.

• Souligner la nécessité, dans l'addition en colonnes, de bien aligner les chiffres avec, si nécessaire, une illustration de cette technique à l'aide du matériel.

SYNTHÈSE

1. Calcul de 580 + 74 en colonnes

Calculer collectivement cette addition en expliquant chaque retenue (avec appui sur le matériel).

```
   1
  580
+  74
  654
```

8 + 7 correspond à 8 dizaines plus 7 dizaines, soit 15 dizaines, soit **10 dizaines et 5 dizaines.** On écrit tout de suite les **5** dizaines et les **10** dizaines sont regroupées en 1 centaine qui est mise en retenue.

2. Calcul de 425 + 231 en colonnes

Calculer à nouveau collectivement cette addition en prenant appui sur le matériel.

TRACE ÉCRITE

Conserver les additions posées au tableau quelques jours.

ÉCRIT DE RÉFÉRENCE

Demander aux élèves de se référer au **dico-maths n° 14**.

Il convient d'insister sur l'explication de la retenue avec un double objectif :
– aider à la mémorisation de la technique (ce qui est mieux compris est plus facilement mémorisé) et au contrôle des erreurs éventuelles ;
– affirmer la compréhension de notre système de numération décimale (équivalence 10 unités = 1 dizaine et 10 dizaines = 1 centaine et valeur positionnelle des chiffres).

INDIVIDUEL

PHASE 3 Autres calculs

• Proposer ces **deux additions** :

438 + 216   36 + 364 + 180

• Illustrer ces deux calculs si nécessaire par le matériel « perles » :

• Mettre en évidence que dans le cas de l'addition de 3 nombres, la retenue peut être différente de 1.

INDIVIDUEL

ENTRAINEMENT

FICHIER NOMBRES ET CALCULS **p. 52**

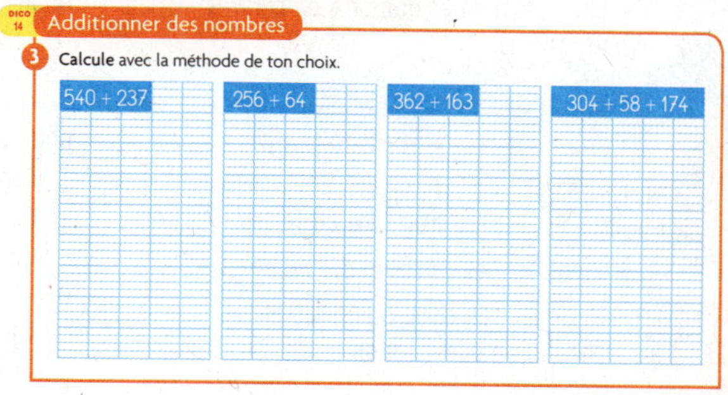

Exercice 3

• Entrainement personnalisé sur la technique posée ou le calcul en ligne (au choix de l'élève).

RÉPONSE :

540 + 237 = **777**   256 + 64 = **320**
362 + 163 = **525**   304 + 58 + 174 = **536**

Le matériel « perles » peut être mis à disposition, mais il doit très vite devenir inutile. En revanche, la référence à la **signification des opérations effectuées** (j'ajoute des unités, je mets 1 dizaine en retenue car dans 10 unités, il y a 1 dizaine et 0 unités, puis dans 12 dizaines, il y a 1 centaine et 2 dizaines…) doit demeurer présente assez longtemps et pouvoir être retrouvée même lorsque la technique est automatisée.

Calcul sur les centaines et dizaines entières

	Tâche	Matériel	Connaissances travaillées
CALCULS DICTÉS	**Addition itérée de 4** – Calculer des sommes de termes égaux à 4.	par élève : FICHIER NOMBRES p. 53 ①	– **Préparation aux tables de multiplication par 2 et 5.**
RÉVISER Nombres	**Lecture et écriture des nombres < 1 000** – Lire et écrire des nombres en chiffres et en lettres.	par élève : FICHIER NOMBRES p. 53 ②	– **Nombres < 1 000** – Lecture, écriture.
APPRENDRE Calcul	**Calcul sur les centaines et dizaines entières** RECHERCHE **« Le nombre cible »** – Identifier des carrés et des rectangles. – Retrouver un carré ou un rectangle à partir d'une description.	pour la classe : – 3 jeux de 6 cartes (Lisa, Alex, Moustik) et 6 cartes-cibles › **fiche 35** – feuille et stylo de couleurs différentes par joueur – calculatrice par élève : FICHIER NOMBRES p. 53 ③ et ④	– **Calcul sur les centaines et les dizaines** – Somme – Différence – Décomposition – Calculatrice.

CALCULS DICTÉS

Addition itérée de 4 • Réflexion

– Calculer mentalement des sommes de nombres égaux à 4.

COLLECTIF

FICHIER NOMBRES ET CALCULS p. 53

Exercice 1

• Commencer par poser oralement la **question a** :

a. 4 plus 4 plus 4.

Il est probable que beaucoup d'élèves n'auront pas enregistré correctement le calcul demandé.

• Reformuler le calcul sous la forme :

→ *Il faut ajouter 3 fois le nombre 4. Vous pouvez écrire vos calculs sur l'ardoise ou le brouillon avant de répondre dans le fichier.*

• Recenser les réponses et écrire le calcul sous ces deux formes :

4 + 4 + 4 = 12 (oralisé « 3 fois 4 égale 12 ») ;

4 × 3 = 12 et 3 × 4 = 12.

• Faire formuler les différents procédés utilisés : calcul de 4 en 4, résultat 3 fois 4 déjà mémorisé.

• Poursuivre avec les **autres questions** :

b. 4 + 4 c. 4 fois 4 d. 5 fois 4

RÉPONSE : a. 12 b. 8 c. 16 d. 20.

Il est possible que certains élèves répondent en mobilisant des résultats déjà connus du répertoire multiplicatif ou que certains remplacent 5 fois 4 par 4 fois 5, plus simple à calculer ou déjà mémorisé.
Les produits correspondants sont inscrits dans le **répertoire multiplicatif non organisé** qui a commencé à être élaboré. Certains élèves ont d'ailleurs pu s'y référer pour répondre à certaines questions.

RÉVISER

Lecture et écriture de nombres < 1 000

– Passer de l'écriture chiffrée à l'écriture littérale et inversement.

INDIVIDUEL

FICHIER NOMBRES ET CALCULS p. 53

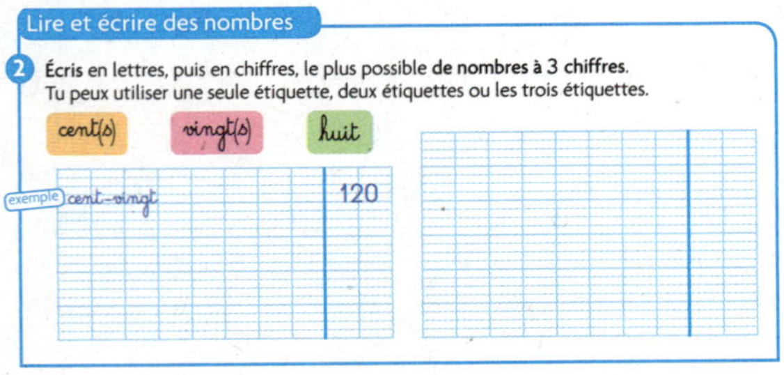

Exercice 2

• Des étiquettes peuvent être remises à certains élèves.

RÉPONSE : 100 108 120 128 800 820.

APPRENDRE

Calcul sur les centaines et dizaines entières

– Calculer sur les centaines et dizaines entières : sommes, différences, décomposition additives et soustractives.

RECHERCHE

« Le nombre cible » :À partir de nombres donnés (dizaines ou centaines entières), les élèves doivent déterminer comment atteindre des nombres cibles (qui sont multiples de 10).

Ce jeu de la cible a déjà été joué en unité 2 séance 3 avec des calculs sur les dizaines entières.

COLLECTIF

PHASE 1 Jeu collectif

• Afficher au tableau les 3 jeux de cartes (nombres visibles) :

cartes Lisa :	10	20	30	40	50	60
cartes Alex :	60	70	80	90	100	200
cartes Moustik :	100	200	300	400	500	600

• Afficher aussi les cartes-cibles retournées (nombres non visibles) :

cartes-cibles :	180	300	390	420	540	630

• Demander à deux élèves de venir au tableau. Le 1er joueur tire une carte-cible et la retourne. Le 2e joueur prend 3 cartes (une de chaque personnage) pour tenter de réaliser le nombre de la carte-cible (en additionnant les 3 nombres-personnages) et écrit la somme au tableau. En cas de contestation, une vérification peut être faite avec la calculatrice. Si la somme est correcte, le 2e joueur garde les 3 cartes ; sinon le 1er joueur tente à son tour de réaliser la somme. Si aucun des deux ne parvient à réaliser le nombre de la carte-cible, celle-ci est mise de côté.

• Lorsque la somme est réalisée ou que la carte-cible est mise de côté, recommencer avec une autre carte-cible tirée par le 2e joueur.

• Arrêter dès que le jeu est compris par tous les élèves.

Le calcul sur les centaines et les dizaines doit devenir, rapidement, un prolongement du répertoire additif.

ÉQUIPES DE 2

PHASE 2 Jeu par équipes de 2

• Le jeu est pratiqué par équipes de 2, l'enseignant étant disponible pour aider certaines équipes à s'organiser. Insister sur la nécessité d'écrire sur la feuille les sommes réalisées, en barrant celles qui ont été reconnues erronées.

• À l'issue du jeu, quelques feuilles peuvent être analysées collectivement.

COLLECTIF

PHASE 3 Mise en commun et synthèse

Choisir quelques feuilles de calcul et faire exprimer les différentes procédures utilisées pour effectuer les calculs et en discuter l'efficacité.

SYNTHÈSE

Additionner des dizaines et des centaines

• **Certains calculs sont faciles.**
Exemples : **200 + 300** (2 centaines + 3 centaines)
200 + 60 (2 centaines plus 6 dizaines).

• **D'autres calculs sont plus délicats.**
Exemple : Pour **80 + 30**, deux procédures peuvent être retenues, la seconde devant à terme être privilégiée :

Procédure 1
Ajouts successifs de 10 ou comptage de 10 en 10 (3 fois) à **partir de 80** qu'on peut illustrer par des bonds de 10 en 10 sur la file numérique.

Procédure 2
Ajout de 3 dizaines et de 8 dizaines, qui peut être illustré soit avec les cartes dizaines ou avec des billets de 10 € : on obtient 11 dizaines, et comme 10 dizaines = 1 centaine, on obtient finalement 1 centaine et 1 dizaine, soit **110**.

• Si nécessaire, le jeu peut être repris à l'issue de cette synthèse.

Il s'agit d'amener les élèves à comprendre et à utiliser le fait que :
– **200 + 300 est calculable facilement dès lors que 2 + 3 = 5 est mémorisé**, puisque 200 + 300 c'est 2 centaines + 3 centaines, donc 5 centaines ;
– **certains calculs nécessitent des transformations du résultat** en utilisant l'égalité 10 dizaines = 1 centaine (le recours au matériel ou au tableau de numération peut alors être nécessaire).
Une verbalisation accompagnée d'une illustration par le matériel doit permettre cette circulation entre les trois registres : figuré, verbal et symbolique (voir schéma p. 43).

INDIVIDUEL

ENTRAINEMENT

FICHIER NOMBRES ET CALCULS p. 53

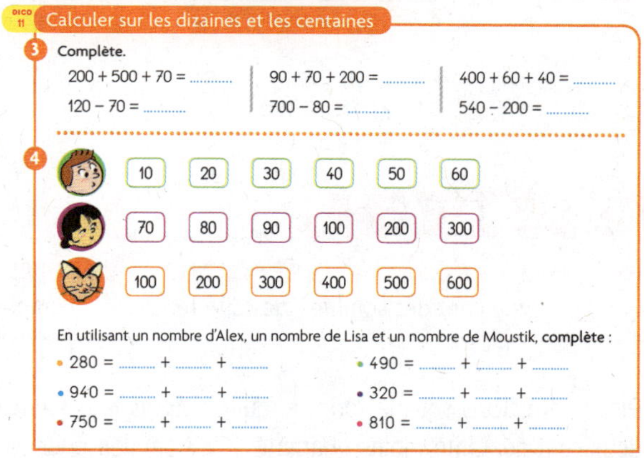
DICO 11 Calculer sur les dizaines et les centaines

3 Complète.

200 + 500 + 70 = ...   90 + 70 + 200 = ...   400 + 60 + 40 = ...
120 – 70 = ...   700 – 80 = ...   540 – 200 = ...

4

	10	20	30	40	50	60
	70	80	90	100	200	300
	100	200	300	400	500	600

En utilisant un nombre d'Alex, un nombre de Lisa et un nombre de Moustik, **complète** :

• 280 = ... + ... + ...   • 490 = ... + ... + ...
• 940 = ... + ... + ...   • 320 = ... + ... + ...
• 750 = ... + ... + ...   • 810 = ... + ... + ...

Ces exercices viennent en application directe de la recherche.

Exercice 3

RÉPONSE : 200 + 500 + 70 = **770**   90 + 70 + 200 = **360**   400 + 60 + 40 = **500**
120 – 70 = **50**   700 – 80 = **620**   540 – 200 = **340**.

Exercice 4

• Il existe parfois plusieurs réponses possibles. On peut demander aux élèves les plus rapides de les trouver toutes.

RÉPONSE POSSIBLES : **280** : 200 + 70 + 10
490 : 400 + 80 + 10   400 + 70 + 20
750 : 600 + 100 + 50   500 + 200 + 50   400 + 300 + 50   600 + 90 + 60
940 : 600 + 300 + 40
320 : 200 + 100 + 20   100 + 200 + 20   200 + 70 + 50   200 + 80 + 40   200 + 90 + 30
810 : 600 + 200 + 10   500 + 300 + 10   600 + 90 + 20   600 + 80 + 30   600 + 70 + 40

Différenciation : Exercice 4 → CD-Rom du guide, **fiche n° 30.**

	Tâche	Matériel	Connaissances travaillées
CALCULS DICTÉS	**Ajout, retrait de dizaines et centaines entières** – Ajouter ou soustraire des dizaines et des centaines.	par élève : – ardoise ou cahier de brouillon	**– Ajout, retrait de dizaines et de centaines.**
RÉVISER Géométrie	**Reproduction de figures et alignement** – Utiliser l'alignement pour terminer la reproduction d'une figure.	pour la classe : – photocopie sur calque ou transparent des figures du cahier, pour validation par élève : – double décimètre CAHIER GÉOMÉTRIE **p. 31 1 et 2**	**– Analyser une figure pour la reproduire** **– Utiliser l'alignement.**
APPRENDRE Géométrie	**Carrés, rectangles, angles droits** RECHERCHE **« Les quatre coins »** – Retrouver des carrés et des rectangles – Contrôler que des pièces peuvent servir de gabarits d'angle droit.	matériel à photocopier sur transparent pour la classe : – étiquettes 2 (carré) et 4 (rectangle) › **fiche 30** (utilisée en unité 4 séance 6) – **fiches 36 et 37** – figures de la **planche C** du cahier – feutre rouge effaçable par équipe de 2 : – étiquettes 1 à 6 découpées › **fiche 36** – fiche-réponse › **fiche 37** par élève : – figures bleues et vertes › **planche C** du cahier – 4 figures dessinées › **fiche 38** – double décimètre	**– Connaitre l'angle droit comme coin du carré et du rectangle** – Connaitre et utiliser les propriétés du carré et du rectangle relatives à la longueur de leurs côtés et à leurs angles.

CALCULS DICTÉS

Ajout, retrait de dizaines et centaines entières • Réflexion

– Donner rapidement des sommes, des différences, des compléments (cas simples).

COLLECTIF

• Dicter les calculs sous la forme « quatre-vingts plus vingt », « deux-cent-quarante moins quarante », « Combien pour aller de cinquante à cent ? ». Les réponses sont données sur l'ardoise.

• Procéder à une correction immédiate après chaque calcul (voir commentaire).

a. 80 + 20	b. 150 + 50	c. 200 + 400
d. 240 – 40	e. 600 – 50	f. 120 – 100
Combien pour aller de :	g. 50 à 100	h. 300 à 700

RÉPONSE : a. 100 b. 200 c. 600 d. 200 e. 550 f. 20 g. 50 h. 400.

Les méthodes diffèrent selon qu'on calcule :

– **sur des nombres de dizaines (ou de centaines) inférieurs à 9** (comme 80 + 20 ou 200 + 400, on peut alors se ramener à un calcul simple avec éventuellement des échanges comme pour 80 + 70 qui donne 15 dizaines, donc 1 centaine et 5 dizaines) :

– **sur des nombres mêlant dizaines et centaines ou avec des nombres de dizaines supérieurs à 9** comme 150 + 50 qui peut être connu comme égal à 200, ou calculé comme 15 dizaines + 5 dizaines, ou comme 1 centaine plus 5 dizaines plus 5 dizaines, ou encore en avançant 5 fois de 10 au-delà de 150…

RÉVISER

Reproduction de figures et alignement

– Isoler des points ou des segments dans une figure modèle, se donner une stratégie de reproduction.
– Reconnaitre que des points sont alignés pour effectuer des tracés à la règle.

INDIVIDUEL ET COLLECTIF

CAHIER MESURES ET GÉOMÉTRIE p. 31

Reproduire avec la règle, sans mesurer

1 **Termine** la reproduction avec la règle mais sans mesurer.
Utilise les traits déjà tracés.

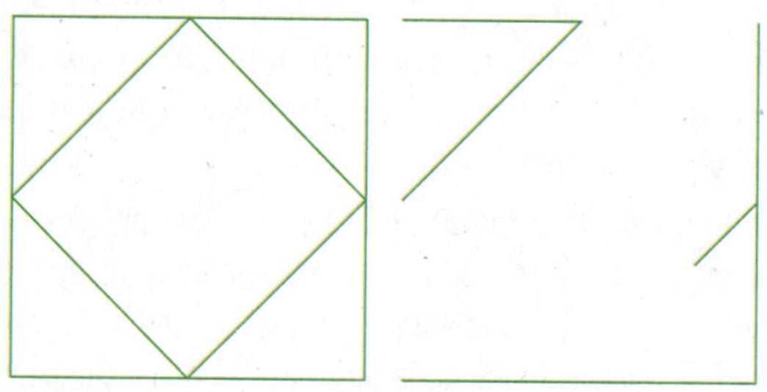

2 **Termine** la reproduction avec la règle mais sans mesurer.
Utilise les traits déjà tracés.

Un travail sur la reproduction de figures et l'alignement a été fait en unité 3 (séances 7 et 8).

Exercice 1

1 Reproduction de la figure

• Expliquer la tâche :

→ *Vous allez refaire exactement le même dessin que le modèle à partir des traits déjà placés. Pour cela, vous devrez bien observer le modèle et apporter beaucoup de soin aux tracés que vous ferez.*

• Engager les élèves au contrôle de leur production (ceci peut se faire à deux). La validation par superposition avec le modèle et contrôle par transparence s'avère nécessaire pour certains.

2 Analyse de la stratégie de reproduction

• Faire formuler de manière collective avec le vocabulaire des élèves des éléments d'analyse de la figure à compléter en référence à la figure modèle :

– pour tracer certains segments, il faut joindre des extrémités de segments déjà tracés ;

– certains segments ne sont pas complets et représentent des morceaux des segments à tracer. Il faut prolonger le segment déjà tracé et bien placer la règle contre ce segment .

Et si les élèves le mentionnent :

– sur la gauche de la figure à compléter, deux extrémités d'un côté du grand carré et une extrémité du segment oblique sont alignées ;

– on ne peut pas commencer par n'importe quel segment : le segment oblique situé en bas à gauche sur le modèle ne peut pas être tracé en premier car on n'en connait qu'une extrémité.

Exercice 2

• Seuls les élèves les plus rapides procéderont à la reproduction de cette figure.

APPRENDRE

Carrés, rectangles, angles droits

– Connaitre l'angle droit comme coin du carré et du rectangle.
– Connaitre et utiliser les propriétés du carré et du rectangle relatives à la longueur de leurs côtés et à leurs angles.

RECHERCHE Fiches 36 à 38

« Les quatre coins » : Les élèves doivent retrouver les carrés et les rectangles parmi d'autres quadrilatères, d'abord sur des étiquettes découpées et ensuite sur une feuille sur laquelle les figures sont dessinées. Ils doivent enfin contrôler que des figures peuvent servir de gabarits d'angle droit.

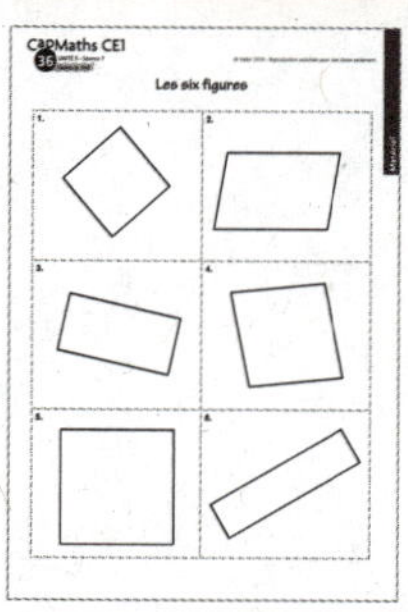

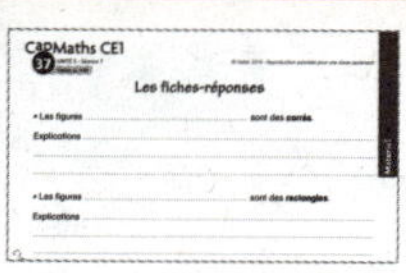

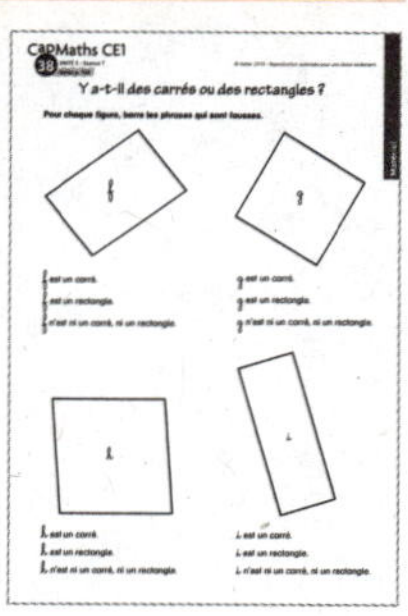

INDIVIDUEL ET ÉQUIPES DE 2

PHASE 1 Première recherche

• Donner à la moitié des équipes, à raison d'une figure par élève, un **rectangle bleu** et à l'autre moitié des équipes un **carré bleu** tous deux découpés à partir de la planche C du matériel encarté :

• Présenter le carré comme étant le carré de l'étiquette 2 (issue de la **fiche 30** utilisée en séance 6 de l'unité 4) et le rectangle comme étant le rectangle de l'étiquette 4 (de cette même fiche). Pour convaincre les élèves, superposer les deux pièces aux figures des étiquettes correspondantes de la fiche 30.

• Indiquer que ces deux figures qui leur ont été remises pourront être utilisées dans le travail qui va suivre et que, quand on évoquera ces figures, on parlera du « **carré modèle** » et du « **rectangle modèle** ».

• Donner ensuite à chaque équipe les 6 étiquettes découpées des figures 1 à 6 de la **fiche 36** et préciser la tâche :

→ *Il faut trouver parmi ces 6 figures celles qui sont des carrés ou des rectangles et celles qui n'en sont pas. Pour chacune de ces figures, vous devez trouver des arguments pour expliquer vos réponses. Pourquoi pensez-vous que telle figure est un carré ou un rectangle, ou n'en est pas un ? Il faut vous mettre d'accord à deux et répondre sur la fiche-réponse.*

• Observer les procédures utilisées. Les élèves notent leurs arguments sur la fiche-réponse (un tiers de la **fiche 37**) qui leur a été distribuée.

Les figures sont placées sur des étiquettes pour pouvoir être orientées différemment, voire superposées.

COLLECTIF

PHASE 2 Première mise en commun

• Recenser rapidement les réponses de chacune des équipes et éventuellement leurs arguments s'ils sont donnés spontanément. Noter les réponses contradictoires au tableau et les arguments de chacun (voir commentaire pour les procédures).

• Procéder ensuite à la discussion des arguments sur les cas litigieux. Par exemple pour la **figure 4**, faire s'expliquer :

– ceux qui pensent que c'est un carré : « *ça se voit* », « *les longueurs des côtés sont égales* » ;

– ceux qui pensent que ce n'est pas un carré : « *ça se voit, la figure n'est pas droite* », « *la figure est penchée* », ou autre formulation : « *en essayant de superposer le carré modèle (ou le rectangle modèle), ça ne marche pas* »... Demander de préciser comment se fait la superposition (en essayant de faire coïncider un coin du modèle avec un coin de la figure).

Conclure que la **figure 4 n'est pas un carré**, à cause de ses « coins ».

• Procéder de la même manière avec par exemple la **figure 2** et conclure que **ce n'est pas un rectangle**, à cause de ses « coins » en référence aux rectangle et carré modèles.

• Si les élèves ne l'ont pas évoqué auparavant, faire remarquer qu'on a indifféremment utilisé le carré ou le rectangle modèle pour conclure. Suggérer alors de superposer les coins du rectangle et du carré modèles, et conclure que leurs coins sont pareils.

• Demander de superposer les coins du rectangle et du carré modèles à ceux des autres figures, une fois l'accord fait sur les longueurs de leurs côtés.

RÉPONSE : **1** et **5** sont des carrés ; **3** et **6** des rectangles.

L'objectif est de comprendre que carrés et rectangles ont des angles particuliers (ou que leurs côtés sont « droits » ou « penchés par rapport à un autre d'une certaine façon »).

Procédures de reconnaissance d'un carré ou d'un rectangle :

– reconnaissance perceptive, avec (ou non) changement de l'orientation de la figure ;

– appui sur la mesure des côtés, mais qui ne permet pas d'affirmer que la figure 2 n'est pas un rectangle et que la figure 4 n'est pas un carré ;

– superposition des figures reconnues perceptivement comme étant des carrés ou rectangles aux autres figures ;

– utilisation du carré ou du rectangle modèle comme gabarit d'angle droit en contrôlant les angles par superposition.

ÉQUIPES DE 2

PHASE 3 Seconde recherche et mise en commun

Chaque élève dispose toujours du rectangle modèle ou du carré modèle découpés à partir du matériel encarté. Donner à chaque élève un exemplaire de la **fiche 38** et préciser la tâche :

→ *Il faut trouver, parmi ces 4 figures, s'il y a des carrés et des rectangles. Pour chaque figure, vous barrerez la phrase ou les deux phrases fausses. Il faut vous mettre d'accord à deux. Pour décider, vous disposez du carré modèle et du rectangle modèle ainsi que de votre double décimètre.*

• Pour la **mise en commun**, procéder comme précédemment en commençant par demander aux élèves les difficultés qu'ils ont rencontrées (voir commentaire pour les procédures). Montrer que pour se faire une idée de la figure (carré ou rectangle, ou ni l'un ni l'autre), c'est :

– d'abord la feuille qu'il faut tourner ou encore la tête ;

– puis utiliser les outils à disposition (les deux figures modèles et le double décimètre) pour vérifier que la première impression est la bonne.

RÉPONSE : **g** est un carré **i** est un rectangle.

Les procédures sont les mêmes que précédemment, à la différence près que :

– la superposition des figures entre elles n'est plus possible car elles ne sont plus manipulables, il faut alors utiliser le carré ou le rectangle modèle (ce dernier point peut être source de difficulté pour certains élèves) ;

– pour ramener les figures en position standard avec un côté horizontal, c'est la feuille qu'il faut tourner.

COLLECTIF

PHASE 4 Angle droit, propriété du carré et du rectangle

SYNTHÈSE

1. Propriété du carré et du rectangle relative aux angles droits

• Tous les carrés et les rectangles ont des « coins particuliers » tous pareils. Ces « coins » particuliers s'appellent des « **angles droits** ».

• Un **carré** ou un **rectangle** a **4 angles droits.**

2. Vocabulaire

Dessiner au tableau un carré ou un rectangle et effacer partiellement la figure de façon à ne conserver qu'un des angles. Introduire alors le vocabulaire : **sommet** et **côtés** de l'angle droit.

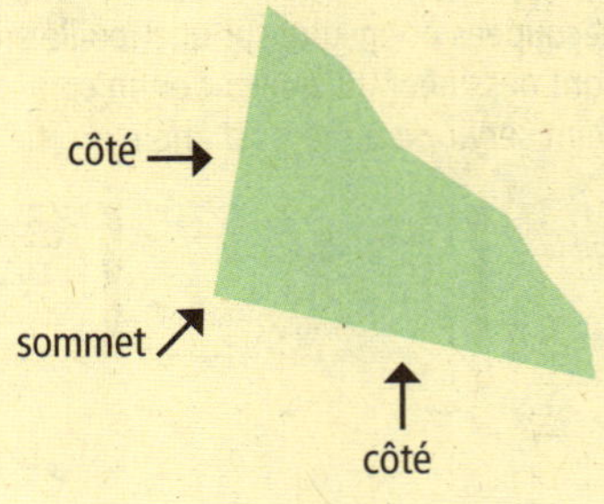

TRACE ÉCRITE

• **Coller**, par exemple, les étiquettes des carrés 1 et 5 et celles des rectangles 3 et 6 (fiche 36), et **écrire** en dessous :
« Un carré et un rectangle ont tous leurs coins pareils. On les appelle des angles droits. »

• **Dessiner** un angle droit et porter dessus ce vocabulaire : sommet et côtés.

ÉCRIT DE RÉFÉRENCE

Dico-maths n° 36 où les élèves peuvent se référer pour retrouver les propriétés des carrés et des rectangles relatives à la longueur de leurs côtés et à leurs angles.

INDIVIDUEL

PHASE 5 Gabarits d'angle droit

Chaque élève dispose du carré et du rectangle modèles ainsi que des **4 autres figures vertes** découpées à partir du matériel encarté du cahier :

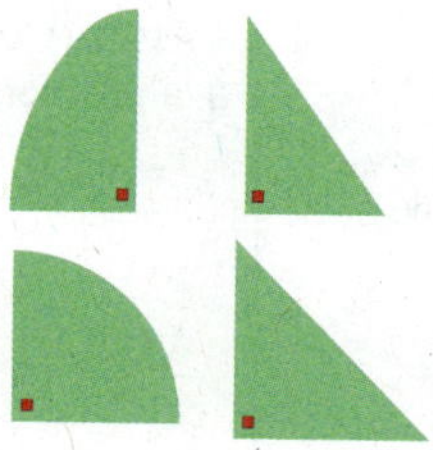

• Indiquer la tâche :

→ *Dans les deux recherches précédentes, vous avez utilisé un **carré modèle** et un **rectangle modèle** pour vérifier les coins des figures et décider si ces figures étaient bien des carrés ou des rectangles. On dit que le carré modèle et le rectangle modèle nous ont servi de « **gabarits d'angle droit** ». Mais d'autres formes peuvent servir de gabarits d'angle droit. Je vais vous demander de contrôler que les quatre figures que je viens de vous remettre peuvent aussi être utilisées comme des gabarits d'angle droit.*

• Venir en aide aux élèves qui rencontrent des difficultés pour superposer un coin du carré ou du rectangle de référence au coin de la figure qu'ils veulent contrôler.

• Après un temps de recherche, demander aux élèves d'expliquer comment ils ont fait pour vérifier que ces formes sont des gabarits d'angle droit. Conclure que ce sont bien toutes des gabarits d'angle droit.

• Faire remarquer que dans le coin de chaque forme qui est un angle droit, on a dessiné un carré rouge, ceci pour indiquer où se trouve l'angle droit.

Les élèves ont utilisé le carré ou le rectangle comme gabarit d'angle droit. En gardant comme référence que l'angle droit est le coin de n'importe quel carré ou rectangle, on met en évidence qu'il y a plusieurs gabarits possibles pour l'angle droit.
L'équerre conventionnelle sera introduite en CE2.

À SUIVRE

En **séance 8** (révision), les élèves vont devoir trouver des angles droits. Conserver les gabarits pour cette séance et les suivantes.

UNITÉ 5

Différents points de vue sur une disposition d'objets (1)

	Tâche	Matériel	Connaissances travaillées
CALCULS DICTÉS	**Ajout, retrait de centaines et dizaines entières** – Ajouter ou soustraire des dizaines et des centaines.	par élève : – ardoise ou cahier de brouillon	– Ajout, retrait de dizaines et de centaines.
RÉVISER Géométrie	**Angles droits et gabarits** – Rechercher les angles droits dans des polygones.	par élève : – gabarits d'angle droit › **figures vertes de la planche C** du cahier CAHIER GÉOMÉTRIE **p. 32** 1 et 2	– Reconnaitre perceptivement un angle droit – Utiliser un gabarit pour vérifier si cet angle est droit ou pas.
APPRENDRE Espace	**Différents points de vue sur une disposition d'objets (1)** RECHERCHE **« Les trois cônes »** – Trouver la position d'un observateur étant donné ce qu'il voit d'une disposition d'objets.	pour la classe : – 3 cônes à fabriquer à partir de leurs patrons avec du papier vert, bleu et rouge › **fiche 39** – feuille-support › **fiche 40** à agrandir au format A3 – flèches 1 à 4 › **fiche 41** – 6 photos A, B, C, D, E et G agrandies en couleurs › Guide p. 320 et CD-Rom du guide par équipe de 3 : – 4 photos A, C, D et G – fiches-réponses 1 et 2 › **fiche 42**	– Repérer des objets par rapport à d'autres objets et utiliser le vocabulaire spatial correspondant – Associer ce qui est vu à la position de celui qui voit.

CALCULS DICTÉS

Ajout, retrait de centaines et dizaines entières • Réflexion

– Donner rapidement des sommes, des différences, des compléments (cas simples).

COLLECTIF

• Dicter les calculs sous la forme « soixante plus soixante », « cent moins cinquante », « combien pour aller de deux cent cinquante à trois cents ? ».

• Procéder à une correction immédiate après chaque calcul.

a. 60 + 60	b. 260 + 100	c. 350 + 50
d. 100 – 50	e. 900 – 400	f. 160 – 60
Combien pour aller de : g. 250 à 300.		h. 100 à 800.

RÉPONSE : a. 120 b. 360 c. 400 d. 50 e. 500 f. 100 g. 50 h. 700.

RÉVISER

Angles droits et gabarits

– Reconnaitre perceptivement un angle droit.
– Utiliser un gabarit d'angle droit pour vérifier si un angle est droit ou pas.

INDIVIDUEL

CAHIER MESURES ET GÉOMÉTRIE p. 32

Retrouver les angles droits

Pour les exercices 1 et 2 utilise un gabarit d'angle droit.

1 Trouve les angles droits et marque-les en rouge.

2 Trouve les angles droits et marque-les en rouge.

Exercices 1 et 2

• Il s'agit de reconnaitre les angles droits dans des figures ou sur une ligne brisée et de les marquer par un petit carré rouge.

• Demander d'utiliser plusieurs gabarits.

• Après un temps de recherche, une mise au point collective sur la manière de positionner le gabarit d'angle droit pour vérifier qu'un coin d'un des polygones est ou non un angle droit pourra être utile. Engager à un contrôle à deux ou vérifier le travail de chacun.

• **Avant que les élèves n'engagent la recherche**, faire remarquer :

Dans un polygone, il n'est pas toujours facile de se souvenir quels coins sont des angles droits. C'est pour cela qu'on les repère avec un petit **carré plein** ou seulement **en traçant les deux côtés d'un carré**.

RÉPONSE :

❶

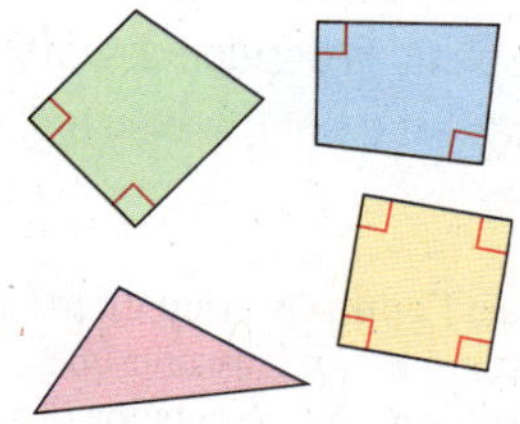

❷

APPRENDRE

Différents points de vue sur une disposition d'objets (1)

– Comprendre que ce qu'un observateur voit d'une disposition d'objets dépend de sa position.
– Trouver la position d'un observateur étant donné ce qu'il voit.
– Trouver ce que voit l'observateur étant donnée sa position.
– Utiliser le vocabulaire spatial (à gauche, à droite, devant, derrière...) pour situer les objets les uns par rapport aux autres.

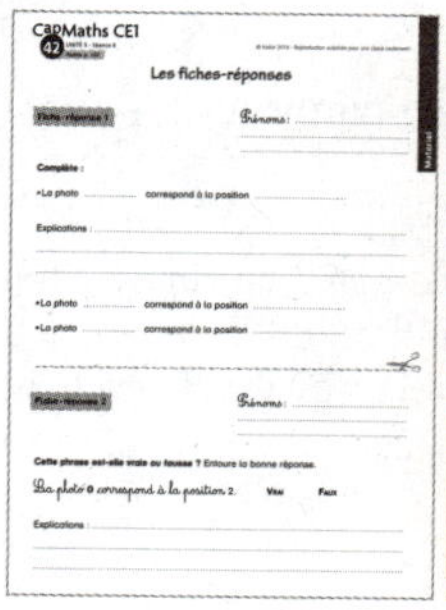

RECHERCHE Fiche 42

« Les trois cônes » : Sur un dispositif formé de trois cônes de couleurs différentes, des numéros indiquent les différentes positions d'un observateur. Les élèves doivent associer à un point de vue donné par une photo la position de l'observateur.

PHASE 1 **Préparation du jeu**[1]

• Placer les trois cônes sur la feuille-support carrée, ainsi que quatre flèches disposées comme indiqué ci-dessous. Placer le dispositif sur une table près du tableau.

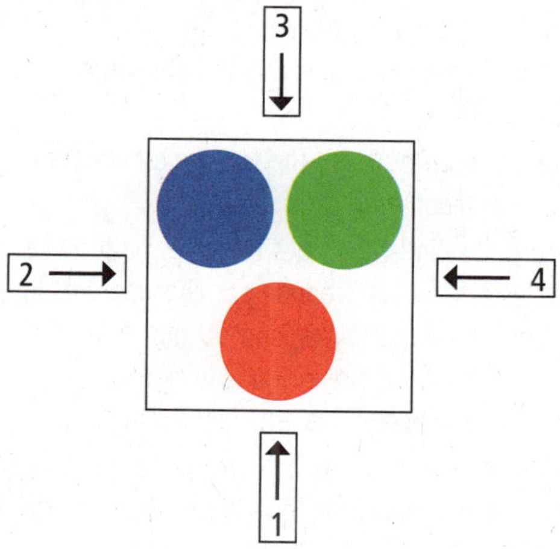

1. L'idée de cette situation est proche de l'« épreuve des trois montagnes » expérimentée par J. Piaget (Piaget, Inhelder, *La Représentation de l'espace chez l'enfant*, PUF, 1948) avec un dispositif inspiré de celui de Laurendeau et Pinard présenté dans « La représentation de l'espace », *Recherche pédagogique n°106*, INRP, 1980.

COLLECTIF

PHASE 2 **Recherche collective**

• Inviter les élèves à s'approcher du dispositif et à se rassembler pour avoir un point de vue proche de celui de la position 1.

• Demander à un élève X de se placer en **position 1** et de décrire ce qu'il voit du dispositif :

– les trois cônes : un rouge, un bleu, un vert (l'enseignant montrera du doigt où se trouvent le cône rouge, le cône vert... en les nommant pour que des élèves, présentant une déficience dans la vue des couleurs, puissent les repérer) ;

– les positions relatives des objets : le cône rouge est devant, le bleu derrière à gauche, le vert derrière à droite ;

– les numéros et les flèches (ces éléments seront utiles par la suite).

• Afficher au tableau les **photos B et E agrandies** et formuler la tâche :

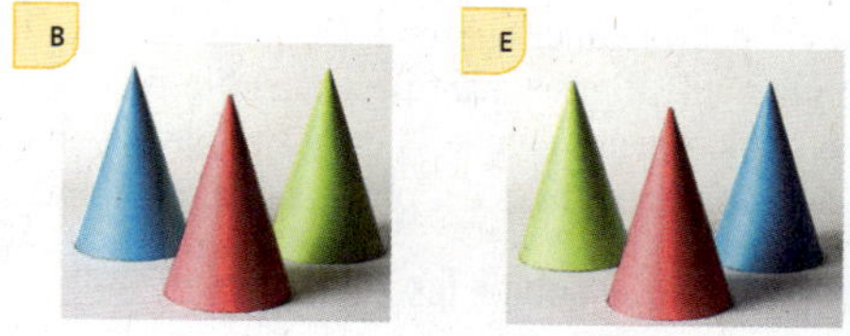

→ *Voici deux photos du dispositif. Quelle photo correspond à ce que voit X ?*

• Si nécessaire, demander à d'autres élèves de venir en position 1 pour observer le dispositif et comparer ce qu'ils voient par rapport aux deux photos affichées au tableau.

• Demander à tous les élèves de se prononcer sur une de ces trois propositions :

– C'est la **photo B** qui correspond à ce que voit X.
– C'est la **photo E** qui correspond à ce que voit X.
– **Aucune des deux photos** ne correspond à ce que voit X.

Faire discuter les arguments des partisans de chacune des propositions.

• En conclusion, expliquer pourquoi c'est la photo B qui correspond à ce que voit X : « Sur cette photo la position des différents cônes est respectée : le cône rouge est devant, le bleu à gauche, le vert à droite ».

Cette première recherche permet l'appropriation du problème posé. Cette phase est ici importante. Il faut s'assurer que chacun comprend bien que la photo constitue une représentation du dispositif d'un certain point de vue.
Pour la plupart des élèves de CE1, il est possible de se décentrer de son propre point de vue, mais il est difficile d'anticiper le point de vue que l'on a d'une autre position que la sienne. Aussi leur est-il nécessaire de se déplacer autour du dispositif pour identifier ce qu'ils voient des différentes positions. Si la classe est nombreuse, on peut choisir de construire deux dispositifs identiques, pour permettre à tous les élèves d'expérimenter les différents points de vue. Les deux dispositifs seront alors placés sur des tables isolées et orientées de la même façon dans la classe.

ÉQUIPE DE 3

PHASE 3 Recherche collective

• Placer le dispositif sur une table dans une position accessible aux élèves. Remettre à chaque équipe de 3 élèves **une des photos A, C ou D** (toutes les équipes n'ont donc pas la même photo) et la **fiche-réponse 1**.

A

C

D

• Formuler la tâche :

→ *Les numéros avec les flèches autour des 3 cônes indiquent les places où un élève peut se mettre pour voir les cônes. Chaque équipe de 3 élèves dispose d'une photo qui représente ce que voit un élève quand il est sur une des places indiquées par les numéros. Il faut trouver quelle place correspond à la photo et écrire le numéro sur votre fiche-réponse. Attention vous devez vous mettre d'accord et expliquer pourquoi vous avez choisi cette place. Un élève de l'équipe a le droit de se déplacer près du dispositif, si vous pensez que c'est utile.*

• Inciter éventuellement un élève par équipe à se déplacer, mais sans obligation (même si des erreurs sont constatées).

Les élèves peuvent aller chacun à leur tour observer le dispositif. S'il le juge utile, l'enseignant peut interdire d'emporter la photo lors des déplacements autour du dispositif, ce qui oblige à mémoriser les positions relatives des objets sur la représentation.

• Remettre à chaque équipe les 2 autres photos de manière à ce que chaque équipe dispose des 3 photos A, C et D.

• Demander à chaque équipe de noter sur la fiche-réponse 1 les positions qui correspondent aux deux autres photos.

COLLECTIF

PHASE 4 Mise en commun et synthèse

• Afficher les **photos A, C et D agrandies** au tableau.

• Pour chaque photo, recueillir les positions retenues par les élèves. Si pour une des photos, toutes les équipes ne sont pas d'accord sur la position, demander aux équipes qui ont réalisé la recherche en premier pour cette photo de lire les arguments qu'elles ont notés sur leur fiche réponse et soumettre ces propositions à la discussion. Si nécessaire, des élèves vont vérifier auprès du dispositif. Conclure de cet échange que :

– la photo B correspond à la position 1 ;
– la photo D correspond à la position 2 ;
– la photo A correspond à la position 4 ;
– la photo C correspond à la position 3.

SYNTHÈSE

1. Mettre en relation point de vue et position

• Suivant l'endroit où on se place, les **positions des objets** les uns par rapport aux autres **sont vues de façons différentes.**

• Pour imaginer ce que l'on voit dans une autre position que la sienne, il faut **se déplacer par la pensée**, dans sa tête, autour du dispositif.

2. Décrire une position

• Pour décrire la position des cônes, on utilise le vocabulaire de repérage spatial : **à droite, à gauche, devant, derrière, au centre**...

Exemple : De la position 4, on voit le cône rouge à gauche, les autres à droite. Le cône vert est devant le bleu (ou le cône bleu est derrière).

TRACE ÉCRITE

Afficher la **photo B** et noter à côté la description du dispositif : le cône rouge est devant, le cône bleu est derrière à gauche, le cône vert est derrière à droite.

ÉCRIT DE RÉFÉRENCE

Demander aux élèves de se référer au **dico-maths n° 28.**

La plupart des élèves se centrent sur la position d'un objet (le cône vert est devant, donc c'est la position 4). Il est donc important de faire prendre conscience des positions relatives des 3 objets qui sont fonction du point de vue où on se place.

ÉQUIPE DE 3

PHASE 5 Réinvestissement

G

• Afficher la **photo G agrandie** au tableau. Donner **cette photo** à chaque équipe ainsi que la **fiche-réponse 2**, puis formuler la question :

→ *La phrase inscrite sur la fiche-réponse est-elle vraie ou fausse ? Justifiez votre réponse.*

• Faire ensuite l'inventaire des réponses (vrai ou faux) et faire discuter les arguments produits par chacune des équipes. Pour prouver que la photo correspond ou non à la **position 2**, les élèves vont devoir décrire ce qu'ils voient de cette position et ensuite comparer avec ce qu'ils voient sur la photo.

• Conclure que la photo G ne correspond pas à la position 2. Faire également remarquer que cette photo ne correspond à aucune position autour du dispositif.

À SUIVRE

La situation se poursuit en **séance 9**. Les élèves devront cette fois associer à une position de l'observateur la photo représentant ce qu'il voit.

	Tâche	Matériel	Connaissances travaillées
CALCULS DICTÉS	**Ajout, retrait de dizaines et centaines entières** – Ajouter ou soustraire des dizaines et des centaines.	par élève : – ardoise ou cahier de brouillon	– Ajout, retrait de dizaines et de centaines.
RÉVISER Géométrie	**Angles droits et triangles** – Reconnaitre les triangles rectangles.	pour la classe : – feuille A3 découpée suivant une de ses diagonales et pâte à fixer – un gabarit d'angle droit par élève : – gabarits d'angle droit › **figures vertes de la planche C** CAHIER GÉOMÉTRIE **p. 33** 1	– Reconnaitre perceptivement un angle droit – Utiliser un gabarit pour vérifier si cet angle est droit ou pas.
APPRENDRE Espace	**Différents points de vue sur une disposition d'objets (2)** RECHERCHE **« Les trois cônes »** – Trouver la photographie de ce que voit un observateur d'une disposition d'objets, étant donnée sa position.	pour la classe : – les 3 cônes et la feuille-support de la séance 8 – flèches 1 à 6 › **fiche 41** – photos A à F agrandies en couleur par équipe de 3 : – 6 photos A à F › Guide p. 320 et CD-Rom du guide – fiches-réponses 3 et 4 › **fiche 43**	– Repérer des objets par rapport à d'autres objets et utiliser le vocabulaire spatial correspondant – Associer ce qui est vu à la position de celui qui voit.

CALCULS DICTÉS

Ajout, retrait de dizaines et centaines entières • Réflexion

– Donner rapidement des sommes, des différences, des compléments (cas simples).

COLLECTIF

- Dicter les calculs sous la forme « quatre-vingts plus vingt », « six-cents moins deux-cents », « combien pour aller de trois-cent-cinquante à quatre-cents ? ».
- Procéder à une correction immédiate après chaque calcul.

a. 80 + 20	b. 310 + 90	c. 500 + 300
d. 600 – 200	e. 620 – 20	f. 200 – 50
Combien pour aller de :	g. 350 à 400	h. 150 à 250

RÉPONSE : a. 100 b. 400 c. 800 d. 400 e. 600 f. 150 g. 50 h. 100.

RÉVISER

Angles droits et triangles

– Reconnaitre perceptivement un angle droit et utiliser un gabarit d'angle droit pour vérifier si un angle est droit ou pas.
– Connaitre les triangles rectangles.

INDIVIDUEL

CAHIER MESURES ET GÉOMÉTRIE **p. 33**

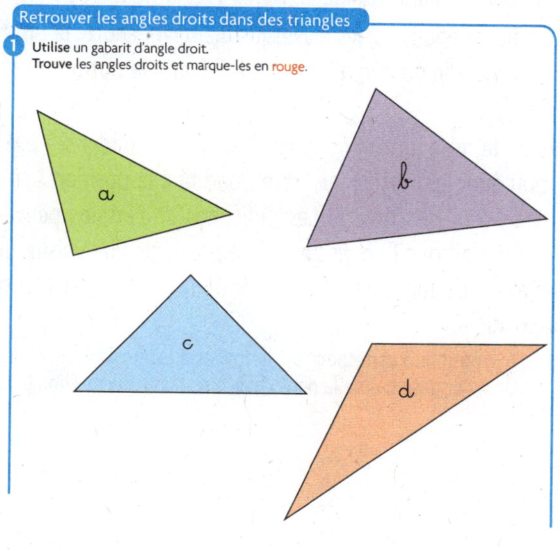

Exercice 1

- Rappeler ce qui a été fait dans la séance précédente et reformuler la consigne :

→ *Il faut trouver les angles droits des triangles à l'aide du gabarit et les marquer par un petit carré rouge.*

- Recenser les réponses, faire discuter des erreurs, puis préciser :

> Tous les triangles qui ont un angle droit s'appellent des « **triangles rectangles** ».
> **a**, **c**, **f** et **g** sont des triangles rectangles.

- Superposer les deux triangles découpés dans la feuille A3 pour montrer qu'ils sont identiques, vérifier qu'ils ont un angle droit, puis les afficher de façon à reconstituer un rectangle. Préciser que « deux triangles rectangles identiques assemblés convenablement forment un rectangle, d'où le nom donné à ces triangles ».

APPRENDRE

Différents points de vue sur une disposition d'objets (2)

– Comprendre que ce qu'un observateur voit d'une disposition d'objets dépend de sa position.
– Trouver ce que voit l'observateur étant donnée sa position.
– Trouver la position de l'observateur étant donné ce qu'il voit.
– Utiliser le vocabulaire spatial (à gauche, à droite, devant, derrière...) pour situer les objet les uns par rapport aux autres.

RECHERCHE **Fiche 43**

« Les trois cônes » : Sur un dispositif formé de trois cônes de couleurs différentes, des numéros indiquent les différentes positions d'un observateur. Les élèves doivent associer à une position un point de vue donné par une photo et réciproquement.

ÉQUIPES DE 3

PHASE 1 **Retrouver une photo à partir d'une position**

• Préparer le dispositif selon la configuration suivante, près du tableau :

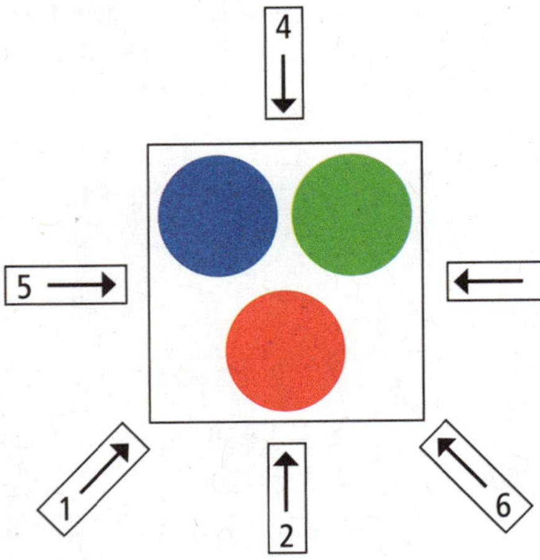

• Expliquer la nouvelle tâche :

→ *Aujourd'hui, nous allons résoudre le problème inverse de celui de la séance précédente. Je vais vous indiquer une position et il faudra que vous trouviez la photo qui représente ce que l'on voit de cette position. Attention, j'ai changé les numéros des positions, il est donc inutile d'essayer de se rappeler la photo qui correspond au numéro de la séance précédente.*

• Donner à chaque équipe les **5 photos** et un numéro de position (choisir au départ 3 positions : la 2, la 3 et la 4 ; toutes les équipes n'ont donc pas le même numéro) et la **fiche-réponse 3**.

• Demander aux élèves de se mettre d'accord sur la « bonne » photo, en autorisant un enfant par équipe à se déplacer pour identifier ce qu'il voit de la position indiquée et en permettant, si nécessaire, d'emporter la photo choisie. Préciser aux élèves qu'ils doivent indiquer sur la fiche-réponse la lettre correspondant à la photo choisie et les arguments qui motivent leur choix.

Les élèves peuvent aller chacun à leur tour observer le dispositif. Revenus dans leur équipe, ils discuteront de ce qu'ils ont vu à certaines positions en le décrivant.

COLLECTIF

PHASE 2 **Mise en commun et synthèse**

• Afficher les **5 photos A à E** agrandies au tableau.

• Recenser, pour chacune des 3 positions, la photo proposée par chaque équipe et les arguments en faveur de cette photo. En cas de désaccord, les arguments proposés sont discutés. Demander à un élève, placé près du dispositif, de décrire ce qu'il voit de la position indiquée : la bonne photo est ainsi validée.

• Conclure avec les élèves que :
– à la position 2 correspond la photo B ;
– à la position 3 correspond la photo A ;
– à la position 4 correspond la photo C.

SYNTHÈSE

Mettre en relation photo et position

• Il faut **tenir compte de ce que l'on voit réellement** et non de ce qu'on sait de la disposition des objets.
Exemple d'argument qui ne donne pas d'information sur les positions des cônes : « Il y a trois cônes, un rouge, un bleu et un vert, ils sont à côté ».

• Il faut **observer les positions des objets les uns par rapport aux autres.**
Exemple d'argument qui donne des informations utiles : « Le cône rouge est devant, le bleu derrière à gauche, c'est sur la photo comme en vrai quand je le regarde de cette position... »

• Il faut savoir qu'**à des positions opposées d'observateurs** correspondent des **inversions sur les photos.**
Exemples :
– De la **position 2**, on voit le cône bleu à gauche et le cône vert à droite ; de la **position 4**, on voit le cône vert à gauche et le bleu à droite.
– De la **position 2**, on voit le cône rouge devant et le bleu derrière ; de la **position 4**, on voit le cône rouge derrière et le bleu devant.

ÉQUIPES DE 3

PHASE 3 **Réinvestissement**

• Distribuer à chaque équipe la **photo F** et la **fiche-réponse 4**.

• Sur la fiche-réponse 4, les élèves justifient leur choix : la **photo F** correspond-elle ou non à la position 5 ? et à la position 6 ? et à la position 1 ?

• Lors de la mise en commun, les élèves sont conduits à expliquer pourquoi la **photo F** ne correspond ni à la position 5, ni à la 6, mais à la **position 1**. Les difficultés de certains peuvent provenir du fait que l'on discute ici de points de vue voisins, les élèves ayant du mal à se positionner de façon fixe par rapport au dispositif.

RÉPONSE : À la position 5 correspond la photo D et, à la position 1, la photo F. On ne dispose pas de la photo qui correspond à la position 6.

BILAN de l'UNITÉ 5

CONSOLIDATION

CALCUL MENTAL

Calcul mental (séances 1 à 9)

→ **Ajout, retrait de 5 à un multiple de 5 :** automatisme
→ **Addition, soustraction de dizaines et de centaines :** réflexion

Pas de préparation de bilan proposée dans le fichier.

Je fais le bilan › FICHIER NOMBRES p. 55

Exercice 1 Calcul de sommes, différences, compléments et produits.

Calculs dictés :

a. 45 + 5 b. 3 fois 5 c. 300 + 200
Combien pour aller de : d. 35 à 40 ? e. 300 à 500 ?
f. 50 + 50 g. 250 – 50 h. 600 – 200.

RÉPONSES : a. 50 b. 15 c. 500 d. 5 e. 200 f. 100 g. 200 h. 400.

Je consolide mes connaissances › FICHIER NOMBRES p. 56

Exercice 1
45 + 5 = **50** 45 – 5 = **40**
65 + 5 = **70** 50 – 5 = **45**
65 + **5** = 70 90 – **5** = 85

Exercice 2
60 + 40 = **100** 100 – 20 = **80**
70 + 50 = **120** 110 – **20** = 90
200 + 400 = **600** 700 – 500 = **200**

Exercice 3
5 + 20 = 25 20 – 5 = 15
5 + 85 = 90 85 – 5 = 80
20 + 85 = 105 85 – 20 = 65
5 + 20 + 85 = 110

Les sommes obtenues en inversant les termes sont évidemment correctes.

Autres ressources

› CD-Rom Jeux interactifs GS-CP-CE1
11. Je suis un as du calcul (niveau 1)
12. Je calcule à la vitesse de l'éclair (niveau 2)

NOMBRES ET CALCULS

Multiplication : décomposer ou compléter un produit (séances 1 et 2)

Je prépare le bilan › FICHIER NOMBRES p. 54 A

→ Pour **compléter un produit**, il existe plusieurs façons de faire.
Exemple : 16 = ... × 2

→ **Comme Alex, on peut essayer des nombres :**
5 × 2, c'est comme 5 + 5, c'est 10, c'est trop petit ;
8 × 2, c'est 16 car 8 + 8 = 16, c'est donc la bonne réponse.

→ **Comme Lisa, on peut chercher combien de fois il y a 2 dans 16.**
Il faut « 8 fois 2 » pour avoir 16.

→ **On peut aussi dire que la question revient à chercher « deux fois combien donne 16 »** (un peu comme Alex).

Je fais le bilan › FICHIER NOMBRES p. 55

Exercice 2 Calculer et compléter des produits.

3 × 3 = **9**	9 × 2 = **18**	6 = 2 × **3**	18 = 3 × **6**
4 × 5 = **20**	5 × 7 = **35**	10 = **5** × 2	25 = **5** × **5**
2 × 7 = **14**	6 × 5 = **30**	14 = **7** × 2	15 = 5 × **3**.

Je consolide mes connaissances › FICHIER NOMBRES p. 56

Exercice 4

5 × 2 = **10**	4 × 3 = **12**	3 × 3 = **9**	10 × 2 = **20**
3 × 5 = **15**	3 × 10 = **30**	11 × 4 = **44**	12 × 3 = **36**

CD-Rom du guide

› Fiche différenciation n° 27

Autres ressources

› CD-Rom Jeux interactifs GS-CP-CE1
15. Les tours

NOMBRES ET CALCULS

Suite des nombres : centaines, dizaines et unités (séances 3 et 4)

Je prépare le bilan › FICHIER NOMBRES p. 54 B

→ **Ajouter 1, 10 ou 100** revient à faire avancer le chiffre (la roue sur le compteur) soit des unités, soit des dizaines, soit des centaines.
→ **Lorsqu'un chiffre passe de 9 à 0**, cela entraine une avancée du chiffre immédiatement à sa gauche.

Je fais le bilan › FICHIER NOMBRES p. 55

Exercice 3 Ajouter 1 unité, 1 dizaine ou 1 centaine dans une suite de nombres.
588 → 598 → 698 → 699 → 700 → 710.

Exercice 4 Compléter des suites de nombres de 1 en 1, de 10 en 10, de 100 en 100.
5 – 15 – 25 – **35** – **45** – **55** – **65** – **75**
45 – **46** – **47** – **48** – **49** – **50** – **51** – **52**
90 – **190** – 290 – 390 – 490 – **590** – **690** – **790**
546 – **556** – **566** – 576 – 586 – 596 – **606** – **616**.

Exercice 5 Trouver l'écart (+ 1, + 10 ou + 100) entre deux nombres.

+ 10	+ 1	+ 100
290 → 300	**199** → 200	208 → 308.

Je consolide mes connaissances › FICHIER NOMBRES p. 56

Exercice 5

<u>de 1 en 1 :</u>
187 – 188 – 189 – **190** – **191** – **192** – **193**
96 – **97** – **98** – **99** – 100 – 101 – 102

<u>de 10 en 10 :</u>
158 – 168 – 178 – **188** – **198** – **208** – **218**
379 – **389** – **399** – **409** – 419 – 429 – 439

<u>de 100 en 100 :</u>
245 – 345 – 445 – **545** – **645** – **745** – **845**
5 – **105** – **205** – **305** – 405 – 505 – 605.

Exercice 6 475 – 485 – 495 – 505.

CD-Rom du guide

› Fiche différenciation n° 28

Autres ressources

› 90 Activités et jeux mathématiques CE1
9. De plus en plus loin
10. Des chiffres et des sons
31. Avec une calculatrice (2)

› CD-Rom Jeux interactifs GS-CP-CE1
5. Des nombres sans suite

NOMBRES ET CALCULS

Addition posée ou en ligne de nombres inférieurs à 1 000 (séance 5)

Je prépare le bilan › FICHIER NOMBRES p. 54 C

→ **Pour calculer une addition en colonnes.** Il faut bien écrire les unités sous les unités, les dizaines sous les dizaines, les centaines sous les centaines : commencer par additionner les unités et faire attention aux retenues.

Je fais le bilan › FICHIER NOMBRES p. 55

Exercice 6 Calculer des sommes (calcule posé ou en ligne).

$$\begin{array}{r} 265 \\ +\,234 \\ \hline 499 \end{array} \qquad \begin{array}{r} 348 \\ +\,37 \\ \hline 385 \end{array}$$

Atelier

› Atelier calcul
En fonction des besoins des élèves, l'enseignant peut organiser des ateliers « calcul » en proposant des additions à calculer.
La vérification peut être faite, en autonomie, en confiant une calculatrice à un des élèves de l'atelier appelé « le vérificateur ».

Autres ressources

› 90 Activités et jeux mathématiques CE1
34. Trois chiffres identiques

MESURES ET GÉOMÉTRIE

Carrés et rectangles, angles droits (séance 7)

Je prépare le bilan › CAHIER GÉOMÉTRIE p. 34 A

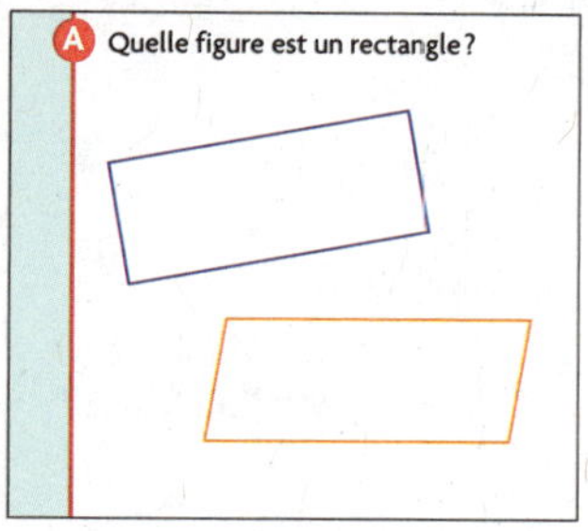

→ **Un carré** a 4 côtés de même longueur et 4 angles droits.
→ **Un rectangle** a ses côtés égaux deux à deux (autre façon de dire que ses côtés opposés ont même longueur) et 4 angles droits.

Je fais le bilan › CAHIER GÉOMÉTRIE p. 34

Exercice 1 Reconnaitre des carrés et des rectangles.

matériel : gabarit d'angle droit et double décimètre.

Il y a un carré : c'est la figure *i*.
Il y a un rectangle : c'est la figure *h*.
(*f* est un parallélogramme et *g* est un losange.)

Je consolide mes connaissances › CAHIER GÉOMÉTRIE p. 34-35

Exercice 1 *a* et *b* sont des triangles rectangles.

Exercice 2

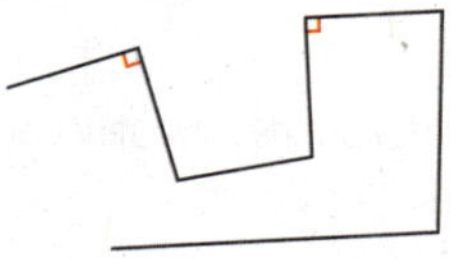

Exercice 3 *o* est un carré et *p* est un rectangle.
(l et m sont des trapèzes rectangles, *n* est un losange.)

Autres ressources

› 90 Activités et jeux mathématiques CE1
67. Les angles droits

MESURES ET GÉOMÉTRIE

Différenciations des points de vue (séances 8 et 9)

Je prépare le bilan › CAHIER GÉOMÉTRIE p. 34 B

→ **Ce qu'on voit d'une disposition d'objets dépend de notre position par rapport à ces objets.** On peut imaginer ce que voit une autre personne, en se mettant à sa place, par la pensée.

Exemple : Si je vois le cône rouge devant, le bleu à gauche, une autre personne placée en face de moi, de l'autre côté du dispositif, verra le cône rouge derrière, le bleu à droite.

Je fais le bilan › CAHIER GÉOMÉTRIE p. 34

Exercice 2 Étant donnée une photo, trouver la position du photographe.

matériel : dispositif de la séance 8.
La photo **A** correspond à la position **4** du dispositif de la séance 8.

Je consolide mes connaissances › CAHIER GÉOMÉTRIE p. 36

Exercice 4

matériel : dispositif de la séance 8.
S'y référer pour la validation des réponses.

Si le photographe est en position **1**, il prend la photo **D**.
Si le photographe est en position **2**, il prend la photo **C**.
Si le photographe est en position **3**, il prend la photo **A**.

Autres ressources

› 90 Activités et jeux mathématiques CE1
69. Rallye photos
(association point de vue / position de l'observateur)
47. Dans quelle boite ?
(centration sur le point de vue d'une autre personne)

BANQUE DE PROBLÈMES

Les autocars

Un des intérêts de ces problèmes réside dans le fait d'avoir à poser soi-même des questions ou à compléter un énoncé.

Problème 1

OBJECTIFS :
– Résoudre un problème de réunion de quantités.
– Utiliser l'addition.

TÂCHE : Chercher le nombre de voyageurs qui peuvent être accueillis par 2 autocars.

RÉPONSE : 145 personnes.

Problème 2

OBJECTIFS :
– Comparer deux quantités et deux nombres.
– Calculer un écart.

TÂCHE : Comparer deux quantités.

RÉPONSE : 15 places.

Problème 3

OBJECTIFS :
– Résoudre un problème de recherche de complément.
– Utiliser l'addition, l'addition à trou ou la soustraction.

TÂCHE : Calculer le nombre de places libres.

RÉPONSE : 20 enfants.

Problème 4

OBJECTIFS :
– Résoudre un problème de recherche de complément.
– Utiliser l'addition, l'addition à trou ou la soustraction.

TÂCHE : Calculer le nombre de places libres.

RÉPONSE : 70 places.

Problème 5

OBJECTIFS :
– Associer données et questions possibles.
– Utiliser l'addition, la soustraction.

TÂCHE : Poser des questions.

EXEMPLES DE QUESTIONS : Combien de personnes sont présentes lorsque le car repart ? 48 personnes
Combien de places sont libres lorsque le car arrive ? 20 places
Combien de places sont libres lorsque le car repart ? 17 places.

Problème 6

OBJECTIFS :
– Associer données et questions possibles.
– Chercher un état final après plusieurs transformations.
– Utiliser l'addition, la soustraction.

TÂCHE : Déterminer le nombres de voyageurs après plusieurs arrêts de l'autocar.

SOUS LES TÂCHES : 4 personnes, 20 voyageurs.
RÉPONSE : 18 voyageurs.

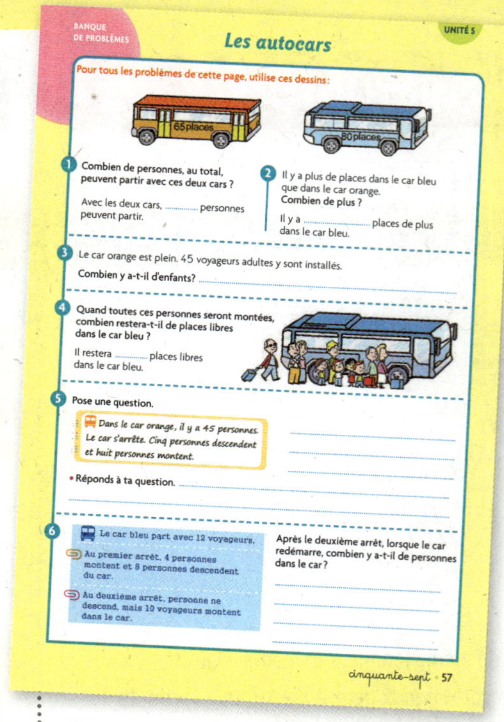
BANQUE DE PROBLÈMES — UNITÉ 5

Les autocars

Pour tous les problèmes de cette page, utilise ces dessins :

1 Combien de personnes, au total, peuvent partir avec ces deux cars ?
Avec les deux cars, ... personnes peuvent partir.

2 Il y a plus de places dans le car bleu que dans le car orange.
Combien de plus ?
Il y a .... places de plus dans le car bleu.

3 Le car orange est plein. 45 voyageurs adultes y sont installés.
Combien y a-t-il d'enfants? ....

4 Quand toutes ces personnes seront montées, combien restera-t-il de places libres dans le car bleu ?
Il restera .... places libres dans le car bleu.

5 Pose une question.
Dans le car orange, il y a 45 personnes. Le car s'arrête. Cinq personnes descendent et huit personnes montent.
• Réponds à ta question. ....

6 Le car bleu part avec 12 voyageurs.
Au premier arrêt, 4 personnes montent et 8 personnes descendent du car.
Au deuxième arrêt, personne ne descend, mais 10 voyageurs montent dans le car.
Après le deuxième arrêt, lorsque le car redémarre, combien y a-t-il de personnes dans le car ?

cinquante-sept · 57

› FICHIER NOMBRES p. 57

Mise en œuvre

Pour le **problème 5**, une mise en commun intermédiaire peut porter sur les questions posées et leur pertinence de façon à sélectionner collectivement les questions.

Aides possibles

Pour les élèves faibles en calcul, la calculatrice peut être autorisée.

Problème 4 : Faire une mise en commun intermédiaire pour déterminer ou prélever les informations.

Problème 5 : Aider les élèves en difficulté à écrire les questions qu'ils sont capables de formuler oralement.

Problème 6 : Remettre une trentaine de jetons aux élèves..

Exploitation

En particulier, faire porter l'attention sur les questions posées dans le **problème 4** : peut-on y répondre avec les informations données ? Faut-il ou non faire des calculs ?

Erreurs intéressantes à exploiter

Problème 2 : Les termes « de plus » ont pu inciter des élèves à utiliser l'addition ; une figuration peut alors être utilisée pour aider à la compréhension de cette expression.

Problème 5 : Les nombres écrits en lettres peuvent ne pas être pris en compte.

Procédures à observer particulièrement

Problème 2 : Les élèves peuvent utiliser plusieurs procédures :
– compter de un en un de 65 à 80 (en appui ou non sur un dessin) ;
– aller de 65 à 80 par sauts (par exemple de 65 à 70, puis de 70 à 80) ;
– compléter 65 + … = 80s ;
– calculer 80 – 65 mentalement ou avec la calculatrice...

Problème 3 : Les procédures peuvent être voisines de celles du problème 2.

Problème 6 : Plusieurs procédures sont possibles (la 1ère étant la plus probable) :

– chercher le nombre de voyageurs après chaque arrêt (8 après le 1er, 18 après le 2e) ;

– chercher combien au total de personnes sont descendues (8) et combien sont montées (14). En déduire qu'il y a 6 personnes de plus.

UNITÉ 6

13 ou 14 séances
– 10 séances programmées (9 séances d'apprentissage + 1 bilan)
– 3 ou 4 séances pour la consolidation et la résolution de problèmes

	CALCUL MENTAL (environ 30 min par séance)	RÉVISER	APPRENDRE (environ 45 min par séance)
Séance 1 FICHIER NOMBRES p. 58	**Problèmes dictés** Groupements par 2	**Problèmes écrits** Groupements par 2	**Répertoire multiplicatif : les tables de 0 à 5 (1)** RECHERCHE La table de multiplication de 5
Séance 2 FICHIER NOMBRES p. 59	**Calculs dictés** Répertoire multiplicatif : addition itérée de 2 et 5	**Addition posée ou en ligne**	**Répertoire multiplicatif : les tables de 0 à 5 (2)** RECHERCHE La table de multiplication de 4
Séance 3 FICHIER NOMBRES p. 60	**Calculs dictés** Répertoire multiplicatif : addition itérée de 2, 3, 4 et 5	**Décompositions additives de 20**	**Répertoire multiplicatif : les tables de 0 à 5 (3)** RECHERCHE Construire les tables de 0 à 5
Séance 4 FICHIER NOMBRES p. 61	**Calculs dictés** Addition, soustraction de deux nombres sans retenue	**Addition posée ou en ligne**	**Multiplication par 10** RECHERCHE La règle des 0
Séance 5 FICHIER NOMBRES p. 62	**Problèmes dictés** Groupements par 4 ou par 5	**Problèmes écrits** Problèmes à étapes	**Multiplication par 10 et par 100** RECHERCHE La règle des 0
Séance 6 CAHIER GÉOMÉTRIE p. 37	**Calculs dictés** Addition, soustraction de deux nombres sans retenue	**Figures planes : description**	**Reproduction sur quadrillage (2)** RECHERCHE Polygones sur quadrillage
Séance 7 CAHIER GÉOMÉTRIE p. 38	**Calculs dictés** Compléments à 100 de multiples de 10	**Reproduction de triangles sur quadrillage et réseau pointé**	**Lecture de l'heure : heures et demi-heure** RECHERCHE Quelle heure est-il ?
Séance 8	**Calculs dictés** Compléments à la centaine supérieure de multiples de 10	**Suite des nombres inférieurs à 1 000**	**Comparaison des nombres inférieurs à 1 000 (1)** RECHERCHE Qui a le plus ? Qui a le moins ?
Séance 9 FICHIER NOMBRES p. 63	**Calculs dictés** Compléments à la centaine supérieure de multiples de 10	**Suite des nombres inférieurs à 1 000**	**Recherche de toutes les réponses possibles** RECHERCHE Trouver plusieurs façons de payer 20 €

Bilan	Je prépare le bilan puis Je fais le bilan FICHIER NOMBRES p. 64 et 65 CAHIER GÉOMÉTRIE p. 39
Consolidation Remédiation	Je consolide mes connaissances FICHIER NOMBRES p. 66 et 67 CAHIER GÉOMÉTRIE p. 40 et 41
Banque de problèmes	*Reproduction à la règle* CAHIER GÉOMÉTRIE p. 42 – Analyser une figure – Élaborer une stratégie de construction – Mettre en œuvre cette stratégie

L'essentiel à retenir de l'unité 6

- **Calculs dictés :**
  – Addition itérée des nombres de 2 à 5
  – Addition, soustraction (sans retenue) de 2 nombres inférieurs à 100
  – Complément à 100 ou à la centaine supérieure d'un multiple de 10
- **Multiplication : tables de 2 à 5**
- **Multiplication par 10 et par 100**
  – Comparaison de nombres inférieurs à 1 000
  – Problèmes : diverses possibilités
- **Lecture de l'heure en heures et demi-heure**
- **Reproduction de polygones sur quadrillage et réseau pointé**

Répertoire multiplicatif : les tables de 0 à 5 (1)

	Tâche	Matériel	Connaissances travaillées
PROBLÈMES DICTÉS	**Groupements par 2** – Résoudre des problèmes de groupements par 2 (recherche du total, du nombre de parts).	par équipe de 2 : – 6 enveloppes et une douzaine d'images de Moustik › **fiche 4** par élève : FICHIER NOMBRES **p. 58** 1	– **Groupements réguliers** – Multiplication – Division.
PROBLÈMES ÉCRITS	**Groupements par 2** – Résoudre des problèmes de groupements par 2 (recherche du total, du nombre de parts).	par élève : – brouillon FICHIER NOMBRES **p. 58** 2 et 3	– **Groupements réguliers** – Multiplication – Division.
APPRENDRE Calcul	**Répertoire multiplicatif : les tables de 0 à 5 (1)** RECHERCHE **« La table de multiplication de 5 »** – Chercher combien de fois « 5 » est contenu dans un nombre donné.	pour la classe : – 50 cubes emboitables pour certains élèves : – 12 cartes avec « 5 » › **fiche 44** par élève : – ardoise ou cahier de brouillon FICHIER NOMBRES **p. 58** 4, 5, 6 et 7	– **Multiplication : table de 5** (construction).

PROBLÈMES DICTÉS

Groupements par 2

– Résoudre des problèmes faisant intervenir des groupements réguliers par 2.

COLLECTIF

FICHIER NOMBRES ET CALCULS **p. 58**

Exercice 1

- Proposer successivement **trois problèmes** à résoudre, illustrés à l'aide des images de Moustik. Les réponses sont données dans le fichier.
- Faire vérifier les réponses avec le matériel.

Problème a

Montrer **4 enveloppes** et dans chaque enveloppe placer **2 images** de Moustik.

QUESTION : *Combien y a-t-il d'images de Moustik au total dans ces 4 enveloppes ?*

Problème b

Montrer **6 enveloppes** et dans chaque enveloppe placer **2 images** de Moustik.

QUESTION : *Combien y a-t-il d'images de Moustik au total dans ces 6 enveloppes ?*

Problème c

Montrer **4 images** de Moustik. Je dois mettre ces 4 images dans des enveloppes. Dans chaque enveloppe, il y aura **2 images**.

QUESTION : *Combien d'enveloppes faut-il prévoir ?*

- Lors de la correction, faire exprimer les écritures multiplicatives correspondantes et en garder une trace écrite pour l'activité de recherche consacrée à l'**établissement des tables de multiplication** :

TRACE ÉCRITE

Conserver au tableau ou sur une affiche les écritures :

4 × 2 = 8 et 2 × 4 = 8
6 × 2 = 12 et 2 × 6 = 12
2 × 2 = 4

RÉPONSE : a. 8 images b. 12 images c. 2 enveloppes.

Pour résoudre ces problèmes, les élèves peuvent notamment utiliser :
– l'**addition itérée** de termes égaux à 2
(par exemple 2 + 2 + 2 + 2 = 8 pour le **problème a**) ;
– la **notion de double** (par exemple 6 + 6 = 12 pour le **problème b**, ce qui peut se matérialiser en mettant d'abord 1 image par enveloppe, puis une autre : on a alors placé 6 images au 1er tour, puis encore 6 images au 2e tour) ;
– un **résultat connu** comme 4 fois 2, c'est 8.
Le **problème c** revient à se demander combien de fois il faut ajouter 2 pour obtenir 4.

PROBLÈMES ÉCRITS

Groupements par 2

– Résoudre des problèmes faisant intervenir des groupements réguliers.

INDIVIDUEL

FICHIER NOMBRES ET CALCULS **p. 58**

Résoudre des problèmes

2 Lisa a lancé 9 dés comme celui-ci.
Tous les dés affichent 2 points.
Combien de points Lisa a-t-elle marqués avec ses 9 dés ?

3 Alex a aussi lancé des dés.
Tous les dés d'Alex affichent 2 points.
Il compte ses points et il trouve 14 points.
Combien de dés Alex a-t-il lancés ?

Problèmes 2 et 3

• Les problèmes sont du même type que ceux proposés en calcul mental. Les procédures possibles sont donc de même nature.

• Lors de la correction, faire exprimer les écritures multiplicatives correspondantes et en garder une trace écrite pour l'activité de recherche consacrée à l'**établissement des tables de multiplication** :

TRACE ÉCRITE

Conserver au tableau ou sur une affiche les écritures :
$9 \times 2 = 18$ et $2 \times 9 = 18$ $7 \times 2 = 14$ et $2 \times 7 = 14$

RÉPONSE : 2 18 points 3 7 dés.

Différenciation → CD-Rom du guide, **fiche n° 31.**

APPRENDRE

Répertoire multiplicatif : les tables de 0 à 5 (1)

– Établir une liste des produits de la table de 5.
– Calculer des produits.
– Chercher combien de fois 5 est contenu dans un nombre donné.

RECHERCHE **Fiche 44**

« La table de multiplication de 5 » : Les élèves doivent chercher ce que représente un certain « nombre de fois 5 », puis « chercher combien de fois 5 est contenu dans un nombre donné ».
Cette activité reprend la question déjà travaillée de savoir si un nombre est somme itérée d'un autre nombre (ici 5), en utilisant le mot « fois » (dans la consigne) et le signe × (pour exprimer la réponse).

Tous les résultats trouvés lors de cette séance sont conservés au tableau ou sur une affiche pour être utilisés lors de la **séance 3**, en vue de la **constitution des tables de multiplication de 0 à 5**.

COLLECTIF ET INDIVIDUEL

PHASE 1 **« 6 fois 5 »**

• Montrer **6 cartes « 5 »** et les afficher au tableau. Si nécessaire, distribuer 6 cartes « 5 » aux élèves qui en ont besoin. Poser la question :

→ *Au tableau, j'ai affiché* ***6 cartes*** *portant le nombre* ***5****. Si j'additionne tous ces « 5 », quel sera le résultat ? Quel nombre vaut* ***« 6 fois 5 »*** *? Vous chercherez au brouillon ou avec les cartes pour ceux qui en ont.*

• Après un court moment de recherche, recenser les réponses des élèves et les faire discuter collectivement (erreurs, procédures utilisées, écritures produites).

• Recenser en particulier les différentes façons d'exprimer le résultat trouvé et, éventuellement, en élaborer de nouvelles, notamment :

– **formulation orale** : « il faut ajouter 6 fois le nombre 5 », « 6 fois 5, 30 » (insister sur les formulations avec le mot « fois ») ;

– **formulation écrite** : $5 + 5 + 5 + 5 + 5 + 5 = 30$, $6 \times 5 = 30$ ou $5 \times 6 = 30$.

• Établir une relation entre le problème posé, purement numérique, et d'autres problèmes déjà résolus par les élèves :

– lors de l'activité « tours » : pour faire 6 tours de 5 cubes, il faut 30 cubes ;

– avec la monnaie avec 6 billets de 5 €, on a 30 €.

TRACE ÉCRITE

Conserver au tableau ou sur une affiche les écritures :
$6 \times 5 = 30$ et $5 \times 6 = 30$

Ces écritures multiplicatives et les suivantes viennent compléter celles qui ont déjà été notées lors des activités de calcul mental et de révision (qui, elles, concernaient la **table de 2**).

COLLECTIF ET INDIVIDUEL

PHASE 2 **Combien de fois 5 dans 20 ?**

• Montrer tout le lot de cartes « 5 » (une douzaine) et en distribuer aux élèves qui en ont besoin. Poser une nouvelle question :

→ *Je choisis un nombre. C'est* ***20*** (l'écrire au tableau). *Est-il possible de l'obtenir en prenant plusieurs cartes « 5 » (ou, pour ceux qui ont des cartes « 5 », en mettant juste ce qu'il faut de cartes sur la table). Si c'est possible, combien de fois faut-il utiliser le nombre 5 ? Vous cherchez seuls sur votre cahier de brouillon ou avec les cartes.*

• Exploitation du même type qu'en phase 1, en mettant en évidence les deux formulations :

– **orale** : « il faut ajouter 4 fois le nombre 5 », « 4 fois 5, 20 » (insister sur les formulations utilisant le mot « fois ») ;

– **écrite** : $5 + 5 + 5 + 5 = 20$, $4 \times 5 = 20$ ou $5 \times 4 = 20$; on a pu compléter : $\ldots \times 5 = 20$ ou $5 \times \ldots = 20$.

• Établir à nouveau une relation entre le problème posé, purement numérique, et d'autres problèmes déjà résolus par les élèves :
– avec 20 cubes, on peut faire 4 tours de 5 cubes ;
– pour avoir 20 €, combien faut-il de billets de 5 € ?

TRACE ÉCRITE

Ajouter au tableau ou sur l'affiche les écritures :
4 × 5 = 20 et 5 × 4 = 20

Pour répondre, des élèves ont pu :
– dessiner les cartes et compter de 5 en 5 (ou même dessiner des ensembles de 5 points jusqu'à avoir 20 points) ;
– écrire des sommes de termes égaux à 5 jusqu'à obtenir 20 ;
– s'appuyer sur le fait que 5 + 5 = 10 et que 10 + 10 = 20 ;
– utiliser un résultat connu (rencontré au cours d'activités précédentes) du type « je sais que 4 fois 5, c'est 20 ».

COLLECTIF ET INDIVIDUEL

PHASE 3 Combien de fois 5 dans 35 ? dans 13 ? dans 40 ? dans 25 ? dans 7 ?

• Même déroulement pour chacun de ces nombres dont la liste est écrite au tableau.

• Noter au tableau toutes les remarques que peuvent faire les élèves au moment du recensement des réponses et en faire une synthèse, par exemple :

SYNTHÈSE

1. Combien de fois 5 dans 35 ?

• Si le chiffre des unités d'un nombre est **« 0 »** ou **« 5 »** comme pour **35**, on peut dire que ce nombre contient plusieurs fois le nombre 5.
On peut donc compléter **5 × … = 35** ou **…. × 5 = 35** et trouver qu'il y a **7 fois 5** dans **35**.

2. Combien de fois 5 dans 40 ?

• On peut aussi utiliser ce qu'on a trouvé pour **35** :
35, c'est 7 fois 5 ; il faut ajouter 5 pour avoir 40 ;
donc **40, c'est 8 fois 5** » (utilisation d'une propriété déjà travaillée) ;

• On peut aussi utiliser ce qu'on a trouvé pour **20** :
Comme **40 c'est 20 + 20**,
donc dans **40**, **il y a 8 fois 5** (car 8 = 4 + 4).

3. Combien de fois 5 dans 13 ?

On ne peut pas compléter **5 × … = 13** ou **…. × 5 = 13** car 13 n'a pas comme chiffre des unités 0 à 5. Mais, à la question posée, il peut y avoir plusieurs réponses :
– il y a 2 fois 5 dans 13, mais il reste encore 3 ;
– ce n'est pas possible, c'est 3 de plus que 10 ;
– 13, c'est entre 2 fois 5 et 3 fois 5 ;
– on ne peut pas compléter **13 = … × 5**.

TRACE ÉCRITE

Ajouter au tableau ou sur l'affiche les écritures :
7 × 5 = 35 et 5 × 7 = 35 8 × 5 = 40 et 5 × 8 = 40
5 × 5 = 25

INDIVIDUEL

ENTRAINEMENT

FICHIER NOMBRES ET CALCULS p. 58

DICO 16 Multiplier par 5

4 Écris le nombre total de points représentés par ces cartes.

5 | 5 5 5 5 | 5 5 5 5

.... points

5 Complète.
• 5 × 4 = ... • 5 × 5 = ... • 5 × 9 = ... • 8 × 5 = ...

6 Complète ou, si c'est impossible, écris *impossible*.
exemple 10 c'est 2 fois 5 2 × 5 = 10
30 c'est .... fois 5 ....
19 c'est .... fois 5 ....
45 c'est .... fois 5 ....

7 Complète.
• 15 = ... × 5 • 20 = ... × 5 • 35 = 5 × .... • 50 = 5 × ....

Pour tous ces exercices, les élèves peuvent utiliser des résultats qu'ils ont mémorisés, mais on n'attend pas que ce soit toujours le cas. Le plus souvent, ils devront construire ces résultats (notamment par addition itérée) ou les retrouver parmi les résultats répertoriés, ou encore en s'appuyant sur des résultats connus (ce que seuls quelques élèves sont capables de faire à ce stade des apprentissages).

Exercice 4

• Application directe de la recherche.
RÉPONSE : 45 points.

Exercice 5

• Trouver des produits dont un des facteurs est 5.
RÉPONSE : 5 × 4 = **20** 5 × 5 = **25** 5 × 9 = **45** 8 × 5 = **40**.

Exercice 6

• Insister sur le fait qu'on cherche si 5 est contenu exactement un certain nombre de fois dans les nombres donnés. Si on pense que c'est impossible il faut l'écrire ; si c'est possible, il faut écrire la décomposition.
RÉPONSE : **30** → c'est 6 fois 5 6 × 5 = 30
19 → impossible
45 → c'est 9 fois 5 9 × 5 = 45.

Exercice 7

• Les élèves ont déjà rencontré des écritures lacunaires pour l'addition. Un exemple peut être traité collectivement pour faire le lien avec la question « combien de fois 5 ... ? ».
RÉPONSE : 15 = **3** × 5 20 = **4** × 5 35 = 5 × **7** 50 = 5 × **10**.

À SUIVRE

En **séance 2**, le même type de questions est repris avec des produits dont un facteur est 4 et, en **séance 3**, un répertoire multiplicatif est établi pour les tables de 0 à 5.

UNITÉ 6 Répertoire multiplicatif : les tables de 0 à 5 (2)

	Tâche	Matériel	Connaissances travaillées
CALCULS DICTÉS	**Répertoire multiplicatif** – Répondre à des questions du type « 3 fois 2 » ou « 3 fois 5 » (nombre de fois jusqu'à 5).	par élève : FICHIER NOMBRES p. 59 ①	– **Calcul mental : automatismes.**
RÉVISER Calcul	**Addition posée ou en ligne** – Choisir, pour chaque addition, un calcul en ligne posé et l'effectuer.	par élève : FICHIER NOMBRES p. 59 ②	– **Addition : calcul posé ou en ligne.**
APPRENDRE Calcul	**Répertoire multiplicatif : les tables de 0 à 5 (2)** RECHERCHE **« La table de multiplication de 4 »** – Chercher combien de fois 4 est contenu dans un nombre donné.	pour la classe : – 50 cubes emboitables pour certains élèves : – 12 cartes avec « 4 » › **fiche 44** par élève : – ardoise ou cahier de brouillon FICHIER NOMBRES p. 59 ③, ④, ⑤ et ⑥	– **Multiplication : table de 4** (construction).

CALCULS DICTÉS

Répertoire additif • Mémorisation

– Donner rapidement des produits par 2 ou par 5, énoncés sous la forme « 3 fois 2 ».

COLLECTIF

FICHIER NOMBRES ET CALCULS p. 59

Exercice 1

• Dicter les calculs sous la forme « trois fois deux ». Les réponses sont données dans le fichier.

• Procéder à une correction immédiate après chaque calcul

a. 3 fois 2	b. 4 fois 2	c. 2 fois 2	d. 5 fois 2
e. 2 fois 5	f. 4 fois 5	g. 3 fois 5	h. 5 fois 5

RÉPONSE : a. 6 b. 8 c. 4 d. 10 e. 10 f. 20 g. 15 h. 25.

On n'attend pas que les élèves aient déjà mémorisé tous ces résultats, mais plutôt qu'ils les retrouvent rapidement, notamment par addition itérée ou en s'appuyant sur un résultat connu (par exemple 3 fois 5, c'est 2 fois 5 plus 5), sachant que cette dernière procédure n'est pas envisageable pour tous les élèves de CE1. Elle fera l'objet d'un travail spécifique en **unité 7**.

RÉVISER

Addition posée ou en ligne

– Calculer la somme de deux nombres inférieurs à 100, en choisissant la procédure la plus adaptée.

INDIVIDUEL

FICHIER NOMBRES ET CALCULS p. 59

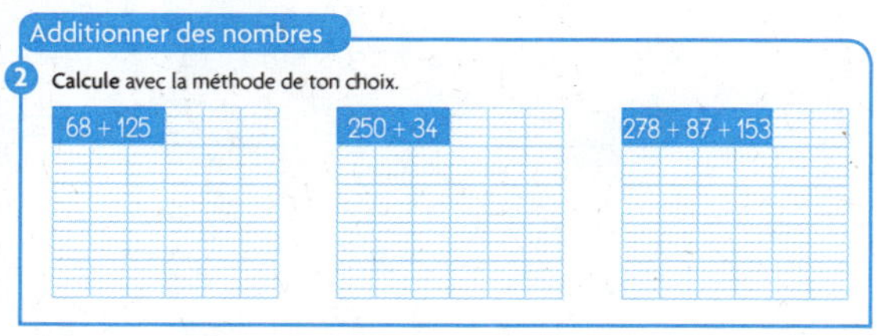

Exercice 2

• Indiquer aux élèves qu'ils ont le choix du mode de calcul et que ce choix peut varier d'un calcul à l'autre.

RÉPONSE : 68 + 125 = **193** 250 + 34 = **284** 278 + 87 + 153 = **518**.

APPRENDRE

Répertoire multiplicatif : les tables de 0 à 5 (2)

– Établir une liste des produits de la table de 4.
– Calculer des produits.
– Chercher combien de fois 4 est contenu dans un nombre donné.

RECHERCHE Fiche 44

« La table de multiplication de 4 ? » : Les élèves doivent chercher ce que représente un certain « nombre de fois 4 », puis « combien de fois 4 est contenu dans un nombre donné ». Cette activité reprend les types de questions envisagées en séance 1.

Tous les résultats trouvés lors de cette séance sont conservés au tableau ou sur une affiche pour être utilisés lors de la **séance 3**, en vue de la **constitution des tables de multiplication de 1 à 5**.

INDIVIDUEL

PHASE 1 « 5 fois 4 »

• Montrer **5 cartes « 4 »** et les afficher au tableau. Si nécessaire, distribuer 5 cartes « 4 » aux élèves qui en ont besoin. Poser la question :

→ *Au tableau, j'ai affiché* ***5 cartes*** *portant le nombre* ***4****. Si j'additionne tous ces « 4 », quel sera le résultat ? Quel nombre vaut* ***« 5 fois 4 »*** *? Vous cherchez au brouillon ou avec les cartes pour ceux qui en ont.*

• Après un court moment de recherche, recenser les réponses des élèves et les faire discuter collectivement (erreurs, procédures utilisées, écritures produites).

• Recenser en particulier les différentes façons d'exprimer le résultat trouvé et, éventuellement, en élaborer de nouvelles, notamment :
– **formulation orale** : « il faut ajouter 5 fois le nombre 4 », « 5 fois 4, 20 » (insister sur les formulations utilisant le mot « fois ») ;
– **formulation écrite** :
$4 + 4 + 4 + 4 + 4 = 20$, $4 \times 5 = 20$ ou $5 \times 4 = 20$;
– **formulation du type** : on connait 4 fois 5 (c'est 20) et on sait que 5 fois 4 est égal à 4 fois 5, donc 5 fois 4 c'est aussi 20.

• Établir une relation entre le problème posé, purement numérique, et d'autres problèmes déjà résolus par les élèves, notamment lors de l'activité « tours » : pour faire 5 tours de 4 cubes, il faut 20 cubes.

• Constater que, au tableau ou sur l'affiche, on a déjà les écritures : $4 \times 5 = 20$ et $5 \times 4 = 20$.

On insistera sur le fait que 5 fois 4 est égal à 4 fois 5 et que chacune de ces expressions se traduit par $4 \times 5 = 20$ et par $5 \times 4 = 20$.

ÉQUIPES DE 2

PHASE 2 Combien de fois 4 dans ... ?

• Former des équipes de 2 élèves et écrire au tableau la **liste des nombres** suivante :

8 24 10 16 0 4

• Rappeler le problème posé au cours de la séance précédente :

→ *Voici une liste de nombres. Pour chacun d'entre eux, vous devez dire si ce nombre peut s'obtenir comme un certain nombre de fois 4. Si c'est possible, écrivez la réponse en utilisant le signe ×. Si ce n'est pas possible, écrivez « impossible » à côté du nombre. Vous devez vous mettre d'accord par deux.*

• Distribuer les cartes « 4 » aux élèves qui en ont besoin.

• Dans un premier temps, recenser pour chaque nombre les différentes réponses et les écrire au tableau. Puis, demander aux élèves de se prononcer sur la validité de chacune d'elles. Faire expliquer et corriger les erreurs. Enfin, inviter certaines équipes à dire comment elles s'y sont prises pour trouver les réponses.

• Examiner en particulier le cas de **0** et de **4** qui peuvent amener des débats intéressants donnant lieu à une synthèse.

SYNTHÈSE

1. Combien de fois 4 dans 0 ?

On ne peut évidemment pas obtenir 0 comme somme itérée de 4. Pourtant on peut écrire : $\mathbf{0 \times 4 = 0}$ ou $\mathbf{4 \times 0 = 0}$ (0 fois 4 fera 0, de même que 4 fois 0) et dire que : « **dans 0, il y a 0 fois le nombre 4 !** ».

2. Combien de fois 4 dans 4 ?

Là encore, le mot « fois » permet de lever la difficulté :
1 fois 4, c'est bien 4.

TRACE ÉCRITE

Ajouter au tableau ou sur l'affiche les écritures :

$8 \times 4 = 32$ et $4 \times 8 = 32$ $0 \times 4 = 0$ et $4 \times 0 = 0$
$6 \times 4 = 24$ et $4 \times 6 = 24$ $1 \times 4 = 4$ et $4 \times 1 = 4$
$4 \times 4 = 16$

Différentes stratégies peuvent apparaitre :
– **examiner chaque nombre isolément** en cherchant combien de fois il faut additionner 4 pour l'atteindre (ou en comptant de 4 en 4) ;
– **s'appuyer sur des nombres déjà examinés** ou sur des résultats connus en remarquant que les nombres possibles vont de 4 en 4 (« 10, ce n'est pas possible, car c'est 2 de plus que 8 ») ;
– **écrire la liste des multiples de 4 non nuls** (4, 8, 12, 16...) et chercher si les nombres proposés sont dans cette liste.

Si les élèves éprouvent des difficultés, on ne s'arrêtera pas trop longuement sur le cas du **nombre 0**, dont les spécificités seront reprises plus tard (au CE2, notamment).

ENTRAINEMENT

FICHIER NOMBRES ET CALCULS p. 59

DICO 16 Multiplier par 4

3 Lisa a lancé 7 dés comme celui-ci. Ils affichent tous 4 points.

Combien de points Lisa a-t-elle marqués avec ses 7 dés ?

4 Les dés lancés par Alex affichent tous 4 points.
Au total, il a obtenu 12 points.

Combien Alex a-t-il lancé de dés ?

5 **Complète.**

4 × 2 = ... 4 × 4 = ...
4 × 7 = ... 4 × 0 = ...
9 × 4 = ... 6 × 4 = ...

6 **Complète.**

• 4 = ... × 4 • 20 = ... × 4 • 32 = 4 × ...... • 40 = 4 × ......

Pour tous ces exercices, les élèves peuvent utiliser des résultats qu'ils ont mémorisés, mais on n'attend pas qu'ils les aient tous mémorisés. Le plus souvent, ils devront construire ces résultats (notamment par addition itérée) ou les retrouver parmi les résultats répertoriés ou encore en s'appuyant sur des résultats connus (ce que seuls quelques élèves sont capables de faire à ce stade des apprentissages).

Exercice 3

• Pour répondre, les élèves peuvent :
– compter les points ou calculer : 4 + 4 + 4 + 4 + 4 + 4 + 4 ;
– s'appuyer sur un résultat connu comme 5 × 4 = 20, car c'est 5 fois 4, donc 7 fois 4 c'est 2 fois 4 de plus.

• Lors de l'exploitation, faire exprimer que « 7 fois 4 égale 28 » et faire écrire les deux égalités : 4 × 7 = 28 et 7 × 4 = 28.

• Conserver ces résultats avec ceux déjà engrangés.

RÉPONSE : 28 points.

Exercice 4

• Problème inverse du précédent qui peut être résolu par dessin, par addition itérée de 4, en s'appuyant sur le fait que 2 × 4 = 8…

• Conserver également les écritures : 3 × 4 = 12 et 4 × 3 = 12.

RÉPONSE : 3 dés.

Exercice 5

• Trouver des produits dont un des facteurs est 4. Les élèves peuvent déjà connaitre certains résultats ou les retrouver par addition itérée ou parmi les résultats répertoriés au tableau.

RÉPONSE : 4 × 2 = **8**   4 × 7 = **28**   9 × 4 = **36**
4 × 4 = **16**   4 × 0 = **0**   6 × 4 = **24**.

Exercice 6

• Les élèves ont déjà rencontré des écritures lacunaires relatives à la multiplication en séance 1.

• Un rapprochement peut également être fait avec l'exercice 3 car, dans les deux cas, on cherche « combien de fois 4 est contenu dans un nombre donné… ? ». Les résultats connus ou répertoriés peuvent aussi être utilisés.

RÉPONSE : 4 = **1** × 4   20 = **5** × 4   32 = 4 × **8**   40 = 4 × **10**.

À SUIVRE
En **séance 3**, un premier répertoire de résultats multiplicatifs est établi (tables de 2 à 5).

Répertoire multiplicatif : les tables de 0 à 5 (3)

	Tâche	Matériel	Connaissances travaillées
CALCULS DICTÉS	**Répertoire multiplicatif** – Répondre à des questions du type « 3 fois 2 » ou « 3 fois 5 » (nombre de fois jusqu'à 5).	par élève : FICHIER NOMBRES p. 60 1	– **Calcul mental : automatismes.**
RÉVISER Calcul	**Décompositions additives de 20** – Trouver différentes décompositions du nombre 20.	par élève : FICHIER NOMBRES p. 60 2	– **Calcul mental.**
APPRENDRE Calcul	**Répertoire multiplicatif : les tables de 0 à 5 (3)** RECHERCHE **« Construire les tables de 0 à 5 »** – Construire les tables de multiplication de 0 à 5.	pour la classe : – reproduction agrandie ou écrite au tableau des tables vides de 0 à 5 par élève : – tables vides de 0 à 5 › **fiche 45** FICHIER NOMBRES p. 60 3, 4 et 5	– **Tables de multiplication** (construction).

CALCULS DICTÉS

Répertoire additif • Mémorisation

– Donner rapidement des produits par 2 ou par 5, énoncés sous la forme « 3 fois 2 ».

COLLECTIF

FICHIER NOMBRES ET CALCULS p. 60

Exercice 1

• Dicter les calculs et procéder à une correction immédiate après chaque calcul. Ajouter les résultats qui ne seraient pas déjà inscrits au tableau sous la forme 2 × 4.

a. 2 fois 4	b. 5 fois 4	c. 3 fois 4	d. 4 fois 4
e. 2 fois 3	f. 4 fois 3	g. 3 fois 3	h. 5 fois 3.

RÉPONSE : a. 8 b. 20 c. 12 d. 16 e. 6 f. 12 g. 9 h. 15.

En dehors de 3 fois 3, les calculs de **e** à **h** peuvent être traités en inversant les deux facteurs ; par exemple, **5 fois 3** peut être obtenu en calculant **3 fois 5** déjà vu précédemment. Si ceci n'est pas utilisé par les élèves, l'enseignant le soulignera en insistant sur le fait que, pour la multiplication comme l'addition, on peut toujours permuter les deux nombres en jeu. Rappeler aussi que cela ne fonctionne pas pour la soustraction.

RÉVISER

Décompositions additives de 20

– Maitriser des décompositions additives de 20.

INDIVIDUEL

FICHIER NOMBRES ET CALCULS p. 60

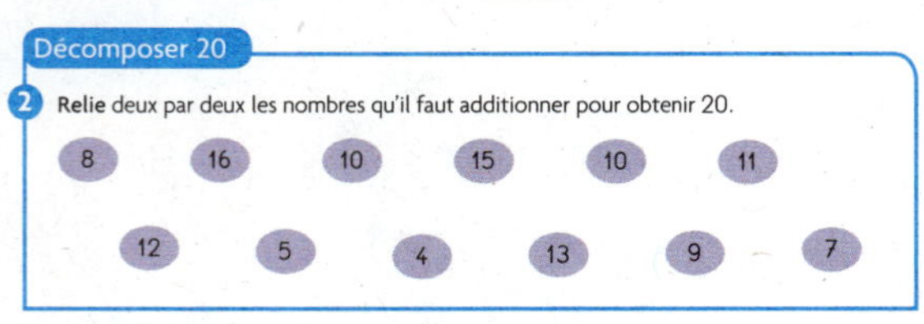
Décomposer 20

2 Relie deux par deux les nombres qu'il faut additionner pour obtenir 20.

8 16 10 15 10 11

12 5 4 13 9 7

Exercice 2

• Reformuler la consigne :

→ *Vous devez écrire le plus possible de façons d'**obtenir 20** en ajoutant deux nombres. Pour cela, il faut relier par un trait deux nombres qui, si on les ajoute, permettent d'obtenir 20. Trouver tous les traits possibles.*

• Donner éventuellement un exemple au tableau.

RÉPONSE : 8 + 12 16 + 4 10 + 10 15 + 5 11 + 9 3 + 7.

Certains nombres jouent un rôle important dans le domaine du calcul, parce qu'ils sont des repères ou parce que l'usage social en favorise l'utilisation. Ce sont ainsi les nombres **1, 2, 5, 10, 20, 50, 100** utilisés dans le domaine de la monnaie ou de la mesure des masses (bien que les masses marquées et la balance Roberval n'aient plus qu'une utilisation scolaire !).
C'est ce qui motive le travail sur les **décompositions de 20, 50** et **100** au CE1.

APPRENDRE

Répertoire multiplicatif : les tables de 0 à 5 (3)

– Construire les tables de multiplication de 0 à 5.

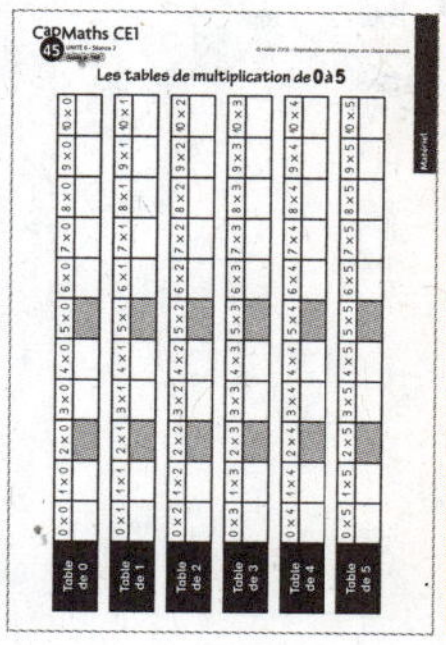

RECHERCHE Fiche 45

« Construire les tables de 0 à 5 » :
Les élèves doivent reporter dans les tableaux qui leur sont fournis les résultats multiplicatifs déjà rencontrés et compléter par les résultats manquants.

Remarque : Il est possible que cet apprentissage occupe plus d'une séance.

COLLECTIF ET INDIVIDUEL

PHASE 1 Table de 4

• Distribuer aux élèves des tables de multiplication « vides » des nombres de 0 à 5 (**fiche 45**).

• Demander d'inscrire dans la « table de 4 » les **résultats déjà connus ou consignés au tableau**, notamment lors des séances précédentes, puis de compléter avec les résultats manquants.

• Procéder à une vérification collective qui permet de mettre en évidence le mode de lecture de cet outil. Reporter enfin les résultats dans la table collective (au tableau).

• Faire exprimer les **méthodes utilisées** pour compléter cette table. Si certaines méthodes n'ont pas été utilisées, elles sont cependant formulées, expliquées et illustrées (avec le matériel cubes ou avec des dessins) par l'enseignant.

SYNTHÈSE

Calcul de 7 × 4

Les procédures peuvent être très variées :

• **Calcul d'une somme itérée de 7 nombres égaux à 4** (ou comptage de 4 en 4, 7 fois).

• **Calcul d'une somme itérée de 4 nombres égaux à 7** (ou comptage de 7 en 7, 4 fois).
Procédure moins probable que la précédente car l'activité incite ici plutôt à interpréter 7 × 4 comme 7 fois 4 que comme 4 fois 7.

• **Appui sur le résultat qui précède** (24) en utilisant le fait que :
– soit les nombres vont de 4 en 4 dans cette table ;
– soit 7 fois 4, c'est 6 fois 4 plus 1 fois 4.

• **Ajout de 20 et 8**, en considérant que 7 fois 4, c'est 5 fois 4 plus 2 fois 4...

• Insister sur les erreurs dues à une confusion entre **7 × 4** et **7 + 4** par exemple, en utilisant notamment le matériel.

Pour cette réalisation des tables « de multiplication », **nous avons choisi de ne pas utiliser la table de Pythagore**. Si elle a l'avantage de mettre en évidence la commutativité de la multiplication, elle peut être source de plusieurs difficultés : lecture d'un tableau à double entrée, isolement plus difficile de chaque table...
L'organisation choisie (tableaux les uns sous les autres) permet de visualiser toutes les régularités. D'autre part, les doubles (2 × ...) et les produits par 5 (5 × ...) sont mis en évidence (cases grisées) car ce sont ceux que les élèves doivent d'abord mémoriser et ce sont de bons points d'appui pour retrouver d'autres résultats.

Les tables de 6 à 9 seront construites plus tard en CE2 et l'ensemble des tables sera alors organisé en table de Pythagore.

COLLECTIF ET INDIVIDUEL

PHASE 2 Table de 5

• Préciser aux élèves que c'est maintenant la « table de 5 » qu'il faut compléter. Demander de trouver le résultat de 4 × 5.

• Recenser les réponses et les procédures. Si elle est proposée, mettre l'accent sur la méthode qui consiste à utiliser le résultat connu 5 × 4 = 20 (issu de la table de 4, déjà complétée).

• Demander ensuite aux élèves de compléter toutes les cases de cette table, soit en précisant une à une les cases à compléter (pas nécessairement dans l'ordre), soit en demandant plusieurs cases à la fois.

SYNTHÈSE (suite)

1. La table de multiplication de 5

– Les résultats de cette table vont de **5** en **5**.
– Ils ont **0** ou **5** pour chiffre des unités.
– On peut s'appuyer sur un résultat connu (comme **2 × 5**) pour retrouver le suivant (**3 × 5**).

COLLECTIF ET INDIVIDUEL

PHASE 3 Table de 3

• Préciser aux élèves que c'est au tour de la « table de 3 » d'être complétée. Demander de trouver le résultat de 8 × 3.

• Recenser les réponses et les procédures. Si aucun résultat voisin n'est connu, il faut revenir à la signification de cette écriture et recourir soit à l'addition de 8 termes égaux à 3 (8 fois 3), soit à l'addition de 3 termes égaux à 8 (3 fois 8) en soulignant l'intérêt de ce deuxième calcul, plus rapide et plus sûr. Une figuration avec des objets peut également être envisagée, comme par exemple 8 tours de 3 ou 3 tours de 8.

• Demander ensuite en exploitant les réponses au fur et à mesure :

7 × 3   5 × 3   10 × 3   9 × 3

• Exploitation :

7 × 3 : il est possible d'utiliser le résultat de 8 × 3 ;
5 × 3 : il est possible d'utiliser le résultat de 3 × 5 ;
10 × 3 : il est facile de montrer que le calcul où on additionne 3 fois 10 est plus court et plus simple que celui où on additionne 10 fois 3 ou encore qu'on peut l'interpréter comme 3 dizaines ;
9 × 3 : on peut s'appuyer aussi bien sur 8 × 3 que sur 10 × 3.

• Demander enfin de remplir l'ensemble de la table.

SYNTHÈSE (suite)

2. La table de multiplication de 3

– Les résultats de cette table vont de **3** en **3**.
– On peut s'appuyer sur un résultat connu (comme **5 × 3**) pour retrouver le suivant (**6 × 3**).

COLLECTIF ET INDIVIDUEL

PHASE 4 **Les autres tables**

- Demander de compléter toutes les tables restantes : celles de 0, de 1 et de 2, puis procéder à une mise en commun et une synthèse.

SYNTHÈSE (suite)

3. La table de multiplication de 0

Quand on multiplie un nombre par **0**, le résultat est toujours **0**.

4. La table de multiplication de 1

Certains élèves (re)découvriront peut-être qu'une somme de **6** termes égaux à **1** donne pour résultat **6**.
Cette table, facile à traiter, a déjà été vue en séance 2.

5. La table de multiplication de 2

Les résultats de la table de 2 s'appellent des **doubles** ; ils valent « deux fois quelque chose ».

ÉCRIT DE RÉFÉRENCE

Faire retrouver ces tables dans le **dico-maths n° 16** et préciser qu'il va falloir connaitre tous ces résultats, ou le plus possible de ces résultats, « par cœur ». Pour cela, passer un contrat avec les élèves : ils pourront colorier les cases correspondant aux résultats connus « par coeur », en précisant aussi que cette mémorisation sera contrôlée.

- S'il reste du temps, quelques questions peuvent être posées sur l'utilisation des tables :
– chercher un résultat : trouver **8 × 4** par exemple ;
– chercher si un nombre est dans une table donnée : **26** est-il dans la table de **4** ? ;
– compléter **... × 3 = 12**, etc.

INDIVIDUEL

ENTRAINEMENT

FICHIER NOMBRES ET CALCULS **p. 60**

DICO 16 Multiplier par 0 • 1 • 2 • 3 • 4 ou 5

3 Lisa a 4 billets de 5 €. Alex a 7 pièces de 2 €.
- Qui a le plus d'argent ? ....
- Combien de plus ? ....

4 **Complète** ou, si c'est impossible, écris *impossible*.

exemple 8 c'est 2 fois 4 2 × 4 = 8.	12 c'est ...... fois 3 ....
28 c'est ...... fois 4	21 c'est ...... fois 3 ....
36 c'est ...... fois 4	27 c'est ...... fois 3 ....

5 **Complète.**

7 × 3 = ...	24 = ... × 6	15 = ... × ......
4 × 8 = ...	12 = ... × 3	20 = ... × ......
5 × 6 = ...	18 = 2 ×	13 = ... × ......
9 × 0 = ...	2 = 2 ×	7 = ... × ......

Exercice 3

- Lors de la correction, montrer l'intérêt qu'il y a à utiliser les tables de multiplication connues.

RÉPONSE : Lisa a 6 € de plus qu'Alex.

Exercice 4

- Il s'agit de trouver le facteur d'un produit.

RÉPONSE :

8 c'est **2** fois 4	**2 × 4 = 8**	12 c'est **4** fois 3	**4 × 3 = 12**
28 c'est **7** fois 4	**7 × 4 = 28**	21 c'est **7** fois 3	**7 × 3 = 21**
36 c'est **9** fois 4	**9 × 4 = 36**	27 c'est **9** fois 3	**9 × 3 = 27**.

Exercice 5

- Informer les élèves que, dans la décomposition d'un nombre sous forme de produits (3e colonne), il peut y avoir plusieurs réponses correctes et qu'une seule est nécessaire.

RÉPONSE :

7 × 3 = **21**	24 = **4** × 6	15 = **3** × **5**
4 × 8 = **32**	12 = **4** × 3	20 = **4** × **5**
5 × 6 = **30**	18 = 2 × **9**	13 = **13** × **1**
9 × 0 = **0**	2 = 2 × **1**	7 = **7** × **1**

Pour **15** : 1 × 15   3 × 5   5 × 3   15 × 1
Pour **20** : 1 × 20   2 × 10   4 × 5   5 × 4   10 × 2   20 × 1
Pour **13** : 1 × 13   13 × 1
Pour **7** : 1 × 7   7 × 1.

AIDE Pour les exercices où il faut trouver un facteur d'un produit ou décomposer un nombre sous forme de produits, une aide peut être nécessaire :
– **INCITATION** à vérifier après avoir répondu ;
– **PROPOSITION** de nombres à essayer ;
– **APPUI** sur le répertoire...

	Tâche	Matériel	Connaissances travaillées
CALCULS DICTÉS	**Addition, soustraction de 2 nombres** – Ajouter ou soustraire 2 nombres (sans retenue) avec des nombres < 100.	par élève : FICHIER NOMBRES **p. 61** ❶	– **Calcul réfléchi** – Somme de 2 nombres.
RÉVISER Calcul	**Addition posée ou en ligne** – Choisir, pour chaque addition, un calcul en ligne ou posé et l'effectuer.	par élève : FICHIER NOMBRES **p. 61** ❷	– **Addition : calcul posé ou en ligne.**
APPRENDRE Calcul	**Multiplication par 10** RECHERCHE **« La règle des 0 »** – Élaborer une procédure pour multiplier rapidement un nombre par 10.	pour la classe : – 10 étiquettes « 1 unité », 30 étiquettes « 1 dizaine » (ou cartes de 10 perles) et 10 étiquettes « 1 centaine » (ou cartes de 100 perles) › **fiche 46** (étiquettes) ou **fiches 5 à 10** (perles) par élève et par équipe de 2 : – feuille assez grande pour chercher – les calculatrices ne sont pas disponibles FICHIER NOMBRES **p. 61** ❸, ❹ et ❺	– **Multiplication par 10** – Valeur positionnelle des chiffres – Centaines, dizaines et unités.

CALCULS DICTÉS

Addition, soustraction de 2 nombres (sans retenue) • Réflexion

– Calculer mentalement des sommes et des différences (nombres <100).

COLLECTIF

FICHIER NOMBRES ET CALCULS **p. 61**

Exercice ❶

• Dicter les calculs sous la forme « vingt-trois plus douze ». Les calculs peuvent être écrits au tableau. Les réponses sont données dans le fichier.

• Procéder à une correction immédiate après chaque calcul en faisant exprimer les procédures utilisées.

a. 23 + 12	b. 15 + 13	c. 32 + 32
d. 23 – 12	e. 15 – 13	f. 25 – 22

RÉPONSE : a. 35 b. 28 c. 64 d. 11 e. 2 f. 3

Dans tous les cas, les élèves peuvent agir séparément sur les dizaines et les unités. Ils peuvent aussi décomposer les nombres, par exemple pour **23 + 12**, ils peuvent :
– calculer 20 + 30, puis 3 + 2 et ensuite ajouter les deux résultats ;
– ajouter 10 à 23, puis 2 au résultat obtenu…

RÉVISER

Addition posée ou en ligne

– Calculer la somme de deux nombres inférieurs à 1000, en choisissant la procédure la plus adaptée.

INDIVIDUEL

FICHIER NOMBRES ET CALCULS **p. 61**

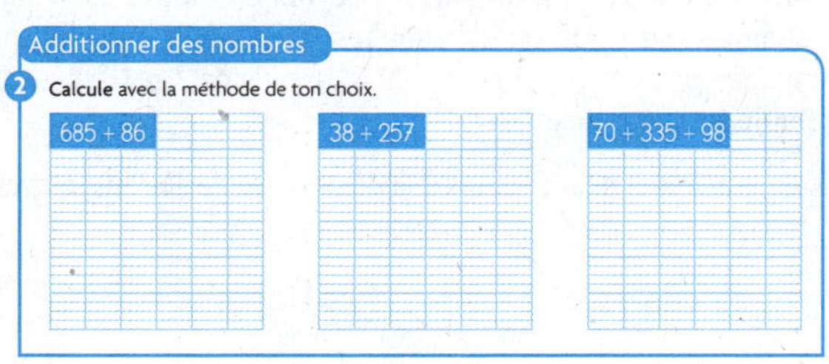

Exercice ❷

• Préciser aux élèves qu'ils ont le choix du mode de calcul pour chaque somme.

RÉPONSE : 685 + 86 = **771** 38 + 257 = **295** 70 + 335 + 98 = **503**.

APPRENDRE

Multiplication par 10

– Comprendre que multiplier un nombre par 10 revient à chercher un nombre de dizaines ou à donner une valeur 10 fois plus grande à chaque chiffre.
– Élaborer la « règle des 0 ».

RECHERCHE

« La règle des 0 » : Les élèves doivent trouver un procédé rapide pour multiplier un nombre par 10.

INDIVIDUEL

PHASE 1 **Calcul de 7 × 10**

• Poser directement la question aux élèves :

→ *Il faut trouver le résultat de* ***7 × 10****. Vous cherchez sur votre feuille. Vous devrez ensuite expliquer votre méthode aux autres élèves.*

• Après la recherche des élèves, recenser les différentes réponses obtenues et les écrire au tableau. Faire expliciter les **principales méthodes** utilisées. Demander de comparer celles qui sont correctes, du point de vue de la facilité de calculs :

– **calcul de 10 + 10 + 10 + ...** (7 fois 10) reconnu comme plus facile à calculer (et plus sûr) que celui de 7 + 7 + 7 + ... (10 fois 7) ;

– **interprétation de 7 × 10 comme 7 dizaines** qui fournit directement le résultat (cette procédure peut être illustrée avec le matériel « dizaines »).

• Si la deuxième procédure n'est pas utilisée, le résultat **70** peut être réalisé à l'aide du matériel en montrant qu'on a **7 dizaines** et en faisant, à ce moment-là, le lien avec **7 × 10**.

Pour l'instant, la règle des 0 n'est pas formulée, mais des remarques peuvent être faites à ce sujet par certains élèves (allusion également possible à des résultats déjà obtenus dans les tables de multiplication).
En effet, la règle des 0 énoncée trop rapidement apparaitrait comme un « truc ». Or, pour être assimilée, cette règle doit pouvoir être justifiée, même si pour certains élèves la compréhension n'interviendra que plus tard.

ÉQUIPES DE 2

PHASE 2 **Calcul de 27 × 10**

• Former des équipes de 2 élèves et poser une nouvelle question :

→ *Il faut maintenant trouver le résultat de* ***27 × 10****. Vous cherchez ensemble, par deux, sur votre feuille. Vous devrez ensuite expliquer votre méthode aux autres élèves.*

• Laisser chaque équipe de 2 élèves s'organiser comme elle l'entend pour produire la réponse.

• Après la recherche des élèves, recenser les différentes réponses obtenues et les écrire au tableau. Faire expliciter les **principales méthodes** utilisées. Demander de comparer celles qui sont correctes du point de vue de la facilité des calculs :

– **calcul de 10 + 10 + 10 + ...** (27 fois 10) reconnu comme long à écrire, mais plus rapide à effectuer (et plus sûr) que celui de 27 + 27 + 27 + ... (10 fois 27, mais par rapport à la phase 1 il faut être très vigilant pour mener le calcul à son terme) ;

– **interprétation de 27 × 10 comme 27 dizaines** qui peut fournir directement le résultat (cette procédure peut être illustrée avec le matériel « dizaines » et « centaines ») ;

– **interprétation de 27 comme 2 dizaines et 7 unités**, chacun des termes étant pris 10 fois : 2 dizaines prises 10 fois c'est 2 centaines, et 7 unités prises 10 fois c'est 7 dizaines.

• Si les deux dernières procédures ne sont pas utilisées, le résultat **270** peut être réalisé à l'aide du matériel de numération (perles) : 27 est représenté par un ensemble de 2 cartes dizaines et 7 cartes unités. Multiplier 27 par 10 revient à prendre 10 fois cet ensemble de cartes, soit **20 cartes dizaines** et **70 cartes unités**. En groupant ces cartes par 10 et en utilisant l'équivalence 10 dizaines = 1 centaine et 10 unités = 1 dizaine, on arrive à 2 centaines et 7 dizaines (donc 270).

• Utiliser le **tableau de numération** pour reformuler la procédure consistant à décomposer **27** en **2 dizaines** et **7 unités** et à prendre **10 fois** chaque terme :

centaines	dizaines	unités
	2 1 dizaine 1 dizaine	7 1 unité 1 unité 1 unité 1 unité 1 unité 1 unité 1 unité
	↓ En multipliant par 10, on aura 10 dizaines et encore 10 dizaines donc 2 fois 1 centaine	↓ En multipliant par 10, on aura 10 unités, 10 unités… (7 fois) donc 7 fois 1 dizaine

La multiplication par 10 se traduit alors par :

centaines	dizaines	unités
	2	7
2	7	0

Chaque chiffre a une valeur 10 fois plus grande, ce qui se traduit par un déplacement d'un rang vers la gauche et la nécessité d'écrire un 0 pour les unités.

Pour que les élèves s'approprient la règle des 0 et la comprennent, il leur est proposé ce calcul complexe qui montre l'intérêt de choisir une interprétation permettant un calcul simple et rapide :
– **27 fois 10**, c'est 27 dizaines, donc 270, donc 2 centaines et 7 dizaines ;
– **10 fois 27**, c'est 10 fois 2 dizaines (= 2 centaines) et 10 fois 7 unités (= 7 dizaines), donc 2 centaines et 7 dizaines, donc 270.
D'autres méthodes basées sur une décomposition de la somme en sommes partielles ou en sommes de produits partiels (par exemple pour 27 × 10, calcul de 20 × 10 puis de 7 × 10) peuvent être utilisées par les élèves.

AIDE Le matériel peut être mis à la disposition de certains élèves.

INDIVIDUEL

PHASE 3 **Calcul d'autres produits par 10 et « règle des 0 »**

• Proposer successivement :

8 × 10 12 × 10 30 × 10

• Même exploitation : les deux premiers produits (dont l'un au moins des facteurs est « petit ») favorisent une interprétation en terme de dizaines ou de centaines... et peut amener certains élèves à identifier la « règle des 0 ».

SYNTHÈSE

Multiplier un nombre par 10

• **Cela revient à donner une valeur 10 fois supérieure à chacun des chiffres de son écriture** *(illustration avec le matériel et utilisation du tableau de numération).*

Exemple : **27 × 10**

27 c'est **2 dizaines** et **7 unités** ; chaque dizaine prise 10 fois donne une centaine et chaque unité prise 10 fois donne une dizaine ; à la fin on a donc **2 centaines** et **7 dizaines**, soit 270. Les chiffres ont été déplacés dans le tableau de numération et il a fallu écrire des 0 dans les colonnes laissées vides à droite.

• **Cela se traduit par une règle « simple » de calcul** qu'on appelle la **« règle des 0 »**.
Multiplier un nombre par 10 revient à écrire un « 0 » à droite de ce nombre.

ÉCRIT DE RÉFÉRENCE

Demander aux élèves de consulter le **dico-maths n° 18**.

INDIVIDUEL

ENTRAINEMENT

FICHIER NOMBRES ET CALCULS p. 61

DICO 18 Multiplier par 10

3 Combien Lisa a-t-elle marqué de points au total ?

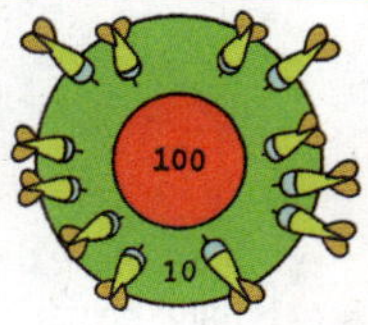

4 Complète.

7 × 10 = ... 30 × 10 = ... 1 × 10 = ...
10 × 4 = ... 80 × 10 = ... 10 × 0 = ...
31 × 10 = ... 10 × 43 = ... 10 × 10 = ...

5 Complète.

7 × .... = 70 15 × .... = 150
10 × .... = 230 10 × .... = 400

Ces exercices mettent en jeu des calculs multiplicatifs et additifs faisant intervenir les nombres 0, 10 et 100.

Exercice 3

• Pour répondre, les élèves peuvent utiliser leurs acquis récents sur la multiplication par 10 ou procéder par addition répétée de 10.
RÉPONSE : 120 points.

Exercice 4

RÉPONSE : 7 × 10 = **70** 30 × 10 = **300** 1 × 10 = **10**
10 × 4 = **40** 80 × 10 = **800** 10 × 0 = **0**
31 × 10 = **310** 10 × 43 = **430** 10 × 10 = **100**

Exercice 4

• Il s'agit de trouver un terme du produit. Les élèves sont invités à contrôler leurs réponses, en cachant le nombre à droite du signe « = » et en essayant de trouver le résultat du produit.
RÉPONSE : 7 × **10** = 70 15 × **10** = 150
10 × **23** = 230 10 × **40** = 400.

À SUIVRE

Le même travail est repris en **séance 5**, à propos de la multiplication par 100.

UNITÉ 6

Multiplication par 10 et par 100

	Tâche	Matériel	Connaissances travaillées
PROBLÈMES DICTÉS	**Groupements par 4 ou par 5** – Résoudre des problèmes de groupements par 4 ou par 5 (recherche du total, recherche du nombre de parts).	pour la classe : – 6 enveloppes et une douzaine d'images de Moustik › **fiche 4** par élève : FICHIER NOMBRES p. 62 ①	– **Groupements réguliers** – Multiplication – Division.
PROBLÈMES ÉCRITS	**Problèmes à étapes** – Résoudre des problèmes faisant intervenir plusieurs opérations (dont la multiplication).	par élève : – ardoise ou cahier de brouillon FICHIER NOMBRES p. 62 ② et ③	– **Problèmes à étapes** – Réunion de quantités identiques.
APPRENDRE Calcul	**Multiplication par 10 et par 100** RECHERCHE **« La règle des 0 »** – Élaborer une procédure pour multiplier rapidement un nombre par 10 ou par 100.	pour la classe : – 10 étiquettes « 1 unité », 30 étiquettes « 1 dizaine » (ou cartes de 10 perles) et 10 étiquettes « 1 centaine » (ou cartes de 100 perles) › **fiche 46** (étiquettes) ou **fiches 5 à 10** (perles) par élève et par équipe de 2 : – feuille assez grande pour chercher – les calculatrices ne sont pas disponibles FICHIER NOMBRES p. 62 ④, ⑤ et ⑥	– **Multiplication par 10 et par 100** – Centaines, dizaines et unités – Valeur positionnelle des chiffres.

PROBLÈMES DICTÉS

Groupements par 4 ou par 5

– Résoudre des problèmes faisant intervenir des groupements réguliers par 4 ou par 5.

COLLECTIF

FICHIER NOMBRES ET CALCULS p. 62

Exercice ①

• Proposer successivement aux élèves **trois problèmes** à résoudre, chacun étant illustré à l'aide d'images de Moustik. Les réponse sont données dans le fichier.

• Vérification expérimentale des réponses.

Problème a

Montrer **3 enveloppes** et dans chaque enveloppe placer **5 images** de Moustik.

QUESTION : *Combien y a-t-il d'images de Moustik au total dans ces 3 enveloppes ?*

Problème b

Montrer **3 enveloppes** et dans chaque enveloppe placer **4 images** de Moustik.

QUESTION : *Combien y a-t-il d'images de Moustik au total dans ces 3 enveloppes ?*

Problème c

Montrer **10 images** de Moustik. Je dois mettre ces 10 images dans des enveloppes. Dans chaque enveloppe, il y aura **5 images**.

QUESTION : *Combien faut-il prévoir d'enveloppes ?*

• Lors de la correction, faire exprimer les écritures multiplicatives correspondantes sous la forme :

$3 \times 5 = 15$ et $5 \times 3 = 15$ $3 \times 4 = 12$ et $4 \times 3 = 12$

$2 \times 5 = 10$ et $5 \times 2 = 10$.

RÉPONSE : a. **15** images b. **12** images c. **2** enveloppes.

Pour résoudre ces problèmes, les élèves peuvent notamment utiliser :
– l'**addition itérée** de termes égaux à 2 (par exemple 5 + 5 + 5 = 15 pour la question a) ;
– des **résultats connus** des tables de multiplication.

Le **problème c** revient à se demander combien de fois il faut ajouter 5 pour obtenir 10.

PROBLÈMES ÉCRITS

Problèmes à étapes

– Résoudre des problèmes à étapes dans un contexte de réunion de plusieurs quantités identiques.
– Résoudre un problème en utilisant le calcul mental.

INDIVIDUEL

FICHIER NOMBRES ET CALCULS p. 62

Résoudre des problèmes

2 Alex achète 3 paquets d'images. Dans chaque paquet, il y a 5 images. Il donne 4 images à Lisa.
Combien d'images reste-t-il à Alex ?

3 Lisa possède 3 voitures qui ont 4 roues chacune et un camion qui a 6 roues. Elle compte toutes les roues.
Combien de roues a-t-elle comptées ?

Problèmes 2 et 3

• Chaque problème utilise des nombres très simples permettant l'utilisation de procédures diverses. Mais leur résolution nécessite la réponse à une question intermédiaire qui n'est pas posée.

RÉPONSE : 2 11 images 3 18 roues.

Certains élèves peuvent produire des égalités enchainées. Certaines ne sont pas licites du point de vue de la syntaxe mathématique, tout en reflétant un raisonnement correct.
Par exemple, pour le **problème 3** :
$4 + 4 + 4 = 12 + 6 = 18$ ou $3 \times 4 = 12 + 6 = 18$.
Il convient de reconnaitre que la situation a été comprise, que la résolution est correcte, mais que l'écriture qui en est donnée ne l'est pas, car elle peut laisser supposer que $3 \times 4 = 18$.
Il vaut mieux donc séparer les deux calculs :
$3 \times 4 = 12$ et $12 + 6 = 18$.
Plus tard, au cycle 3, des écritures comme $3 \times 4 + 6 = 18$ ou $(3 \times 4) + 6 = 18$ seront travaillées.

Différenciation → CD-Rom du guide, **fiche n° 31.**

APPRENDRE

Multiplication par 10 et par 100

– Comprendre que multiplier un nombre par 10 ou par 100 revient à chercher un nombre de dizaines ou de centaines ou à donner une valeur 10 fois ou 100 fois plus grande à chaque chiffre.
– Élaborer la « règle des 0 ».

RECHERCHE

« La règle des 0 » : Les élèves doivent trouver un procédé rapide pour multiplier un nombre par 10, puis par 100.

INDIVIDUEL

PHASE 1 Calcul de 5 × 10 et 5 × 100

• Poser directement la question aux élèves :
→ *Il faut trouver le résultat de 5 × 10 et de 5 × 100. Vous cherchez sur votre feuille. Vous devrez ensuite expliquer votre méthode aux autres élèves.*

• Après la recherche des élèves, recenser les différentes réponses obtenues et les écrire au tableau. Faire expliciter les **principales méthodes** utilisées. Demander de comparer celles qui sont correctes, du point de vue de la facilité de calculs.

• **Pour 5 × 10,** on peut s'attendre à ce que les élèves utilisent les acquis de la séance précédente et répondent 50 directement.

• **Pour 5 × 100,** les élèves peuvent :
– calculer 100 + 100 + 100 + 100 + 100 ;
– interpréter 5 × 100 comme 5 centaines et écrire directement la réponse 500 ;
– étendre la règle des 0 (vue pour la multiplication par 10).

• **Illustrer la méthode 2** (5 × 100 pensé comme 5 centaines) à l'aide du matériel de numération (perles).

La multiplication par 100 ne s'applique ici qu'à des nombres inférieurs à 10 pour rester dans le domaine des nombres inférieurs à 1 000.

INDIVIDUEL

PHASE 2 Calcul de 60 x 10 et de 6 x 100

• Demander aux élèves de traiter ces deux calculs.

• Après la recherche des élèves, recenser les différentes réponses obtenues et les écrire au tableau. Faire expliciter les principales méthodes utilisées.

• Pour chaque calcul, les élèves ont pu utiliser la règle des 0 ou interpréter les calculs comme 60 dizaines et 6 centaines.

• À l'aide du matériel de numération (perles), illustrer à nouveau le fait que 60 dizaines = 6 centaines (ce qui résulte du fait que 10 dizaines = 1 centaine).

COLLECTIF

PHASE 3 Synthèse

Multiplier un nombre par 100

• **Cela revient à donner une valeur 100 fois supérieure à chacun des chiffres** (dans ce cas il n'y en a qu'un) de son écriture (illustration avec le matériel et utilisation du tableau de numération).
Exemple : **5 × 100**
5 unités prises cent fois donnent 5 centaines.
Le chiffre 5 est donc déplacé de 2 rangs vers la gauche dans le tableau de numération et il faut écrire des 0 dans les colonnes laissées vides à droite.

La multiplication par 100 se traduit par :

centaines	dizaines	unités
		5
5	0	0

• **Cela se traduit par une règle « simple » de calcul qu'on appelle la « règle des 0 ».**
Multiplier un nombre par 100 revient à écrire deux « 0 » à droite de ce nombre.

INDIVIDUEL

ENTRAINEMENT

FICHIER NOMBRES ET CALCULS p. 62

DICO 18 Multiplier par 10 et par 100

4 Complète.

8 × 10 = ...	70 × 10 = ...	0 × 100 = ...
8 × 100 = ...	7 × 100 = ...	1 × 100 = ...
10 × 18 = ...	10 × 77 = ...	100 × 3 = ...

5 Complète.

• 60 = 6 × .... • 600 = 6 × .... • 260 = 10 × .... • 900 = 100 × ....

6 Combien Lisa a-t-elle marqué de points au total ?

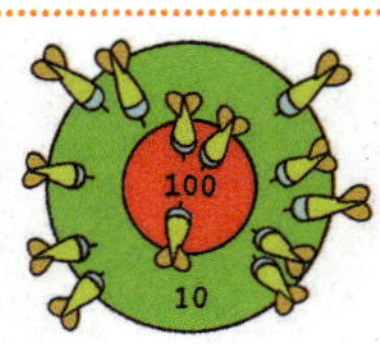

Ces exercices mettent en jeu des calculs multiplicatifs et additifs faisant intervenir les nombres 0, 10 et 100.

Exercice 4

RÉPONSE : 8 x 10 = 80   70 x 10 = 700   0 x 100 = 0
8 x 100 = 800   7 x 100 = 700   1 x 100 = 100
10 x 18 = 180   10 x 77 = 770   100 x 3 = 300

Exercice 5

• Il s'agit de trouver un terme du produit. Les élèves sont invités à contrôler leurs réponses, en cachant le nombre à gauche du signe « = » et en essayant de trouver le résultat du produit.

RÉPONSE : 60 = 6 x **10**   600 = 6 x **100**   260 = **10** x 26   900 = 100 x **9**

Exercice 6

• Pour répondre, les élèves peuvent utiliser leurs acquis récents sur la multiplication par 10 ou par 100 ou procéder par addition répétée de 10 et de 100.

RÉPONSE : 400 points.

	Tâche	Matériel	Connaissances travaillées
CALCULS DICTÉS	**Addition, soustraction de 2 nombres** – Ajouter ou soustraire 2 nombres (sans retenue) avec des nombres inférieurs à 100.	par élève : – ardoise ou cahier de brouillon	**– Calcul réfléchi** – Somme de 2 nombres.
RÉVISER Géométrie	**Figures planes : description** – Retrouver une figure parmi d'autres à partir d'une description.	par équipe de 2 : – 16 étiquettes avec figures › **fiches 47 et 48** par élève : – gabarit d'angle droit et double décimètre CAHIER GÉOMÉTRIE **p. 37** 1	**– Reconnaissance perceptive d'un angle droit, d'un carré, d'un rectangle** – Gabarit d'angle droit pour vérifier qu'un angle est droit – Règle graduée pour mesurer une longueur.
APPRENDRE Géométrie	**Reproduction sur quadrillage (2)** RECHERCHE **« Polygones sur quadrillage »** – Reproduire sur quadrillage des polygones dont les côtés ne suivent pas les lignes du quadrillage.	pour la classe : – **fiche 49** et productions d'élèves photocopiées sur transparents pour rétroprojecteur – calques des figures A et B et des exercices 2 et 3 par élève : – règle, crayon, gomme – modèles A et B › **fiche 49** CAHIER GÉOMÉTRIE **p. 37** 2 **et** 3	**– Reproduction de polygones dont les côtés ne suivent pas les lignes du quadrillage.**

CALCULS DICTÉS

Addition, soustraction de 2 nombres (sans retenue) • Réflexion

– Calculer mentalement des sommes et des différences (nombres < 100).

COLLECTIF

• Dicter les calculs qui peuvent être écrits au tableau. Les réponses sont données sur l'ardoise ou le cahier de brouillon.

• Procéder à une correction immédiate après chaque calcul en faisant exprimer les procédures utilisées.

a. 34 + 11 b. 42 + 22 c. 54 + 12
d. 42 – 12 e. 36 – 14 f. 47 – 15

RÉPONSE : a. 45 b. 64 c. 66 d. 30 e. 22 f. 32.

Voir commentaire en **séance 4**.

RÉVISER

Figures planes : description

– Reconnaitre perceptivement un angle droit, un triangle, un carré, un rectangle.
– Utiliser un gabarit d'angle droit pour vérifier qu'un angle est droit ou non.
– Utiliser la règle graduée pour mesurer les côtés d'un polygone.

ÉQUIPES DE 2

FICHIER NOMBRES ET CALCULS p. 37

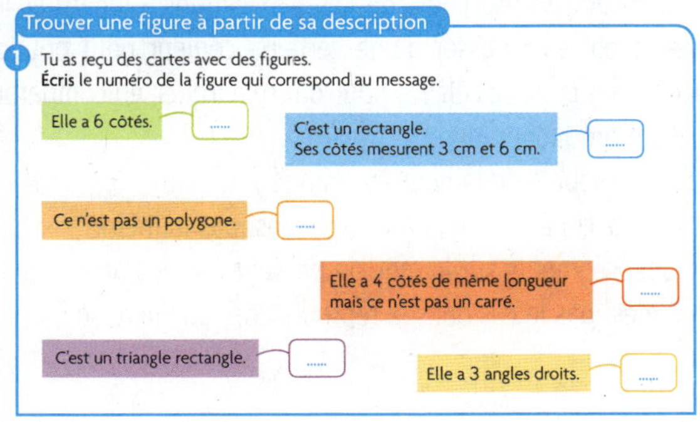

Présentation du jeu **Fiche 47 et 48**

• Distribuer les fiches à chaque équipe de 2 élèves et demander de découper les étiquettes (ceci peut être fait avant la séance).

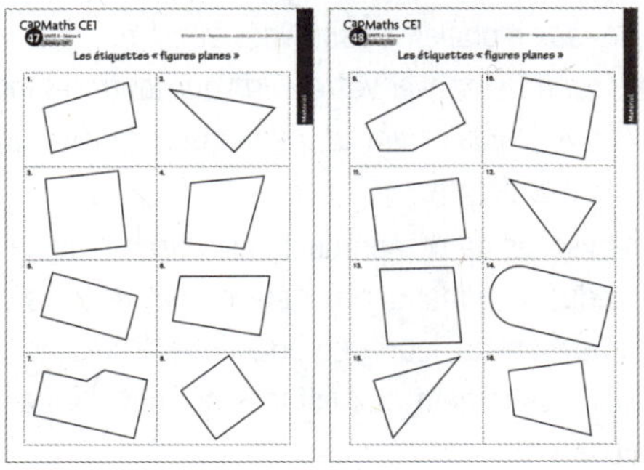

• Formuler la consigne :

→ *Vous avez des étiquettes sur lesquelles sont dessinées des figures. Vous allez chercher à quelle figure correspond chaque description dans le cahier. Vous noterez votre réponse sur le cahier. Vous réfléchirez par équipe de 2.*

Dans cette activité, **les élèves vont réinvestir ce qui a été vu dans les unités précédentes** sur les **angles droits**, les **polygones** et les **figures particulières** comme les triangles, les carrés, les rectangles. On s'appuie d'abord sur une reconnaissance perceptive qui doit être suivie par une vérification des propriétés à l'aide des instruments (gabarit d'angle droit et double décimètre).

Exercice 1

• Procéder à un échange collectif, après la résolution de l'exercice. Pour cela, recenser les réponses. En cas de désaccord, faire argumenter les élèves : il sera peut-être nécessaire de revenir sur la façon de dénombrer les côtés, de mesurer un côté, d'utiliser un gabarit d'angle droit pour s'assurer qu'un angle est droit.

• Si des problèmes apparaissent dans la reconnaissance des carrés et des rectangles, engager les élèves à orienter différemment leurs étiquettes pour reconnaitre perceptivement les figures.

RÉPONSE : étiquette verte : fig. **7** ; orange : fig. **14** ; violette : fig. **2** ; bleue : fig. **5** ; rouge : fig. **13** ; jaune : fig. **9**.

Le fait de pouvoir manipuler les étiquettes permet aux élèves de réaliser des classements partiels ou totaux pour retrouver la « bonne » figure et de tourner les étiquettes pour reconnaitre une figure particulière comme le carré ou le rectangle.

D'autres activités peuvent être proposées à partir de ce jeu d'étiquettes :

Activité 1 : Regrouper les figures qui ont le même nombre d'angles droits.

RÉPONSE :

Nombre d'angles droits	0	1	2	3	4
Figures	1, 12, 13, 15	2, 4	6, 14, 16	9	3, 5, 7, 8, 10, 11

Activité 2 : Retrouver tous les carrés et rectangles.

RÉPONSE : carrés : 3 et 8 rectangles : 5, 10 et 11.

APPRENDRE

Reproduction sur quadrillage (2)

– Se repérer dans un quadrillage par rapport aux lignes et aux noeuds.
– Repérer, avant de tracer, les sommets de la figure les uns par rapport aux autres.
– Mettre en œuvre une stratégie de reproduction efficace.

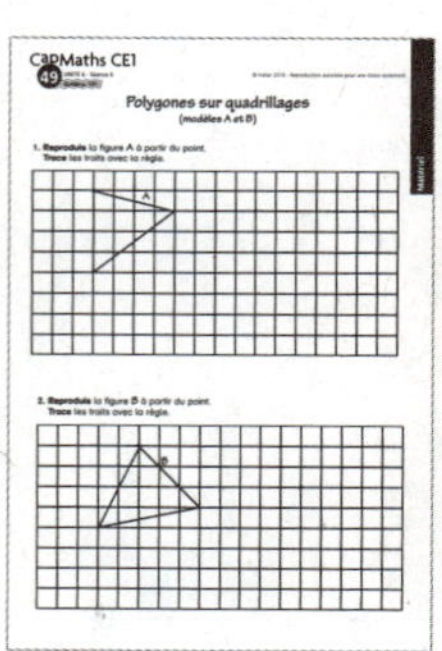

RECHERCHE Fiche 49

« Polygones sur quadrillage » : Les élèves ont à reproduire sur quadrillage, à partir d'un repère donné, un polygone dont les côtés ne suivent pas les lignes du quadrillage. L'objectif de cette activité est d'amener les élèves à utiliser des méthodes de repérage efficaces des sommets du polygone pour le reproduire.

INDIVIDUEL

PHASE 1 Reproduction individuelle des modèles A et B

• Rappeler ce qui a été fait en unité 4 séance 9 en montrant l'affiche conservée à l'issue de cette séance.

• Distribuer les **modèles A et B** à chaque élève et formuler la tâche :

→ *Il s'agit de reproduire les figures A et B sur le quadrillage à partir du sommet déjà placé. Pour cela vous utiliserez la règle. Attention, comme on l'a déjà vu, il faut que les figures reproduites soient exactement pareilles aux modèles. Quand vous aurez terminé vos reproductions, vous contrôlerez avec votre voisin que les tracés sont corrects. Je vous donnerai également un calque des modèles que vous superposerez sur vos dessins.*

• Chaque élève réalise les deux reproductions. Observer les difficultés et les procédures. Demander aux élèves, par équipes de 2, de contrôler mutuellement leurs reproductions. Proposer un calque des modèles, notamment aux équipes qui ont du mal à repérer leurs erreurs.

• Choisir une ou deux productions fausses qui, agrandies ou reproduites sur transparent, serviront de supports à la mise en commun.

Les figures des modèles A et B comportent des segments obliques qui ne suivent pas les diagonales du quadrillage. Le plus souvent les élèves utilisent une procédure analogue à celle utilisée pour les reproductions réalisées en unité 4, c'est-à-dire qu'ils comptent les carreaux traversés en effectuant un contrôle spatial plus ou moins adéquat sur la position du segment tracé par rapport aux lignes et aux nœuds du quadrillage. Cette procédure est souvent source d'échec.

COLLECTIF

PHASE 2 Reproduction collective du modèle A

• Afficher ou projeter deux reproductions erronées du modèle A au tableau ainsi que le **modèle A** à reproduire.

• Demander aux élèves de repérer et d'expliquer les **erreurs de reproduction**. Au cours de ces explications, numéroter les segments ou les repasser d'une certaine couleur pour pouvoir mieux les désigner. Les élèves pourront remarquer, en comparant modèle et production que :

– la forme globale de la figure a changé ;
– la place occupée sur le quadrillage n'est pas la même ;
– certains segments sur le modèle passent par des nœuds alors que ce n'est pas le cas dans la reproduction, ou l'inverse ;

– pour passer d'un sommet à un autre, on se déplace de 4 carreaux vers la droite et de 1 vers le bas sur le dessin modèle, et pas sur la figure reproduite, etc.

• Demander à un élève de venir tracer sur la fiche placée sur le rétroprojecteur le **segment vertical du polygone A**, puis faire exprimer et discuter les méthodes possibles pour continuer la reproduction.

SYNTHÈSE

La méthode la plus efficace

C'est la méthode qui consiste à **repérer le troisième sommet de ce triangle par rapport aux extrémités du côté déjà tracé** : 4 carreaux vers la droite et 1 vers le bas ou 4 carreaux vers la droite et 3 vers le haut.

• Si aucun élève ne la propose, montrer cette méthode. Faire remarquer que cela revient à placer les sommets avant de tracer les côtés.

COLLECTIF

PHASE 3 Reproduction collective du modèle B (synthèse)

• Demander, à plusieurs élèves de venir successivement au tableau pour reproduire le **modèle B** en utilisant cette méthode. Faire d'abord placer les sommets du triangle, avant de tracer les côtés.

SYNTHÈSE (suite)

Pour reproduire une figure sur quadrillage

1) **Analyser le modèle :** identifier les segments qui le composent (ce sont les côtés du polygone), repérer les sommets (ce sont les extrémités des côtés).

2) **Repérer la position sur le modèle du point donné comme début de reproduction** ou bien choisir un sommet comme début de reproduction et le placer pour commencer la reproduction.

3) **Choisir un autre sommet du modèle et repérer sa position par rapport au sommet déjà reproduit.** Ce repérage se fait en comptant le nombre de carreaux qui séparent les deux sommets suivant la verticale, puis suivant l'horizontale.

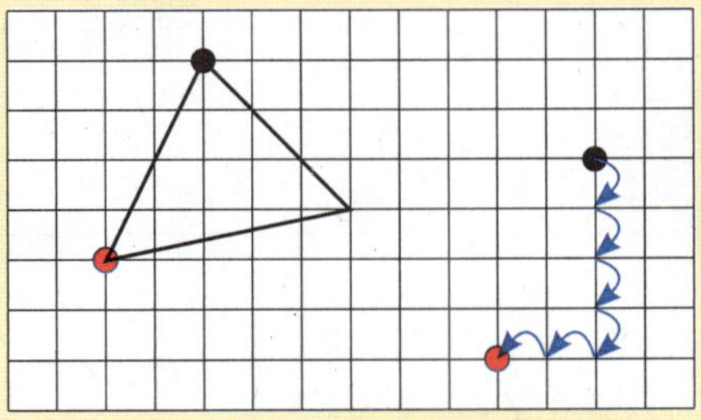

4 bords de carreaux vers le bas ou le 4e nœud vers le bas

2 bords de carreaux vers la gauche ou le 2e nœud vers la gauche

4) **Tracer le segment joignant les deux points.**

5) **Repérer ensuite sur le modèle la position d'un autre sommet à reproduire** par rapport à un sommet déjà reproduit et procéder comme ci-dessus.

TRACE ÉCRITE

Sur l'affiche commencée en unité 4, noter le schéma ci-dessus.

ÉCRIT DE RÉFÉRENCE

Demander aux élèves de se référer au **dico-maths n° 29** pour reproduire une figure sur quadrillage.

INDIVIDUEL

ENTRAINEMENT

CAHIER MESURES ET GÉOMÉTRIE p. 37

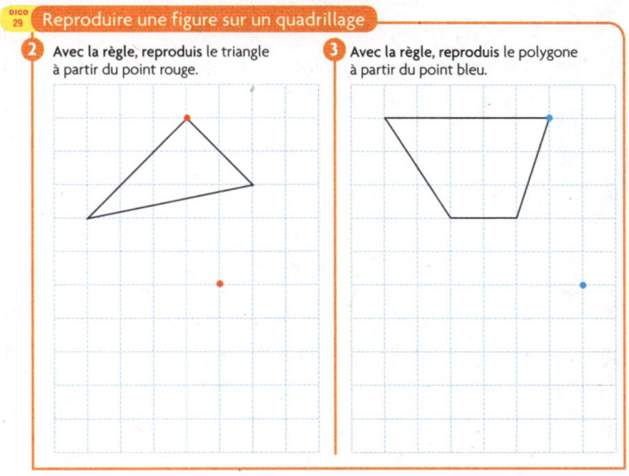

Ces exercices viennent en application directe des acquis précédents.

Exercices 2 et 3

Il s'agit de reproduire les polygones en utilisant la méthode expliquée auparavant. Il est souvent difficile pour les élèves d'adopter cette nouvelle méthode. Contrôler le travail de chacun, apporter les aides nécessaires et proposer un calque des figures pour valider les constructions.

Différenciation → CD-Rom du guide, **fiche n° 32.**

À SUIVRE

D'autres reproductions sont proposées en **séance suivante**. Le choix des modèles (des triangles du même type que le modèle B) devrait mettre en échec les procédures non valides.

Lecture de l'heure : heures et demi-heure

	Tâche	Matériel	Connaissances travaillées
CALCULS DICTÉS	**Compléments à 100 de multiples de 10** – Compléter à 100 des multiples de 10.	par élève : – ardoise ou cahier de brouillon	– **Compléments à 100** – Calcul sur les dizaines.
RÉVISER Géométrie	**Reproduction de triangles sur quadrillage et réseau pointé** – Reproduire des triangles sur quadrillage ou réseau pointé.	pour la classe : – photocopie de la page du cahier sur transparent ou sur papier calque par élève : CAHIER GÉOMÉTRIE p. 38 1, 2 et 3	– **Reproduction de polygones sur quadrillage** ou réseau pointé.
APPRENDRE Mesures	**Lecture de l'heure : heures et demi-heure** RECHERCHE **« Quelle heure est-il ? »** – Lire l'heure sur une horloge à aiguilles. – Associer horaire et disposition des aiguilles.	pour la classe : – horloge à aiguilles › **planche D** (recto) par équipes de 2 : – étiquettes horaires › **fiches 50 et 51** – 2 fiches support › **fiche 52** – sous-main des horaires › **fichier nombres**	– **Lecture de l'heure en heures et demi-heure** (et quart d'heure).

CALCULS DICTÉS

Compléments à 100 de multiples de 10 • Automatismes

– Donner rapidement des compléments à 100.

COLLECTIF

• Dicter les calculs sous la forme « combien pour aller de trente à cent ». Demander aux élèves de répondre sur l'ardoise.

• Procéder à une correction immédiate après chaque calcul.

Combien pour aller de :

a. 30 à 100 ? b. 80 à 100 ? c. 50 à 100 ? d. 10 à 100 ?
e. 90 à 100 ? f. 40 à 100 ? g. 20 à 100 ? h. 70 à 100 ?

RÉPONSE : a. 70 b. 20 c. 50 d. 90 e. 10 f. 60 g. 80 h. 30.

Diverses méthodes peuvent être utilisées :
– compter de 10 en 10 jusqu'à 100 ;
– soustraire le nombre donné de 100 (100 – 10 pour calculer 10 pour aller à 100) ;
– utiliser les compléments à 10 (30 pour aller 100, c'est 3 dizaines pour aller à 10 dizaines, donc 7 dizaines, donc 70).
Cette dernière méthode est reconnue comme plus rapide, mais la deuxième est aussi efficace lorsque le premier nombre est petit. Progressivement, ces compléments devraient être mémorisés.

RÉVISER

Reproduction de triangles sur quadrillage et réseau pointé

– Effectuer des tracés à la règle.
– Se repérer dans un quadrillage par rapport aux lignes et aux nœuds.
– Repérer avant de tracer, les sommets de la figure les uns par rapport aux autres.

INDIVIDUEL

CAHIER MESURES ET GÉOMÉTRIE p. 38

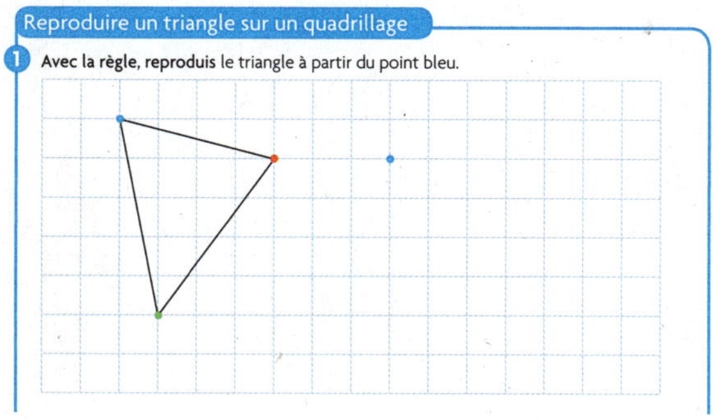

• Rappeler aux élèves ce qui a été fait à la séance précédente. Montrer la méthode expliquée sur l'affiche ou dans le **dico-maths n° 29**.

• Pour ces exercices, il est nécessaire de contrôler le travail de chaque élève et si besoin d'apporter des aides. Le transparent peut servir à la validation des tracés par superposition avec la production de l'élève.

Exercice 1

• Les sommets sont en couleur ce qui permet de les identifier.

AIDE Engager les élèves à placer le sommet rouge, puis le sommet vert avant de tracer les côtés du triangle.

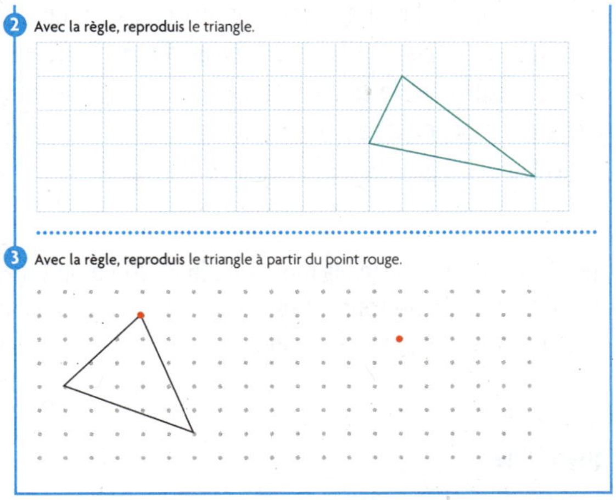

Exercice 2

- Le point de départ de la reproduction n'est pas donné.

AIDE Proposer de placer un point bleu à un sommet du triangle à reproduire et aider l'élève à le placer sur le quadrillage de façon à laisser suffisamment de place pour la reproduction du triangle.

Exercice 3

- Faire remarquer que le réseau de points rappelle le quadrillage mais il faut imaginer, ici, que seuls les nœuds du quadrillage sont marqués et que le côté du carreau, ici effacé, correspond à l'espace entre deux points. On repère donc un sommet par rapport à l'autre par une méthode analogue à celle du quadrillage.
- Si besoin, réaliser sur le transparent rétroprojeté la reproduction d'un des côtés pour rappeler la méthode à utiliser.

APPRENDRE

Lecture de l'heure : heures et demi-heure

– Lire l'heure sur une horloge à aiguilles en heures entières, heures et demie (et heures et quart et heures moins le quart).

Suivant le niveau du groupe classe, on peut s'arrêter à l'apprentissage des heures et demi-heure, l'apprentissage du quart d'heure est optionnel. Ce sera seulement sur l'apprentissage des heures et demi-heure que sera fait le bilan en fin d'unité.

RECHERCHE Fiches 50, 51 et 52

« Quelle heure est-il ? » : Tout d'abord par un jeu d'étiquettes, les élèves vont associer un horaire en heures entières et demi-heure avec la position des aiguilles sur une horloge, puis répondre à des questions.

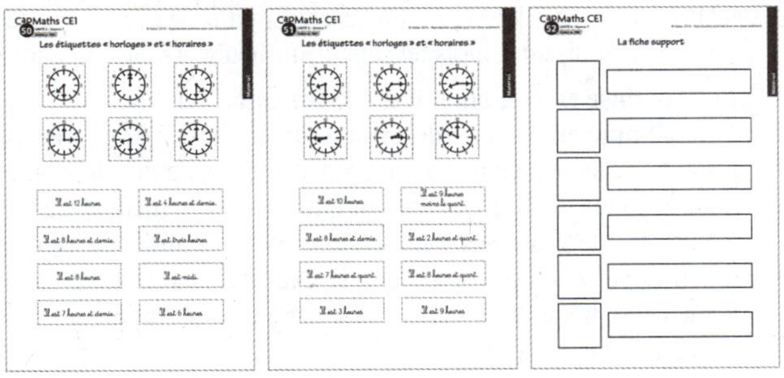

ÉQUIPES DE 2

PHASE 1 Jeu des étiquettes : les heures et demi-heures

- Distribuer la **fiche 50** avec la **1re fiche-support** aux équipes et demander de la décrire : les étiquettes comportent des horaires qui sont soit écrits, soit indiqués sur une horloge. Puis donner les règles du jeu :

→ *Il s'agit d'apparier des étiquettes qui indiquent le même horaire. Il faut ensuite les coller sur une fiche-support. Le travail se fait par équipes de 2. Attention certaines étiquettes sont en trop et ne correspondent à aucune horloge du jeu tandis qu'à certaines horloges correspondent plusieurs étiquettes d'horaires.*

- Observer les réponses, noter les difficultés de certains. Engager les équipes à corriger les associations faites en retrouvant les horaires ou les horloges sur le sous-main.

Ce jeu des étiquettes permet d'évaluer les compétences des élèves en ce qui concerne la lecture de l'heure. Le niveau des élèves sur ce sujet est très hétérogène, il est important que l'enseignant puisse s'informer sur les acquis pour mieux adapter son enseignement.

COLLECTIF

PHASE 2 Mise en commun et synthèse

- Marquer un à un les horaires des 6 étiquettes « horloge » de la fiche sur l'**horloge à aiguilles** et noter les propositions des élèves au tableau. Pour chaque horaire, demander aux élèves ce que l'on fait d'habitude à ce moment-là : à **7 heures et demie le matin ?** à **7 heures et demie le soir** ?
- Faire expliquer ce qui est représenté sur la vignette ou les vignettes correspondantes du **sous-main** : à 7 heures et demie le matin, Alex et Lisa prennent leur petit déjeuner ; à 7 heures et demie le soir, ils dinent...
- Faire observer l'horloge et les horloges représentées et présenter une synthèse sur le rôle des aiguilles et des graduations.

1re SYNTHÈSE

Il y a **2 aiguilles** et des **graduations de 1 à 12.** Les graduations sont celles des **heures.**

1. La petite aiguille

- **Elle indique les heures.**

Quand la petite aiguille est en face d'une graduation, par exemple **3**, il est **3 heures,** ce peut-être 3 heures du matin ou 3 heures de l'après-midi. Quand elle passe d'une graduation à la suivante, il s'écoule **1 heure**.

- **Elle fait deux fois le tour complet du cadran en un jour.**

– Le début du jour est à **0 heure** ou **minuit**. La petite aiguille est alors sur le 12.
– Quand il est **12 heures** ou **midi,** la petite aiguille est revenue sur la graduation 12. **Il s'est écoulé 12 heures.**
– Ensuite on est l'après-midi, la petite aiguille fait à nouveau le tour du cadran. **Il s'est à nouveau écoulé 12 heures.**
– En un jour, la petite aiguille fait deux fois le tour complet (12 heures + 12 heures). Un jour **dure 24 heures.**

2. La grande aiguille

- **Elle tourne plus rapidement que la petite aiguille.** Montrer sur l'horloge que la rotation de la grande aiguille entraine celle de la petite et que **lorsque la grande aiguille fait un tour complet, la petite avance d'une heure.**
- **Lorsqu'elle réalise un tour**, il s'est écoulé une **heure**.
- **Lorsqu'elle fait la moitié d'un tour** ou un **demi-tour**, il s'est donc écoulé la **moitié d'une heure**, donc une **demi-heure**.

TRACE ÉCRITE

La demi-heure

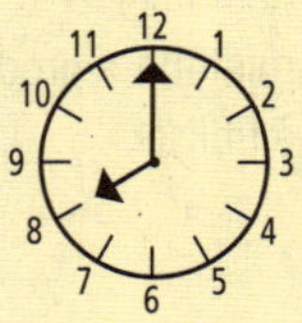

Quand la **grande aiguille** est en face de la graduation 12, la **petite aiguille** est en face d'une graduation des heures : il est **8 heures**.

Quand la **grande aiguille** est en face de la graduation 6, la **petite aiguille** est entre deux graduations des heures :
– la grande aiguille a fait un demi-tour depuis la position précédente ;
– il s'est écoulé une demi-heure depuis 8 heures : il est **8 heures et demie.**

COLLECTIF ET INDIVIDUEL

PHASE 3 Entrainement à la lecture de l'heure

- Écrire au tableau : « heures » et « heures et demie ». Puis proposer un entrainement à la lecture de l'heure. Afficher successivement des horaires sur l'horloge à aiguilles :

9 h	11 h	10 h 30	3 h 30
5 h 30	8 h	12 h	12 h 30

Au fur et à mesure, les élèves lisent ces horaires ou les notent sur leur ardoise. Pour un même horaire, recenser toutes les réponses exactes :
– à l'oral : dix heures et demie, dix heures trente ;
– à l'écrit : 10 h et demie, 10 heures 30 minutes, 10 h 30, 22 h 30, etc.

ÉQUIPES DE 2

PHASE 4 Suite du jeu des étiquettes : les quarts d'heure

Ce dernier apprentissage est fait si le niveau du groupe classe le permet.

- Distribuer la **fiche 51** avec la **2e fiche-support** aux équipes. Préciser que les règles sont les mêmes que précédemment et que l'on peut s'aider du sous-main pour associer certaines des étiquettes.
- Marquer un à un les horaires des 6 étiquettes de la fiche sur l'horloge à aiguilles et noter les propositions des élèves au tableau. Pour chaque horaire, demander aux élèves ce que l'on fait d'habitude à ce moment-là : **à 9 heures moins le quart le matin ?** Faire expliquer, le cas échéant, ce qui est représenté sur la vignette correspondante sur le sous-main.
- Faire expliquer les positions des aiguilles.

2e SYNTHÈSE

Lorsque la grande aiguille fait la **moitié de la moitié d'un tour**, c'est-à-dire un **quart de tour** (il faut 4 quarts de tour pour faire un tour), il s'écoule un **quart d'heure**.

TRACE ÉCRITE

Le quart d'heure

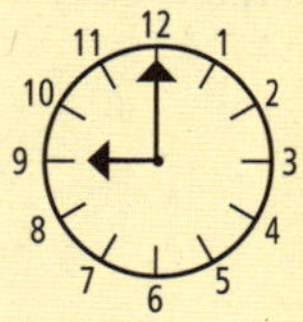

Quand la **grande aiguille** est en face de la graduation 12, la **petite aiguille** est en face d'une graduation des heures : il est **9 heures.**

Quand la **grande aiguille** est en face de la graduation 3, la **petite aiguille** est entre deux graduations des heures :
- la grande aiguille a fait un quart de tour depuis la position précédente ;
- il s'est écoulé un quart d'heure depuis 9 heures ; il est **9 heures et quart.**

Quand la **grande aiguille** est en face de la graduation 9, il manque à la **grande aiguille** de faire un quart de tour pour arriver sur le 12 :
- il manque un quart d'heure pour qu'il soit 9 heures ; il est **9 heures moins le quart.**

Le choix est fait ici de travailler sur une horloge à aiguilles la lecture orale de l'heure, ce qui correspond à des connaissances sociales et utilise des mots tels que demi-heure et quart d'heure.

Pour la mise en commun, il est important :
– **de s'appuyer sur ce que proposent les élèves.** Toute réponse juste est acceptée, même si on n'y apporte pas de développement pour le moment. Il est important que les élèves mettent du sens à l'emploi de mots tels que heure, minute, demi-heure et quart d'heure. Si des élèves proposent de dire pour une heure et demie « une heure trente (minutes) », accepter leur proposition sans aller plus loin pour le moment.
– **de relever certaines erreurs comme l'inversion de la fonction des aiguilles.**

À SUIVRE

Ce travail sur la lecture de l'heure en heures et demi-heure est revu en **unité 7** (séance 7). Il sera ensuite prolongé par un travail liant horaires (en heures et minutes) et durée en **unité 8**.

Comparaison des nombres inférieurs à 1 000

Pas d'exercices dans le fichier nombres ni dans le cahier géométrie

	Tâche	Matériel	Connaissances travaillées
CALCULS DICTÉS	**Compléments à la centaine supérieure de multiples de 10** – Compléter un multiple de 10 à la centaine supérieure.	par élève : – ardoise ou cahier de brouillon	**– Compléments à la centaine supérieure** – Calcul sur les dizaines.
RÉVISER Nombres	**Suite des nombres inférieurs à 1 000** – Écrire le nombre qui précède et le nombre qui suit (de 1 en 1 ou de 10 en 10).	par élève : – cahier de brouillon	**– Nombres < 1 000** – Suite des nombres.
APPRENDRE Nombres	**Comparaison des nombres inférieurs à 1 000** RECHERCHE **« Qui a le plus ? Qui a le moins ? »** – Comparer des collections connaissant le nombre d'objets qu'elles comportent.	pour chacune des 2 équipes de 2 ou 3 élèves : – 4 lots avec des cartes du matériel perles placées dans des enveloppes : **lot 1 :** 4 centaines et 7 perles ; **lot 2 :** 3 centaines et 8 dizaines ; **lot 3 :** 9 dizaines et 7 perles ; **lot 4 :** 3 centaines, 6 dizaines et 8 perles pour les autres équipes de 2 : – feuille de brouillon	**– Comparaison de nombres inférieurs à 1 000** – Valeur positionnelle des chiffres.

CALCULS DICTÉS

Compléments à la centaine supérieure de multiples de 10 • Automatismes

– Donner rapidement des compléments à la centaine supérieure.

COLLECTIF

• Dicter les calculs sous la forme « deux-cents-cinquante pour aller à trois-cents ». Demander aux élèves de répondre sur l'ardoise ou le cahier de brouillon.

• Procéder à une correction immédiate après chaque calcul.

Combien pour aller de :
a. 250 à 300 ? b. 220 à 300 ? c. 270 à 300 ? d. 490 à 500 ?
e. 630 à 700 ? f. 680 à 700 ? g. 420 à 500 ? h. 770 à 800 ?

RÉPONSE : a. 50 b. 80 c. 30 d. 10 e. 70 f. 20 g. 80 h. 30.

Diverses méthodes peuvent être utilisées :
– **compter de 10 en 10 jusqu'à la centaine supérieure ;**
– **utiliser les compléments à la dizaine supérieure :** 250 pour aller à 300, c'est 25 dizaines pour aller à 30 dizaines, donc 5 dizaines, donc 50 ;
– **se ramener aux compléments à 100 :** 250 pour aller à 300, c'est comme 50 pour aller à 100.
Progressivement, ces compléments devraient être mémorisés.

RÉVISER

Suite des nombres inférieurs à 1 000

– Écrire le nombre qui précède et le nombre qui suit.
– Écrire une suite de nombres de 10 en 10.

INDIVIDUEL

• Demander aux élèves de résoudre ces deux exercices dont les énoncés sont écrits au tableau.

Exercice 1

Écrire « le nombre qui vient juste avant » et « le nombre qui vient juste après » chacun de ces nombres.
13 69 90 110 279 399 709

• Lors de la correction, insister sur le fait qu'il faut considérer les nombres par colonnes.

Exercice 2

Écrire les 8 nombres qui complètent chacune de ces séries, en avançant de 10 en 10.

157	167								
530	540								

AIDE Les élèves en difficulté peuvent s'aider du compteur manuel.

APPRENDRE

Comparaison des nombres inférieurs à 1 000

– Comparer des nombres écrits en chiffres.

RECHERCHE

« Qui a le plus ? Qui a le moins ? » : Les élèves doivent déterminer, parmi quatre collections, celle qui comporte le plus d'objets et celle qui en comporte le moins.

ÉQUIPES DE 2

PHASE 1 Comparaison des avoirs

• Remettre à 3 équipes (ou seulement 2 si l'effectif est réduit) les 4 lots de cartes dans des enveloppes marquées lot 1, lot 2, lot 3, lot 4.

• Indiquer aux élèves le nombre d'objets contenus dans chaque lot et l'écrire au tableau : lot 1 (**407** perles) ; lot 2 (**380** perles) ; lot 3 (**97** perles) ; lot 4 (**368** perles).

• Préciser la tâche :

→ *Les deux équipes qui disposent des lots de cartes doivent ranger ces lots en commençant par celui qui contient le moins de perles jusqu'à celui qui en contient le plus. Les autres équipes doivent écrire les quatre nombres de perles du plus petit jusqu'au plus grand. A la fin, nous pourrons comparer vos réponses.*

• Faire une mise en commun pour comparer les réponses et faire formuler les procédures utilisées pour comparer les quantités (pour les élèves qui disposaient du matériel) et les nombres (pour les autres élèves).

Le recours au matériel permet d'illustrer le fait qu'il faut commencer par comparer les chiffres de plus grande valeur.

ÉQUIPES DE 2

PHASE 2 Synthèse

• Organiser la synthèse en mettant en relation les écritures des nombres, leur disposition dans le tableau de numération et l'illustration par les quantités de perles.

SYNTHÈSE

Comparer des nombres

• **On peut les écrire les uns sous les autres,** en mettant les unités sous les unités, les dizaines sous les dizaines..., comme dans le tableau de numération (afficher à côté du tableau, pour chaque nombre, les cartes correspondantes).

centaines	dizaines	unités
4	0	7
3	8	0
	9	7
3	6	8

• **Il faut ensuite comparer les chiffres en commençant par les centaines :**

– le nombre le plus petit est **97** car il ne comporte pas de centaine ;

– si deux nombres ont autant de centaines l'un que l'autre, le plus petit des deux est celui qui a le moins de dizaines :

368 est plus petit que **380**.

– **407** est le plus grand de tous, car il a plus de centaines que tous les autres.

• D'où le rangement : **97 < 368 < 380 < 407**.

ÉCRIT DE RÉFÉRENCE

Demander aux élèves de se référer au **dico-maths n° 7**.

La procédure énoncée ici diffère de celle qui est souvent enseignée (on compare le nombre de chiffres et s'il y a le même nombre de chiffres, on compare les chiffres en partant de la gauche). Les deux procédures sont équivalentes, mais celle que nous proposons présente deux avantages :
– elle prend appui explicitement sur la valeur de chaque chiffre en fonction de son rang ;
– elle pourra être aisément prolongée au cas des nombres décimaux : **4,15 < 4,3** car les deux nombres ont autant d'unités, mais dans 4,15 il y a moins de dixièmes que dans 4,3.
Progressivement, les élèves se libéreront du placement des nombres les uns sous les autres, en repérant directement le rang de chaque chiffre.

INDIVIDUEL

ENTRAINEMENT

• Demander aux élèves de résoudre ces deux exercices dont les énoncés sont écrits au tableau et viennent en application directe de la recherche.

Exercice 3

Pour chaque paire de nombres, écrire le plus petit des deux nombres.

23 ... 53	101 ... 36	305 ... 503	765 ... 675
98 ... 201	400 ... 300	827 ... 810	203 ... 76

• Lors de la correction, on s'intéressera plus particulièrement au cas où les deux nombres comportent les mêmes chiffres.

RÉPONSE : 23 < 53 101 > 36 305 < 503 765 > 675
98 < 201 400 > 300 827 > 810 203 > 76.

Exercice 4

En utilisant ces 3 chiffres, écrire le plus petit nombre et le plus grand nombre : 2 8 7.

• Lors de la correction, montrer que le plus grand nombre est obtenu en écrivant les chiffres « du plus grand au plus petit » (**872**). Pour le plus petit, deux réponses peuvent être acceptées : **2** (si on comprend qu'on peut sélectionner les chiffres) ou **278** (si on comprend qu'il faut utiliser tous les chiffres).

RÉPONSE : Le plus grand nombre : **872** ; le plus petit nombre : **278**.

	Tâche	Matériel	Connaissances travaillées
CALCULS DICTÉS	Complément à la centaine supérieure de multiples de 10 – Compléter un multiple de 10 à la centaine supérieure.	par élève : FICHIER NOMBRES p. 63 ①	– **Compléments à la centaine supérieure** – Calcul sur les dizaines.
RÉVISER Nombres	Suite des nombres inférieurs à 1 000 – Écrire le nombre qui précède et le nombre qui suit (de 1 en 1 ou de 10 en 10).	par élève : FICHIER NOMBRES p. 63 ② et ③	– **Nombres < 1 000** – Suite des nombres.
APPRENDRE Problèmes	Recherche de toutes les réponses possibles RECHERCHE **« Trouver plusieurs façons de payer 20 € »** – Trouver comment obtenir une somme d'argent avec des pièces et billets de 2 € et de 5 €.	pour la classe : – 15 pièces de 2 € et 8 billets de 5 € **› planches 1 et 2 du fichier** par équipe de 2 : – cahier de brouillon pour certains élèves : – 15 pièces de 2 € et 8 billets de 5 € par élève : FICHIER NOMBRES p. 63 ④	– **Problème : recherche de toutes les possibilités** – Monnaie – Tables de multiplication de 2 et de 5.

CALCULS DICTÉS

Compléments à la centaine supérieure de multiples de 10 • Automatismes

– Donner rapidement des compléments à la centaine supérieure.

COLLECTIF

FICHIER NOMBRES ET CALCULS p. 63

Exercice 1

• Dicter les calculs sous la forme « combien pour aller de deux cents dix à trois cents ». Demander aux élèves de répondre dans le fichier.

• Procéder à une correction immédiate après chaque calcul.

Combien pour aller de :
a. 210 à 300 ? b. 450 à 500 ? c. 360 à 400 ? d. 670 à 700 ?
e. 860 à 900 ? f. 580 à 600 ? g. 440 à 500 ? h. 570 à 600 ?

RÉPONSE : a. 90 b. 50 c. 40 d. 30 e. 40 f. 20 g. 60 h. 30.

RÉVISER

Suite des nombres inférieurs à 1 000 • de 1 en 1 ou de 10 en 10

– Écrire une suite de nombres de 1 en 1 et de 10 en 10.

INDIVIDUEL

FICHIER NOMBRES ET CALCULS p. 63

Écrire des suites de nombres

2 Dans chaque suite, il manque un nombre. **Trouve-le.**

• 178 → 188 → 198 → 218 → 228 → 238 → 248 → 258

Le nombre manquant est ....

• 296 → 297 → 298 → 299 → 301 → 302 → 303 → 304

Le nombre manquant est ....

3 Lisa compte de 10 en 10 en partant de 305.

• **Lisa dira-t-elle le nombre 405 ?** ....

• **Et le nombre 500 ?** ....

• **Quel nombre plus grand que 520 dira-t-elle en premier ?**

....

• **Quels nombres dira-t-elle entre 600 et 630 ?**

....

Exercice 2

• Les élèves doivent contrôler chaque suite donnée et trouver le nombre manquant (qui correspond à un passage de la dizaine ou à un changement de centaine).

RÉPONSE : suite 1 : **208** suite 2 : **300**.

Exercice 3

• Les élèves doivent s'appuyer sur les régularités des suites de 10 en 10, notamment sur le fait que le chiffre des unités n'est pas modifié.

RÉPONSE : Lisa dira le nombre **405**, mais pas **500**.
Le premier nombre dit après 520 sera : **525**.
Les nombres dits entre 600 et 630 seront : **605 ; 615 ; 625**.

Différenciation → CD-Rom du guide, **fiche n° 34.**

APPRENDRE

Recherche de toutes les réponses possibles

– Résoudre un problème en s'assurant que toutes les possibilités de réponse ont été trouvées.
– Calculer avec la monnaie et utiliser la multiplication par 2 et par 5.

RECHERCHE

« Trouver plusieurs façons de payer 20 € » : Les élèves doivent trouver toutes les possibilités de réaliser une somme d'argent en choisissant des pièces et billets de 2 € et de 5 €.

ÉQUIPES DE 2

PHASE 1 Comment payer une somme de 20 € ?

• Montrer le lot de pièces de 2 € et de billets de 5 €.
• Demander à la classe la somme obtenue en montrant :

a) 2 billets de 5 € **(10 €)**
b) 2 billets de 5 € et 1 pièce de 2 € **(12 €)**.

• Présenter le problème à résoudre :

→ *La maman d'Alex achète un pull qui coûte* ***20 €****. Vous devez trouver toutes les façons de payer exactement le prix du pull avec des pièces de* ***2 €*** *et des billets de* ***5 €****.*

• Remettre aux équipes qui en ont besoin un lot de pièces et de billets.

• Recherche par équipes de 2 avec production d'une réponse commune. Pour les élèves qui n'ont trouvé qu'une ou deux possibilités, les inciter à continuer à chercher.

COLLECTIF

PHASE 2 Mise en commun et synthèse

• Recenser les réponses obtenues, puis faire expliciter les stratégies utilisées et leur mise en œuvre en distinguant :
– pour les **stratégies** : les essais au hasard et les essais organisés (par exemple : fixer le nombre de billets de 5 € à 1, 2, 3… et compléter si possible avec des pièces de 2 €) ;
– pour les **mises en œuvre** : dessin des pièces et billets, addition de 2 et de 5, multiplication.

Les stratégies peuvent être illustrées avec les lots de billets et de pièces par les élèves qui ont travaillé avec le matériel.

SYNTHÈSE

Pour trouver toutes les réponses possibles

• **Pour ne pas oublier de solutions, il faut s'organiser.**
Par exemple :
– essayer d'abord avec **0 billet de 5 €** et constater qu'il faut alors 10 pièces de 2 € ;
– essayer ensuite avec **1 billet de 5 €** et constater qu'il est impossible de compléter avec des pièces de 2 € ;
– essayer alors avec **2 billets de 5 €** et constater qu'il reste 10 € à payer (soit 5 pièces de 2 €) ;
– etc.

• **Il est intéressant d'utiliser les résultats des tables de multiplication de 5 et de 2.**

RÉPONSE : **10** pièces de 2 €
2 billets de 5 € et **5** pièces de 2 €
4 billets de 5 €.

INDIVIDUEL

ENTRAINEMENT

FICHIER NOMBRES ET CALCULS p. 63

Rechercher toutes les possibilités

4

Tu peux utiliser autant de pochettes de chaque sorte que tu le souhaites.
Trouve toutes les solutions pour aider Alex.

Problème 4

• Ce problème demande toujours de trouver toutes les possibilités mais dans un contexte différent.

RÉPONSE : **1** pochette de 10 photos et **2** pochettes de 5 photos
2 pochettes de 10 photos
4 pochettes de 5 photos.

Différenciation → CD-Rom du guide, **fiche n° 35.**

BILAN de l'UNITÉ 6

CONSOLIDATION

CALCUL MENTAL

Calcul mental (séances 1 à 9)

Les connaissances à acquérir

→ **Addition itérée des nombres de 2 à 5 :** automatisme.

→ **Addition, soustraction (sans retenue) de 2 nombres inférieurs à 100 :** réflexion.

→ **Complément à 100 ou à la centaine supérieure d'un multiple de 10 :** automatisme.

Pas de préparation de bilan proposée dans le fichier.

Je fais le bilan › FICHIER NOMBRES p. 65

Exercice 1 Calcul de sommes, différences, compléments et produits.

Calculs dictés :

a. 2 fois 5 b. 3 fois 4 c. 6 fois 2
d. 25 + 12 e. 46 + 21 f. 37 – 13
Combien pour aller de : g. 60 à 100 ? h. 280 à 300 ?

RÉPONSES : a. 10 b. 12 c. 12 d. 37 e. 67 f. 24 g. 40 h. 20.

Je consolide mes connaissances › FICHIER NOMBRES p. 66

Exercice 1

4 fois 2 égale **8**
4 fois 5 égale **20**
4 fois 3 égale **12**
4 fois 4 égale **16**
6 fois 5 égale **30**
5 fois 3 égale **15**

Exercice 2

23 + 12 = **35**
74 + 25 = **99**
42 + 47 = **89**
34 – 13 = **21**
45 – 23 = **22**
78 – 34 = **44**

Exercice 3

Lisa doit marquer **20 points** pour obtenir 100 points.
Alex doit marquer **30 points** pour obtenir 100 points.
Alex et Lisa doivent marquer **50 points** pour avoir 200 points.

Autres ressources

› 90 Activités et jeux mathématiques CE1
18. Couleur 100

› CD-Rom Jeux interactifs GS-CP-CE1
12. Je calcule à la vitesse de l'éclair (niveau 2)
13. Je suis un as du calcul (niveau 2)

› Activités avec la calculatrice GS-CP-CE1
10. Tables d'addition (CP ou CE1)

NOMBRES ET CALCULS

Multiplication : tables de 0 à 5 (séances 1, 2 et 3)

Je prépare le bilan › FICHIER NOMBRES p. 64 A

A 30 c'est combien de fois 5 ?

Table de 5

0 × 5	1 × 5	2 × 5	3 × 5	4 × 5	5 × 5	6 × 5	7 × 5	8 × 5	9 × 5	10 × 5
0	5	10	15	20	25	30	35	40	45	50

→ **Les tables de multiplication récapitulent tous les résultats** pour les produits dont un facteur est commun (d'où l'expression table de ...). Il faudra les apprendre par cœur.

→ **Dans une table, par exemple celle de 4 :**
– les nombres augmentent régulièrement (de 4 en 4) ;
– cela permet de retrouver un résultat à partir d'un autre.

→ **Les tables de 1 et de 0 ont des particularités :**
– quand on multiplie un nombre par 1, on obtient toujours ce nombre comme résultat ;
– quand on multiplie un nombre par 0, on obtient toujours 0 comme résultat.

Je fais le bilan › FICHIER NOMBRES p. 65

Exercice 2 Calculer et compléter des produits.

3 × 5 = **15** 2 × **7** = 14 4 × 4 = **16**
2 × **5** = 10 6 × 5 = **30** 5 × **9** = 45
4 × 7 = **28** 5 × **4** = 20 4 × **6** = 24

Je consolide mes connaissances › FICHIER NOMBRES p. 66

Exercice 4

Étiquettes qui correspondent au même résultat :
5 × 4 4 × 5 5 + 5 + 5 + 5 4 + 4 + 4 + 4 + 4
5 + 4 4 + 5

Autres ressources

› 90 Activités et jeux mathématiques CE1
36. Recto verso multiplicatif

BILAN de l'UNITÉ 6 — CONSOLIDATION

NOMBRES ET CALCULS

Multiplication par 10 et par 100 (séances 4 et 5)

Je prépare le bilan › FICHIER NOMBRES p. 64 B et C

→ **Multiplier 13 par 10 peut se faire en considérant que :**
- c'est pareil que 13 dizaines ;
- c'est 10 fois 1 dizaine (1 centaine) et 10 fois 3 unités (3 dizaines) ;
- on peut appliquer la « règle des 0 ».

→ **Multiplier 5 par 100 peut se faire en considérant que :**
- c'est pareil que 5 centaines ;
- c'est 5 fois 1 centaine ;
- on peut aussi appliquer la « règle des 0 ».

Je fais le bilan › FICHIER NOMBRES p. 65

Exercice 3 Calculer des produits dont un facteur est 10 ou 100.

4 × 100 = **400** 23 × **10** = 230 100 × 8 = **800**
6 × **100** = 600 10 × **10** = 100 10 × **30** = 300
15 × 10 = **150** **11** × 10 = 110 10 × **25** = 250

Je consolide mes connaissances › FICHIER NOMBRES p. 66-67

Exercice 5

7 + 7 + 7 + 7 + 7 + 7 + 7 + 7 + 7 + 7 = **70**
47 + 47 + 47 + 47 + 47 + 47 + 47 + 47 + 47 + 47 = **470**
10 + 10 + 10 + 10 + 10 + 10 + 10 + 10 + 10 + 10 = **100**
100 + 100 + 100 + 100 + 100 + 100 + 100 + 100 = **800**
100 + 10 + 100 + 10 + 10 + 10 + 100 + 100 + 10 = **450**

Exercice 6 La maman d'Alex possède **120 €**.
Le papa de Lisa possède **400 €**.

Exercice 7 La maman de Zoé a **23 billets** de 10 €.

Autres ressources

› CD-Rom Jeux interactifs GS-CP-CE1
13. Je suis un as du calcul (niveau 2)

NOMBRES ET CALCULS

Comparaison de nombres inférieurs à 1 000 (séance 8)

Je prépare le bilan › FICHIER NOMBRES p. 64 D

→ **Pour comparer deux nombres**, on regarde d'abord s'ils ont autant de centaines l'un que l'autre :
- si l'un a plus de centaines que l'autre, il est plus grand.
- s'ils en ont autant, on compare leurs chiffres des dizaines...

Je fais le bilan › FICHIER NOMBRES p. 65

Exercice 4 Comparer des nombres, utiliser les signes < et >.

142 > 98 420 > 240 508 < 850
200 > 88 654 > 546 309 > 289
150 > 147 95 < 201 757 < 759

Exercice 5 Former le plus petit et le plus grand nombre possible.

Avec 3 chiffres : **986 689** Avec 2 chiffres : **98 68.**

Exercice 6 Ranger des nombres donnés.

36 63 306 360 603 630.

Je consolide mes connaissances › FICHIER NOMBRES p. 67

Exercice 8

241 < 412 120 < 201 309 > 95
307 < 370 400 > 399 87 < 101
110 > 96 268 < 300 605 > 506

Exercice 9

254 < 260 390 > 98 745 < 574 802 > 788
95 < 200 578 > 575 657 < 660 790 > 783

Exercice 10 Les bâtiments du plus haut au moins haut :
poste ; **mairie** ; **château** ; **tour**.

Exercice 11 Le nombre choisi par Alex est **860**.

Autres ressources

› 90 Activités et jeux mathématiques CE1
14. Jeu de 7 nombres
15. Jeu « Entre 2 cartes »

MESURES ET GÉOMÉTRIE

Figures planes (séance 6)

Pas de préparation de bilan proposée.

La **reconnaissance d'une figure parmi d'autres** à partir d'une description est une tâche complexe qui mobilise plusieurs connaissances et compétences, et qui nécessite de construire une stratégie de recherche.
Pour ces raisons, elle ne fait pas l'objet d'un bilan, mais nous proposons des activités de consolidation.

Je consolide mes connaissances › CAHIER GÉOMÉTRIE p. 40

Exercices 1

<u>matériel par élève ou par équipe de 2 :</u> *les 16 étiquettes avec figures utilisées en séances 6 (fiches 47 et 48).*

- Je suis un carré. Mes côtés mesurent 4 cm. › **figure 8**
- Mes 4 côtés mesurent 5 cm, mais je ne suis pas un carré. › **figure 13**
- Je suis un polygone. Je n'ai que 2 angles droits. Un de mes côtés mesure 6 cm. › **figure 6**
- Je suis un triangle. Je n'ai pas d'angles droits. Un seul de mes côtés mesure 6 cm. › **figure 15**

Autres ressources

› 90 Activités et jeux mathématiques CE1

70. Qui suis-je ?
71. Bien cachés (reconnaissance de carrés et de rectangles dans une figure complexe)

MESURES ET GÉOMÉTRIE

Reproduction d'un polygone sur quadrillage (séance 6)

Je prépare le bilan › CAHIER GÉOMÉTRIE p. 39 A

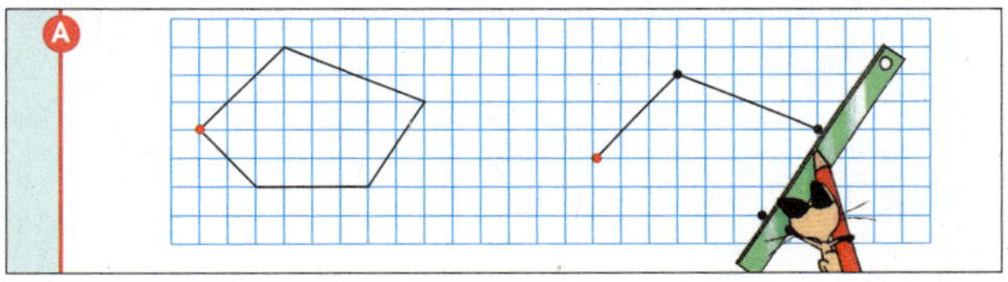

→ **Pour reproduire un polygone dont les côtés ne suivent pas les lignes du quadrillage**, il faut :
– d'abord placer les sommets en les repérant correctement les uns par rapport aux autres ; pour cela, on compte le nombre de carreaux en se déplaçant verticalement et horizontalement d'un sommet vers un autre ;
– puis, il reste à tracer les côtés du polygone.

Je fais le bilan › CAHIER GÉOMÉTRIE p. 39

Exercice 1 Reproduire sur quadrillage un triangle dont les côtés ne suivent pas les lignes du quadrillage.

Pas de corrigé.

Je consolide mes connaissances › CAHIER GÉOMÉTRIE p. 40-41

Exercice 2 Pas de corrigé.

Exercice 3 Pas de corrigé.

Exercice 4 Pas de corrigé.

Pour les 3 exercices, des calques des polygones peuvent être utilisés pour la validation.

CD-Rom du guide

› Fiche différenciation n° 32

Autres ressources

› 90 Activités et jeux mathématiques CE1

54 et 55. Reproduction sur quadrillage (3) et (4)
56. Le plus possible de polygones

› CD-Rom Jeux interactifs GS-CP-CE1

22. Dessins sur quadrillage (activités 8 à 12)

Lecture de l'heure en heures et demi-heure (séance 7)

Je prépare le bilan › CAHIER GÉOMÉTRIE p. 39 B

→ **Sur une horloge**, les 12 graduations marquent les heures. La **petite aiguille** indique les heures, la **grande aiguille** indique si on est pile sur l'heure ou non :
– il est exactement **3 heures**, quand la petite aiguille est sur le 3 et la grande aiguille sur le 12 ;
– il est **3 heures et demie** quand la petite aiguille est entre le 3 et le 4, et la grande aiguille sur le 6.

Je fais le bilan › CAHIER GÉOMÉTRIE p. 39

Exercice 2 Lire l'heure sur une horloge à aiguilles en heures et heures et demie.

Les horaires qui correspondent à l'horloge : **9 h** ou **9 heures**.

Je consolide mes connaissances › CAHIER GÉOMÉTRIE p. 41

Exercice 5 Les horaires qui correspondent à l'horloge :
10 h 30 et **10 heures et demie**.

Exercice 6

1re horloge : **3 h** ou **3 heures**
2e horloge : **8 h 30** ou **8 heures et demie**
3e horloge : **12 h 30** ou **12 heures et demie** ou **midi et demi** ou **minuit et demi**.

Exercice 7 Pas de corrigé.

CD-Rom du guide

› Fiches différenciation n° 33

Autres ressources

› 90 Activités et jeux mathématiques CE1
86. Le loto des heures (1)
87. Le mariage des heures (1)

› CD-Rom Jeux interactifs GS-CP-CE1
20. La lecture de l'heure (activités 1, 2 et 3)

Reproduction à la règle

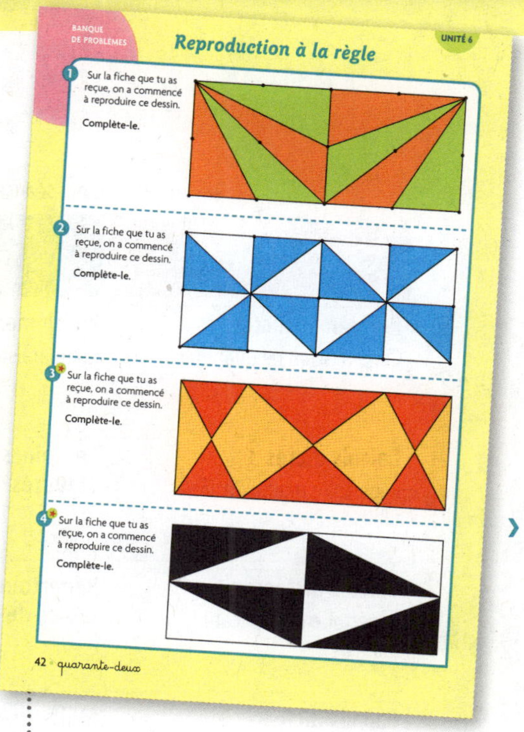
BANQUE DE PROBLÈMES

Reproduction à la règle

UNITÉ 6

1 Sur la fiche que tu as reçue, on a commencé à reproduire ce dessin. Complète-le.

2 Sur la fiche que tu as reçue, on a commencé à reproduire ce dessin. Complète-le.

3 Sur la fiche que tu as reçue, on a commencé à reproduire ce dessin. Complète-le.

4 Sur la fiche que tu as reçue, on a commencé à reproduire ce dessin. Complète-le.

42 quarante-deux

› CAHIER MESURES ET GÉOMÉTRIE p. 42

Pour chacun des problèmes, il s'agit de reproduire une figure à l'identique sur un support où cette reproduction est amorcée. Ces problèmes permettent de consolider l'utilisation de la règle pour réaliser un tracé.

OBJECTIFS DES 4 PROBLÈMES :
- Analyser une figure modèle.
- Élaborer une stratégie de construction.
- Mettre en œuvre cette stratégie.

Problèmes 1 et 2

TÂCHE : Repérer les extrémités des segments à tracer et repérer des alignements.

Problème 3

TÂCHE : Repérer les extrémités de segments à tracer.

Problème 4

TÂCHE : Il s'agit, dans un premier temps, d'identifier sur le modèle les segments qui le constituent et de repérer les alignements. Les élèves ont ensuite à prolonger des segments et à repérer des extrémités de segments à tracer situées à des intersections de segments déjà tracés.

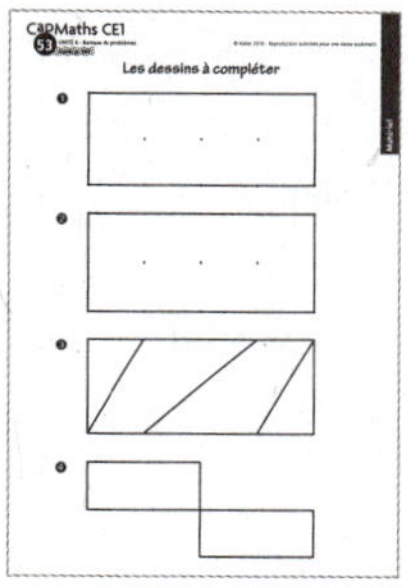

Matériel

- les quatre dessins à compléter

› fiche 53

- règle, crayon, gomme.

Mise en œuvre

L'analyse de la figure ainsi que la détermination de l'ordre dans lequel effectuer les tracés peuvent être conduites seul ou à deux. La réalisation des tracés est individuelle.

Aides possibles

Élèves qui ont des difficultés à analyser la figure :
- interroger sur les éléments qui composent la figure et les sous-figures ;
- faire préciser la position des extrémités des segments.

Élèves qui ont des difficultés à mettre en rapport le modèle avec la figure dont la construction est amorcée :
- questionner sur ce qu'ils reconnaissent sur la figure à compléter : rectangle contour, sous-figures, segments, points extrémités de segments ; engager les élèves à tracer, puis à comparer avec la figure modèle, à effacer si le tracé ne convient pas, à reprendre l'analyse si nécessaire ; si ces aides ne suffisent pas, ajouter un segment à la figure à compléter.

- **Élèves qui ont des difficultés à utiliser correctement la règle pour tracer :**
- conseiller sur le placement de la règle et son maintien en position lors du tracé.

Exploitation

Affichage de différentes productions pour en discuter la validité, pour identifier les erreurs et les expliciter, ce qui conduit à revenir sur l'analyse de la figure.

Explicitation des différentes étapes de la démarche :
- analyse du modèle ;
- mise en relation du modèle et de la figure dont la reproduction est engagée ;
- prévision d'un ordre de tracé : par quel segment commencer ?
- tracés ;
- contrôle de l'exactitude des tracés par comparaison au modèle.

Erreurs intéressantes à exploiter :

- Tracés à vue qui visent à respecter approximativement l'allure générale de la figure.

Procédures à observer particulièrement :

Élèves qui tenteraient de superposer la figure à compléter à la figure modèle pour repérer les tracés à effectuer. Leur préciser que c'est un bon moyen de valider si la construction est correcte, mais que ceci n'est pas autorisé pour la reproduction.

Élèves qui tracent des segments alignés segment par segment en levant la règle.
Leur faire remarquer que le tracé manque ainsi de précision : il faut repérer les alignements et lever le moins de fois possible la règle pour réaliser les tracés.

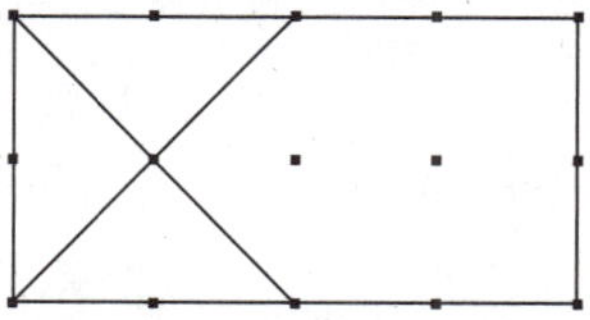
tracés corrects

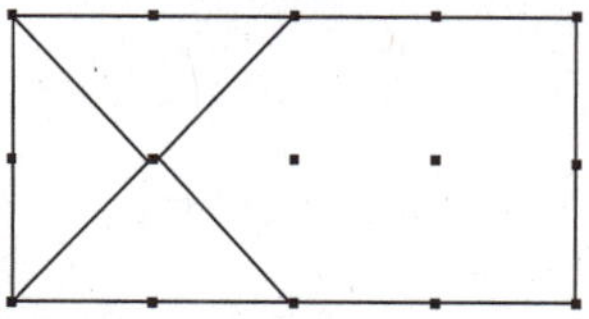
tracés incorrects

UNITÉ 7

13 ou 14 séances
– 10 séances programmées (9 séances d'apprentissage + 1 bilan)
– 3 ou 4 séances pour la consolidation et la résolution de problèmes

	CALCUL MENTAL (environ 30 min par séance)	RÉVISER (environ 30 min par séance)	APPRENDRE (environ 45 min par séance)
Séance 1 FICHIER NOMBRES p. 69	**Problèmes dictés** Comparaison de quantités	**Problèmes écrits** Comparaison de quantités	**Numération décimale : décomposition d'un nombre** RECHERCHE Combien de points avec 1, 10 et 100 ?
Séance 2 FICHIER NOMBRES p. 70	**Calculs dictés** Répertoire multiplicatif : table de 2	**Centaines, dizaines et unités**	**Multiplication : calcul réfléchi (1)** RECHERCHE Les produits voisins
Séance 3 FICHIER NOMBRES p. 71	**Calculs dictés** Répertoire multiplicatif : table de 5	**Répertoire multiplicatif : tables de 2 et 5**	**Multiplication : calcul réfléchi (2)** RECHERCHE Les produits voisins
Séance 4	**Calculs dictés** Répertoire multiplicatif : tables de 2 et 5	**Multiplication par 10 et par 100**	**Multiplication par un multiple de 10 ou de 100 (1)** RECHERCHE 4 cartes alignées de même valeur
Séance 5 FICHIER NOMBRES p. 72	**Problèmes dictés** Comparaison de quantités	**Problèmes écrits** Comparaison de quantités	**Multiplication par un multiple de 10 ou de 100 (2)** RECHERCHE 4 cartes alignées de même valeur
Séance 6 FICHIER NOMBRES p. 73	**Calculs dictés** Répertoire multiplicatif : tables de 2 et 5	**Comparaison et rangement de nombres inférieurs à 1 000**	**Problèmes à étapes** RECHERCHE Les achats du papa d'Alex
Séance 7 CAHIER GÉOMÉTRIE p. 43	**Calculs dictés** Ajout d'un nombre < 10 à un nombre < 100	**Horaires en heures et demi-heure**	**Tracé d'angles droits et report de longueurs** RECHERCHE Construction de triangles rectangles
Séance 8 CAHIER GÉOMÉTRIE p. 44	**Calculs dictés** Ajout d'un petit nombre (8 ou 9)	**Durées en heures et demi-heure**	**Carrés et rectangles : construction** RECHERCHE Construction de carrés et de rectangles d'une figure
Séance 9 CAHIER GÉOMÉTRIE p. 45-46	**Calculs dictés** Ajout d'un petit nombre (8 ou 9)	**Tracé d'angles droits**	**Axe de symétrie d'une figure** RECHERCHE Avec pliage et sans pliage

Bilan
Je prépare le bilan puis Je fais le bilan
FICHIER NOMBRES p. 74 et 75
CAHIER GÉOMÉTRIE p. 47 et 48

Consolidation Remédiation
Je consolide mes connaissances
FICHIER NOMBRES p. 76 et 77
CAHIER GÉOMÉTRIE p. 49 et 50

Banque de problèmes
À la patisserie
FICHIER NOMBRES p. 78
– Résoudre un problème de réunion de plusieurs prix identiques
– Résoudre un problème de prix total à payer
– Résoudre un problème de groupements
– Résoudre un problème de comparaison

L'essentiel à retenir de l'unité 7
- **Calculs dictés :**
  – Addition d'un nombre inférieur à 10
  – Table de multiplication par 2 et par 5
- **Décomposition d'un nombre avec 100, 10 et 1**
- **Multiplication : calcul réfléchi**
- **Multiplication par un multiple de 10 ou de 100**
- **Résolution d'un problème à étapes**
- **Angle droit, carré, rectangle, triangle rectangle : construction**
- **Axe de symétrie d'une figure**

UNITÉ 7 Numération décimale : décomposition d'un nombre

SÉANCE 1

	Tâche	Matériel	Connaissances travaillées
PROBLÈMES DICTÉS	**Comparaison de quantités** – Résoudre des problèmes de comparaison de quantités.	pour la classe : – 2 boites et 30 cubes par élève : FICHIER NOMBRES p. 69 ❶	**– Comparaison de quantités** – Comparaison de nombres.
PROBLÈMES ÉCRITS	**Comparaison de quantités** – Résoudre des problèmes de comparaison de quantités.	par élève : FICHIER NOMBRES p. 69 ❷ et ❸	**– Comparaison de quantités** – Comparaison de nombres.
APPRENDRE Calcul	**Numération décimale : décomposition d'un nombre** RECHERCHE **« Combien de points avec 1, 10 et 100 ? »** – Décomposer un nombre en additionnant les nombres 100, 10 et 1.	pour la classe : – cartes « 1 », « 10 » et « 100 » dessinées au tableau pour certains élèves : – cartes « 1 », « 10 » et « 100 » › **fiche 54** par élève : – ardoise ou cahier de brouillon FICHIER NOMBRES p. 69 ❹, ❺ et ❻	**– Décomposition des nombres en lien avec la numération décimale** – Multiplication par 10 et par 100 – Addition de dizaines et de centaines.

PROBLÈMES DICTÉS

Comparaison de quantités

– Résoudre des problèmes faisant intervenir des comparaisons de quantités.

COLLECTIF

FICHIER NOMBRES ET CALCULS p. 69

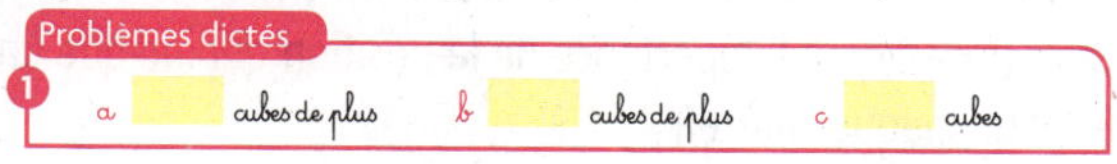

Exercice ❶

• Proposer successivement aux élèves trois problèmes à résoudre, chacun étant illustré à l'aide des cubes. Les réponses sont données dans le fichier.

• Vérification expérimentale des réponses.

Problème a

À l'insu des élèves, placer **5 cubes** dans une boite et **6 cubes** dans l'autre, puis fermer les boites.

QUESTION : *Dans cette première boite il y a **5 cubes** et dans cette deuxième boite il y en a **6**. Il y a plus de cubes dans la deuxième boite que dans la première. Combien de plus ?*

Problème b

À l'insu des élèves, placer **6 cubes** dans une boite et **10 cubes** dans l'autre, puis fermer les boites.

QUESTION : *Dans cette première boite il y a **6 cubes** et dans cette deuxième boite il y en a **10**. Il y a plus de cubes dans la deuxième boite que dans la première. Combien de plus ?*

Problème c

À l'insu des élèves, placer **10 cubes** dans une boite.

QUESTION : *Dans cette première boite, il y a **10 cubes**. Dans celle-là, il n'y en pas pour le moment, mais je voudrais qu'il y en ait **2 de plus** que dans la première boite. Combien faut-il que je mette de cubes dans cette deuxième boite ?*

• Au moment de la correction, insister sur :

– les procédures de résolution, notamment : compléter le premier nombre pour atteindre le deuxième par usage des doigts, surcomptage ou addition à trou ou encore soustraction ;

– la nécessité de contrôler que la réponse est compatible avec l'énoncé.

RÉPONSE : a. 1 cube de plus b. 4 cubes de plus c. 12 cubes.

Il s'agit des premiers problèmes où intervient une comparaison de collections. Les élèves doivent devenir familiers avec les expressions **« de plus »** ou **« de moins »** et comprendre que le fait d'utiliser les mots « plus » et « moins » ne détermine pas automatiquement le recours à l'addition ou à la soustraction des nombres proposés.

Le 1er problème est très simple de façon à familiariser les élèves avec ce type de situation.

PROBLÈMES ÉCRITS

Comparaison de quantités

– Résoudre des problèmes faisant intervenir des comparaisons de quantités.

INDIVIDUEL

FICHIER NOMBRES ET CALCULS **p. 69**

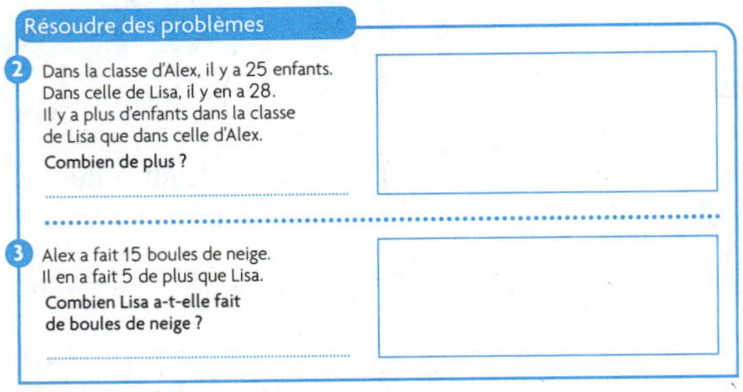
Résoudre des problèmes

2 Dans la classe d'Alex, il y a 25 enfants.
Dans celle de Lisa, il y en a 28.
Il y a plus d'enfants dans la classe de Lisa que dans celle d'Alex.
Combien de plus ?

3 Alex a fait 15 boules de neige.
Il en a fait 5 de plus que Lisa.
Combien Lisa a-t-elle fait de boules de neige ?

Problèmes 2 et 3

• Les problèmes sont du même type que ceux envisagés en calcul mental.

• Au moment de la correction, insister sur :

– les procédures de résolution, notamment pour le **problème 2** : compléter 25 pour avoir 28 par dessin, surcomptage ou addition à trou ou encore soustraire 25 de 28 ;

– la nécessité de contrôler que la réponse est compatible avec l'énoncé.

RÉPONSE : 2 3 enfants de plus 3 10 boules de neige.

Les nombres sont proposés avec un faible écart pour favoriser l'élaboration et le contrôle des réponses par les élèves.

Différenciation → CD-Rom du guide, **fiche n° 36.**

APPRENDRE

Numération décimale : décomposition d'un nombre

– Décomposer un nombre en centaines (valeur : 100), dizaines (valeur : 10) et unités (valeur : 1).

– Comprendre les décompositions de nombres du type 273 = (2 × 100) + (7 × 10) + 3, en situation mais sans exercices formels.

RECHERCHE

« Combien de points avec 1, 10 et 100 ? » : Les élèves doivent déterminer quel nombre est représenté par un ensemble de cartes marquées « 100 », « 10 » et « 1 » ou inversement quelles cartes sont nécessaires pour obtenir un nombre donné.

INDIVIDUEL

PHASE 1 Combien de points avec 5 cartes « 10 » et 3 cartes « 100 » ?

• Dessiner au tableau les cartes suivantes :

10	10	10	10	10	100	100	100

• Demander de faire le total de ces nombres et de dire quel nombre on obtient.

• Après un temps de recherche, recenser les différents types de calculs utilisés :

– écriture directe du nombre : 350, car les cartes ont été interprétées comme 3 centaines et 5 dizaines ;

– addition itérée :
100 + 100 + 100 + 10 + 10 + 10 + 10 + 10 = **350** ;

– multiplication et addition :
100 × 3 = 300 ; 10 × 5 = 50 ; 300 + 50 = 350 (la procédure de multiplication par 10 et par 100 peut être rappelée) ;

– écriture directe, avec ou sans parenthèses, par identification des centaines, dizaines et unités :
(3 × 100) + (5 × 10) = 350.

• Exploiter quelques **erreurs** significatives :

– réponses **« 35 »** ou **« 53 »** : la valeur des cartes (ou des chiffres selon leur position) n'est pas prise en compte ou encore, pour 35, le 0 des unités est considéré comme inutile ;

– réponse **« 80 »** : oubli du fait que certaines cartes valent 100 ;

– réponse **« 530 »** : l'ordre des chiffres n'est pas respecté dans l'écriture (revenir sur l'importance de la position qui indique une valeur pour chaque chiffre).

SYNTHÈSE

1. Faire le lien entre les différentes solutions

L'addition itérée peut être remplacée par une multiplication :
3 × 100, c'est aussi 3 centaines, donc 300.

2. Faire le lien avec les dizaines et les centaines

Par exemple à partir du tableau de numération :

centaine	dizaine	unité
100	10	1
3	5	0

350 = 3 centaines + 5 dizaines
350 = (3 × 100) + (5 × 10)
350 = 100 + 100 + 100 + 10 + 10 + 10 + 10 + 10

ÉCRIT DE RÉFÉRENCE

Dico-maths n° 3 auquel les élèves peuvent se référer.

Il s'agit de faire la relation entre plusieurs types de connaissances qui peuvent être mobilisées :
– signification des chiffres en fonction de leur position dans l'écriture d'un nombre ;
– décompositions additives et multiplicatives des nombres liées à la numération décimale ;
– règle des 0 pour la multiplication mise en relation avec le nombre de dizaines ou de centaines (5 × 10 = 50 mis en relation avec 5 dizaines).
L'usage de parenthèses ne fait pas l'objet d'un travail approfondi. On signale simplement qu'il s'agit de mettre en évidence les 3 centaines (3 × 100) et les 5 dizaines (5 × 10).

INDIVIDUEL

PHASE 2 Combien de points avec d'autres cartes ?

• Proposer d'autres exercices du même type avec les cartes dessinées au tableau en désordre, par exemple :

5 cartes « 100 », 5 cartes « 1 » **(505)**
10 cartes « 10 » **(100)**
6 cartes « 100 », 5 cartes « 10 », 3 cartes « 1 » **(653)**

INDIVIDUEL

PHASE 3 Décomposer un nombre donné

• Demander aux élèves de dessiner les cartes qui permettent d'obtenir un nombre donné, par exemple :

620 602 260 206 62 26

• Corriger chaque question et conclure en notant que le repérage de la valeur des chiffres en fonction de leur position permet de répondre immédiatement alors que des démarches par essais risquent de ne pas aboutir.
Exemple : pour **602**, il faut 6 cartes « 100 », 2 cartes « 1 ».

Pour certains élèves, le matériel « cartes » peut être utile.

INDIVIDUEL

PHASE 4 Nombres et décompositions

• Écrire au tableau les expressions :

(5 × 100) + (2 × 10) + 4 (5 × 10) + 4 + (2 × 100)
(4 × 10) + (5 × 100)

• Demander d'écrire les nombres correspondants à ces écritures (réponse : 524 ; 254 ; 540).
• Exploiter les réponses, si nécessaire en dessinant les cartes pour chaque expression, et en faisant discuter quelques **erreurs**. *Par exemple :*
– réponse « **542** » pour la deuxième expression ;
– réponses « **450** » ou « **45** » pour la troisième expression.
• Utiliser le tableau de numération pour mettre en évidence l'importance de la place des chiffres en relation avec les nombres 10 et 100.
• Écrire au tableau les nombres :

206 260 65 256

• Demander de les décomposer avec 10 et 100 comme pour les 3 nombres précédents.
• Exploiter les réponses, si nécessaire en dessinant les cartes pour chaque nombre et en faisant discuter quelques erreurs par les élèves. Utiliser également le tableau de numération.

INDIVIDUEL

ENTRAINEMENT

FICHIER NOMBRES ET CALCULS p. 69

DICO 3 Décomposer des nombres

4 **Écris** le nombre représenté par ces cartes.

10 100 100
1 100 1

Le nombre représenté est ....

5 **Complète** ces cartes pour obtenir le nombre 403.

100 ....
100 1
1

6 **Complète.**

exemple (3 × 100) + 2 = 302

(6 × 100) + (2 × 10) + 5 = ...
(5 × 100) + (3 × 10) = ...
(8 × 10) + 7 + (2 × 100) = ...
7 + (6 × 100) = ...

93 = ... + (........ × 10)
306 = (........ × 100) + ...
537 = (........ × 100) + (........ × 10) + ...
640 = (........ × 10) + (........ × 100)

Pour les élèves en difficulté sur ce type de problèmes, des cartes peuvent être mises à disposition (**fiche 54**).

Exercice 4

• Application directe de la recherche.
RÉPONSE : 312.

Exercice 5

• La solution la plus simple consiste à déterminer les cartes nécessaires (4 cartes « 100 » et 3 cartes « 1 ») puis à compléter.
RÉPONSE : 2 cartes « 100 » et 1 carte « 1 ».

Exercice 6

• Application directe de la phase 4 de la recherche.
• Pour les deux derniers items, d'autres réponses que celles envisagées sont possibles comme :
(4 × 100) + (13 × 10) + 7 = 537
(24 × 10) + (4 × 100) = 640.
Si elles apparaissent, elles sont reconnues comme valides, mais elles ne sont pas encouragées à ce niveau des apprentissages.

RÉPONSE : (6 × 100) + (2 × 10) + 5 = **625**
(5 × 100) + (3 × 10) = **530**
(8 × 10) + 7 + (2 × 100) = **287**
7 + (6 × 100) = **607**

93 = **3** + (**9** × 10)
306 = (**3** × 100) + **6**
537 = (**5** × 100) + (**3** × 10) + **7**
640 = (**4** × 10) + (**6** × 100).

Différenciation : Les exercices 4 et 5 peuvent être repris à partir des fiches différenciation → CD-Rom du guide, **fiche n° 37.**

UNITÉ 7

Multiplication : calcul réfléchi (1)

	Tâche	Matériel	Connaissances travaillées
CALCULS DICTÉS	**Répertoire multiplicatif : table de 2** – Donner les résultats de la table de multiplication par 2.	par élève : FICHIER NOMBRES p. 70 ①	– Calcul mental : automatismes.
RÉVISER Nombre et numération	**Centaines, dizaines et unités** – Utiliser les relations entre centaines, dizaines et unités	par élève : FICHIER NOMBRES p. 70 ② et ③	– Centaines, dizaines et unités – Équivalences entre les unités de numération.
APPRENDRE Calcul	**Multiplication : calcul réfléchi (1)** RECHERCHE **« Les produits voisins »** – Calculer des produits nouveaux en utilisant des résultats connus (dans le contexte des tours).	pour la classe : – 1 centaine de cubes emboitables par élève : – feuille ou cahier de brouillon – les calculatrices ne sont pas disponibles FICHIER NOMBRES p. 70 ④, ⑤ et ⑥	– Multiplication : calcul réfléchi.

CALCULS DICTÉS

Répertoire multiplicatif : table de 2 • Automatismes

– Donner rapidement des produits de la table de 2.

COLLECTIF

FICHIER NOMBRES ET CALCULS p. 70

Exercice 1

• Dicter les calculs avec réponses dans le fichier. Les questions du type « 8 partagé en 2 » pourront être concrétisées sous la forme « un lot de 8 objets partagé exactement en 2 paquets, cela fait combien d'objets par paquet ? »

• Procéder à une correction immédiate après chaque calcul. Conserver les résultats au tableau.

a. 2 fois 5	b. 4 fois 2	c. 2 fois 8	d. 9 fois 2
e. 2 fois 3	f. 2 fois 6	g. 8 partagé en 2	h. 14 partagé en 2

RÉPONSE : a. 10 b. 8 c. 16 d. 18 e. 6 f. 12 g. 4 h. 7.

Trois points sont soulignés :

– **Connaitre la table de 2 revient à connaitre les doubles des nombres de 1 à 9**, donc des sommes du type 5 + 5, 4 + 4.

– **Un calcul peut être remplacé par un autre :** il peut être plus simple, par exemple, de trouver la réponse pour « 2 fois 9 » que pour « 9 fois 2 ». Il convient d'insister sur cette dernière propriété (commutativité de la multiplication) mise en évidence dès les premiers apprentissages relatifs à la multiplication et qui allège de façon importante le travail de mémorisation des tables.

– **La relation « 2 × 4 = 8 et la moitié de 8, c'est 4 »** sera exprimée lors de la correction.

RÉVISER

Centaines, dizaines et unités

– Utiliser les relations entre unités de numération.

INDIVIDUEL

FICHIER NOMBRES ET CALCULS p. 70

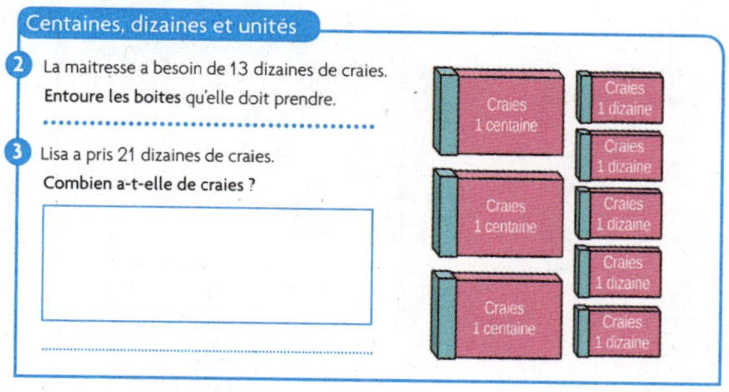
Centaines, dizaines et unités

2 La maitresse a besoin de 13 dizaines de craies. **Entoure les boites** qu'elle doit prendre.

3 Lisa a pris 21 dizaines de craies. Combien a-t-elle de craies ?

Exercice 2

Pour répondre, les élèves peuvent soit utiliser les relations entre unités de numération en décomposant 13 dizaines en 10 dizaines et 3 dizaines soit 1 centaine et 3 dizaines ou considérer que 13 dizaines de craies c'est 130 craies et décomposer 130 en 100 + 30 soit 1 centaine et 3 dizaines.

Exercice 3

La réponse peut être donnée directement ou en considérant que 21 dizaines c'est 2 centaines et 1 dizaine ou encore en multipliant 21 par 10.

RÉPONSE : 2 1 centaine et 3 dizaines   3 210 craies.

Différenciation → CD-Rom du guide, **fiche n° 38.**

APPRENDRE

Multiplication : calcul réfléchi (1)

– Utiliser des produits connus pour en calculer d'autres, en particulier lorsqu'un des facteurs augmente de 1 (passage 5 × 8 à 6 × 8, par exemple).

RECHERCHE

« Les produits voisins » : Après avoir calculé le nombre de cubes nécessaires pour construire 5 tours de 8 cubes, les élèves doivent trouver combien il faut de cubes pour construire 6 et 7 tours de 8 cubes.

ÉQUIPES DE 2

PHASE 1 Combien de cubes pour construire 5 tours de 8 cubes ?

• Former des équipes de 2 élèves, puis expliquer :

→ *Alex, Lisa et Moustik veulent construire des tours toutes de la même hauteur.* ***Chaque tour doit avoir 8 cubes.*** *Alex veut construire* ***5 tours****. Combien lui faut-il de cubes ? Écrivez ce que vous avez calculé.*

• Exploiter les réponses données : procédures et écritures utilisées (addition itérée, dessin, écriture du produit), erreurs.

TRACE ÉCRITE

Conserver, au tableau, les réponses sous forme de produits :
5 × 8 = 40   et   8 × 5 = 40.

Le calcul de ce premier produit, dans le contexte des tours, servira de point d'appui au traitement des questions suivantes. L'objectif de cette activité est en effet de comprendre qu'à partir de produits dont le résultat est connu, il est possible de calculer de nouveaux produits sans avoir à passer par l'addition itérée correspondante.
Les élèves peuvent utiliser leur connaissance de la **table de multiplication par 5** pour répondre à la question posée.

INDIVIDUEL

PHASE 2 Combien de cubes pour construire 6 tours ?

• Préciser dès le départ aux élèves :

→ *Pour les questions que je vais vous poser, vous pouvez utiliser le résultat écrit au tableau, mais vous pouvez aussi choisir une autre méthode pour répondre.*

• Poser une première question :

→ *Lisa veut construire* ***6 tours*** *de* ***8 cubes****. Il faut trouver le plus rapidement possible, mais sans se tromper, le nombre de cubes dont Lisa a besoin.*

• Après la recherche, faire une mise en commun centrée sur les procédures utilisées.

SYNTHÈSE

Les procédures de résolution

• **Insister sur le fait** qu'on peut s'appuyer sur un résultat comme **5 × 8 = 40** pour calculer un produit « voisin » comme **6 × 8** en évoquant :
– soit un 8 de plus dans l'addition (*procédure A*) ;
– soit une tour de plus (*procédure B*, dans le contexte de la situation) ;
– soit en s'appuyant sur le langage : « 6 fois 8, c'est 5 fois 8 et encore une fois 8 » (*procédure C*).
Remarque : La *procédure C* est formulée de façon plus générale que la *procédure B*, ce qui favorise son utilisation dans des contextes différents.

• **Traduire la procédure C en langage mathématique :**

6 × 8 = 40 + 8
(5 × 8) + (1 × 8)

TRACE ÉCRITE

• **Conserver les procédures correctes au tableau** en les classant, en les mettant en relation et en les illustrant à l'aide du matériel :

Procédure A

$8 + 8 + 8 + 8 + 8 + 8$ peut être calculé en utilisant le fait que : $8 + 8 + 8 + 8 + 8 = 40$, et donc on ajoute 8 à 40.

Procédure B

6 tours de 8 cubes, c'est pareil que 5 tours et 1 autre tour.

Procédure C

6 fois 8, c'est 5 fois 8 et encore une fois 8.

• **Conserver les réponses sous forme de produits :**

$6 \times 8 = 48$ et $8 \times 6 = 48$.

Les parenthèses sont utilisées par l'enseignant, mais leur maitrise n'est pas encore exigible pour tous les élèves.

INDIVIDUEL

PHASE 3 Combien de cubes pour construire 7 tours ?

• Formuler la nouvelle consigne :

→ *Moustik veut construire **7 tours** de **8 cubes**. Il faut trouver le plus rapidement possible, mais sans se tromper, le nombre de cubes dont Moustik a besoin.*

Faire la même mise en commun et exploitation.

TRACE ÉCRITE

Conserver, au tableau, les réponses sous forme de produits :

$7 \times 8 = 56$ et $8 \times 7 = 56$.

Pour 7 tours, les élèves peuvent utiliser :

– le fait que c'est 1 tour de plus que 6 tours ou 2 tours de plus que 5 tours ;

– une formulation du type « 7 fois 8, c'est 6 fois 8 et encore une fois 8 » ou « 7 fois 8, c'est 5 fois 8 et encore 2 fois 8 ».

INDIVIDUEL

ENTRAINEMENT

FICHIER NOMBRES ET CALCULS p. 70

Calculer le nombre de cubes pour construire des tours

4 Lisa a construit 10 tours de 5 cubes.

Combien de cubes a-t-elle utilisés ? ....

5 Alex veut construire 11 tours de 5 cubes.
Combien de cubes lui faudra-t-il ?

6 Moustik veut construire 12 tours de 5 cubes.
Combien de cubes lui faudra-t-il ?

Exercice 4

• Pour répondre, les élèves peuvent utiliser l'addition itérée ou leur connaissance relative à la multiplication d'un nombre par 10 (beaucoup plus rapide).

RÉPONSE : 50 cubes.

Exercice 5

• Lors de la correction, mettre en évidence l'intérêt d'utiliser le résultat de l'exercice 1 et les acquis de l'apprentissage, avec différentes formulations :

– **11 tours de 5 cubes**, c'est 1 tour de plus que 10 tours, donc il faut 5 cubes de plus ;

– **11 fois 5**, c'est 10 fois 5 et encore 1 fois 5 ;

– **11×5**, c'est 5 de plus que 10×5 ;

– **11×5** $= 50 + 5 = 55$.

RÉPONSE : 55 cubes.

Exercice 6

• Même raisonnement pour 12 fois 5, en s'appuyant :

– soit sur 10 fois 5 (2 fois 5 de plus) ;

– soit sur 11 fois 5 (1 fois 5 de plus).

RÉPONSE : 60 cubes.

À SUIVRE

En **séance 4**, le travail sur le calcul approché de produits est poursuivi avec des produits dont un facteur varie de 1 ou est doublé.

Multiplication : calcul réfléchi (2)

	Tâche	Matériel	Connaissances travaillées
CALCULS DICTÉS	**Répertoire multiplicatif : table de 5** – Donner les résultats de la table de multiplication par 5 .	par élève : FICHIER NOMBRES p. 71 ①	– Calcul mental : automatismes.
RÉVISER Calcul	**Répertoire multiplicatif : tables de 2 et 5** – Calculer ou réaliser une somme d'argent avec des pièces de 2 € et des billets de 5 €.	par élève : FICHIER NOMBRES p. 71 ② et ③	– Calcul mental – Table de multiplication de 2 et de 5 – Addition.
APPRENDRE Calcul	**Multiplication : calcul réfléchi (2)** RECHERCHE **« Les produits voisins »** – Calculer des produits nouveaux en utilisant des résultats connus.	pour la classe : – 5 cartes « 2 fois 25 » et 5 cartes « 1 fois 25 » › **fiches 55 et 56** à photocopier recto verso par élève : – feuille ou cahier de brouillon FICHIER NOMBRES p. 71 ④, ⑤ et ⑥	– Multiplication : calcul réfléchi.

CALCULS DICTÉS

Répertoire multiplicatif : table de 5 • Mémorisation

– Donner rapidement des produits de la table de 5.

COLLECTIF

FICHIER NOMBRES ET CALCULS p. 71

Exercice ①

• Dicter les calculs. Les réponses sont données sur l'ardoise ou le cahier de brouillon.

• Procéder à une correction immédiate après chaque calcul. Conserver les résultats au tableau.

a. 5 fois 2	b. 4 fois 5	c. 5 fois 5	d. 5 fois 4
e. 3 fois 5	f. 0 fois 5	g. 8 fois 5	h. 5 fois 9

RÉPONSE : a. 10 b. 20 c. 25 d. 20 e. 15 f. 0 g. 40 h. 45.

Deux points sont soulignés :

– **Les résultats de la table de 5 vont de 5 en 5**, ce qui permet parfois de retrouver un résultat oublié : 3 fois 5, c'est 5 de plus que 2 fois 5, c'est 2 fois 5 et encore 1 fois 5.

– **Un calcul peut être remplacé par un autre :** par exemple, si on connait 4 fois 5, on connait aussi 5 fois 4.

Il convient à nouveau d'insister sur cette dernière propriété (commutativité de la multiplication) mise en évidence dès les premiers apprentissages relatifs à la multiplication et qui allège de façon importante le travail de mémorisation des tables.

RÉVISER

Répertoire multiplicatif : tables de 2 et de 5

– Utiliser les relations entre unités de numération.

INDIVIDUEL

FICHIER NOMBRES ET CALCULS **p. 71**

Résoudre des problèmes

2 Quelle somme d'argent représentent ces pièces et ces billets ?

3 Trouve deux façons de réaliser 26 € en n'utilisant que des pièces de 2 € et des billets de 5 €.

Exercice 2

• Pour répondre, les élèves peuvent utiliser l'addition ou calculer plus rapidement en ayant recours à la multiplication (tables de 2 et de 5).

• Les calculs du type 5 × 2 = 10 + 3 × 5 = 25 seront reconnus comme fournissant la bonne réponse (témoin d'un raisonnement correct), mais corrigés en une suite de calculs :

5 × 2 = 10   3 × 5 = 15   10 + 15 = 25.

RÉPONSE : 25 €.

Exercice 3

AIDE On peut inciter certains élèves à choisir d'abord un nombre de billets de 5 € (en utilisant la table de multiplication par 5), puis à compléter avec des pièces de 2 € (si c'est possible) ; on peut aussi leur fournir des pièces et billets fictifs.

RÉPONSE : **4** billets de 5 € et **3** pièces de 2 €
2 billets de 5 € et **8** pièces de 2 €
13 pièces de 2 €.

APPRENDRE

Multiplication : calcul réfléchi (2)

– Utiliser des produits connus pour en calculer d'autres, notamment lorsque l'un des facteurs augmente de 1 ou est doublé.
– Se familiariser avec les multiples de 25.

RECHERCHE

« Les produits voisins » : Après avoir calculé **4 × 25**, les élèves doivent utiliser le résultat établi pour calculer successivement **5 × 25**, **6 × 25** et **8 × 25**.

INDIVIDUEL OU ÉQUIPES DE 2

PHASE 1 Calcul de 4 fois 25

• Présenter les deux types de cartes aux élèves, côté recto. Préciser que des points sont dessinés au verso et les montrer en demandant à des élèves de vérifier que le nombre de points dessinés correspond bien aux deux écritures données au recto :

1 fois 25, c'est 25.
2 fois 25, c'est 25 + 25, c'est 50.

Il y a bien 25 points ou 50 points dessinés (2 groupes de 25).

• Montrer **1 carte « 2 fois 25 »** et **1 carte « 2 fois 25 »**. Les réunir et demander aux élèves, sur leur ardoise, de chercher combien de points sont ainsi rassemblés.

• Lors de l'exploitation collective, faire formuler les réponses et la façon dont elles ont été obtenues, par exemple :
– ajout successif, 4 fois, de 25 ;
– ajout de 50 et de 50 car 4 fois 25, c'est 2 fois 25 et encore 2 fois 25 ou c'est le double de 2 fois 25…

TRACE ÉCRITE

Conserver, au tableau, ces écritures :
4 fois 25 = 100   4 × 25 = 100   25 × 4 = 100.

INDIVIDUEL OU ÉQUIPES DE 2

PHASE 2 Calcul de 5 fois 25

• Reprendre le même scénario en montrant **2 cartes « 2 fois 25 »** et **1 carte « 1 fois 25 »**.

• Conclure de la même manière en mettant en évidence les deux procédures :
– ajout successif, 5 fois, de 25 (en considérant les 5 groupes de 25) ;
– ajout de 100 et de 25, car 5 fois 25, c'est 4 fois 25 et 1 fois 25 (en considérant les 2 cartes « 2 fois 25 »).

TRACE ÉCRITE

5 fois 25 = 125   5 × 25 = 125   25 × 5 = 125.

Les relations du type « 5 fois 25, c'est 1 fois 25 de plus que 4 fois 25 » ou « 4 fois 25, c'est le double de 2 fois 25 » **sont fondamentales pour la structuration des tables** et aide à leur mémorisation (les résultats de la table de 4 sont doubles de ceux de la table de 2, par exemple). Elles sont également très utiles pour le calcul réfléchi de produits.
Mais ces relations sont difficiles à comprendre pour les élèves, surtout si on les formalise trop tôt. C'est la raison pour laquelle, elles sont travaillées ici avec un nombre qui facilite les calculs (25) ainsi qu'en privilégiant l'usage du langage ordinaire (le mot « fois ») et en insistant sur les représentations matérielles des produits.

Dans les phases suivantes, on prend pour point de départ des écritures multiplicatives, les élèves étant chargés de les traduire dans d'autres langages (notamment avec le mot fois) pour pouvoir répondre à la question.

INDIVIDUEL OU ÉQUIPES DE 2

PHASE 3 **Calcul de 6 × 25**

• Montrer **3 cartes « 1 fois 25 »** et **1 carte « 2 fois 25 »** utilisées pour obtenir « **5 fois 25** ». Puis poser la question suivante :

→ *Quelle carte faut-il ajouter à celles-ci pour avoir **6 × 25*** (écrire ce calcul au tableau) ? *Combien cela fera-t-il de points ?*

• Lors de la mise en commun, faire l'inventaire des réponses en demandant de trier les réponses correctes de celles qui sont incorrectes.

• Après avoir formulé **6 × 25** sous la forme « **6 fois 25** », retenir parmi les réponses correctes qu'il faut ajouter 1 carte « 1 fois 25 », puis énoncer avec les élèves :

6 fois 25, c'est 5 fois 25 et 1 fois 25, ce qui revient à calculer :

125	+	25	=	150.
(5 × 25)	+	(1 × 25)		

INDIVIDUEL OU ÉQUIPES DE 2

PHASE 4 **Calcul de 8 × 25**

• Montrer les **2 cartes « 2 fois 25 »** utilisées pour obtenir « **4 fois 25** ». Puis poser la question suivante :

→ *Quelles cartes faut-il ajouter à celles-ci pour avoir **8 × 25*** (écrit au tableau) ? *Combien cela fera-t-il de points ?*

• Lors de la mise en commun, faire l'inventaire des réponses en demandant de trier les réponses correctes de celles qui sont incorrectes.

• Parmi les réponses proposées par les élèves, retenir les trois possibilités décrites ci-dessous :

– ajouter 2 cartes « 2 fois 25 »
(donc doubler le nombre de cartes)
8 fois 25, c'est 4 fois 25 et 4 fois 25,ce qui revient à calculer :

100	+	100	=	200.
(4 × 25)	+	(4 × 25)		

– ajouter 4 cartes « 1 fois 25 »
8 fois 25, c'est 4 fois 25 et 4 fois 25, ce qui revient à calculer :

100	+	25	+	25	+	25	+	25	= 200.
(4 × 25)	+	(1 × 25)	+	(1 × 25)	+	(1 × 25)	+	(1 × 25)	

– ajouter 1 carte « 2 fois 25 » et 2 cartes « 1 fois 25 »
8 fois 25, c'est 4 fois 25 et 2 fois 25 et 2 fois 25,
ce qui revient encore à calculer :

100	+	50	+	25	+	25	= 200.
(4 × 25)	+	(2 × 25)	+	(1 × 25)	+	(1 × 25)	

Si la première procédure n'apparait pas, guider les élèves pour y parvenir, en disant par exemple : « Avec ces cartes, on a 4 fois 25. Est-il possible d'utiliser un bloc de cartes identique pour avoir 8 fois 25 ? ».

SYNTHÈSE

Le mot « fois » et le signe « × »

En s'appuyant sur les exemples précédents, mettre en évidence deux types de relations :

• **4 fois 25**, c'est le double de 2 fois 25
ou encore **4 × 25**, c'est le double de 2 × 25.

• **8 fois 25**, c'est le double de 4 fois 25
ou encore **8 × 25**, c'est le double de 4 × 25.

• **5 fois 25**, c'est 1 fois 25 de plus que 4 fois 25
ou encore 5 fois 25, c'est 25 de plus que 4 × 25
ou encore **5 × 25**, c'est 25 de plus que 4 × 25.

INDIVIDUEL

ENTRAINEMENT

FICHIER NOMBRES ET CALCULS **p. 71**

Multiplier : calcul réfléchi

4 **Entoure** en rouge les étiquettes qu'il faut prendre pour obtenir le résultat de 3 × 15.
• **Complète** 3 × 15 = ...
Entoure en bleu les étiquettes qu'il faut prendre pour obtenir le résultat de 4 × 15.
• **Complète** 4 × 15 = ...

1 × 15 = 15 | 1 × 15 = 15
2 × 15 = 30 | 2 × 15 = 30
2 × 15 = 30 | 2 × 15 = 30

5 **Utilise le résultat de l'ardoise pour calculer :**
• 5 × 6 = ... • 8 × 6 = ...
• 6 × 6 = ... • 9 × 6 = ...

4 × 6 = 24

6 **Utilise le résultat de l'ardoise pour calculer :**
• 7 × 25 = ... • 12 × 25 = ...
• 8 × 25 = ... • 13 × 25 = ...

6 × 25 = 150

Exercice 4

Les élèves peuvent procéder en additionnant les résultats donnés par certaines étiquettes, par exemple : 3 × 15 obtenu en additionnant les résultats de 1 × 15 et de 2 × 15.

RÉPONSE : – 1 étiquette 2 × 15 et 1 étiquette 1 × 15
– 3 × 15 = **45**
– 2 étiquettes 2 × 15 ou 1 étiquette 2 × 25 et 2 étiquettes 1 × 25
– 4 × 15 = **60**

Exercices 5 et 6

Une seule étiquette est donnée. Les élèves doivent donc imaginer des raisonnements possibles à partir du résultat qu'elle fournit, par exemple dans l'exercice 5 : 5 × 6 c'est 5 fois 6, donc 4 fois 6 plus 1 fois 6, donc 6 de plus que 24 ou 8 × 6 c'est 8 fois 6, donc 4 fois 6 plus 4 fois 6.

RÉPONSE : **5** 5 × 6 = 30 (24 + 6)
8 × 6 = 48 (24 + 24)
6 × 6 = 36 (24 + 6 + 6)
9 × 6 = 54 (24 + 24 + 6)

6 7 × 25 = 175 (150 + 25)
12 × 25 = 300 (150 + 150)
8 × 25 = 200 (150 + 25 + 25)
13 × 25 = 325 (150 + 150 + 25)

Multiplication pour un multiple de 10 ou de 100 (1)

SÉANCE 4
Pas d'exercices dans le fichier nombres ni dans le cahier géométrie

	Tâche	Matériel	Connaissances travaillées
CALCULS DICTÉS	**Répertoire multiplicatif : tables de 2 et de 5** – Donner les résultats de la table de multiplication par 2 et par 5 .	par élève : – ardoise ou cahier de brouillon	**– Calcul mental : mémorisation.**
RÉVISER Calcul	**Multiplication par 10 et par 100** – Calculer des produits dont un terme est 10 ou 100.	par élève : – ardoise ou cahier de brouillon	**– Calcul mental** **– Multiplication par 10 et par 100.**
APPRENDRE Calcul	**Multiplication par un multiple de 10 ou de 100 (1)** RECHERCHE **« 4 cartes alignées de même valeur »** – Multiplier un multiple simple de 10 ou de 100 par un nombre inférieur à 10.	par équipes de 4 : – jeu de 32 cartes › **fiches 57 et 58** – tables de multiplication › **dico-maths n° 18** – les calculatrices ne sont pas disponibles par élève : – ardoise ou cahier de brouillon	**– Multiplication** **– Multiplication du type 40 × 7, 300 × 3…**

CALCULS DICTÉS

Répertoire multiplicatif : tables de 2 et de 5 • Mémorisation
– Donner rapidement des produits de la table de 2 et de la table de 5.

COLLECTIF

• Dicter les calculs. Les réponses sont données sur l'ardoise ou le cahier de brouillon.
• Procéder à une correction immédiate après chaque calcul. Conserver le résultat au tableau.

a. 7 fois 2 b. 2 fois 9
Combien de fois :
c. 2 dans 6 ? d. 2 dans 10 ?
e. 5 fois 7 f. 8 fois 5
Combien de fois :
g. 5 dans 10 ? h. 5 dans 20 ?

RÉPONSE : a. 14 b. 18 c. 3 d. 5 e. 35 f. 40 g. 2 h. 4.

Pour les questions du type « Combien de fois 2 dans 6 ? », expliciter la relation entre $2 \times 3 = 6$; $3 \times 2 = 6$ et « 3 fois 2 égale 6 ». Ces questions sont plus difficiles mais fondamentales pour une maitrise des tables et leur utilisation dans la division.

RÉVISER

Multiplication par 10 et par 100
– Calculer des produits dont un terme est 10 ou 100.

Les calculs écrits au tableau sont une reprise du calcul de produits par 10 ou par 100 déjà étudiés en unité 6 séance 4. Les réponses sont données sur l'ardoise ou le cahier de brouillon.

COLLECTIF

1 Produits dont il faut trouver le résultat

• Écrire au tableau les calculs suivants :

8 × 10 = …	10 × 17 = …	10 × 20 = …
8 × 100 = …	100 × 5 = …	78 × 10 = …

• Lors de la correction, faire le lien entre la « règle des 0 » et la numération décimale : le calcul **10 × 17** peut être interprété comme 17 dizaines, donc **170** (le tableau de numération ou si nécessaire le matériel de numération peuvent être sollicités).

RÉPONSE : 8 × 10 = **80** 10 × 17 = **170** 10 × 20 = **200**
8 × 100 = **800** 100 × 5 = **500** 78 × 10 = **780**.

INDIVIDUEL

2 Produits dont un des termes est manquant

• Écrire au tableau les calculs suivants :

10 × … = 50	10 × … = 280	10 × … = 500
4 × … = 400	100 × … = 900	55 × … = 550

• Lors de la correction, faire à nouveau le lien entre « règle des 0 » et numération décimale : la question **10 × … = 280** peut être interprétée comme « **combien de fois 10 dans 280 ?** » ou « **combien de dizaines dans 280 ?** » (le tableau de numération ou si nécessaire le matériel de numération peuvent aussi être sollicités).

RÉPONSE : 10 × **5** = 50   10 × **28** = 280   10 × **50** = 500
4 × **100** = 400   100 × **9** = 900   55 × **10** = 550.

UNITÉ 7

APPRENDRE

Multiplication par un multiple de 10 ou de 100 (1)

– Calculer des produits du type 40 × 7, 300 × 3… par calcul réfléchi.

RECHERCHE

« 4 cartes alignées de même valeur » : Les élèves doivent identifier et aligner des cartes qui correspondent au même résultat.

ÉQUIPES DE 4

PHASE 1 Aligner 4 cartes de même valeur

• Présenter la règle du jeu, en débutant une partie devant toute la classe avec 3 élèves et les 32 cartes :

Règle du jeu :

Au départ, chaque joueur reçoit 4 cartes, le reste des cartes (retournées) constituant la pioche.

Un **premier joueur** pose une de ses cartes dont la face reste visible de tous et tire une nouvelle carte, dans la pioche, qu'il garde pour la suite du jeu. Le **deuxième joueur** pose à son tour une de ses cartes : soit elle est de même valeur que la carte déjà posée (dans ce cas, il la pose sur la même ligne que cette carte), soit d'une valeur différente de celle déjà posée (dans ce cas, il amorce une nouvelle ligne). Puis il tire une nouvelle carte, dans la pioche, qu'il garde pour la suite du jeu. Le troisième joueur fait de même.

Le joueur qui parvient à terminer une série de 4 cartes de même valeur gagne toutes les cartes de la série.

Par exemple :

	3 fois 2 dizaines	3 × 20	
6 fois 3 dizaines	6 × 30	1 centaine et 8 dizaines	180

Si un joueur pose une carte en se trompant, soit parce qu'elle n'a pas la même valeur que celles déjà posées, soit parce qu'il commence une nouvelle ligne alors que sa carte devrait se trouver sur une ligne déjà commencée, il doit reprendre sa carte et passer son tour.

Le gagnant est celui qui aura remporté le plus de cartes.

Pour les calculs, vous pouvez utiliser les tables de multiplication du dico-maths.

• Deux parties successives sont jouées dans chaque équipe.

Le calcul de produits (mentalement ou par écrit) s'appuie fréquemment sur des décompositions utilisant des nombres comme 30, 200... Il est donc important de mettre en place, assez tôt, la compréhension et la maitrise de calculs du type :
6 × 30   3 × 20   4 × 200...
Cette compréhension s'appuie sur des connaissances relatives à la numération : 6 × 30, c'est 6 fois 3 dizaines, etc. (voir synthèse).

ÉQUIPES DE 4

PHASE 2 Phase de réflexion

• Présenter la tâche :

→ *Dans chaque équipe, vous devez maintenant formuler des méthodes qui permettent de trouver facilement les cartes qui vont ensemble. Vous écrirez ces méthodes sur un cahier de brouillon en les expliquant.*

• La mise en commun porte sur le fait que les méthodes utilisées pour les calculs ont reposé :

– sur des raisonnements faits en cours de jeu : 6 fois 3 dizaines, c'est comme 6 × 30 (ou comme 30 × 6) ; c'est aussi 18 dizaines (des élèves ont pu utiliser l'addition itérée) ;

– sur des connaissances déjà établies en numération : 18 dizaines, c'est 10 dizaines et 8 dizaines, donc 1 centaine et 8 dizaines, donc 180.

SYNTHÈSE

Multiplier par 30, par 200...

Il est facile de calculer des produits comme
4 × 30 ou **30 × 4** ou **4 × 200...**
avec la méthode suivante :

• **4 × 30** c'est comme 4 fois 3 dizaines.
On peut utiliser sa table de multiplication pour trouver **12 dizaines.**
12 dizaines c'est **120**.

• **300 × 3** c'est comme 3 fois 3 centaines.
On peut utiliser sa table de multiplication pour trouver **9 centaines.**
9 centaines c'est **900**.

Cette méthode peut être illustrée avec le matériel de numération.

ÉCRIT DE RÉFÉRENCE

Demander aux élèves de se reporter au **dico-maths n° 19**.

Multiplication pour un multiple de 10 ou de 100 (2)

	Tâche	Matériel	Connaissances travaillées
PROBLÈMES DICTÉS	**Comparaison de quantités** – Résoudre des problèmes de comparaison de quantités.	pour la classe : – 2 boites et 30 cubes par élève : FICHIER NOMBRES p. 72 1	– **Comparaison de quantités** – Comparaison de nombres.
PROBLÈMES ÉCRITS	**Comparaison de quantités** – Résoudre des problèmes de comparaison de quantités.	par élève : FICHIER NOMBRES p. 72 2 et 3	– **Comparaison de quantités** – Comparaison de nombres.
APPRENDRE Calcul	**Multiplication par un multiple de 10 ou de 100 (2)** RECHERCHE **« 4 cartes alignées de même valeur »** – Multiplier un multiple simple de 10 ou de 100 par un nombre inférieur à 10.	par équipes de 4 : – jeu de 32 cartes › **fiches 57 et 58** – tables de multiplication › **dico-maths n° 18** – les calculatrices ne sont pas disponibles par élève : – cahier de brouillon FICHIER NOMBRES p. 72 4 et 5	– **Multiplication** – **Multiplication du type 40 × 7, 300 × 3…**

PROBLÈMES DICTÉS

Comparaison de quantités

– Résoudre un problème en utilisant le calcul mental.

COLLECTIF

FICHIER NOMBRES ET CALCULS p. 72

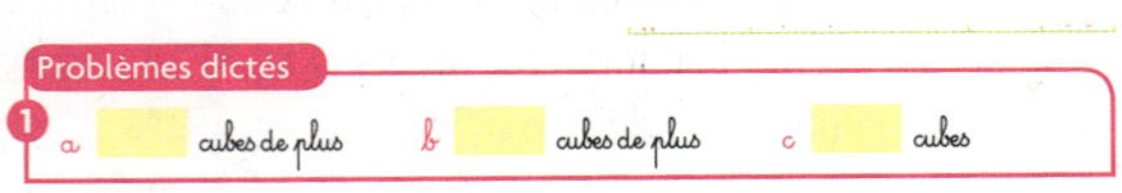

Exercice 1

- Proposer successivement aux élèves trois problèmes à résoudre, chacun étant illustré à l'aide des cubes. Les réponses sont données dans le fichier.
- Vérification expérimentale des réponses.

Problème a

À l'insu des élèves, placer **7 cubes** dans une boite et **10 cubes** dans l'autre, puis refermer les boites.

QUESTION : *Dans cette première boite il y a **7 cubes** et dans cette deuxième boite il y en a **10**. Il y a plus de cubes dans la deuxième boite que dans la première. Combien de plus ?*

Problème b

À l'insu des élèves, placer **8 cubes** dans une boite et **12 cubes** dans l'autre, puis refermer les boites.

QUESTION : *Dans cette première boite il y a **8 cubes** et dans cette deuxième boite il y en a **12**. Il y a plus de cubes dans la deuxième boite que dans la première. Combien de plus ?*

Problème c

À l'insu des élèves, placer **10 cubes** dans une boite.

QUESTION : *Dans cette première boite, il y a **10 cubes**. Dans celle-là, il n'y en pas pour le moment, mais je voudrais qu'il y en ait **5 de plus** que dans la première boite. Combien faut-il que je mette de cubes dans cette deuxième boite ?*

RÉPONSE : a. 3 cubes de plus b. 4 cubes de plus c. 15 cubes.

- Au moment de la correction, insister sur :

– les procédures de résolution, notamment : compléter le premier nombre pour atteindre le deuxième par usage des doigts, surcomptage, addition à trou ou encore soustraction ;

– la nécessité de contrôler que la réponse est compatible avec l'énoncé.

Cette activité prolonge celle qui a été proposée en **séance 1**.

PROBLÈMES ÉCRITS

Comparaison de quantités

– Résoudre des problèmes faisant intervenir des comparaisons de quantités.
– Résoudre un problème en utilisant le calcul mental.

UNITÉ 7

INDIVIDUEL

FICHIER NOMBRES ET CALCULS p. 72

Résoudre des problèmes

2 Alex a 18 petites voitures.
Lisa en a 6 de plus qu'Alex.
Combien de petites voitures a Lisa ?

3 Lisa a fait un collier avec 30 perles.
Elle a utilisé 10 perles de moins qu'Alex.
Combien de perles Alex a-t-il utilisées pour faire son collier ?

Problèmes 2 et 3

- Au moment de la correction, insister sur la diversité des procédures de résolution et sur la nécessité de contrôler que la réponse est compatible avec l'énoncé.

RÉPONSE : 2 24 voitures. 3 40 perles.

Les nombres sont proposés avec un écart plus important qu'en séance 1, mais les calculs sont assez simples, de façon à favoriser l'élaboration et le contrôle des réponses par les élèves.

Différenciation : Les exercices 2 et 3 peuvent être repris à partir de fiches différenciation → CD-Rom du guide, **fiche n° 36.**

APPRENDRE

Multiplication par un multiple de 10 ou de 100 (2)

– Calculer des produits de ce type par calcul réfléchi.

ÉQUIPES DE 4

RECHERCHE

« 4 cartes alignées de même valeur » : Les élèves doivent identifier et aligner des cartes qui correspondent au même résultat.

PHASE 1 Aligner 4 cartes de même valeur

- Reprendre le jeu utilisé en séance 4 (voir p. 203 du guide).

Règle du jeu :

Au départ, chaque joueur reçoit 4 cartes, le reste des cartes (retournées) constituant la pioche.

Un **premier joueur** pose une de ses cartes dont la face reste visible de tous et tire une nouvelle carte, dans la pioche, qu'il garde pour la suite du jeu. Le **deuxième joueur** pose à son tour une de ses cartes : soit elle est de même valeur que la carte déjà posée (dans ce cas, il la pose sur la même ligne que cette carte), soit d'une valeur différente de celle déjà posée (dans ce cas, il amorce une nouvelle ligne). Puis il tire une nouvelle carte, dans la pioche, qu'il garde pour la suite du jeu. Le troisième joueur fait de même.

Le joueur qui parvient à terminer une série de 4 cartes de même valeur gagne toutes les cartes de la série.

Si un joueur pose une carte en se trompant, soit parce qu'elle n'a pas la même valeur que celles déjà posées, soit parce qu'il commence une nouvelle ligne alors que sa carte devrait se trouver sur une ligne déjà commencée, il doit reprendre sa carte et passer son tour.

Le gagnant est celui qui aura remporté le plus de cartes.

Pour les calculs, vous pouvez utiliser les tables de multiplication du dico-maths.

- À la fin de la séquence de jeu, faire reformuler les éléments de la synthèse.

SYNTHÈSE

Multiplier par 30, par 200...

- Calcul de produits comme **4 × 30 ou 30 × 4 .**
C'est 4 fois 3 dizaines, c'est 12 dizaines, donc **120**.
- Calcul d'un produit comme **4 × 200.**
C'est 4 fois 2 centaines, c'est 8 centaines, donc **800**.

On peut utiliser sa table de multiplication.

Les élèves sont maintenant en situation d'entrainement pour conforter les acquis de la séance précédente. Il est possible que certains élèves commencent à utiliser **« la règle des 0 »** (pour calculer 4 × 30, on calcule 4 × 3 et on écrit un 0 à droite du résultat), mais il est important de maintenir l'explication sous-jacente.

INDIVIDUEL

ENTRAINEMENT

FICHIER NOMBRES ET CALCULS p. 72

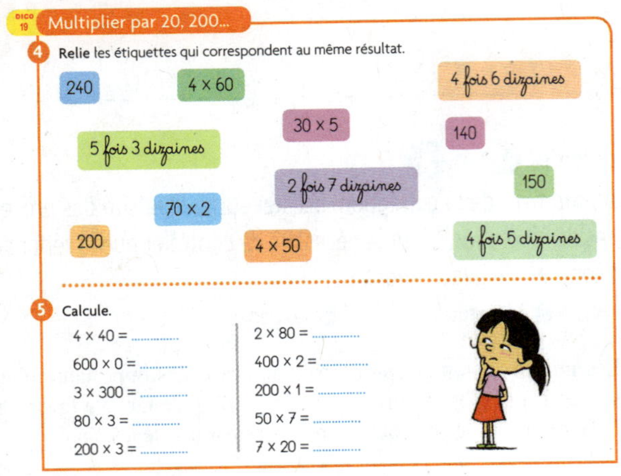
DICO 19 Multiplier par 20, 200...

4 Relie les étiquettes qui correspondent au même résultat.

240 | 4 × 60 | 4 fois 6 dizaines | 30 × 5 | 140 | 5 fois 3 dizaines | 2 fois 7 dizaines | 150 | 70 × 2 | 200 | 4 × 50 | 4 fois 5 dizaines

5 Calcule.

4 × 40 = ...
600 × 0 = ...
3 × 300 = ...
80 × 3 = ...
200 × 3 = ...

2 × 80 = ...
400 × 2 = ...
200 × 1 = ...
50 × 7 = ...
7 × 20 = ...

Exercice 4

- Lors de la correction, les justificatifs font appel aux éléments établis en synthèse de cette séance.

AIDE Pour les élèves en difficulté, l'enseignant peut conseiller de travailler sur une feuille de brouillon où 4 colonnes ont été préparées, avec un nombre écrit en tête de chaque colonne (140, 150, 200 et 240).

RÉPONSE :		
140	70 × 2	2 fois 7 dizaines
150	30 × 5	5 fois 3 dizaines
200	4 × 50	4 fois 5 dizaines
240	4 × 60	4 fois 6 dizaines.

Exercice 5

Lors de la correction, les résultats sont consignés au tableau.

- Il est probable que certains élèves formuleront à nouveau la « règle des 0 » pour calculer des produits du type **3 × 80** :
– on calcule d'abord 3 × 8 (ce qui donne 24) ;
– puis on écrit un « 0 » à droite (ce qui donne 240), expliqué par le fait que 3 × 80, c'est 3 fois 8 dizaines, donc 24 dizaines.
- Le cas **600 × 0** permet d'insister sur la différence entre la multiplication par 10 et la multiplication par 0.

RÉPONSE :

4 × 40 = **160**	2 × 80 = **160**
600 × 0 = **0**	400 × 2 = **800**
3 × 300 = **900**	200 × 1 = **200**
80 × 3 = **240**	50 × 7 = **350**
200 × 3 = **600**	7 × 20 = **140**.

	Tâche	Matériel	Connaissances travaillées
CALCULS DICTÉS	**Répertoire multiplicatif : tables de 2 et de 5** – Donner les résultats de la table de multiplication par 2 et par 5 .	par élève : FICHIER NOMBRES p. 73 1	– **Calcul mental : mémorisation.**
RÉVISER Nombres	**Comparaison et rangement de nombres inférieurs à 1 000** – Comparer et ranger des nombres inférieurs à 1 000.	par élève : FICHIER NOMBRES p. 73 2 et 3	– **Nombres < 1 000** – **Comparaison, rangement.**
APPRENDRE Problèmes	**Problèmes à étapes** RECHERCHE **« Les achats du papa d'Alex »** – Résoudre un problème à étapes.	par la classe : – énoncé du problème › **fiche 59** par élève : FICHIER NOMBRES p. 73 4 et 5	– **Résolution de problème** – **Gestion de données** – Raisonnement – Calcul sur la monnaie.

CALCULS DICTÉS

Répertoire multiplicatif : tables de 2 et de 5 • Mémorisation

– Donner rapidement des produits de la table de 2 et de 5.

COLLECTIF

FICHIER NOMBRES ET CALCULS p. 73

Exercice 1

- Dicter les calculs. Les réponses sont données sur l'ardoise ou le cahier de brouillon.
- Procéder à une correction immédiate après chaque calcul. Conserver après chaque calcul le résultat au tableau.

a. 8 fois 2 b. 2 fois 7
Combien de fois :
c. 2 dans 8 ? d. 2 dans 12 ?
e. 5 fois 9 f. 7 fois 5
Combien de fois :
g. 5 dans 15 ? h. 5 dans 30 ?

RÉPONSE : a. 16 b. 14 c. 4 d. 6 e. 45 f. 35 g. 3 h. 6.

Pour les questions du type « Combien de fois 2 dans 8 ? », expliciter la relation entre $2 \times 4 = 8$; $4 \times 2 = 8$ et « 4 fois 2 égale 8 ». Ces questions sont plus difficiles mais fondamentales pour une maitrise des tables et leur utilisation dans la division.

RÉVISER

Comparaison et rangement de nombres inférieurs à 1 000

– Comparer et ranger des nombres inférieurs à 1 000.

INDIVIDUEL

FICHIER NOMBRES ET CALCULS p. 73

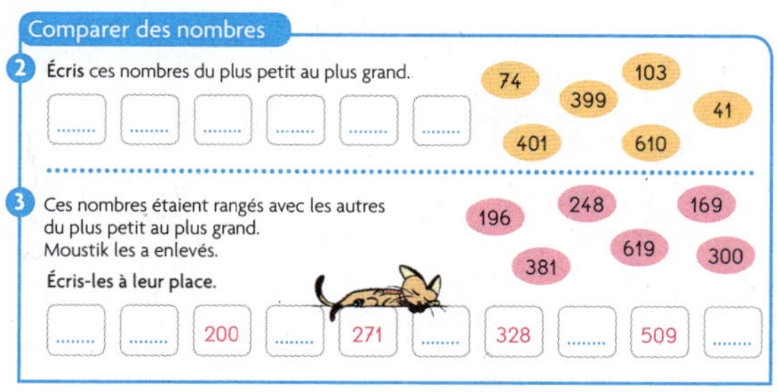

Exercices 2 et 3

- Au moment de la correction, mettre en évidence la stratégie consistant à chercher d'abord le plus petit nombre, à l'écrire et à le barrer, puis à recommencer avec ceux qui restent. Elle peut être exprimée par certains élèves et montrée comme efficace.

RÉPONSE : 2 41 < 74 < 103 < 399 < 401 < 610.
3 **169** < **196** < 200 < **248** < 271 < **300** < 328 < **381** < 509 < **619**.

Différenciation → CD-Rom du guide, **fiche nº 38.**

APPRENDRE

Problèmes à étapes

– Déterminer les étapes de la résolution d'un problème.

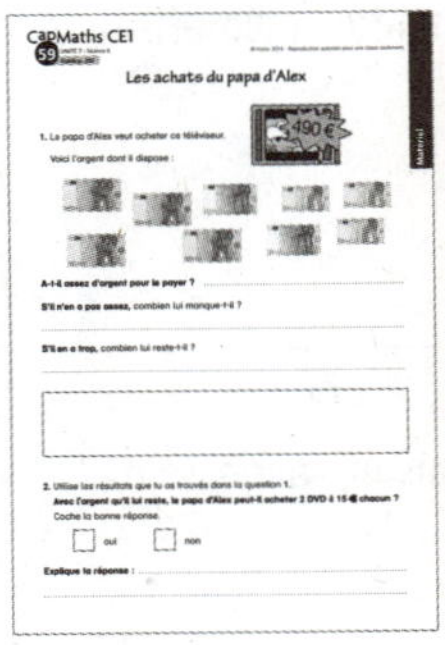

RECHERCHE Fiche 59

« **Les achats du papa d'Alex** » : Les élèves doivent déterminer la suite de renseignements dont ils ont besoin pour résoudre un problème et effectuer les calculs nécessaires.

ÉQUIPES DE 2

PHASE 1 **Achat du téléviseur** (question 1)

• Distribuer la fiche de travail (une pour deux élèves) et demander de prendre connaissance du problème.

• Faire formuler ce que l'on sait et ce que l'on cherche :
– **on connait :** le prix du téléviseur (490 €) et l'argent dont dispose le papa ;
– **on cherche :** s'il a assez d'argent et ce qui lui manquera ou lui restera.

• Demander aux équipes de répondre aux deux questions.

• Faire une **mise en commun** : recenser les réponses ; faire repérer celles dont on est sûr qu'elles sont fausses ou incomplètes ; pour les autres réponses, faire identifier les grandes étapes de la résolution :
– recherche de la somme totale dont dispose le papa ;
– comparaison de cette somme avec le prix du téléviseur ;
– calcul de la somme restante.

• Relancer un temps de recherche si trop d'élèves n'ont pas résolu correctement le problème en leur demandant de respecter ces trois étapes, puis corriger les calculs effectués.

TRACE ÉCRITE

Conserver les réponses au tableau :
Somme totale : 530 €   reste : 40 €.

SYNTHÈSE

1. Trouver la solution

Pour certains problèmes, on ne peut pas répondre en faisant un seul calcul. Il faut :
1) Trouver les étapes par lesquelles il faut passer pour arriver à la réponse.
2) Faire ensuite les calculs nécessaires.

2. Rédiger la solution

Lorsqu'on rédige la solution, il faut bien noter à la fois les calculs effectués et le renseignement apporté par chaque calcul.

Exemple (problème de la recherche) :
100 + 100 + 100 + 100 + 50 + 50 + 10 + 10 + 10 = 530
Le papa d'Alex a 530 €.
530 > 490. Il a assez d'argent pour acheter le téléviseur.
530 – 490 = 40. Il lui reste 40 €.

Au CE1, les problèmes à étapes restent très simples et un guidage peut être nécessaire pour certains élèves.

ÉQUIPE DE 2

PHASE 2 **Achat des DVD** (question 2)

Ce nouveau problème est du même type que le précédent (problème à une étape).
1re étape : prix des 2 DVD : 2 × 15 = 30 €.
2e étape : comparaison avec 40 € (l'achat est possible).
3e étape (non demandée) : il lui reste 10 €.

INDIVIDUEL

ENTRAINEMENT

FICHIER NOMBRES ET CALCULS p. 73

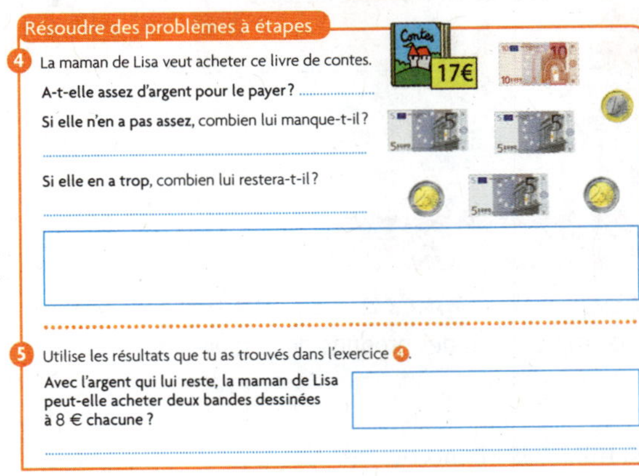

Exercice 4

1re étape : 10 + 5 + 5 + 5 + 2 + 2 + 1 = 30.
La maman de Lisa a 30 €.
2e étape : comparaison avec 17 € (l'achat est possible).
3e étape : il lui reste 13 €.

Exercice 5

1re étape : prix des 2 bandes dessinées : 2 × 8 = 16 €.
2e étape : comparaison avec 13 € (l'achat n'est pas possible).

Différenciation → **CD-Rom du guide, fiche n° 39.**

Tracé d'angles droits et report de longueurs

	Tâche	Matériel	Connaissances travaillées
CALCULS DICTÉS	**Ajout d'un nombre < 10 à un nombre < 100** – Ajouter un nombre inférieur à 10 à un nombre inférieur à 100.	par élève : – ardoise ou cahier de brouillon	– **Calcul mental : réflexion.**
RÉVISER Mesures	**Horaires en heures et demi-heure** – Lire l'heure sur une horloge à aiguilles. – Associer horaire et disposition des aiguilles.	pour la classe : – horloge en carton › **planche D** du cahier (recto) – ardoise	– **Lecture de l'heure** en heures et demi-heure.
APPRENDRE Géométrie	**Tracé d'angles droits et report de longueurs** RECHERCHE **« Construction de triangles rectangles »** – Tracer un angle droit – Reproduire des triangles rectangles.	pour la classe : – figures de la **fiche 60** sur transparent avec feutre effaçable – 2 gabarits d'angle droit (un sur transparent et un découpé dans du carton épais) par élève : – **fiche 60** – gabarits d'angle droit › **planche C** du cahier – double décimètre CAHIER GÉOMÉTRIE **p. 43 1 et 2**	– **Utiliser un gabarit pour tracer un angle droit** – Utiliser le double décimètre pour reporter une longueur.

CALCULS DICTÉS

Ajout d'un nombre inférieur à 10 à un nombre inférieur à 100 • Réflexion

– Calculer mentalement la somme de 2 nombres, l'un étant inférieur à 100 et l'autre inférieur à 10.

COLLECTIF

- Dicter les calculs sous la forme « treize plus deux ». Les réponses sont données dans le cahier de brouillon.
- Procéder à une correction immédiate après chaque calcul.

a. 13 + 2	b. 25 + 3	c. 32 + 7	d. 25 + 5
e. 43 + 7	f. 18 + 3	g. 17 + 5	h. 36 + 7

RÉPONSE : a. 15 b. 28 c. 39 d. 30 e. 50 f. 21 g. 22 h. 43.

Les calculs sont de 3 types :

• **Calculs où il suffit d'additionner les unités :**
25 + 3 peut être calculé en avançant de 3 au-delà de 25, mais la procédure qui consiste à considérer **25** comme 2 dizaines et 5 unités auxquelles on ajoute 3 unités pour arriver à 2 dizaines et 8 unités doit être privilégiée. Elle peut être illustrée à l'aide du matériel de numération : 2 groupements de 10, 5 unités et 3 unités.

• **Calculs où le résultat est la dizaine supérieure :**
43 + 7 peut être calculé en avançant de 7 au-delà de 43 (de 1 en 1 ou par sauts), mais la procédure qui consiste à considérer **43** comme 4 dizaines et 3 unités auxquelles on ajoute 7 unités pour arriver à 5 dizaines (4 dizaines + 1 dizaine) doit être privilégiée. Elle peut être illustrée à l'aide du matériel de numération.

• **Calculs où le résultat se situe dans la dizaine supérieure :**
17 + 5 peut être calculé de deux façons qui sont également mises en valeur :
– **avancer de 5 au-delà de 17 en privilégiant le passage par la dizaine** (donc en décomposant 5 en 3 + 2), ce qui peut être illustré à l'aide du matériel de numération comme ci-dessus et formalisé sur une ligne numérique :

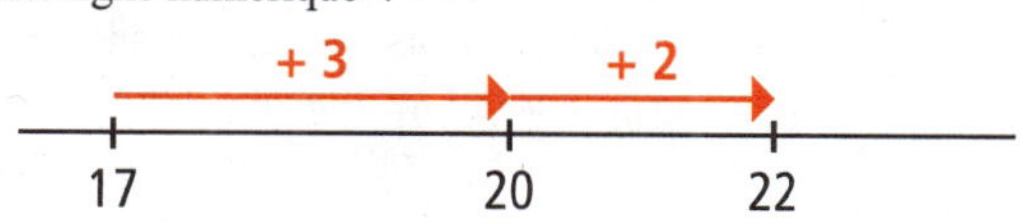

– **considérer 17 comme 1 dizaine et 7 unités** auxquelles on ajoute **5 unités** pour arriver à 2 dizaines et 2 unités. Cette méthode peut être illustrée à l'aide du matériel de numération : 1 groupement de 10, 7 unités et 5 unités, soit 1 groupement de 10 et 1 nouveau groupement de 10 et 2 unités qui donnent 2 groupements de 10 et 2 unités.

À SUIVRE
Un peu plus tard, seront envisagées des procédures qui font intervenir la soustraction comme dans **16 + 9** où il est possible d'ajouter 10, puis de soustraire 1.

RÉVISER

Lire l'heure en heures et demi-heure

– Lire l'heure sur une horloge à aiguilles : heures entières, heures et demie (voire heures et quart, heures moins le quart).

COLLECTIF, RECHERCHE INDIVIDUELLE

Suivant le niveau de la classe, ajouter des horaires en heures et quart d'heure.

1 Horaires affichés sur l'horloge

• Écrire au tableau les locutions :

heures et demie	heures et quart	heures moins le quart

• Afficher un horaire en plaçant les aiguilles sur l'horloge.
Les horaires qui seront successivement affichés sont :

9 h	11 h	10 h 30
3 h 30	7 h	5 h 30
8 h 15	12 h 15	12 h 45

• Demander aux élèves d'écrire cet horaire sur leur ardoise, puis recenser les réponses exactes, par exemple :
– à l'oral : dix heures et demie, dix heures trente ;
– à l'écrit : 10 h et demie, 10 heures 30 minutes, 10 h 30, 22 h 30...
Revenir sur les erreurs telles que l'inversion du rôle des aiguilles.

ÉQUIPES DE 2

2 Horaires affichés au tableau

• Inversement, écrire un horaire au tableau.
Les horaires qui seront successivement écrits sont :

8 heures	11 heures et demie	9 heures et demie
5 heures et quart		

• Demander aux élèves de placer les aiguilles sur leurs horloges en carton. Réaliser une correction en plaçant ou faisant placer les aiguilles sur l'horloge de la classe. Mettre en évidence les erreurs, notamment la confusion entre les rôles des aiguilles.

Différenciation → CD-Rom du guide, **fiche n° 33.**

À SUIVRE
Ce travail sera repris et approfondi en **séance 8** avec l'introduction des durées.

APPRENDRE

Tracé d'angles droits et report de longueurs

– Analyser une figure pour la reproduire ou poursuivre sa construction.
– Utiliser un gabarit d'angle droit pour tracer un angle droit.
– Utiliser un double décimètre pour prolonger un trait et tracer un segment de longueur donnée.

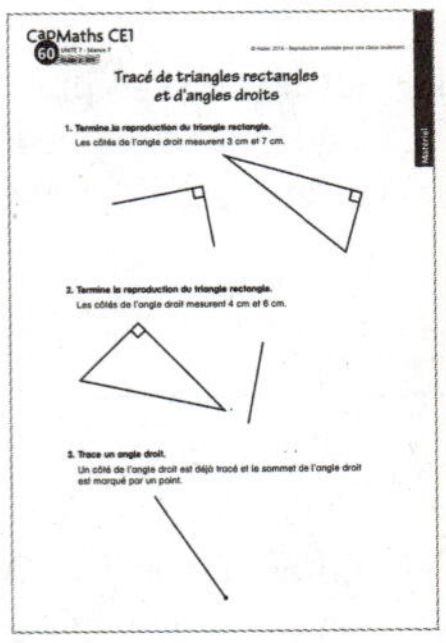

RECHERCHE Fiche 60

« Construction de triangles rectangles » : Les élèves vont devoir terminer la reproduction de triangles rectangles, les éléments donnés influant sur le choix des instruments à utiliser. Ils vont ensuite s'exercer à tracer un angle droit.

COLLECTIF ET INDIVIDUEL

PHASE 1 Reproduction du 1er triangle rectangle (question 1)

• Demander aux élèves de sortir leur double décimètre et un gabarit d'angle droit, puis distribuer à chaque élève la fiche de travail.

• Conduire une **analyse collective** de la figure modèle de la **question 1** et de la reproduction amorcée :

1. Demander aux élèves de contrôler avec leur gabarit que le triangle à reproduire est bien un triangle rectangle et que les côtés de l'angle droit mesurent bien **3 cm** et **7 cm**.

2. Recueillir les remarques sur la figure dont la construction est commencée :
– elle n'est pas penchée pareil que le modèle ;
– l'angle droit est tracé (le faire vérifier avec le gabarit) ;
– on reconnait le côté de 3 cm (en faire vérifier la longueur avec le double décimètre) ;
– l'autre côté de l'angle droit est plus petit que 7 cm.

• Demander de lire la consigne et préciser qu'une fois terminé, le triangle devra être superposable au modèle.

• Demander aux élèves comment ils ont procédé, une fois la reproduction terminée :
– il faut prolonger le côté de l'angle droit qui ne mesure pas 3 cm pour qu'il mesure 7 cm ;
– une fois cela fait, il faut tracer le 3e côté du triangle en joignant les extrémités « libres » des deux côtés de l'angle droit.

• Faire expliciter et exécuter au tableau ou sur le transparent les **procédures** de tracé du 2e côté de l'angle droit.

Méthodes de tracé du 2e côté de l'angle droit

Méthode 1

1er temps :

– Placer le bord de la règle contre le segment qu'on veut prolonger en faisant en sorte que la règle déborde bien du segment dans la direction où on veut le prolonger.

– Appuyer le crayon contre le bord de la règle en veillant à ce que la mine soit bien dans le prolongement du segment et tracer un trait suffisamment long ;

2e temps :

– Tourner au besoin la feuille ou le double décimètre pour pouvoir placer le bord du double décimètre contre le trait tracé en faisant coïncider le « 0 » de la graduation avec le sommet de l'angle droit.

– Marquer un repère sur le trait en face du repère adéquat de la graduation du double décimètre.

Méthode 2

Elle consiste à conduire de pair les deux temps :

– Placer le bord de la règle contre le segment qu'on veut prolonger en faisant en sorte que la règle déborde bien du segment dans la direction où on veut le prolonger et que le « 0 » de la graduation coïncide avec le sommet de l'angle droit.

– Prolonger le tracé du segment existant jusqu'au repère adéquat de la graduation du double décimètre.

• Recueillir ou susciter les remarques, puis mettre en évidence ces deux points :

– on n'a pas besoin de connaitre la longueur du 3e côté du triangle rectangle pour pouvoir en terminer la construction ;

– pour construire, on est amené à tracer des traits plus longs que les côtés de figures. Il n'est pas indispensable d'effacer ensuite les traits qui dépassent de la figure. L'essentiel est que la figure soit facilement identifiable.

Cette première question a pour objectifs :

– de mettre en place ou consolider la technique de report d'une longueur donnée dans une direction donnée ;

– de mettre en évidence que la donnée des mesures des deux côtés de l'angle droit d'un triangle rectangle suffit pour en construire un autre à l'identique.

INDIVIDUEL ET COLLECTIF

PHASE 2 Reproduction du 2e triangle rectangle (question 2)

• Commenter la figure de la **question 2** : « Seul le côté de 4 cm est déjà tracé ». Demander de lire la consigne et rappeler que, une fois terminé, le triangle devra être superposable au modèle.

• Laisser un temps suffisant pour que tous les élèves puissent se confronter au problème de la construction d'un angle droit. Ne pas intervenir durant la recherche, mais prendre des informations sur les **procédures** et **difficultés** rencontrées par les élèves.

Les procédures susceptibles d'être utilisées :

– **Tracé à vue d'un segment mesurant 6 cm** et dont une extrémité est le sommet de l'angle droit ; mesure de la distance séparant les extrémités « libres » des deux côtés maintenant tracés du triangle ou tracé du 3e côté du triangle et mesure de ce 3e côté ; comparaison avec la mesure du 3e côté sur le triangle modèle (voisine de 7 cm). Si les mesures ne sont pas les mêmes, effacement des tracés et reprise de la procédure en cherchant à ajuster l'orientation du segment de 6 cm.

– **Tracé à vue, avec la règle, d'un angle droit** et ensuite contrôle avec le gabarit que l'angle est droit ; porter sur ce second côté une longueur de 6 cm à partir du sommet et tracé du troisième côté.

– **Tracé à l'aide du gabarit d'un angle droit** dont un des côtés est le segment de 4 cm déjà tracé ; poursuivre comme pour la deuxième procédure.

• Effectuer une mise en commun portant sur les démarches de construction :

1. Commencer par solliciter un **élève qui a utilisé seulement les longueurs des côtés** et qui a dû s'y prendre à plusieurs reprises. Lui faire raconter comment il a fait et reproduire sur le transparent les tracés qu'il a effectués. Lui demander ce qui a été difficile (nécessité de reprendre la construction à plusieurs reprises) et solliciter les commentaires de la classe : « c'est long ! », « on n'est pas sûr d'arriver à un triangle exactement pareil »…

2. Enchainer avec un **élève qui a tracé un angle droit à vue** avant de contrôler son tracé avec un gabarit d'angle droit. Reproduire sur transparent le tracé effectué. Faire se prononcer la classe sur cette méthode : « c'est une bonne méthode », « mais on n'est pas sûr de réussir du premier coup, même en s'appliquant ! »…

3. Terminer par un **élève qui a utilisé un gabarit d'angle droit** pour tracer le second côté de l'angle droit. Exécuter sa procédure sur le transparent. Recueillir l'avis des autres élèves : « on a tout de suite un angle droit », « il faut s'appliquer quand on place le gabarit et qu'on trace le 2e côté pour être bien sûr d'avoir un angle droit »…

• Conclure que cette dernière procédure est plus rapide et plus précise que les deux autres à condition de bien s'appliquer.

INDIVIDUEL ET COLLECTIF

PHASE 3 Tracé d'un angle droit (question 3)

• Après que les élèves ont pris connaissance de la consigne de la **question 3**, préciser :

→ *Vous devez obtenir un angle droit du premier coup. Pour cela, vous allez utiliser votre gabarit d'angle droit et vous allez devoir vous appliquer.*

• Reproduire au tableau le segment de l'exercice 3 sensiblement avec la même orientation que sur la fiche.

• Après que les élèves se sont essayés à tracer un angle droit avec plus ou moins de succès, demander ce qui est difficile :

– repérer les côtés de l'angle droit sur le gabarit si le gabarit a plus de deux côtés rectilignes (rappeler que le coin qui sert de gabarit d'angle droit est repéré par un petit carré) ;

– placer correctement le gabarit contre le côté de l'angle droit déjà tracé et, en même temps, faire coïncider le coin du gabarit avec le sommet de l'angle droit ;

– maintenir solidement le gabarit pendant qu'on trace le second côté de l'angle droit.

• Faire exécuter le tracé au tableau avec le gabarit en carton par un élève qui a réussi et en synthèse reprendre les différentes étapes en joignant le geste à la parole.

SYNTHÈSE

Pour tracer un angle droit

1) **Placer le sommet de l'angle droit du gabarit** contre le sommet de l'angle droit qu'on veut tracer.

2) **Faire coïncider un des côtés de l'angle droit du gabarit** avec le côté déjà tracé en faisant attention que le 2e coté de l'angle droit soit orienté du côté souhaité du trait déjà tracé *(montrer que l'angle droit peut être tracé des deux côtés du trait).* Le placement du gabarit doit être : côté contre côté et sommet contre sommet.

3) **Maintenir fermement le gabarit en position** et tracer un long trait le long du second côté de l'angle droit du gabarit.

ÉCRIT DE RÉFÉRENCE

Demander aux élèves de se référer au **dico-maths n° 32** pour reconnaitre un angle droit.

Même si la rigidité d'un gabarit en carton n'est pas celle d'un gabarit réalisé en matière plastique, il faut résister à la tentation d'introduire l'équerre pour palier cet inconvénient.
Les équerres commercialisées sont bien trop complexes :
– réalisées dans une plaque évidée, elles font apparaitre deux triangles rectangles, donc six angles, ce qui rend plus difficile encore l'indentification de l'angle droit ;
– par ailleurs, elles comportent une graduation qui n'est d'aucune utilité pour tracer un angle droit et bien souvent elles ne sont pas réversibles, rendant leur placement plus délicat pour tracer le second côté de l'angle droit dans la direction voulue.
Il est nécessaire que les élèves se construisent une bonne image mentale de l'angle droit comme coin d'un carré ou d'un rectangle et soient capables de l'identifier sur des formes simples comme les gabarits fournis en matériel encarté, avant d'introduire l'équerre, ce qui se fera en CE2.
Pour pallier les défauts d'un gabarit en carton, il est possible d'adapter la procédure de tracé décrite plus haut : au lieu de tracer un long trait le long du bord du second côté de l'angle droit du gabarit, on place seulement un repère (petit trait) le long du second côté de l'angle droit du gabarit et on trace le second côté de l'angle droit à la règle en joignant le sommet de l'angle droit et le repère.

INDIVIDUEL

ENTRAINEMENT

CAHIER MESURES ET GÉOMÉTRIE p. 43

DICO 32 Tracer des angles droits

1 **Trace** des angles droits. **Utilise** un gabarit d'angle droit.
Sur chaque dessin, un côté de l'angle droit est déjà tracé et son sommet est marqué en rouge.

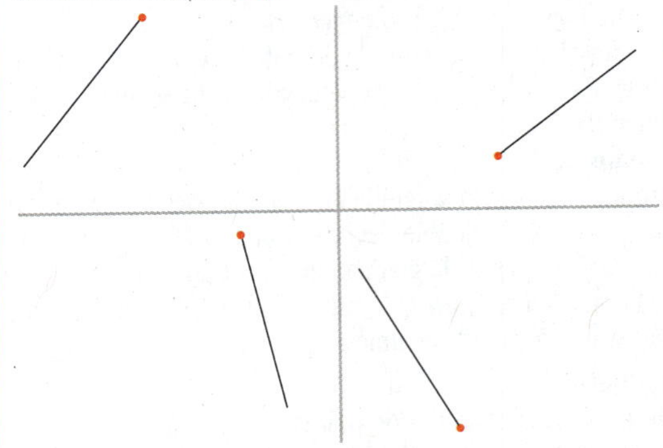

2 Les côtés de l'angle droit du triangle rectangle mesurent 5 cm et 7 cm.
Termine la reproduction du triangle rectangle. Le côté rose est déjà tracé.

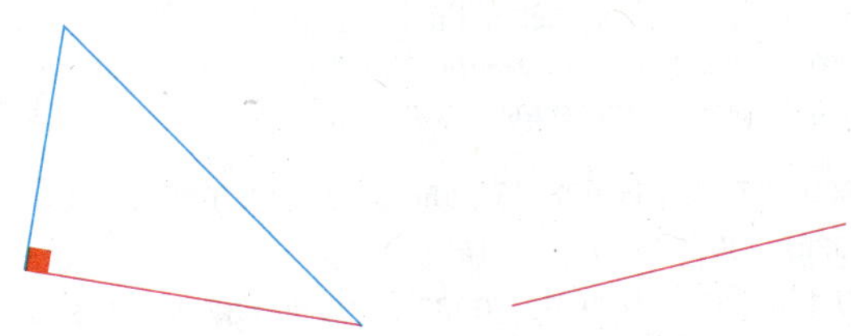

Il est indispensable que tous les élèves fassent en totalité ou en partie, l'exercice 1. Les élèves les plus rapides traiteront également l'exercice 2.

Exercice 1

• C'est une reprise à l'identique de la **question 3** de la recherche qui vise à travailler le placement du gabarit d'angle droit en fonction de la position du côté déjà tracé et de l'orientation à donner au côté à tracer.

Exercice 2

• Cet exercice est une reprise à l'identique de la **question 2** de la recherche.

Si des élèves utilisent leur double décimètre comme gabarit d'angle droit, faire remarquer que l'utilisation qui est faite du double décimètre est correcte mais qu'elle comporte deux inconvénients majeurs :
– le petit côté du double décimètre n'est pas suffisamment long pour placer avec précision ce côté contre le côté déjà tracé de l'angle droit ;
– les coins du double décimètre sont souvent arrondis et ne permettent pas de placer le côté portant la graduation exactement dans le prolongement du sommet de l'angle droit, ni de tracer un trait rectiligne exactement à partir de ce sommet.

Différenciation : Exercice 1 → CD-Rom du guide, **fiche n° 40.**

	Tâche	Matériel	Connaissances travaillées
CALCULS DICTÉS	**Ajout de 8 ou 9** – Ajouter 8 ou 9 à un nombre inférieur à 100.	par élève : – ardoise ou cahier de brouillon	– **Calcul mental : réflexion.**
RÉVISER Mesures	**Durées en heures et demi-heure** – Trouver une durée, étant donnés deux horaires. – Trouver un horaire de fin, étant donnés un horaire de début et une durée.	pour la classe : – horloge à aiguilles par élève : – horloge en carton › **planche D** du cahier – ardoise	– **Distinguer horaires et durées** exprimées en heures et demi-heure.
APPRENDRE Géométrie	**Carrés et rectangles : construction** RECHERCHE **« Construction de carrés et de rectangles »** – Terminer la construction de carrés et de rectangles.	pour la classe : – figures complétées de la **fiche 61** sur transparent avec feutre effaçable – 2 gabarits d'angle droit (un sur transparent et un découpé dans du carton épais) par élève : – carrés et rectangles à compléter › **fiche 61** – gabarits d'angle droit – double décimètre CAHIER GÉOMÉTRIE **p. 44 1, 2 et 3**	– **Construire un carré, un rectangle :** propriétés des côtés et des angles – **Utiliser un gabarit pour tracer un angle droit** – Tracer un segment de longueur donnée.

CALCULS DICTÉS

Ajout de 8 ou 9 • Réflexion

– Imaginer différentes procédures pour ajouter 8 ou 9.

COLLECTIF

• Dicter les calculs sous la forme « trente-deux plus huit ». Demander aux élèves de répondre dans le cahier de brouillon.

• Procéder à une correction immédiate après chaque calcul.

a. 32 + 8	b. 32 + 9	c. 40 + 9
d. 36 + 8	e. 31 + 9	f. 29 + 8

RÉPONSE : a. 40 b. 41 c. 49 d. 44 e. 40 f. 37.

Les diverses procédures utilisées sont recensées. La procédure consistant à ajouter 10 et soustraire 1 ou 2 peut être évoquée, sans être privilégiée. En particulier, dans des cas comme 40 + 9 ou 32 + 8, cette procédure n'est pas la plus efficace.

RÉVISER

Durées en heures et demi-heure

– Distinguer horaires et durées exprimés en heures et demi-heure.
– Calculer des horaires ou des durées en heures et demi-heure.

COLLECTIF

1 Exemples liés à la vie de l'école

• Poser des petits problèmes très simples liant horaires et durée (les deux donnés en heures entières ou heures et demie) comme par exemple :

1. Horaires de rentrée et de sortie du matin : calcul de la durée de la matinée de classe.
2. Horaires de début et de fin d'une activité vécue dans l'école : calcul de la durée de l'activité.
3. Horaire de début d'une activité et durée : calcul de l'horaire de fin.

• Les durées peuvent s'exprimer en heures, en demi-heures (voire en quarts d'heure). Si besoin, marquer les horaires sur l'horloge et visualiser les durées par la rotation de la grande aiguille.

La distinction entre horaire et durée se fait dans la compréhension de ces problèmes posés à partir du vécu des élèves.

INDIVIDUEL ET COLLECTIF

2 Dans l'école d'Alex

• Poser à l'oral de petits problèmes dont les données sont écrites au tableau. Demander aux élèves d'écrire leur réponse sur leur ardoise.

1. Dans la classe d'Alex, la séance de mathématiques commence à **9 heures** et se termine à **10 heures**. Combien de temps dure-t-elle ?
2. Dans l'école d'Alex, l'atelier poésie a lieu le mardi après-midi. Il débute à **2 heures** et se termine à **2 heures et demie**. Quelle est sa durée ?
3. Dans l'école d'Alex, le repas est servi à **midi** et **dure une heure**. À quelle heure se termine-t-il ?
4. Dans la classe d'Alex, la séance de lecture commence à **10 heures** et **dure une demi-heure**. À quelle heure se termine-t-elle ?
5. Dans l'école d'Alex, la matinée de classe commence à **9 heures**. Elle **dure 3 heures**. À quelle heure se termine-t-elle ?

• Ces problèmes sont comme pour la phase 1 de **deux types** :
– déterminer une durée étant donnés des horaires de début et de fin ;
– déterminer un horaire de fin étant donnés un horaire de début et une durée.

• **Pour chaque problème**, recenser et discuter des réponses. Si besoin, afficher le premier horaire sur l'horloge (horaire de début), puis suivant le problème :
– afficher l'horaire de fin en montrant la rotation de la grande aiguille pour y arriver, et valider ainsi la durée ;
– faire tourner la grande aiguille suivant la durée donnée, pour arriver à l'horaire de fin.

RÉPONSE : ❶ 1 heure. ❷ une demi-heure.
❸ 13 heures ou 1 heure de l'après-midi.
❹ 10 heures et demie (on accepte 10 heures 30 minutes sans aller plus loin sur la notion de minute).
❺ midi ou 12 heures.

La mise en lien entre horaire et durée, qui apparait dans la lecture orale de l'heure (10 heures et demie, c'est une demi-heure après 10 heures), est renforcée par l'étude d'exemples liés à la vie de la classe.

APPRENDRE

Carrés et rectangles : construction

– Utiliser les propriétés du carré et du rectangle relatives à la longueur des côtés et aux angles pour en terminer la construction.
– Utiliser un gabarit d'angle droit pour tracer un angle droit.
– Utiliser un double décimètre pour prolonger un trait et tracer un segment de longueur donnée.

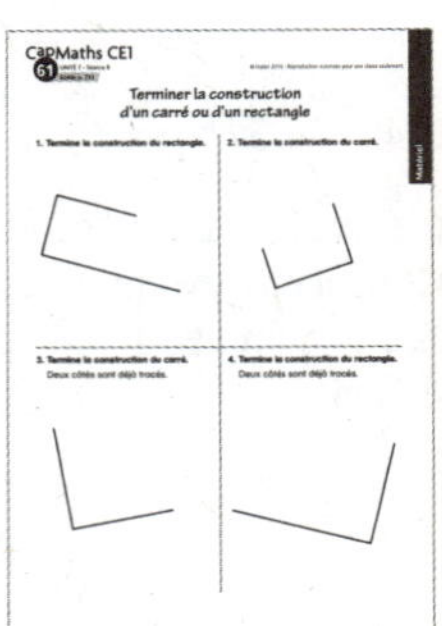

RECHERCHE Fiche 61

« Construction de carrés et de rectangles » : Les élèves vont devoir terminer la construction de plusieurs carrés et rectangles. Les propriétés mobilisées portent d'abord sur la longueur des côtés, puis sur la longueur des côtés et les angles.

Remarque : Il s'agit d'engager un travail qui sera repris et consolidé l'année suivante. La maitrise de la stratégie de construction d'un carré et d'un rectangle avec un double décimètre et un gabarit d'angle droit ou une équerre est l'affaire du **CE2**.

ÉQUIPES DE 2

PHASE 1 Trois côtés sont tout ou en partie tracés

(questions 1 et 2)

• Distribuer à chaque élève la fiche de travail, puis préciser :

→ *Le seul instrument que vous êtes autorisés à utiliser, pour terminer la construction du rectangle et du carré, est le double décimètre.*

• Les **procédures** qui permettent de réussir :

– **pour le rectangle :** Les élèves disposant du double décimètre vont utiliser les propriétés des longueurs des côtés et prolonger le segment « incomplet » pour qu'il soit de même longueur que le côté qui lui est opposé, puis tracer le quatrième côté.
– **pour le carré :** Il suffit de prolonger chaque côté « incomplet » pour obtenir des côtés de même longueur que le côté donné entièrement. Le dernier côté est alors facile à tracer.

• Observer les élèves au travail pour repérer les procédures utilisées. Procéder à une rapide **mise en commun** :
– pour chaque figure, montrer simultanément deux ou trois productions erronées, représentatives des erreurs commises, et une production exacte ;
– demander aux élèves quelles productions sont correctes et quelles sont celles qui ne le sont pas ;
– examiner d'abord le cas, s'il se présente, où la figure a été seulement « refermée » pour obtenir un quadrilatère, procédure qui sera rapidement rejetée car « ce n'est pas droit » ;
– pour les autres productions, faire expliciter les procédures utilisées, et les discuter.

Dans le cas du rectangle, dégager que le tracé à vue de la seconde largeur n'est pas une procédure valide car, sans gabarit d'angle droit, on n'est pas sûr que l'angle tracé sera droit.

SYNTHÈSE

Pour terminer le tracé du carré ou du rectangle avec le double décimètre

1) **Il faut prolonger le côté « incomplet »** ou les deux côtés « incomplets ».

2) **Il faut ensuite joindre les deux extrémités « libres » des côtés pour avoir le quatrième côté.** La mesure de la longueur de ce quatrième côté permet de savoir si la construction est précise.

Attention, il ne suffit pas que la méthode de construction soit juste, il faut s'appliquer en utilisant les instruments pour obtenir une figure précise.

Cette première étape a pour objectif de remémorer et mobiliser les propriétés du carré et du rectangle relatives à la longueur de leurs côtés. Elle est par ailleurs l'occasion de distinguer la correction de la méthode, qui peut être bonne, de celle de la figure tracée qui peut être reconnue inexacte du fait de tracés approximatifs avec les instruments.

L'enjeu du travail en géométrie est double : développer la maitrise des instruments et l'habileté dans leur utilisation, le soin et la propreté, mais aussi construire des savoirs géométriques qui permettent de mettre au point des stratégies de construction. C'est pourquoi il est essentiel, lors d'une mise en commun, de faire **porter la discussion sur les procédures** et de ne pas en rester à la validation des productions car des élèves peuvent arriver à des productions acceptables en ayant recours à des tracés à vue sans mobiliser les propriétés des figures.

Ce sera l'enjeu de l'enseignement de la géométrie en CE2 et en CM **de faire passer les élèves d'une reconnaissance perceptive des figures**, qui a certes son importance, **à une reconnaissance par leurs propriétés**. Une première approche est faite au CE1.

ÉQUIPES DE 2 ET INDIVIDUEL

PHASE 2 Deux côtés d'un carré sont tracés (question 3)

• Accompagner la lecture de la consigne des commentaires suivants :

→ *Dans la question 2,* ***trois côtés*** *du carré étaient entièrement ou en partie tracés. Dans cette question,* ***seulement deux côtés*** *qui se touchent sont tracés. Pour terminer la construction de ce carré, vous pouvez utiliser tous les instruments que vous voulez. Vous réfléchirez à deux comment faire et, ensuite, chacun terminera la construction du carré sur sa feuille.*

• Écouter les échanges et observer comment font les élèves.

• Demander aux élèves de faire part des difficultés qu'ils ont rencontrées. Faire ensuite porter la **mise en commun** sur les démarches :

– Solliciter un premier élève qui a fait des tracés au jugé. Lui demander d'effectuer devant la classe la reproduction, ou du moins le début, sur le transparent ou le faire à sa place sous sa dictée. Mettre en débat sa démarche et contrôler sur la figure projetée au tableau ou sur le transparent si tous les angles sont droits. Conclure que, pour obtenir à coup sûr un carré, il est absolument nécessaire d'utiliser le gabarit pour tracer un angle droit.

– Procéder de la même façon en sollicitant d'autres élèves qui ont utilisé une stratégie de construction correcte.

• Réaliser la construction sous la dictée pour minimiser les imprécisions de tracé.

Procédures possibles :

Méthode 1

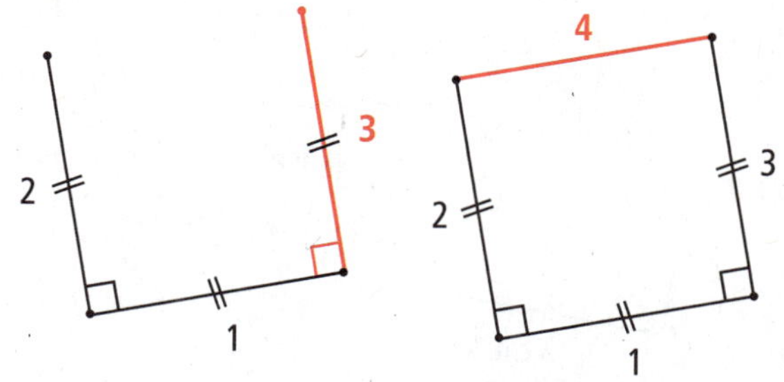

Étape 1 Étape 2

Étape 1 : Tracé d'un troisième segment de même longueur que le premier et qui forme un angle droit avec celui-ci.

Étape 2 : Tracé du quatrième segment ayant pour extrémités les extrémités libres des deuxième et troisième segments.

Si les élèves ne le font pas spontanément, faire contrôler que les deux derniers angles sont effectivement des angles droits et que le quatrième segment a même longueur que les autres.

À ce niveau de la scolarité, cette vérification est essentielle pour conclure que le quadrilatère construit est bien un carré car il en vérifie toutes les propriétés : 4 côtés de même longueur et 4 angles droits.

Méthode 2

Étape 1 : Identique à l'étape 1 de la méthode 1.

Étape 2 : Tracé du quatrième segment perpendiculaire au deuxième (ou au troisième) et de même longueur que les trois autres. Si la démarche est bonne, les deux segments tracés ne se rejoignent pas toujours en un même point du fait de l'imprécision des tracés.

Méthode 3

Cette méthode est fort peu probable en CE1.

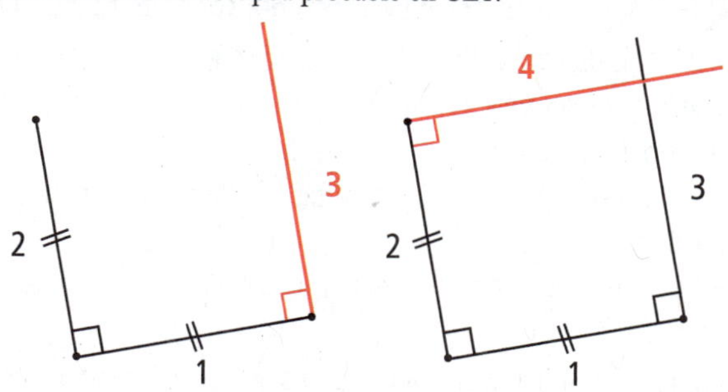

Étape 1 Étape 2

Étape 1 : Tracé d'un trait rectiligne qui forme un angle droit avec le premier (ou deuxième) segment.

Étape 2 : Tracé d'un trait rectiligne qui forme un angle droit avec le deuxième (ou le premier) segment.

Si les élèves ne le font pas spontanément, demander là aussi de contrôler que le quatrième angle est droit et que les troisième et quatrième côtés ont même longueur que les deux autres. Si ce n'est pas exactement le cas, insister sur le fait que cela tient à des imprécisions dans l'utilisation des instruments et qu'il est important de s'appliquer pour réduire le plus possible ces imprécisions de tracé.

Les **méthodes 2 et 3** ne seront pas présentées si elles n'ont pas été utilisées.

Si nécessaire, conclure que la **méthode 1** est la plus économique et la plus simple à utiliser (à ce niveau de scolarité).

TRACE ÉCRITE

• Donner les figures déjà tracées avec la consigne.

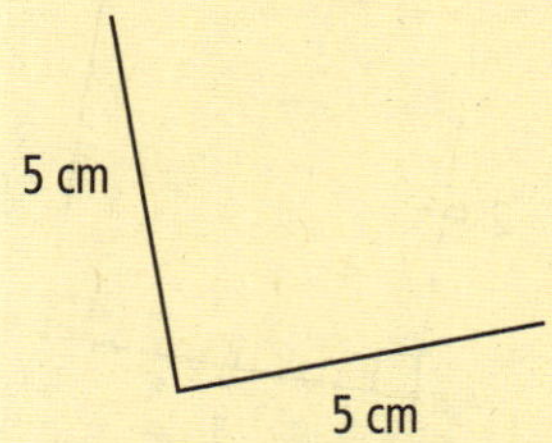

Terminer la construction du carré.

• Les élèves écrivent le texte en face des deux dernières figures.

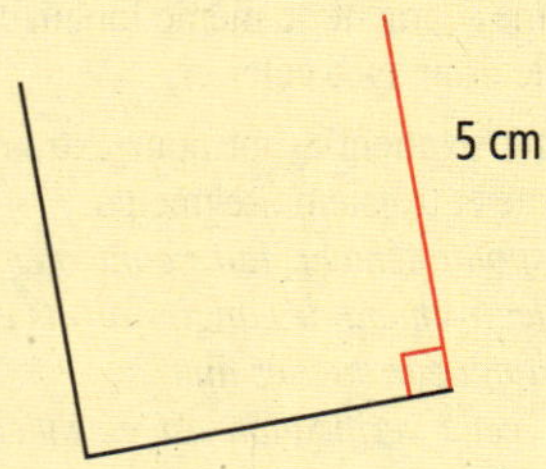

1. Tracer un segment qui mesure 5 cm et qui fait un angle droit avec un des deux côtés déjà tracés.

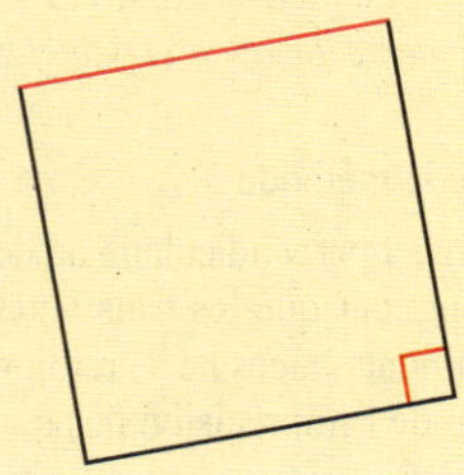

2. Tracer le quatrième côté.

INDIVIDUEL

PHASE 3 Deux côtés d'un rectangle sont tracés (question 4)

• Il s'agit de réinvestir la démarche mise en avant dans la question 3, mais sur un rectangle.

Deux possibilités :

– tracer un segment de 5 cm perpendiculaire à la longueur déjà tracée ;

– tracer un segment de 7 cm perpendiculaire à la largeur déjà tracée.

• Intervenir individuellement auprès des élèves pour les accompagner dans la mise en œuvre de la procédure de tracé.

• Faire une correction collective en revenant sur les points qui ont été source de difficultés.

INDIVIDUEL

ENTRAINEMENT

CAHIER MESURES ET GÉOMÉTRIE p. 44

DICO 36 Construire des carrés et des rectangles

1 **Termine** la construction du rectangle.
Deux côtés sont déjà tracés et un côté est commencé.

2 **Termine** la construction du rectangle.
Deux côtés sont tracés.

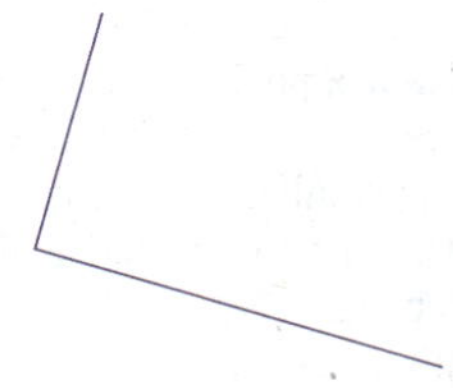

3 **Termine** la construction du carré.
Un côté est déjà tracé et l'autre côté est commencé.

Exercices 1 à 3

• Ces exercices viennent en application directe du travail précédent. Ce sont des reprises à l'identique des questions de la recherche à l'exception de l'exercice 3 où il faut prolonger le côté le plus court pour se ramener à la configuration de la question 3.

• Sélectionner les exercices en fonction des besoins des élèves. Il est essentiel que tous les élèves traitent les exercices 1 et 2.

À SUIVRE
Si le temps manque, ces exercices pourront être traités en **séance 9** en lieu et place des exercices proposés en entrainement.

	Tâche	Matériel	Connaissances travaillées
CALCULS DICTÉS	**Ajout de 8 ou 9** – Ajouter 8 ou 9 à un nombre inférieur à 100.	par élève : – ardoise ou cahier de brouillon	**– Calcul mental : réflexion.**
RÉVISER Géométrie	**Tracé d'angles droits** – Tracer des angles droits pour poursuivre la construction d'une figure.	pour la classe : – figures de la **page 45** sur transparent avec feutre effaçable – gabarit d'angle droit découpé dans du carton épais par élève : – gabarits d'angle droit > **planche C** du cahier CAHIER GÉOMÉTRIE **p. 45 1 et 2**	**– Utiliser un gabarit pour tracer un angle droit.**
APPRENDRE Géométrie	**Axe de symétrie d'une figure** RECHERCHE **« Avec pliage et sans pliage »** – Chercher l'axe de symétrie d'une figure, d'abord par pliage, puis mentalement.	pour la classe : – figures **1** à **8** (étiquettes de la fiche 62) et figures **A** à **D** (p. 46 du cahier) agrandies par équipe de 2 : – étiquettes 1 à 8 découpées > **fiche 62** (à photocopier si besoin sur papier calque) – règle et stylos rouge et bleu – une enveloppe pour certains élèves : – photocopie de la page 46 du cahier ou morceaux de papiers calque 10 cm × 6 cm (voir exercice 3) par élève : CAHIER GÉOMÉTRIE **p. 46 3 et 4**	**– Axe de symétrie d'une figure.**

CALCULS DICTÉS

Ajout de 8 ou 9 • Réflexion

– Imaginer différentes procédures pour ajouter 8 ou 9.

COLLECTIF

• Dicter les calculs sous la forme « trente-cinq plus neuf ». Demander aux élèves de répondre dans le cahier de brouillon.

• Procéder à une correction immédiate après chaque calcul.

a. 35 + 9	b. 35 + 8	c. 80 + 8
d. 62 + 8	e. 44 + 9	f. 39 + 9

RÉPONSE : a. 44 b. 43 c. 88 d. 70 e. 53 f. 48.

Les diverses procédures utilisées sont recensées. La procédure consistant à ajouter 10 et soustraire 1 ou 2 peut être évoquée ou proposée dans des cas pertinents (comme 44 + 9), sans être privilégiée.

RÉVISER

Tracé d'angles droits

– Utiliser un gabarit pour tracer un d'angle droit.
– Analyser une figure pour en poursuivre la construction.

INDIVIDUEL

CAHIER MESURES ET GÉOMÉTRIE **p. 45**

Tracer des angles droits

1 **Trace** trois nouveaux segments pour continuer la spirale.
Respecte cette règle de construction:
Deux segments qui ont une même extrémité forment un angle droit.

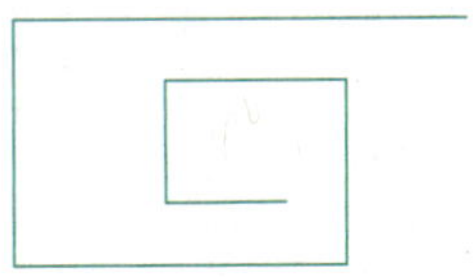

2 **Continue** la construction de la figure.
Respecte la règle de construction:
Tous les points marqués sont des sommets d'angles droits.

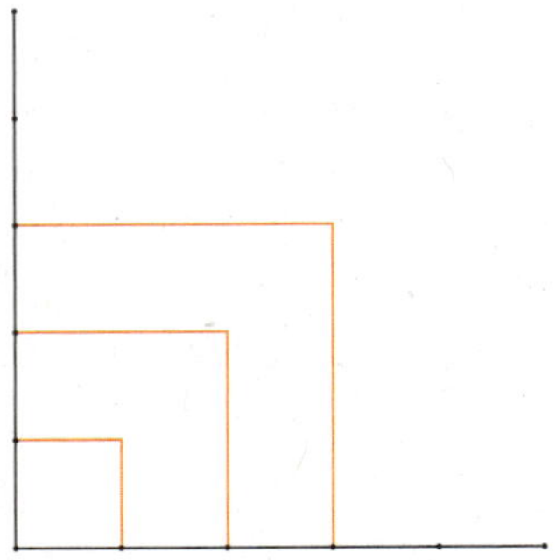

Seuls les élèves les plus rapides traiteront l'**exercice 2**.

Exercice 1

• Après que les élèves ont lu la consigne, il peut leur être demandé avant de poursuivre la construction de la spirale de vérifier que deux segments qui ont une même extrémité forment un angle droit.

Cet exercice vise à travailler le placement du gabarit d'angle droit en fonction de l'orientation à donner au côté à tracer. Il nécessite par ailleurs d'isoler le segment qui va servir de premier côté de l'angle droit et d'effacer en pensée les autres segments qui constituent la spirale.

• En cas de difficultés, procéder à une mise au point collective à l'aide de la figure reproduite sur transparent. Faire exprimer les difficultés rencontrées et, geste à l'appui, la procédure à suivre pour poursuivre la construction de la spirale.

Exercice 2

• Conduire collectivement une analyse de la figure : vérifier avec le gabarit que tous les angles ayant pour sommet un point marqué sont des angles droits. Certains élèves pourront remarquer qu'on voit des carrés, éventuellement qu'ils sont « emboités » ou les uns dans les autres…

• Confirmer que ce sont bien des carrés mais préciser que la construction doit se faire uniquement avec le gabarit d'angle droit, sans utiliser le double décimètre ou une bande de papier ou encore un côté du gabarit pour reporter une longueur.

• Préciser également qu'il ne faut pas hésiter à tracer des traits trop longs plutôt que d'avoir ensuite à prolonger des traits trop courts. Les traits qui dépassent pourront être gommés ou les côtés des carrés retracés en couleur.

APPRENDRE

Axe de symétrie d'une figure

– Comprendre ce qu'est un axe de symétrie d'une figure plane en lien avec le pliage.
– Reconnaitre par pliage effectif ou mental si une figure admet un axe de symétrie.
– Tracer, dans des cas simples, le ou les axes de symétrie d'une figure plane.

RECHERCHE **Fiche 62**

« Avec pliage et sans pliage » :
Pour un lot de figures dessinées sur des étiquettes, les élèves vont chercher par pliage leurs axes de symétrie, puis auront à anticiper l'existence de tels axes. La notion d'axe de symétrie sera ainsi liée au pliage, à travers les expériences effectuées.

ÉQUIPES DE 2

PHASE 1 **Trouver les axes de symétrie par pliage**

• Distribuer à chaque équipe de 2 élèves les **étiquettes 1 à 5**. Faire nommer par les élèves les figures qu'ils reconnaissent : un **triangle** (fig. 1), un **rectangle** (fig. 2). Pour les autres figures, on ne connait pas leur nom :

→ *Certaines de ces figures ont des propriétés particulières. Prenons par exemple la* ***figure 5****. Je peux la plier en deux pour avoir deux parties qui se superposent, trait sur trait* (le faire sur l'étiquette agrandie). *Essayez à votre tour.*

• Vérifier que les élèves font correctement le pliage, la superposabilité se vérifiant par transparence. Certains s'appliquent à plier pour que les bords de l'étiquette rectangulaire se superposent. Il faut donc leur faire comprendre que ce n'est pas ce qui est demandé. Si besoin, engager les élèves à découper la figure suivant son contour, et à la plier pour faire apparaitre la superposabilité des bords de la figure.

• Présenter maintenant le problème :

→ *Vous allez faire cette recherche pour les autres figures. Attention, il se peut que, pour certaines figures, il y ait plusieurs pliages possibles et que, pour d'autres, ce ne soit pas possible.*

• Engager les élèves à travailler avec soin.

COLLECTIF

PHASE 2 Première mise en commun et synthèse

• Reprendre une à une les figures. Valider collectivement les pliages proposés. Recenser tous les pliages possibles pour chacune d'elles. Sur les étiquettes agrandies, réaliser ces pliages et repasser les plis à l'aide d'une règle et d'un feutre rouge.

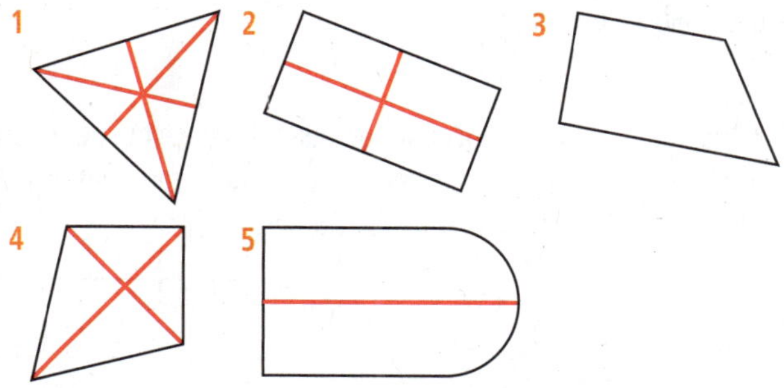

1re SYNTHÈSE

Trouver un axe de symétrie par pliage

• Pour certaines figures, on peut plier le papier de façon à ce que deux parties de la figure se superposent (trait sur trait). Dans le pli formé, on trace un trait droit : ce trait s'appelle un **« axe de symétrie de la figure »**.

• **Certaines figures n'ont pas d'axe de symétrie :**
– la figure 3 par exemple.

• **D'autres figures ont plusieurs axes de symétrie :**
– 3 axes pour la figure 1 ;
– 2 axes pour le rectangle (figure 2) et la figure 4.

TRACE ÉCRITE

Laisser les étiquettes agrandies affichées en écrivant à côté de chacune d'elles le nombre d'axes de symétrie.

• Engager chaque équipe à tracer dans les plis qui conviennent les axes de symétrie de chacune des figures étudiées. Vérifier le travail, puis faire ranger les étiquettes 1 à 5 dans l'enveloppe.

ÉQUIPES DE 2

PHASE 3 Trouver les axes de symétrie sans pliage

• Distribuer à chaque équipe les **étiquettes 6 à 8**. Demander aux élèves quelles figures ils reconnaissent : un **cœur** (fig. 6), un **carré** (fig. 7) et peut-être un **cerf-volant** (fig. 8).

→ *Maintenant vous allez essayer de deviner, sans plier, si chacune de ces figures a un axe de symétrie. Quand, pour une figure, vous êtes d'accord sur la position d'un axe de symétrie, vous le tracez avec la règle, au stylo rouge. Attention, il ne faut pas tricher ! Pour le moment on n'a pas le droit de plier. Tout à l'heure on vérifiera, en pliant sur les traits rouges tracés, que l'on a bien imaginé où se trouvent le ou les axes de symétrie.*

• Ajouter si nécessaire :

→ *Certaines figures n'ont pas d'axes de symétrie et d'autres en ont plusieurs qu'il faut tous trouver.*

• Vérifier que toutes les figures ont été étudiées. Engager chaque groupe à valider ses tracés par pliage, en suivant le trait rouge et vérifier s'il y a bien superposition des deux parties de la figure. Si l'anticipation n'était pas bonne, demander aux élèves de chercher par pliage les « bons » axes de symétrie (ceux-ci seront repassés en bleu).

Le plus souvent, les élèves anticipent une bonne orientation pour l'axe de symétrie, mais ils tracent celui-ci avec peu de précision. Pour des figures qui comportent plusieurs axes, certains se contentent du premier trouvé.

COLLECTIF

PHASE 4 Seconde mise en commun et synthèse

• Traiter les figures une par une en effectuant les pliages et les tracés sur les étiquettes agrandies. Le recensement des erreurs permet de déstabiliser les idées fausses comme par exemple toute figure qu'il est possible de partager en deux parties identiques a un axe de symétrie.

• Faire une **synthèse** en associant symétrie et pliage (effectif ou anticipé mentalement) :

2e SYNTHÈSE

Trouver un axe de symétrie en imaginant le pliage

• **Un axe de symétrie partage la figure en deux parties.**
Ces deux parties sont « pareilles ». Comme elles se superposent lorsque l'on plie la figure suivant l'axe, on dit qu'elles sont **« superposables »** mais elles sont en vis-à-vis.

• **Pour savoir si une figure admet un axe de symétrie :**
1) On regarde si elle a deux parties pareilles.
2) On imagine ensuite que l'on plie le papier pour faire superposer ces deux parties. Si cela semble possible, le trait du pli est l'axe de symétrie de la figure. Le plus sûr est de pouvoir effectuer en vrai ce pliage !
On ne cherche pas à aller plus loin sur le sujet.

TRACE ÉCRITE

Afficher les étiquettes agrandies des figures.

Les figures 6 et 8 ont un axe de symétrie :

Le carré (fig. 7) a 4 axes de symétrie :

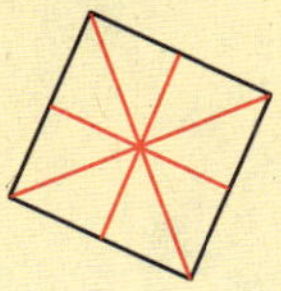

ÉCRIT DE RÉFÉRENCE

Faire remettre les étiquettes dans l'enveloppe afin de les conserver comme référence à la notion d'axe de symétrie. Faire noter « Axe de symétrie » sur l'enveloppe et coller l'enveloppe dans le **dico-maths**.

UNITÉ 7

INDIVIDUEL

ENTRAINEMENT

CAHIER MESURES ET GÉOMÉTRIE p. 46

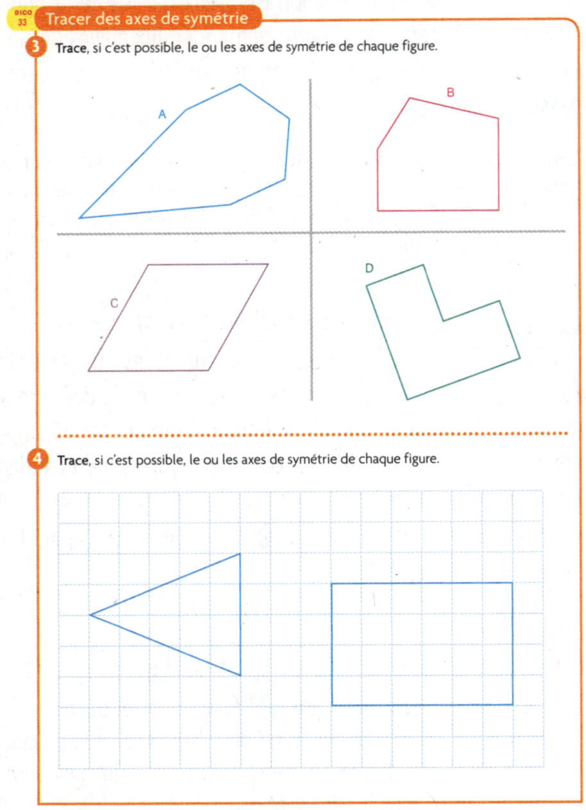
DICO 33 Tracer des axes de symétrie

3 **Trace**, si c'est possible, le ou les axes de symétrie de chaque figure.

4 **Trace**, si c'est possible, le ou les axes de symétrie de chaque figure.

Exercice 3

• Les élèves anticipent l'existence d'axes de symétrie pour les 4 figures. Pour permette une validation par pliage si elle s'avère nécessaire, demander aux élèves de décalquer les figures, ou bien leur donner une photocopie de la page du cahier et faire découper les étiquettes A à D.

• Un bilan collectif peut être fait :

– La **figure B** n'admet pas d'axe de symétrie.

– Les **figures A et D** en admettent un seul.

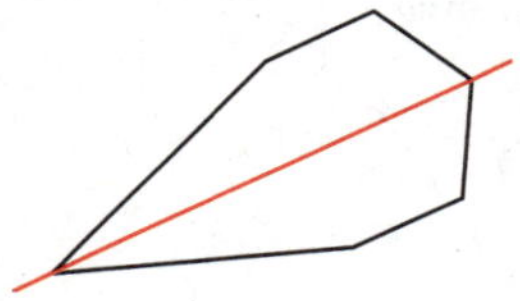

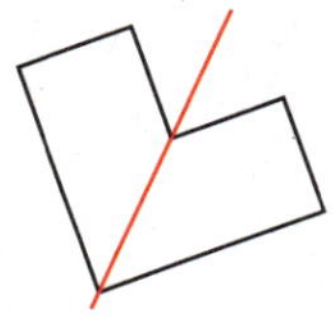

– La **figure C** admet deux axes de symétrie (C est un losange et les axes de symétrie sont ses diagonales).

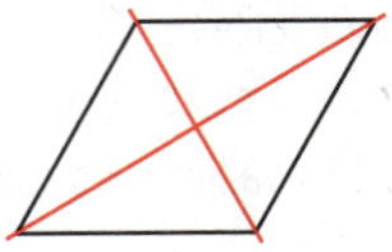

• Pour la figure C, des **conceptions fausses** peuvent apparaitre comme penser que la droite qui passe par les milieux de deux côtés opposés est un axe de symétrie. Ces élèves pensent que toute droite qui partage une figure en deux figures superposables est un axe de symétrie. Le recours au pliage permet de déstabiliser cette conception.

Exercice 4

• Les figures sont dessinées sur un quadrillage, ce qui permet un tracé plus aisé des axes de symétrie, avec une détermination possible des milieux des côtés des polygones.

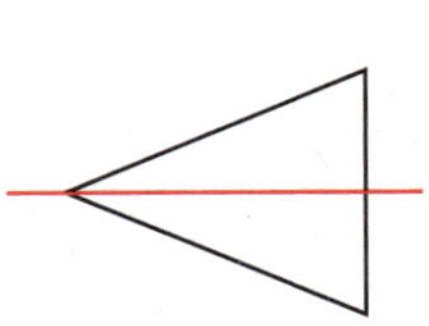

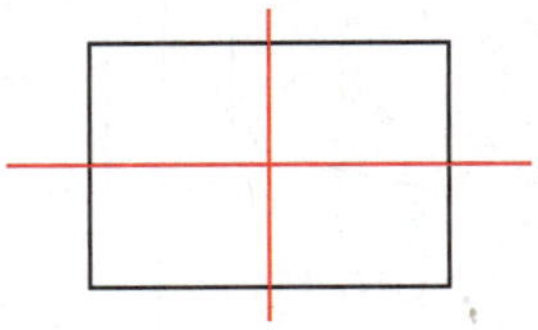

– Le **triangle** admet un seul axe de symétrie.

– Le **rectangle** admet deux axes qui sont les droites qui joignent les milieux des côtés opposés.

• Là encore, des **conceptions fausses** peuvent apparaitre comme penser que les diagonales du rectangle sont des axes de symétrie (comme application de la règle fausse que toute droite qui partage une figure en deux parties superposables est axe de symétrie pour cette figure).

Il est important de déstabiliser ces conceptions en ayant recours au pliage : plier l'étiquette comprenant le rectangle (obtenue par photocopie de la page 46 du cahier) suivant une diagonale du rectangle pour prouver qu'il n'y a pas superposition des deux parties obtenues.

À SUIVRE
Le travail sur les axes de symétrie d'une figure sera repris en **unité 8**.

BILAN et consolidation

FICHIER NOMBRES ET CALCULS p. 74 à 77
CAHIER MESURES ET GÉOMÉTRIE p. 47 à 50

BILAN de l'UNITÉ 7

CONSOLIDATION

CALCUL MENTAL

Calcul mental (séances 1 à 9)

→ **Répertoire multiplicatif : tables de 2 et 5.**
→ **Ajout d'un nombre < 10 à un nombre < 100 :** réflexion.

Pas de préparation de bilan proposée dans le fichier.

Je fais le bilan › FICHIER NOMBRES p. 75

Exercice 1 Calcul de sommes et de produits.

Calculs dictés :

a. 4 fois 2 b. 2 fois 7 c. 6 fois 2 d. 6 fois 5
e. 46 + 3 f. 37 + 9 g. 45 + 8 h. 35 + 7

RÉPONSES : a. 8 b. 14 c. 12 d. 30 e. 49 f. 46 g. 53 h. 42.

Je consolide mes connaissances › FICHIER NOMBRES p. 76

Exercice 1 26 + 3 = **29** 45 + 9 = **54** 18 + 8 = **26**
38 + 6 = **44** 22 + 4 = **26** 24 + 9 = **33**.

Exercice 2 6 × 2 = **12** 5 × 7 = **35** 2 dans 14 ? **7**
2 × 9 = **18** 8 × 5 = **40** 5 dans 35 ? **7**.

Autres ressources

› 90 Activités et jeux mathématiques CE1
31. Avec une calculatrice (2)

› CD-Rom Jeux interactifs GS-CP-CE1
13. Je suis un as du calcul (niveau 1)

› Activités avec la calculatrice GS-CP-CE1
10. Tables de multiplication (CP ou CE1)

NOMBRES ET CALCULS

Décompositions avec 100, 10 et 1 (séance 1)

Je prépare le bilan › FICHIER NOMBRES p. 74 A

→ **Un nombre peut être décomposé en centaines, dizaines et unités.**
Exemple : 302 = 3 centaines et 2 unités.

→ **La décomposition peut aussi s'écrire avec 100, 10 et 1.**
Exemple : 302 = (3 × 100) + (2 × 1) ou 302 = (3 × 100) + 2.

Je fais le bilan › FICHIER NOMBRES p. 75

Exercice 2 Décomposer un nombre avec 100, 10 et 1.

(4 × 100) + (5 × 10) = **450** 306 = **(3 × 100) + 6**
9 + (2 × 100) + (3 × 10) = **239** 730 = **(3 × 10) + (7 × 100)**.

Je consolide mes connaissances › FICHIER NOMBRES p. 76

Exercice 3 Les étiquettes à compléter : 100 100 10 1 1.

Exercice 4 Étiquettes avec le même résultat :
470 (4 × 100) + (7 × 10) 7 dizaines et 4 centaines
704 (7 × 100) + 4 4 unités et 7 centaines
740 (4 × 10) + (7 × 100).

Exercice 5
(6 × 100) + 7 + (2 × 10) = **627** (8 × 10) + (1 × 100) + 7 = **187**
6 + (7 × 10) + (2 × 100) = **276** (8 × 100) + (1 × 10) + 7 = **817**
(6 × 10) + (7 × 100) + 2 = **762** 8 + (1 × 10) + (7 × 100) = **718**.

CD-Rom du guide

› Fiche différenciation n° 37

Multiplication : calcul réfléchi (séances 2 et 3)

Je prépare le bilan › FICHIER NOMBRES p. 74 B

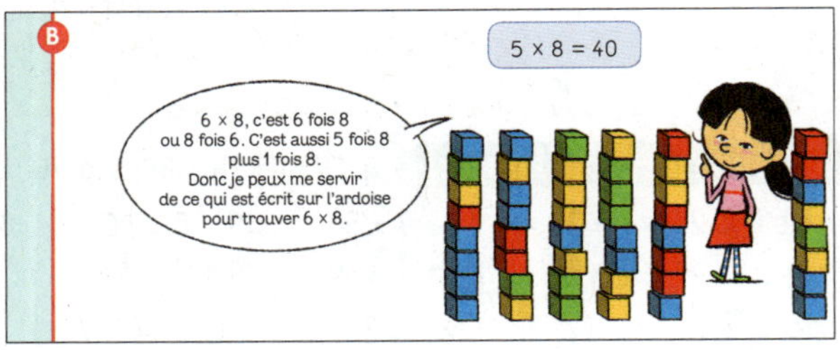

→ **On peut utiliser des produits connus pour en calculer d'autres,** notamment lorsqu'un des facteurs :
- augmente ou diminue de 1 ;
- est double de celui d'un des produits donnés.

Je fais le bilan › FICHIER NOMBRES p. 75

Exercice 3 Calculer le nombre de cubes nécessaires pour construire des tours en utilisant un produit donné.

Il faut 28 cubes.

Exercice 4 Calculer des produits en utilisant des résultats connus quand l'un des facteurs augmente de 1 ou quand il est double.

5 × 8 = **40**   8 × 6 = **48**   16 × 5 = **80**.

Je consolide mes connaissances › FICHIER NOMBRES p. 77

Exercice 6 Lisa : 65 cubes   Moustik : 120 cubes.

Exercice 7

Pour 5 tours, il faut **35** cubes. Pour 8 tours, il faut **56** cubes.
Pour 2 tours, il faut **14** cubes. Pour 11 tours, il faut **77** cubes.
Pour 6 tours, il faut **42** cubes. Pour 20 tours, il faut **140** cubes.

Exercice 8 6 × 8 = **48**   7 × 7 = **49**   7 × 6 = **42**.

Exercice 9 6 × 14 = **84**   5 × 15 = **75**   14 × 5 = **70**.

Autres ressources

› 90 Activités et jeux mathématiques CE1

41. Avec des petits cartons

Multiplication par 10, 100, 20, 200... (séances 5 et 6)

Je prépare le bilan › FICHIER NOMBRES p. 74 C

→ **4 × 60**, c'est 4 fois 60, c'est aussi 4 fois 6 dizaines.
C'est donc **24 dizaines** ou **240**.

→ On peut aussi écrire : **4 × 60 = 4 × 6 × 10 = 24 × 10 = 240.**

Je fais le bilan › FICHIER NOMBRES p. 75

Exercice 5 Calculer des produits dont un facteur est un multiple simple de 10.

160	16 dizaines	4 × 40	20 × 8
320	3 centaines, 2 dizaines	40 × 8	80 × 4

Je consolide mes connaissances › FICHIER NOMBRES p. 77

Exercice 10

150	15 dizaines	5 × 30	3 × 50
240	2 centaines, 4 dizaines	24 dizaines	4 × 60

CD-Rom du guide

› Fiche différenciation n° 36

BILAN de l'UNITÉ 7

CONSOLIDATION

MESURES ET GÉOMÉTRIE

Angle droit, carré, rectangle (séances 7 et 8)

Je prépare le bilan › CAHIER GÉOMÉTRIE p. 47 **A**

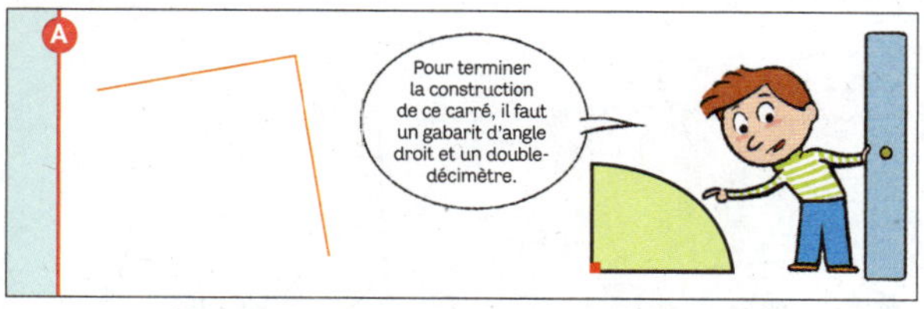

→ **Pour tracer un angle droit**, il faut placer le sommet du gabarit sur le sommet de l'angle droit et un côté de l'angle droit du gabarit contre le côté déjà tracé de l'angle droit.

→ **Pour construire un carré ou un rectangle**, il faut en connaitre les propriétés (longueur des côtés et angles droits) et savoir utiliser un double décimètre et un gabarit d'angle droit.

Je fais le bilan › CAHIER GÉOMÉTRIE p. 47-48

Exercices 1 et 2 Tracer un angle droit.

Pas de corrigé.

Tracer un angle droit sur papier calque pour la validation.

Exercice 3 Construire un carré dont deux côtés sont déjà tracés.

Pas de corrigé.

Tracer le carré sur papier calque pour la validation.

<u>matériel par élève :</u> un gabarit d'angle droit et le double-décimètre.

Je consolide mes connaissances › CAHIER GÉOMÉTRIE p. 49

Exercice 1 Pas de corrigé.

Prévoir un gabarit droit sur papier calque pour que l'élève puisse vérifier son travail.

Exercices 2 à 5 Pas de corrigé.

Reproduire sur papier calque les figures terminées pour que l'élève puisse vérifier son travail.

CD-Rom du guide

› Fiche différenciation n° 40

Autres ressources

› 90 Activités et jeux mathématiques CE1

68. Des lignes brisées

73. Des carrés empilés, des rectangles emboités

MESURES ET GÉOMÉTRIE

Axe de symétrie (séance 9)

Je prépare le bilan › CAHIER GÉOMÉTRIE p. 47 **B**

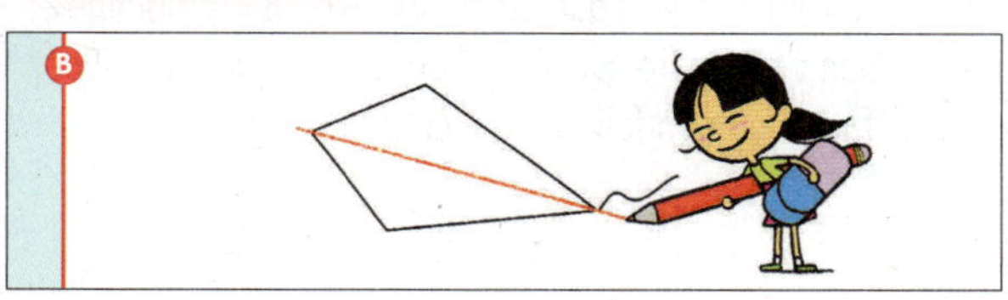

→ **Pour certaines figures**, on peut plier le papier sur lequel elles sont dessinées de façon à ce que les deux parties de la figure se superposent exactement (trait sur trait). Dans le pli formé, on peut tracer un trait droit ; ce trait s'appelle « **un axe de symétrie de la figure** ».

Je fais le bilan › CAHIER GÉOMÉTRIE p. 48

Exercice 4 et 5 Reconnaitre si une figure a un axe de symétrie.

Cette figure n'a pas d'axe de symétrie.

Cette figure n'a pas d'axe de symétrie.

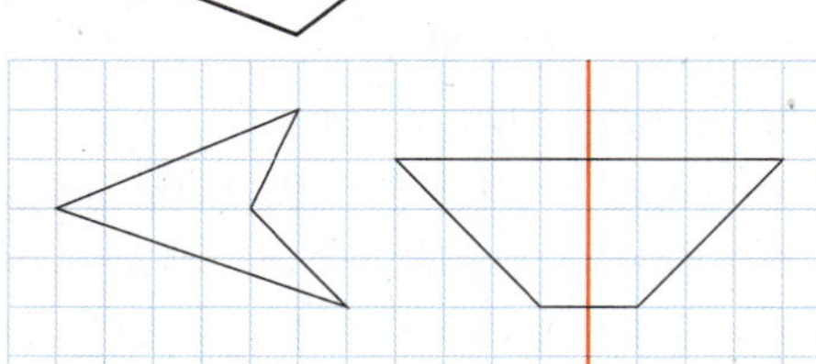

Je consolide mes connaissances › CAHIER GÉOMÉTRIE p. 50

Exercice 6

A : pas d'axe de symétrie.

B : un axe de symétrie.

Exercice 7

C : un axe de symétrie.

D : 4 axes de symétrie.

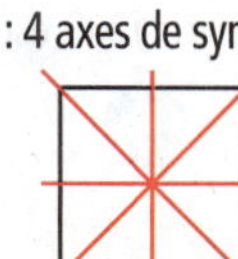

Exercice 8

E : 2 axes de symétrie.

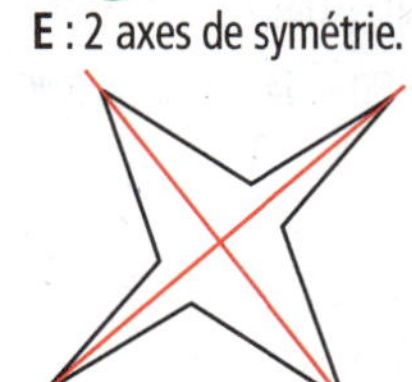

F : pas d'axe de symétrie.

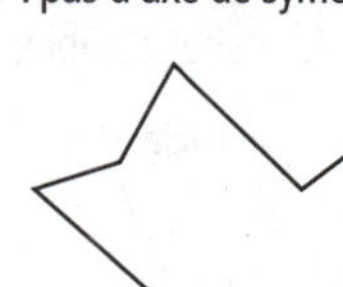

Autres ressources

› 90 Activités et jeux mathématiques CE1

74. Recherche d'axes de symétrie (sans plier)

75. Le mariage par symétrie

77. Devinettes

UNITÉ 7

À la pâtisserie

Les élèves doivent prendre des informations sur divers supports (texte et illustrations), le bandeau du haut fournissant des informations utiles pour tous les problèmes.

Problème 1

OBJECTIFS :

– Résoudre un problème de réunion de plusieurs prix identiques (recherche du total).

– Utiliser l'addition itérée ou la multiplication.

TÂCHE : Chercher le prix d'un nombre donné d'objets.

RÉPONSE : 120 c ou 1 € 20 c.

Problème 2

OBJECTIFS :

– Résoudre un problème de prix total à payer.

– Utiliser l'addition et la multiplication.

TÂCHE : Poser des questions à partir de données fournies par une illustration et y répondre.

EXEMPLES DE QUESTIONS :

– *Combien y a-t-il de pâtisseries ?* 5.

– *Quel est le prix total à payer ?* 210 c ou 2 € 10 c.

Problème 3

OBJECTIFS :

– Résoudre un problème de groupements (nombre de parts).

– Utiliser l'addition itérée ou la multiplication.

TÂCHE : Convertir la somme d'argent en centimes et chercher combien de fois on peut ajouter 40 c pour atteindre 120 c.

RÉPONSE : 3 sablés.

Problème 4

OBJECTIFS :

– Résoudre un problème de comparaison.

– Utiliser l'addition itérée ou la multiplication.

TÂCHE : Chercher si un achat a un prix inférieur ou supérieur à une somme donnée.

RÉPONSE : Oui car 180 c est plus petit que 2 €.

Problème 5

OBJECTIFS :

– Résoudre un problème de groupements (nombre de parts).

– Utiliser l'addition itérée ou la multiplication.

TÂCHE : Chercher combien de fois il y a 50 c dans 3 € ou 300 c.

RÉPONSE : 6 madeleines.

Problème 6

OBJECTIFS :

– Résoudre un problème de groupements (nombre de parts).

– Utiliser l'addition itérée ou la multiplication.

TÂCHE : Chercher 2 nombres (parmi des nombres donnés) dont la somme est égale à 90, et trouver toutes les solutions.

RÉPONSE : 1 sablé et 1 madeleine ; ou 2 brioches.

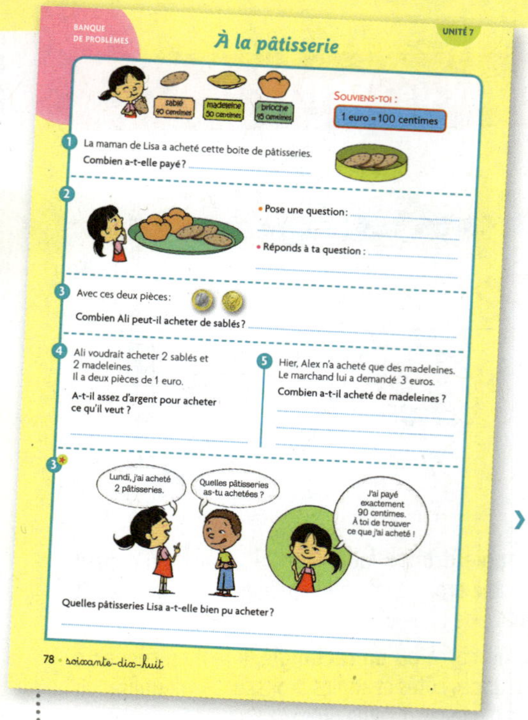

BANQUE DE PROBLÈMES — UNITÉ 7

À la pâtisserie

sablé 40 centimes — madeleine 50 centimes — brioche 45 centimes

SOUVIENS-TOI : 1 euro = 100 centimes

1 La maman de Lisa a acheté cette boite de pâtisseries. **Combien a-t-elle payé ?**

2 • Pose une question :
• Réponds à ta question :

3 Avec ces deux pièces : **Combien Ali peut-il acheter de sablés ?**

4 Ali voudrait acheter 2 sablés et 2 madeleines. Il a deux pièces de 1 euro. **A-t-il assez d'argent pour acheter ce qu'il veut ?**

5 Hier, Alex n'a acheté que des madeleines. Le marchand lui a demandé 3 euros. **Combien a-t-il acheté de madeleines ?**

3*

Quelles pâtisseries Lisa a-t-elle bien pu acheter ?

78 • soixante-dix-huit

› FICHIER NOMBRES p. 78

Mise en œuvre

La recherche se fait d'abord au brouillon, individuellement (ou éventuellement par petites équipes.)

Aides possibles

Pour les élèves faibles en lecture, les énoncés peuvent être verbalisés par l'enseignant.

Pour tous les problèmes : Fournir des pièces de monnaie

Problème 5 : Inciter à chercher une autre solution lorsqu'une seule solution a été trouvée.

Exploitation

Faire porter l'attention sur les questions posées dans le problème 2 : Peut-on ou non y répondre avec les informations données ? Pour y répondre, faut-il ou non faire des calculs ?

Erreurs intéressantes à exploiter

Pour tous les problèmes : Difficultés de conversion sur la monnaie.

Problème 6 : Oubli d'une solution.

Procédures à observer particulièrement

Problème 1 : Les élèves ont-ils utilisé l'addition itérée ou la multiplication ?

Problèmes 2 et 3 : Les élèves ont-ils utilisé le résultat du problème 1 ?

Problème 5 : Deux démarches sont possibles :

– considérer qu'avec 1 € on peut acheter 2 madeleines, et donc qu'avec 3 € on peut acheter 3 fois plus de madeleines ;

– convertir 3 € en 300 c et ajouter des 50 jusqu'à obtenir 300 (ou utiliser la multiplication).

Problème 6 : Les élèves peuvent procéder par essais. La deuxième réponse (2 brioches) peut être omise par les élèves qui interprètent le problème comme revenant à chercher 2 pâtisseries différentes.

Évaluations de fin de période 2 (unités 5 à 7)

Cette évaluation concerne les acquis des élèves relatifs aux apprentissages des unités 5 à 7.
Les supports élèves sont fournis sous forme de fiches photocopiables.

EXERCICES DICTÉS ORALEMENT PAR L'ENSEIGNANT

Chaque nombre ou chaque calcul est dicté deux fois.

Exercice 1 Dictée de nombres

Attendus de fin de cycle : Nommer, lire, écrire, représenter des nombres entiers.

Compétence spécifique : Écrire en chiffres des nombres inférieurs à 100 donnés oralement.

Commentaire : Des difficultés peuvent subsister pour les nombres supérieurs à 100.

Pour les élèves qui ont encore des difficultés, rappeler le rôle du mot « cent » qui indique le nombre de centaines, mais qu'il ne s'écrit pas (cf. les erreurs du type 10054 à la place de 154). La lecture des nombres de 3 chiffres nécessite une coupure marquée par le mot cent : **697** est découpé mentalement en **6** (lu six-cent) et **97** (lu quatre-vingt-dix-sept).

Nombres dictés :
a. 47 b. 85 c. 90 d. 154 e. 708 f. 580
g. 416 h. 500 i. 697 j. 777.

Exercice 2 Calcul autour des dizaines et des centaines

Attendus de fin de cycle : Calculer avec des nombres entiers.

Compétences spécifiques : Ajouter et soustraire des dizaines et des centaines entières ; trouver le complément d'un multiple de 10 à la centaine supérieure.

Commentaire : Ces compétences sont indispensables pour le calcul réfléchi de sommes et de produits qui s'appuie souvent sur une décomposition des nombres liée à la numération décimale. Le recours au matériel de numération peut être une aide pour les élèves en difficulté.

Calculs dictés :
a. 60 + 60 b. 50 + 80 c. 200 + 700 d. 400 + 300
e. 120 – 40 f. 150 – 80 g. 800 – 300
Combien pour aller :
h. de 70 à 100 ? i. de 280 à 300 ? j. de 430 à 400 ?

Exercice 3 Addition, soustraction (calcul réfléchi)

Attendus de fin de cycle : Calculer avec des nombres entiers.

Compétences spécifiques : Ajouter et soustraire 5 à des multiples de 5 ; ajouter un nombre inférieur à 10 à un nombre inférieur à 100 ; ajouter et soustraire deux nombres inférieurs à 100 (sans retenue).

Commentaire : En cas de difficultés, il convient de privilégier les deux premières compétences.

Calculs dictés :
a. 35 + 5 b. 60 – 5 c. 43 + 7
d. 35 + 8 e. 23 + 12 f. 56 – 14.

Exercice 4 Calcul de produits simples et tables de multiplication de 2 et de 5

Attendus de fin de cycle : Calculer avec des nombres entiers.

Compétences spécifiques : Calculer des produits simples en utilisant l'addition itérée ; connaitre les tables de multiplication de 2 et de 5.

Commentaire : Certains résultats sont mémorisés. Pour d'autres, l'essentiel est que les élèves soient capables de les reconstruire sur la base de la compréhension des questions posées, donc par addition itérée.

Calculs dictés :
a. 2 fois 3 b. 6 fois 2 c. 4 fois 5
d. 5 fois 6 e. 3 fois 3 f. 3 fois 4.

EXERCICES À ÉNONCÉS ÉCRITS

Pour certains élèves, les consignes peuvent être lues par l'enseignant.

Exercices 5, 6 et 7 Centaines, dizaines et unités (valeur positionnelle des chiffres)

Attendus de fin de cycle : Comprendre et utiliser des nombres entiers pour dénombrer, ordonner, repérer, comparer ; nommer, lire, écrire, représenter des nombres entiers.

Compétence spécifique : Comprendre et utiliser la valeur des chiffres en fonction de leur position dans l'écriture décimale d'un nombre inférieur à 100.

Commentaire : Pour ces trois exercices, il est intéressant d'observer si les élèves répondent en utilisant principalement des calculs ou en mobilisant la valeur positionnelle des chiffres. Dans le premier cas, en différentes occasions, il convient de revenir sur l'information qui peut être tirée de l'écriture chiffrée d'un nombre : celle-ci indique directement le nombre de groupements par 100 ou 10.

Exercices 8 et 9 Unités de numération

Attendus de fin de cycle : Nommer, lire, écrire, représenter des nombres entiers.

Compétences spécifiques : Utiliser et interpréter des nombres en unités de numération.

Commentaire :

Exercice 8, observer si les élèves répondent directement 130 (13 dizaines = 130 unités), s'ils passent par 13 dizaines = 10 dizaines + 3 dizaines = 1 centaine + 3 dizaines = 130 ou s'ils ont recours à la multiplication par 10.

Exercice 9, les questions sont posées hors d'un contexte pratique.

Exercices 10, 11 et 12 Suites de nombres

Attendus de fin de cycle : Nommer, lire, écrire, représenter des nombres entiers.

Compétences spécifiques : Reconnaitre des nombres consécutifs (nombres inférieurs à 1 000) ; produire des suites écrites de nombres de 100 en 100, de 10 en 10.

Commentaire : Les difficultés peuvent porter sur la reconnaissance des chiffres en fonction de leur rang, sur le passage de 300 à 290 (exercice 10) ou sur la vigilance à respecter la même règle .

Exercices 13 et 14 Comparaison de nombres

Attendus de fin de cycle : Comprendre et utiliser des nombres entiers pour dénombrer, ordonner, repérer, comparer.

Compétences spécifiques : Ranger des nombres inférieurs à 1 000 par ordre croissant ; encadrer et intercaler des nombres.

Commentaire : En cas d'erreurs, il faut s'interroger sur le fait de savoir si celles-ci proviennent d'une difficulté à comparer deux nombres ou à organiser le rangement d'une liste de nombres.

Exercice 15 Addition en ligne ou posée

Attendus de fin de cycle : Calculer avec des nombres entiers.

Compétence spécifique : Calculer des sommes mentalement, en ligne ou par addition posée en colonne (nombres inférieurs à 100).

Commentaire : Ces techniques devraient maintenant être bien assurées. Un entrainement particulier peut encore être nécessaire pour certains élèves.

Exercice 16 Multiplication (multiplication par 10 et calcul réfléchi)

Attendus de fin de cycle : Calculer avec des nombres entiers.

Compétences spécifiques : Multiplier un nombre par 10 ; calculer des produits en utilisant le calcul réfléchi.

Commentaire : Observer les procédures utilisées par les élèves :
– addition itérée par exemple pour 25 × 2 ou 25 × 4 ;
– utilisation de la « règle des 0 » pour 25 × 10 ;
– appui sur un résultat déjà établi (25 × 4 comme 2 fois 25 × 2, 25 × 5 comme 4 fois 25 plus 1 fois 25).

Exercices 17 et 18 Problèmes

Attendus de fin de cycle : Résoudre des problèmes en utilisant des nombres entiers et le calcul.

Compétences spécifiques : Résoudre un problème à étapes ; faire l'inventaire des possibilités.

Commentaire :

Problème 17 : Il s'agit d'un problème à étapes. Une analyse fine des réponses est nécessaire pour identifier la nature des difficultés éventuelles. Si trop d'élèves ont échoué, un problème similaire peut être proposé en montrant un petit cahier avec par exemple 4 pages contenant chacune 5 images et 3 images non placées de façon à savoir si la difficulté principale tient à la lecture de l'énoncé ou à la structure de la situation.

Problème 18 : On observera si les élèves ont trouvé toutes les possibilités et quelle stratégie ils ont utilisé pour cela.

Exercices 19 et 20 Lecture de l'heure

Attendus de fin de cycle : Se repérer dans le temps et mesurer des durées. Lire l'heure.

Compétence spécifique : Lire l'heure sur une horloge à aiguilles en heures entières ou en heures et demie.

Commentaire : Accepter tout type de réponse correcte. Les erreurs de lecture sont souvent dues à l'inversion du rôle des aiguilles : l'élève lit « midi » ou « midi et quart » au lieu de « 3 heures ». Si besoin indiquer en couleur sur la fiche quelle est la petite aiguille.

Exercices 21 et 22 Angles droits

Attendus de fin de cycle : Reconnaitre, et utiliser la notion d'angle droit. Repérer et produire des angles droits à l'aide d'un gabarit.

Compétences spécifiques : Reconnaitre un angle droit dans une figure ; utiliser un gabarit d'angle droit pour contrôler si un angle est droit ou tracer un angle droit.

Commentaire :

Problème 21 : Si l'angle droit dont les côtés sont vertical et horizontal sera facilement reconnu, le second angle droit formé par les deux autres côtés du polygone le sera plus difficilement.
Observer si les élèves se satisfont d'une reconnaissance perceptive ou si, au contraire, ils utilisent un gabarit d'angle droit pour rechercher les angles droits ou contrôler leur perception.

Problème 22 : La difficulté consiste à placer le gabarit d'angle droit de façon à faire coïncider le sommet de l'angle droit du gabarit avec le sommet de l'angle droit à tracer, un côté de l'angle droit du gabarit avec le côté de l'angle droit déjà tracé et à ce que le second côté de l'angle droit du gabarit soit orienté sur la partie de la page où le tracé doit se faire.

Exercice 23 Carrés, rectangles

Attendus de fin de cycle : Reconnaitre quelques figures simples. Reconnaitre à partir des côtés et des angles droits, un carré, un rectangle.

Compétences spécifiques : Connaitre les propriétés du carré et du rectangle relatives aux côtés et aux angles ; utiliser la règle graduée pour mesurer un segment ; utiliser un gabarit d'angle droit pour contrôler si un angle est droit.

Commentaire : Les élèves doivent dépasser la simple perception qui conduit à identifier la figure **b** comme étant un carré alors que c'est un rectangle « presque carré » mais placé en position standard. La figure **d** qui est très allongée et qui ne correspond pas à l'image standard d'un rectangle, peut ne pas être reconnue comme telle.
Observer si les élèves utilisent les instruments pour contrôler les propriétés : angle droit et égalité de longueurs.

Exercices 24 et 25 Reproduction sur quadrillage

Attendus de fin de cycle : Reproduire des figures planes sur papier quadrillé.

Compétence spécifique :

Reproduire sur un quadrillage un polygone dont les côtés suivent les lignes ou les diagonales du quadrillage (problème 24).

Reproduire sur un quadrillage un polygone dont des côtés ne suivent ni les lignes ni les diagonales du quadrillage (problème 25).

Commentaire :

Problème 24 : La réussite de ce type d'exercice ne devrait pas poser de problème. La plupart des élèves tracent, l'un après l'autre, les côtés qui suivent les lignes du quadrillage en respectant leurs longueurs en nombre de côtés de carreaux. La procédure qui consiste à repérer les sommets de la figure avant de tracer les côtés n'est pas ici forcément la plus efficace.

Problème 25 : La réussite dans ce type d'exercice peut s'avérer encore difficile. Ici, la reproduction du haut de la figure ne doit pas poser problème (côté qui suit les lignes du quadrillage). Pour le côté de gauche qui suit une diagonale du quadrillage, certains élèves peuvent le tracer en comptant les carreaux traversés plutôt que commencer par repérer la position du sommet en bas à gauche par rapport au sommet déjà placé. Par contre, pour le côté de droite qui ne suit pas la diagonale, la procédure qui consiste à placer le sommet en bas à droite en le repérant par rapport au sommet déjà placé avant de tracer le côté, s'avère la plus efficace.

Exercice 26 Repérage dans l'espace

Attendus de fin de cycle : Situer des objets les uns par rapport aux autres ou par rapport à d'autres repères.

Compétence spécifique : Décrire la position d'un objet par rapport à un autre objet sur une photo.

Commentaire : Il s'agit de décrire de son point de vue la position d'objets non orientés. « Derrière » signifie en arrière-plan, « devant » signifie en premier plan, plus près de moi. Ici le cône rouge est derrière ou derrière les deux autres cônes, les cônes bleu et vert sont devant ou devant le cône rouge. Le cône bleu est devant et à gauche, le cône vert est devant et à droite. Ces deux mots « devant » et « derrière » ont ici une autre signification, d'ailleurs moins usitée, que lorsqu'on les utilise pour repérer par rapport à un objet orienté : « devant la voiture », « pousser devant soi », « se mettre derrière sa chaise »...

Matériel par élève : La photo C en couleur des trois côtés → CD-Rom du guide et Guide p. 320.

Fiches photocopiables

Exercice 1

a. 47 b. 85 c. 90 d. 154 e. 708
f. 580 g. 416 h. 500 i. 697 j. 777.

Exercice 2

a. 120 b. 130 c. 900 d. 700 e. 80
f. 70 g. 500 h. 30 j. 20 h. 70.

Exercice 3

a. 40 b. 55 c. 50 d. 43 e. 35 f. 42.

Exercice 4

a. 6 b. 12 c. 20 d. 30 e. 9 f. 12.

Exercice 5

346 €.

Exercice 6

8 timbres seuls, 2 carnets de 10 timbres, 4 blocs de 100 timbres.
D'autres réponses correctes sont possibles comme 28 timbres seuls et 4 blocs de 100 timbres ou 42 carnets de 10 timbres et 8 timbres seuls, etc;

Exercice 7

256 timbres.

Exercice 8

130 œufs.

Exercice 9

300 unités ; 105 unités ; 180 unités ; 50 dizaines.

Exercice 10

308 – 408 – 508 – 608 – 708 – 808 – **908**.

Exercice 11

338 – 339 – 340 – 341 – 342.

Exercice 12

290 – 300 – **310 – 320 – 330** – 340 – 350 – 360 – 370.

Exercice 13

69 > 96 > 200 > 408 > 480 > 804.

Exercice 14

50 – 88 – **100** – 103 – **150** – **200** – 222 – **250** – 260 – **300** – 310.

Exercice 15

38 + 455 = **493** 254 + 68 + 432 = **754**
307 + 498 = **805**

Exercice 16

25 × 2 = **50** 25 × 4 = **100** 25 × 5 = **125**
25 × 10 = **250** 25 × 11 = **275** 25 × 12 = **300**

Exercice 17

32 images.

Exercice 18. Il y a 3 façons d'avoir 8 € :

– 5 € + 1 € + 1 € + 1 €
– 5 € + 2 € + 1 €
– 2 € + 2 € + 2 € + 1 € + 1 €

Exercice 19

Il est 8 heures 30 ou huit heures et demie.

Exercice 20

Il est : 3 heures ; 4 heures et demie.
Accepter toute réponse correcte comme par exemple : 3 h, 15 heures, 4 h 30, 16 heures 30 minutes…

Exercice 21

La figure a 2 angles droits :

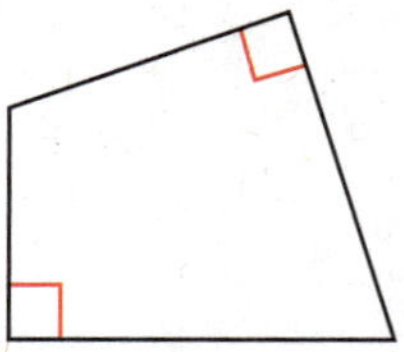

Exercice 22

Pas de corrigé.

Exercice 23

a. La figure ***a*** est un carré.
b. Les figures ***b*** et ***d*** sont des rectangles

Exercices 24 et 25

Pas de corrigé.

Exercice 26

Le cône rouge est derrière. Le cône vert est devant à gauche.

UNITÉ 8

13 ou 14 séances
– 10 séances programmées (9 séances d'apprentissage + 1 bilan)
– 3 ou 4 séances pour la consolidation et la résolution de problèmes

	CALCUL MENTAL (environ 30 min par séance)	RÉVISER	APPRENDRE (environ 45 min par séance)
Séance 1 FICHIER NOMBRES p. 79	**Problèmes dictés** Échanges	**Problèmes écrits** Échanges	**Problèmes de compléments (1)** RECHERCHE La boite mystérieuse
Séance 2 FICHIER NOMBRES p. 80	**Calculs dictés** Répertoire multiplicatif : table de 4	**Répertoire multiplicatif : tables de 3 et 4**	**Problèmes de compléments (2)** RECHERCHE La boite mystérieuse
Séance 3 FICHIER NOMBRES p. 81	**Calculs dictés** Répertoire multiplicatif : table de 4	**Répertoire multiplicatif : tables de 3 et 4**	**Soustraction d'un petit ou d'un grand nombre** RECHERCHE Calculer une soustraction le plus vite possible
Séance 4 FICHIER NOMBRES p. 82	**Nombres, puis calculs dictés** Ajout de 10 ou de 100 aux nombres dictés	**Décompositions de nombres avec 10 et 100**	**Soustraction : calcul réfléchi de différences (1)** RECHERCHE Réfléchir pour calculer
Séance 5 FICHIER NOMBRES p. 83	**Problèmes dictés** Échanges	**Problèmes écrits** Échanges	**Soustraction : calcul réfléchi de différences (2)** RECHERCHE Réfléchir pour calculer
Séance 6 CAHIER GÉOMÉTRIE p. 51	**Calculs dictés** Complément à une dizaine supérieure	**Axe de symétrie d'une figure**	**Mesure de longueurs : le mètre** RECHERCHE Les bandes orange
Séance 7 CAHIER GÉOMÉTRIE p. 52	**Calculs dictés** Complément à une dizaine supérieure	**Longueurs en mètres et centimètres**	**Horaires et durées en heures et minutes** RECHERCHE L'emploi du temps de Lisa
Séance 8 FICHIER NOMBRES p. 84	**Calculs dictés** Soustraction d'un petit ou d'un grand nombre	**Multiplication pour un multiple de 10 ou de 100**	**Approche de la division : groupements par 5** RECHERCHE Des bouquets de 5 tulipes
Séance 9 FICHIER NOMBRES p. 85	**Calculs dictés** Soustraction d'un petit ou d'un grand nombre	**Décompositions de 100**	**Approche de la division : groupements par 2** RECHERCHE Des bouquets de 2 tulipes

Bilan

Je prépare le bilan puis Je fais le bilan
FICHIER NOMBRES p. 86 et 87
CAHIER GÉOMÉTRIE p. 53

Consolidation Remédiation

Je consolide mes connaissances
FICHIER NOMBRES p. 88
CAHIER GÉOMÉTRIE p. 54

Banque de problèmes

La promenade en bateau
FICHIER NOMBRES p. 89
– Résoudre un problème de réunion de plusieurs quantités identique
– Résoudre un problème de recherche de complément
– Déterminer les étapes nécessaires à la résolution d'un problème
– Résoudre un problème par essais et ajustements

L'essentiel à retenir de l'unité 8

- **Calculs dictés :**
  – table de multiplication par 4
  – Complément à une dizaine supérieure
  – Soustraction d'un petit ou d'un grand nombre
  – Problème d'échange 5 contre 1
- **Soustraction : problème de compléments**
- **Soustraction : calcul réfléchi**
- **Division : groupements par 5 et par 2**
- **Une nouvelle unité de longueur : le mètre**
- **Horaires et durées en heures et minutes**

UNITÉ 8 Problèmes de compléments (1)

	Tâche	Matériel	Connaissances travaillées
PROBLÈMES DICTÉS	**Échanges** – Résoudre des problèmes portant sur des échanges.	pour la classe : – 5 objets représentant les pépites et 25 objets représentant les perles par élève : FICHIER NOMBRES p. 79 ❶	– **Échanges** – Multiplication – Division.
PROBLÈMES ÉCRITS	**Échanges** – Résoudre des problèmes portant sur des échanges.	par élève : – cahier de brouillon FICHIER NOMBRES p. 79 ❷ et ❸	– **Échanges** – Multiplication – Division.
APPRENDRE Calcul/Problèmes	**Problèmes de compléments (1)** RECHERCHE **« La boite mystérieuse »** – Résoudre des problèmes dans lesquels il faut déterminer un complément.	pour la classe : – une boite opaque – des objets de 2 catégories (10 jetons bleus et 10 jetons rouges par exemple) par élève : FICHIER NOMBRES p. 79 ❹ et ❺	– **Complément** – Addition, soustraction.

PROBLÈMES DICTÉS

Échanges
– Résoudre des problèmes faisant intervenir des échanges.

COLLECTIF

FICHIER NOMBRES ET CALCULS p. 79

Problèmes dictés
❶ a Oui Non b

Exercice ❶

• Présenter le matériel « pépites » et « perles » et la règle :

> Règle d'échange : Lisa accepte d'échanger ses perles contre des pépites que possède Alex. Ils sont tombés d'accord sur l'échange : **5 perles** contre **1 pépite**.

• Faire réaliser l'échange par deux élèves avec du matériel.
Écrire au tableau : 5 perles > 1 pépite.

• Les réponses sont données dans le fichier et vérifiées avec le matériel.

Problème a

Lisa dit à Alex : « Si tu me donnes 2 pépites, je te donne 10 perles ».
QUESTION : *Lisa a-t-elle raison ? Entourez « oui » ou « non ».*

• Ce problème est destiné à renforcer la compréhension de la situation. Faire un bilan des réponses et des procédures utilisées, sans qu'aucune procédure correcte ne soit privilégiée.

Problème b

Alex donne 4 pépites à Lisa.
QUESTION : *Combien Lisa doit-elle lui donner de perles ?*

• L'exploitation est identique à celle du problème a.
RÉPONSE : a. oui, Lisa a raison. b. 20 perles.

Le **problème a**, traité collectivement, est volontairement choisi très simple, pour influencer le moins possible le travail ultérieur des élèves et leur laisser la responsabilité du **choix des procédures** dont le champ est important. Elles peuvent prendre appui :
– sur des dessins de pépites ou de perles (ou des deux) ;
– sur des dessins accompagnés d'indications numériques ;
– sur des calculs additifs (ou, moins probable, soustractifs) ;
– sur l'utilisation de résultats du répertoire multiplicatif (cf. apprentissage des séances précédentes).
À ce moment de l'année, les procédures « numériques » devraient avoir pris le pas sur les procédures « dessinées » pour la plupart des élèves.

PROBLÈMES ÉCRITS

Échanges
– Résoudre des problèmes faisant intervenir des échanges.

COLLECTIF ET INDIVIDUEL

FICHIER NOMBRES ET CALCULS p. 79

Résoudre des problèmes
Tu peux échanger 5 perles contre 1 pépite.
❷ Réponds à la question d'Alex.

Problèmes ❷ et ❸

• Ces problèmes se révèleront peut-être complexes pour certains. L'incitation à schématiser, voire en cas de difficulté trop importante la mise à disposition de matériel, peuvent s'avérer nécessaires.
• Le problème ❷ peut n'être traité que par une partie des élèves.
RÉPONSE : ❷ 30 perles. ❸ 25 perles.

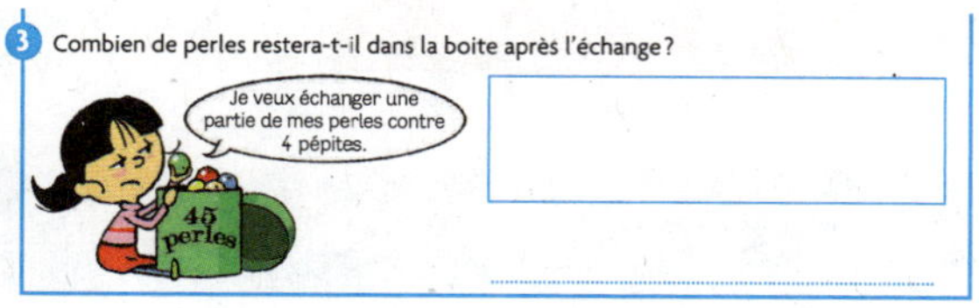
3 Combien de perles restera-t-il dans la boite après l'échange ?

Le recours à des écritures multiplicatives est mis en évidence lors de l'exploitation, en application de ce qui a été appris. Elles n'ont pas, ici, à être privilégiées. Chaque élève doit pouvoir résoudre les problèmes posés en fonction de sa compréhension de la situation et de la disponibilité, pour lui, des outils numériques.

Différenciation → CD-Rom du guide, **fiche n° 41.**

UNITÉ 8

APPRENDRE

Problèmes de compléments (1)

– Résoudre des problèmes dans lesquels intervient la notion de complément.

RECHERCHE

« La boite mystérieuse (1) » : Connaissant le nombre total de cubes de 2 couleurs différentes contenus dans une boite et le nombre de cubes d'une des 2 couleurs, les élèves doivent chercher combien la boite contient de cubes de l'autre couleur. Les réponses peuvent être validées en ouvrant la boite et en comptant le nombre de cubes de chaque sorte.

INDIVIDUEL

PHASE 1 6 cubes dont 4 rouges?

• À l'insu des élèves, mettre dans la boite **4 cubes rouges et 2 cubes bleus**. Fermer la boite.

→ *Dans cette boite, j'ai mis **6 cubes**, des cubes rouges et des cubes bleus (écrire l'information « 6 cubes » au tableau). Je regarde dans la boite : il y a 4 cubes rouges (écrire l'information « 4 cubes rouges » au tableau). Combien y a t-il de cubes bleus dans la boite ?*

• Après un court moment de recherche, recenser les réponses des élèves et les faire discuter collectivement (erreurs, procédures utilisées, écritures éventuelles produites).

En particulier **la réponse erronée** « 10 cubes bleus » (obtenue par 6 + 4) devrait susciter des réactions du type « c'est impossible, il n'y a que 6 cubes dans la boite ».

• **Procédures possibles :**

– dessin et comptage des cubes ;
– surcomptage jusqu'à 6 au-delà de 4 ;
– appui sur un résultat du répertoire : 4 + … = 6 ;
– soustraction : 6 – 4 = … (Cette procédure est moins probable dans la mesure où elle ne correspond pas directement à la structure de la situation, mais elle peut s'expliquer par le fait que pour n'avoir que les cubes bleus dans la boite, il faut enlever les 4 cubes rouges).

• Valider la réponse « 2 cubes bleus » en montrant le contenu de la boite.

INDIVIDUEL

PHASE 2 D'autres questions avec des petits nombres

• Reprendre la même activité avec d'autres petits nombres, par exemple :

	a	b	c	d	e
Nombre total de cubes (fourni)	7	9	10	10	12
Nombre de cubes rouges (fourni)	4	7	1	5	2
Nombre de cubes bleus (demandé)	3	2	9	5	10

Les élèves peuvent déjà adapter leurs procédures en fonction des nombres en jeu. La remarque peut en être faite au moment de la synthèse qui suit.
Cette recherche prépare à l'apprentissage suivant : un complément peut se calculer de deux manières, soit par calcul direct (que faut-il ajouter à 4 pour avoir 7 ?), soit par soustraction (calcul de 7 – 4).

INDIVIDUEL

PHASE 3 Synthèse

Calcul du nombre de cubes bleus

• Pour un total de 9 cubes dont 7 cubes rouge, on peut compléter 7 pour avoir 9 : 7 + **2** = 9.

• Pour un total de 10 cubes dont 1 cube rouge : on peut compléter 1 à 10 : 1 + **9** = 10 ou soustraire 1 de 10 : 10 – 1 = **9**. Cette procédure correspond au fait qu'on enlève le (ou les) cube(s) rouges de la boite pour n'avoir plus que les cubes bleus.

TRACE ÉCRITE

Conserver une trace écrite des différentes procédures de calcul utilisées.

INDIVIDUEL

ENTRAINEMENT

FICHIER NOMBRES ET CALCULS p. 79

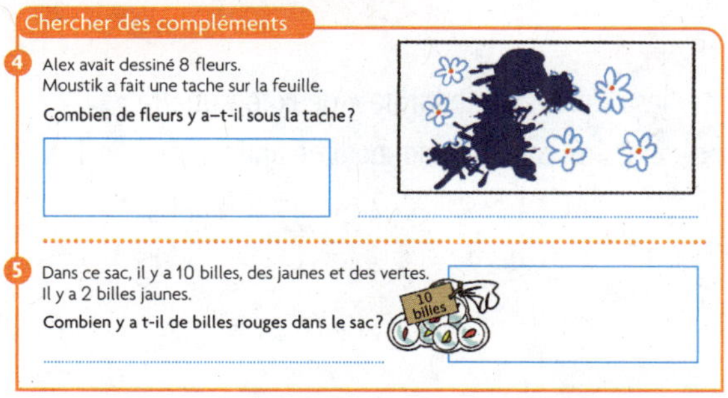
Chercher des compléments
4 Alex avait dessiné 8 fleurs. Moustik a fait une tache sur la feuille. Combien de fleurs y a-t-il sous la tache?
5 Dans ce sac, il y a 10 billes, des jaunes et des vertes. Il y a 2 billes jaunes. Combien y a t-il de billes rouges dans le sac?

Les deux problèmes sont des applications directes de la recherche.

Problème 4

• La présence du dessin peut inciter à compléter en dessinant, mais les nombres étant simples, un calcul du complément de 5 à 8 est également possible.

RÉPONSE : 3 fleurs.

Problème 5

• La solution la plus rapide, et qui est envisageable au CE1, consiste à soustraire 2 de 10, mais il est également possible d'utiliser le résultat connu 2 + **8** = 10.

RÉPONSE : 8 billes vertes.

Différenciation → CD-Rom du guide, **fiche n° 42.**

À SUIVRE

Le même problème est posé en **séance 2** avec des nombres un peu plus grands. En **séance 3**, ce qui a été établi à propos de l'équivalence entre soustraction et complément est exploité pour calculer des différences.

	Tâche	Matériel	Connaissances travaillées
CALCULS DICTÉS	**Répertoire multiplicatif : table de 4** – Donner les résultats de la table de multiplication par 4.	par élève : FICHIER NOMBRES p. 80 ❶	– **Calcul mental : automatismes.**
RÉVISER Calcul	**Répertoire multiplicatif : tables de 3 et 4** – Répondre à des questions relevant des tables de multiplication par 3 et par 4.	par élève : FICHIER NOMBRES p. 80 ❷ et ❸	– **Calcul mental : automatismes.**
APPRENDRE Calcul/Problèmes	**Problèmes de compléments (2)** RECHERCHE **« La boite mystérieuse »** – Résoudre des problèmes dans lesquels il faut déterminer un complément.	pour la classe : – une boite opaque – des objets de 2 catégories (20 jetons bleus et 20 jetons rouges par exemple) par élève : FICHIER NOMBRES p. 80 ❹ et ❺	– **Complément** – Addition, soustraction.

CALCULS DICTÉS

Répertoire multiplicatif : table de 4 • Automatismes

– Donner rapidement des produits relevant de la table de multiplication par 4.

COLLECTIF

FICHIER NOMBRES ET CALCULS p. 80

Exercice 1

- Dicter les calculs sous la forme « deux fois quatre ».
- Procéder à une correction immédiate après chaque calcul

a. 2 fois 4	b. 3 fois 4	c. 4 fois 4	d. 4 fois 5
e. 4 fois 3	f. 6 fois 4	g. 4 fois 8	h. 5 fois 4

RÉPONSE : a. 8 b. 12 c. 16 d. 20 e. 12 f. 24 g. 32 h. 20.

La mémorisation peut prendre du temps. On n'attend pas que les élèves aient déjà mémorisé tous ces résultats, mais plutôt qu'ils les retrouvent rapidement, notamment par addition itérée ou en s'appuyant sur un résultat connu. Elle est bien sûr affaire de répétition et d'entrainement, mais elle est aussi favorisée par la compréhension, notamment celle des relations entre résultats :
– 4 fois 5 = 5 fois 4 ;
– 3 fois 5, c'est 2 fois 5 plus 5...

RÉVISER

Répertoire multiplicatif : tables de 3 et 4

– Utiliser les tables de multiplication par 3 et par 4.

INDIVIDUEL

FICHIER NOMBRES ET CALCULS p. 80

Résoudre des problèmes

❷ Lisa a lancé 5 fléchettes dans la zone rouge et 4 fléchettes dans la zone bleue.
Combien de points a-t-elle marqués ?

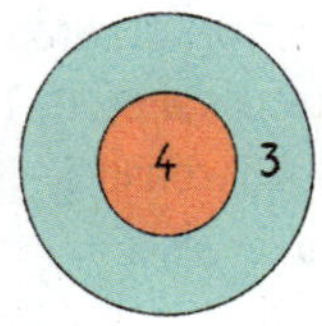

❸ La cible est la même que celle de l'exercice ❷.
Alex a lancé 3 fléchettes dans la zone rouge et d'autres fléchettes dans la zone bleue.
Il a marqué 18 points.
Combien de fléchettes a-t-il lancées dans la zone bleue ?

Exercice 2

- Les réponses peuvent être trouvées par addition itérée ou par recours aux tables de multiplication. Lors de la correction, insister sur le lien entre ces procédures et sur la rapidité offerte par la connaissance des tables ; par exemple :

$4 + 4 + 4 + 4 + 4 = 5 \times 4 = 4 \times 5 = 20$.

Les élèves peuvent aussi calculer : 5 + 5 + 5 + 5.

RÉPONSE : 32 points.

Exercice 3

- Lors de la correction, faire formuler les trois étapes de la résolution :
– calcul des points pour la zone rouge ($4 \times 3 = 12$) ;
– calcul des points pour la zone bleue : 6 points ;
– calcul du nombre de fléchettes pour la zone bleue : 2 (combien de fois 3 dans 6 ?).

RÉPONSE : 2 fléchettes.

APPRENDRE

Problèmes de compléments (2)

– Résoudre des problèmes dans lesquels intervient la notion de complément.

RECHERCHE

« La boite mystérieuse (2) » : Connaissant le nombre total de cubes de 2 couleurs différentes contenus dans une boite et le nombre de cubes d'une des 2 couleurs, les élèves doivent chercher combien la boite contient de cubes de l'autre couleur. Les réponses peuvent être validées en ouvrant la boite et en comptant le nombre de cubes de chaque sorte.

INDIVIDUEL

PHASE 1 20 cubes dont 10 rouges?

• À l'insu des élèves, mettre dans la boite **10 cubes rouges et 10 cubes bleus**. Fermer la boite.

→ *Dans cette boite, j'ai mis **20 cubes**, des cubes rouges et des cubes bleus (écrire l'information « 20 cubes » au tableau). Je regarde dans la boite : il y a 10 cubes rouges (écrire l'information « 10 cubes rouges » au tableau). Combien y a t-il de cubes bleus dans la boite ?*

• Reprendre le même déroulement qu'en séance 1

• **Procédures possibles :**

– dessin et comptage des cubes (procédure assez longue);

– surcomptage jusqu'à 20 au-delà de 10 (risque d'erreurs dans le surcomptage) ;

– appui sur un résultat connu : 10 + **10** = 20 ;

– soustraction : 20 – 10 = … (Cette procédure est moins probable dans la mesure où elle ne correspond pas directement à la structure de la situation, mais elle peut s'expliquer par le fait que pour n'avoir que les cubes bleus dans la boite, il faut enlever les 10 cubes rouges.)

• Valider la réponse « 10 cubes bleus » en montrant le contenu de la boite.

INDIVIDUEL

PHASE 2 25 cubes dont 2 rouges

• Reprendre la même activité avec ces nouvelles données.

• **Procédures possibles :**

– dessin et comptage des cubes (procédure assez longue);

– surcomptage jusqu'à 25 au-delà de 2 (fastidieux et fort risque d'erreurs dans le surcomptage) ;

– recherche du complément par addition à trou : 2 + ? = 25 (peut être difficile à traiter par certains élèves) ;

– soustraction : 25 – 2 = … (Cette procédure est la plus rapide, elle peut s'expliquer par le fait que pour n'avoir que les cubes bleus dans la boite, il faut enlever les 2 cubes rouges.)

• Valider la réponse « 23 cubes bleus » en montrant le contenu de la boite.

COLLECTIF

PHASE 3 Synthèse

Calcul du nombre de cubes bleus

• Pour un total de 20 cubes dont 10 cubes rouges, on peut soit compléter 10 pour avoir 20 : 10 + **10** = 20, soit soustraire 10 de 20 : 20 – 10 = **10**.

• Pour un total de 25 cubes dont 2 cubes rouges : on peut compléter 2 à 25 : 2 + **23** = 25 (mais ce peut être difficile pour certains) ou soustraire 2 de 25 : 25 – 2 = **23**. Cette procédure correspond au fait qu'on enlève les cubes rouge de la boite pour n'avoir plus que les cubes bleus.

TRACE ÉCRITE

Conserver une trace écrite des différentes procédures de calcul utilisées.

INDIVIDUEL

PHASE 4 D'autres questions avec des petits nombres

• Reprendre la même activité avec d'autres petits nombres, par exemple :

	a	b	c
Nombre total de cubes (fourni)	20	25	25
Nombre de cubes rouges (fourni)	18	5	18
Nombre de cubes bleus (demandé)	2	20	7

Les élèves peuvent déjà adapter leurs procédures en fonction des nombres en jeu. La remarque peut en être faite au moment de la synthèse qui précède.

INDIVIDUEL

ENTRAINEMENT

FICHIER NOMBRES ET CALCULS **p. 80**

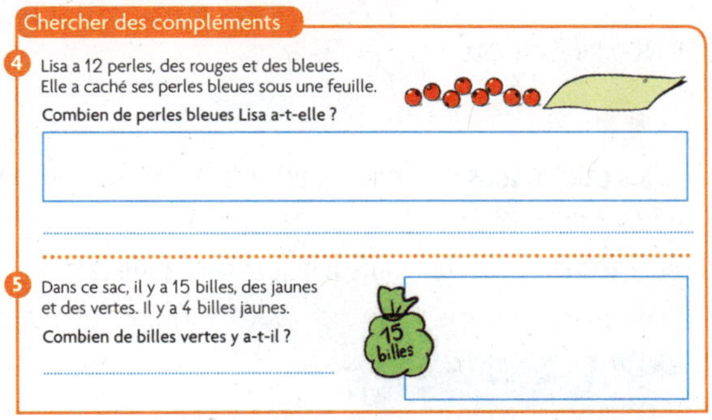

Les deux problèmes sont des applications directes de la recherche.

Problème 4

• La présence du dessin peut inciter à compléter en dessinant, mais les nombres étant simples, un calcul du complément de 5 à 8 est également possible.

RÉPONSE : 4 perles bleues.

Problème 5

• La solution la plus rapide, et qui est envisageable au CE1, consiste à soustraire **4** de 15.

RÉPONSE : 11 billes vertes.

Différenciation → CD-Rom du guide, **fiche nº 42.**

À SUIVRE

En **séance 3**, ce qui a été établi à propos de l'équivalence entre soustraction et complément est exploité pour calculer des différences.

UNITÉ 8

	Tâche	Matériel	Connaissances travaillées
CALCULS DICTÉS	**Répertoire multiplicatif : table de 4** – Donner les résultats de la table de multiplication par 4.	par élève : FICHIER NOMBRES p. 81 ①	– Calcul mental : automatismes.
RÉVISER Calcul	**Répertoire multiplicatif : tables de 3 et 4** – Répondre à des questions relevant des tables de multiplication par 3 et par 4.	par élève : FICHIER NOMBRES p. 81 ② et ③	– Calcul mental : automatismes.
APPRENDRE Calcul	**Soustraction d'un (petit/grand) nombre** RECHERCHE **« Calculer le plus vite possible une soustraction »** – Chercher des procédures appropriées pour soustraire un nombre d'un autre nombre.	par élève : – ardoise ou cahier de brouillon FICHIER NOMBRES p. 81 ④, ⑤ et ⑥	– Soustraction : calcul réfléchi – Relation entre complément et différence.

CALCULS DICTÉS

Répertoire multiplicatif : table de 4 • Automatismes

– Donner rapidement des produits relevant de la table de multiplication par 4.
– Répondre à des questions du type « Combien de fois 4 dans 12 ? ».

COLLECTIF

FICHIER NOMBRES ET CALCULS p. 81

Exercice 1

- Dicter les calculs sous la forme « huit fois quatre » ou « combien de fois 4 dans 12 ? ».
- Procéder à une correction immédiate après chaque calcul

a. 8 fois 4 b. 4 fois 7 c. 4 fois 9 d. 4 fois 8
Combien de fois :
e. 4 dans 8 ? f. 4 dans 12 ? g. 4 dans 20 ? h. 4 dans 32 ?

RÉPONSE : a. 32 b. 28 c. 36 d. 32 e. 2 f. 3 g. 5 h. 8.

Pour les questions du type « Combien de fois 4 dans 12 ? », faire le lien avec les groupements par 4 de 12 objets et, surtout, avec les résultats de la table : 3 fois 4, c'est 12.

RÉVISER

Répertoire multiplicatif : tables de 3 et de 4 • Automatismes

– Utiliser les tables de multiplication par 3 et par 4.

INDIVIDUEL

FICHIER NOMBRES ET CALCULS p. 81

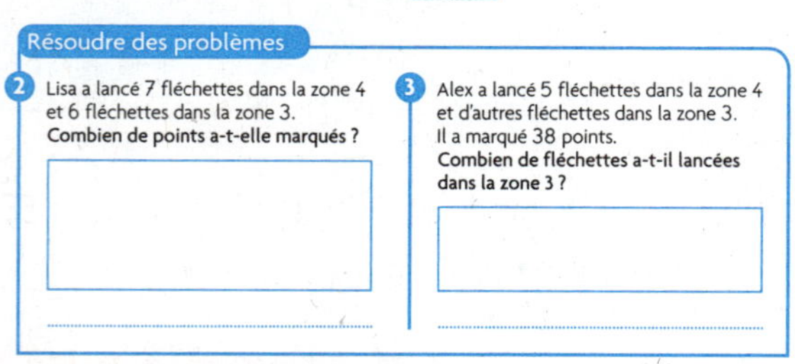
Résoudre des problèmes

2 Lisa a lancé 7 fléchettes dans la zone 4 et 6 fléchettes dans la zone 3.
Combien de points a-t-elle marqués ?

3 Alex a lancé 5 fléchettes dans la zone 4 et d'autres fléchettes dans la zone 3.
Il a marqué 38 points.
Combien de fléchettes a-t-il lancées dans la zone 3 ?

Exercices 2 et 3

- Exercices identiques à ceux de la **séance 2**, avec des nombres rendant les calculs plus difficiles.

RÉPONSE : ② 46 points. ③ 6 fléchettes.

Se reporter p. 232 pour les commentaires plus détaillés des exercices de la **séance 2**.

APPRENDRE

Soustraction d'un petit ou d'un grand nombre

– Calculer mentalement des différences entre deux nombres dont l'écart est soit très petit, soit très grand.
– Utiliser l'équivalence entre calcul d'une soustraction et calcul d'un complément.

RECHERCHE

« Calculer le plus vite possible une soustraction » : Les élèves doivent trouver des procédures adaptées pour calculer la différence de deux nombres, lorsque le second est soit très petit, soit voisin du premier.

ÉQUIPES DE 2

PHASE 1 Soustraire un petit nombre

- Présenter la tâche relative à cette séance :

→ *Je vais vous donner différents calculs à effectuer, toujours des soustractions. Vous devez trouver un moyen pour répondre le plus rapidement possible. Vous pouvez réfléchir à deux ou chercher chacun de votre côté, puis vous mettre d'accord sur la réponse.*

• Proposer la **première série de calculs** :

53 – 2	53 – 5	53 – 3

• Exploiter les réponses avant de passer au calcul suivant. Laisser un temps suffisant pour que chaque élève ou équipe puisse élaborer sa réponse.

• Mise en commun pour chaque calcul : recensement des réponses obtenues, puis explicitation des stratégies utilisées :

Pour résoudre 53 – 2 :
– soustraire directement 2 unités aux 3 unités de 53, ce qui peut être illustré à l'aide du matériel de numération (perles) ;
– reculer de 2 en partant de 53…

Pour résoudre 53 – 5 :
– soustraire 3 unités, puis 2 unités, ce qui peut être illustré à l'aide du matériel de numération (perles) ;
– reculer de 5 en partant de 53 ;
– décomposer 53 en 40 + 13, puis soustraire 5 à 13 (procédure sans doute peu fréquente au CE1)…

Pour résoudre 53 – 3 :
– soustraire directement 3 unités aux 3 unités de 53 ;
– décomposer 53 en 50 + 3…

ÉQUIPES DE 2

PHASE 2 Soustraire un grand nombre

• Proposer la **deuxième série de calculs**, en soulignant qu'il faut peut-être envisager d'autres méthodes de calcul :

53 – 49	53 – 45	53 – 46

• Procéder comme en phase 1 avec explicitation des procédures :

Pour résoudre 53 – 49 :
– soustraire 40, puis 9 (ou 9, puis 40), probable passage par 50 ;
– recherche du complément de 49 à 53 ;
– soustraire 50, puis ajouter 1 (cette procédure est souvent mal comprise par les élèves de CE1 dans la mesure où elle mêle addition et soustraction, mais l'exploiter si des élèves la suggèrent).

Pour résoudre 53 – 45 :
– soustraire 40, puis 5 (ou 5, puis 40) ;
– soustraire 43 puis 2 ;
– recherche du complément de 45 à 53…

Pour résoudre 53 – 46 :
– soustraire 40, puis 6 (ou 6, puis 40) ;
– soustraire 43 puis 3 ;
– recherche du complément de 46 à 53 ;
– appui sur le résultat de 53 – 45 (auquel il faut encore ôter 1)…

L'objectif, qui sera entrainé en calcul mental (fin de l'unité 8 et unité 9) est de faire apparaitre la diversité des procédures et la nécessité de les adapter aux nombres en jeu.
Il est important de faire formuler quelques procédures. Certaines d'entre elles sont fondées sur le fait qu'une différence peut être remplacée par un complément (ce qui est particulièrement pertinent lorsque le 2e terme est un nombre voisin du 1er terme). La prise de conscience de l'équivalence entre calcul d'une différence et calcul d'un complément a déjà été envisagée en séance 2. Elle peut être longue pour certains élèves. Il faut parfois attendre le CE2 (avec le travail sur d'autres situations pour y parvenir).

SYNTHÈSE

1. Soustraire un petit nombre

On peut souvent le faire par une seule soustraction ou par une suite de « petites soustractions ».

• *Exemple :* **53 – 2**
On peut soustraire 2 unités des 3 unités directement
(une illustration avec du matériel de numération peut être utile).

• *Exemple :* **53 – 5**
On peut soustraire successivement 3 unités et 2 unités
(une illustration avec du matériel de numération et un appui sur la ligne numérique peuvent être utiles) :

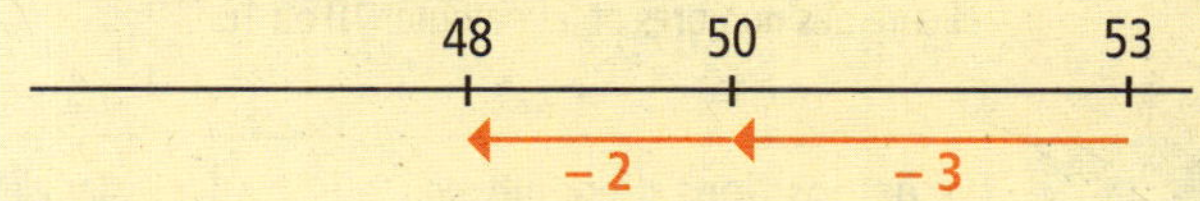

2. Soustraire un grand nombre

Il est souvent intéressant de remplacer le calcul de la soustraction par celui d'un complément.

• *Exemple :* **53 – 45**
On peut calculer ce qu'il faut ajouter à 45 pour obtenir 53.

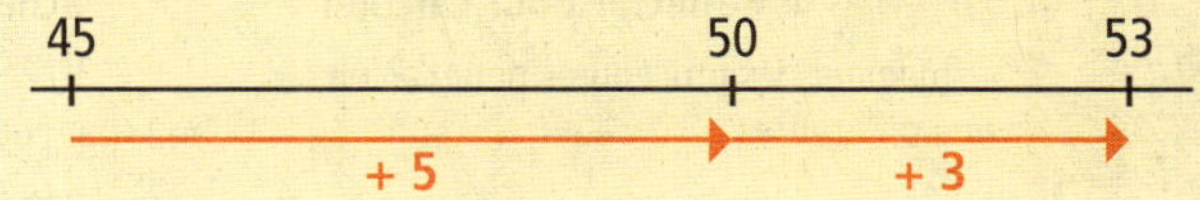

À SUIVRE
D'autres stratégies de calcul réfléchi pour la soustraction sont envisagées en **séances 4 et 5**.

INDIVIDUEL

ENTRAINEMENT

FICHIER NOMBRES ET CALCULS p. 81

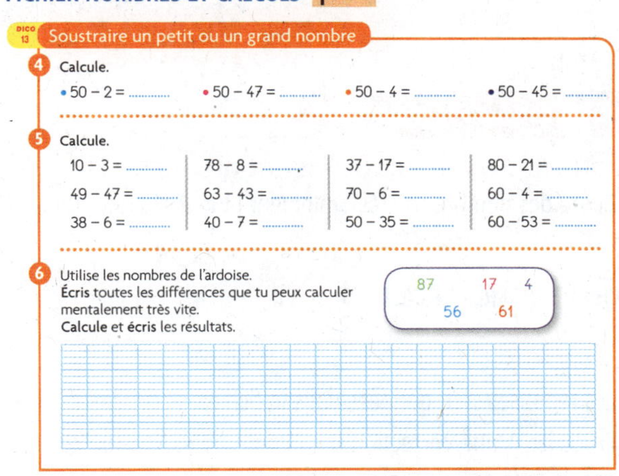
Soustraire un petit ou un grand nombre

4 Calcule.
• 50 – 2 = ……… • 50 – 47 = ……… • 50 – 4 = ……… • 50 – 45 = ………

5 Calcule.

10 – 3 = ………	78 – 8 = ………	37 – 17 = ………	80 – 21 = ………
49 – 47 = ………	63 – 43 = ………	70 – 6 = ………	60 – 4 = ………
38 – 6 = ………	40 – 7 = ………	50 – 35 = ………	60 – 53 = ………

6 Utilise les nombres de l'ardoise.
Écris toutes les différences que tu peux calculer mentalement très vite.
Calcule et écris les résultats.

Exercice 4

• Application directe de la recherche.

RÉPONSE : 50 – 2 = **48** 50 – 47 = **3** 50 – 4 = **46** 50 – 45 = **5**.

Exercice 5

• Application directe de la recherche également, mais avec quelques soustractions qui demandent une adaptation.

RÉPONSE :

10 – 3 = **7**	78 – 8 = **70**	37 – 17 = **20**	80 – 21 = **59**
49 – 47 = **2**	63 – 43 = **20**	70 – 6 = **64**	60 – 4 = **56**
38 – 6 = **32**	40 – 7 = **33**	50 – 35 = **15**	60 – 53 = **7**.

Exercice 6

• Inciter les élèves à repérer des différences faciles à calculer comme par exemple :
87 – 17 (chiffre des unités identique) ; **56 – 4** (soustraction d'un petit nombre) ; **61 – 56** (nombres proches)...

RÉPONSE : Différences qui peuvent être calculées rapidement :

87 – 4 = 83	87 – 17 = 70	87 – 61 = 26	87 – 56 = 31
61 – 56 = 5	61 – 4 = 57	56 – 4 = 52	17 – 4 = 13.

UNITÉ 8

Soustraction : calcul réfléchi de différences (1)

	Tâche	Matériel	Connaissances travaillées
CALCULS DICTÉS	**Ajout de 10 ou de 100 aux nombres dictés** – Écrire des nombres et leur ajouter 10 ou 100.	par élève : FICHIER NOMBRES p. 82 (1)	– **Lecture et écriture des nombres** – Centaines et dizaines.
RÉVISER Nombres	**Décompositions de nombres avec 10 et 100** – Utiliser la décomposition des nombres avec 10 et 100	par élève : FICHIER NOMBRES p. 82 (2) et (3)	– **Décompositions avec 10 et 100** (nombres < 1 000) – Numération décimale : échanges.
APPRENDRE Calcul	**Soustraction : calcul réfléchi de différences (1)** RECHERCHE **« Réfléchir pour calculer »** – Imaginer des procédures pour calculer une différence.	pour la classe : – une quinzaine de cartes dizaines et unités **› fiches 5 à 8** – une calculatrice par équipes de 2 : – une feuille de papier – les calculatrices ne sont pas disponibles pour élaborer les réponses par élève : FICHIER NOMBRES p. 82 (4) et (5)	– **Soustraction : calcul réfléchi** – Numération décimale : échanges.

CALCULS DICTÉS

Ajout de 10 ou de 100 aux nombres dictés • Automatismes
– Écrire des nombres dictés oralement et leur ajouter 10 ou 100.

COLLECTIF

FICHIER NOMBRES ET CALCULS p. 82

Exercice 1

- Les réponses sont données dans le fichier.
- Procéder à une correction immédiate après chaque calcul en faisant exprimer les procédures utilisées.

a. 252	b. 252 + 10	c. 390	d. 390 + 10
e. 800	f. 800 + 100	g. 575	h. 575 + 100

RÉPONSE : a. 252 b. 262 c. 390 d. 400 e. 800 f. 900 g. 575 h. 675.

Lors de l'exploitation, revenir sur le fait que ajouter 10 ou 100 revient à ajouter 1 dizaine ou 1 centaine.

UNITÉ 8

RÉVISER

Décomposition de nombres avec 10 et 100

– Utiliser la décomposition de nombres avec 10 et 100 (contexte de la monnaie).
– Utiliser l'équivalence 10 dizaines = 1 centaine.

INDIVIDUEL

FICHIER NOMBRES ET CALCULS p. 82

Décomposer des nombres

2 Entoure des billets et des pièces pour avoir 115 euros.

3 Complète.

100 + 10 + 10 + 10 + 10 + 10 + 10 + 10 + 10 + 10 + 10 + 10 = ...

200 + 40 + 7 = ... | 60 + 8 + 300 = ...

70 + 500 = ... | 9 + 300 = ...

Exercice 2

• La difficulté de cet exercice est que, pour avoir 100 €, il n'y a pas de billet de 100 € mais qu'il faut 10 billets de 10 €. Certains élèves peuvent avoir besoin de monnaie fictive pour répondre à cette question.

RÉPONSE : 11 billets de 10 € et 5 pièces de 1 €.

Exercice 3

RÉPONSE : 100 + 10 + 10 + 10 + 10 + 10 + 10 + 10 + 10 + 10 + 10 + 10 = **210**
200 + 40 + 7 = **247** 60 + 8 + 300 = **368**
70 + 500 = **570** 9 + 300 = **309**.

APPRENDRE

Soustraction : calcul réfléchi des différences (1)

– Élaborer et utiliser des procédures de calcul de différences.

RECHERCHE

« Réfléchir pour calculer » : Les élèves doivent élaborer des procédures de calcul de différences.

ÉQUIPES DE 2

PHASE 1 Calcul de 57 – 32

• Informer les élèves que les calculatrices ne sont pas autorisées car, au cours de cette activité, il s'agit d'apprendre à calculer

• Proposer oralement le calcul suivant, les nombres étant écrits au tableau : 57 – 32.

• Montrer les réalisations des 2 nombres sous la forme de 5 dizaines et 7 unités et de 3 dizaines et 2 unités. Puis inviter les élèves à répondre par équipes de 2, en écrivant le détail de leurs calculs sur leur feuille.

Le problème est posé en évoquant le matériel de numération, ce qui permettra ensuite d'illustrer les décompositions des nombres utilisées dans la mise en œuvre de certaines procédures.
Le programme actuel, pour le cycle 2, prévoit l'apprentissage d'une technique opératoire pour la soustraction au CE1. Pour nous, il ne peut s'agir que d'une première approche à cause de la difficulté de cette technique dont la compréhension nécessite des connaissances solides sur la numération et les calculs soustractifs (tables, propriétés...). Pour cette mise en place de la soustraction posée (en unité 9, séance 1) nous nous limitons au cas des nombres inférieurs à 100.
Nous avons donc choisi de privilégier, dans cette unité, l'étude de calculs soustractifs (limités à des nombres inférieurs à 100) que les élèves peuvent traiter à l'aide de procédures diverses de calcul réfléchi, variables éventuellement pour un même élève en fonction des nombres en jeu. En d'autres occasions, dans les problèmes nécessitant des calculs soustractifs un peu complexes, il est préférable de permettre l'utilisation des calculatrices. Elles peuvent être utilisées ici pour une première vérification des réponses.
Dans ce premier calcul, les nombres sont choisis pour permettre un traitement séparé des dizaines et des unités, ce qui ne sera pas possible pour les calculs suivants.

COLLECTIF

PHASE 2 Mise en commun

• Faire l'inventaire des réponses. En faire vérifier la validité par un élève avec une calculatrice.

• Faire expliciter certaines procédures utilisées par les élèves.

– Utilisation d'une décomposition liée à la numération décimale : soustraction des dizaines, puis des unités ou l'inverse (illustrée avec le matériel de numération) :

5 dizaines – 3 dizaines = 2 dizaines
7 unités - 2 unités = 5 unités

pour arriver à 2 dizaines et 5 unités, donc 25.

– Utilisation d'une autre décomposition liée à la numération décimale, par exemple :

50 – 30 = 20 7 – 2 = 5
pour arriver à 20 + 5 = 25.

Cette procédure peut être mise en relation avec la précédente.

– Utilisation d'une décomposition du seul 2e terme (32 sous la forme 30 + 2) et calcul progressif qui peut être illustré par :

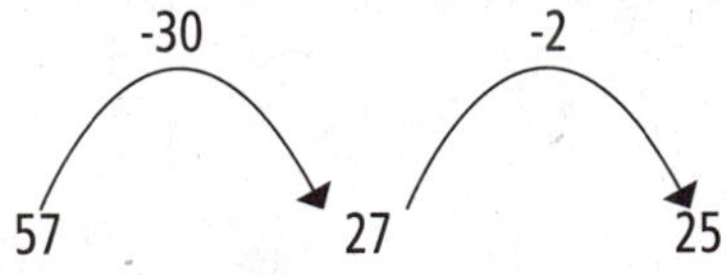

– Calcul d'une addition à trous 32 + ... = 57 (peu probable).

– Tentative de soustraction posée, sur le modèle de l'addition et qui peut aboutir car il n'y a pas de retenue.

• Laisser les diverses procédures au tableau, à disposition des élèves et écrire le résultat sous la forme : 57 - 32 = 25.

ÉQUIPES DE 2

PHASE 3 Calcul de 63 - 15

• Même déroulement qu'en phase 1, en montrant les réalisations des 2 nombres sous la forme de 6 dizaines et 3 unités et de 1 dizaine et 5 unités.

Dans ce deuxième calcul, les nombres sont choisis pour qu'un traitement séparé des dizaines et des unités, ne soit plus possible sans utiliser l'équivalence 1 dizaine = 10 unités.
La réponse erronée 52 du au fait que, pour les unités, les élèves ont calculé 5 – 3 sera particulièrement exploitée.

COLLECTIF

PHASE 4 Mise en commun et synthèse

• Faire l'inventaire des réponses. En faire vérifier la validité par un élève avec une calculatrice.

• Faire analyser d'abord certaines réponses erronées, notamment :
– réponse 52 : avec le matériel, les élèves peuvent repérer qu'il fallait soustraire 5 unités de 63 et non pas 3 unités de 5 unités ;
– réponse 50 : elle a pu être donnée par des élèves qui ont considéré qu'en enlevant 5 unités de 3 unités, il n'en restait plus aucune !

• Faire expliciter certaines procédures correctes utilisées par les élèves et reformuler les plus pertinentes au moment de la **synthèse**.

SYNTHÈSE

• Utilisation d'une décomposition liée à la numération décimale : soustraction des dizaines, puis des unités ou l'inverse avec nécessité d'échanger 1 dizaine de 63 contre 10 unités pour rendre possible la soustraction des unités (illustrée avec le matériel de numération) :

63 = 6 dizaines et 3 unités 15 = 1 dizaine et 5 unités
3 unités – 5 unités est impossible.
Mais 6 dizaines et 3 unités = 5 dizaines et 13 unités (échange d'une dizaine contre 10 unités)
5 dizaines – 1 dizaine = 4 dizaines
13 unités – 5 unités = 8 unités
pour arriver à 4 dizaines et 8 unités, donc 48.

• Utilisation d'une décomposition du seul 2e terme (15 sous la forme 10 + 5 ou 10 + 3 + 2) et calcul progressif qui peut être illustré par :

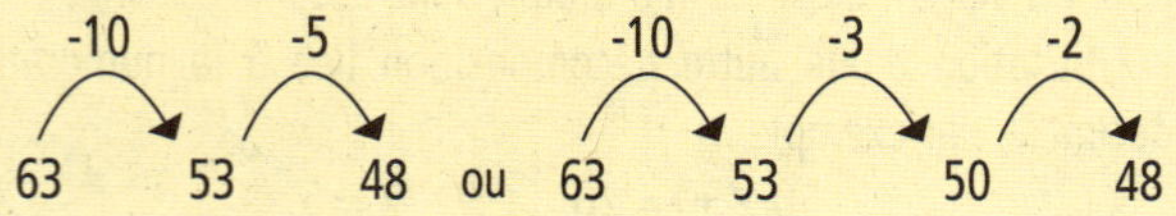

TRACE ÉCRITE

Laisser les diverses procédures au tableau, à disposition des élèves et écrire le résultat sous la forme : 63 – 15 = 48.

Il est probable que certains élèves poseront la soustraction en colonnes... et se tromperont dans les calculs (par exemple en calculant simplement les écarts « chiffre à chiffre » sans tenir compte de l'ordre des nombres). Cette procédure erronée est reconnue comme non valide, par comparaison avec le résultat obtenu avec d'autres méthodes ou avec la calculatrice...

La procédure qui consiste à compléter 15 pour arriver à 63 (ou à essayer de compléter 15 + ... = 63) est peu probable et n'est pas présentée si elle n'apparait pas.

INDIVIDUEL

ENTRAINEMENT

FICHIER NOMBRES ET CALCULS p. 82

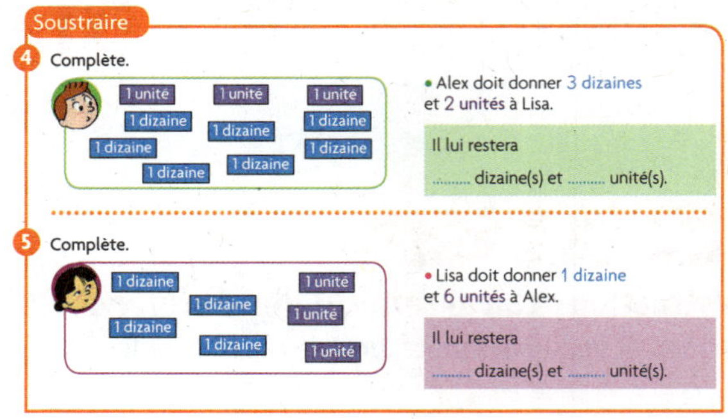
Soustraire

4 Complète.

1 unité 1 unité 1 unité 1 dizaine 1 dizaine 1 dizaine 1 dizaine 1 dizaine 1 dizaine 1 dizaine 1 dizaine

• Alex doit donner 3 dizaines et 2 unités à Lisa.

Il lui restera .... dizaine(s) et .... unité(s).

5 Complète.

1 dizaine 1 dizaine 1 dizaine 1 dizaine 1 unité 1 unité 1 unité

• Lisa doit donner 1 dizaine et 6 unités à Alex.

Il lui restera .... dizaine(s) et .... unité(s).

Exercices 4 et 5

• Ces exercices permettent d'entrainer la 1re procédure (décompositions en unités de numération), avec un cas nécessitant un échange d'une dizaine contre 10 unités.

RÉPONSE : 4 4 dizaines et 1 unité
5 2 dizaines et 7 unités.

Différenciation → CD-Rom du guide, **fiche n° 43.**

À SUIVRE

En **séance 5**, d'autres calculs du même type sont repris dans un cas où le traitement séparé des dizaines et des unités n'est pas possible, mais où le passage par le calcul du complément est une stratégie efficace.

Soustraction : calcul réfléchi de différences (2)

	Tâche	Matériel	Connaissances travaillées
PROBLÈMES DICTÉS	**Échanges** – Résoudre des problèmes portant sur des échanges.	pour la classe : – 5 objets représentant les pépites et 25 objets représentant les perles par élève : FICHIER NOMBRES p. 83 ❶	– **Échanges** – Multiplication – Division.
PROBLÈMES ÉCRITS	**Échanges** – Résoudre des problèmes portant sur des échanges.	par élève : – brouillon FICHIER NOMBRES p. 83 ❷ et ❸	– **Échanges** – Multiplication – Division.
APPRENDRE Calcul	**Soustraction : calcul réfléchi de différences (2)** RECHERCHE **« Réfléchir pour calculer »** – Imaginer des procédures pour calculer une différence.	pour la classe : – une quinzaine de cartes dizaines et unités › **fiches 5 à 8** – une calculatrice par équipes de 2 : – une feuille de papier – les calculatrices ne sont pas disponibles par élève : FICHIER NOMBRES p. 83 ❹ et ❺	– **Soustraction : calcul réfléchi** – Numération décimale : échanges.

PROBLÈMES DICTÉS

Échanges

– Résoudre des problèmes faisant intervenir des échanges.

COLLECTIF

FICHIER NOMBRES ET CALCULS p. 83

Exercice ❶

• Présenter le matériel « pépites » et « perles » et la règle :

> Règle d'échange : Lisa accepte d'échanger ses perles contre des pépites que possède Alex. Ils sont tombés d'accord sur l'échange : **5 perles** contre **1 pépite**.

• Faire réaliser l'échange par deux élèves avec du matériel.
Écrire au tableau : 5 perles › 1 pépite.

• Les réponses sont données dans le fichier et vérifiées avec le matériel.

Problème a

Lisa a 15 perles. Elle les donne à Alex.

QUESTION : *Combien Alex doit-il lui donner de pépites ?*

Problème b

Maintenant Lisa n'a plus que 13 perles.

QUESTION : *Combien peut-elle recevoir de pépites si elle échange le plus de perles possible ?*

• Ce problème est plus délicat, puisque les 13 perles ne peuvent pas toutes être échangées : on peut en échanger 10 et il en restera 3.

RÉPONSE : a. 3 pépites   b. 2 pépites.

PROBLÈMES ÉCRITS

Échanges

– Résoudre des problèmes faisant intervenir des échanges.

INDIVIDUEL

FICHIER NOMBRES ET CALCULS p. 83

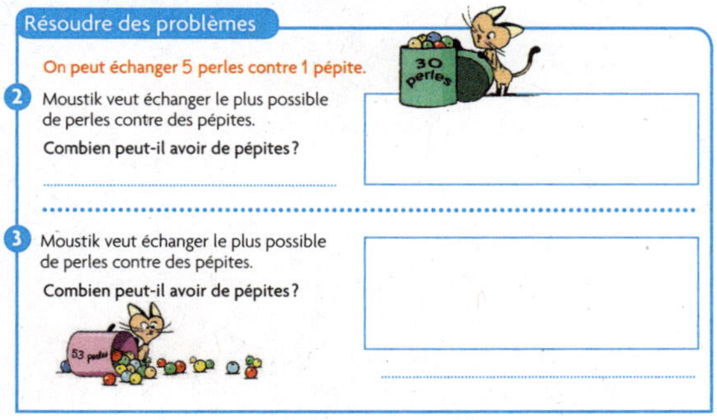
Résoudre des problèmes

On peut échanger 5 perles contre 1 pépite.

❷ Moustik veut échanger le plus possible de perles contre des pépites.
Combien peut-il avoir de pépites ?

❸ Moustik veut échanger le plus possible de perles contre des pépites.
Combien peut-il avoir de pépites ?

Problèmes ❷ et ❸

• Ces exercices se révèleront peut-être complexes pour certains élèves. L'incitation à schématiser, voire en cas de difficulté trop importante la mise à disposition de matériel, peuvent s'avérer nécessaire.

• Enfin, le problème ❸ peut n'être traité que par une partie des élèves.

RÉPONSE : ❷ 6 pépites   ❸ 10 pépites.

Différenciation → CD-Rom du guide, **fiche n° 41.**

APPRENDRE

Soustraction : calcul réfléchi des différences (2)

– Élaborer et utiliser des procédures de calcul de différences.

RECHERCHE

« **Réfléchir pour calculer** » : Les élèves doivent élaborer des procédures de calcul de différences.

ÉQUIPES DE 2

PHASE 1 Calcul de 83 – 67

• Même déroulement qu'en phase 1 séance 4, en montrant les réalisations des 2 nombres sous la forme de 9 dizaines et 3 unités et de 6 dizaines et 7 unités.

Dans ce calcul, les nombres sont choisis assez proches pour que le remplacement de la différence par un complément soit intéressant.

COLLECTIF

PHASE 2 Mise en commun et synthèse

• Faire l'inventaire des réponses. En faire vérifier la validité par un élève avec une calculatrice.

• Faire analyser d'abord certaines réponses erronées, notamment :

– réponse 24 : avec le matériel, les élèves peuvent repérer qu'il fallait soustraire 7 unités de 83 et non pas 3 unités de 7 unités ;

– réponse 20 : elle a pu être donnée par des élèves qui ont considéré qu'en enlevant 7 unités de 3 unités, il n'en restait plus aucune !

• Faire expliciter certaines procédures correctes utilisées par les élèves et reformuler les plus pertinentes au moment de la **synthèse**.

SYNTHÈSE

• Utilisation d'une décomposition liée à la numération décimale : soustraction des dizaines, puis des unités ou l'inverse avec nécessité d'échanger 1 dizaine de 83 contre 10 unités pour rendre possible la soustraction des unités (illustrée avec le matériel de numération) :

83 = 8 dizaines et 3 unités 67 = 6 dizaines et 7 unités
3 unités – 7 unités est impossible.
Mais 8 dizaines et 3 unités = 7 dizaines et 13 unités (échange d'une dizaine contre 10 unités)
7 dizaines – 6 dizaine = 1 dizaine
13 unités – 7 unités = 6 unités
pour arriver à 1 dizaine et 86 unités, donc 16.

• Utilisation d'une décomposition du seul 2e terme (67 sous la forme 60 + 7 ou 60 + 3 + 4) et calcul progressif qui peut être illustré par :

83 —(-60)→ 23 —(-7)→ 16 ou 83 —(-60)→ 23 —(-3)→ 20 —(-4)→ 16

• Calcul d'un complément (en utilisant un acquis de la **séance 3**) : combien faut-il ajouter à 67 pour arriver à 83 ? La résolution peut être illustrée sur la file numérique ou à l'aide du matériel de numération (avec passage par 70), par exemple :

67 —(+3)→ 70 —(+10)→ 80 —(+3)→ 83

Et 10 + 3 + 3 = 16.

TRACE ÉCRITE

Laisser les diverses procédures au tableau, à disposition des élèves et écrire le résultat sous la forme : 83 - 67 = 16.

Ici, la procédure qui consiste à compléter 67 pour arriver à 83 (ou à essayer de compléter 67 + … = 83) est efficace car les nombres sont assez proches. Elle peut être présentée par l'enseignant si elle n'est pas apparue dans la classe.

INDIVIDUEL

ENTRAINEMENT

FICHIER NOMBRES ET CALCULS p. 83

Soustraire

4 Lisa achète un dictionnaire qui coute 39 €.
Combien lui restera-t-il d'argent après avoir payé le dictionnaire ?

5 Calcule.
• 64 – 58 = …… • 75 – 59 = …… • 80 – 67 = ……
• 93 – 77 = …… • 48 – 16 = …… • 42 – 18 = ……

Exercice 4

Le contexte de la monnaie peut inciter à utiliser une décompositions liée à la numération décimale, mais d'autres procédures sont possibles.

RÉPONSE : 13 €.

Exercice 5

Les calculs sont du même type que ceux de la recherche. Diverses procédures sont possibles. Pour 75 – 59, la procédure qui consiste à soustraire 60 et ajouter 1 est envisageable. Cependant, mêlant 2 opérations, elle est difficile pour certains élèves.

RÉPONSE : 64 – 58 = 6 75 – 59 = 16 80 – 67 = 13
93 – 77 = 16 48 – 16 = 32 42 – 18 = 24.

À SUIVRE

Dans l'**unité 9**, en **séance 1**, une mise en place d'une technique de calcul posé est proposée pour la soustraction de nombres inférieurs à 100.

	Tâche	Matériel	Connaissances travaillées
CALCULS DICTÉS	**Complément à une dizaine supérieure** – Compléter un nombre à une dizaine supérieure.	par élève : – ardoise ou cahier de brouillon	**– Calcul mental : réflexion.**
RÉVISER Géométrie	**Axe de symétrie d'une figure** – Reconnaitre si une figure admet un axe de symétrie. – Tracer l'axe de symétrie d'une figure. – Reconnaitre la partie manquante d'une figure symétrique.	pour la classe : – page 51 du cahier photocopiée et agrandie par élève : – règle CAHIER GÉOMÉTRIE **p. 51 1, 2 et 3**	**– Axe de symétrie d'une figure.**
APPRENDRE Problèmes	**Mesure de longueurs : le mètre** RECHERCHE **« Les bandes orange »** – Effectuer des mesures de longueur en m, dm et cm. – Comprendre et comparer les longueurs exprimées en m, dm et cm.	pour la classe : – instruments pour mesurer des longueurs de plus de 1 m : double mètre (enroulé ou pliant), décamètre… – règle de tableau – quelques bandes orange (réserve), unité verte (cm), unité rouge (dm) › **planche A** du cahier – ruban adhésif par élève : – bande orange (25 cm) › **planche A** du cahier – double décimètre	**– Unités usuelles de longueur : m, dm et cm, relation entre ces unités** – Instruments de mesure. – Problèmes portant sur les longueurs.

CALCULS DICTÉS

Complément à une dizaine supérieure • Réflexion

– Calculer le complément d'un nombre inférieur à 10 à une dizaine supérieure quelconque.

COLLECTIF

• Dicter les calculs sous la forme « Combien pour aller de 8 à 10 ? ». Les réponses sont données sur l'ardoise ou le cahier de brouillon.

• Procéder à une correction immédiate après chaque calcul en faisant exprimer les procédures utilisées.

Combien pour aller de :
a. 8 à 10 ? b. 8 à 20 ? c. 8 à 40 ? d. 8 à 50 ?

RÉPONSE : a. 2 b. 12 c. 32 d. 42.

On se limite ici à 4 calculs pour donner un peu plus de temps à l'expression des procédures.

Les principales procédures utilisées (par exemple pour déterminer « combien pour aller de 8 à 40 ? ») peuvent être du type :
– remarquer, à partir des deux premiers exemples, que la réponse se trouve dans la dizaine « qui précède » (30) et utiliser le complément à 10 de 8 (ici 2) ;
– reconstruire le résultat par « bonds », par exemple : de 8 à 10, puis de 10 à 40 ;
– soustraire 8 à 40.

Aucune procédure n'est privilégiée.

RÉVISER

Axe de symétrie d'une figure

– Reconnaitre par pliage mental si une figure admet un axe de symétrie.
– Tracer dans des cas simples, le ou les axes de symétrie d'une figure.
– Compléter une figure pour qu'elle admette un axe de symétrie donné.

INDIVIDUEL

CAHIER MESURES ET GÉOMÉTRIE p. 51

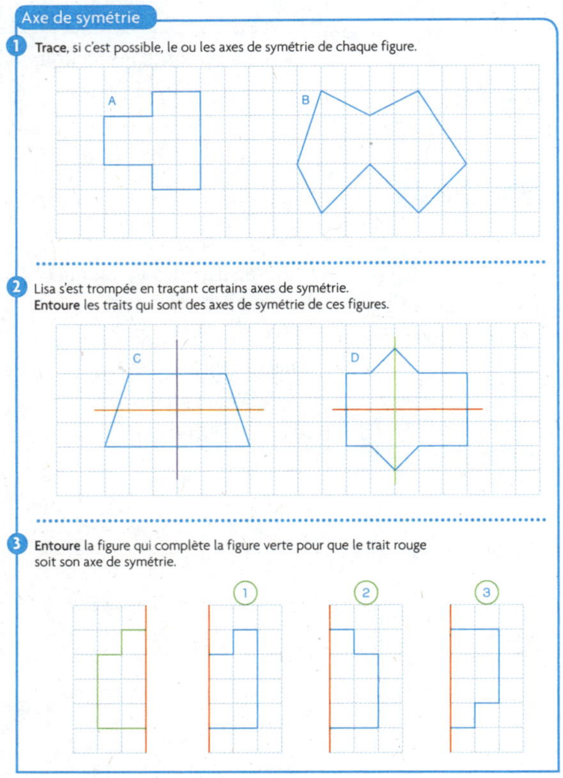

Exercice 1

• Les figures sont dessinées sur un quadrillage, ce qui facilite le repérage des milieux des côtés des polygones. Une validation par pliage effectif sera nécessaire pour certains élèves. Pour cela, il faut photocopier la page du cahier.

RÉPONSE : La **figure A** admet un axe de symétrie horizontal.
La **figure B** n'admet pas d'axe de symétrie.

Exercice 2

• Il s'agit de dire si un trait tracé est un axe de symétrie pour le polygone. De même que pour l'exercice 1, une validation par pliage peut être nécessaire.

RÉPONSE : **Figure C** : le **trait violet** est un axe de symétrie ; le **trait orange**, non.
Figure D : le **trait rouge** est un axe de symétrie ; le **trait vert** n'est pas un axe de symétrie car les deux parties de figures déterminées par ce trait ne sont pas superposables.

Exercice 3

• Une reformulation de la consigne peut s'avérer nécessaire :
→ *Moustik a découpé une figure suivant son axe de symétrie tracé en rouge. Quel morceau a été découpé ?*
• Réaliser un bilan collectif pour cet exercice : les erreurs peuvent être nombreuses ; certains pensent que la figure 1 est solution.

RÉPONSE : La figure 2 est solution car le morceau découpé est pareil que le morceau en vert, mais **retourné** ou en vis-à-vis.

APPRENDRE

Mesure de longueurs : le mètre

– Connaitre une nouvelle unité conventionnelle : le mètre et comprendre l'équivalence : 1 m = 100 cm et 1m = 10 dm.
– Utiliser des instruments de mesure de longueurs.

RECHERCHE

« Les bandes orange » : Les élèves vont avoir à calculer la longueur de grandes bandes en centimètres et à la confronter avec la mesure obtenue en utilisant la règle de tableau. Ils vont ainsi aborder l'équivalence 1 m = 100 cm.

INDIVIDUEL

PHASE 1 Mesurer la longueur de la bande orange

• Demander à chaque élève de prendre une bande orange dans le matériel encarté de son cahier, puis préciser :
→ *Mesurez cette bande. Attention à être précis.*
• Recenser rapidement les mesures trouvées. Faire remarquer que, en les superposant entre voisins, toutes les bandes orange sont identiques. Faire expliquer les méthodes de mesure :

1. Il faut placer le double-décimètre le long du bord de la bande. Mais le double-décimètre est trop court ! Le double-décimètre doit être placée avec le 0 en face d'une extrémité de la bande, puis faire un repère sur la bande en face de la graduation 20. De l'extrémité de la bande à ce repère, il y a 20 cm ou 2 dm.
2. Faire glisser le double-décimètre le long du bord de la bande de façon à ce que la graduation 0 soit en face du repère tracé et lire la graduation la plus proche de l'autre extrémité de la bande. On voit ainsi que du repère à l'autre extrémité de la bande bleue il y a 5 cm.

La **bande orange** du cahier mesure donc en tout **25 cm**.

• Demander si besoin aux élèves de refaire leur mesure.
• Afficher la bande au tableau et écrire : la bande orange mesure 25 cm.

ÉQUIPE DE 4

PHASE 2 Calculer la longueur d'une bande de 100 cm

La règle de tableau est visible, mais pas les autres instruments.

• Demander à chaque équipe de 4 élèves de réaliser une nouvelle bande et de déterminer sa longueur :

→ *Dans chaque équipe vous allez fabriquer une grande bande avec 4 bandes orange mises bout à bout et attachées avec du ruban adhésif. Ensuite vous déterminerez sa longueur. Vous vous mettrez d'accord sur une méthode que vous devrez ensuite expliquer.*

• Afficher la grande bande au tableau. Recenser les mesures trouvées par les équipes. Faire remarquer que toutes les grandes bandes sont identiques et que les résultats trouvés devraient être les mêmes.

• Faire expliquer les **méthodes utilisées** :
– procéder par mesure à l'aide d'un double décimètre, reporté plusieurs fois en appliquant la méthode vue précédemment ;
– mettre bout à bout plusieurs doubles décimètres, mais il faut prendre en compte l'espace entre le bout de la règle et la première ou la dernière graduation (ceci est source d'erreur) ;
– multiplier par 4 la longueur de chacune des bandes ou additionner quatre fois le nombre 25 ;
– procéder par mesure à l'aide de la règle de tableau.

• Demander à chaque équipe de calculer à nouveau la longueur de la grande bande, pour que chacun puisse s'approprier cette méthode.

La grande bande orange mesure :

4 × 25 cm = 25 cm + 25 cm + 25 cm + 25 cm = **100 cm**.

COLLECTIF

PHASE 3 Le mètre et les autres unités

• Présenter la règle de tableau :

→ *Nous abordons une nouvelle unité de mesure de longueur :* ***le mètre****. Cette règle mesure 1 mètre. Nous pouvons nous en servir pour mesurer les grandes bandes.*

• Demander aux élèves s'ils connaissent déjà cette unité (c'est l'unité prise pour mesurer leur taille).

• Effectuer la mesure de la grande bande à l'aide de la règle de tableau : la grande bande mesure **1 mètre**, mais aussi **100 cm**.

• Montrer les unités vertes et rouges utilisées en début d'année, rappeler qu'il s'agit du **centimètre et du décimètre**. Demander à quelques élèves de montrer sur le double-décimètre un exemple de longueur égale à 1 cm, puis égale à 1 dm.

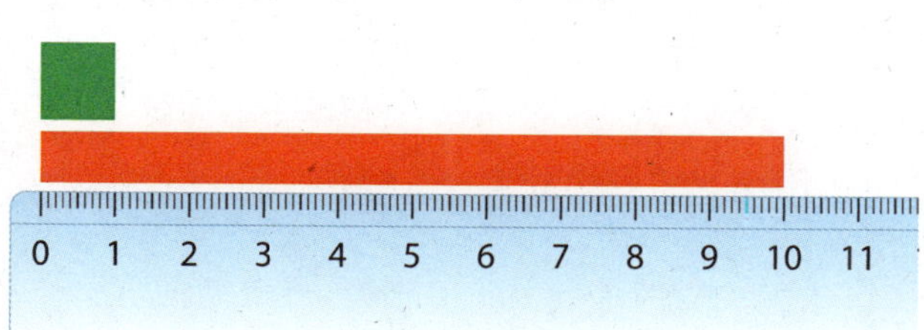

Puis poser la question :

→ *Combien de centimètres dans 1 décimètre ?*

• Écrire au tableau l'égalité : 1 dm = 10 cm

• De même, sur la règle de tableau, demander à des élèves de montrer plusieurs exemples de longueur égale à 1 décimètre. Placer l'unité rouge sur la règle de tableau.

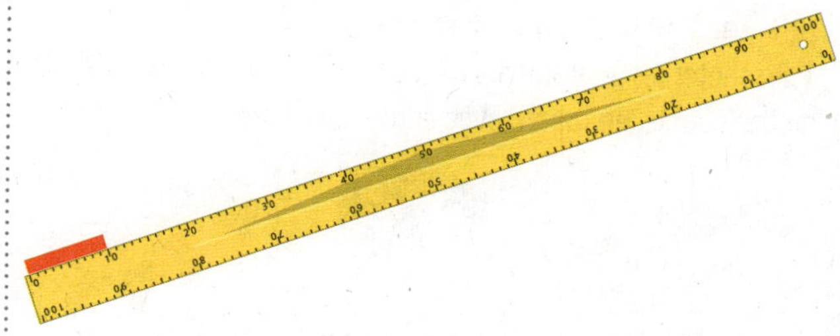

• Puis poser la question :

→ *Combien de décimètres dans 1 mètre ?*

• Simuler le report de l'unité rouge, dix fois. Conclure :

Il y a 10 décimètres dans un mètre. Écrire au tableau l'égalité : 1 m = 10 dm.

Enfin, demander à quelques élèves de montrer plusieurs exemples de longueurs égales à 1 cm. Placer l'unité verte sur la règle de tableau. Puis poser la question :

→ *Combien de centimètres dans 1 mètre ?*

• Demander à quelques élèves une méthode :
– on peut compter les centimètres un par un ;
– on peut les compter de 10 en 10 ;
– conclure :

Il y a 100 centimètres dans un mètre. Écrire au tableau l'égalité : 1 m = 100 cm.

TRACE ÉCRITE (affichage)

Compléter la trace réalisée en **unité 2.** Afficher une grande bande et écrire : la grande bande orange mesure 1 m ou 100 cm ou 10 dm. L'abréviation « m » signifie « mètre ». **1 m = 100 cm** et **1 m = 10 dm**.

RECHERCHE PAR 4

PHASE 4 Calculer la longueur d'une bande de 125 cm

Chaque équipe de 4 dispose toujours de la grande bande.

• Proposer aux équipes de réfléchir au **problème suivant** :

Quelle est la longueur de la bande obtenue en collant bout à bout 5 bandes orange prises dans le cahier ?

• Aux équipes en difficulté ou qui le demandent, donner une bande orange supplémentaire et permettre d'utiliser la règle de tableau pour mesurer.

• Réaliser un **bilan** sur les méthodes apparues :
– réaliser la nouvelle grande bande avec du matériel, la mesurer avec la règle de tableau et le double décimètre ;
– calculer la longueur de la nouvelle grande bande, en s'appuyant ou non sur la mesure de la première grande bande obtenue en phase 2.

La longueur de la nouvelle grande bande est égale à :

5 × 25 cm = 25 cm + 25 cm + 25 cm + 25 cm + 25 cm = **125 cm**.

Mais elle est aussi égale à celle de la première grande bande à laquelle on ajoute une bande orange du cahier, soit :

100 cm + 25 cm = **125 cm** ou **1 m 25 cm**.

COLLECTIF ET RECHERCHE PAR 4

PHASE 5 **Instruments de mesure**

• Présenter les instruments de mesure à la classe : mètre, double mètre (pliable, en ruban, avec enrouleur ou non)...

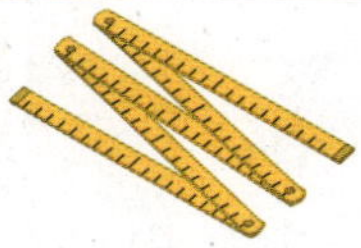	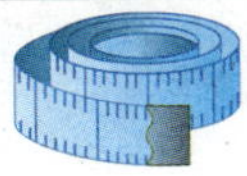	
le mètre pliant 1 à 2 mètres	le mètre ruban de couturière 1 à 2 mètres	le mètre ruban à enrouleur 1 à 20 mètres

• Confier si possible chacun des instruments apportés à une équipe de 4 et poser les questions suivantes :

1. Quels instruments permettent de mesurer des longueurs de plus d'un mètre ?
2. Pour tel instrument qui permet de mesurer des longueurs de plus d'1 mètre, combien de mètres peut-on y trouver ?

(le mètre de tableau peut être confié aux équipes à tour de rôle).

• Faire un rapide bilan des réponses.

SYNTHÈSE

Choisir la bonne unité de mesure de longueur

• **Les longueurs d'objets assez petits se mesurent en cm** à l'aide du double décimètre (exemple : les lignes tracées sur le cahier).

• **Les longueurs d'objets plus grands se mesurent en m** ou **en m et cm** à l'aide d'instruments appelés par leur longueur : mètre, double mètre… Ces instruments sont gradués en cm.

• **1 m = 100 cm.** Cette équivalence peut être vue sur les instruments.

ÉCRIT DE RÉFÉRENCE

Dico-maths n° 22.

• Il est très important que **les élèves pratiquent des mesurages à l'aide d'instruments adaptés.** Confier à chaque équipe la mesure, à l'aide de son instrument, d'une longueur dans la classe ou le couloir. Demander d'exprimer la mesure en m et cm. Lors d'un dernier bilan, faire expliciter les **différents procédés** utilisés pour trouver la mesure :
– comptage des centimètres au-delà du mètre ;
– lecture directe à l'aide du double mètre.

• Recenser les mesures trouvées.

À SUIVRE

L'équivalence mètre - centimètres et l'ordre de grandeur des unités sont entrainés en **séance 7**. Le kilomètre sera vu en **unité 10**.

Horaires et durées en heures et minutes

	Tâche	Matériel	Connaissances travaillées
CALCULS DICTÉS	**Complément à une dizaine supérieure** – Compléter un nombre à une dizaine supérieure.	par élève : – ardoise ou cahier de brouillon	**– Calcul mental : réflexion.**
RÉVISER Mesures	**Longueurs en mètres et centimètres** – Comprendre et comparer les longueurs exprimées en m, dm et cm.	pour la classe : CAHIER GÉOMÉTRIE **p. 52** 1 et 2	**– Unités usuelles de longueur : m, dm et cm** – Relation entre ces unités.
APPRENDRE Mesure	**Horaires et durées en heures et minutes** RECHERCHE **« L'emploi du temps de Lisa »** – Lire l'heure en heures et minutes. – Déterminer une durée étant donnés deux horaires. – Déterminer un horaire de fin étant donnés un horaire de début et une durée.	à afficher au tableau : – horloge à aiguilles – horloge en carton avec les minutes › **planche D** (verso) – emploi du temps de Lisa agrandi par élève : – horloge en carton avec les minutes – emploi du temps de Lisa › **fiche 63** CAHIER GÉOMÉTRIE **p. 52** 3 **et** 4	**– Lecture de l'heure en heures et minutes** (nombre de minutes multiple de 5) **– Durée en heures et demi-heure ou heures et minutes** (nombre de minutes multiple de 15).

CALCULS DICTÉS

Complément à une dizaine supérieure • Réflexion

– Calculer le complément d'un nombre inférieur à 10 à une dizaine supérieure quelconque.

COLLECTIF

• Dicter les calculs sous la forme « Combien pour aller de 3 à 10 ? ». Les réponses sont données sur l'ardoise ou le cahier de brouillon.

• Procéder à une correction immédiate après chaque calcul en faisant exprimer les procédures utilisées.

Combien pour aller de :
a. 3 à 10 ? b. 3 à 20 ? c. 3 à 60 ? d. 3 à 90 ?

RÉPONSE : a. 7 b. 17 c. 7 d. 57 e. 87.

On se limite ici à 4 calculs pour donner un peu plus de temps à l'expression des procédures (voir commentaire en séance 6).

RÉVISER

Longueurs en mètres et centimètres

– Connaitre un ordre de grandeur pour les unités : mètre, décimètre et centimètre et comprendre l'équivalence : 1 m = 100 cm.

INDIVIDUEL

CAHIER MESURES ET GÉOMÉTRIE **p. 52**

Comparer des longueurs en m et en cm

1 **Barre** les réponses fausses.

• La longueur d'une mouche est de : 1 cm 1 m
• La hauteur d'une porte est de : 2 dm 2 m
• La longueur d'une gomme est de : 3 cm 3 m
• La hauteur d'une table est de : 70 cm 70 m

2 Le professeur d'Alex a mesuré 3 élèves :

	taille
Zoé	126 cm
Lisa	1 m 32 cm
Nanie	1 m 18 cm

• **Range** ces élèves du plus petit au plus grand : ....

• Nanie a une poupée qui mesure 80 cm. Elle dit que sa poupée est plus grande qu'elle.
Est-ce vrai ? ....
Pourquoi ? ....

• Alex mesure 2 cm de plus que Lisa.
Combien mesure Alex ? ....

Exercice 1

Les questions portent sur des ordres de grandeurs. Si besoin refaire les mesurages à l'aide des instruments.

RÉPONSE : Longueur d'une mouche : **1 cm** d'une gomme : **3 cm**
hauteur d'une porte : **2 m** d'une table : **70 cm**.

Exercice 2

• La **première question** porte sur la comparaison de trois mesures qui ne sont pas exprimées dans la même unité. Il faut donc les exprimer toutes en cm, ou toutes en m et cm, en utilisant l'équivalence 1 m = 100 cm.

• La **deuxième question** oblige aussi à revenir sur l'équivalence 1 m = 100 cm, ce qui permet de justifier que la poupée a bien une taille de moins d'un mètre.

• Pour la **troisième question**, il faut comprendre que seul le nombre de cm doit être modifié.

RÉPONSE : **Nanie** (118 cm) < **Zoé** (126 cm) < **Lisa** (132 cm).
La poupée de Nanie est plus petite qu'elle.
Alex mesure **1 m 34 cm**.

APPRENDRE

Horaires et durées en heures et minutes

– Lire l'heure sur une horloge à aiguilles : heures et minutes.
– Aborder les équivalences 1 heure = 60 minutes, 1 demi-heure = 30 minutes.
– Distinguer horaires et durées exprimés en heures et demi-heure, en heures et minutes, et les calculer.

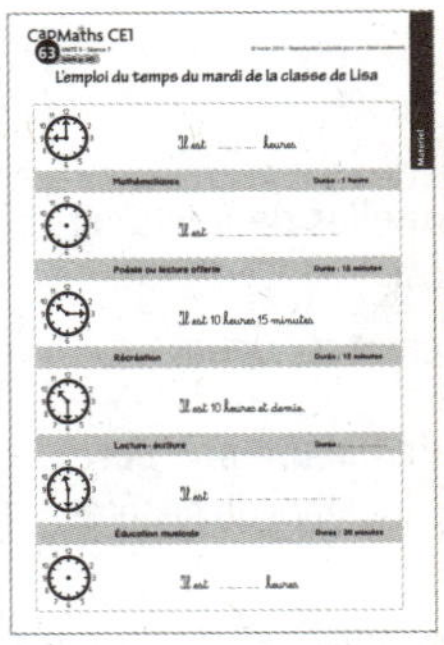

RECHERCHE Fiche 63

« L'emploi du temps de Lisa » : Dans un premier temps les élèves vont découvrir la nouvelle horloge avec les graduations des minutes. Puis ils vont compléter un emploi du temps, en associant positions des aiguilles sur l'horloge et horaires, horaires de début et de fin, et durées.

COLLECTIF

PHASE 1 Les graduations des minutes

• Faire rappeler ce que sont les grandes graduations sur l'horloge de la classe : « Ce sont les graduations des heures, elles sont numérotées de 12 (= 0) à 12 ».

• Montrer les petites graduations qui sont sur le cadran de l'horloge de la classe : « Ce sont les graduations des minutes ».

> Quand la grande aiguille parcourt un petit espace entre deux petites graduations, il s'écoule **une minute**.

• Demander aux élèves d'observer leur **nouvelle horloge en carton** (planche D verso) Leur demander ce qui diffère entre celle qu'ils ont déjà utilisée et celle-ci : « Il y a des petites graduations et des nombres à l'intérieur de l'horloge ». Les laisser repérer les petites graduations des minutes et les petits espaces entre.

• Demander de compter combien il y a de petits espaces entre deux graduations des heures : « Il y en a 5 ». Conclure que :

> Quand la grande aiguille passe de 1 à 2 par exemple, il s'est donc écoulé **5 minutes**.

• Demander de compter combien il y a de petits espaces sur le tour de l'horloge. Proposer de commencer pour cela à droite de la grande graduation 12 et de tourner dans le sens où tourne la grande aiguille. Laisser les enfants chercher. Faire le bilan du nombre trouvé et des méthodes utilisées :
– certains ont compté tous les espaces, avec souvent des oublis ;
– d'autres ont remarqué qu'entre chaque nombre il y avait 5 espaces et ils ont compté de 5 en 5.

> Il y a **60 petits espaces** tout autour de l'horloge. Les nombres inscrits dans l'horloge en carton marquent ces 60 espaces de 5 en 5.

• Sur l'horloge de la classe, faire faire à la grande aiguille un tour complet, en comptant les minutes de 5 en 5 :

> • Quand la grande aiguille fait un tour complet, il s'écoule **60 minutes**. Mais la grande aiguille entrainant la petite, la petite aiguille avance d'une graduation des heures. Il s'est donc écoulé une heure. Donc **1 heure = 60 minutes**.
>
> • Quand la grande aiguille a parcouru **un demi-tour**, il s'est écoulé une demi-heure, il s'est aussi écoulé 30 minutes. Donc **1 demi-heure = 30 minutes.**

• Compléter si le quart d'heure a été vu auparavant :

> • **Quand la grande aiguille a parcouru un quart de tour,** il s'est écoulé **un quart d'heure** ou 5 minutes + 5 minutes + 5 minutes = **15 minutes.**

La notion de quart d'heure reste difficile pour certains élèves. Dans certaines familles, cette expression orale des horaires (en heures et quart et heures moins le quart) est peu utilisée. L'enseignant jugera opportun de revenir sur cet aspect ou de remettre cet apprentissage au CE2.

COLLECTIF

PHASE 2 Lecture de l'heure en heures et minutes

• Proposer un entrainement à la lecture de l'heure en procédant ainsi : **afficher un horaire** en plaçant les aiguilles sur l'horloge de la classe et sur l'horloge pédagogique affichée au tableau ; puis demander aux élèves d'écrire cet horaire sur leur ardoise ; enfin recenser les erreurs et les réponses exactes, par exemple :
– **à l'oral** : dix heures et demie, dix heures trente minutes, dix heures trente ;
– **à l'écrit** : 10 h et demie, 10 heures 30 minutes, 10 h 30, 22 h 30, etc.

Les horaires successivement affichés sont :

9 h	9 h 30	9 h 15	9 h 20	9 h 25
9 h 35	9 h 40	9 h 45	8 h 20	12 h 10

INDIVIDUEL

PHASE 3 L'emploi du temps de la classe de Lisa

• Afficher la fiche recherche agrandie au tableau. Demander aux élèves de la décrire : il s'agit de l'emploi du temps d'une classe ; il y a des horloges qui indiquent des horaires de changement d'activité.

• Distribuer la fiche recherche : le travail se déroule en 3 étapes.

1. Horaires à compléter pour les horloges avec aiguilles

• Demander aux élèves de compléter les horaires manquants en face des horloges qui ont des aiguilles. Cette première étape devrait aider les élèves à entrer dans le document. Noter ces horaires sur la fiche agrandie au tableau.

2. Deux horaires et une durée à compléter

• Faire remarquer que d'autres informations sont manquantes :
– deux horaires sont inconnus : l'horaire de fin de la séance de mathématiques et l'horaire de fin de la matinée ;
– les durées de chaque activité sont inscrites et sont exprimées en heures ou en minutes (les faire lire), mais une durée est à compléter : la durée de la séance de lecture.

• Demander aux élèves de compléter ces informations manquantes en suivant l'ordre chronologique. Engager, à l'issue des recherches, à un contrôle à deux des résultats trouvés.

• Lors du **bilan collectif**, recenser les réponses des élèves pour chacune des informations à trouver, faire discuter des erreurs et expliquer les méthodes, se mettre d'accord sur un résultat :

– La **séance de mathématiques** se termine à **10 heures**.
1 heure après 9 heures, il est 10 heures.

– La durée de la **séance de lecture écriture** est de **1 heure** ou **60 minutes**.
La grande aiguille a avancé de 30 minutes jusqu'à 11 heures, puis encore de 30 minutes, donc de 60 minutes.
Autre raisonnement : il s'écoule une demi-heure de 10 heures et demie jusqu'à 11 heures, puis encore une demi-heure entre 11 heures et 11 heures et demie, donc il s'écoule une heure.

– L'**horaire de fin** est **midi** ou **12 heures**.
Si la grande aiguille avance de 30 minutes ou une demi-heure après 11 heures 30 minutes ou 11 heures et demie, il est 12 heures ou midi.

3. Horloges sans aiguilles à compléter

Demander aux élèves de compléter les horloges des horaires **10 heures** et **12 heures** avec les aiguilles.

Si la recherche s'avère longue pour certaines élèves, ne pas leur faire calculer le dernier horaire.

COLLECTIF

PHASE 4 Synthèse

• Faire une synthèse sur les horaires que les élèves ont appris à lire sur l'horloge de la classe ainsi que sur le calcul des durées.

SYNTHÈSE

1. Comment lire l'heure sur une horloge à aiguilles

Pour cela, on regarde :

• **Les graduations :**
– il y a **12 grandes graduations** numérotées de 1 à 12, ce sont les graduations des **heures** ;
– il y a des **petites graduations** entre les grandes : toutes les graduations, les petites et les grandes, sont les graduations des **minutes**.

• **La position des deux aiguilles :**
– la petite aiguille indique les **heures** ;
– la grande aiguille indique les **minutes**.

2. Comment se déplacent la petite et la grande aiguille

• Quand la grande aiguille parcourt un petit espace entre deux petites graduations, il s'écoule **1 minute**.
Quand la grande aiguille tourne, elle entraine la petite aiguille, qui du coup ne se trouve plus en face d'une graduation d'heure.

• Sur l'horloge en carton, on peut facilement **lire l'heure en heures et minutes**, en regardant la position de la petite aiguille et celle de la grande aiguille :

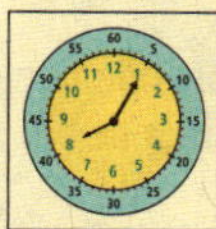	La grande aiguille est sur 5 et la petite sur 8	Il est 8 heures 5 minutes
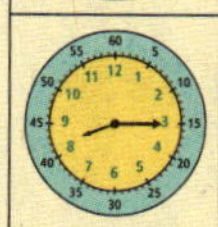	La grande aiguille est sur 15 et la petite entre 8 et 9	Il est 8 heures 15 minutes ou 8 heures et quart
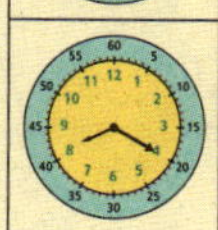	La grande aiguille est sur 20 et la petite entre 8 et 9	Il est 8 heures 20 minutes
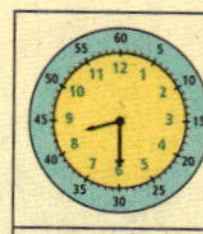	La grande aiguille est sur 30 et la petite sur pile entre 8 et 9	Il est 8 heures 30 minutes ou 8 heures et demie
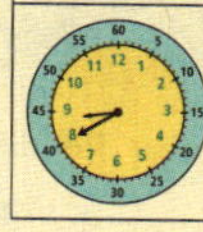	La grande aiguille est sur 40 et la petite entre 8 et 9	Il est 8 heures 40 minutes

3. Calcul des durées entre deux horaires

• Quand la grande aiguille fait un **tour complet** d'horloge, elle a parcouru 60 petits espaces des minutes. Il s'est écoulé **60 minutes**. La petite aiguille avance d'**une graduation des heures** à la suivante. Il s'est écoulé **1 heure**. **1 heure = 60 minutes.**

• Quand la grande aiguille fait **la moitié d'un tour d'horloge**, elle a parcouru 30 petits espaces des minutes. Il s'est écoulé **30 minutes** ou une **demi-heure**. **1 demi-heure = 30 minutes.**

Entre ces deux horaires		La durée est de
		1 heure ou 60 minutes
		1 demi-heure ou 30 minutes

TRACE ÉCRITE

Les tableaux de la synthèse peuvent être ajoutés sur l'affiche réalisée en **unité 6, séance 7**.

ÉCRIT DE RÉFÉRENCE

Dico-maths n° 27.

INDIVIDUEL

ENTRAINEMENT

CAHIER MESURES ET GÉOMÉTRIE p. 52

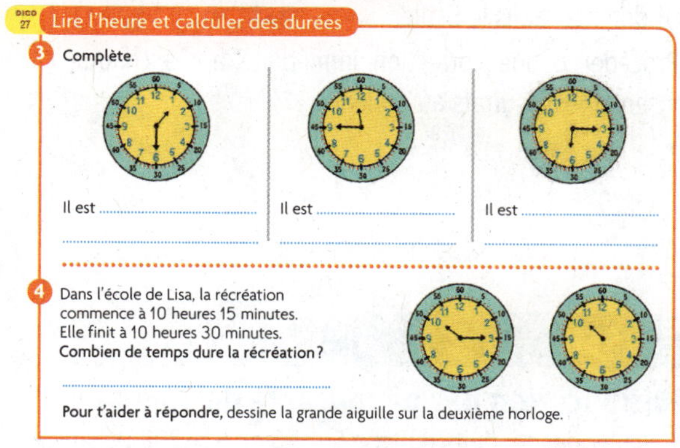

Exercice 3

• La lecture de l'heure se fait en heures et minutes. Toute réponse correcte est acceptée.

RÉPONSE : 1 h 30 11 h 45 6 h 15.

Exercice 4

• Les élèves placent la grande aiguille pour l'horaire de fin. Cela les aide à déterminer la durée.

RÉPONSE : 15 minutes ou 1 quart d'heure.

Différenciation → CD-Rom du guide, **fiche n° 44.**

À SUIVRE

Ce domaine, encore difficile pour certains élèves, sera entrainé en **unité 9**.

Division (nombre de parts) : groupements par 5

	Tâche	Matériel	Connaissances travaillées
CALCULS DICTÉS	**Soustraction d'un petit ou d'un grand nombre** – Chercher des procédures appropriées pour soustraire un nombre (petit ou grand) d'un autre nombre.	par élève : FICHIER NOMBRES p. 84 ①	– **Calcul mental : réflexion.**
RÉVISER Calcul	**Multiplication par un multiple de 10 ou de 100** – Résoudre un problème faisant intervenir la multiplication par un multiple de 10 ou de 100	par élève : FICHIER NOMBRES p. 84 ②	– **Calcul mental : automatismes, réflexion**
APPRENDRE Calcul	**Division (nombre de parts) : groupements par 5** RECHERCHE **« Des bouquets de 5 tulipes »** – Chercher le nombre de groupements par 5 qu'il est possible de réaliser avec une quantité donnée.	pour la classe : – boite – 60 images de tulipes › **fiche 64** par élève : – feuille grand format FICHIER NOMBRES p. 84 ③ et ④	– **Division (aspect groupements) : nombre de parts** – Multiplication, addition itérée.

CALCULS DICTÉS

Soustraction d'un petit ou d'un grand nombre • Réflexion

– Calculer mentalement des différences entre deux nombres dont l'écart est soit très petit, soit très grand.
– Utiliser l'équivalence entre calcul d'une soustraction et calcul d'un complément.

COLLECTIF

- Dicter les calculs sous la forme « dix moins deux ». Les réponses sont données dans le fichier.
- Procéder à une correction immédiate après chaque calcul. Conserver les résultats au tableau.

a. 10 – 2 b. 25 – 3 c. 30 – 4
d. 25 – 23 e. 30 – 28 f. 41 – 38

RÉPONSE : a. 8 b. 22 c. 26 d. 2 e. 2 f. 3.

RÉVISER

Multiplication par un multiple de 10 ou de 100 • Automatismes, réflexion

– Calculer des produits du type 5 × 50 ou 3 × 200 (la cible).

INDIVIDUEL

FICHIER NOMBRES ET CALCULS p. 84

Résoudre un problème

② Lisa a lancé 3 fléchettes dans la zone rouge et 5 fléchettes dans la zone verte.
Combien de points a-t-elle marqués ?

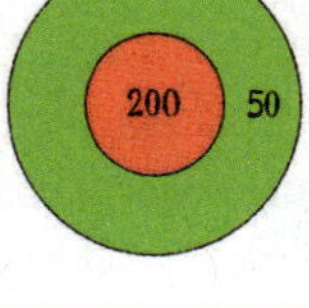

Exercice ②

- Le contexte de la cible a déjà été utilisé en **séance 2**.

AIDE Suggérer à certains élèves d'écrire les nombres de la cible sur de petites étiquettes et d'assembler ensuite certaines de ces étiquettes pour atteindre le nombre voulu.

RÉPONSE : 850 points.

APPRENDRE

Division (nombre de parts) : groupements par 5

– Imaginer une procédure pour résoudre un problème de groupements : recherche du nombre de parts dans le cas de groupements par 5.

RECHERCHE

« Des bouquets de 5 tulipes » : Les élèves doivent déterminer combien de bouquets de 5 tulipes il est possible de réaliser avec un nombre donné de tulipes (nombre multiple de 5).

ÉQUIPES DE 2

PHASE 1 Combien de bouquets de 5 tulipes avec 15 tulipes ?

• Montrer aux élèves une boite contenant 15 images de tulipes, puis présenter le problème :

→ *Lisa veut faire des bouquets avec ces 15 tulipes* (montrer à nouveau la boite avec les tulipes et écrire « 15 tulipes » au tableau). *Dans chaque bouquet, elle va mettre 5 tulipes* (montrer un assemblage de 5 images de tulipes et écrire « bouquets de 5 tulipes » au tableau). *Combien peut-elle faire de bouquets ?*

• Avant la recherche par deux, laisser un court temps de travail individuel pour que chaque élève puisse s'approprier la situation et envisager son mode de résolution.

• Demander aux équipes de se mettre d'accord sur une seule solution et d'écrire ce qu'ils ont fait et trouvé.

Les procédures peuvent prendre appui sur :
– le dessin des 15 tulipes (plus ou moins schématisées) servant à des groupements par 5 ;
– le dessin de groupements successifs de 5 tulipes... jusqu'à en avoir 15 ;
– le comptage (de 5 en 5) ;
– l'addition itérée de 5 ;
– un résultat de la table de multiplication par 5 ou une énonciation du type « je sais que 3 fois 5, c'est 15 ».
Dans cette séance est examiné le cas de groupements par 5 alors que les élèves seront confrontés à des groupements par 2 en séance 9. Cet ordre d'étude a été privilégié car, dans le cas où l'élève ne pense pas à remplacer l'addition itérée par une multiplication, additionner des « 5 » est parfois plus facile qu'additionner des « 2 ».

COLLECTIF

PHASE 2 Mise en commun et synthèse

• Commencer par un recensement des réponses. Inviter ensuite les élèves à reconnaitre celles qui sont « évidemment » erronées.

• Demander à différentes équipes d'expliciter leurs procédures. Aider les élèves à faire un lien entre les diverses procédures correctes, par exemple les « 5 » additionnés 3 fois, les 3 paquets de 5 tulipes dessinées et la multiplication de 5 par 3.

TRACE ÉCRITE

Conserver au tableau les principales **procédures correctes** :
– dessins de **paquets de 5 tulipes** ;
– addition itérée de 5 : **5 + 5 + 5 = 15** ;
– multiplication de 5 par 3 : **3 × 5 = 15** ou **5 × 3 = 15**.

SYNTHÈSE

Combien de bouquets de 5 tulipes avec 15 tulipes ?

• Insister sur le fait que **cela revient à chercher** :
– soit « combien de groupements de 5 objets on peut faire avec 15 objets » ;
– soit « combien de fois 5 il y a dans 15 ».

• Faire identifier la relation entre le **dessin**, l'**addition itérée** et la **multiplication**.

Une réponse erronée peut provenir de la difficulté à interpréter une procédure pourtant correcte pour donner la réponse. L'élève a par exemple écrit : 5 + 5 = 10 10 + 5 = 15, mais ne sait plus retrouver les bouquets de tulipes (il faut compter les 5) dans son calcul. Un travail collectif peut aider les élèves à retrouver la réponse dans ce type de calcul.
Conformément au programme, il s'agit ici d'approcher la division par 2 ou par 5 à partir d'un problème de groupements. Nous avons fait le choix de ne pas formaliser immédiatement la division, mais de mettre en place les éléments qui permettront qu'elle soit comprise au CE2 (notamment en instituant alors la relation avec la multiplication).
La division ne sera abordée au CE1, en calcul mental notamment, qu'en demandant aux élèves combien il y a de fois 5 dans 15 (ou en relation avec des problèmes de partage, ce que l'on obtient en partageant une quantité de 15 en 5).

ÉQUIPES DE 2

PHASE 3 Combien de bouquets de 5 tulipes avec 30 tulipes ?

• Reprendre le même type de question, selon le même dispositif, avec 30 tulipes.

• Au moment de la mise en commun, relever les élèves qui ont réussi à faire évoluer leurs procédures vers des procédures plus rapides (notamment vers le calcul).

Il est possible que quelques élèves remarquent que 30 est le double de 15 et que l'on peut faire 2 fois plus de bouquets avec 30 tulipes qu'avec 15 tulipes.. Cette procédure sera expliquée au cours de la mise en commun et, si elles n'apparait pas, l'attention des élèves sera attirée sur cette propriété lors de la mise en commun.

INDIVIDUEL

ENTRAINEMENT

FICHIER NOMBRES ET CALCULS p. 84

Résoudre des problèmes

3 Lisa a ramassé des coquillages sur la plage.
Elle les range en faisant des paquets de 5 coquillages.
Combien de paquets peut-elle faire ?

4 Alex veut offrir 45 perles à Lisa.
Les perles sont vendues par boites de 5.
Combien de boites doit-il acheter ?

Problème 3

• L'information est à prendre sur le dessin et dans le texte. La réponse peut être trouvée en utilisant la table de multiplication par 5, mais d'autres procédures sont possibles.

RÉPONSE : 4 paquets.

Problème 4

• Pour ce problème, l'information du texte seul est suffisante. Les élèves raisonnent de la même manière que pour le problème 1.

RÉPONSE : 9 boites.

Différenciation → CD-Rom du guide, **fiche n° 45.**

Division (nombre de parts) : groupements par 2

	Tâche	Matériel	Connaissances travaillées
CALCULS DICTÉS	**Soustraction d'un petit ou d'un grand nombre** – Chercher des procédures appropriées pour soustraire un nombre (petit ou grand) d'un autre nombre.	par élève : FICHIER NOMBRES p. 85 ①	– Calcul mental : réflexion.
RÉVISER Calcul	**Décompositions de 100** – Trouver plusieurs décompositions du nombre 100 avec les nombres 10, 20, 25, 50…	par élève : FICHIER NOMBRES p. 85 ②	– Calcul mental : automatismes, réflexion
APPRENDRE Calcul	**Division (nombre de parts) : groupements par 2** RECHERCHE « Des bouquets de 2 tulipes » – Chercher le nombre de groupements par 2 qu'il est possible de réaliser avec une quantité donnée.	pour la classe : – boite – 60 images de tulipes › fiche 64 par élève : – feuille grand format FICHIER NOMBRES p. 85 ③ et ④	– Division (aspect groupements) : nombre de parts – Multiplication, addition itérée.

CALCULS DICTÉS

Soustraction d'un petit ou d'un grand nombre • Réflexion

– Calculer mentalement des différences entre deux nombres dont l'écart est soit très petit, soit très grand.
– Utiliser l'équivalence entre calcul d'une soustraction et calcul d'un complément.

COLLECTIF

FICHIER NOMBRES ET CALCULS p. 85

Exercice 1

• Dicter les calculs sous la forme « dix moins trois ». Les réponses sont données sur l'ardoise ou le cahier de brouillon.

• Procéder à une correction immédiate après chaque calcul en faisant exprimer les procédures utilisées.

a. 10 – 3 b. 22 – 3 c. 34 – 6
d. 25 – 22 e. 20 – 17 f. 32 – 29.

RÉPONSE : a. 7 b. 19 c. 28 d. 3 e. 3 f. 3.

L'objectif de ce type de questions qui sera entrainé en calcul mental (fin de l'unité 7 et unité 8) est de faire apparaitre la diversité des procédures et la nécessité de les adapter aux nombres en jeu.
Il est important de faire formuler quelques procédures. Certaines d'entre elles sont fondées sur le fait qu'une différence peut être remplacée par un complément (ce qui est particulièrement pertinent lorsque le 2e terme est un nombre voisin du 1er terme). La prise de conscience de l'équivalence entre calcul d'une différence et calcul d'un complément a déjà été envisagée en séance 2. Elle peut être longue pour certains élèves. Il faut parfois attendre le CE2 (avec le travail sur d'autres situations pour y parvenir).

RÉVISER

Décompositions de 100 • Automatismes, réflexion

– Trouver rapidement des décompositions de 100 en sommes de 2 nombres.

INDIVIDUEL

FICHIER NOMBRES ET CALCULS p. 85

Décomposer 100

2 **Entoure** des nombres sur chaque grille. La somme des nombres entourés doit être égale à 100. **Trouve** 4 solutions différentes.

Solution 1

10	10	10	10
20	20	20	20
25	25	25	25
50	50	50	50

Solution 2

10	10	10	10
20	20	20	20
25	25	25	25
50	50	50	50

Solution 3

10	10	10	10
20	20	20	20
25	25	25	25
50	50	50	50

Solution 4

10	10	10	10
20	20	20	20
25	25	25	25
50	50	50	50

Exercice 2

• Un exemple peut d'abord être traité collectivement pour assurer la compréhension de la tâche. La correction permet de recenser toutes les possibilités trouvées par les élèves et éventuellement d'en chercher d'autres.

RÉPONSE : **Il y a 9 solutions possibles.**

50 + 50
50 + 25 + 25
50 + 20 + 10 + 10 + 10
25 + 25 + 20 + 20 + 10
20 + 20 + 20 + 20 + 10 + 10
50 + 20 + 20 + 10
25 + 25 + 25 + 25
25 + 25 + 20 + 10 + 10 + 10
20 + 20 + 20 + 10 + 10 + 10 + 10.

APPRENDRE

Division (nombre de parts) : groupements par 2

– Imaginer une procédure pour résoudre un problème de groupements : recherche du nombre de parts dans le cas de groupements par 2.

RECHERCHE

« Des bouquets de 2 tulipes » : Les élèves doivent déterminer combien de bouquets de 2 tulipes il est possible de réaliser avec un nombre donné de tulipes (nombre pair).

ÉQUIPES DE 2

PHASE 1 Combien de bouquets de 2 tulipes avec 24 tulipes ?

• Montrer aux élèves une boite contenant 24 images de tulipes, puis présenter le problème :

→ *Lisa veut faire des bouquets avec ces 24 tulipes* (montrer à nouveau la boite et les tulipes et écrire « 24 tulipes » au tableau). *Dans chaque bouquet, elle va mettre 2 tulipes* (montrer un assemblage de 2 images de tulipes et écrire « bouquets de 2 tulipes » au tableau). *Combien peut-elle faire de bouquets ?*

• Avant la recherche par deux, laisser un court temps de travail individuel pour que chaque élève puisse s'approprier la situation et envisager son mode de résolution.

• Demander aux équipes de 2 de se mettre d'accord sur une seule solution et d'écrire ce qu'ils ont fait et trouvé.

Les procédures peuvent prendre appui sur :
– le dessin des 24 tulipes (plus ou moins schématisées) servant à des groupements par 2 ;
– le dessin de groupements successifs de 2 tulipes... jusqu'à en avoir 24 ;
– le comptage de 2 en 2 ;
– l'addition itérée de 2 ;
– une addition du type **12 + 12 = 24** qui n'est pas aussi proche de la situation que la précédente, mais peut être interprétée comme un raisonnement capable d'utiliser cette connaissance et de lui donner du sens pour ce problème ;
– le calcul **12 × 2 = 24** ou **2 × 12 = 24**, interprété comme 12 fois 2, c'est 24.

COLLECTIF

PHASE 2 Mise en commun et synthèse

• Commencer par un recensement des réponses. Inviter ensuite les élèves à reconnaitre celles qui sont « évidemment » erronées.

• Demander à différentes équipes d'expliciter leurs procédures. Aider les élèves à faire un lien entre les diverses procédures correctes, par exemple les « 2» additionnés 12 fois, les 12 paquets de 2 tulipes dessinées et la multiplication de 12 par 2.

TRACE ÉCRITE

Conserver au tableau les principales **procédures correctes** :
– dessin de **paquets de 2 tulipes** ;
– **addition itérée de 2** (12 fois) ou **de 12** (2 fois) ;
– multiplication de 2 par 12 : **2 × 12 = 24** ou **12 × 2 = 24.**

SYNTHÈSE

Combien de bouquets de 2 tulipes avec 24 tulipes ?

• Insister sur le fait que **cela revient à chercher** :
– soit combien de groupements de 2 objets on peut faire avec 24 objets ;
– soit « combien de fois 2 il y a dans 24 ».

• Faire identifier la relation entre le **dessin**, l'**addition itérée** et la **multiplication.**

Le partage de 12 en 2 est une procédure efficace, mais qui risque d'être mal comprise au CE1. Elle sera reprise au CE2 et au CM1.

INDIVIDUEL

ENTRAINEMENT

FICHIER NOMBRES ET CALCULS p. 85

Résoudre des problèmes

3 Alex décide de faire des équipes de 2 dinosaures.
Combien d'équipes peut-il faire ?

4 Pour son anniversaire, Lisa veut acheter 36 chocolats.
Les chocolats sont vendus par sachets de 2.
Combien de sachets doit-elle acheter ?

Problème 3

• L'information est à prendre sur le dessin et dans le texte. La réponse peut être trouvée en utilisant la table de multiplication par 2.

RÉPONSE : 6 équipes.

Problème 4

• Pour ce problème, l'information du texte seul est suffisante. Les élèves raisonnent de la même manière que pour le problème 1.

RÉPONSE : 18 sachets.

AIDE Pour les élèves, dont les difficultés à comprendre ces situations seraient trop importantes, du matériel permettant de représenter les dinosaures ou les chocolats peut être fourni. Un échange entre élèves peut être organisé à la fin de la résolution ou le lendemain (après que l'enseignant a pu analyser les productions des élèves).

Différenciation → CD-Rom du guide, **fiche n° 46.**

BILAN de l'UNITÉ 8

CONSOLIDATION

CALCUL MENTAL

Calcul mental (séances 1 à 9)

- → **Répertoire multiplicatif : table de 4.**
- → **Complément à une dizaine supérieure.**
- → **Soustraction d'un petit ou d'un grand nombre :** réflexion.
- → **Problèmes d'échanges.**

Pas de préparation de bilan proposée dans le fichier.

Je fais le bilan › FICHIER NOMBRES p. 87

Exercice 1 Calcul de produits, de différences et de compléments.

Calculs dictés :

a. 3 fois 4 b. 4 fois 5 c. 6 fois 4 d. 4 fois 8
e. 31 – 4 f. 31 – 29 g. 45 à 60 ? h. 18 à 40 ?

RÉPONSES : a. 12 b. 20 c. 24 d. 32 e. 27 f. 2 g. 15 h. 22.

Je consolide mes connaissances › FICHIER NOMBRES p. 88

Exercice 1

4 fois 4 égale **16** 4 fois 9 égale **36** 4 fois 0 égale **0**
7 fois 4 égale **28** 6 fois 4 égale **24** 8 fois 4 égale **32**.

CD-Rom du guide

› Fiche différenciation n° 41

Autres ressources

› CD-Rom Jeux interactifs GS-CP-CE1
13. Je suis un as du calcul (niveau 1)

› Activités avec la calculatrice GS-CP-CE1
10. Tables de multiplication (CP ou CE1)

NOMBRES ET CALCULS

Soustraction : recherche de compléments (séances 1 et 2)

Je prépare le bilan › FICHIER NOMBRES p. 86 A

→ **Pour trouver, par exemple, le complément de 9 à 15,** on peut :
– soit chercher à compléter **9 + … = 15** ;
– soit calculer **15 – 9.**
Lorsque tu as trouvé, tu peux vérifier en calculant une addition : **9 + 6 = 15.**

Je fais le bilan › FICHIER NOMBRES p. 87

Exercice 2 Résoudre un problème de recherche de compléments.

7 wagons sont déjà entrés dans le tunnel.

Je consolide mes connaissances › FICHIER NOMBRES p. 88

Exercice 2 Il y a **16** timbres qu'on ne voit pas.

CD-Rom du guide

› Fiche différenciation n° 42

Autres ressources

› 90 Activités et jeux mathématiques CE1
23. Jeu du recto-verso

BILAN de l'UNITÉ 8

CONSOLIDATION

NOMBRES ET CALCULS

Soustraction : calcul réfléchi (séances 4 et 5)

Je prépare le bilan › FICHIER NOMBRES p. 86 **B** et **C**

Pour calculer une différence, on peut utiliser différentes méthodes.

→ **Quand le deuxième terme est petit**, par exemple : **54 – 7**
il est plus facile de soustraire 7 petit à petit,
d'abord **4** (54 – 4 = **50**), puis 3 (50 – 3 = **47**).

→ **Pour les autres cas**, par exemple : **85 – 37**, on peut :
– chercher ce qu'il faut ajouter à 37 pour obtenir 85 ;
– décomposer les nombres en dizaines et unités pour rendre la soustraction facile : par exemple 85 = 7 dizaines et 15 unités, il est alors facile de soustraire 3 dizaines et 7 unités.

Je fais le bilan › FICHIER NOMBRES p. 87

Exercice 3 Calculer des différences

40 – 5 = **35**	40 – 20 = **20**	40 – 38 = **2**
52 – 5 = **47**	52 – 15 = **37**	52 – 45 = **7**
58 – 23 = **35**	92 – 79 = **13**	65 – 46 = **19**

Je consolide mes connaissances › FICHIER NOMBRES p. 88

Exercice 3 Il restera à Alex **3** dizaines et **7** unités..

Exercice 4 Les différences à calculer mentalement :

73 – 61 = 12	61 – 59 = 2	59 – 18 = 41
73 – 59 = 14	61 – 18 = 43	59 – 5 = 54
73 – 18 = 55	61 – 5 = 56	18 – 5 = 13
73 – 5 = 68.		

CD-Rom du guide

› Fiche différenciation n° 43

NOMBRES ET CALCULS

Division : groupements par 2 et par 5 (séances 8 et 9)

Je prépare le bilan › FICHIER NOMBRES p. 86 **D**

Je fais le bilan › FICHIER NOMBRES p. 87

Exercice 4 Résoudre des problèmes de groupements par 2.
Il faut **6 boites** à Alex.

Exercice 5 Résoudre des problèmes de groupements par 5.
Lisa peut faire **12 paquets**.

Je consolide mes connaissances › FICHIER NOMBRES p. 88

Exercice 5 Il faut **13 pièces**.

Exercice 6 Il faut **12 billets** de 5 €.

CD-Rom du guide

› Fiche différenciation n° 45 et n° 46

Autres ressources

› CD-Rom Jeux interactifs GS-CP-CE1
18. Groupements de 2, de 5…

BILAN de l'UNITÉ 8

CONSOLIDATION

MESURES ET GÉOMÉTRIE

Horaires et durées en heures et minutes (séance 7)

Je prépare le bilan › CAHIER GÉOMÉTRIE p. 53 A

→ **Sur une horloge**
– les grandes graduations indiquent les **heures** : elles sont numérotées de 1 à 12 ;
– toutes les graduations (grandes et petites) indiquent les **minutes** : elles sont numérotées de 5 en 5 jusqu'à 60 sur une horloge pédagogique ;

→ La **petite aiguille** indique les heures, la **grande aiguille** indique les minutes :
– Quand la grande aiguille est sur le **5** et la petite entre le **9** et le **10**, il s'est écoulé 5 minutes après 9 h : il est **9 heures 5 minutes**.
– Quand la grande aiguille est sur le **30** et la petite entre le **9** et le **10**, il s'est écoulé 30 minutes après 9 h : il est **9 heures 30 minutes** ou **9 heures et demie**.
– Quand la **grande aiguille** fait un **tour** (il s'écoule 60 minutes), **la petite** avance d'une grande graduation (1 heure). **1 heure = 60 minutes.**

Je fais le bilan › CAHIER GÉOMÉTRIE p. 53

Exercice 1 Déterminer une durée en minutes étant donnés les deux horaires de début et de fin sur une horloge à aiguilles.

Moustik part en promenade à **2 heures 15 minutes** (ou 2 heures et quart).
Il rentre à **2 heures 30 minutes** (ou 2 heures et demie).
Sa promenade a duré **15 minutes** (ou un quart d'heure).

Je consolide mes connaissances › CAHIER GÉOMÉTRIE p. 54

Exercice 1
1er horloge : **3 heures 30 minutes** ou **3 heures et demie.**
2e horloge : **9 heures 15 minutes.**
3e horloge : **11 heures 20 minutes.**
4e horloge : **0 heure 45 minutes** ou **12 heures 45 minutes.**

Exercice 2 La séance de sport finit à **9 heures et demie.**

CD-Rom du guide

› Fiche différenciation n° 44

Autres ressources

› 90 Activités et jeux mathématiques CE1
88. Les suites d'horaires
89. Le loto des heures (2)
90. Le mariage des heures (2)

Les activités 89 et 90 sont sur le même modèle que celles de l'unité 6 mais avec d'autres horaires.

› CD-Rom Jeux interactifs GS-CP-CE1
20. La lecture de l'heure (jeux 3, 4 et 5)

MESURES ET GÉOMÉTRIE

Longueurs en m, dm et cm (séance 6)

Je prépare le bilan › CAHIER GÉOMÉTRIE p. 53 B

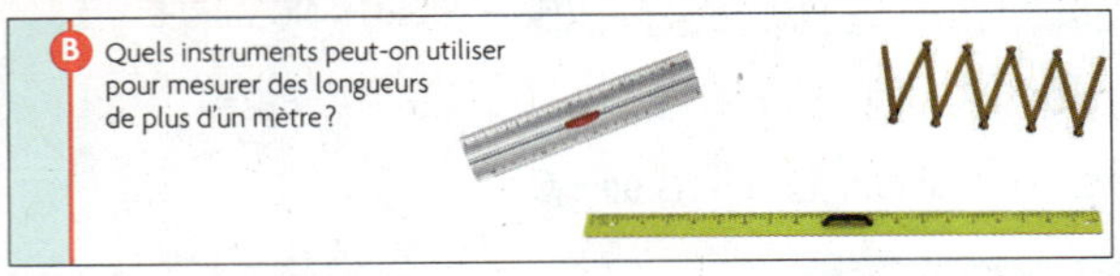

→ **Le mètre est une unité** utilisée pour mesurer les dimensions d'une maison par exemple. On note en abrégé : **m**.
La règle de tableau mesure un mètre.

→ **Pour mesurer des longueurs de plus d'un mètre**, on peut utiliser un double mètre pliant ou un mètre ruban.

→ **Sur la règle de tableau**, on peut compter le nombre de centimètres qu'il y a dans un mètre. On a : **1 m = 100** cm.
On peut aussi compter le nombre de décimètres. On a : **1 m = 10 dm.**

Je fais le bilan › CAHIER GÉOMÉTRIE p. 53

Exercice 2 Comparer deux longueurs exprimées en m et cm, comprendre et utiliser l'équivalence : 1 m = 100 cm.

Le bâton blanc est le plus long car il mesure **1 m** ou **100 cm** alors que le bâton noir ne mesure que **90 cm**.

Je consolide mes connaissances › CAHIER GÉOMÉTRIE p. 54

Exercice 3
Le segment **a** mesure **10 cm** ou **1 dm.**
La ligne brisée **b** mesure **100 cm** ou **1 m** ou **10 dm.**

Autres ressources

› 90 Activités et jeux mathématiques CE1
82. Mesurer des longueurs (atelier)

La promenade en bateau

Les élèves doivent prendre des informations sur l'affiche qui accompagne l'illustration du haut et dans les textes qui précèdent la question.

Problème 1

OBJECTIFS :

– Résoudre un problème de réunion de plusieurs quantités identiques (recherche du total).

– Utiliser l'addition itérée ou la multiplication.

TÂCHE : Chercher le nombre de passagers qui ont pris le bateau pour la journée.

RÉPONSE : 300 passagers.

Problème 2

OBJECTIFS :

– Résoudre un problème de recherche de complément.

– Utiliser l'addition, l'addition à trou ou la soustraction.

TÂCHE : Poser des questions à partir de données fournies par des illustrations et y répondre.

EXEMPLES DE QUESTIONS :

– *Combien y a-t-il de passagers ?* 60 passagers
– *Combien y a-t-il d'enfants ?* 35 enfants.
– *Quel prix les adultes ont-ils payé ?* 250 €.

Problème 3

OBJECTIFS :

– Résoudre un problème de réunion de plusieurs quantités identiques (recherche du total).

– Utiliser l'addition itérée ou la multiplication.

TÂCHE : Chercher le nombre de km parcourus par le bateau dans la journée.

RÉPONSE : 75 km.

Problème 4

OBJECTIFS :

– Déterminer les étapes nécessaires à la résolution d'un problème.

– Utiliser l'addition, la soustraction et la multiplication.

TÂCHE : Résoudre un problème à étapes.

RÉPONSE : 18 places.

Problème 5

OBJECTIFS :

– Résoudre un problème par essais et ajustements.

– Utiliser l'addition et la soustraction.

TÂCHE : Résoudre un problème de recherche.

RÉPONSE : 25 adultes et 35 enfants.

Mise en œuvre

La recherche se fait d'abord au brouillon, individuellement ou par petites équipes (par exemple pour les problèmes 2, 4 et 5).

Aides possibles

Pour les élèves faibles en lecture, les énoncés peuvent être verbalisés par l'enseignant.

Pour les élèves faibles en calcul, la calculatrice peut être autorisée.

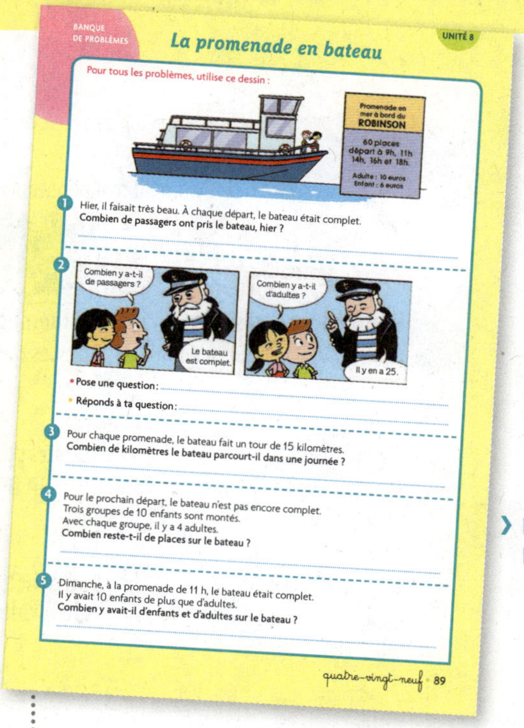
BANQUE DE PROBLÈMES

La promenade en bateau

UNITÉ 8

Pour tous les problèmes, utilise ce dessin :

1 Hier, il faisait très beau. À chaque départ, le bateau était complet.
Combien de passagers ont pris le bateau, hier ?

2

• **Pose une question :**
• **Réponds à ta question :**

3 Pour chaque promenade, le bateau fait un tour de 15 kilomètres.
Combien de kilomètres le bateau parcourt-il dans une journée ?

4 Pour le prochain départ, le bateau n'est pas encore complet.
Trois groupes de 10 enfants sont montés.
Avec chaque groupe, il y a 4 adultes.
Combien reste-t-il de places sur le bateau ?

5 Dimanche, à la promenade de 11 h, le bateau était complet.
Il y avait 10 enfants de plus que d'adultes.
Combien y avait-il d'enfants et d'adultes sur le bateau ?

quatre-vingt-neuf • 89

› FICHIER NOMBRES ET CALCULS p. 89

Problème 2 : Faire une mise en commun intermédiaire pour recenser les questions posées, en éliminer certaines, répondre immédiatement à d'autres et retenir la question principale « Combien y a-t-il d'enfants ? ».

Problème 4 : Si nécessaire, faire une mise en commun intermédiaire pour dégager les étapes de la résolution.

Exploitation

En particulier, faire porter l'attention sur les questions posées dans le problème 2 : peut-on ou non y répondre avec les informations données ? pour y répondre, faut-il ou non faire des calculs ?

Erreurs intéressantes à exploiter

Problèmes 1 et 3 : Non prise en compte du nombre de tours dans la journée (nombre donné par les horaires de départ).

Problème 4 : Oubli de données (nombre de groupes d'enfants écrit en lettres, 4 adultes par groupe). Une schématisation peut aider certains élèves.

Procédures à observer particulièrement

Problèmes 1 et 3 : Les élèves ont-ils utilisé l'addition itérée ou la multiplication ?

Problème 2 : Pour la question principale (nombre d'enfants) :
– schématisation des 25 adultes, en complétant par la schématisation des enfants pour arriver à un total de 60 ;
– schématisation des seuls enfants, en comptant à partir de 26 ;
– recherche de ce qu'il faut ajouter à 25 pour avoir 60 ;
– calcul de 60 – 25.

Problème 4 : Mettre en évidence les étapes selon deux raisonnements possibles :
– déterminer le nombre d'enfants (30) et le nombre d'adultes (12), puis le nombre de passagers (42), puis le complément à 60 (18) ;
– déterminer le nombre de personnes pour un groupe (14), puis le nombre de passagers (42) puis le complément à 60 (18).

Problème 5 : Observer si les élèves font des essais et en tiennent compte pour faire les essais suivants. Observer comment ils prennent en compte les 2 contraintes.

UNITÉ 9

13 ou 14 séances
– 10 séances programmées (9 séances d'apprentissage + 1 bilan)
– 3 ou 4 séances pour la consolidation et la résolution de problèmes

	CALCUL MENTAL (environ 30 min par séance)	RÉVISER	APPRENDRE (environ 45 min par séance)
Séance 1 FICHIER NOMBRES p. 90	**Problèmes dictés** Réunion de quantités identiques	**Problèmes écrits** Diverses opérations	**Addition de plusieurs nombres : calcul posé** RECHERCHE Combien de perles dans ces 4 enveloppes ?
Séance 2 FICHIER NOMBRES p. 91	**Calculs dictés** Multiplication par 10 ou par 100	**Soustraction d'un petit ou d'un grand nombre**	**Multiplication par un nombre inférieur à 10 : calcul réfléchi (1)** RECHERCHE Comparer 3 lots
Séance 3 FICHIER NOMBRES p. 92	**Calculs dictés** Répertoire multiplicatif : table de 3	**Soustraction : calcul réfléchi**	**Multiplication par un nombre inférieur à 10 : calcul réfléchi (2)** RECHERCHE Comprendre la technique de la multiplication posée
Séance 4 FICHIER NOMBRES p. 93	**Calculs dictés** Répertoire multiplicatif : table de 3	**Doubles et moitiés**	**Soustraction posée** RECHERCHE Comprendre une technique de soustraction posée
Séance 5 FICHIER NOMBRES p. 94	**Problèmes dictés** Réunion de quantités identiques	**Problèmes écrits** Diverses opérations	**Division : partage en 2** RECHERCHE Partager des perles entre 2 personnes
Séance 6 FICHIER NOMBRES p. 95	**Calculs dictés** Ajout de 19 ou 18	**Décompositions de 50**	**Division : partage en 5** RECHERCHE Partager des perles entre 5 personnes
Séance 7	**Calculs dictés** Ajout de 19 ou 18	**Lecture de l'heure en heures et minutes**	**Comparaison de contenances** RECHERCHE Quel récipient contient le plus ?
Séance 8 CAHIER GÉOMÉTRIE p. 55	**Calculs dictés** Doubles et moitiés de multiples de 5	**Reconnaissance de figures planes** (angles droits, axes de symétrie)	**Solides (1)** RECHERCHE Retrouver un solide à partir d'un message
Séance 9 CAHIER GÉOMÉTRIE p. 56-57	**Calculs dictés** Doubles et moitiés de multiples de 5	**Reproduction de figures**	**Solides (2)** RECHERCHE Retrouver un solide à partir d'un message

Bilan	**Je prépare le bilan** puis **Je fais le bilan** FICHIER NOMBRES p. 96 et 97 CAHIER GÉOMÉTRIE p. 58
Consolidation Remédiation	**Je consolide mes connaissances** FICHIER NOMBRES p. 98 et 99 CAHIER GÉOMÉTRIE p. 59
Banque de problèmes	***Autour du carré*** CAHIER GÉOMÉTRIE p. 60 – Réaliser des carrés sur papier pointé ou en assemblant des triangles rectangles – Reconnaitre et dénombrer des carrés

L'essentiel à retenir de l'unité 9

- **Calculs dictés :**
  - Multiplication par 10 et par 100
  - Table de multiplication de 3
  - Ajout de 18 ou 19
  - Problèmes de réunion de quantités identiques
- **Addition de plusieurs nombres : calcul posé**
- **Multiplication par un nombre inférieur à 10 : calcul réfléchi**
- **Soustraction : calcul posé**
- **Division : partage en 2 et en 5**
- **Solides**
- **Contenances**

Addition de plusieurs nombres : calcul posé

	Tâche	Matériel	Connaissances travaillées
PROBLÈMES DICTÉS	**Réunion de quantités identiques** – Résoudre des problèmes relevant de la multiplication.	par élève : FICHIER NOMBRES p. 90 ❶	– **Multiplication** – Addition itérée.
PROBLÈMES ÉCRITS	**Diverses opérations** – Résoudre des problèmes relevant de différentes opérations.	par élève : FICHIER NOMBRES p. 90 ❷ et ❸	– **Multiplication** – Addition itérée – Problème à étapes.
APPRENDRE Calcul	**Addition de plusieurs nombres : calcul posé** RECHERCHE **« Combien de perles dans ces 4 enveloppes ? »** – Calculer la somme de plusieurs nombres par addition posée.	pour la classe : – 4 enveloppes contenant : 1re enveloppe : 256 perles 2e enveloppe : 78 perles 3e enveloppe : 107 perles 4e enveloppe : 340 perles par paquets de 100, de 10 ou des perles isolées › **fiches 5 à 10** par équipes de 2 : – feuille pour chercher et feutre par élève : FICHIER NOMBRES p. 90 ❹ et ❺	– **Addition : calcul posé** – Valeur positionnelle des chiffres – Équivalences entre centaines, dizaines et unités.

PROBLÈMES DICTÉS

Réunion de quantités identiques

– Résoudre des problèmes faisant intervenir des groupements réguliers.

COLLECTIF

FICHIER NOMBRES ET CALCULS p. 90

Problèmes dictés

❶ a ____ pattes b ____ points c ____ points

Exercice ❶

- Les situations sont simplement évoquées oralement. Si nécessaire, un matériel-support peut être utilisé au moment de cette évocation. Les réponses sont données dans le fichier.
- Vérification expérimentale des réponses, par recours à des objets ou par dessin.

Problème a

Lisa voit **3 moutons** dans un pré. Elle compte les pattes.

QUESTION : *Combien trouve-t-elle de pattes ?*

Problème b

Alex a lancé **4 dés**. Tous les dés sont tombés sur le **5**.

QUESTION : *Combien de points Alex a-t-il marqués ?*

Problème c

Moustik a lancé **4 dés**. Tous les dés sont tombés sur le **6**.

QUESTION : *Combien de points Moustik a-t-il marqués ?*

RÉPONSE : a. 12 pattes b. 20 points c. 24 points.

Au moment de la correction, insister sur :
– les **procédures de résolution**, notamment : comptage, addition itérée, résultat multiplicatif mémorisé, en montrant l'intérêt de cette dernière procédure ;
– le **fait que les écritures multiplicatives sont associées au calcul additif** (les résultats peuvent être vérifiés dans les tables figurant dans le dico-maths).

PROBLÈMES ÉCRITS

Diverses opérations

– Résoudre des problèmes relevant de diverses opérations.

INDIVIDUEL

FICHIER NOMBRES ET CALCULS p. 90

Trouver le double d'un nombre

2 Alex achète 5 boites d'œufs
Dans chaque boite, il y a 6 œufs.
Il utilise 10 œufs pour faire des crêpes.
Combien d'œufs reste-t-il à Alex ?

3 Lisa voit 5 moutons et 6 poules dans la cour de la ferme.
Elle compte toutes les pattes de ces animaux.
Combien de pattes a-t-elle comptées ?

Problèmes 2 et 3

• Chaque problème utilise des nombres très simples, permettant l'utilisation de procédures diverses (dont la multiplication). Mais leur résolution nécessite la réponse à une question intermédiaire qui n'est pas posée.

RÉPONSE : 2 20 œufs. 3 32 pattes.

Certains élèves peuvent produire des égalités enchainées. Certaines ne sont pas licites du point de vue de la syntaxe mathématique, tout en reflétant un raisonnement correct ; par exemple, pour le problème 3 :
$4 + 4 + 4 + 4 + 4 = 20 + 2 + 2 + 2 + 2 + 2 + 2 = 32$
ou $5 \times 4 = 20 + 6 \times 2 = 32$.
Il convient de reconnaitre que la situation a été comprise, que la résolution est correcte, mais que l'écriture qui en est donnée ne l'est pas car elle peut laisser supposer que $5 \times 4 = 32$... et que donc il vaut mieux séparer les deux calculs :
$5 \times 4 = 20$ $6 \times 2 = 12$ $20 + 12 = 32$.
Des écritures comme $(5 \times 4) + (6 \times 2) = 32$ seront travaillées plus tard au cycle 3.

Différenciation → CD-Rom du guide, **fiche n° 47.**

APPRENDRE

Addition de plusieurs nombres : calcul posé

– Calculer une somme de plusieurs nombres, en posant l'addition en colonnes.

RECHERCHE

« Combien de perles dans ces 4 enveloppes ? » :
Les élèves étendent à la somme de plusieurs nombres ce qu'ils connaissent du calcul posé de l'addition de 2 nombres.

ÉQUIPES DE 2

PHASE 1 Somme de 4 nombres

• Montrer le contenu de la première enveloppe (celle avec **256 perles**) et faire dénombrer les perles par un élève. Puis présenter l'activité :

→ *Lisa a reçu 4 enveloppes de perles. Dans la première, il y a* ***256*** *perles, dans la deuxième* ***78*** *perles, dans la troisième* ***107*** *perles et dans la quatrième* ***340*** *perles* (écrire les quatre informations au tableau). *Combien Lisa a-t-elle de perles au total ?*

• Demander aux élèves de chercher par équipes de 2 et d'écrire leurs calculs.

Les élèves savent calculer des sommes de deux ou trois nombres à l'aide de l'addition posée en colonnes. Il s'agit d'étendre cette compétence **au calcul de sommes de plusieurs nombres.**
La procédure est identique, mais deux difficultés principales apparaissent :
– les calculs sont plus difficiles à gérer puisqu'on sort des « tables d'addition » ;
– les retenues peuvent être supérieures à 1.
Le matériel évoqué peut éventuellement influencer les procédures des élèves vers le calcul direct « en colonnes » en évoquant la valeur des chiffres (unités, dizaines, centaines). Mais il est également possible que certains calculent de proche en proche : $256 + 78 = 334$, puis $334 + 107$.

COLLECTIF

PHASE 2 Mise en commun et synthèse

• Afficher quelques feuilles de travail et faire expliquer les différentes procédures.

SYNTHÈSE

Calculer 256 + 78 + 107 + 340

• Mettre en évidence ou présenter (s'il n'a pas été utilisé) le **calcul direct « en colonnes »**, le principe de la retenue étant illustré par les groupements / échanges qu'il est possible de réaliser avec le matériel contenu dans les enveloppes.

• Insister particulièrement sur le fait qu'**il faut bien noter les retenues** qui peuvent être supérieures à 1.

INDIVIDUEL

ENTRAINEMENT

FICHIER NOMBRES ET CALCULS p. 90

DICO 14 **Calculer une addition posée**

4 47 perles 208 perles 95 perles
Combien Lisa a-t-elle de perles au total ?

5 Calcule.

```
    7 8         9 8
+ 2 3 5     + 2 4 6
+ 1 4 2     + 1 5 9
            + 3 1 4
            +   3 1
```

56 + 248 + 194 + 402 =

Exercices 4 et 5

• Les élèves ont le choix du procédé : calculer en ligne ou poser l'addition. En fonction des difficultés constatées, l'enseignant peut proposer des exercices supplémentaires au cours des séances suivantes.

RÉPONSE : 4 47 + 208 + 95 = **350**.
5 78 + 235 + 142 = **455** 98 + 246 + 159 + 314 + 31 = **848**
56 + 248 + 194 + 402 = **900**.

Différenciation → CD-Rom du guide, **fiche n° 48.**

Multiplication par un nombre à un chiffre : calcul réfléchi (1)

	Tâche	Matériel	Connaissances travaillées
CALCULS DICTÉS	**Mutiplication par 10 ou par 100** – Multiplier un nombre par 10 ou par 100.	par élève : FICHIER NOMBRES p. 91 ❶	**– Calcul mental : automatismes.**
RÉVISER Calcul	**Soustraction d'un petit ou d'un grand nombre** – Calculer mentalement des différences.	par élève : FICHIER NOMBRES p. 91 ❷ et ❸	**– Calcul réfléchi** – Soustraction et complément.
APPRENDRE Calcul	**Multiplication par un nombre à un chiffre : calcul réfléchi (1)** RECHERCHE **« Comparer 3 lots »** – Trouver et comparer la valeur de lots composés chacun de plusieurs ensembles identiques de dizaines et unités.	pour la classe et quelques équipes : – 3 enveloppes contenant chacune : A : 5 ensembles de « 4 dizaines, 3 unités » B : 4 ensembles de 2 dizaines, 6 unités » C : 2 ensembles de « 4 dizaines, 8 unités » – 10 cartes « dizaines » et « centaines » environ pour gérer les échanges › **fiches 5 à 10** par élève : FICHIER NOMBRES p. 91 ❹ et ❺	**– Multiplication par un nombre inférieur à 10 (préparation)** – Valeur positionnelle des chiffres – Équivalences entre centaines, dizaines et unités – Comparaison de nombres.

CALCULS DICTÉS

Mutiplication par 10 ou par 100 • Automatismes
– Calculer des produits dont un terme est 10 ou 100.

COLLECTIF

FICHIER NOMBRES ET CALCULS p. 91

Exercice ❶

• Dicter les calculs de a à d sous la forme « sept fois 10 ». Les réponses sont données dans le fichier.

• Procéder à une correction immédiate après chaque calcul.

a. 7 × 10 b. 13 × 10 c. 9 × 100 d. 30 × 10
Combien de fois :
e. 10 dans 50 ? f. 100 dans 200 ?
g. 10 dans 340? h. 10 dans 500 ?

RÉPONSE : a. 70 b. 130 c. 900 d. 300 e. 5 f. 2 g. 34 h. 50.

La multiplication par 10 ou par 100, attachée à des quantités de dizaines ou de centaines, devrait être suffisamment disponible pour répondre à ces questions.

Pour **9 × 100**, faire remarquer que la réponse « neuf-cents » s'entend dans la question « neuf fois cent », ce qui n'est pas le cas pour la multiplication par 10.

Pour les questions du type **« Combien de fois 10 dans 340 ? »**, demander une vérification de la réponse par un calcul du type 34 × 10 = 340.

RÉVISER

Soustraction d'un petit ou d'un grand nombre

– Soustraire d'un nombre donné un petit nombre ou un nombre proche.

INDIVIDUEL

FICHIER NOMBRES ET CALCULS p. 91

Soustraire

2 **Calcule** sans poser d'opération.

32 – 2 = ...	32 – 7 = ...	32 – 28 = ...
32 – 4 = ...	32 – 30 = ...	32 – 26 = ...

3 **Utilise** les nombres de l'ardoise.
Calcule six différences sans poser d'opérations en colonnes.

74 68 3 9 47

Exercice 2

• Les procédures efficaces varient d'un calcul à l'autre, ce qui peut être souligné au cours de la correction :

32 – 2 peut être calculé en soustrayant directement 2 unités ;

32 – 7 peut être calculé en deux temps (soustraction de 2, puis de 5) ou en utilisant le calcul 12 – 7 ;

32 – 28 peut être calculé en cherchant le complément de 28 à 32 ou en soustrayant 20 puis 8, ou encore en soustrayant 30 et en ajoutant 2 *(procédure souvent difficile au CE1)*...

RÉPONSE : 32 – 2 = **30** 32 – 7 = **25** 32 – 28 = **4**
32 – 4 = **28** 32 – 30 = **2** 32 – 26 = **6.**

Exercice 3

• Pour certains élèves, on peut leur suggérer quelques calculs à effectuer.

RÉPONSE : **Il y a 10 opérations possibles.**

74 – 68 = 4	74 – 47 = 27	74 – 9 = 65	74 – 3 = 71
68 – 47 = 21	68 – 9 = 59	68 – 3 = 65	
47 – 9 = 38	47 – 3 = 44	9 – 3 = 6.	

APPRENDRE

Multiplication par un nombre à un chiffre : calcul réfléchi (1)

– Multiplier un nombre inférieur à 100 par un nombre inférieur à 10.
– Utiliser la valeur positionnelle des chiffres dans une écriture chiffrée.
– Utiliser les équivalences 10 unités = 1 dizaine, 10 dizaines = 1 centaine.
– Comparer des nombres.

RECHERCHE

« Comparer 3 lots » : Les élèves doivent trouver et comparer les valeurs de lots composés chacun de plusieurs ensembles identiques de centaines, dizaines et unités.

ÉQUIPES DE 2

PHASE 1 Comparaison de 3 lots

• Montrer aux élèves les **3 enveloppes** et leur contenu en écrivant au tableau le contenu de chaque enveloppe sous la forme suivante :

A : « 4 dizaines, 3 unités » **5 fois**
B : « 2 dizaines, 6 unités » **4 fois**
C : « 4 dizaines, 8 unités » **2 fois**

Un exemplaire de chaque enveloppe peut être remis à une ou deux équipes (avec des cartes supplémentaires pour les échanges).

• Donner la consigne :

→ *Il s'agit de **ranger ces enveloppes** de celle qui contient le moins de perles à celle qui en contient le plus. Vous pouvez dessiner, calculer, écrire, mais vous devrez dire comment vous avez fait pour ranger ces 3 enveloppes.*

• Laisser un temps suffisant aux équipes pour mener à bien ce travail. En cas de difficultés, il est possible de :
– fournir des lots de cartes aux élèves et de les accompagner dans les calculs et dans les échanges ;
– faire une mise en commun intermédiaire pour traiter collectivement le contenu de l'**enveloppe A**, par exemple.

Il s'agit de mettre au point des techniques de calcul réfléchi et de préparer la technique de multiplication posée qui sera présentée au CE2. Les multiplicateurs sont choisis égaux à 2, 4 ou 5 pour que les élèves puissent utiliser les tables de multiplication qu'ils connaissent le mieux.

Deux objectifs principaux sont visés :
– consolider la compréhension de la numération décimale et notamment les équivalences entre 10 unités et 1 dizaine et entre 10 dizaines et 1 centaine ;
– préparer la mise en place de procédures de calcul dans le cas où le multiplicateur est inférieur à 10 (et même inférieur à 5 pour tenir compte des tables apprises au CE1).

COLLECTIF

PHASE 2 Mise en commun et synthèse

• Recenser les différentes réponses en notant au tableau les contenus de chaque enveloppe. Demander éventuellement aux équipes qui ont disposé du matériel si leur résultat est identique à ceux exprimés.

• Engager un débat sur les méthodes utilisées pour comparer les avoirs, en mettant en évidence le fait qu'il faut s'intéresser à la valeur que représentent les cartes et non pas au nombre total de cartes (ce qui devrait être acquis pour une majorité d'élèves).

• Pour résoudre le problème, les élèves ont pu (exemple avec l'**enveloppe B**) :
– **additionner** mentalement ou par écrit les unités et les dizaines, et procéder à des échanges ;
– **multiplier** mentalement ou par écrit les unités et les dizaines, puis procéder de même que précédemment ;

– **convertir** chaque lot en unités (26 par exemple), puis calculer : 26 + 26 + 26 + 26 = 104 qui peut aussi s'écrire :
$26 \times 4 = 104$ ou $4 \times 26 = 104$.

– **décomposer** par exemple 4 dizaines, 3 unités sous la forme 40 + 3 et considérer que prendre 5 fois ce nombre revient à ajouter 5 fois 40 et 5 fois 3 donc : 200 + 15 = 215.

Si des procédures n'apparaissent pas, elles sont établies collectivement avec l'aide de l'enseignant.

• Pour les procédures qui utilisent l'équivalence 10 unités – 1 dizaine ou 10 dizaines – 1 centaine, procéder collectivement à des échanges effectifs de lots de 10 cartes contre 1 carte.

• Écrire au tableau la liste des avoirs sous les formes :

A : **5 lots de « 4 dizaines, 3 unités »**
20 dizaines, 15 unités
2 centaines, 10 unités, 5 unités
2 centaines, 1 dizaine, 5 unités
215

On peut aussi raisonner en considérant que le calcul demandé revient à 5 fois « 40 plus 3 » donc « 5 fois 40 » plus « 5 fois 3 » donc 200 + 15 = 215.

B : **4 lots de « 2 dizaines, 6 unités »**
8 dizaines, 24 unités
8 dizaines, 20 unités, 4 unités
8 dizaines, 2 dizaines, 4 unités
10 dizaines, 4 unités
1 centaine, 4 unités
104
comme pour A, on peut raisonner sur 4 fois « 20+16 ».

C : **2 lots de « 4 dizaines, 8 unités »**
8 dizaines, 16 unités
8 dizaines, 10 unités, 6 unités
9 dizaines, 6 unités
96
comme pour A, on peut raisonner sur 2 fois « 80 plus 8 ».

• Procéder au rangement des 3 enveloppes de celle qui contient le moins à celle qui contient le plus.

SYNTHÈSE

1. Pour calculer la valeur des avoirs

• On peut **utiliser l'addition itérée** ou **la multiplication**, mais il faut penser à **réaliser les échanges nécessaires.**

• **La multiplication est plus rapide**, à condition de :
1) Commencer par traiter les unités, puis les dizaines. Si on travaille sur la décomposition du multiplicande en dizaines et unités.
2) Faire les échanges au fur et à mesure et donc bien savoir qu'on peut échanger :
– 10 unités et 1 dizaine, 20 unités et 2 dizaines... ;
– 10 dizaines et 1 centaine, 20 dizaines et 2 centaines...
3) On peut aussi décomposer le multiplicande par exemple en 20 + 6 et multiplier chaque terme par 4. On arrive alors à $20 \times 4 = 80$ et $6 \times 2 = 12$ qu'il faut additionner : 80 + 12 = 92.

2. Pour comparer et ranger les avoirs

• Il faut ensuite ranger les avoirs de celui qui a la plus petite valeur à celui qui a la plus grande :
96 < 104 < 215.

• Il est important de présenter les 2 décompositions du multiplicande : en dizaines et unités et sous la forme 20 + 6. La 1re débouchera sur la multiplication posée (on a intérêt à traiter d'abord les unités). La deuxième est plus propice au calcul mental car elle est davantage liée à l'oralité des nombres : quatre fois vingt-six, c'est quatre fois vingt plus quatre fois six (on commence alors plus souvent le calcul par les dizaines).

• Pour le calcul B, la procédure consistant à penser que 4 fois 42, c'est 2 fois (2 fois 42) est envisageable, mais difficile au CE1. D'autre part, elle n'est intéressante que si le calcul sur les doubles est bien maitrisé.

INDIVIDUEL

ENTRAINEMENT

FICHIER NOMBRES ET CALCULS p. 91

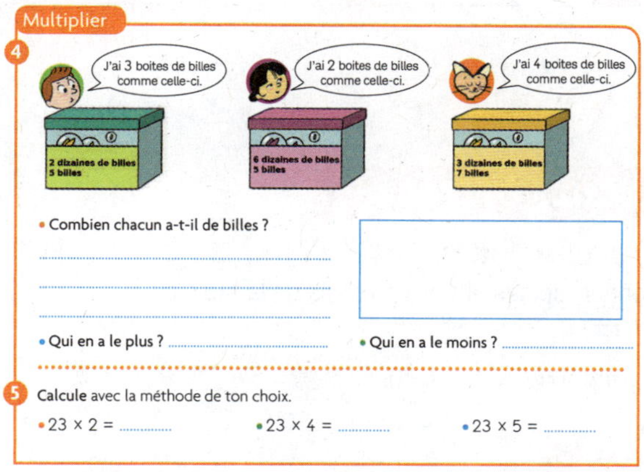

Exercice 4

• Application directe de la recherche.

RÉPONSE : Alex : 50 billes Lisa : 130 billes Moustik : 148 billes
Moustik a le plus de billes, Alex le moins.

Exercice 5

Calcul de produits simples.

• Les élèves peuvent utiliser les procédures vues au cours de la séance. Ils peuvent aussi considérer que 23 x 4 c'est (23 x 2) + (23 x 2) et que 5 fois 23 c'est 4 fois 23 plus 1 fois 23.

RÉPONSE : 23 x 2 = **46** 23 x 4 = **92** 23 x 5 = **115**.

Différenciation → CD-Rom du guide, **fiche n° 49.**

À SUIVRE
Le travail sur le calcul réfléchi de ce type de produits se poursuit en **séance 3.**

UNITÉ 9

UNITÉ 9 Multiplication par un nombre à un chiffre : calcul réfléchi (2)

	Tâche	Matériel	Connaissances travaillées
CALCULS DICTÉS	**Répertoire multiplicatif : table de 3** – Donner les résultats de la table de multiplication par 3.	par élève : FICHIER NOMBRES p. 92 ①	– **Calcul mental : automatismes.**
RÉVISER Calcul	**Soustraction : calcul réfléchi** – Calculer mentalement des différences.	par élève : FICHIER NOMBRES p. 92 ② et ③	– **Calcul mental : réflexion.**
APPRENDRE Calcul	**Multiplication par un nombre inférieur à 10 : calcul réfléchi (2)** RECHERCHE **« Qui a le plus grand résultat ? »** – Calculer un produit par calcul réfléchi. – Comparer des résultats.	par équipe de 2 : – tables de multiplication › **dico-maths n° 16** – cahier de brouillon – les calculatrices ne sont pas disponibles par élève : FICHIER NOMBRES p. 92 ④ et ⑤	– **Multiplication par un nombre inférieur à 10** – Valeur positionnelle des chiffres – Équivalences entre centaines, dizaines et unités – Comparaison de nombres.

CALCULS DICTÉS

Répertoire multiplicatif : table de 3 • Automatismes

– Donner rapidement des produits de la table de 3.

COLLECTIF

FICHIER NOMBRES ET CALCULS p. 92

Exercice 1

- Dicter les calculs. Les réponses sont données dans le fichier.
- Procéder à une correction immédiate après chaque calcul. Conserver les résultats au tableau.

a. 2 fois 3	b. 3 fois 3	c. 3 fois 5	d. 6 fois 3
e. 3 fois 7	f. 3 fois 9	g. 5 fois 3	h. 3 fois 6

RÉPONSE : a. 6 b. 9 c. 15 d. 18 e. 21 f. 27 g. 15 h. 18.

Lors de la correction, souligner qu'un calcul peut être remplacé par un autre : il peut être plus simple, par exemple, de trouver la réponse pour « 3 fois 6 » que pour « 6 fois 3 ». Il convient d'insister sur cette dernière propriété (commutativité de la multiplication) mise en évidence dès les premiers apprentissages relatifs à la multiplication et qui allège de façon importante le travail de mémorisation des tables.

RÉVISER

Soustraction : calcul réfléchi

– Calculer mentalement des différences.

INDIVIDUEL

FICHIER NOMBRES ET CALCULS p. 92

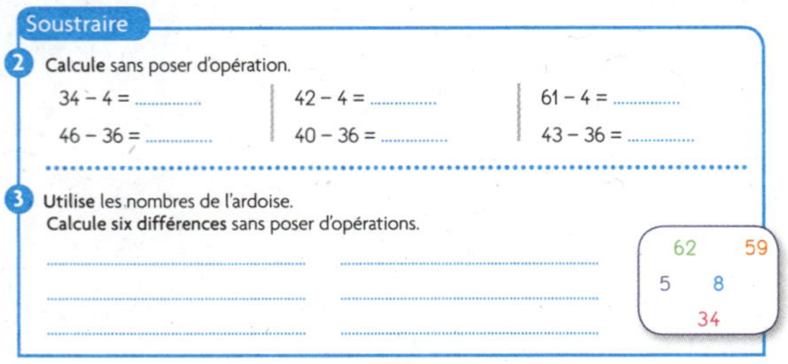
Soustraire

2 Calcule sans poser d'opération.

34 – 4 = ... 42 – 4 = ... 61 – 4 = ...

46 – 36 = ... 40 – 36 = ... 43 – 36 = ...

3 Utilise les nombres de l'ardoise.
Calcule six différences sans poser d'opérations.

Exercice 2

- Les procédures efficaces varient d'un calcul à l'autre, ce qui peut être souligné au cours de la correction.

RÉPONSE : 34 – 4 = **30** 42 – 4 = **38** 61 – 4 = **57**
46 – 36 = **10** 40 – 36 = **4** 43 – 36 = **7**.

Exercice 3

- Exercice identique à celui proposé en séance 2. Pour certains élèves, on peut suggérer quelques calculs à effectuer.

RÉPONSE : **Il y a 10 réponses possibles.**

62 – 59 = 3	62 – 34 = 28	62 – 8 = 54	62 – 5 = 57
59 – 34 = 25	59 – 8 = 51	59 – 5 = 54	
34 – 8 = 26	34 – 5 = 29	8 – 5 = 3	

APPRENDRE

Multiplication par un nombre inférieur à 10 : calcul réfléchi (2)

– Multiplier un nombre inférieur à 1 000 par un nombre inférieur à 10.
– Utiliser la valeur positionnelle des chiffres dans une écriture chiffrée.
– Utiliser les équivalences 10 unités = 1 dizaine, 10 dizaines = 1 centaine.
– Comparer des nombres.

UNITÉ 9

RECHERCHE

« Qui a le plus grand résultat ? » : Les élèves doivent trouver et comparer 3 produits dont un facteur est inférieur à 10.

ÉQUIPES DE 2

PHASE 1 **Comparaison de 3 produits**

• Écrire au tableau 3 produits :

A : 46 x 5
B : 104 x 3
C : 217 x 2

• Donner la consigne :

→ *Il s'agit de ranger ces produits de celui qui correspond au plus petit résultat à celui qui correspond au plus grand résultat. Vous pouvez dessiner, calculer, écrire, mais vous devrez dire comment vous avez fait pour ranger ces 3 produits.*

• Laisser un temps suffisant aux équipes pour mener à bien ce travail. En cas de difficultés, il est possible de :
– fournir des lots de cartes «perles» (matériel de numération) aux élèves et de les accompagner dans les calculs ;
– faire une mise en commun intermédiaire pour traiter collectivement le produit A, par exemple.

Il s'agit d'étendre le calcul réfléchi de produits par un nombre inférieur à 10 aux cas où le multiplicande comporte plus de 2 chiffres.

COLLECTIF

PHASE 2 **Mise en commun et synthèse**

• Recenser les différentes réponses en les notant au tableau. Demander éventuellement à un élève de vérifier les résultats avec une calculatrice.

• Engager un débat sur les méthodes utilisées pour obtenir les résultats.

• Pour cela, les élèves ont pu (exemple avec le produit C) :
– additionner mentalement ou par écrit 217 + 217 ;
– multiplier mentalement ou par écrit les unités, les dizaines et les centaines, puis procéder de même que précédemment 2 fois (2 centaines, 1 dizaine et 7 unités), soit 4 centaines, 2 dizaines et 14 unités, puis échanger 14 unités contre 1 dizaine et 4 unités;
– décomposer le multiplicande en 200 + 10 + 7 et calculer 2 fois 200 plus 2 fois 10 plus 2 fois 7 (ou 2 fois 200 plus 2 fois 17).
Si des procédures n'apparaissent pas, elles sont établies collectivement avec l'aide de l'enseignant.

• Procéder au rangement des 3 produits par ordre croissant.

SYNTHÈSE

1. Pour calculer ce type de produit

• On peut utiliser l'addition itérée ou la multiplication, mais il faut penser à réaliser les échanges nécessaires.

• On peut décomposer le multiplicande en centaines, dizaines et unités :
– en commençant par traiter les unités, puis les dizaines et enfin les centaines ;
– en faisant les échanges au fur et à mesure et donc bien savoir qu'on peut échanger 10 unités et 1 dizaine, 20 unités et 2 dizaines, etc.

• On peut décomposer le multiplicande sous la forme, par exemple 104 sous la forme 100 + **4** et calculer « 3 fois 100 » plus « 3 fois **4** ».

2. Pour comparer et ranger les avoirs

Il faut ensuite ranger les produits par ordre croissant.

RÉPONSE : 230 < 312 < 434.

INDIVIDUEL

ENTRAINEMENT

FICHIER NOMBRES ET CALCULS **p. 92**

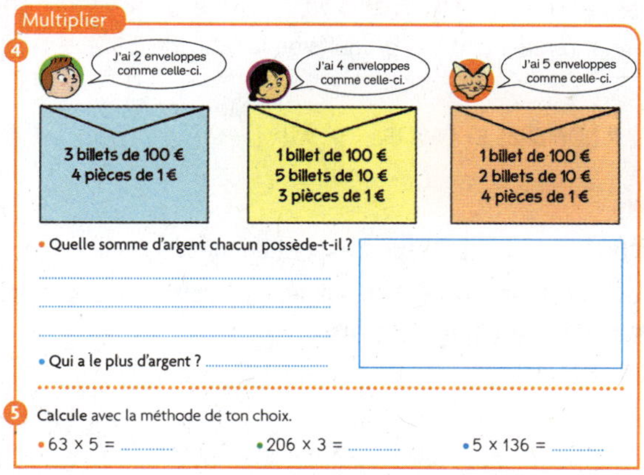

Exercice 4

• Le contexte de la monnaie favorise l'appui sur des décompositions du multiplicande sous la forme (exemple d'Alex) 300 + 4 ou 100 + 100 + 100 + 4 à prendre 2 fois.

RÉPONSE : Alex : 608 € Lisa : 612 € Moustik : 620 €
Moustik a le plus d'argent, Alex le moins d'argent.

Exercice 5

Calcul de produits simples.

• Les élèves peuvent utiliser les procédures vues au cours de la séance. Ils peuvent aussi en utiliser d'autres.

RÉPONSE : 63 x 5 = **315** 206 x 3 = **618** 5 x 136 = **680**.

	Tâche	Matériel	Connaissances travaillées
CALCULS DICTÉS	**Répertoire multiplicatif : table de 3** – Donner les résultats de la table de multiplication par 3.	par élève : FICHIER NOMBRES p. 93 (1)	– **Calcul mental : automatismes.**
RÉVISER Calcul	**Doubles et moitiés** – Calculer les doubles et moitiés de nombres d'usage courant.	par élève : FICHIER NOMBRES p. 93 (2) et (3)	– **Calcul mental** – Doubles et moitiés.
APPRENDRE Calcul	**Soustraction : calcul posé (nombres inférieurs à 100)** RECHERCHE **« Comprendre une technique de la soustraction posée »** – Comprendre et utiliser une technique de calcul posé pour la soustraction.	pour la classe : – 10 cartes dizaines et 20 cartes unités › **fiches 5 à 8** par équipes de 2 : – une feuille de papier – les calculatrices ne sont pas disponibles par élève : FICHIER NOMBRES p. 93 (4) et (5)	– **Soustraction : calcul posé** – Numération décimale : échanges.

CALCULS DICTÉS

Répertoire multiplicatif : table de 3 • Automatismes

– Donner rapidement des produits de la table de 3.

COLLECTIF

FICHIER NOMBRES ET CALCULS p. 93

Exercice 1

- Dicter les calculs. Les réponses sont données dans le fichier.
- Procéder à une correction immédiate après chaque calcul. Conserver les résultats au tableau.

a. 8 fois 3 b. 7 fois 3 c. 6 fois 3

Combien de fois :

d. 3 dans 6 ? e. 3 dans 12 ? f. 3 dans 15 ?

RÉPONSE : a. 24 b. 21 c. 18 d. 2 e. 4 f. 5.

Inciter les élèves à vérifier leurs réponses aux questions du type « Combien de fois 3 dans 12 ? » en calculant « 4 fois 3 ».

RÉVISER

Doubles et moitiés

– Calculer les doubles et moitiés de nombres d'usage courant.

COLLECTIF ET INDIVIDUEL

FICHIER NOMBRES ET CALCULS p. 93

Calculer des doubles et des moitiés

2 Complète avec les expressions *le double* ou *la moitié*.

- 30 est .... de 15
- 25 est .... de 50
- 30 est .... de 60
- 24 est .... de 12

3 Complète.

Le double de 10 est	La moitié de 30 est ....
Le double de 45 est	La moitié de 100 est ....
Le double de 250 est	La moitié de 120 est ....

Activité collective

- Rappeler si nécessaire la signification des mots « double » et « moitié », par exemple :

– le **double de 5**, c'est 2 fois 5 (ou 5 + 5), c'est 10 ;

– la **moitié de 8**, c'est 8 partagé en 2, c'est 4 (le double de 4, c'est 8).

Exercice 2

• Il est surtout destiné à s'assurer que les élèves différencient le sens des mots « double » et « moitié ».

RÉPONSE : 30 est **le double** de 15 — 30 est **la moitié** de 60 — 25 est **la moitié** de 50 — 24 est **le double** de 12.

Exercice 3

• Les nombres utilisés sont des nombres pour lesquels la réponse devrait devenir automatique au cycle 3. Pour certains d'entre eux, les élèves de CE1 doivent encore raisonner pour élaborer la réponse. Par exemple, pour le **double de 45**, ils peuvent s'appuyer sur le double de **40** et sur celui de **5** ;

RÉPONSE : Le double de 10 est **20** — Le double de 45 est **90** — Le double de 250 est **500** — La moitié de 30 est **15** — La moitié de 100 est **50** — La moitié de 120 est **60**

ÉCRIT DE RÉFÉRENCE

Demander aux élèves de se référer au **dico-maths n° 20.**

UNITÉ 9

APPRENDRE

Soustraction : calcul posé (nombres inférieurs à 100)

– Comprendre et savoir effectuer le calcul posé d'une soustraction.
– Utiliser les caractéristiques du système de numération décimale.

RECHERCHE

« Comprendre la technique de la soustraction posée » : Les élèves doivent expliquer le fonctionnement d'une soustraction à deux chiffres posée donnée par l'enseignant.

COLLECTIF

PHASE 1 Soustraction « sans retenue » : 54 – 23

• Demander à un élève de placer **54 perles** dans la boite d'Alex (il le fait sous la forme de 5 dizaines et 4 unités). Puis poser le problème :

→ *Lisa demande **23 perles** à Alex. Que va-t-il lui donner ? Que restera-t-il dans sa boite ?*

Les élèves répondent sur l'ardoise ou le cahier de brouillon.

• Recenser au tableau les réponses des élèves. Faire identifier les réponses correctes (il restera dans la boite 3 cartes de 10 perles et 1 perle ; 3 dizaines et 1 unité ; **31 perles**) et celles qui sont fausses en analysant les erreurs. Demander aux élèves comment ils ont procédé pour trouver la réponse. Retenir la méthode qui consiste à enlever **2 dizaines** et **3 unités.**

• Indiquer aux élèves :

→ *Vous allez apprendre à poser les soustractions comme les grands, comme vous savez déjà le faire pour l'addition.*

SYNTHÈSE

Soustraction « sans retenue »

1. **On écrit la soustraction ainsi :**

$$\begin{array}{r} 54 \\ -\,23 \\ \hline \end{array}$$

2. **On s'occupe d'abord des unités :**
4 unités moins **3** unités, ça fait **1 unité**
(illustrer avec le matériel).

$$\begin{array}{r} 54 \\ -\,23 \\ \hline 1 \end{array}$$

3. **On s'occupe ensuite des dizaines :**
5 dizaines moins **2** dizaines, ça fait **3 dizaines**
(illustrer avec le matériel).

$$\begin{array}{r} 54 \\ -\,23 \\ \hline 31 \end{array}$$

TRACE ÉCRITE

Conserver le calcul posé final au tableau.

• Préciser aussi que, si on fait bien attention, dans ce cas il est aussi facile d'obtenir le résultat sans poser l'opération qu'en la posant, en repérant bien les unités et les dizaines.

COLLECTIF

PHASE 2 Soustraction « avec retenue » : 53 – 26

• Demander à un élève de placer **53 perles** dans la boite d'Alex (il le fait sous la forme de 5 dizaines et 3 unités). Puis poser le problème :

→ *Lisa demande **26 perles** à Alex. Que va-t-il lui donner ? Que restera-t-il dans sa boite ?*

Les élèves répondent sur l'ardoise ou le cahier de brouillon.

• Recenser au tableau les réponses des élèves. Faire identifier et analyser les réponses fausses (notamment la réponse 33 qui correspond au calcul 6 – 3 sur les unités : on n'a pas enlevé 6 unités !) et celles qui sont correctes (il restera dans la boite 2 cartes de 10 perles et 7 perles ; 2 dizaines et 7 unités ; **27 perles**).

• Demander aux élèves comment ils ont procédé pour trouver la réponse. Le travail fait en séance 3 devrait avoir amené certains élèves à proposer d'échanger 1 carte « dizaine » contre 10 cartes « unité ». Si ce n'est pas le cas, revenir au matériel et demander comment on peut donner 6 perles à Lisa et réaliser l'échange effectif d'une dizaine contre 10 unités (il y a alors dans la boite d'Alex 4 dizaines et 13 unités).

• Indiquer aux élèves :

→ *On va écrire ce que vous avez fait en l'appliquant à la soustraction posée.*

COLLECTIF

SYNTHÈSE (suite)

Soustraction « avec retenue »

1. On écrit la soustraction ainsi :

$$\begin{array}{r} 5\ 3 \\ -\ 2\ 6 \\ \hline \end{array}$$

2. On s'occupe d'abord des unités :

3 unités moins **6** unités, ce n'est pas possible.
On prend donc 1 dizaine de 53 que l'on échange contre 10 unités.
On a alors **4** dizaines et **10** unités plus **3** unités, ce qui fait un total de **13** unités
(illustrer avec le matériel).

$$\begin{array}{r} 4\ \\ \not{5}\ 13 \\ -\ 2\ \ 6 \\ \hline \end{array}$$

On peut maintenant soustraire les 6 unités.
13 unités moins **6** unités, ça fait **7 unités**
(illustrer avec le matériel).

$$\begin{array}{r} 4\ \\ \not{5}\ 13 \\ -\ 2\ \ 6 \\ \hline 7 \end{array}$$

3. On s'occupe ensuite des dizaines :

4 dizaines moins **2** dizaines, ça fait **2 dizaines**
(illustrer avec le matériel).

$$\begin{array}{r} 4\ \\ \not{5}\ 13 \\ -\ 2\ \ 6 \\ \hline 2\ \ 7 \end{array}$$

• Insister sur le fait qu'il faut bien commencer par s'occuper des unités.

TRACE ÉCRITE

Conserver le calcul posé au tableau.

L'expression « **soustraction avec retenue** » est ici impropre, puisque aucun nombre n'est placé « en retenue ». Nous l'avons cependant conservée pour l'enseignant. Pour les élèves, le terme de « retenue » n'est par contre pas utilisé.

INDIVIDUEL

ENTRAINEMENT

FICHIER NOMBRES ET CALCULS p. 93

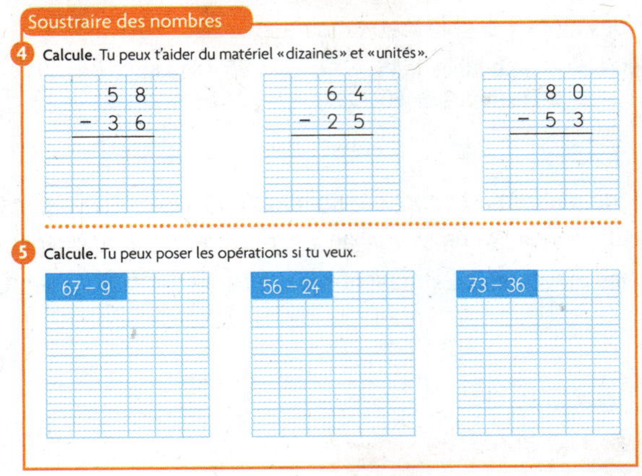

Exercice 4

• Les élèves s'entrainent à calculer des soustractions posées. Ils peuvent s'aider de celles qui sont posées au tableau.

RÉPONSE : 58 − 36 = **22** 64 − 25 = **39** 80 − 53 = **27**.

Exercice 5

• Les élèves doivent poser eux-mêmes les soustractions, s'ils l'estiment utile.

AIDE Pour certains élèves, le matériel « perles » peut être mis à disposition et un accompagnement de l'enseignant peut être nécessaire pour mettre en relation les actions avec le matériel et les traces écrites.

RÉPONSE : 67 − 9 = **58** 56 − 24 = **32** 73 − 36 = **37**.

Différenciation → CD-Rom du guide, **fiche n° 50.**

	Tâche	Matériel	Connaissances travaillées
PROBLÈMES DICTÉS	**Réunion de quantités identiques** – Résoudre des problèmes relevant de la multiplication.	par élève : FICHIER NOMBRES p. 94 1	– **Multiplication** – Addition itérée.
PROBLÈMES ÉCRITS	**Diverses opérations** – Résoudre des problèmes relevant de différentes opérations.	par élève : FICHIER NOMBRES p. 94 2	– **Multiplication** – Addition itérée – Problème à étapes.
APPRENDRE Calcul	**Division : partage en 2** RECHERCHE **« Partager des perles entre 2 personnes »** – Calculer la part de chacun dans un partage équitable en deux.	pour la classe : – 10 cartes de dix perles et 20 perles isolées › **fiches 5 à 8** par élève : FICHIER NOMBRES p. 93 3, 4 et 5	– **Division : partage équitable** – Valeur de chaque part – Numération décimale (dizaines et unités).

PROBLÈMES DICTÉS

Réunion de quantités identiques

– Résoudre des problèmes relevant de la multiplication.

COLLECTIF

FICHIER NOMBRES ET CALCULS p. 94

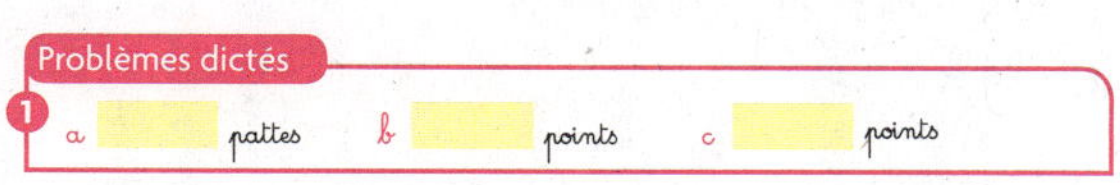

Exercice 1

• Les situations sont simplement évoquées oralement. Si nécessaire, un matériel-support peut être utilisé au moment de cette évocation. Les réponses sont données dans le fichier.

• Vérification expérimentale des réponses, par recours à des objets ou par dessin.

Problème a

Lisa voit **5 moutons** dans un pré. Elle compte les pattes.

QUESTION : *Combien trouve-t-elle de pattes ?*

Problème b

Alex a lancé **3 dés**. Tous les dés sont tombés sur le **6**.

QUESTION : *Combien de points Alex a-t-il marqués ?*

Problème c

Moustik a lancé **6 dés**. Tous les dés sont tombés sur le **4**.

QUESTION : *Combien de points Moustik a-t-il marqués ?*

RÉPONSE : a. 20 pattes b. 18 points c. 24 points.

Voir commentaire de la **séance 1**, p. 257.

PROBLÈMES ÉCRITS

Diverses opérations

– Résoudre des problèmes relevant de diverses opérations.

INDIVIDUEL

FICHIER NOMBRES ET CALCULS p. 94

Résoudre des problèmes

2 Pour aller dans sa classe, Lisa doit monter un escalier de 20 marches.
Elle fait d'abord 6 grands pas en montant 2 marches à chaque pas.

Combien lui reste-t-il de marches à monter pour arriver en haut de l'escalier ?

Problème 2

• Le problème utilise des nombres très simples, permettant l'utilisation de procédures diverses (dont la multiplication). Mais la résolution peut nécessiter la réponse à une question intermédiaire qui n'est pas posée.

RÉPONSE : 8 marches.

Différenciation → CD-Rom du guide, **fiche n° 47.**

APPRENDRE

Division : partage en 2

– Résoudre des problèmes de partage équitable en 2 en s'appuyant notamment sur la numération décimale.

RECHERCHE

« Partager des perles entre 2 personnes » :
Les élèves doivent trouver le résultat du partage équitable en 2 d'une quantité de perles donnée en dizaines et unités.

INDIVIDUEL, PUIS ÉQUIPES DE 2

PHASE 1 48 perles à partager entre 2 personnes

• Montrer à la classe et faire dénombrer par un élève un lot composé de **4 cartes de 10 perles** et **8 perles isolées**, puis les placer dans une enveloppe fermée. Écrire au tableau **« 48 perles »**.

• Poser le problème aux élèves :

→ *Alex et Lisa veulent se partager ces **48 perles**. Chacun doit en avoir autant, le même nombre. Combien faut-il en donner à chacun ? Combien à Alex et combien à Lisa ? Vous cherchez un moment tout seuls puis, lorsque je vous le dirai, vous devrez vous mettre d'accord par deux pour la réponse.*

• Faire d'abord exprimer par les élèves les **réponses trouvées**. Demander pourquoi certaines sont à coup sûr erronées (nombre qui ajouté à lui-même ou doublé ne donne pas 48). Faire discuter alors les procédures qui ont conduit à ces réponses erronées.

• Faire expliciter par quelques élèves les **procédures utilisées**, en veillant à avoir une certaine diversité.

Ce premier problème est assez simple dans la mesure où le nombre de dizaines et le nombre d'unités sont multiples de 2.
Cela donne la possibilité de **plusieurs procédures** :
– **dessin** de 48 perles isolées ou de 4 cartes de 10 perles et de 8 perles isolées et tentative de partage en 2 lots équivalents ;
– **essais** plus ou moins organisés de nombres pour trouver celui qui ajouté à lui-même donne 48 ou pour trouver celui qui multiplié par 2 donne 48 ;
– **distribution progressive :** d'abord 5 à chacun, puis encore 5... jusqu'à avoir distribué 48 ;
– **division par 2** de 4 dizaines, puis de 8 unités (action séparée sur les 2 chiffres) ;
– **appui sur d'autres décompositions,** par exemple :
40 + 8 ou 10 + 10 + 10 + 10 + 8.

• Demander à 3 élèves de procéder à **un partage à l'aide du matériel** (l'un d'eux donne aux deux autres). À ce moment, la procédure la plus simple consiste à répartir les cartes de 10 perles (2 à chacun) et les perles isolées (4 à chacun), soit **24 perles pour chacun**. Cette procédure est formulée sous la forme : « on a partagé les dizaines en 2 et les unités également ». Elle n'est pas privilégiée pour la suite.

• **Vérifier la réponse** également par un calcul :
– soit 24 + 24 = 48 ;
– soit 24 × 2 = 48.

TRACE ÉCRITE

Si la procédure qui consiste à opérer séparément sur les unités et les dizaines n'est pas apparue, elle sera formulée au moment de la validation à l'aide du matériel.
En conserver une trace au tableau.

INDIVIDUEL, PUIS ÉQUIPES DE 2

PHASE 2 36 perles à partager entre 2 personnes

• Reprendre le dispositif de la phase 1 avec **3 cartes de 10 perles** et **6 perles isolées.**

• Faire d'abord exprimer par les élèves les réponses trouvées. Demander pourquoi certaines sont à coup sûr erronées (nombre qui ajouté à lui-même ou doublé ne donne pas 36). Faire discuter alors les procédures qui ont conduit à ces réponses erronées.

• Faire expliciter par quelques élèves les procédures utilisées, puis en faire **la synthèse** (si la procédure qui consiste à opérer séparément sur les unités et les dizaines n'est pas apparue, elle est à nouveau formulée au moment de la validation à l'aide du matériel).

SYNTHÈSE

1. Les procédures de résolution pour partager 36 perles entre 2 personnes

- **Dessin des 36 perles**, reconnu comme long et difficile pour le partage.
- **Dessin de 3 groupements de 10 perles et de 6 perles isolées :** plus facile si on pense à répartir d'abord 6 groupements.
- **Addition :** essais de sommes de 2 nombres identiques.
- **Distribution progressive :** d'abord 10 à chacun, puis encore 10... jusqu'à avoir distribué 36.
- **Multiplication :** essais de produits d'un nombre par 2.
- **Traitement séparé des dizaines et des unités**, avec éventuellement une difficulté pour répartir les **3 dizaines**, ce qui peut être éclairé en procédant à un partage effectif des 3 cartes « dizaine » et des 6 cartes « unité » :
  - il est facile de distribuer les 6 perles (3 chacun) ;
  - on peut distribuer 2 cartes de 10 perles (1 chacun) ;
  - il faut échanger 1 carte de 10 perles (1 dizaine) contre 10 perles isolées (10 unités) pour pouvoir faire le partage (5 à chacun) ;
  - chacun a donc reçu **18 perles**.

Remarque : On aurait pu également donner d'abord 1 dizaine à chacun, puis échanger 1 dizaine contre 10 unités. Il y avait alors 16 unités à partager (8 pour chacun).

2. Illustration de la dernière procédure

36
3 dizaines → partage en 2 → **1 dizaine chacun**
Reste 1 dizaine ou 10 unités → 16 unités
6 unités → 16 unités
16 unités → partage en 2 → **8 unités chacun**

Vérifier la réponse également par un calcul :
- soit 18 + 18 = 36
- soit 18 × 2 = 36

Cette activité prépare le travail qui pourra être fait sur la division à partir du CE2. On voit qu'il nécessite des connaissances complexes, même dans le cas de la division par 2. C'est la raison pour laquelle nous avons choisi la prudence et évité de passer déjà au formalisme de la division posée avec l'introduction d'un vocabulaire spécifique (quotient, reste...).

INDIVIDUEL

ENTRAINEMENT

FICHIER NOMBRES ET CALCULS p. 94

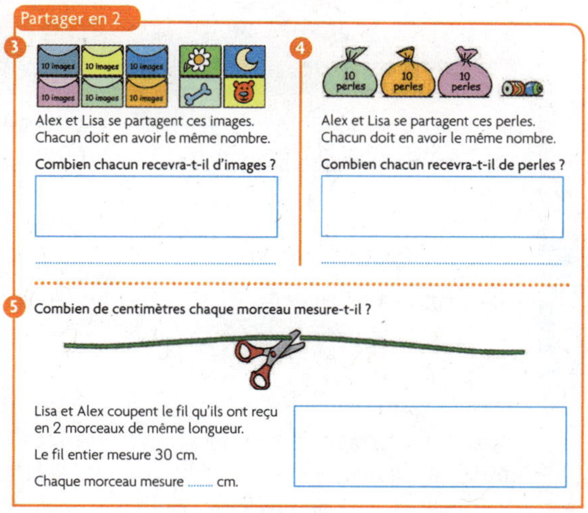
Partager en 2

3 Alex et Lisa se partagent ces images. Chacun doit en avoir le même nombre.
Combien chacun recevra-t-il d'images ?

4 Alex et Lisa se partagent ces perles. Chacun doit en avoir le même nombre.
Combien chacun recevra-t-il de perles ?

5 **Combien de centimètres chaque morceau mesure-t-il ?**
Lisa et Alex coupent le fil qu'ils ont reçu en 2 morceaux de même longueur.
Le fil entier mesure 30 cm.
Chaque morceau mesure .... cm.

Exercices 3 et 4

- Ces exercices sont une reprise de l'activité de recherche conduite au cours de la séance et ne devraient donc pas susciter de difficultés particulières.

RÉPONSE : 3 32 images. 4 16 perles.

Exercice 5

- Dans cet exercice, les quantités sont évoquées par des nombres.

RÉPONSE : Chaque morceau mesure 15 cm.

À SUIVRE
Des problèmes de partage en 5 sont abordés en **séance suivante.**

	Tâche	Matériel	Connaissances travaillées
CALCULS DICTÉS	**Ajout de 19 ou 18** – Ajouter un nombre proche de 20.	par élève : FICHIER NOMBRES p. 95 ❶	– **Addition : calcul réfléchi.**
RÉVISER Calcul	**Décompositions de 50** – Décomposer le nombre 50.	par élève : FICHIER NOMBRES p. 95 ❷	– **Nombres < 1 000** – Décomposition.
APPRENDRE Calcul	**Division : partage en 5** RECHERCHE **« Partager des perles entre 5 personnes »** – Déterminer la part de chacun dans un partage équitable en 5.	par la classe : – 10 cartes de « dix perles » et 20 perles isolées › **fiches 5 à 8** par élève : FICHIER NOMBRES p. 95 ❹ et ❺	– **Division : partage équitable** – Valeur de chaque part – Numération décimale (dizaines et unités).

CALCULS DICTÉS

Ajout de 19 ou 18 • Réflexion

– Calculer mentalement des sommes du type 17 + 19 ou 17 + 18.

COLLECTIF

FICHIER NOMBRES ET CALCULS p. 95

Exercice 1

• Dicter les calculs sous la forme « vingt plus dix-neuf ». Les réponses sont données dans le fichier.

• Procéder à une correction immédiate après chaque calcul en faisant exprimer les procédures utilisées. Limiter aux 3 premiers calculs en cas de difficultés importantes.

a. 20 + 19 b. 31 + 19 c. 17 + 19
d. 30 + 18 e. 12 + 18 f. 15 + 18

RÉPONSE : a. 39 b. 50 c. 36 d. 48 e. 30 f. 33.

Les modalités de calcul dépendent des **nombres en présence** :

20 + 19 peut être calculé :
– en ajoutant 2 dizaines à 19 ;
– en additionnant 20 + 20 puis en enlevant 1…

31 + 19 peut être calculé :
– en ajoutant séparément dizaines et unités (et en remplaçant 10 unités par une dizaine) ;
– en ajoutant 9 puis 10…

17 + 19 peut être calculé :
– en ajoutant séparément dizaines et unités (et en remplaçant 16 unités par une dizaine et 6 unités) ;
– en ajoutant 9 puis 10 ;
– en additionnant 17 + 20 puis en enlevant 1…

RÉVISER

Décompositions de 50

– Trouver rapidement des décompositions de 50 en sommes de 2 nombres.

INDIVIDUEL

FICHIER NOMBRES ET CALCULS p. 95

Décomposer 50

2 Entoure des nombres sur chaque grille. La somme des nombres entourés doit être égale à 50. **Trouve** 4 solutions différentes.

Solution 1

5	5	5	5
10	10	10	10
20	20	20	20
25	25	25	25

Solution 2

5	5	5	5
10	10	10	10
20	20	20	20
25	25	25	25

Solution 3

5	5	5	5
10	10	10	10
20	20	20	20
25	25	25	25

Solution 4

5	5	5	5
10	10	10	10
20	20	20	20
25	25	25	25

Exercice 2

• Un exemple peut d'abord être traité collectivement pour assurer la compréhension de la tâche. La correction permet de recenser toutes les possibilités trouvées par les élèves et éventuellement d'en chercher d'autres.

RÉPONSE : **Il y a 10 possibilités.**

25 + 25
25 + 20 + 5
25 + 10 + 10 + 5
25 + 10 + 5 + 5 + 5
20 + 20 + 10
20 + 20 + 5 + 5
20 + 10 + 10 + 10
20 + 10 + 10 + 5 + 5
20 + 10 + 5 + 5 + 5 + 5
10 + 10 + 10 + 10 + 5 + 5

Division : partage en 5

– Résoudre des problèmes de partage équitable en 5 en s'appuyant notamment sur la numération décimale.

RECHERCHE

« Partager des perles entre 5 personnes » : Les élèves doivent trouver le résultat du partage équitable en 5 d'une quantité de perles donnée en dizaines et unités.

INDIVIDUEL, PUIS ÉQUIPES DE 2

PHASE 1 30 perles à partager entre 5 personnes

• Montrer à la classe et faire dénombrer par un élève un lot composé de **3 cartes de 10 perles**, puis les placer dans une enveloppe fermée. Écrire au tableau « 30 perles ».

• Poser le problème aux élèves :

→ *Cinq personnes veulent se partager ces **30 perles**. Chacun doit en avoir autant, le même nombre. Combien faut-il en donner à chacun ? Combien faudra-t-il en mettre dans chacune de ces enveloppes ?* (Montrer 5 enveloppes vides marquées de 5 prénoms destinées à recevoir la part de chacun). *Vous cherchez un moment tout seuls puis, lorsque je vous le dirai, vous devrez vous mettre d'accord par deux sur la réponse.*

• Faire d'abord exprimer par les élèves les réponses trouvées. Demander pourquoi certaines sont à coup sûr erronées (nombre qui ajouté à lui-même 5 fois ou multiplié par 5 ne donne pas 30). Faire discuter alors les procédures qui ont conduit à ces réponses erronées.

• Faire expliciter par quelques élèves les procédures utilisées, en veillant à avoir une certaine diversité.

Ce premier problème est assez simple, dans la mesure où le nombre figure dans la table de multiplication par 5.
Cela donne la possibilité de **plusieurs procédures** :
– **dessin** de 30 perles isolées ou de 3 cartes de 10 perles et tentative de partage en 5 lots équivalents ;
– **essais** plus ou moins organisés de nombres pour trouver celui qui ajouté 5 fois à lui-même donne 30 ou celui qui multiplié par 5 donne 30 ;
– **distribution progressive :** d'abord 5 à chacun, puis encore 5... jusqu'à avoir distribué 30 ;
– **utilisation directe** du fait que 5 × 6 = 30 ou que 6 × 5 = 30 ;
– **appui sur une décomposition de 30,** par exemple : 10 + 10 + 10 et partage de chaque « 10 » en 5.

• Demander à 6 élèves de procéder à un **partage à l'aide du matériel** (l'un d'eux donne aux cinq autres). À ce moment, on constate qu'il est impossible d'opérer directement sur les dizaines. Il faut soit échanger les 3 dizaines contre 30 unités, soit « couper » chaque dizaine en 5 (à mettre en relation avec la décomposition 10 + 10 + 10 = 30). Cette procédure n'est pas privilégiée pour la suite.

• Vérifier la réponse également par un calcul :
– soit 6 + 6 + 6 + 6 + 6 = 30 ;
– soit 6 × 5 = 30.

TRACE ÉCRITE

Si la procédure qui consiste à opérer séparément sur les unités et les dizaines n'est pas apparue, elle sera formulée au moment de la validation à l'aide du matériel. En conserver une trace au tableau.

INDIVIDUEL, PUIS ÉQUIPES DE 2

PHASE 2 75 perles à partager entre 5 personnes

• Reprendre le dispositif de la phase 1 avec **7 cartes de 10 perles** et **5 perles isolées.**

• Faire d'abord exprimer par les élèves les réponses trouvées. Demander pourquoi certaines sont à coup sûr erronées (nombre qui ajouté 5 fois à lui-même ou multiplié par 5 ne donne pas 75). Faire discuter alors les procédures qui ont conduit à ces réponses erronées.

• Faire expliciter par quelques élèves les procédures utilisées, puis en faire **la synthèse** (si la procédure qui consiste à opérer séparément sur les unités et les dizaines n'est pas apparue, elle sera à nouveau formulée au moment de la validation à l'aide du matériel).

SYNTHÈSE

1. Les procédures de résolution pour partager 75 perles entre 5 personnes

• **Dessin des 75 perles,** reconnu comme long et difficile pour le partage.

• **Dessin de 7 groupements de 10 perles et de 5 perles isolées :** plus facile si on pense à répartir 5 groupements.

• **Addition :** essais de sommes de 5 nombres identiques.

• **Distribution progressive :** d'abord 5 ou 10 à chacun, puis encore 5 ou 10... jusqu'à avoir distribué 75.

• **Multiplication :** essais de produits d'un nombre par 5 ;

• **Traitement séparé des dizaines et des unités,** avec éventuellement une difficulté pour répartir les 7 dizaines :
– il est facile de distribuer les 5 perles (1 chacun) ;
– on peut distribuer 5 cartes de 10 perles (1 chacun) ;
– il faut échanger 2 cartes de 10 perles (1 dizaine) contre 20 perles isolées (20 unités) pour pouvoir faire le partage (4 à chacun) ;
– chacun a donc reçu **15 perles.**

Remarque : On aurait pu également donner d'abord 1 dizaine à chacun, puis échanger 2 dizaines contre 20 unités. Il y avait alors 25 unités à partager (5 pour chacun car 5 × 5 = 25).

2. Illustration de la dernière procédure

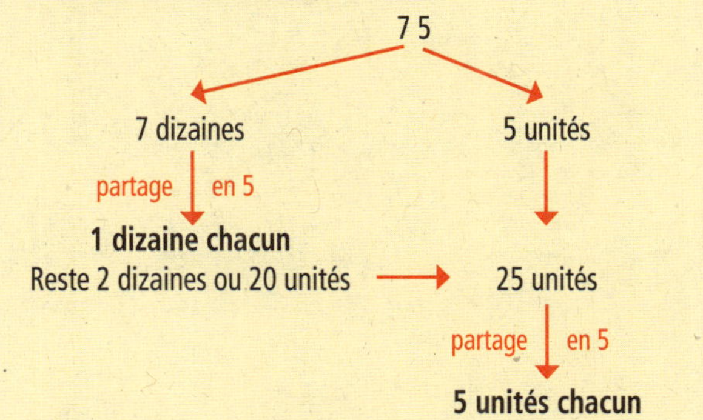

Vérifier la réponse également par un calcul :
– soit 15 + 15 + 15 + 15 + 15 = 75
– soit 15 × 5 = 75.

Cette activité prépare le travail qui pourra être fait sur la division à partir du CE2. On voit qu'il nécessite des connaissances complexes, ce qui confirme le choix énoncé à propos de la division par 2. L'appui sur un contexte est nécessaire à ce niveau pour beaucoup d'élèves.

INDIVIDUEL

ENTRAINEMENT

FICHIER NOMBRES ET CALCULS p. 95

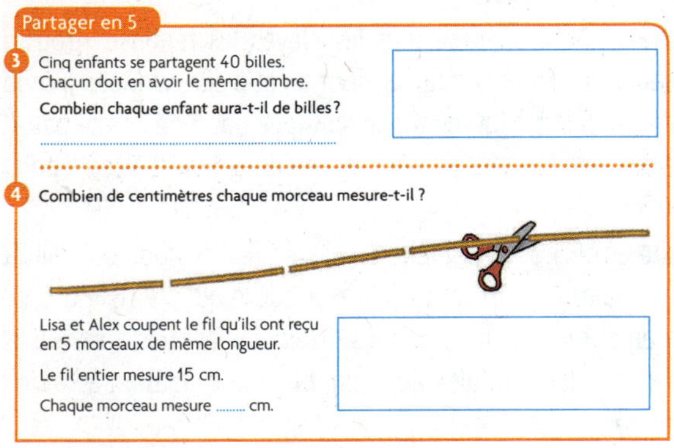
Partager en 5

3 Cinq enfants se partagent 40 billes.
Chacun doit en avoir le même nombre.
Combien chaque enfant aura-t-il de billes ?

4 **Combien de centimètres chaque morceau mesure-t-il ?**

Lisa et Alex coupent le fil qu'ils ont reçu en 5 morceaux de même longueur.
Le fil entier mesure 15 cm.
Chaque morceau mesure .... cm.

Exercice 3

• Cet exercice reprend l'activité de recherche conduite au cours de la séance et ne devraient donc pas susciter de difficultés particulières.

RÉPONSE : 8 billes.

Exercice 4

• Dans cet exercice, les quantités sont évoquées par des nombres.

RÉPONSE : Chaque morceau mesure 3 cm.

Différenciation → CD-Rom du guide, **fiche n° 51.**

	Tâche	Matériel	Connaissances travaillées
CALCULS DICTÉS	**Ajout de 19 ou 18** – Ajouter un nombre proche de 20.	par élève : – ardoise ou cahier de brouillon	– **Addition : calcul réfléchi.**
RÉVISER Mesures	**Horaires et durées en heures et minutes** – Lire l'heure sur une horloge à aiguilles. – Réaliser sur une horloge un horaire donné. – Résoudre un problème liant horaires et durée.	pour la classe : – horloge à aiguilles par élève : – ardoise – horloge en carton avec les graduations en minutes › **planche D** du cahier (verso)	– **Horaires et durées** en heures et demi-heure, en heures et minutes – **Relation heures - minutes.**
APPRENDRE Mesures	**Comparaison de contenances** RECHERCHE **« Quel récipient contient le plus ? »** – Comparer des contenances par estimation et transvasement.	pour la classe : – un lot de récipients transparents notés A, B, C, D et E (voir activité phases 1 et 4) – de l'eau colorée – une bassine et un entonnoir par équipe de 2 : – feuille A4	– **Notion de contenance** – **Comparaison par transvasement** – Approche de la mesure.

CALCULS DICTÉS

Ajout de 19 ou 18 • Réflexion

– Calculer mentalement des sommes du type 17 + 19 ou 17 + 18.

COLLECTIF

• Dicter les calculs sous la forme « trente-deux plus dix-neuf ». Les réponses sont données sur l'ardoise ou le cahier de brouillon.

• Procéder à une correction immédiate après chaque calcul en faisant exprimer les procédures utilisées. Limiter aux 3 premiers calculs en cas de difficultés importantes.

a. 32 + 19	b. 19 + 19	c. 51 + 19
d. 22 + 18	e. 31 + 18	f. 19 + 18

RÉPONSE : a. 51 b. 38 c. 70 d. 40 e. 49 f. 37.

Voir commentaire en **séance 6**.

RÉVISER

Lecture de l'heure et détermination des durées

– Lire l'heure sur une horloge à aiguilles (heures entières, heures et demie, heures et minutes).
– Connaitre l'équivalence 1 heure = 60 minutes.

Proposer un entrainement en trois étapes.

INDIVIDUEL

1 Lecture d'horaires sur l'horloge

• **Afficher un horaire** sur l'horloge de la classe :
– demander aux élèves d'écrire cet horaire sur leur ardoise ;
– recenser les réponses exactes, faire discuter des erreurs.

• Les élèves peuvent s'aider en replaçant sur leur horloge en carton les aiguilles comme elles le sont sur l'horloge de la classe, et ainsi en déduire le nombre de minutes.

• **Les horaires proposés sur l'horloge sont :**

2 h 30	1 h 30	1 h 15	12 h 20
7 h 10	5 h 45	4 h 40.	

INDIVIDUEL

2 Affichage d'horaires sur l'horloge

• Inversement, **écrire un horaire au tableau** :
– demander aux élèves de placer les aiguilles sur leurs horloges ;
– réaliser une correction avec l'horloge de la classe ;
– mettre en évidence les erreurs, notamment la confusion entre les rôles des aiguilles.

• **Les horaires proposés sont :**

8 heures 30 minutes	11 heures 20 minutes
9 heures 5 minutes	6 heures 15 minutes.

INDIVIDUEL

3 Questions sur les durées

• **Poser un problème** en notant les données au tableau :
– demander aux élèves de répondre sur leur ardoise ;
– faire discuter des réponses obtenues.

• Les élèves peuvent s'aider en regardant les graduations de leurs horloges en carton, en plaçant les aiguilles pour marquer un horaire, en simulant la rotation des aiguilles.

Problème a

Le lundi dans la classe d'Alex, la séance de maths dure 1 heure et la séance de lecture dure 50 minutes.

QUESTION : *Quelle est la séance la plus longue ?*

Problème b

Le mercredi dans l'école d'Alex, la classe commence à 9 heures et se termine à 11 heures 30 minutes.

QUESTION : *Combien de temps Alex va-t-il à l'école le mercredi matin ?*

Problème c

Le jeudi matin, Alex va à la piscine à 9 heures 30 minutes. La séance de piscine dure 1 heure et demie.

QUESTION : *À quelle heure se termine-t-elle ?*

APPRENDRE

Comparaison de contenances

– Comprendre la notion de contenance.
– Comparer des contenances par transvasement, ou en utilisant un récipient unité.
– Approcher une unité usuelle : le litre.

RECHERCHE

« Quel récipient contient le plus ? » : Les élèves ont à comparer les contenances de récipients, d'abord par estimation, puis en prenant en compte les transvasements effectués.

ÉQUIPES DE 2

PHASE 1 Comparaison des contenances par estimation

• Choisir **4 récipients** transparents numérotés de A à D dont les contenances sont inconnues des élèves.
– **A :** bouteille de 1 litre ;
– **B :** vase ou récipient contenant plus d'un litre ;
– **C :** vase ou récipient contenant environ un demi-litre ;
– **D :** récipient contenant également 1 litre mais ayant une autre forme notamment plus large et moins haute qu'une bouteille.

• Présenter les 4 récipients posés sur le bureau :

→ *Chacun de ces récipients peut être rempli de liquide. Vous allez vous mettre d'accord à deux sur un rangement de ces récipients, de celui qui contient le moins de liquide à celui qui en contient le plus. Ensuite on vérifiera vos estimations en les remplissant d'eau. Notez d'abord votre réponse sur la feuille, ainsi que vos explications.*

• L'estimation se fait à l'œil. Autoriser un élève par groupe à se déplacer pour regarder les objets de plus près.

COLLECTIF

PHASE 2 Recensement des estimations par équipe

• Des désaccords doivent apparaitre notamment pour la comparaison des contenances de **A / D** avec des arguments du type :
– celui-là contient moins car il est moins haut ;
– celui-ci contient moins car il est moins haut et aussi large ;
– celui-ci contient pareil car il est moins haut, mais plus large.

Ces raisonnements sont liés au fait que, pour comparer les récipients, les élèves prennent en compte d'autres grandeurs que la contenance ou le volume, notamment la hauteur, et font appel à des compensations lorsqu'ils comparent ces grandeurs.

• Demander ensuite aux élèves de trouver une méthode qui peut permettre d'être sûr des comparaisons de contenance. Elle sera appliquée aux cas litigieux.

• Si des élèves proposent des contenances en litres pour les récipients, on accepte les réponses sans aller plus loin sur ce sujet.

COLLECTIF

PHASE 3 Comparaison par transvasement

• Faire faire par 2 élèves les transvasements nécessaires devant la classe. On peut changer d'équipe à chaque transvasement.

• Pour simplifier, demander de comparer de la contenance du **récipient A** à celle de chacun des autres récipients et exploiter les réponses à chacune des questions a, b et c.

• Poser les **3 questions** suivantes :

a. On peut verser tout le liquide contenu dans la bouteille **A** dans la **bouteille B** et la **bouteille B** n'est pas pleine.
Quelle est la bouteille qui a la plus grande contenance : **A** ou **B** ?

b. Quand on verse le contenu de la **bouteille A** dans la **bouteille C**, cela déborde alors que l'on n'a pas fini de vider la **bouteille A**. La **bouteille C** est pleine et il reste du liquide dans **A**.
Quelle est la bouteille qui a la plus grande contenance : **A** ou **C** ?

c. Quand on verse tout le liquide contenu dans la **bouteille A** dans la **bouteille D**, on remplit exactement la **bouteille D**.
Que peut-on dire ?

• Inscrire le rangement des 4 récipients au tableau, du plus petit au plus grand : C, A et D, B.

La contenance de la bouteille **A** est de **1 litre**, donc celle du récipient **D** aussi.

Les objectifs de cette 1re partie de la situation sont multiples :
– comprendre ce qu'est la contenance d'un récipient ;
– distinguer cette grandeur d'autres propriétés telles que la hauteur ;
– acquérir une technique de comparaison par transvasement.

COLLECTIF ET ÉQUIPES DE 2

PHASE 4 Mesure à l'aide d'un récipient unité

• Choisir le **récipient E** : un verre de 10 cl, dont la contenance est inconnue des élèves.

• Montrer le **verre E** et le **récipient A** et poser le problème :

On veut remplir la **bouteille A** avec le **verre plein**.
Combien de fois faut-il verser le verre ?

• Demander de répondre par équipes de 2 sur une feuille.

• Recenser les estimations de chaque équipe, puis effectuer les transvasements nécessaires. Inscrire au tableau : « La contenance de la **bouteille A** est 10 verres pleins ».

• Faire estimer en verres la contenance des autres récipients **B, C** et **D**. Vérifier les estimations par transvasement.

RÉPONSE : La contenance de le récipient B est x verres pleins $x > 10$).
La contenance de le récipient C est 5 verres pleins.
La contenance de le récipient D est 10 verres pleins.

SYNTHÈSE

Comparaison et mesure des contenances

• Les contenances se comparent par **transvasement**.

• Pour mesurer la contenance d'un récipient, il faut trouver combien de **verres unités** sont nécessaires pour le remplir.

• Une unité usuelle est **le litre** : c'est la contenance de bouteilles d'eau ou de lait.

	Tâche	Matériel	Connaissances travaillées
CALCULS DICTÉS	**Doubles et moitiés de multiples de 5** – Donner les doubles et moitiés de nombres multiples simples de 5.	par élève : – ardoise ou cahier de brouillon	**– Calcul mental : réflexion.**
RÉVISER Géométrie	**Reconnaissance de figures planes** – Reconnaitre une figure dans un lot à partir d'une description (longueurs de côtés, angles droits et axes de symétrie).	pour la classe : – figures de la p. 55 agrandies par élève : – gabarit d'angle droit › **planche C** du cahier – double décimètre – photocopie de la p. 55 (pour les élèves en difficulté) CAHIER GÉOMÉTRIE **p. 55** 1	**– Longueur de côtés** **– Angle droit** **– Axe de symétrie.**
APPRENDRE Géométrie	**Solides (1)** RECHERCHE **« Retrouver un solide à partir d'un message »** – Réaliser un message-dessin pour faire reconnaitre le solide choisi. – Retrouver un solide d'après un message qui le décrit.	par équipe de 4 : – lot de **7 solides** : Cube **(a)** Pyramide à base carrée **(b)** Pavé droit **(c)** Prisme droit à base triangulaire **(d)** Pyramide à base triangulaire ou tétraèdre **(e)** Hexaèdre **(f)** Cylindre **(g)** **› à fabriquer à partir de la pochette de solides ou des fiches 65 à 71** par équipe de 2 : – feuille de format A4 pour l'enseignant : – feuille pour noter les solides choisis par chaque équipe **› fiche 73**	**– Distinguer surfaces planes et surfaces non planes pour un solide** **– Comprendre la notion de face pour un polyèdre*** **– Caractériser le cube et le pavé.**

** Un polyèdre est un solide dont l'enveloppe n'est formée que de surfaces planes qui sont des polygones et qu'on appelle les faces du polyèdre. Le mot face est réservé aux polyèdres.*
Un cylindre n'est pas un polyèdre. Il est délimité par deux disques et une surface non plane. Les deux disques ne portent pas le nom de faces mais seulement de surfaces planes car ce ne sont pas des polygones.
L'enseignant réservera donc l'emploi du mot face aux seuls polyèdres, par contre on acceptera des élèves qu'ils parlent indistinctement de faces pour les polyèdres et les autres solides.

CALCULS DICTÉS

Doubles et moitiés de multiples de 5 • Réflexion
– Donner les doubles et moitiés de nombres multiples de 5.

COLLECTIF

• Dicter les calculs. Les réponses sont données sur l'ardoise ou le cahier de brouillon.

• Procéder à une correction immédiate après chaque calcul. Conserver les résultats au tableau.

a. double de 15	b. double de 20	c. double de 25
d. moitié de 20	e. moitié de 30	f. moitié de 60

RÉPONSE : a. 30 b. 40 c. 50 d. 10 e. 15 f. 30.

Pour les doubles des multiples de 10 (comme le double de 20) : il suffit de doubler les dizaines (double de 2 dizaines).
Pour les autres doubles (comme le double de 15) : on peut décomposer 15 en 10 + 5, doubler 10 puis 5 et ajouter les résultats.
Pour les moitiés de multiples de 10, deux cas sont à considérer :
– le chiffre des dizaines est pair, il suffit d'en prendre la moitié ;
– le chiffre des dizaines est impair, il faut décomposer le nombre sous la forme, par exemple, de 30 = 20 + 10, prendre la moitié de chaque nombre et ajouter les résultats.
Dans tous les cas, **des résultats peuvent aussi être connus par cœur.**

RÉVISER

Reconnaissance de figures planes

– Reconnaitre perceptivement un carré, un rectangle, un triangle.
– Repérer des angles droits à l'aide d'un gabarit.
– Mesurer les côtés d'un polygone à l'aide d'un double décimètre.
– Reconnaitre un axe de symétrie pour une figure.

INDIVIDUEL

CAHIER MESURES ET GÉOMÉTRIE p. 55

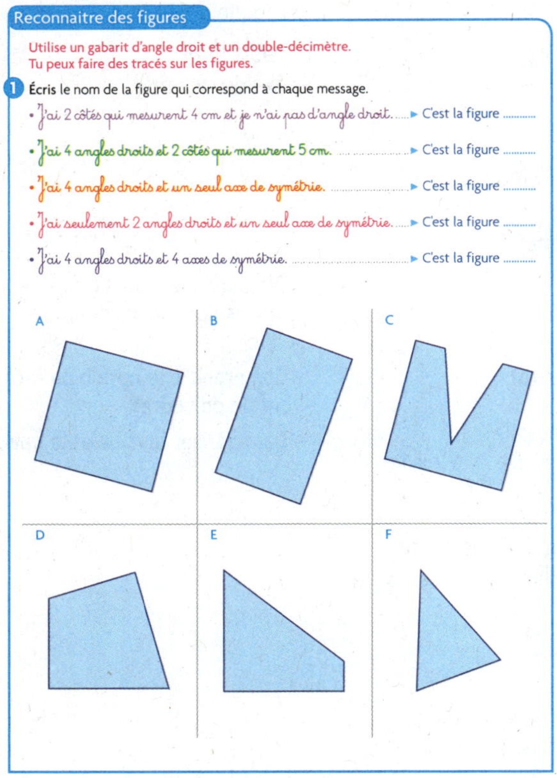
Reconnaitre des figures

Utilise un gabarit d'angle droit et un double-décimètre.
Tu peux faire des tracés sur les figures.

1 Écris le nom de la figure qui correspond à chaque message.

- J'ai 2 côtés qui mesurent 4 cm et je n'ai pas d'angle droit. ► C'est la figure ....
- J'ai 4 angles droits et 2 côtés qui mesurent 5 cm. ► C'est la figure ....
- J'ai 4 angles droits et un seul axe de symétrie. ► C'est la figure ....
- J'ai seulement 2 angles droits et un seul axe de symétrie. ► C'est la figure ....
- J'ai 4 angles droits et 4 axes de symétrie. ► C'est la figure ....

Exercice 1

Cet exercice nécessite une exploitation dont la durée sera certainement plus longue que celle d'un exercice de révision habituel, car les élèves vont réinvestir ce qui a été vu dans les unités précédentes : les figures particulières comme les triangles, les carrés, les rectangles, la mesure des côtés, la reconnaissance des angles droits et des axes de symétrie.
Les élèves peuvent ne traiter que les 3 premiers messages.

1 Travail individuel et aide

- Reformuler la consigne :

→ *Cet exercice est un nouveau jeu de messages. Il porte sur les 6 figures A, B, C, D, E et F. À partir des informations que vous lirez dans le cahier, vous chercherez à découvrir de quelle figure il s'agit. Vous noterez votre réponse. Ensuite vous comparerez vos résultats par deux.*

Aide Pour traiter les informations données et pour la reconnaissance des axes de symétrie, une aide peut être apportée en donnant une photocopie de la page du cahier et en permettant de découper **les figures sous forme d'étiquettes** car :
– le fait de pouvoir manipuler les étiquettes permet aux élèves de réaliser des classements partiels ou totaux pour retrouver la « bonne » figure et de tourner ces étiquettes pour reconnaitre une figure particulière comme le carré ou le rectangle ;
– les élèves peuvent aussi procéder par pliage s'ils ont des difficultés pour reconnaitre des axes de symétrie.

Les figures choisies ont plusieurs propriétés communes concernant la longueur de leurs côtés ou le nombre d'angles droits. Il faut donc prendre en compte toutes les propriétés énoncées pour les reconnaitre.

2 Bilans collectifs

- Procéder à un échange collectif, après le traitement des trois premiers messages ou, au fur et à mesure, après le traitement de chaque message :

– recenser, pour chaque message, les réponses ;
– en cas de désaccord, faire argumenter les élèves ;
– il sera peut-être nécessaire de revenir sur la façon de reconnaitre un angle droit ou un axe de symétrie. On pourra procéder par pliage de l'étiquette figure agrandie.

- Les figures décrites sont :

Message mauve : F
F est d'ailleurs la seule figure à n'avoir pas d'angle droit, donc cette information devrait être suffisante pour la reconnaitre.
Les figures **D** et **E** ont également 2 côtés qui mesurent 4 cm.
La figure **C** en a 3 et la figure **A** en a 4.

Message vert : B
B est d'ailleurs la seule figure à avoir 2 côtés qui mesurent 5 cm, donc cette information devrait être suffisante pour la reconnaitre.
La figure **E** a un côté de 5 cm.
Les figures **A** et **C** ont aussi 4 angles droits.

Message orange : C
A, **B** et **C** ont 4 angles droits, mais **A** a 4 axes de symétrie, **B** en a 2.

Message rose : D
Les figures **D** et **E** ont 2 angles droits, mais la figure **E** n'a pas d'axe de symétrie.

Message violet : A.
La figure **A** est un carré et a donc 4 axes de symétrie.

D'autres jeux de messages sont proposés dans 90 activités et jeux mathématiques au CE1, activité 77 : Les devinettes.

APPRENDRE

Solides (1)

– Comprendre que la forme d'un solide dépend de la forme des surfaces qui le limitent.
– Distinguer surface plane et non plane, et comprendre la notion de face pour un polyèdre.
– Comprendre qu'un polyèdre est défini par le nombre et la nature de ses faces.
– Reconnaitre et nommer le cube et le pavé.

RECHERCHE Fiche 65 à 71

« Retrouver un solide à partir d'un message » : Un lot de solides étant donné, les élèves doivent en choisir un et réaliser un message-dessin qui permettra à d'autres de deviner le solide choisi. Il s'agira ensuite de décoder ces messages en leur associant le solide qu'il représente.

ÉQUIPE DE 2

PHASE 1 Fabrication des solides

Les solides sont ceux de la pochette ou sont fabriqués par l'enseignant à partir des patrons fournis dans le matériel photocopiable (**fiches 65 à 71** à photocopier sur du papier épais). Il faut prévoir un lot de solides par équipe de 4. Chaque lot est composé de 7 solides repérés par une lettre :

– Cube **(a)**
– Pyramide à base carrée **(b)**
– Pavé droit **(c)**
– Prisme droit à base triangulaire **(d)**
– Pyramide à base triangulaire ou tétraèdre **(e)**
– Hexaèdre **(f)**
– Cylindre **(g)**

Le cylindre, difficile à monter, peut être remplacé par n'importe quelle boite cylindrique.

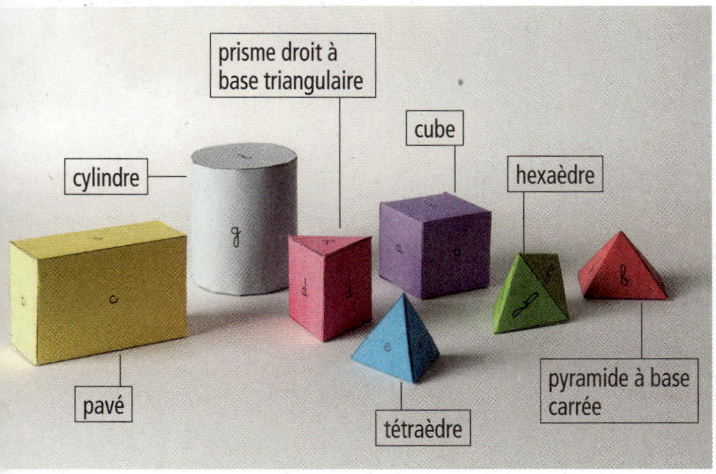

L'objectif de la séance est la prise de conscience de ce qui caractérise la forme d'un solide : présence ou non de surfaces planes, forme (et nombre) des faces planes. Pour éviter de rester dans des considérations globales, nous obligeons les élèves à réaliser un dessin du solide en espérant que certains s'attachent alors à la forme de ses faces.

La recherche s'effectue par équipe de 2 pour permettre une meilleure participation de tous. Toutefois, le choix est fait de proposer un lot de 7 solides par groupe de 4 élèves pour permettre à chaque élève de manipuler les objets et ne pas trop multiplier le nombre d'objets à construire par l'enseignant. Il n'en reste pas moins que pour une classe de 24 élèves, il y a 36 solides à construire, voire 42 si le cylindre est lui aussi construit.

ÉQUIPE DE 2

PHASE 2 Choix d'un 1er solide et réalisation des messages

• Distribuer un lot de solides à chaque équipe de 4, avec ces explications :

→ *Aujourd'hui nous allons travailler sur des objets particuliers. Ce sont des boites fermées, nous les appellerons des **solides**. Tous les groupes ont le même lot.*

• Inviter aux remarques et observations. Certains élèves vont reconnaitre des solides particuliers : « **(a)** est un cube, **(b)** une pyramide, **(c)** un pavé… ». Durant toute l'activité, le matériel reste à la disposition des élèves qui peuvent le manipuler.

• À l'intérieur d'un groupe de 4, constituer deux équipes de 2. Puis donner la consigne :

→ *Chaque équipe va choisir un solide en cachette des autres équipes. Puis elle va réaliser un message qui permettra à d'autres élèves de deviner de quel solide il s'agit. Mais attention, le message ne devra comporter que des dessins, et vous n'avez pas le droit de faire deviner la lettre du solide ! Je donne à chaque équipe une feuille pour réaliser le dessin, sur laquelle elle écrira les noms de ses membres. Deux équipes qui travaillent sur le même lot de solides choisissent des solides différents.*

• Demander à chaque équipe de choisir un solide et de réaliser un message. Noter sur le tableau de correspondance (**fiche 73**) la lettre du solide choisi par chaque équipe. Veiller à ce que les dessins soient des dessins de représentation et que les élèves ne cherchent pas à faire des rébus qui permettraient de trouver la forme ou la lettre du solide.

• Relever tous les messages. Les analyser rapidement en effectuant un classement par type :
– essai de perspective ;
– dessins d'une ou plusieurs faces du solide ;
– une ou plusieurs « empreintes » du solide, obtenues en posant celui-ci sur une de ses faces et en traçant son contour.

COLLECTIF

PHASE 3 Validation des messages

• Regrouper les élèves près du tableau. Un lot de solides est posé devant le tableau. Afficher tous les messages classés par type. Laisser les élèves les observer.

• Pour chaque dessin, procéder de la même manière : demander aux élèves quel solide ils reconnaissent, recenser les propositions, les valider en demandant à l'équipe, auteur du dessin, le solide choisi. Si le dessin permet de reconnaitre le bon solide, demander aux élèves de dire pourquoi. Garder le dessin à l'affichage s'il permet de reconnaitre le solide.

• Expliquer la **nature des messages-dessins** :
– certains sont des dessins correspondant à l'allure générale du solide (schéma avec une quasi-perspective) ;
– d'autres représentent des dessins d'une ou plusieurs faces du solide mais ne sont pas faciles à interpréter (par exemple, un triangle représente-t-il une face triangulaire ou l'allure globale de la pyramide ?) ;
– d'autres encore ont été élaborés à partir d'une ou plusieurs « empreintes » du solide, en posant celui-ci sur une de ses faces et en traçant son contour.

SYNTHÈSE

Reconnaitre un solide à partir d'un dessin

• On peut reconnaitre un solide à partir du **dessin de ses faces**.

• Les **messages** qui comportent les « empreintes » du solide ou les dessins des faces sont en général les plus lisibles.

ÉQUIPE DE 2

PHASE 4 Choix d'un 2e solide et réalisation de nouveaux messages

• Demander à chaque équipe de choisir un autre solide et de réaliser un message en utilisant les « **empreintes** » ou **dessins des faces**. Inciter si besoin une ou deux équipes à choisir le **solide (g)** (le cylindre).

• Réaliser un bilan collectif comme à l'étape précédente :
– faire valider les messages ;
– faire discuter des messages relatifs au **solide (g)**, les élèves qui l'ont choisi relatent leur expérience : le solide (g) a deux surfaces planes et une surface non plane ; l'empreinte de la surface non plane est impossible à réaliser car on ne peut prendre l'empreinte que des surfaces planes ;
– faire discuter des messages insuffisants : ceux qui comportent par exemple le dessin d'une seule face carrée alors que plusieurs solides ont une face carrée, ou de deux triangles uniquement ; en revanche le dessin d'un seul rectangle permet de reconnaitre le bon solide : c'est le solide **(c)**.

SYNTHÈSE (suite)

Distinguer les faces des solides

• Faire distinguer **face plane et surface non plane** : le solide (g) a deux surfaces planes et une surface non plane, tous les autres n'ont que **des surfaces planes**.

• Donner le **cube** (solide (a)) à quelques élèves, à d'autres le **pavé** (solide (c)). Demander combien de faces planes ces solides ont :
– chacun a 6 faces planes ;
– le **cube** a **6 faces carrées** ;
– le **pavé** a **6 faces** qui sont des **rectangles**.

• Montrer certains solides et les nommer : le solide (g) s'appelle un **cylindre**. Les solides (b) et (f). Ils s'appellent des **pyramides**.

ÉCRIT DE RÉFÉRENCE

Dico-maths n° 37.

À SUIVRE

Le matériel est réutilisé la **séance suivante**. Les élèves auront à associer des descriptions et des représentations à des solides.

	Tâche	Matériel	Connaissances travaillées
CALCULS DICTÉS	**Doubles et moitiés de multiples de 5** – Donner les doubles et moitiés de nombres multiples simples de 5.	par élève : – ardoise ou cahier de brouillon	– **Calcul mental : réflexion.**
RÉVISER Géométrie	**Reproduction de figures** – Terminer avec seulement le double décimètre la reproduction d'une figure complexe.	pour la classe : – figures de la p. 56 isolées et agrandies – calques des figures à reproduire pour la validation par élève : – gabarit d'angle droit et double décimètre CAHIER GÉOMÉTRIE p. 56 1 et 2	– **Analyser une figure :** – décider d'un ordre de tracé ; – réaliser des tracés à la règle ; – contrôler l'exactitude des tracés.
APPRENDRE Géométrie	**Solides (2)** RECHERCHE **« Retrouver un solide à partir d'un message »** – Classer les solides en 2 catégories : ceux qui n'ont que des faces planes et ceux qui ont des surfaces non planes. – Retrouver un solide d'après une description ou une représentation.	par équipe de 4 : – lot d'une **douzaine de solides** environ : une boule, un cône, des cylindres du type boite de camembert, différentes boites cubiques (boite de thé) ou parallélépipédiques (boite de dentifrice ou de jus de fruit) et d'autres boites de formes différentes – le cône peut être réalisé à partir de la pochette solides ou de la **fiche 72** – le lot de **7 solides** de la séance 8 par élève : CAHIER GÉOMÉTRIE p. 57 3, 4 et 5	– **Distinguer polyèdre et non-polyèdre :** – comprendre qu'un polyèdre est déterminé par la nature et le nombre de ses faces – comprendre la notion de face – **Caractériser le cube et le pavé.**

CALCULS DICTÉS

Doubles et moitiés de multiples de 5 • Réflexion

– Donner les doubles et moitiés de nombres multiples de 5.

COLLECTIF

• Dicter les calculs. Les réponses sont données sur l'ardoise ou le cahier de brouillon.

• Procéder à une correction immédiate après chaque calcul comme en **séance 8**. Conserver les résultats au tableau.

a. double de 30 b. double de 35 c. double de 45
d. moitié de 80 e. moitié de 50 f. moitié de 70

RÉPONSE : a. 60 b. 70 c. 90 d. 40 e. 25 f. 35.

RÉVISER

Reproduction de figures

– Analyser une figure : la décomposer en éléments simples et repérer les liens entre ces éléments.
– Décider d'une stratégie de reproduction, d'un ordre des tracés.
– Utiliser le double décimètre pour mesurer des longueurs, repérer des alignements et pour tracer.

INDIVIDUEL ET COLLECTIF

CAHIER MESURES ET GÉOMÉTRIE p. 56

Reproduire des figures

1 On a commencé à reproduire la figure.
Termine la reproduction en utilisant seulement ton double-décimètre.

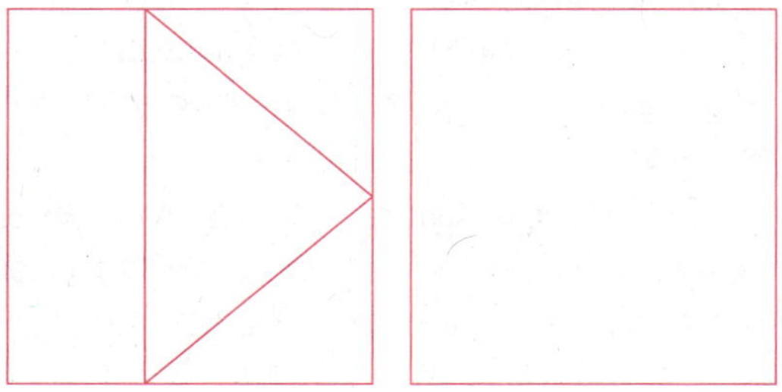

2 On a commencé à reproduire la figure.
Termine la reproduction en utilisant seulement ton double-décimètre.

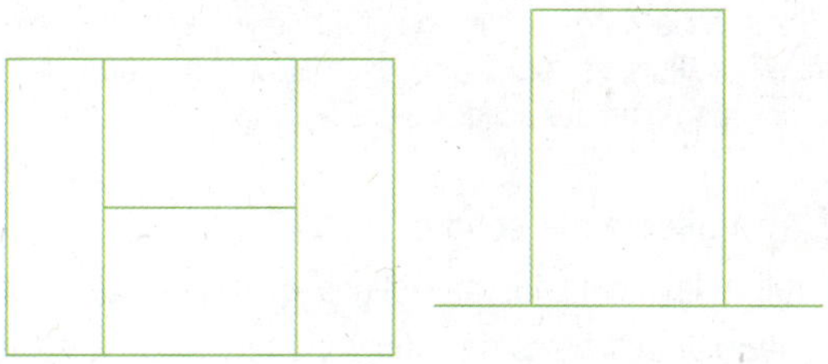

INDIVIDUEL ET COLLECTIF

Les élèves ne traiteront qu'un seul des deux exercices qui sera choisi en fonction du niveau de la classe :

– l'**exercice** ❶ est moins complexe aussi bien dans l'analyse de la figure à compléter que pour les compétences nécessaires à la construction, mesure de longueurs et tracé d'un segment connaissant ses extrémités ;

– l'**exercice** ❷ demande de plus de tracer un segment de longueur donnée placé dans le prolongement d'un autre.

Exercice ❶

• Préciser la consigne :

→ *Le seul instrument autorisé est le double décimètre. Appliquez-vous car, une fois reproduite, la figure doit être superposable au modèle. Vous contrôlerez ensuite à deux vos productions.*

Ce contrôle peut être au besoin complété par une validation par superposition d'un calque du modèle.

• Faire suivre la reproduction de la figure A d'une mise en commun qui permet d'expliciter les méthodes de reproduction :

1. **Il faut d'abord analyser le modèle** en repérant :

– les figures présentes : un carré et un triangle avec à l'intérieur ;

– la position des sommets du triangle : l'un est à 4 cm de chacune des extrémités d'un côté du carré (côté placé verticalement à droite), et les deux autres sont à 3 cm de l'extrémité gauche des côtés horizontaux.

2. **Il faut ensuite reproduire le modèle :**

– le carré est déjà tracé ;

– il faut placer les sommets du triangle sur les côtés du carré.

Des allers-retours entre le modèle et la figure à compléter sont nécessaires pour prendre à chaque étape les informations nécessaires sur le modèle, mais aussi pour contrôler l'exactitude des tracés effectués.

• Un élève peut venir refaire la construction sur la fiche rétro-projetée.

Exercice ❷

• Procéder de la même manière que pour l'exercice ❶ :

1. **Analyse de la figure modèle** qui peut être vue :

– soit comme un rectangle à l'intérieur duquel sont tracés deux segments verticaux dont les extrémités sont à 2 cm des sommets du rectangle et un segment horizontal qui joint les deux segments verticaux. Les extrémités de ce segment sont à 3 cm des extrémités des segments verticaux ;

– soit comme un rectangle à l'intérieur duquel est logé un autre rectangle lui-même partagé en deux rectangles (cette vision est complétée par le repérage de la position des sommets des différents rectangles) ;

– soit encore comme un assemblage de 4 rectangles.

2. **Reproduction de la figure :**

– ce qui est tracé : un rectangle qui, sur le modèle, est à l'intérieur du grand rectangle et un côté du grand rectangle ;

– ce qui reste à tracer : prolonger de 2 cm de part et d'autre le côté supérieur du rectangle pour avoir le côté supérieur du grand rectangle, tracer les deux côtés verticaux du grand rectangle et le segment horizontal intérieur.

Outre les compétences nouvelles travaillées sur l'**analyse d'une figure** et la **définition d'une stratégie de construction**, les élèves vont réinvestir et consolider leurs compétences dans l'utilisation de la règle graduée pour mesurer, construire un segment de longueur donnée, repérer des alignements, prolonger un segment…
Le temps de validation des productions est important. Les élèves doivent remettre en cause des méthodes qui ne permettent pas une reproduction à l'identique, comme les tracés sans mesure. La mise en commun doit permettre l'explicitation collective des différentes visions de la figure et des différentes procédures de construction utilisées.

APPRENDRE

Solides (2)

– Reconnaitre et nommer les cubes et les pavés.
– Distinguer surface plane et non plane et comprendre la notion de face pour un polyèdre.
– Comprendre qu'un polyèdre est défini par le nombre et la nature de ses faces.
– Associer un polyèdre à sa photo.

RECHERCHE

« Retrouver un solide à partir d'un message » : Les élèves vont travailler sur un lot de solides plus grand comportant les solides vus lors de la séance précédente et divers objets dont les formes peuvent être facilement repérées. Ils vont devoir tout d'abord classer ces objets du point de vue de leur forme géométrique. Puis, ils vont associer une description ou une représentation à un des solides de la séance 8.

PHASE 1 Collecte des solides

• On utilise le même lot de solides qu'en séance 8 auquel on rajoute d'autres types de solides : une boule, un cône, des cylindres du type boite de camembert, différentes boites cubiques (boite de thé) ou parallélépipédiques (boite de dentifrice ou de jus de fruit), et d'autres boites de différentes formes.

• Au total, le lot comporte une vingtaine d'objets. On garde en réserve 4 ou 5 objets du même type que ceux précédemment cités pour la dernière étape de la phase 3.

COLLECTIF

PHASE 2 Présentation des solides

• Présenter le lot de solides au sol ou sur une grande table, les élèves étant regroupés autour.

• Engager les élèves à dire ce qu'ils reconnaissent : les solides de la séance précédente, d'autres solides qui sont des boites et d'autres objets.

• Engager à des comparaisons relatives à la forme des objets, en faisant abstraction de la fonction ou d'autres propriétés des objets présents (la matière, la couleur, les inscriptions, les contenus...).

• Repérer et mettre ensemble, suivant les suggestions des élèves, les solides reconnus comme de même type. Faire regrouper les **cubes** et faire remarquer qu'ils ont tous six faces carrées. Faire ensuite regrouper les **pavés** et en faire décrire plusieurs :
– ils ont tous six faces qui sont des rectangles (ou des carrés) ;
– deux par deux les faces sont les mêmes ;
– tous les pavés n'ont pas la même forme.

COLLECTIF

PHASE 3 **Classement des solides**

• Présenter le **cylindre (g)** et **rappeler ce qui a été vu à la séance précédente** au sujet de ce solide. Expliquer cette propriété des surfaces qui distinguent les solides entre eux :

• Certains solides, comme le **cylindre**, ont une **surface courbe** : ils roulent, on ne peut pas poser le solide à plat sur cette surface, ni donc en réaliser une empreinte.

• D'autres solides, comme le **cube** ou le **pavé**, n'ont que des **surfaces planes**, on les appelle des « **faces** ».

• On peut poser le solide sur chacune de ses faces et en réaliser un dessin en utilisant la face comme gabarit.

• Donner la nouvelle consigne :
→ *Il s'agit maintenant de classer les solides entre ceux qui n'ont que des faces planes et ceux qui ont des surfaces non planes.*

• Faire amorcer le classement par deux élèves. Engager les autres à observer, à exprimer leur désaccord au fur et à mesure des actions. Petit à petit se réalisent deux ensembles.

SYNTHÈSE

À partir du classement des solides en deux ensembles

1er ensemble

Certains solides, comme le **cube** ou le **pavé**, n'ont que des **surfaces planes** qui sont des polygones et qu'on appelle des « **faces** ».

2e ensemble

D'autres solides ont toutes ou seulement certaines de leurs **surfaces non planes** :
– certains solides, comme la **boule**, ne peuvent pas être posés à plat : aucune surface n'est plane ;
– d'autres, comme les **cylindres** ou les **cônes**, peuvent être posés à plat sur certaines de leurs surfaces, mais roulent si on les pose autrement ; par exemple, le cylindre a 2 surfaces planes et une surface non plane.

• Proposer un à un quelques objets supplémentaires. Demander aux élèves de lever la main quand l'objet présenté n'a que des surfaces planes. Demander aussi à quel solide déjà rencontré l'objet ressemble.

Le fait qu'une première séance ait déjà été menée sur les formes des solides permet de placer d'emblée ce problème de classement au niveau de la forme des objets (et non pas de leur fonction ou de la couleur et de mettre en œuvre la distinction entre surface plane et surface non plane).
Au cours de cette première partie de la situation, des objets de la vie courante sont mis en relation avec les solides de la séance précédente. Ces derniers peuvent servir de modèle ; exemples : boite de thé, de dentifrice et solide **(c)** ; boite de fromage et solide **(g)**.
La connaissance du terme **« polyèdre »** ne constitue pas un objectif de l'activité. Mais les élèves doivent savoir nommer les solides les plus usuels : cube, pavé, cylindre, pyramide, boule, cône.

INDIVIDUEL

ENTRAINEMENT

CAHIER MESURES ET GÉOMÉTRIE p. 57

DICO 37 **Reconnaitre des solides**

Utilise les solides de la classe pour tous les exercices.

3 **Trouve** le solide qui correspond à chaque message.

Le solide a 5 faces
4 faces sont des triangles

• C'est le solide ....

Le solide a 6 faces
6 faces sont des rectangles

• C'est le solide ....

4 **Trouve** le solide qui correspond à chaque photo.

• C'est le solide ....
Décris la forme de ses faces.
....

• C'est le solide ....
Décris la forme de ses faces.
....

5 **Trouve** le solide qui correspond à chaque dessin.

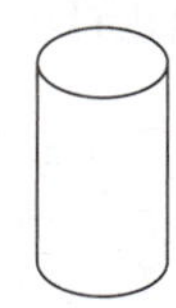

• C'est le solide ....

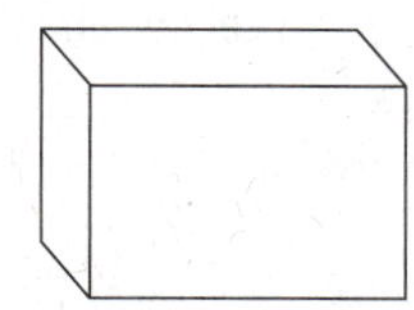

• C'est le solide ....

• Distribuer aux élèves groupés par 4 le même lot de solides qu'en séance 8. Puis donner la consigne :
→ *Alex et Lisa ont choisi des solides et placé des messages dans le cahier pour les faire reconnaitre. Vous allez devoir trouver quels solides ils ont choisis.*

• Pour chaque message, recenser les réponses et en discuter.

Exercice 3

• Les informations données suffisent pour déterminer les solides.

RÉPONSE : **message bleu** : solide (b) **message orange** : solide (c).

Exercice 4

• L'angle de prise de vue permet de reconnaitre les solides.

RÉPONSE : **message rouge** : solide (d) Faces : carrés et triangles
message violet : solide (a) ou cube Faces : carrés.

Exercice 5

• Ces représentations en perspective permettent là aussi de reconnaitre les solides.

RÉPONSE : **solide de gauche** : solide (g) **solide de droite** : solide (c).

Il s'agit d'un prolongement de ce qui a été vu en séance 8. Certains messages ne comportent que des dessins ou des photos, d'autre que du texte. Les messages-textes engagent les élèves à compter le nombre de faces et à faire des déductions car toutes ne sont pas décrites.
Les photos comme toute représentation plane donnent des informations partielles car toutes les faces ne sont pas apparentes.
Dans l'**exercice 5**, les élèves rencontrent pour la première fois des représentations en perspective cavalière. Ce type de représentation n'est pas facilement lisible par les élèves, qui la voient comme un assemblage de figures « à plat » et non comme figurant un objet en volume.

BILAN et consolidation

FICHIER NOMBRES ET CALCULS p. 96 à 99
CAHIER MESURES ET GÉOMÉTRIE p. 58 à 59

BILAN de l'UNITÉ 9

CONSOLIDATION

CALCUL MENTAL

Calcul mental (séances 1 à 9)

→ **Multiplication par 10 ou par 100.**
→ **Répertoire multiplicatif : table de 3.**
→ **Ajout de 19 ou 18.**
→ **Doubles et moitiés de multiples de 5.**
→ **Problèmes de réunion de quantités identiques.**

Pas de préparation de bilan proposée dans le fichier.

Je fais le bilan › FICHIER NOMBRES p. 97

Exercice 1 Calcul de sommes, produits et doubles.

Calculs dictés :

a. 17 × 10 b. 4 × 100 c. 3 fois 6 d. 8 fois 3
e. 13 + 19 f. 12 + 18 g. double de 15 h. moitié de 50

RÉPONSE : a. 170 b. 400 c. 18 d. 24 e. 32 f. 30 g. 30 h. 25.

Je consolide mes connaissances › FICHIER NOMBRES p. 98

Exercice 1

10 × 29 = **290** Combien de fois 10 dans 70 ? **7**
30 × 10 = **300** Combien de fois 10 dans 500 ? **50**
8 × 100 = **800** Combien de fois 100 dans 700 ? **7**

Exercice 2 4 fois 3 égale **12** 6 fois 3 égale **18**
7 fois 3 égale **21** 3 fois 0 égale **0**
3 fois 9 égale **27** 3 fois 8 égale **24**

Exercice 3 24 + 19 = **43** 33 + 18 = **51**
40 + 19 = **59** 42 + 18 = **60**
51 + 19 = **70** 50 + 18 = **68**

Autres ressources

› CD-Rom Jeux interactifs GS-CP-CE1
12. Je calcule à la vitesse de l'éclair (niveau 2)
13. Je suis un as du calcul (niveau 2)

NOMBRES ET CALCULS

Addition posée de plusieurs nombres (séance 1)

Je prépare le bilan › FICHIER NOMBRES p. 96 A

→ **La technique de l'addition posée de plusieurs nombres** est identique à celle qu'on utilise pour l'addition de deux nombres, mais les retenues peuvent être supérieures à 1 et les calculs peuvent être plus difficiles. Il faut donc être très attentif.

Je fais le bilan › FICHIER NOMBRES p. 97

Exercice 2 Calculer des additions de plus de deux nombres, posées en colonnes.

$$\begin{array}{r} 338 \\ +\ \ 27 \\ +\ 149 \\ \hline 514 \end{array} \qquad \begin{array}{r} 509 \\ +\ \ 90 \\ +\ 300 \\ +\ \ 87 \\ \hline 986 \end{array}$$

Je consolide mes connaissances › FICHIER NOMBRES p. 98

Exercice 4

$$\begin{array}{r} 354 \\ +\ \ 46 \\ +\ 472 \\ \hline 872 \end{array} \qquad \begin{array}{r} 508 \\ +\ \ 54 \\ +\ 174 \\ +\ \ 87 \\ \hline 823 \end{array}$$

CD-Rom du guide

› Fiche différenciation n° 48

Autres ressources

› 90 Activités et jeux mathématiques CE1
34. Trois chiffres identiques

Multiplication par un nombre inférieur à 10 : calcul réfléchi (séances 2 et 3)

Je prépare le bilan › FICHIER NOMBRES p. 96 B

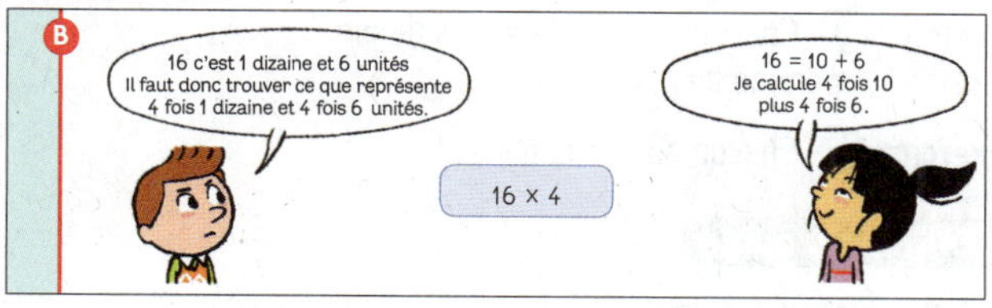

Sur un ou deux exemples, rappeler les principes d'une procédure de calcul réfléchi d'un produit par un nombre à un chiffre.
Exemple : calcul de **16 × 4**

→ **On peut décomposer le 1er facteur en centaines, dizaines et unités :** pour 16 × 4, on décompose 16 en 1 dizaine et 4 unités ou en 10 + 4.

→ **Ensuite, on multiplie les centaines, les dizaines et les unités par le multiplicateur :** pour 16 × 4, on obtient 4 fois 1 dizaine (ou 4 × 10) plus 4 fois 6 unités (ou 4 × 6), donc 4 dizaines (ou 40) plus 24 unités (ou 24).

→ **On obtient alors le résultat :** 16 × 4 = 40 + 24 = 64.

Je fais le bilan › FICHIER NOMBRES p. 97

Exercice 3 Calculer des multiplications posées en colonnes.
27 × 2 = 54 205 × 4 = 420.

Je consolide mes connaissances › FICHIER NOMBRES p. 98-99

Exercice 5 Il y a **212 €** (53 × 4).

Exercice 6 Il y a **720 €** (240 × 3).

Exercice 7 Les produits à calculer :
61 × 4 = 244 3 × 87 = 261
207 × 4 = 428 5 × 54 = 270.

CD-Rom du guide

› Fiches différenciation n° 49

Soustraction posée (séance 4)

Je prépare le bilan › FICHIER NOMBRES p. 96 C

→ **Sur deux exemples (sans et avec retenue)**, rappeler les principes du calcul d'une soustraction posée :
– il faut bien poser sa soustraction : unités sous unités, dizaines sous dizaines ;
– il faut commencer par le calcul sur les unités.

→ **Si le calcul sur les unités n'est pas possible directement**, il faut prendre une dizaine au premier nombre et l'échanger contre 10 unités.

Je fais le bilan › FICHIER NOMBRES p. 97

Exercice 4 Calculer des multiplications posées en colonnes.

58	79	65	92
− 23	− 42	− 46	− 39
35	37	19	53

Je consolide mes connaissances › FICHIER NOMBRES p. 99

Exercice 8

56	58	90	77
− 13	− 35	− 45	− 49
43	23	45	28

CD-Rom du guide

› Fiche différenciation n° 50

Autres ressources

› 90 Activités et jeux mathématiques CE1
12. Quantités, compteurs et calculatrices
35. Soustraction posée

BILAN de l'UNITÉ 8

CONSOLIDATION

NOMBRES ET CALCULS

Division : partage en 2 et en 5 (séances 5 et 6)

Je prépare le bilan › FICHIER NOMBRES p. 96 D

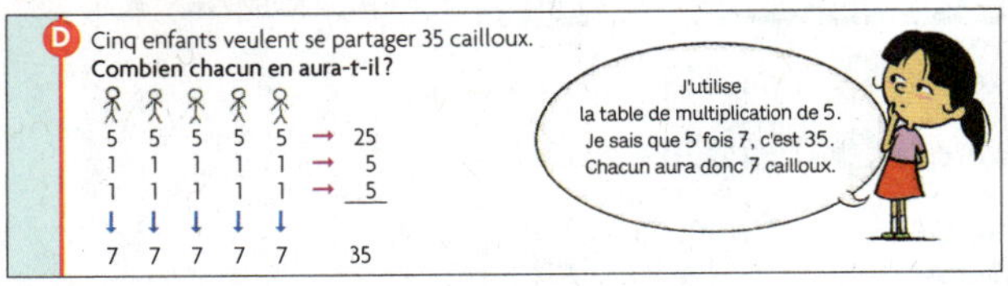

→ **Pour résoudre ce type de problème,** on peut :
- **faire un dessin** et compter les paquets réalisés ;
- **chercher combien de fois il faut additionner 2** ou **5** pour obtenir le nombre à atteindre ;
- **utiliser la multiplication** pour trouver combien de fois il y a 2 ou 5 dans le nombre à atteindre.

Je fais le bilan › FICHIER NOMBRES p. 97

Exercice 5 Trouver le résultat d'un partage équitable en 2.
Chacun aura **13** noisettes.

Exercice 6 Trouver le résultat d'un partage équitable en 5.
Chacun aura **14** perles.

Je consolide mes connaissances › FICHIER NOMBRES p. 99

Exercice 9 Chacun aura **28** cailloux.

Exercice 10 Chacun aura **12** pommes de pin.
Il restera **1** pomme de pin.

Exercice 11 Chacun aura **20** images.

CD-Rom du guide

› Fiche différenciation n° 51

Autres ressources

› CD-Rom Jeux interactifs GS-CP-CE1
16. Un bon partage (version 2 parts)

MESURES ET GÉOMÉTRIE

Contenances (séance 7)

Je prépare le bilan › CAHIER GÉOMÉTRIE p. 58 A

→ **Pour comparer les contenances de deux récipients,** on transvase le contenu de l'un dans l'autre. On peut aussi mesurer les contenances avec un verre unité.
→ **La contenance** de certains récipients alimentaires (brique ou bouteille) est de **1 litre.**

Je fais le bilan › CAHIER GÉOMÉTRIE p. 58

Exercice 1 Comparer des contenances.
Phrase juste : La **bouteille bleue** a une plus grande contenance que la **bouteille rouge**.

Je consolide mes connaissances › CAHIER GÉOMÉTRIE p. 59

Exercice 1 Phrase juste : Le **pot vert** a une plus grande contenance que le **pot jaune.**

Autres ressources

› 90 Activités et jeux mathématiques CE1
83. Mesurer des contenances (atelier)

BILAN de l'UNITÉ 8

CONSOLIDATION

Solides (séances 8 et 9)

Je prépare le bilan › CAHIER GÉOMÉTRIE p. 58 B

→ **Certains solides n'ont que des surfaces planes, d'autres non.**
Un solide qui n'a que des surfaces planes (elles s'appellent alors des « faces ») est déterminé par le nombre et la forme de ses faces.

→ **Un cube et un pavé droit** ont 6 faces.
Toutes les faces d'un cube sont des carrés.
Toutes les faces d'un pavé droit sont des rectangles.

Je fais le bilan › CAHIER GÉOMÉTRIE p. 58

Exercice 2 Reconnaitre un solide d'après une représentation (photo), le décrire.

matériel : le lot de solides de la séance 8 est visible par les élèves.

- Le solide jaune s'appelle un **pavé**.

Ses faces sont des rectangles (pas tous identiques).

- Le solide rose s'appelle un **cube**. Il a **6** faces.

Ses faces sont des carrés (tous identiques).

Je consolide mes connaissances › CAHIER GÉOMÉTRIE p. 59

Exercice 2 C'est le solide **(g)**.

Exercice 3 C'est le solide **(e)**.
Ses faces sont des **triangles** (3 triangles identiques).

Exercice 4 C'est le solide **(f)**.
Ses faces sont des **triangles** (6 triangles identiques).

Exercice 5 C'est le solide **(b)** : une pyramide. Ce solide a **5 faces**.

Exercice 6 C'est le solide **(a)** : un cube. Ce solide a **6 faces**.

Autres ressources

› 90 Activités et jeux mathématiques CE1

78. Jeu de messages sur les solides
79. Jeu de devinettes

Autour du carré

Les problèmes de cette série sont de deux sortes :
– réaliser des carrés sur papier pointé ou en assemblant des triangles rectangles ;
– reconnaitre et dénombrer des carrés.

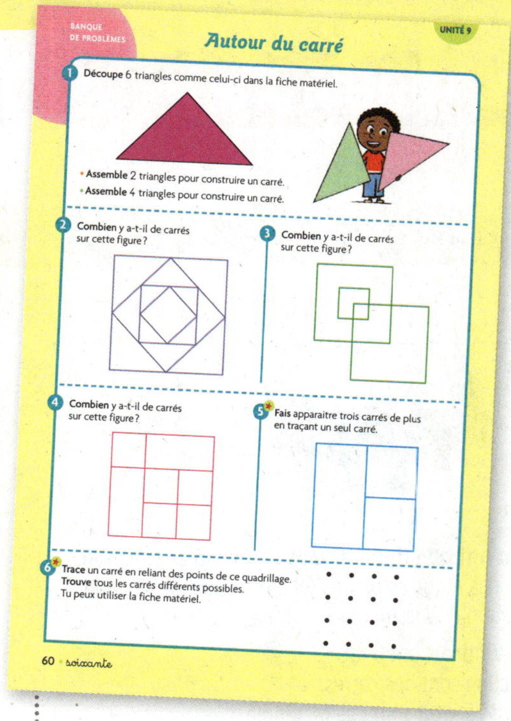
BANQUE DE PROBLÈMES

Autour du carré

UNITÉ 9

1 **Découpe** 6 triangles comme celui-ci dans la fiche matériel.

- **Assemble** 2 triangles pour construire un carré.
- **Assemble** 4 triangles pour construire un carré.

2 **Combien** y a-t-il de carrés sur cette figure ?

3 **Combien** y a-t-il de carrés sur cette figure ?

4 **Combien** y a-t-il de carrés sur cette figure ?

5 **Fais** apparaitre trois carrés de plus en traçant un seul carré.

6 **Trace** un carré en reliant des points de ce quadrillage. **Trouve** tous les carrés différents possibles. Tu peux utiliser la fiche matériel.

60 soixante

› CAHIER MESURES ET GÉOMÉTRIE p. 60

Problème 1

OBJECTIFS :
– Découvrir qu'un carré peut être obtenu par assemblage de triangles rectangles.
– Contrôler que les propriétés du carré sont vérifiées.
TÂCHE : Construire des carrés en assemblant des triangles rectangles identiques.

RÉPONSE :

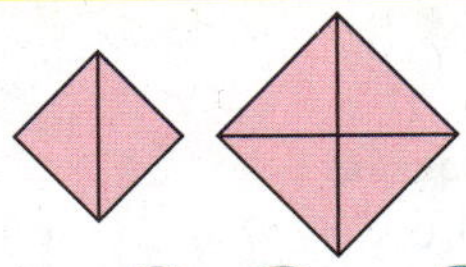

Problèmes 2, 3 et 4

OBJECTIFS :
– Voir une figure comme composée de plusieurs autres.
– Organiser une recherche.
TÂCHE : Dénombrer les carrés dans une figure complexe.

RÉPONSE : 2. 4 carrés. 3. 5 carrés. 4. 9 carrés : 5 carrés de 1 × 1 de côté ; 3 carrés de 2 × 2 de côté ; 1 carré de 3 × 3 de côté.

Problème 5

OBJECTIFS :
– Engager des essais.
– Déduire des informations des premiers essais.
TÂCHE : Compléter une figure en traçant un carré et ainsi en faire apparaitre trois autres ou trois de plus.

RÉPONSE :

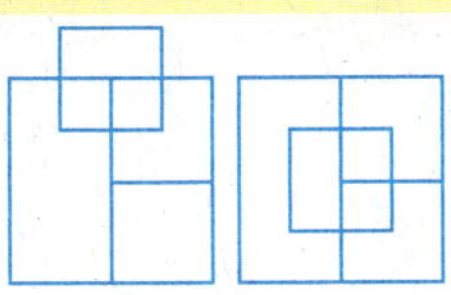

Problème 6

OBJECTIFS :
– Tracer des carrés dans différentes orientations.
– Identifier des carrés identiques dans différentes positions.
– Contrôler que les propriétés du carré sont vérifiées.
TÂCHE : Tracer tous les carrés différents possibles sur un réseau pointé à maille carré de 3 × 3.

RÉPONSE : 5 carrés différents.

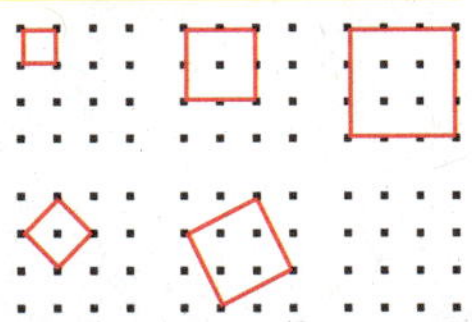

Lors de l'exploitation collective, les deux réponses peuvent être considérées comme acceptables.

Matériel

– plusieurs grilles de papier pointé → **fiche 74**
– des triangles rectangles donnés découpés → **fiche 74**
– double décimètre et gabarit d'angle droit
– morceaux de papier calque

Mise en œuvre

Les problèmes peuvent être résolus seul ou par équipes de deux. Si les problèmes sont recherchés seul, une confrontation à deux peut être organisée.

Aides possibles

Problèmes 2 à 4 : Inciter à colorier, mais avec prudence.

Problème 4 : En cours de recherche, préciser qu'il y a 3 carrés 2 × 2 à trouver.

Problème 5 : Inviter à tracer sur papier calque un carré de plus petite taille que les carrés qui apparaissent sur la figure.

Problème 6 : Préciser que deux carrés identiques sont deux carrés que l'on peut superposer, de même longueur de côté.
Les 2 carrés à côtés « obliques » sont plus difficiles à déterminer que les autres carrés et il faudra peut-être inciter les élèves à chercher des carrés avec des « côtés penchés ». *Coup de pouce supplémentaire :* inviter à utiliser le gabarit d'angle droit pour chercher les « carrés penchés » ou proposer un gabarit en carton ou sur papier calque du carré à obtenir.

Exploitation

Recenser les réponses, afficher différentes productions et les mettre en débat, identifier les erreurs et les expliciter.

Erreurs intéressantes à exploiter

Problème 2 : Oubli des carrés qui ne sont pas en position standard.

Problème 6 : Non-différenciation de carrés identiques mais placés différemment ; des carrés identiques ont même longueur de côté.

Procédures à observer particulièrement

Problème 2 : Rotation de la feuille ou de la tête pour voir les carrés qui ne sont pas en position standard.

Problèmes 3 et 4 : Organisation de la recherche, en particulier pour le problème 4 : à partir des carrés 1 × 1, 2 × 2… si on prend le côté du plus petit carré comme unité.

Problème 6 : Contrôle ou non qu'un nouveau carré tracé n'entre pas dans une catégorie déjà identifiée. Essai de recherche d'un carré de longueur de côté différente de celle d'un carré déjà tracé.

UNITÉ 10

13 ou 14 séances
– 10 séances programmées (9 séances d'apprentissage + 1 bilan)
– 3 ou 4 séances pour la consolidation et la résolution de problèmes

	CALCUL MENTAL (environ 30 min par séance)	RÉVISER	APPRENDRE (environ 45 min par séance)
Séance 1 FICHIER NOMBRES p. 102	**Problèmes dictés** Partage équitable	**Problèmes écrits** Partage équitable	**Tableaux et graphiques** RECHERCHE Les oiseaux
Séance 2 FICHIER NOMBRES p. 103	**Calculs dictés** Multiplication d'un nombre par 10 ou par 100	**Calcul posé : addition et soustraction**	**Ligne graduée (nombres inférieurs à 1 000)** RECHERCHE À la bonne place
Séance 3 FICHIER NOMBRES p. 104	**Calculs dictés** Répertoire multiplicatif : tables de 2, 3, 4 et 5	**Calcul réfléchi : multiplication**	**Division : groupements par 2 et par 5 (1)** RECHERCHE Commande de gommettes
Séance 4 FICHIER NOMBRES p. 105	**Calculs dictés** Répertoire multiplicatif : tables de 2, 3, 4 et 5	**Calcul réfléchi : multiplication**	**Division : groupements par 2 et par 5 (2)** RECHERCHE Commande de gommettes
Séance 5 FICHIER NOMBRES p. 106	**Problèmes dictés** Groupements réguliers	**Problèmes écrits** Groupements réguliers	**Valeur initiale avant une augmentation** RECHERCHE Combien y avait-il de photos dans l'enveloppe ?
Séance 6 FICHIER NOMBRES p. 107	**Calculs dictés** Compléments à 100 d'un multiple de 5	**Décompositions de 60**	**Calcul de distances** RECHERCHE Distances en kilomètres
Séance 7 CAHIER GÉOMÉTRIE p. 61	**Calculs dictés** Compléments à 100 d'un multiple de 5	**Différentes unités de mesure**	**Comparaison et mesure de masses : kilogramme et gramme** RECHERCHE Des sacs à peser
Séance 8 CAHIER GÉOMÉTRIE p. 62	**Calculs dictés** Somme de 2 nombres inférieurs à 100	**Kilogramme et gramme**	**Solides (3)** RECHERCHE Demander les faces
Séance 9	**Calculs dictés** Somme de 2 nombres inférieurs à 100	**Tracés avec le compas**	**Coder des déplacements sur un écran** RECHERCHE Tracés à l'écran

Bilan

Je prépare le bilan puis **Je fais le bilan**
FICHIER NOMBRES p. 108 et 109
CAHIER GÉOMÉTRIE p. 63

Consolidation Remédiation

Je consolide mes connaissances
FICHIER NOMBRES p. 110
CAHIER GÉOMÉTRIE p. 64

Banque de problèmes

Au jardin
FICHIER NOMBRES p. 111
– Résoudre un problème relatif à une organisation rectangulaire d'objets
– Résoudre un problème à étapes
– Résoudre un problème de complément
– Résoudre un problème de groupements
– Résoudre un problème de recherche
– Procéder par essais et ajustements

L'essentiel à retenir de l'unité 10

- **Calculs dictés :**
  – Tables de multiplication de 2 à 5
  – Compléments à 100 de multiples de 5
  – Addition, soustraction de nombres inférieurs à 100 (*sans retenue*)
- **Tableaux et graphiques**
- **Ligne graduée**
- **Division : groupements réguliers**
- **Valeur initiale avant une augmentation**
- **Comparaison et mesure de masses : gramme et kilogramme**
- **Mesure de longueurs : kilomètre**
- **Solides**

	Tâche	Matériel	Connaissances travaillées
PROBLÈMES DICTÉS	**Partage équitable** – Résoudre des problèmes de partage équitable.	par élève : – 10 enveloppes et 20 objets FICHIER NOMBRES p. 102 (1)	– **Division** – Valeur de chaque part – Multiplication par 2 et par 5 (tables) – Doubles et moitiés.
PROBLÈMES ÉCRITS	**Partage équitable** – Résoudre des problèmes de partage équitable.	par élève : FICHIER NOMBRES p. 102 (2) et (3)	– **Division** – Valeur de chaque part – Multiplication par 2 et par 5 (tables) – Doubles et moitiés.
APPRENDRE Calcul	**Tableaux et graphiques** RECHERCHE **« Les oiseaux »** – Prendre des informations dans un tableau et un graphique et les mettre en relation.	pour la classe : – reproduction agrandie du tableau et du graphique du fichier par élève : FICHIER NOMBRES p. 102 (4)	– **Tableaux et graphiques** – Valeur positionnelle des chiffres – Équivalences entre centaines, dizaines et unités – Comparaison de nombres.

PROBLÈMES DICTÉS

Partage équitable

– Résoudre un problème de partage équitable en utilisant le calcul mental.

COLLECTIF

FICHIER NOMBRES ET CALCULS p. 102

Exercice 1

• Les situations sont évoquées à l'aide du matériel. Vérification expérimentale des réponses, par recours à des objets ou par dessin.

Problème a Montrer 2 enveloppes et 10 objets pour évoquer les sachets et bonbons. Lisa prépare **2 sachets** de bonbons. Elle a **10 bonbons** et veut mettre autant de bonbons dans chaque paquet.
QUESTION : *Combien y aura-t-il de bonbons dans chaque paquet ?*

Problème b Montrer 2 enveloppes et 14 objets pour évoquer les sachets et bonbons. Alex prépare **2 sachets** de bonbons. Il a **14 bonbons** et veut mettre autant de bonbons dans chaque paquet.
QUESTION : *Combien y aura-t-il de bonbons dans chaque paquet ?*

Problème c Montrer 5 enveloppes et 20 objets pour évoquer les sachets et bonbons. Arthur prépare **5 sachets** de bonbons. Il a **20 bonbons** et veut mettre autant de bonbons dans chaque paquet.
QUESTION : *Combien y aura-t-il de bonbons dans chaque paquet ?*

Au moment de la correction, mettre en évidence :
– les **procédures de résolution**, notamment : utilisation des tables de multiplication, des notions de doubles ou de moitiés (problèmes **a** et **b**), d'essais de nombres ajoutés 2 ou 5 fois ou multipliés par 2 ou par 5 ;
– la **vérification expérimentale des réponses**.

RÉPONSE : a. 5 bonbons b. 7 bonbons c. 4 bonbons.

PROBLÈMES ÉCRITS

Partage équitable

– Résoudre un problème de partage équitable.

INDIVIDUEL

FICHIER NOMBRES ET CALCULS p. 102

Résoudre des problèmes

2 Lisa et Alex jouent au jeu de bataille. Ils ont un jeu de 32 cartes. Après avoir distribué toutes les cartes, Lisa et Alex ont autant de cartes l'un que l'autre.
Combien de cartes chacun a-t-il ?

3 Alex a 60 cubes. Il construit 5 tours identiques en utilisant tous ses cubes.
Combien y a-t-il de cubes dans chaque tour ?

Problèmes 2 et 3

• Faire l'inventaire des procédure correctes lors de la correction :
– utiliser l'addition itérée (essais de nombres additionnés 2 ou 5 fois) ;
– utiliser la multiplication (essais de nombres multipliés par 2 ou par 5) ;
– décomposer par exemple 32 en 20 + 12 pour prendre la moitié de ces deux nombres et additionner les résultats…

RÉPONSE : (2) 16 cartes (3) 12 cubes.

Différenciation : Exercices 2 et 3 → CD-Rom du guide, **fiche n° 52.**

APPRENDRE

Tableaux et graphiques

– Lire l'information apportée par un tableau et un graphique, et les mettre en relation.

RECHERCHE

« **Les oiseaux** » : Des informations sont fournies dans un tableau et deux graphiques à propos de la taille, du poids et de la longévité de différents oiseaux. Les élèves doivent compléter chaque document à l'aide des informations des deux autres documents.

COLLECTIF

PHASE 1 Prise de connaissance des supports : tableaux et graphiques

• Demander aux élèves d'ouvrir leur fichier page 101, exercice 1 et les interroger sur les informations apportées par le tableau et les graphiques :

Quels renseignements peut-on avoir ? Sur quels oiseaux ?
Quelle est la taille du cygne tuberculé ? Et celle du flamant rose ?
Comprenez-vous ce que veut dire le mot « longévité » ?

• Faire conclure sur ce qu'on peut trouver avec le tableau et avec chaque graphique ainsi que sur la signification de chaque case (1 kg pour les poids et 25 cm pour les tailles).

• Si nécessaire, préciser le sens du mot « longévité » : durée de vie moyenne.

Les élèves ne sont pas toujours familiarisés avec ces supports, notamment ce type de graphique. Un temps d'appropriation collective est donc indispensable.

INDIVIDUEL

PHASE 2 Recherche d'informations

• Les élèves sont invités à répondre soit oralement soit par écrit (ardoise ou cahier de brouillon). **Exemple de questions :**

Quelle est la taille du canard ? Combien d'années vit-il ?
Combien pèse le flamant ?
Quelle est la taille de la cigogne ?
Pour la taille du canard, le tableau et le graphique donnent-ils la même information ?
Quel oiseau vit le plus longtemps ? le moins longtemps ?

SYNTHÈSE

Lire des informations sur un tableau ou un graphique

• **Lecture d'un tableau à double entrée** : pour lire le contenu d'une case, il faut l'associer à ses deux référents (par exemple nom de l'oiseau et longévité).

• **Lecture d'un graphique** : il faut tenir compte de la légende qui précise ce que représente 1 carreau de hauteur.

INDIVIDUEL

ENTRAINEMENT

FICHIER NOMBRES ET CALCULS **p. 102**

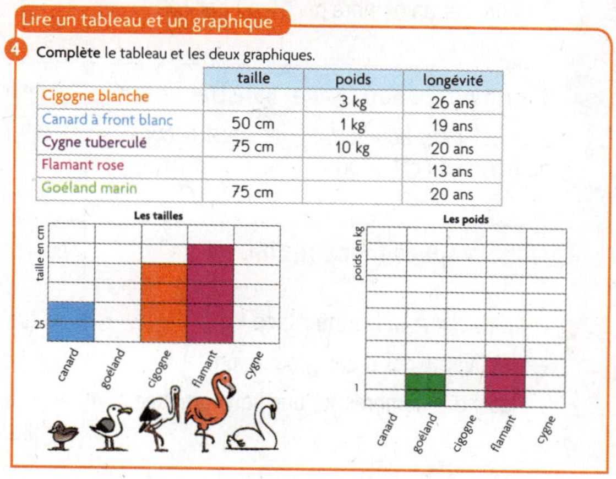
Lire un tableau et un graphique

4 **Complète** le tableau et les deux graphiques.

	taille	poids	longévité
Cigogne blanche		3 kg	26 ans
Canard à front blanc	50 cm	1 kg	19 ans
Cygne tuberculé	75 cm	10 kg	20 ans
Flamant rose			13 ans
Goéland marin	75 cm		20 ans

Exercice 4

• Faire remarquer qu'il manque des renseignements dans le tableau ou les graphiques, mais qu'on peut les trouver dans l'un ou l'autre des documents. Préciser la tâche : se servir de l'un des documents pour compléter l'information sur un autre document.

• Certains élèves peuvent avoir besoin de l'assistance de l'enseignant pour réussir cette tâche complexe.

RÉPONSE :

	taille	poids	longévité
cigogne	**100 cm**	3 kg	26 ans
canard	50 cm	1 kg	19 ans
cygne	75 cm	10 kg	20 ans
flamant	**125 cm**	**3 kg**	13 ans
goéland	75 cm	**2 kg**	20 ans

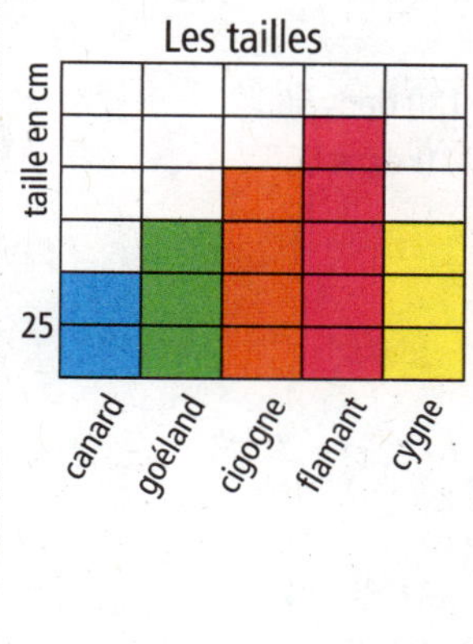

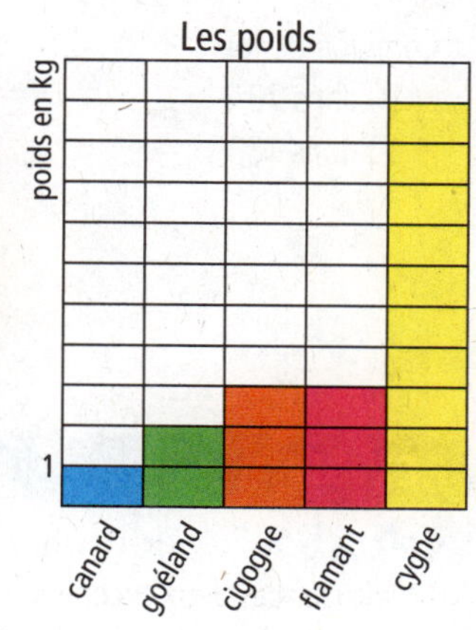

	Tâche	Matériel	Connaissances travaillées
CALCULS DICTÉS	**Mutiplication d'un nombre par 10 ou par 100** – Multiplier un nombre par 10 ou par 100.	par élève : FICHIER NOMBRES p. 103 ①	– **Calcul mental : automatismes.**
RÉVISER Calcul	**Calcul posé : addition et soustraction** – Calculer des additions et des soustractions au moyen du calcul posé.	par élève : FICHIER NOMBRES p. 103 ②	– **Addition, soustraction : calcul posé.**
APPRENDRE Nombres	**Ligne graduée (nombres inférieurs à 1 000)** RECHERCHE **« À la bonne place »** – Identifier le pas d'une graduation. – Placer des nombres sur une ligne graduée.	pour la classe : – les droites graduées A, B, C et D reproduites au tableau ou agrandies par élève : – les lignes A, B, C et D › **fiche 75** FICHIER NOMBRES p. 103 ③ et ④	– **Graduation** – Nombres inférieurs à 1 000.

CALCULS DICTÉS

Mutiplication d'un nombre par 10 ou par 100 • Automatismes

– Calculer des produits dont un terme est 10 ou 100.

COLLECTIF

FICHIER NOMBRES ET CALCULS p. 103

Exercice 1

- Dicter les calculs de a à d sous la forme « neuf fois 10 ». Les réponses sont données dans le fichier.
- Procéder à une correction immédiate après chaque calcul.

a. 9 × 10 b. 25 × 10 c. 8 × 100 d. 60 × 10
Combien de fois :
e. 10 dans 70 ? f. 100 dans 500 ?
g. 10 dans 180 ? h. 10 dans 800 ?

RÉPONSE : a. 90 b. 250 c. 800 d. 600 e. 7 f. 5 g. 18 h. 80.

La multiplication par 10 ou par 100, attachée à des quantités de dizaines ou de centaines, devrait être suffisamment disponible pour répondre à ces questions :
– pour les questions du type **« Combien de fois 10 dans 70 ? »**, demander une vérification de la réponse par un calcul du type 7 × 10 = 70 ;
– pour **« 8 × 100 »**, faire remarquer que la réponse « huit-cents » s'entend dans la question « huit fois cent », ce qui n'est pas le cas pour la multiplication par 10.

RÉVISER

Calcul posé : addition et soustraction

– Maitriser ces deux techniques de calcul.

INDIVIDUEL

FICHIER NOMBRES ET CALCULS p. 103

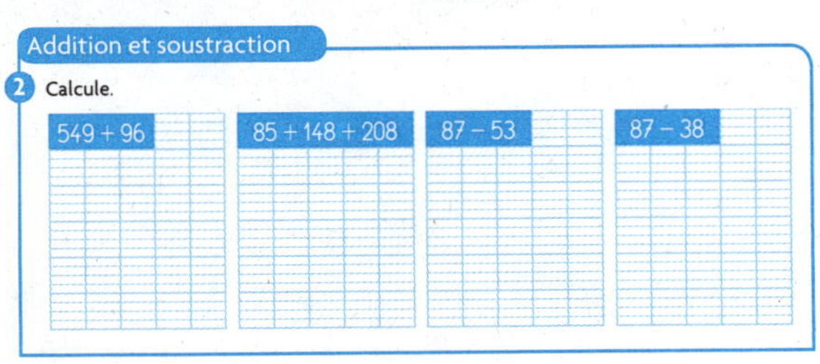

Exercice 2

- Lors de la correction, il est important de s'attacher à la justification de chaque étape du calcul.

AIDE Pour certains élèves, le matériel de numération (cartes « perles ») peut être mis à disposition.

RÉPONSE : 549 + 96 = **645** 85 + 148 + 208 = **441**
87 – 53 = **34** 87 – 38 = **49**.

APPRENDRE

Ligne graduée (nombres inférieurs à 1 000)

– Identifier le pas d'une graduation.
– Placer des nombres sur une ligne graduée.

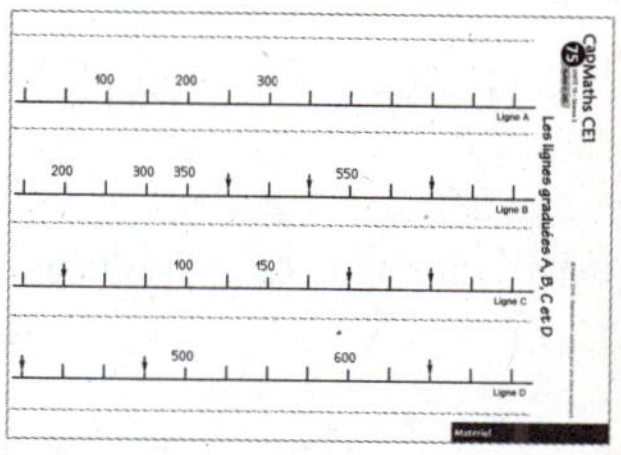

RECHERCHE Fiche 75

« **À la bonne place** » : Après avoir déterminé le pas de la graduation, les élèves doivent placer des nombres sur des lignes graduées.

INDIVIDUEL

PHASE 1 **Placement sur la ligne A**

• Remettre la ligne graduée A aux élèves (elle est également affichée au tableau), puis poser la **première question** :

1. Vous devez placer le nombre **400** sur cette ligne graduée.

• Recenser les différentes réponses et les mettre en discussion, en demandant d'abord d'identifier et d'expliquer les erreurs de placement. En particulier, certains élèves ont pu placer 400 juste après 300 ou au-delà de son emplacement, car ils n'ont pris en compte que l'ordre sur les nombres.

• Faire expliciter ce qu'il faut faire pour réussir le placement :
– **reconnaitre le saut de la graduation** (l'écart entre 2 traits de graduation appelés aussi repères) : ici, pour aller de 100 en 100, il faut « sauter » 2 intervalles ou encore la ligne est graduée de 50 en 50 (ne retenir que ce qui est formulé par les élèves, ce qui ne l'est pas apparaitra dans la suite de la séance) ;
– **placer le nombre** en tenant compte de cette information.

• Recommencer avec **trois nouvelles questions** (un bilan étant fait après chaque question) :

2. Pour le repère situé le plus à droite, Alex hésite entre 4 nombres : **350, 450, 500** et **600** *(les écrire au tableau)*. Quel est celui qui convient ? (réponse : 600)
3. Placer sur votre ligne A les nombres : **150, 0, 450** *(les écrire au tableau)*.
4. Compléter en écrivant tous les nombres qui correspondent aux traits de graduation.

Une bonne maitrise des graduations (placement exact et, plus tard, approximatif) est utile, en particulier parce qu'elle renforce la maitrise de l'organisation de la suite des nombres, de l'ordre sur les nombres et parce qu'elle sert de support aux calculs qui s'appuient sur des déplacements sur une ligne numérique.
Des difficultés peuvent apparaitre pour des élèves qui prennent en compte l'ordre sur les nombres, mais ne respectent pas les contraintes liées à l'existence d'une graduation.
Pour aider les élèves à prendre conscience du fait qu'il y a un écart de 50 entre deux graduations, on peut matérialiser le saut de 50 (par exemple par une flèche), identique entre 100 et 150, et entre 200 et 250.

INDIVIDUEL

PHASE 2 **Placement sur la ligne B**

• Remettre la ligne B aux élèves en posant ces **trois questions** :

1. Trouver les nombres qui correspondent aux traits de graduation marqués par une flèche. (réponse : 400 ; 500 ; 650)
2. Placer le nombre **700**.
3. Compléter avec les nombres qui manquent.

Pour la **question 1**, les nombres qui ne conviennent pas peuvent être éliminés pour diverses raisons : trop petit (350), correspondant à une autre graduation...

SYNTHÈSE

Pour placer des nombres sur une ligne graduée

1. Il faut **reconnaitre le saut de la graduation** (l'écart entre 2 repères qui se suivent) ;
2. Il faut **s'appuyer sur les nombres déjà placés**.

INDIVIDUEL

PHASE 3 **Placement sur les lignes C et D**

• Remettre les lignes C et D aux élèves. Formuler à nouveau les consignes oralement, chaque élève répondant individuellement, avant une mise en commun collective au cours de laquelle l'accent est à nouveau mis sur la nécessité de trouver en premier le « pas » de la graduation.

Ligne graduée C

1. Placer **50** et **300**.
2. Trouver les nombres correspondant aux trois flèches marquées. (réponse : 25 ; 200 ; 250)

Ligne graduée D

3. Placer **450** et **575**.
4. Trouver les nombres correspondant aux trois flèches marquées. (réponse : 400 ; 475 ; 650)

La droite D peut n'être proposée qu'aux élèves les plus habiles en calcul mental.

INDIVIDUEL

ENTRAINEMENT

FICHIER NOMBRES ET CALCULS p. 103

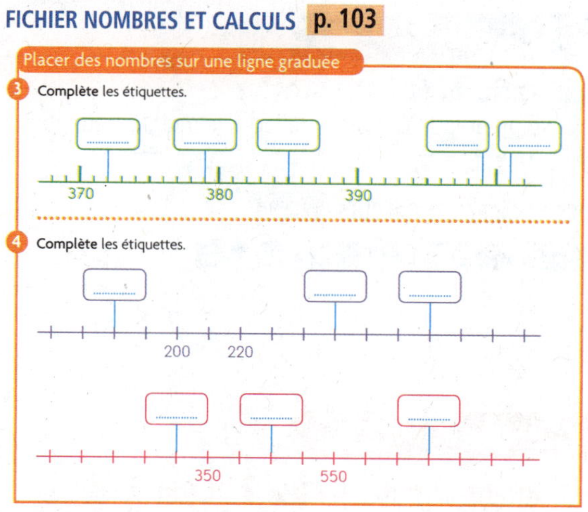

Exercice 3

Exercice très simple, la graduation étant de 1 en 1 et de 10 en 10 pour les traits plus gras.

RÉPONSE : 372 ; 379 ; 385 ; 399 ; 401.

Exercice 4

Il faut d'abord repérer le saut de la graduation, de 10 en 10 pour la première ligne et de 50 en 50 pour la deuxième.

RÉPONSE : **1re ligne** : 180 ; 250 ; 280 **2e ligne** : 300 ; 450 ; 700.

UNITÉ 10

Division : groupements par 2 et par 5 (1)

	Tâche	Matériel	Connaissances travaillées
CALCULS DICTÉS	Répertoire multiplicatif : tables de 2, 3, 4 et 5 – Donner les résultats des tables de multiplication de 2 à 5.	par élève : FICHIER NOMBRES p. 104 ①	– Calcul mental : automatismes.
RÉVISER Calcul	Calcul réfléchi : multiplication – Calculer des produits, le multiplicateur étant inférieur à 10.	par élève : FICHIER NOMBRES p. 104 ②	– Multiplication : calcul réfléchi.
APPRENDRE Calcul	Division : groupements par 2 et par 5 (1) RECHERCHE « Commande de gommettes » – Calculer combien de groupes de 2 objets ou de 5 objets sont nécessaires pour obtenir un nombre donné d'objets (les objets sont fournis dans une organisation rectangulaire : bandes de 2 ou de 5 gommettes en largeur).	pour la classe : – bandes de 2 gommettes rondes et bandes de 5 gommettes carrées › fiche 76 par élève : – bons de commande › fiche 77 FICHIER NOMBRES p. 104 ③ et ④	– Multiplication – Division (aspect groupements) – Nombre de parts – Tables de multiplication par 2 ou par 5.

CALCULS DICTÉS

Répertoire multiplicatif : tables de 2, 3, 4 et 5 • Mémorisation

– Donner rapidement des produits des tables de 2 à 5.

COLLECTIF

FICHIER NOMBRES ET CALCULS p. 104

Exercice 1

• Dicter les calculs. Les réponses sont données dans le fichier

• Procéder à une correction immédiate après chaque calcul. Conserver les résultats au tableau.

a. 6 fois 3 b. 8 fois 5 c. 3 fois 9
Combien de fois : d. 3 dans 12 ? e. 5 dans 15 ? f. 2 dans 14 ?

RÉPONSE : a. 18 b. 40 c. 27 d. 4 e. 3 f. 7.

Les questions du type « Combien de fois 3 dans 12 ? » sont plus délicates. Mettre ce calcul en relation :
– avec 4 fois 3 égale 12 ;
– avec 3 + 3 + 3 + 3 = 12 ;
– avec une matérialisation si nécessaire : avec 12 objets, on peut faire 4 paquets identiques de 3 objets.

RÉVISER

Calcul réfléchi : multiplication

– Calculer un produit par calcul réfléchi, le multilicateur étant inférieur à 10.

INDIVIDUEL

FICHIER NOMBRES ET CALCULS p. 104

16 × 5 • 104 × 2 • 33 × 4 • 125 × 4

Exercice 2

Lors de la correction, il est important de s'attacher à la justification de chaque étape du calcul.

RÉPONSE : 80 208 132 500.

APPRENDRE

Division : groupements par 2 et par 5 (1)

– Utiliser la multiplication pour dénombrer des objets disposés « rectangulairement ».
– Approcher la division : résoudre des problèmes de groupements (combien de fois ... dans ... ?).
– Utiliser les tables de multiplication par 2 et par 5.

RECHERCHE Fiche 76

« Commande de gommettes » : De longues bandes de gommettes (2 ou 5 gommettes sur la largeur) sont disponibles. Les élèves doivent déterminer où il faut couper dans chaque bande pour obtenir un nombre donné de gommettes.

COLLECTIF

PHASE 1 Présentation de la situation : obtenir 8 gommettes

• Décrire la situation :

→ *Pour décorer leurs cahiers, Alex et Lisa ont besoin de gommettes rondes et de gommettes carrées :*

– *les gommettes rondes sont prises dans de longues bandes, comme celle-ci, où il y a 2 gommettes sur la largeur* (montrer une bande de gommettes rondes) ;
– *les gommettes carrées sont prises, elles, dans de longues bandes comme celle-ci, où il y a 5 gommettes sur la largeur* (montrer une bande de gommettes carrées).
• Afficher horizontalement un exemplaire de chaque bande au tableau :

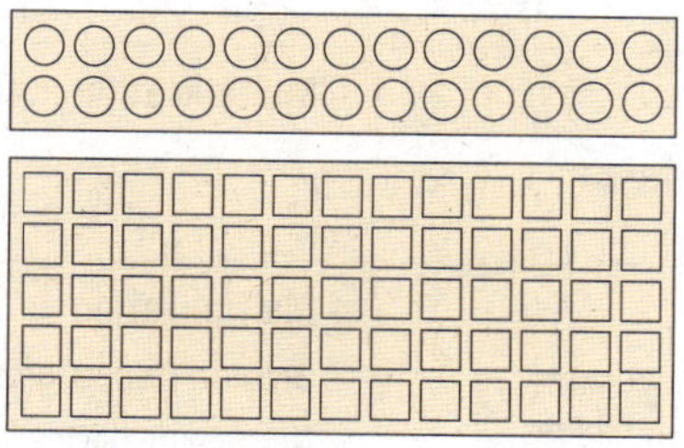

→ *Pour donner à Alex et Lisa juste les gommettes dont ils ont besoin, il faut couper au bon endroit* (montrer par un trait ou avec le doigt comment couper « verticalement »). *Ce sera à vous de dire où je devrai couper pour qu'Alex et Lisa aient le bon nombre de gommettes.*
• Écrire au tableau un premier bon de commande :

> **Bon de commande**
> Il me faut 8 gommettes rondes.
> Je dois couper ...... rangées de 2 gommettes.

• Préciser la tâche :
→ *Sur ce premier bon de commande, Alex et Lisa demandent* ***8 gommettes rondes****. Combien de rangées faut-il couper ?* (Montrer ce qu'est une rangée : une colonne de 2 gommettes).
• Après un temps de recherche individuelle, faire un bilan des réponses, sans s'attarder sur les procédures utilisées, mais plutôt sur les diverses formulations utilisées. On se met d'accord sur une formulation du type : « Il faut couper 4 rangées de gommettes », ce qui est vérifié par un découpage effectif.
• Si des élèves ont eu du mal à comprendre la tâche, un deuxième exemple peut être traité de la même manière (avec une commande de **10 gommettes carrées**).

La figuration des produits sous forme d'objets en disposition rectangulaire sera plus particulièrement travaillée au CE2. Il s'agit ici d'une première approche avec des nombres « simples » : 2 et 5. Cette situation est également l'occasion de prolonger l'étude de problèmes de groupements (approche de la division par 2 et par 5).

INDIVIDUEL OU ÉQUIPES DE 2

PHASE 2 Nouvelles commandes

• Remettre les deux bons de commande d'Alex et de Lisa à chaque équipe ou élève :

> **Bon de commande pour Alex**
> • Il me faut 14 gommettes rondes.
> Je dois couper .... rangées de 2 gommettes rondes.
> • Il me faut 30 gommettes carrées.
> Je dois couper .... rangées de 5 gommettes carrées.

> **Bon de commande pour Lisa**
> • Il me faut 26 gommettes rondes.
> Je dois couper .... rangées de 2 gommettes rondes.
> • Il me faut 45 gommettes carrées.
> Je dois couper .... rangées de 5 gommettes carrées.

• Faire remarquer que sur chaque bon de commande figurent deux commandes :
– 14 gommettes rondes et 30 gommettes carrées pour Alex ;
– 26 gommettes rondes et 45 gommettes carrées pour Lisa.
• Au cours de la recherche, si des élèves ne sont pas sûrs de leur réponse, leur remettre les morceaux de bandes correspondant à ce qu'ils ont inscrit sur leur bon de commande pour validation. Si la réponse ne convient pas, la recherche est relancée.
• Avant la mise en commun, inviter éventuellement les équipes ou les élèves à échanger leurs bons de commande complétés pour validation mutuelle : chaque équipe doit alors se prononcer sur la validité du bon de commande rédigé par une autre équipe.

Un bon de commande « vide » (celui de Moustik sur la fiche 77) permet à l'enseignant de proposer des recherches complémentaires aux élèves plus rapides ou encore d'adapter cette recherche aux possibilités de ses élèves.

COLLECTIF

PHASE 3 Mise en commun et synthèse

• Faire l'inventaire des procédures utilisées qui peuvent s'appuyer notamment :
– sur un dessin ou un schéma ;
– sur des essais d'addition itérée de 2 ou de 5 ;
– sur le recours à des produits connus ou pris dans la table.
• Si nécessaire, proposer une validation matérielle par découpage effectif des bandes de référence.

SYNTHÈSE
Commande de 30 gommettes carrées
• **Mettre en relation ces différents éléments :**
– la multiplication, utilisée pour trouver la réponse ou pour en rendre compte : **6 × 5** (ou 5 × 6) ;
– le fait qu'on a pris **6 fois 5 gommettes** ;
– l'écriture additive : **5 + 5 + 5 + 5 + 5 + 5** ;
– la bande correspondante de **6 sur 5**.

INDIVIDUEL

ENTRAINEMENT

FICHIER NOMBRES ET CALCULS p. 104

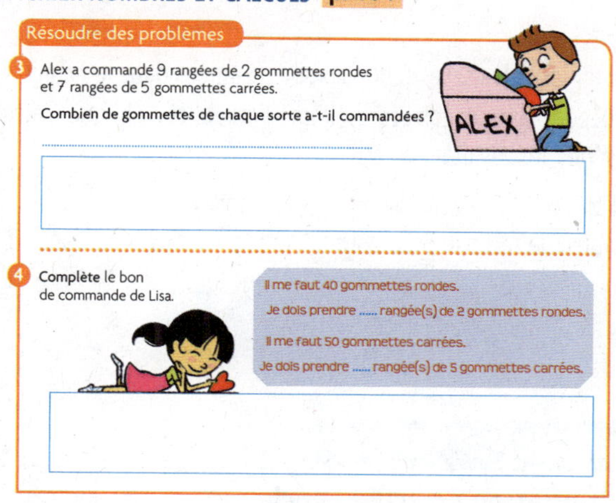

• Dans ces deux exercices, les bandes ne sont pas disponibles mais peuvent être utilisées au moment de la correction.

Exercice 3

RÉPONSE : 18 gommettes rondes et 35 gommettes carrées.

Exercice 4

RÉPONSE : 20 rangées de gommettes rondes et 10 rangées de gommettes carrées.

Des exercices complémentaires ou différenciés peuvent être proposés grâce au bon de commande de Moustik.

À SUIVRE
En **séance 4**, les élèves devront résoudre des problèmes dans lesquels il faut réaliser une quantité de gommettes en coupant dans les 2 sortes de bandes.

Division : groupements par 2 et par 5 (2)

	Tâche	Matériel	Connaissances travaillées
CALCULS DICTÉS	**Répertoire multiplicatif : tables de 2, 3, 4 et 5** – Donner les résultats des tables de multiplication de 2 à 5.	par élève : FICHIER NOMBRES p. 105 1	– **Calcul mental : mémorisation.**
RÉVISER Calcul	**Calcul réfléchi : multiplication** – Calculer des produits, le multiplicateur étant inférieur à 10.	par élève : FICHIER NOMBRES p. 105 2 et 3	– **Multiplication : calcul réfléchi.**
APPRENDRE Calcul	**Division : groupements par 2 et par 5 (2)** RECHERCHE **« Commande de gommettes »** – Calculer combien de groupes de 2 objets ou de 5 objets sont nécessaires pour obtenir un nombre donné d'objets (les objets sont fournis dans une organisation rectangulaire : bandes de 2 ou de 5 gommettes en largeur).	pour la classe : – bandes de 2 gommettes triangulaires et bandes de 5 gommettes triangulaires **› fiche 78** par élève : – bons de commande **› fiche 79** FICHIER NOMBRES p. 105 4 et 5	– **Multiplication** – Division (aspect groupements) – Nombre de parts – Tables de multiplication par 2 ou par 5.

CALCULS DICTÉS

Répertoire multiplicatif : tables de 2, 3, 4 et 5 • Mémorisation

– Donner rapidement des produits des tables de 2 à 5.

COLLECTIF

FICHIER NOMBRES ET CALCULS p. 105

Exercice 1

- Dicter les calculs. Les réponses sont données dans le fichier.
- Procéder à une correction immédiate après chaque calcul. Conserver les résultats au tableau.

a. 4 fois 5 b. 7 fois 4 c. 3 fois 7
Combien de fois : d. 3 dans 18 ? e. 5 dans 35 ? f. 2 dans 18 ?

RÉPONSE : a. 20 b. 28 c. 21 d. 6 e. 7 f. 9.

Les questions du type « Combien de fois 3 dans 18 ? » sont plus délicates. Mettre ce calcul en relation :
– avec 6 fois 3 égale 18 ;
– avec 3 + 3 + 3 + 3 + 3 + 3 = 18 ;
– avec, si nécessaire, une matérialisation : avec 18 objets, on peut faire 6 paquets identiques de 3 objets.

RÉVISER

Multiplication : calcul réfléchi

– Calculer un produit par calcul réfléchi, le multiplicateur étant inférieur à 10.

COLLECTIF ET INDIVIDUEL

FICHIER NOMBRES ET CALCULS p. 105

Calculer des produits

2 L'école d'Alex se trouve à 160 mètres de sa maison.
Il y va le matin, revient chez lui à midi pour le repas,
repart à l'école en début d'après-midi
et rentre chez lui le soir après l'école.

Quelle distance parcourt-il chaque jour pour tous ces trajets ? ……………

3 Calcule.

24 × 5 135 × 2 108 × 4 130 × 5

Exercice 2

- Ce problème peut être résolu par addition répétée ou par multiplication. L'explicitation du nombre de trajets peut nécessiter un traitement collectif après un temps de recherche individuel.

RÉPONSE : 640 m

Exercice 3

RÉPONSE : 120 270 432 650.

APPRENDRE

Division : groupements par 2 et par 5 (2)

– Utiliser la multiplication pour dénombrer des objets disposés « rectangulairement ».
– Approcher la division : résoudre des problèmes de groupements (combien de fois ... dans ... ?).
– Utiliser les tables de multiplication par 2 et par 5.

RECHERCHE Fiche 78

« Commande de gommettes » : De longues bandes de gommettes (2 ou 5 gommettes sur la largeur) sont disponibles. Les élèves doivent déterminer où il faut couper dans chaque bande pour obtenir un nombre donné de gommettes.

ÉQUIPES DE 2

PHASE 1 Présentation de la situation : combien de gommettes ?

• Montrer les deux types de bandes de gommettes triangulaires :

→ *Maintenant, Alex et Lisa n'ont besoin que de gommettes triangulaires. Elles peuvent être prises dans de longues bandes comme celle-ci* (montrer une bande de « largeur 2 ») *ou comme celle-ci* (montrer une bande de « largeur 5 »).

• Afficher un exemplaire de chaque bande au tableau :

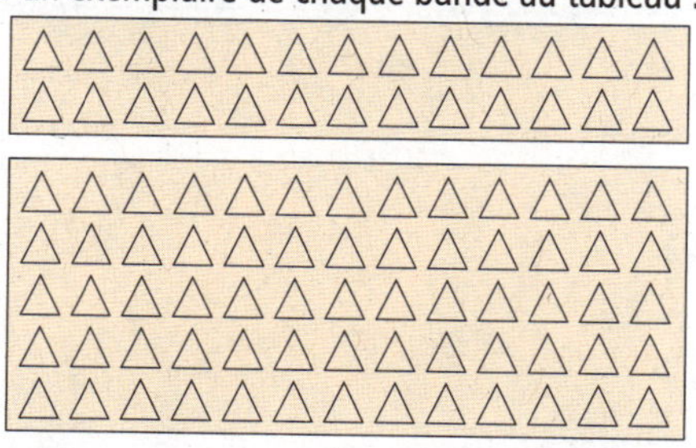

→ *Pour donner à Alex et Lisa juste le nombre de gommettes dont ils ont besoin, il faut couper dans chaque bande au bon endroit. Ce sera à vous de dire où je devrai couper pour qu'Alex et Lisa reçoivent le bon nombre de gommettes. Mais avant je vais vous poser un petit problème.*

• Poser le petit **problème suivant** :

J'ai découpé **6 rangées** dans la première bande (celle de largeur 2) et **4 rangées** dans la deuxième bande (celle de largeur 5). Combien ai-je de gommettes ?

Faire un bilan des réponses et des procédures pour chaque équipe de 2 élèves : recours au dessin, au calcul additif ou à des résultats du répertoire multiplicatif. Mettre en relation ces différentes procédures.

INDIVIDUEL OU ÉQUIPES DE 2

PHASE 2 Commande de 23 gommettes

• Remettre le bon de commande de **23 gommettes triangulaires** à chaque équipe :

Bon de commande pour Alex ou Lisa

Il me faut 23 gommettes triangulaires.

• Je dois couper :
.... rangées de 2 gommettes
et .... rangées de 5 gommettes.

• Je peux aussi couper :
.... rangées de 2 gommettes
et .... rangées de 5 gommettes.

• Rappeler le problème :

→ *Il faut trouver combien il faut prendre de rangées dans chaque bande pour avoir exactement le nombre de gommettes souhaité. Attention, il y a peut-être plusieurs façons d'avoir le bon nombre de gommettes.*

• Au cours de la recherche, si des élèves ne sont pas sûrs de leur réponse, leur remettre les morceaux de bandes pour validation. Si la réponse ne convient pas, la recherche est relancée.

Un **bon de commande « vide »** (celui de Moustik) permet à l'enseignant de proposer des recherches complémentaires aux élèves plus rapides ou d'adapter cette recherche aux possibilités de ses élèves (par exemple : recherche de 17, 34 ou 83 gommettes).

COLLECTIF

PHASE 3 Mise en commun et synthèse

• Faire l'inventaire des **procédures** utilisées qui peuvent s'appuyer notamment :
– sur un dessin ou un schéma ;
– sur des essais d'addition itérée de 2 et de 5 ;
– sur le recours à des sommes de produits connus ou pris dans la table.

• Si nécessaire, proposer une validation matérielle par découpage effectif des bandes de référence.

SYNTHÈSE

Commande de 23 gommettes

• **Mettre en relation ces différents éléments :**
– la multiplication et l'addition, utilisées pour trouver la réponse ou pour en rendre compte :
3 × 5 = 15   4 × 2 = 8   15 + 8 = 23 ;
– le fait qu'on a pris 3 fois 5 gommettes et 4 fois 2 gommettes ;
– l'écriture additive : 5 + 5 + 5 + 2 + 2 + 2 + 2 ;
– les bandes correspondantes de 3 sur 5 et de 4 sur 2.

RÉPONSE : 9 × 2 + 1 × 5   4 × 2 + 3 × 5.

INDIVIDUEL

ENTRAINEMENT

FICHIER NOMBRES ET CALCULS p. 105

Résoudre des problèmes

4 Lisa a commandé des gommettes triangulaires :
8 rangées de 2 gommettes
et 4 rangées de 5 gommettes.
Combien de gommettes a-t-elle commandées au total ?

5 Alex a besoin de 50 gommettes triangulaires.
Complète ces deux bons de commande de façon différente.

Je dois prendre .... rangée(s) de 2 gommettes et .... rangée(s) de 5 gommettes

Je dois prendre .... rangée(s) de 2 gommettes et ...... rangée(s) de 5 gommettes

Exercice 4

• Il faut, cette fois répondre par le nombre total de gommettes. Certains élèves peuvent se limiter à donner deux réponses séparées, sans additionner les nombres de gommettes.

RÉPONSE : 36 gommettes.

Exercice 5

• L'enseignant peut inciter les élèves à trouver toutes les réponses :

Rangées de 2 gommettes	0	5	10	15	20	25
Rangées de 5 gommettes	10	8	6	4	2	0

• Les bandes ne sont pas disponibles mais peuvent être utilisées au moment de la correction.

Valeur initiale avant augmentation

	Tâche	Matériel	Connaissances travaillées
PROBLÈMES DICTÉS	**Groupements réguliers** – Résoudre des problèmes de groupements réguliers.	pour la classe : – 10 enveloppes et 35 objets par élève : FICHIER NOMBRES p. 106 (1)	– **Division** – Nombre de parts – Multiplication par 2 et par 5 (tables).
PROBLÈMES ÉCRITS	**Groupements réguliers** – Résoudre des problèmes de groupements réguliers.	par élève : – brouillon FICHIER NOMBRES p. 106 (2) et (3)	– **Division** – Nombre de parts – Multiplication par 4 et par 10.
APPRENDRE Calcul	**Valeur initiale avant augmentation** RECHERCHE **« Combien y avait-il de photos dans l'enveloppe ? »** – Déterminer une quantité initiale connaissant l'augmentation qu'elle a subie et la quantité finale obtenue.	pour la classe : – environ 100 photos de Moustik › **fiche 4** – quelques enveloppes par élève : – cahier de brouillon FICHIER NOMBRES p. 106 (4) et (5)	– **Addition, soustraction** – Recherche d'un état initial.

PROBLÈMES DICTÉS

Groupements réguliers

– Résoudre un problème de partage équitable en utilisant le calcul mental.

COLLECTIF

FICHIER NOMBRES ET CALCULS p. 106

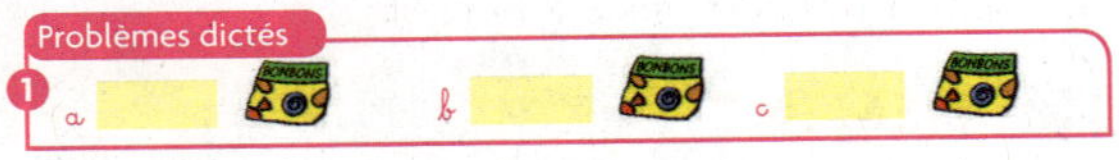

Exercice 1

- Les situations sont évoquées à l'aide du matériel-support. Les réponses sont données dans le fichier.
- Vérification expérimentale des réponses, par recours à des objets ou par dessin.

Problème a

Montrer des enveloppes et 12 objets pour évoquer les sachets et les bonbons. Lisa prépare des sachets de bonbons. Elle a **12 bonbons** et elle veut mettre **2 bonbons dans chaque paquet**.

QUESTION : *Combien y aura-t-il de paquets ?*

Problème b

Montrer des enveloppes et 16 objets pour évoquer les sachets et les bonbons. Alex prépare des sachets de bonbons. Il a **16 bonbons** et il veut mettre **2 bonbons dans chaque paquet**.

QUESTION : *Combien y aura-t-il de paquets ?*

Problème c

Montrer des enveloppes et 35 objets pour évoquer les sachets et les bonbons. Arthur prépare des sachets de bonbons. Il a **35 bonbons** et il veut mettre **5 bonbons dans chaque paquet**.

QUESTION : *Combien y aura-t-il de paquets ?*

Au moment de la correction, mettre en évidence :
– les procédures de résolution, notamment : utilisation des tables de multiplication, d'essais d'additions ou de soustractions itérées de 2 ou de 5… ;
– la vérification expérimentale des réponses.

RÉPONSE : a. 6 paquets b. 8 paquets c. 7 paquets.

PROBLÈMES ÉCRITS

Groupements réguliers

– Résoudre un problème de partage équitable en utilisant le calcul mental.

INDIVIDUEL

FICHIER NOMBRES ET CALCULS p. 106

Résoudre des problèmes

2 Alex a 24 photos. Il les colle dans un album en mettant 4 photos par page.
Combien de pages va-t-il remplir ?

3 Lisa a 60 perles.
Elle fait des colliers de 10 perles.
Combien de colliers peut-elle faire ?

Problèmes 2 et 3

• Les nombres choisis permettent une grande variété de procédures de résolution.

• Aucune procédure correcte n'est à privilégier, mais une relation doit être faite notamment entre l'utilisation de l'addition itérée et celle de la multiplication (le recours aux résultats fournis par les tables est ici possible).

En particulier, pour l'**exercice 3**, les élèves peuvent utiliser l'addition de 10 en 10, la multiplication par 10 ou le fait que 60 est égal à 6 dizaines.

RÉPONSE : 2 6 pages. 3 6 colliers.

Différenciation → CD-Rom du guide, **fiche n° 52.**

APPRENDRE

Valeur initiale avant une augmentation

– Imaginer des procédures pour résoudre un problème nécessitant le calcul d'un état initial avant une augmentation.

RECHERCHE

« Combien y avait-il de photos dans l'enveloppe ? » : Les élèves doivent trouver combien il y avait des photos dans une enveloppe connaissant combien on en a ajoutées et combien elle en contient actuellement.

INDIVIDUEL

PHASE 1 Trois problèmes « faciles »

• Poser trois problèmes successivement. Pour chaque question, laisser un temps de recherche (chaque élève répond sur son ardoise ou son cahier de brouillon), suivi d'une mise en commun (voir phase suivante).

Problème 1

Mettre **37** photos dans l'enveloppe et préciser : *Il y a 37 photos dans cette enveloppe* (un élève peut être appelé pour vérifier). Devant les élèves, rajouter **15 nouvelles photos**.

QUESTION : *Combien y a-t-il maintenant de photos ?*

Problème 2

Mettre au préalable **26 photos** dans l'enveloppe, sans que les élèves le voient, et préciser : *Il y a des photos dans cette enveloppe, mais je ne sais pas combien.*

Devant les élèves, rajouter **4 nouvelles photos** dans l'enveloppe, puis compter toutes les photos et préciser : *Il y a maintenant **30 photos** dans l'enveloppe.*

Écrire au tableau les deux informations : « j'ai ajouté 4 photos », « il y en a maintenant 30 ».

QUESTION : *Combien y avait-il de photos au début ?*

Problème 3

Même type de problème que le problème 2, avec **42 photos** au départ (nombre caché) et **10 photos ajoutées (52 photos au total).**

Écrire au tableau, les deux informations : « j'ai ajouté 10 photos », « il y en a maintenant 52 ».

QUESTION : *Combien y avait-il de photos au début ?*

RÉPONSE : 1 52 photos 2 26 photos 3 42 photos.

Dans cette phase d'appropriation, le **problème 1** n'est destiné qu'à favoriser la compréhension de la situation.
Les **problèmes 2 et 3** permettent l'utilisation de procédures très diversifiées, allant du dessin des objets (notamment pour la question 2), au recours au surcomptage ou au décomptage, à des essais additifs, au calcul d'une addition à trous, voire à la soustraction (reconnue par certains élèves).
Au moment de la mise en commun, aucune procédure n'est favorisée.

ÉQUIPES DE 2

PHASE 2 Un problème « plus difficile »

Problème 4

Prendre modèle sur le problème 2 pour ce nouveau problème avec **65 photos** au départ (nombre caché) et **32 photos ajoutées (97 photos au total).**

Écrire au tableau les deux informations : « j'ai ajouté 32 photos », « il y en a maintenant 97 ».

QUESTION : *Combien y avait-il de photos au début ?*

• Laisser un temps de recherche suffisant aux élèves. Recenser ensuite les réponses. Certaines peuvent être rejetées rapidement notamment celles pour lesquelles le résultat est supérieur à 97).

• Faire expliciter et discuter différents types de procédures. Celles qui s'appuient sur le dessin des objets sont reconnues longues, même si elles ont permis d'aboutir. Si la soustraction n'est pas apparue, ne pas la mentionner pour le moment.

• Poser la question de la validation expérimentale des réponses :

→ *Comment vérifier ce qu'il y avait dans l'enveloppe au début ?*

Après un moment de réflexion par équipes de 2, l'idée de retirer 32 photos de l'enveloppe devrait être exprimée, ce qui permet de faire le lien avec la soustraction : pour retrouver ce qu'il y avait au départ, on peut retrancher ce qu'on a ajouté. Cela peut être traduit par **97 – 32 = 65**.

Les nombres sont choisis suffisamment grands de manière à rendre peu efficaces les procédures prenant appui sur le dessin.
La phase de validation expérimentale est importante, dans la mesure où elle assure un lien avec la soustraction. Il faudra sans doute attendre le CE2 (et même plus tard pour certains) pour qu'une majorité d'élèves soient convaincus que la soustraction permet de résoudre ce type de problèmes.

SYNTHÈSE

Les procédures pour résoudre le problème 4

32 photos ajoutées, **97** photos au total.
Combien y avait-il de photos au départ ?

• **Mettre en évidence** la variété des procédures de résolution et leur plus ou moins grande adaptation aux nombres en jeu :
– **dessin des objets**
(procédure fastidieuse si les nombres sont assez grands ;
– **surcomptage** par exemple de 32 à 97 ou **décomptage** à partir de 97 jusqu'à 32
(procédures difficiles à gérer si les nombres ne sont pas proches) ;
– **essais de sommes** dont par exemple le premier terme est 32 jusqu'à obtenir 97 ;
– **addition à trous**, comme 32 + … = 97
(facile à mettre en œuvre ici, s'il n'y a pas de retenue) ;
– **soustraction**
(même si la situation évoquant un ajout n'incite pas à y penser).

INDIVIDUEL

ENTRAINEMENT

FICHIER NOMBRES ET CALCULS p. 106

Résoudre des problèmes

4 Alex a gagné 5 billes pendant la récréation.
À la fin de la récréation, il a 15 billes.
Combien de billes avait-il au début de la récréation ?

5 Lisa colle 48 nouvelles photos dans son album.
Il y a maintenant 110 photos.
Combien de photos y avait-il avant ?

Problèmes 4 et 5

Ce sont des problèmes du même type que ceux proposés précédemment.
Les élèves qui utilisent la soustraction peuvent procéder :
– par un calcul réfléchi, en enlevant par exemple 10, puis 30, puis 8 de 110 ;
– en utilisant une calculatrice.

RÉPONSE : 4 **10** billes. 5 **62** photos.

Différenciation → CD-Rom du guide, **fiche n° 53.**

UNITÉ 10 Mesure de longueurs : le kilomètre

	Tâche	Matériel	Connaissances travaillées
CALCULS DICTÉS	**Compléments à 100 d'un multiple de 5** – Compléter un multiple de 5 à 100.	par élève : FICHIER NOMBRES p. 107 1	– **Addition : calcul réfléchi.** – Complément à 100.
RÉVISER Calcul	**Décompositions de 60** – Décomposer additivement 60 à l'aide des nombres 5, 10, 15 et 30.	par élève : FICHIER NOMBRES p. 107 2	– **Décomposition additive d'un nombre.**
APPRENDRE Calcul/Mesures	**Calcul de distances** RECHERCHE **« Distances en kilomètres »** – Calculer des distances à partir d'informations prélevées sur une carte.	pour la classe : – la **fiche 80** agrandie ou projetée par élève : – la **fiche 80** FICHIER NOMBRES p. 107 3 et 4	– **Calculer des distances** – **Unité usuelle : kilomètre**

CALCULS DICTÉS

Compléments à 100 d'un multiple de 5 • Réflexion

– Compléter un multiple de 5 à 100.

COLLECTIF

FICHIER NOMBRES ET CALCULS p. 107

Exercice 1

• Dicter les calculs sous la forme « Combien pour aller de 95 à 100 ? ». Les réponses sont données dans le fichier.

• Procéder à une correction immédiate après chaque calcul en faisant exprimer les procédures utilisées. Limiter aux trois premiers calculs en cas de difficultés importantes.

Combien pour aller de :
a. 95 à 100 ? b. 75 à 100 ? c. 55 à 100 ?
d. 5 à 100 ? e. 15 à 100 ? f. 25 à 100 ?

RÉPONSE : a. 5 b. 25 c. 45 d. 95 e. 85 f. 75.

Si la réponse n'est pas mémorisée (comme par exemple pour **55 à 100**), les élèves peuvent passer par la dizaine supérieure, procédure à valoriser : 55 à 100, c'est comme 55 à 60, puis 60 à 100 (donc 5 + 40, donc **45**).

RÉVISER

Décompositions de 60

– Décomposer le nombre 60 en utilisant les nombres 5, 10, 15 et 30.

INDIVIDUEL

FICHIER NOMBRES ET CALCULS p. 107

Décomposer 60

2 **Entoure** des nombres sur chaque grille.
La somme des nombres entourés doit être égale à 60.
Trouve 4 solutions différentes.

Solution 1

5	5	5	5
10	10	10	10
15	15	15	15
30	30	30	30

Solution 2

5	5	5	5
10	10	10	10
15	15	15	15
30	30	30	30

Solution 3

5	5	5	5
10	10	10	10
15	15	15	15
30	30	30	30

Solution 4

5	5	5	5
10	10	10	10
15	15	15	15
30	30	30	30

Exercice 2

• Il s'agit d'un exercice comparable à ceux déjà traités avec les nombres 20 et 50.
Le nombre 60 est mis en relation avec les nombres 5, 10, 15 et 30. Un lien peut être établi avec le travail sur les durées.

RÉPONSE : *Exemples* : 30 + 30 ; 30 + 15 + 15
30 + 15 + 10 + 5
30 + 10 + 10 + 10 ; 15 + 15 + 15 + 15
15 + 15 + 10 + 10 + 10...

APPRENDRE

Calcul de distances : distances en kilomètres

– Comprendre le kilomètre comme une unité de longueur.
– Prendre des informations de distances sur une carte.
– Calculer des distances en kilomètres.

RECHERCHE Fiche 80

« **Calcul de distances** » : Les élèves vont lire des informations contenues sur une carte pour calculer des distances.
Ils découvrent ainsi le « kilomètre» comme unité permettant de mesurer des grandes longueurs.

On aborde ici la **notion de distances** entre villes. Ces distances comme les grandes longueurs sont exprimées dans une unité usuelle : **le kilomètre**.

COLLECTIF

PHASE 1 Étude de la carte et présentation d'une nouvelle unité de longueur.

Distribuer la fiche recherche.

• Demander aux élèves de décrire l'illustration et ce qu'ils en comprennent : il s'agit d'une carte, il y a des villes avec leur noms sur des panneaux indicateurs et des routes entre les villes. Sur ces routes sont inscrits des nombres avec « km ».

• Expliquer la signification de cette abréviation.

SYNTHÈSE

Le kilomètre est une unité de longueur utilisée pour mesurer de très grandes longueurs comme celles des routes qui conduisent d'une ville à l'autre ou d'un village à l'autre. L'abréviation du mot « kilomètre » est « km ». Pour parler des longueurs de ces routes entre deux villes, on parle de **distance** entre les deux villes.

• Demander aux élèves s'ils connaissent des distances en kilomètres dans leur environnement. Les recenser.

INDIVIDUEL

PHASE 2 Lecture de distances et calculs de distances

Les élèves vont résoudre les questions 2 par 2. Un bilan oral peut être réalisé à l'issue de la recherche de 2 questions.

• Demander aux élèves de résoudre les **questions 1 et 2**. Pour la question 1, les distances se lisent sur les routes. Pour la question 2, il faut prendre en compte le panneau indicateur présent à Tocville.

RÉPONSE : ❶ 6 km ; 4 km. ❷ 3 km.

• Demander si les élèves ont vu dans leur environnement des panneaux indicateurs avec des indications de distances.

• Demander aux élèves de résoudre les **questions 3 et 4**. La question 3 correspond à un cumul de distance et la question 4 au calcul d'un complément. Pour la question 4, il peut être utile de montrer sur la carte la distance égale à 5 km, celle entre Tocville et Trouville.

RÉPONSE : ❸ 11 km. ❹ 2 km.

• Les élèves résolvent ensuite les **questions 5 et 6**. Pour le problème 5, il faut comparer les longueurs des trajets passant par Cracville et par Fleurville. Il faut donc calculer la longueur de celui passant par Cracville, celui passant par Fleurville ayant été calculé à la question 3. Pour la question 6, il s'agit d'un cumul de 3 distances.

RÉPONSES : ❺ Par Fleurville. ❻ 15 km

INDIVIDUEL

ENTRAINEMENT

FICHIER NOMBRES ET CALCULS p. 107

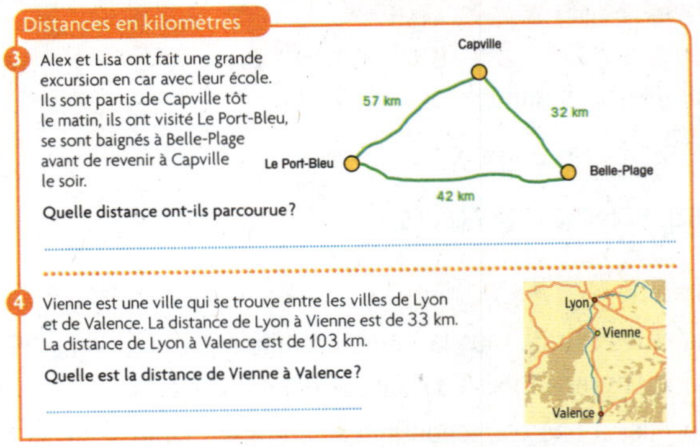
Distances en kilomètres

❸ Alex et Lisa ont fait une grande excursion en car avec leur école. Ils sont partis de Capville tôt le matin, ils ont visité Le Port-Bleu, se sont baignés à Belle-Plage avant de revenir à Capville le soir.

Quelle distance ont-ils parcourue ?

❹ Vienne est une ville qui se trouve entre les villes de Lyon et de Valence. La distance de Lyon à Vienne est de 33 km. La distance de Lyon à Valence est de 103 km.

Quelle est la distance de Vienne à Valence ?

Les élèves vont réinvestir ce qui a été vu dans les activités précédentes avec des nombres plus grands.

Exercice ❸

Calcul d'une somme de distances exprimées en km pour trouver la longueur d'un trajet.

RÉPONSE : 131 km.

Exercice ❹

Calcul d'un complément.

RÉPONSE : 70 km.

À SUIVRE

L'équivalence 1 km = 1 000 m sera étudiée au CE2.

Comparaison et mesure de masses : kilogramme et gramme

	Tâche	Matériel	Connaissances travaillées
CALCULS DICTÉS	**Compléments à 100 d'un multiple de 5** – Compléter un multiple de 5 à 100.	par élève : – ardoise ou cahier de brouillon	– **Addition : calcul réfléchi.** – Complément à 100.
RÉVISER Mesures	**Différentes unités de mesure** – Associer une mesure à une grandeur. – Comparer des longueurs dont les mesures sont exprimées dans différentes unités.	par élève : CAHIER GÉOMÉTRIE p. 61 1 et 2	– **Unités usuelles de longueur, contenance et durée** – **Ordre de grandeur.**
APPRENDRE Mesures	**Comparaison et mesure de masses** RECHERCHE **« Des sacs à peser »** – Comparer des masses à l'aide de balances. – Mesurer des masses. – Calculer des masses.	pour un atelier : – lot de 3 sacs A, B et C (voir activité), chacun en 2 exemplaires – instrument de comparaison de masses : balance Roberval ou romaine (sans les masses marquées) – instrument de pesée : balance de ménage à affichage direct en grammes – fiche-réponse › **fiche 81** pour la classe : – balance Roberval avec les masses marquées – plusieurs balances de ménage (affichage direct en grammes ou graduations en kg/g)…, un pèse-personne par élève : – ardoise CAHIER GÉOMÉTRIE p. 61 3, 4, 5 et 6	– **Notion de masse** – **Comparaison de masses** – **Instruments de mesure** – **Unités usuelles :** gramme et kilogramme.

CALCULS DICTÉS

Compléments à 100 d'un multiple de 5 • Réflexion

– Compléter un multiple de 5 à 100.

COLLECTIF

• Dicter les calculs sous la forme « Combien pour aller de 95 à 100 ? ». Les réponses sont données sur l'ardoise ou le cahier de brouillon

• Procéder à une correction immédiate après chaque calcul en faisant exprimer les procédures utilisées. Limiter aux 3 premiers calculs en cas de difficultés importantes.

Combien pour aller de :

a. 85 à 100 ? b. 65 à 100 ? c. 70 à 100 ?
d. 15 à 100 ? e. 50 à 100 ? f. 45 à 100 ?

RÉPONSE : a. 15 b. 35 c. 30 d. 85 e. 50 f. 55.

Voir commentaire en **séance 6**.

RÉVISER

Différentes unités de mesure

– Connaitre un ordre de grandeur des unités usuelles de mesure et utiliser l'équivalence 1 m = 100 cm.

INDIVIDUEL

CAHIER MESURES ET GÉOMÉTRIE p. 61

Connaitre les unités de mesure

1 2 heures | 2 mètres | 20 centimètres | 3 minutes | 1 litre | 4 kilomètres

Complète avec les mesures qui conviennent.

• Longueur d'un crayon : ....
• Hauteur d'une porte : ....
• Durée d'une chanson : ....
• Durée d'un film : ....
• Contenance d'une bouteille : ....
• Longueur d'une rue : ....

2 Alex et Lisa ont des bâtons de différentes longueurs :

85 cm 2 m 1 m 40 cm 120 cm

Range les longueurs de la plus petite à la plus grande.

....

Ce travail de révision peut être réalisé en autonomie, pendant que les élèves réalisent à tour de rôle le travail en atelier prévu dans la situation d'apprentissage.

Exercice 1

• Les élèves doivent associer à une grandeur sa mesure exprimée dans la bonne unité.

• **L'ordre de grandeur de l'unité** est aussi à prendre en compte :

– pour les **longueurs**, sauf pour le kilomètre, cet ordre de grandeur est donné par les instruments présents dans la classe : double-décimètre, règle de tableau. Les mesures des objets considérés peuvent être faites par certains élèves.
– pour les **durées**, les élèves vont davantage devoir faire appel à leurs connaissances sociales et à l'ordre de grandeur qu'ils ont construit pour l'heure et la minute.

RÉPONSE :

Longueur d'un crayon : **20 cm**	Durée d'un film : **2 h**
Hauteur d'une porte : **2 m**	Contenance d'une bouteille : **1 L**
Durée d'une chanson : **3 min**	Longueur d'une rue : **4 km.**

Exercice 2

Les élèves doivent ranger des longueurs de la plus petite à la plus grande. Ce rangement nécessite que les longueurs soient exprimées dans la même unité.

RÉPONSE : 85 cm ; 120 cm = 1 m 20 cm ; 1 m 40 cm = 140 cm ; 2 m = 200 cm.

APPRENDRE

Comparaison et mesure de masses

– Comparer des masses en soupesant et à l'aide d'une balance à plateaux.
– Mesurer des masses à l'aide d'une balance à affichage (ou à graduations) en grammes et kilogrammes.

RECHERCHE

« **Des sacs à peser** » : Les élèves vont d'abord comparer des objets suivant leurs masses en les soupesant puis en utilisant une balance à plateaux, pour ensuite les peser à l'aide d'une balance de ménage (à affichage ou graduation). Il est important que les élèves puissent réaliser eux-mêmes les manipulations. Ils vont ensuite découvrir le « kilogramme » avec des problèmes de pesée. Les manipulations sont alors faites par l'enseignant.

On aborde ici la **notion de masse** par un problème de comparaison.

L'élève doit comprendre de quelle propriété de l'objet il s'agit, en particulier distinguer masse et volume. L'idée de mesure est approchée en référence à une utilisation sociale des balances.

• Organisation de la classe

Pour la phase 1 de cette séance, plusieurs organisations de classe sont possibles :

– La plus commode est de réaliser un **atelier tournant** : par équipe de 4, les élèves réalisent l'activité en atelier pendant 5 à 10 min, en présence de l'enseignant, pendant que les autres élèves réalisent le travail de révision en autonomie. Si 2 ateliers fonctionnent en parallèles, 2 équipes peuvent réaliser l'activité simultanément.

– Si on dispose de suffisamment de matériel, on peut réaliser **autant d'ateliers que d'équipes de 4**.

– Enfin, l'enseignant peut faire réaliser les **manipulations avec les balances par deux élèves devant le reste de la classe** ; mais cette organisation privera la majorité des élèves d'une expérience de manipulation très utile.

Suivant l'organisation choisie, la durée totale de la séquence peut s'avérer assez longue. La phase 3 peut être réalisée lors d'une autre séance.

• Préparation du matériel

Préparer, avant la séance, pour chaque atelier un **lot de 3 sacs** repérés par les lettres A, B et C :

Sac A : 200 g de riz ou pois

Sac B : 600 g d'un matériau lourd (gravier ou clous)

Sac C : quelques dizaines de grammes (moins de 100 g) d'un matériau très léger mais volumineux (copeaux de polystyrène ou de mousse)

Il est important pour l'activité que les masses des sacs A et B soient assez précises ; une balance Roberval permettra de comparer les masses des sacs et une balance de ménage à affichage en grammes (voire à graduations) de les déterminer. Attention à ne pas utiliser une balance dont l'affichage est une écriture à virgule en kg.

ÉQUIPES DE 4

PHASE 1 Pesée des sacs

• Expliquer le travail qui est à faire avec les réponses à donner sur la **fiche de recherche**. L'activité pourra être menée par l'équipe en semi-autonomie.

Question 1

→ *Dans un premier temps, il s'agit de soupeser vous-mêmes les* ***sacs A*** *et* ***B****, et de dire quel sac est le plus lourd, quel sac est le moins lourd. Il faut vous mettre d'accord et donner la réponse de l'équipe sur la fiche. Vous ferez ensuite de même avec les* ***sacs A*** *et* ***C****.*

Question 2

→ *Vous devez maintenant vérifier vos comparaisons à l'aide de la* ***balance à plateaux****. Il faudra placer le* ***sac A*** *et le* ***sac B*** *sur chacun des plateaux et observer ce qui se passe. Vous suivrez les consignes données sur la fiche, puis vous vous mettrez d'accord et vous noterez vos réponses. Vous ferez de même avec les* ***sacs A*** *et* ***C****.*

Question 3

→ *Pour finir, vous pèserez chacun des sacs à l'aide de cette* ***balance à affichage*** (ou à graduations), *la montrer et vous noterez le résultat affiché par la balance sur la fiche.*

Question 4

→ *Vous vous mettrez d'accord sur un* ***rangement des trois sacs*** *du moins lourd au plus lourd et vous le noterez sur la fiche.*

COLLECTIF

PHASE 2 Mise en commun des résultats et synthèse

• Après la recherche de toutes les équipes, recenser au tableau les **résultats des comparaisons à l'aide de la balance à plateaux.**

• Faire discuter des déductions quant au sac le plus lourd : **c'est celui qui est sur le plateau qui est en bas**. Donc **B** est plus lourd que **A** et **A** est plus lourd que **C**. Refaire les manipulations si nécessaire et noter au tableau ces données :

• Recenser au tableau les **résultats des pesées** : faire discuter de la manière de lire le résultat ; faire lire l'unité si elle apparait sur la balance (grammes). Faire refaire, si nécessaire, les pesées par un élève. Confirmer par les mesures les rangements obtenus précédemment : le rangement du sac le plus lourd au sac le moins lourd est bien **B, A, C**.

TRACE ÉCRITE

Noter au tableau :
La masse du sac **A** est **200 g**.
On dit aussi « le sac A pèse 200 g ».
La masse du sac **B** est **600 g**.
La masse du sac **C** est …. **g** *(quelques dizaines de grammes selon le matériau choisi).*

1re SYNTHÈSE

Comparaison des masses

• **Faire décrire la balance à plateaux** : deux plateaux, un fléau, les plateaux sont mobiles ; vides, ils se mettent à la même hauteur, on dit qu'il y a équilibre.

• **Une balance à plateaux sert à comparer les masses de deux objets :**
– Quand on met un objet sur chaque plateau, **c'est le plateau qui porte l'objet le plus lourd qui est le plus bas.**
– Quand on met deux objets de même masse sur chaque plateau, les deux plateaux restent au même niveau. On dit que la balance est **en équilibre** (poser un sac A dans chaque plateau et faire observer l'équilibre).

TRACE ÉCRITE

Noter sur une affiche :

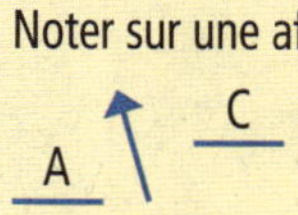

A est plus lourd que C.
La masse de A est plus grande que celle de C.

Les deux sacs ont même masse.

1re SYNTHÈSE (suite)

Pesée des objets

• **Avec les balances à affichage ou à graduations, on mesure des masses.** Les mesures obtenues sont exprimées en **grammes**. L'abréviation du mot gramme est **« g »**. *(Montrer les mesures inscrites au tableau).*

• **Avec la balance à plateaux, on peut aussi peser un objet, si on dispose de masses marquées.**
Peser le sac A avec une masse marquée de 200 g.
Peser le sac B avec deux masses marquées respectivement de 500 g et de 100 g.

Conclure : On met l'objet sur un des plateaux et sur l'autre des masses marquées jusqu'à ce que les deux plateaux s'équilibrent. **La masse de l'objet est égale à celle du total des masses marquées.**

• **Présenter la boite des masses marquées** et demander à un élève de venir lire ce qui est marqué sur chaque poids.

ÉCRIT DE RÉFÉRENCE

Demander aux élèves de lire le **dico-maths n° 24.**

La phase suivante peut être travaillée dans une autre séance.
→ *Maintenant on va vous peser ! Peut-on le faire avec les balances que l'on a utilisées ?*

COLLECTIF AVEC RECHERCHE INDIVIDUELLE

PHASE 3 Nouvelle balance et découverte du kilogramme

• La balance Roberval et les balances de ménage ne permettent de mesurer que des masses assez petites. En revanche, peser un enfant ou une personne nécessite d'utiliser un pèse-personne, et la masse ou le poids s'exprime alors en « kilogrammes ou kilos ».

• Demander à quelques élèves de venir se peser sur le pèse-personne. Noter les résultats des pesées en kilogrammes au tableau. Demander à l'ensemble des élèves :
→ *Quel élève est le plus lourd ? Quel élève est le plus léger ? Connaissez-vous des objets qui pèsent 1 kilogramme ?*
Présenter un paquet de farine, de riz…, peser ces objets sur la balance Roberval en l'équilibrant avec une masse marquée de 1 kg. Continuer en pesant quelques objets assez lourds de la classe (dictionnaire par exemple) sur la balance Roberval en utilisant la masse marquée de 1 kg et les autres masses marquées.

2e SYNTHÈSE

Les unités de masse

• **Présenter les masses marquées de 1 g et de 1 kg.**
Faire lire à un élève ce qui est marqué dessus : il est généralement inscrit « 1 g » et « 1 kg ».

• **Pour mesurer des masses, on utilise 2 unités :**
le **gramme** et une unité plus grande le **kilogramme**.

Certains parleront de « kilo ». Préciser que cette unité permet de peser des objets plus lourds, comme le poids des denrées alimentaires ou des personnes.

L'équivalence entre 1 g et 1 000 g est un objectif de CE2.
Pour les masses qui dépassent le kg, on peut utiliser des expressions comme 1 kg et 200 g. (sans conversion sous la forme 1 200 g).

ÉCRIT DE RÉFÉRENCE

Demander aux élèves de lire le **dico-maths n° 25.**

UNITÉ 10

INDIVIDUEL

ENTRAINEMENT

CAHIER MESURES ET GÉOMÉTRIE p. 61

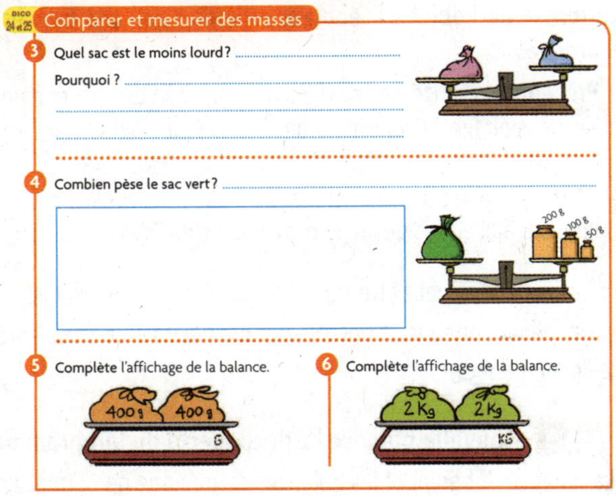

Il faut que les élèves comprennent les dessins du cahier comme étant des représentations des balances utilisées. Les deux derniers exercices sont réservés aux élèves les plus rapides.

Exercice 3

C'est une application directe de ce qui a été vu pendant la séance.

RÉPONSE : Le **sac bleu** est le moins lourd car son plateau est le plus haut.

Exercice 4

C'est également une application directe de ce qui a été vu pendant la séance.

RÉPONSE : La masse du sac vert est **350 g**.

Exercices 5 et 6

Les élèves doivent calculer les masses totales.

RÉPONSE : 5 800 g. 6 4 kg.

Différenciation : Exercices 4, 5 et 6 → CD-Rom du guide, **fiche n° 54.**

À SUIVRE

Cette activité constitue une approche des unités de masse. Des exercices d'application sont proposés en **séance 8**. Le travail sur les unités conventionnelles et les conversions est un **objectif du CE2 et du début du cycle 3**.

UNITÉ 10 Solides : reproduction de polyèdres

	Tâche	Matériel	Connaissances travaillées
CALCULS DICTÉS	**Somme de 2 nombres inférieurs à 100** – Ajouter 2 nombres inférieurs à 100.	par élève : – ardoise ou cahier de brouillon	**– Addition, soustraction : calcul réfléchi.**
RÉVISER Mesures	**Kilogramme et gramme** – Déterminer et comparer des masses d'après une pesée avec la balance à plateaux. – Donner un ordre de grandeur pour une masse.	par élève : CAHIER GÉOMÉTRIE p. 62 1 et 2	**– Mesure de masses.** **– Unités usuelles de masse : kilogramme et gramme** **– Ordre de grandeur**
APPRENDRE Géométrie	**Solides : reproduction de polyèdres** RECHERCHE **« Demander les faces »** – Assembler des polygones de façon à obtenir un polyèdre. – Déterminer les polygones nécessaires à la reproduction d'un polyèdre (forme des faces et nombre de faces de chaque forme).	pour la classe : – les polygones A à I en autant d'exemplaires que sur les fiches, photocopiés sur du papier fort et découpés › **fiches 82 à 87** par équipe de 4 élèves : – une enveloppe contenant les polygones A à D en autant d'exemplaires que sur les fiches, photocopiés sur du papier fort et découpés › **fiches 82 à 84** – un lot de solides composé de certains solides utilisés en unité 9 : – Cube (a) – Pyramide à base carrée (b) – Pavé droit (c) – Prisme droit à base triangulaire (d) – Pyramide à base triangulaire ou tétraèdre (e) – Hexaèdre (f) Et du : – Cube (h) à fabriquer à partir de la pochette de solides ou de la **fiche 90**. – Pavé droit (i) à fabriquer à partir de la pochette de solides ou de la **fiche 91**. par équipe de 2 élèves : – un catalogue des faces › **fiche 88** – deux bons de commande › **fiche 89** – rouleau d'adhésif et ciseaux CAHIER GÉOMÉTRIE p. 62 3	**Polyèdres :** **– Construction à partir de polygones** **– Caractérisation par la forme des faces et le nombre de faces de chaque type** **– Cube, pavé**

CALCULS DICTÉS

Somme de 2 nombres inférieurs à 100 • Réflexion
– Ajouter des nombres inférieurs à 100 (cas sans retenue).

COLLECTIF

• Dicter les calculs sous la forme « vingt-cinq plus treize ». Les réponses sont données sur l'ardoise ou le cahier de brouillon.

• Procéder à une correction immédiate après chaque calcul en faisant exprimer les procédures utilisées.

a. 25 + 13	b. 34 + 14	c. 45 + 13
d. 15 + 23	e. 22 + 36	f. 26 + 43

RÉPONSE : a. 38 b. 48 c. 58 d. 38 e. 58 f. 69.

Lors de l'exploitation, insister sur le fait que, dans les calculs proposés, on peut calculer séparément sur les dizaines et les unités (mais que ce serait plus compliqué s'il y avait des retenues).

RÉVISER

Kilogramme et gramme

– Mesurer des masses à l'aide d'une balance à plateaux
– Utiliser les unités usuelles : gramme et kilogramme et en connaitre un ordre de grandeur.

INDIVIDUEL

CAHIER MESURES ET GÉOMÉTRIE **p. 62**

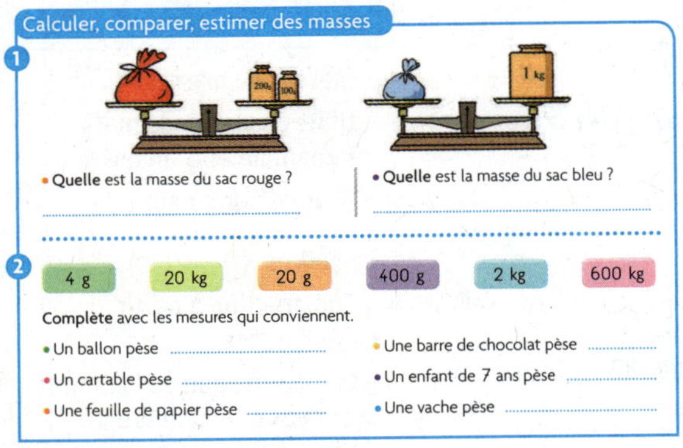

Exercice 1

Il faut que les élèves comprennent les dessins du cahier comme des mesures de masses à l'aide de la balance à plateaux. Ils ont à refaire ici ce qui a été expérimenté avec de vraies balances.

RÉPONSE : La masse du **sac rouge** est **300 g**.
La masse du **sac bleu** est **1 kg**.

Exercice 2

L'exercice porte sur la détermination d'ordres de grandeur pour des masses. Il faut prendre en compte l'unité choisie.
Cet ordre de grandeur peut être difficile à déterminer pour les élèves. Certaines masses peuvent être connues (comme le poids d'un enfant), d'autres reconnues comme plausibles et une autre enfin obtenue par déduction.

AIDE Pour les élèves en grande difficulté, ne pas hésiter à peser de tels objets sur la balance de ménage.

RÉPONSE : Un ballon pèse **400 g**.
Un cartable (plein) pèse **2 kg**.
Un feuille de papier pèse **4 g**.
Une barre de chocolat pèse **20 g**.
Un enfant de 7 ans pèse **20 kg**.
Une vache pèse **600 kg**.

APPRENDRE

Solides : Reproduction de polyèdres

– Comprendre qu'un polyèdre peut être obtenu en assemblant des polygones
– Caractériser un polyèdre par le nombre, la forme de ses faces et le nombre de faces de chaque forme.
– Cube et pavé.

RECHERCHE

« Demander les faces » : Les élèves disposent de polygones avec lesquels ils doivent, en assemblant certains d'entre eux, réaliser des polyèdres. Après quoi, ils ont un polyèdre qu'ils doivent reproduire. Pour cela, ils doivent commander les faces qu'ils choisissent dans un catalogue de polygones.

• Préparation et organisation matérielle
• Avant la séance, découper les polygones. Pour chaque groupe de 4 élèves, placer les polygones A à D des fiches 82, 83 et 84 dans une enveloppe.
Les polygones peuvent être découpés par les groupes après avoir discuté avec la classe comment le faire de façon « économique » : ne pas découper les figures l'une après l'autre, mais commencer en découpant selon les traits les plus longs.
• Grouper les élèves par **4** et constituer dans chaque groupe deux équipes de 2. Remettre à chaque groupe une enveloppe contenant les polygones et du ruban adhésif.

ÉQUIPES DE 2

PHASE 1 Construction d'un polyèdre

• Faire procéder à l'inventaire des enveloppes. Il y a des grands carrés qui portent tous la même lettre A, des carrés plus petits (B), des triangles (C) et des rectangles (D).

→ *Chaque équipe va essayer de construire un solide (une boite fermée) en assemblant des polygones. Vous assemblerez les polygones entre eux avec du ruban adhésif. Un groupe a suffisamment de polygones pour que chaque équipe puisse construire un solide.*

• Regrouper les productions et faire éliminer celles qui ne sont pas des solides, puis faire retrouver les solides identiques et ceux déjà rencontrés dans l'unité 9.

Les polygones fournis permettent de construire le cube (a) mais aussi un cube plus petit (solide h de la pochette), la pyramide à base carrée (b), le prisme droit à base triangulaire (d), la pyramide à base triangulaire (e), l'hexaèdre (f), un pavé droit dont deux faces sont des carrés et les 4 autres des rectangles identiques (solide i de la pochette) et d'autres solides beaucoup plus complexes.

Pour savoir si deux polyèdres sont identiques, on peut proposer aux élèves :
– d'essayer de les orienter de la même façon ;
– de voir s'ils sont constitués des mêmes formes agencées de manière identique.

De par le matériel mis à disposition des élèves qui n'est pas rigide et la difficulté à ce niveau de scolarité de bien assembler bord à bord deux polygones, on ne s'attachera pas à l'esthétique des productions. L'objectif est de faire comprendre qu'on peut fabriquer un objet en trois dimensions à partir de formes planes. Cette phase est un préalable à la phase suivante ; le but est de permettre aux élèves de pouvoir concevoir une réponse au problème qui leur sera posé.

ÉQUIPES DE 2

PHASE 2 **Première commande des faces pour reproduire un polyèdre**

• Ramasser les polygones restants et remettre, à chaque groupe de 4, le lot de solides.

• Distribuer à chaque équipe de 2 élèves un catalogue des faces ainsi qu'un bon de commande.

• Demander de ranger les instruments de géométrie dont l'utilisation n'est pas autorisée.

• Présenter l'activité :

→ *Je vais indiquer à chaque équipe un solide qu'elle va devoir reproduire, mais elle n'a pas les faces pour le faire. Elle a seulement, un catalogue de polygones dans lequel se trouvent les modèles des faces de son solide (montrer le catalogue). Elle a aussi un bon de commande. Vous commencerez par écrire dessus la lettre qui est écrite sur votre solide et quand vous serez d'accord sur les polygones nécessaires pour reproduire votre solide, vous noterez sur le bon de commande les lettres qui servent à les repérer et pour chaque sorte de polygones vous indiquerez la quantité dont vous avez besoin* (montrer le tableau et simuler une commande).

• Au sein de chaque groupe, attribuer le cube (a) à une équipe et le cube (h) à l'autre.

• Une fois les bons de commande remplis, recenser les différentes commandes passées pour le cube (a) et les recopier au tableau (types de faces commandées et nombres). Procéder de même pour le cube (h).

Recueillir et faire discuter les avis des élèves sur la pertinence des différentes commandes en vérifiant sur chacun des cubes. Discuter la façon de compter le nombre de faces sans en oublier ou en compter une deux fois.

• Si besoin, demander à deux équipes de construire chacun des cubes en lui donnant le nombre de carrés sur lequel l'accord s'est fait.

• Conclure :

Pour construire, un cube, il faut 6 carrés, tous pareils.

Un seul type de polygones est nécessaire pour construire chacun des polyèdres (6 carrés A pour le cube a et 6 carrés B pour le cube i). Même sans le double-décimètre les élèves peuvent visuellement identifier le type de polygones et sa taille. Seul le nombre de polygones peut être source d'erreurs.

ÉQUIPES DE 2

PHASE 3 **Nouvelle commande pour reproduire un autre polyèdre**

• Reprendre l'activité en attribuant à chaque équipe un solide un peu plus complexe, par exemple la pyramide (b), le pavé droit (i)

• Exploiter les bons de commandes comme en phase 2. Prendre appui sur les erreurs portant sur le choix des polygones pour demander comment faire pour savoir quels polygones sont nécessaires.

RÉPONSE : pyramide b (1 carré A + 4 triangles C)
pavé droit i (2 carrés B + 4 rectangles D).

Si les élèves peuvent encore visuellement identifier les types de polygones nécessaires (carré, rectangle, triangle), ils peuvent toutefois faire des erreurs sur la forme des triangles. L'utilisation des faces du solide comme gabarit pour déterminer les polygones nécessaires permet de lever ces erreurs.

• Conclure :

– Un solide n'ayant que des surfaces planes est défini par la forme de ses faces et le nombre de faces de chaque sorte.
– Pour choisir dans le catalogue les polygones nécessaires à la construction du solide, on peut utiliser les faces du solide comme gabarit ;
– pour savoir combien de polygones de chaque sorte sont nécessaires, il faut s'organiser pour ne pas en oublier ou compter une face deux fois.
– le solide (i) a 6 faces. Deux sont des carrés identiques et quatre sont des rectangles identiques. C'est un pavé.

• Faire décrire le solide (c).

Il a 6 faces qui sont toutes des rectangles. C'est un pavé.

• Conclure :

Un pavé a 6 faces qui sont toutes des rectangles ou des rectangles et des carrés.

ÉQUIPES DE 2

ENTRAINEMENT

CAHIER MESURES ET GÉOMÉTRIE p. 62

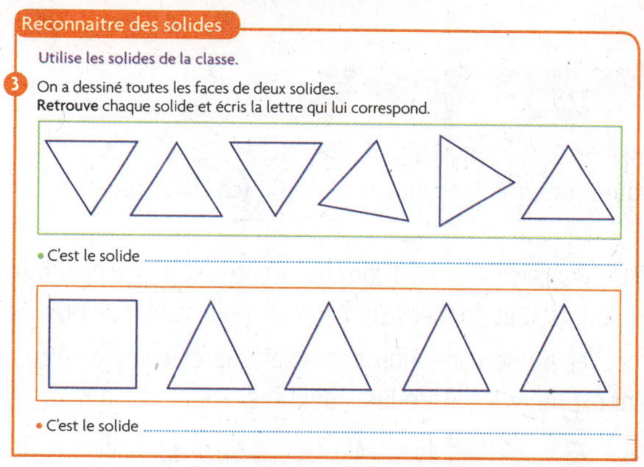
Reconnaitre des solides
Utilise les solides de la classe.
3 On a dessiné toutes les faces de deux solides.
Retrouve chaque solide et écris la lettre qui lui correspond.
• C'est le solide ....
• C'est le solide ....

• Les élèves restent disposés par groupe de 4 avec un lot de solides dans chaque groupe.

• Préciser que les polygones ne sont pas en vraie grandeur, que c'est la forme des faces qui est importante.

Exercice 3

C'est une application directe de ce qui a été vu pendant la séance.

RÉPONSE : • C'est le solide (f) • C'est le solide (b).

UNITÉ 10

	Tâche	Matériel	Connaissances travaillées
CALCULS DICTÉS	**Somme de 2 nombres inférieurs à 100** – Ajouter 2 nombres inférieurs à 100.	par élève : – ardoise ou cahier de brouillon	**– Addition, soustraction : calcul réfléchi.**
RÉVISER Géométrie	**Tracés avec le compas** – Tracer des cercles sans contraintes, puis avec contraintes	par élève : – deux à trois feuilles de papier blanc – un compas	**– Cercle et centre.**
APPRENDRE Géométrie	**Coder des déplacements sur un écran** RECHERCHE **« Tracés à l'écran »** – Découvrir un code qui permet de donner des instructions pour effectuer des tracés à l'écran. – Donner des instructions pour tracer pas à pas à l'écran un carré, un rectangle, un polygone ne comportant que des angles droits.	pour le professeur : – présentation de GeoTortue › CD-Rom du guide pour la classe : – un ordinateur sur lequel est installé le logiciel GeoTortue et le fichier « GeoTortueCE1_U10_59 » **› CD-Rom du guide** – un TNI ou un vidéoprojecteur par équipe de 2 élèves : – un ordinateur sur lequel est installé le logiciel GeoTortue et le fichier « GeoTortueCE1_U10_59 » par élève : – la liste des commandes GeoTortue **› fiche 92** – les activités de tracé **› fiche 93** – une feuille de brouillon	**– Utilisation d'un code pour réaliser et anticiper des déplacements à l'écran** – carré, rectangle – angle droit

CALCULS DICTÉS

Somme de 2 nombres inférieurs à 100 • Réflexion

– Ajouter des nombres inférieurs à 100 (cas sans retenue).

COLLECTIF

• Dicter les calculs sous la forme « trente-six plus vingt-trois ». Les réponses sont données sur l'ardoise ou le cahier de brouillon.

• Procéder à une correction immédiate après chaque calcul en faisant exprimer les procédures utilisées.

a. 36 + 23	b. 45 + 24	c. 56 + 33
d. 24 + 44	e. 32 + 65	f. 45 + 54

RÉPONSE : a. 59 b. 69 c. 89 d. 68 e. 97 f. 99.

Lors de l'exploitation, insister sur le fait que, dans les calculs proposés, on peut calculer séparément sur les dizaines et les unités (mais que ce serait plus compliqué s'il y avait des retenues).

RÉVISER

Tracés avec le compas

– Apprendre à se servir d'un compas pour tracer un cercle.
– Savoir ce qu'est le centre d'un cercle.

INDIVIDUEL

• **Choisir de préférence des compas :**

– munis d'une vis pour resserrer les branches afin de pouvoir conserver un écartement constant ;

– où la pointe sèche n'est pas trop protégée, pour pouvoir la piquer avec précision sur un point donné ;

– assurant un bon maintien de la mine ou du crayon.

Certains élèves ont besoin d'utiliser longuement le compas avant d'acquérir une relative aisance. Pour permettre cet apprentissage, des exercices sont proposés dans 90 activités et jeux mathématiques pour le CE1.

• Tracer un cercle au tableau en dehors de la présence des élèves, sans marquer son centre. Puis demander :

→ *Comment se nomme cette figure ?*

Les élèves répondent majoritairement « un rond », quelques-uns « un cercle ». Préciser qu'en mathématiques « cette figure est appelée un cercle ».

• Poursuivre en demandant :

→ *Quels outils peut-on utiliser pour tracer un cercle ?*

Les réponses peuvent être variées : « une boite ronde », « un compas », éventuellement « une ficelle avec un crayon »…
Se limiter au compas et aux seuls autres outils que citeront les élèves.

• Distribuer les compas aux élèves (ou leur demander de prendre le leur) et préciser :

→ *Vous allez vous entrainer à tracer des cercles avec un compas.*

Exercice 1

- Donner la consigne :

→ *Tracez plusieurs cercles sur votre feuille, comme vous le voulez.*

Cet exercice a pour seul objectif de permettre aux élèves d'acquérir une certaine dextérité dans l'usage du compas.

- Faire une mise au point en réponse aux difficultés rencontrées dans l'utilisation du compas :

1. Le compas se tient par son axe et non par les branches.
2. Les doigts ne sont pas crispés sur l'axe du compas qui doit pouvoir tourner entre les doigts.
3. La feuille est maintenue à l'aide d'une main posée à plat, pendant que l'autre main pilote le compas.

Exercice 2

- Donner la contrainte :

→ *Vous allez maintenant tracer plusieurs cercles mais sans changer l'écartement des branches du compas.*

- Cette contrainte oblige les élèves à manipuler le compas avec délicatesse, en le tenant de préférence par l'axe.

Exercice 3

- Donner la nouvelle contrainte :

→ *Vous allez maintenant tracer plusieurs cercles mais sans changer de place la pointe sèche de votre compas (c'est la pointe que vous piquez sur votre feuille).*

- Les élèves prennent conscience qu'ils doivent modifier l'écartement des branches du compas. Pour cela, nombreux sont ceux qui soulèvent le compas et qui retrouvent ensuite difficilement l'emplacement où ils avaient piqué la pointe sèche.
- En réponse à cette difficulté, préciser qu'avant de piquer la pointe sèche, on marque son emplacement par un petit point et que **ce point est appelé le centre du cercle**.

Exercice 4

- Demander de tracer deux cercles qui n'ont pas le même centre. Un des cercles doit être à l'intérieur de l'autre.
- Demander de tracer un troisième cercle. Son centre est en dehors des deux premiers cercles. Il doit couper le plus grand des deux cercles, mais pas le plus petit.

APPRENDRE

Coder des déplacements sur un écran

– Découvrir un logiciel qui permet de piloter des déplacements sur un écran.
– S'approprier les commandes de base pour réaliser des déplacements.
– Coder et anticiper des déplacements à l'écran pour tracer une figure pas à pas.

RECHERCHE

« Tracés à l'écran » : Dans un premier temps, les élèves découvrent un logiciel qui permet de piloter les déplacements d'une tortue à l'écran en utilisant un code et s'exercent à l'utilisation de ce code. Dans un second temps, ils vont coder les instructions pour tracer pas à pas un carré, un rectangle dont les dimensions sont données et enfin un polygone plus complexe à partir de la donnée d'un dessin du polygone et de ses dimensions.

• Choix du logiciel

Notre choix du logiciel s'est porté sur GeoTortue[1] car ce logiciel libre conçu pour enseigner les mathématiques et l'algorithmique est simple à prendre en main par de jeunes enfants, il est aussi facilement paramétrable par les enseignants qui souhaiteraient aller plus loin avec leurs élèves.

Le logiciel peut être téléchargé sur le site GeoTortue à l'adresse http://geotortue.free.fr/

• Présentation de GeoTortue

Le document de présentation du logiciel, de ses principales commandes et de l'espace de travail placé sur le CD-Rom a été réalisé à partir de l'aide consultable en ligne sur le site GeoTortue.

L'IREM de Paris-Nord propose sur son site http://www-irem.univ-paris13.fr des activités pour l'école, pour aller plus loin que celles proposées dans cette séance.

D'autres logiciels comme Scratch peuvent être utilisés, à charge de l'enseignant de procéder aux adaptations nécessaires.

1. Le logiciel GeoTortue inspiré du langage LOGO a été développé par une équipe de l'IREM de Paris-Nord.

• Organisation de l'apprentissage

Cet apprentissage peut être découpé en **deux séances** :

– **la prise en main du logiciel** avec la question 1 de la fiche 93 qui permet de s'initier aux commandes du logiciel ;
– **la recherche** proprement dite (**questions 2 à 5**) où les élèves doivent tracer des figures.

PHASE 1 Préparation avant la séance

- Prendre connaissance de la présentation de GeoTortue (document dans le CD-Rom du guide) quelques jours avant la séance.
- Télécharger et installer le logiciel sur les différents postes (un poste par équipe de 2 élèves).
- Installer sur chaque poste le fichier « GeoTortue_CE1_U9 S10 » du CD-Rom et tester l'ouverture de ce fichier.

Dans la rédaction de l'activité, on distingue les **commandes** du logiciel : av, re, td, tg, ct, mt, lc, bc, vg des **instructions** qu'elles permettent d'écrire. En CE1, une instruction peut :
– se résumer à une commande : **ct** (cache la tortue) ; **vg** (vide l'espace graphique) ;
– consister en une commande suivie d'un nombre : **av 100** (la tortue avance de 100 pixels).

COLLECTIF ET ÉQUIPES DE 2

PHASE 2 Présentation et prise en main de GeoTortue

- Projeter l'espace de travail qu'on voit à l'ouverture du fichier et recueillir les commentaires.
- Demander dans quelle direction pointe la tortue dans la zone au centre de l'écran qui est appelée « Espace graphique ».
- Indiquer :

→ *Aujourd'hui, vous allez faire de la géométrie mais vous n'allez pas utiliser vos instruments de géométrie. Vous allez piloter une tortue* (la montrer), *qui en se déplaçant dans cette zone appelée espace graphique* (la montrer) *va tracer ce que vous lui demanderez et seulement ce que vous lui demanderez. Comment faire ?*
Dans le panneau placé sur la droite de l'écran, vous avez des instructions prédéfinies.

• Approcher par exemple la souris de l'instruction av 100. Une bulle d'aide apparait, la commenter. Cliquer dessus et demander ce qui a changé dans les différentes zones : dans l'espace graphique, la tortue a avancé de 100 pas ou unités, en dessous on voit une fenêtre nommée « fenêtre de commandes » où l'instruction sélectionnée et exécutée par la tortue est maintenant affichée.

• Procéder de même avec l'instruction **vg** située dans la partie inférieure du panneau de gauche.

Question 1

• Remettre aux élèves la fiche recherche 93 et demander d'effectuer en équipe ce qui leur est demandé dans la **question 1a**.

• En fonction des difficultés rencontrées, effectuer des mises au point intermédiaires sur la fonction des différentes commandes ou le faire après que les élèves ont traité la question. Remarquer que la suite d'instructions av 60 ; tg 90 ; av 80 se traduit dans l'espace graphique par le tracé d'un angle droit. Retenir que :

tg 90 et td 90 sont utilisées pour tracer des angles droits.

• En synthèse, récapituler ce que permet chaque commande et distribuer la fiche « Commandes de GeoTortue » (Fiche 92).

• Toujours par équipes de 2, les élèves traitent ensuite la **question 1b** pour se familiariser avec les commandes.

ÉQUIPE DE 2 ET COLLECTIF

PHASE 3 Tracé d'une frise

Question 2

• Avant que les élèves traitent la question 2, leur demander de vider l'espace graphique.

• Procéder à une mise en commun après le tracé du 4e segment. Certains élèves ont sélectionné « td 90 » et ont eu la surprise de voir la tortue tourner vers la gauche de l'écran (*voir commentaires*).

• Chercher une explication à ce comportement de la tortue.

• Conclure que :

– le segment qu'on veut tracer est à droite de la partie de la figure déjà tracée, mais il est à la gauche de la tortue qui a la tête en bas ;
– la commande **tg** indique à la tortue de tourner vers sa gauche ;
– la commande **td** indique à la tortue de tourner vers sa droite ;

Si les premières instructions (av 80 ; td 90 ; av 100 ; td 90 ; av 80) pour le tracer les trois premiers segments ne devraient pas poser problème, il n'en est pas de même de la suivante tg 90.

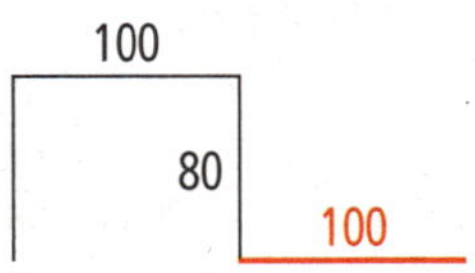

En effet sur le modèle, le segment rouge se situe à droite de la partie de la ligne brisée déjà tracée, mais à la gauche de la tortue qui a la tête en bas.

ÉQUIPES DE 2 ET COLLECTIF

PHASE 4 Tracé d'un carré

Question 3

• Demander de vider l'espace graphique et de donner la première instruction à la tortue.
Les élèves constateront que cette instruction ne figure pas parmi celles qui sont prédéfinies.

• Leur monter comment faire : sur la première ligne vide de la fenêtre de commandes, écrire td 60 en prenant soin de laisser un espace entre la commande et le nombre, puis sur la touche **Entrée** du clavier. Faire remarquer que les commandes doivent être saisies en minuscules.
Recueillir les commentaires des élèves sur la nouvelle position de la tortue avant qu'ils ne fassent le tracé demandé.

• Venir en aide aux élèves qui rencontrent des difficultés dans la détermination des instructions à utiliser, leur demander ce qu'ils savent d'un carré, comment ils feraient avec leurs instruments de dessin sur une feuille et comment ils peuvent transposer cette suite de tracés en instructions à donner à la tortue.

• Procéder si nécessaire à une mise en commun, demander l'effet de la commande **ct** : cette commande masque la tortue, ce qui permet de vérifier que le carré « se ferme bien ».

• Conclure que :

Pour donner des instructions à la tortue pour qu'elle trace un carré, il faut connaitre les propriétés d'un carré : 4 côtés de même longueur et 4 angles droits.

RÉPONSE : av 150 ; td 90 ; av 150 ; td 90 ; av 150 ; td 90 ; av 150 ; td 90
ou av 150 ; tg 90 ; av 150 ; tg 90 ; av 150 ; tg 90 ; av 150 ; tg 90.

ÉQUIPE DE 2 ET COLLECTIF

PHASE 5 Tracé d'un rectangle

Question 4

• Cette question est voisine de la précédente.

• Le déroulement est identique à celui de la phase 4.

• Conclure que :

Pour donner des instructions à la tortue pour qu'elle trace un rectangle, il faut connaitre les propriétés d'un rectangle : les côtés opposés (ceux qui se font face) ont la même longueur et 4 angles droits.

RÉPONSE : av 200 ; td 90 ; av 80 ; td 90 ; av 200 ; td 90 ; av 80
ou av 200 ; tg 90 ; av 80 ; tg 90 ; av 200 ; tg 90 ; av 80
ou av 80 ; tg 90 ; av 200 ; tg 90 ; av 80 ; tg 90 ; av 200
ou av 80 ; td 90 ; av 200 ; tg 90 ; av 80 ; tg 90 ; av 200.

ÉQUIPE DE 2

PHASE 6 Tracé d'une figure complexe

Question 5

• Cette question peut ne pas être traitée ou être proposée à un autre moment.

• Elle consiste en un réinvestissement des connaissances travaillées dans les étapes précédentes.

RÉPONSE : Il y a plusieurs possibilités dont par exemple :
av 80 ; tg 90 ; av 80 ; tg 90 ; av 80 ; tg 90 ; av 80 ; av 150 ; td 90 ; av 80 ; td 90 ; av 150 ; td 90 ; av 80
ou av 80 ; tg 90 ; av 80 ; tg 90 ; av 80 ; tg 90 ; av 230 ; td 90 ; av 80 ; td 90 ; av 150 ; td 90 ; av 80.

BILAN de l'UNITÉ 10

CONSOLIDATION

CALCUL MENTAL

Calcul mental (séances 1 à 9)

→ **Répertoire multiplicatif : tables de 2 à 5.**
→ **Compléments à 100 de multiples de 5 :** réflexion.
→ **Somme de 2 nombres inférieurs à 100 (sans retenue) :** réflexion.

Pas de préparation de bilan proposée dans le fichier.

Je fais le bilan › FICHIER NOMBRES p. 109

Exercice 1 **Calcul de produits, compléments et sommes.**

Calculs dictés :

a. 4 fois 7 b. 6 fois 3 c. 9 fois 3
d. Combien pour aller de 75 à 100 ?
e. Combien pour aller de 35 à 100 ?
f. 56 + 23 g. 45 + 34 h. 65 + 42

RÉPONSE : a. 28 b. 18 c. 27 d. 25 e. 65 f. 79 g. 79 h. 107.

Je consolide mes connaissances › FICHIER NOMBRES p. 110

Exercice 1
9 × 3 = **27** Combien de fois 2 dans **18** ? **9**
4 × 7 = **28** Combien de fois 3 dans **21** ? **7**
8 × 5 = **40** Combien de fois 5 dans **30** ? **6**

Exercice 2
85 à 100 ? **15** 35 à 100 ? **65**
25 à 100 ? **75** 45 à 100 ? **55**
55 à 100 ? **45** 75 à 100 ? **25**

Exercice 3
34 + 45 = **79** 54 – 21 = **33**
27 + 41 = **68** 56 – 34 = **22**
52 + 22 = **74** 78 – 25 = **53**

Autres ressources

› **CD-Rom Jeux interactifs GS-CP-CE1**
12. Je calcule à la vitesse de l'éclair (niveau 2)

› **Activités avec la calculatrice GS-CP-CE1**
9. Concours de calcul
10. Tables d'addition (CP ou CE1)

NOMBRES ET CALCULS

Tableaux et graphiques (séance 1)

Je prépare le bilan › FICHIER NOMBRES p. 108 A

A

	taille	longévité
Cigogne blanche		26 ans
Canard à front blanc	50 cm	19 ans
Cygne tuberculé	75 cm	20 ans
Flamant rose		13 ans
Goéland marin	75 cm	20 ans

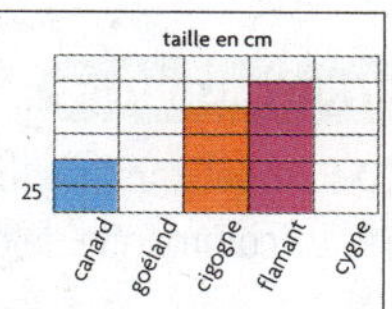

→ **Pour lire un tableau à double entrée,** il faut savoir dans quelle ligne et dans quelle colonne se trouve l'information.
→ **Pour lire un graphique,** il faut savoir ce que représente la hauteur d'un carreau.

Je fais le bilan › FICHIER NOMBRES p. 109

Exercice 2 **Transcrire des informations d'un tableau à un graphique et inversement.**

	Audrey	Brice	Chloé	David
chats	2	**3**	**6**	5
chiens	2	3	0	1
hamsters	3	5	2	0

nombre de chats

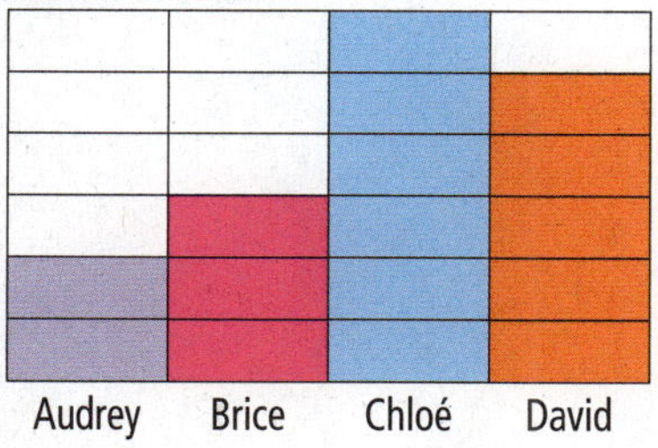

Pas d'exercice de consolidation proposé dans le fichier.

Atelier

› **Tableaux, graphiques et médias**
En utilisant des documents prélevés dans des journaux pour enfants ou dans les manuels d'autres disciplines, confronter les élèves à la prise d'informations dans des tableaux ou sur des graphiques.

BILAN de l'UNITÉ 10

CONSOLIDATION

NOMBRES ET CALCULS

Ligne graduée (séance 2)

Je prépare le bilan › FICHIER NOMBRES p. 108 B

→ **Pour placer un nombre sur une ligne graduée ou trouver le nombre associé à un repère,** il faut :
- identifier le pas de la graduation ;
- se servir des nombres déjà placés.

Je fais le bilan › FICHIER NOMBRES p. 109

Exercice 3 Trouver un nombre associé à un repère.
RÉPONSE : Nombres à placer sur la ligne graduée : 50 400 550.

Je consolide mes connaissances › FICHIER NOMBRES p. 110

Exercice 4 Nombres à placer sur la ligne graduée :
550 650 725 775 850 950.

Autres ressources

› 90 Activités et jeux mathématiques CE1
16. Ligne graduée
17. Le bon sac

NOMBRES ET CALCULS

Division : groupements par 2 et par 5 (séances 3 et 4)

Je prépare le bilan › FICHIER NOMBRES p. 108 C

→ **Ce problème revient à chercher combien il y a de fois 4 dans 24.**
Pour répondre, on peut :
- **faire un dessin** avec des paquets de 4 (mais c'est parfois long) ;
- **ajouter plusieurs fois le nombre 4** pour arriver à 24 (ça peut également être long) ;
- **utiliser la multiplication :** dans la table on trouve 4 × 6 = 24, il y a donc 6 fois 4 dans 24.

Je fais le bilan › FICHIER NOMBRES p. 109

Exercice 4 Utiliser une procédure personnelle pour résoudre un problème relatif à des groupements réguliers.
RÉPONSE : Alex va remplir **7** pages.

Je consolide mes connaissances › FICHIER NOMBRES p. 110

Exercice 5 Alex peut préparer **9** paquets de bonbons.

Exercice 6 Lisa peut préparer **12** paquets de sucettes.

CD-Rom du guide

› Fiche différenciation n° 52

Autres ressources

› CD-Rom Jeux interactifs GS-CP-CE1
19. La commande de gommettes

NOMBRES ET CALCULS

Calcul de distances en km (séance 6)

Je prépare le bilan › FICHIER NOMBRES p. 108 D

→ **Pour mesurer des grandes longueurs ou des distances entre deux lieux**, on utilise comme unité le **kilomètre**.

→ La distance en kilomètres entre deux villes peut être inscrite sur une carte sur la représentation de la route qui joint les deux villes ou sur un panneau indicateur. On peut avoir à calculer une distance (somme, différence) à partir de distances déjà données.

RÉPONSE : La distance de Capville à Fleurville est de 37 km, la distance de Capville à Crocville est de 52 km, donc la distance de Fleurville à Crocville est de 52 km - 37 km = 15 km.

Je fais le bilan › FICHIER NOMBRES p. 109

Exercice 5 Calculer une distance en km.
La distance de Bois-Joli à Port-Nouveau est **212 km**.

Je consolide mes connaissances › FICHIER NOMBRES p. 110

Exercice 7 Calcul de la première distance : **125 km.**
Calcul de la deuxième distance : **32 km.**

MESURES ET GÉOMÉTRIE

Longueurs : unités de mesure

Pas de bilan proposé dans le cahier.

Les élèves ont appris à différencier les **grandeurs** et sont capables pour certains objets d'estimer les mesures de certaines des grandeurs qui leur sont attachées, et donc de choisir l'unité en conséquence. Leur champ de connaissance dans ce domaine doit encore être élargi, c'est la raison pour laquelle nous proposons cette activité de consolidation.

Je consolide mes connaissances › CAHIER GÉOMÉTRIE p. 64

Exercice 1 La distance entre deux villes : **20 km.**
La longueur d'une cuillère : **20 cm.**
La hauteur d'un immeuble : **20 m.**

MESURES ET GÉOMÉTRIE

Comparaison et mesure de masses : kilogramme et gramme (séance 7)

Je prépare le bilan › CAHIER GÉOMÉTRIE p. 63 A

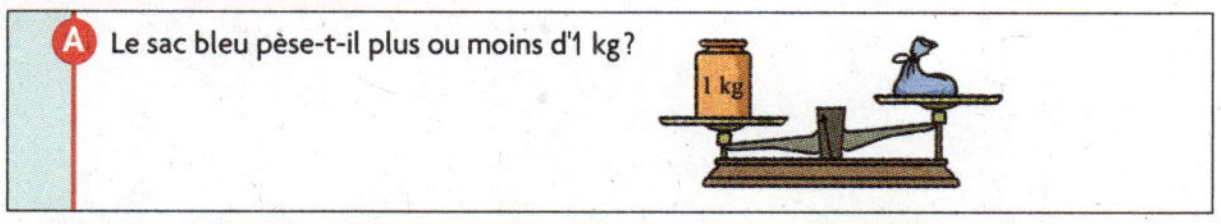

→ **Pour comparer des masses**, on peut soupeser les objets (l'objet le plus gros n'est pas forcément le plus lourd) ou utiliser une balance à deux plateaux.

→ **On peut mesurer les masses** à l'aide d'une balance à plateaux avec des masses marquées ou à l'aide d'une balance à graduations ou à affichage.

→ Les unités de masse sont le **gramme** et le **kilogramme**.
Le sac bleu est **moins lourd** que le poids de 1 kg.
La masse du sac bleu est **plus petite** que 1 kg.

Je fais le bilan › CAHIER GÉOMÉTRIE p. 63

Exercice 1 Comparer des masses à l'aide d'une balance à plateaux.
L'objet le plus lourd est le **sac B**.

Exercice 2 Mesurer des masses en grammes.
La masse du fichier est de **600 g**.

Je consolide mes connaissances › CAHIER GÉOMÉTRIE p. 64

Exercice 2 1re image : Le sac le moins lourd est le **sac bleu B**.
2e image : Le sac bleu B pèse **250 g**.
3e image : Le sac vert C pèse **200 g**.
Les sacs du moins lourd au plus lourd :
sac vert, sac bleu, sac jaune ou **C, B, A.**

CD-Rom du guide

› Fiche différenciation n° 54

Autres ressources

› 90 Activités et jeux mathématiques CE1
84. Mesurer des masses (atelier)
85. Peser des élèves

Solides (séance 8)

Je prépare le bilan › CAHIER GÉOMÉTRIE p. 63 B

→ **Un solide qui n'a que des faces planes** peut être construit à partir de polygones qu'on assemble.

→ **Pour reproduire ou construire un solide** qui n'a que des faces planes, il faut connaitre :
– les différentes formes de ses faces ;
– pour chaque forme, le nombre de faces.

Je fais le bilan › CAHIER GÉOMÉTRIE p. 63

Exercice 3 Retrouver et nommer un polyèdre à partir de la donnée de ses faces.
matériel : plusieurs lots de solides de la séance 8 sont placés à proximité des élèves.

C'est le solide **(i)**. Il s'appelle un **pavé**.

Je consolide mes connaissances › CAHIER GÉOMÉTRIE p. 64

*matériel : lot de solides utilisé en séance 8, catalogue des faces (**fiche 88**)*

Exercice 3
cube **(a)** : 6 carrés A
pyramide **(b)** : 1 carré A + 4 triangles C
pavé droit **(c)** : 2 rectangles E + 2 rectangles F + 2 rectangles G
prisme droit **(d)** : 2 triangles C + 3 carrés A
tétraèdre **(e)** : 4 triangles C
hexaèdre **(f)** : 6 triangles C
cube **(h)** : 6 carrés B
pavé droit **(i)** : 2 carrés B + 4 rectangles D.

Les élèves disposent du catalogue des faces, mais pas de leurs instruments de géométrie.
Attribuer un solide à chaque élève. Le pavé droit (c) sera réservé aux élèves les plus à l'aise.

Exercice 4 C'est le solide **(a)** ou **(h)**. Accepter l'une ou l'autre des réponses. Il s'appelle **un cube**.

Cet exercice permet de prendre conscience qu'un dessin, qui ne respecte pas les mesures, permet de déterminer le type de solide, mais pas toujours d'identifier précisément ce solide.

Exercice 5 C'est le solide (d).

Autres ressources

› 90 Activités et jeux mathématiques CE1
78. Jeu de messages sur les solides
79. Jeu de devinettes

Au jardin

**Certains problèmes de cette série offrent la possibilité d'utiliser les connaissances relatives à la multiplication (disposition rectangulaire d'objets).
D'autres sont des problèmes de recherche nécessitant de procéder par essais et ajustements.**

Problème 1

OBJECTIFS :
– Résoudre un problème relatif à une organisation rectangulaire d'objets.
– Utiliser l'addition itérée ou la multiplication.
TÂCHE : Dénombrer des objets organisés « en rectangle ».

RÉPONSE : 40 salades.

Problème 2

OBJECTIFS :
– Résoudre un problème à étapes (double multiplication).
– Utiliser l'addition itérée ou la multiplication.
TÂCHE : Chercher le nombre de fraises produites par des fraisiers organisés en lignes et colonnes régulières.

RÉPONSE : 180 fraises.

Problème 3

OBJECTIFS :
– Résoudre un problème de complément.
– Utiliser l'addition à trou ou la soustraction.
TÂCHE : Chercher la valeur d'un complément.

RÉPONSE : 25 framboises.

Problème 4

OBJECTIFS :
– Résoudre un problème de groupements (nombre de parts).
– Utiliser l'addition itérée ou la multiplication.
TÂCHE : Chercher combien de fois 15 il y a dans 120.

RÉPONSE : 8 rangées.

Problème 5

OBJECTIFS :
– Résoudre un problème de recherche.
– Utiliser l'addition et la soustraction.
TÂCHE : Équilibrer un partage en 3 pour qu'il devienne équitable.

RÉPONSE : 12 prunes chacun.

Problème 6

OBJECTIFS :
– Procéder par essais et ajustements.
– Utiliser l'addition et la notion de double.
TÂCHE : Chercher 2 nombres avec 2 contraintes.

RÉPONSE : 40 pommes et 20 poires.

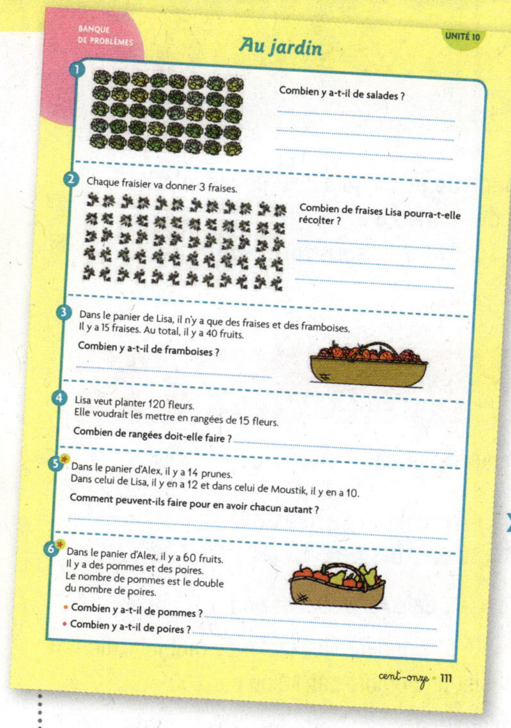
BANQUE DE PROBLÈMES

Au jardin

UNITÉ 10

1 Combien y a-t-il de salades ?

2 Chaque fraisier va donner 3 fraises.
Combien de fraises Lisa pourra-t-elle récolter ?

3 Dans le panier de Lisa, il n'y a que des fraises et des framboises.
Il y a 15 fraises. Au total, il y a 40 fruits.
Combien y a-t-il de framboises ?

4 Lisa veut planter 120 fleurs.
Elle voudrait les mettre en rangées de 15 fleurs.
Combien de rangées doit-elle faire ?

5 Dans le panier d'Alex, il y a 14 prunes.
Dans celui de Lisa, il y en a 12 et dans celui de Moustik, il y en a 10.
Comment peuvent-ils faire pour en avoir chacun autant ?

6 Dans le panier d'Alex, il y a 60 fruits.
Il y a des pommes et des poires.
Le nombre de pommes est le double du nombre de poires.
- **Combien y a-t-il de pommes ?**
- **Combien y a-t-il de poires ?**

cent-onze · 111

› FICHIER NOMBRES ET CALCULS p. 111

Mise en œuvre

La recherche se fait d'abord au brouillon, individuellement (ou éventuellement par petites équipes.)

Aides possibles

Pour les élèves faibles en lecture, les énoncés peuvent être verbalisés par l'enseignant.

Problème 5 : Demander de vérifier les contraintes : chacun a-t-il le même nombre de prunes ? Le total des prunes est-il inchangé ?

Problème 6 : Proposer deux nombres à tester.

Exploitation

Mise en commun de différentes productions pour discuter la validité des procédures utilisées, pour identifier les erreurs et pour mettre en relation des procédures de résolution différentes.

Erreurs intéressantes à exploiter

Problèmes 1 et 2 : Erreur dans le dénombrement des lignes ou des colonnes.

Problème 6 : Non-respect d'une des deux contraintes.

Procédures à observer particulièrement

Problème 2 : Mettre en évidence deux démarches :
– ajouter autant de 3 qu'il y a de fraisiers ;
– dénombrer d'abord les fraisiers, soit 60 fraisiers.

Problème 4 : Observer les démarches utilisées :
– recours à un schéma (long) ;
– ajouts successifs de 15, avec éventuellement appui sur 30 ou sur 60 pour conclure plus rapidement (il faut 4 rangées pour avoir 60 fleurs, il en faut donc 8 pour avoir 100 fleurs) ;
– essais de produits par 15 (en particulier avec la calculatrice).

Problème 5 : Les élèves peuvent procéder par essais, en vérifiant les deux contraintes (cf. aide ci-dessus) ou chercher le nombre total de prunes (36) et effectuer un partage en 3 parts égales.

Problème 6 : Les élèves peuvent procéder par essais, en utilisant le calcul mental.

Évaluations de fin de période 3 (unités 8 à 10)

Cette évaluation concerne les acquis des élèves relatifs aux apprentissages des unités 8 à 10.
Les supports élèves sont fournis sous forme de fiches photocopiables.

EXERCICES DICTÉS ORALEMENT PAR L'ENSEIGNANT

Chaque nombre ou chaque calcul est dicté deux fois.

Exercice 1 Multiplication : tables et multiplication par 10 et par 100

Attendus de fin de cycle : Calculer avec des nombres entiers.

Compétences spécifiques : Connaitre les tables de multiplication jusqu'à 5. Savoir multiplier un nombre par 10 ou par 100.

Commentaire : La plupart des résultats des tables autres que celles de 2 et de 5 ne seront mémorisés qu'au CE2. Il s'agit donc d'observer les stratégies utilisées par les élèves et leur capacité à les mener à bien… et, aussi, à identifier ce qu'ils ont déjà mémorisé.

Calculs dictés :

a. 4 fois 2 b. 2 fois 5 c. 7 fois 2 d. 4 fois 7
e. 9 fois 5 f. 6 fois 3 g. 3 fois 8 h. 6 × 10
i. 10 × 12 j. 5 × 100.

Exercice 2 Compléments à une dizaine supérieure. Soustraire un petit ou un grand nombre (calcul réfléchi)

Attendus de fin de cycle : Calculer avec des nombres entiers.

Compétences spécifiques : Calculer des compléments à une dizaine supérieure. Soustraire un petit ou un grand nombre.

Commentaire : En cas de difficultés, il convient de privilégier les compétences relatives au complément à une dizaine supérieure pour les nombres inférieurs à 100 et aux calculs comme 82 – 80.

Calculs dictés :

Combien pour aller :
a. de 27 à 30 ? b. de 82 à 90 ? c. de 257 à 260 ? d. de 45 à 60 ?
e. de 23 à 50 ? f. 82 – 80 g. 82 – 78 h. 82 – 6
i. 100 – 97 j. 100 – 6.

Exercice 3 Addition, soustraction (calcul réfléchi)

Attendus de fin de cycle : Calculer avec des nombres entiers.

Compétences spécifiques : Calculer des compléments d'un multiple de 5 à 100. Calculer des doubles et moitiés de multiples de 5.

Commentaire : Ces calculs sont utiles pour élaborer des procédures de calcul mental.

Calculs dictés :

Combien pour aller :
a. de 20 à 100 ? b. de 85 à 100 ? c. de 35 à 100 ?
d. double de 25 e. double de 45 f. moitié de 30.

EXERCICES À ÉNONCÉS ÉCRITS

Pour certains élèves, les consignes peuvent être lues par l'enseignant.

Exercice 4 Soustraction en ligne ou posée

Attendus de fin de cycle : Calculer avec des nombres entiers.

Compétence spécifique : Calculer des différences en ligne ou par addition posée en colonnes.

Commentaire : Le calcul de soustractions posées n'est souvent pas bien acquis à la fin du CE1. C'est pourquoi on se limite ici à des nombres inférieurs à 100. Pour certains élèves, l'utilisation d'un matériel support peut être autorisée.

Exercice 5 Multiplication par 10 et 100, produits du type 400 × 2…

Attendus de fin de cycle : Calculer avec des nombres entiers.

Compétence spécifique : Connaitre et utiliser la multiplication par 10, 100, 20…

Commentaire : Pour les produits par 10 ou 100, la « règle des 0 » et sa justification peuvent être bien assurées en fin de CE1.

Exercice 6 Multiplication par un nombre inférieur à 10 (calcul réfléchi)

Attendus de fin de cycle : Calculer avec des nombres entiers.

Compétence spécifique : Utiliser un calcul réfléchi pour des produits du type 17 × 5.

Commentaire : Pour la multiplication, le calcul posé sera enseigné au CE2.

Exercices 7 et 8 Problèmes relevant de l'addition, de la soustraction et de la multiplication

Attendus de fin de cycle : Résoudre des problèmes en utilisant des nombres entiers et le calcul.

Compétences spécifiques : Trouver une valeur avant qu'elle n'ait subi une augmentation. Trouver la valeur d'un complément. Résoudre un problème à étapes.

Commentaire :

Problème 7 : Ce type de problèmes sera repris au CE2. Les procédures correctes utilisées au CE1 peuvent être très diverses.

Problème 8 : Ce problème nécessite de faire des déductions (par étapes) et de calculer des compléments.

Exercices 9 et 10 Problèmes de groupements et de partage

Attendus de fin de cycle : Résoudre des problèmes en utilisant des nombres entiers et le calcul.

Compétences spécifiques : Résoudre des problèmes de groupements par 2 et par 5 (trouver le nombre de parts). Résoudre des problèmes de partage en 2 et en 5 (trouver la valeur de chaque part).

Commentaire : La taille des nombres permet aux élèves d'utiliser une grande diversité de procédures, depuis la schématisation des images et des groupements jusqu'à l'utilisation de résultats connus (tables de multiplication notamment).

Exercice 11 Problème (données dans un tableau)

Attendus de fin de cycle : Résoudre des problèmes en utilisant des nombres entiers et le calcul (organisation et gestion de données).

Compétence spécifique : Exploiter des informations données dans un tableau.

Commentaire : Les compétences relatives à l'exploitation de données dans un tableau ou sur un graphique font l'objet d'une première approche au CE1. Elles seront consolidées et étendues dans les 3 années suivantes de l'école primaire. Des erreurs peuvent provenir soit d'une lecture « décalée » d'une ligne ou d'une colonne (problème de repérage dans un tableau à double entrée), soit d'une incompréhension de la mise en relation des données (saisons, indicateurs climatiques, nombres).

Exercice 12 Horaires et durées

Attendus de fin de cycle : Se repérer dans le temps et mesurer des durées. Lire l'heure. Unités de mesure usuelles de durées : heure, minute.

Compétence spécifique : Lire des horaires en heures et minutes sur une horloge à aiguilles. Déterminer une durée en minutes connaissant deux horaires.

Commentaire : Dans les deux premières questions, on peut évaluer la capacité des élèves à lire l'heure. Les réponses peuvent être données en heures et demie ou heures et minutes. La lecture en heures et minutes est facilitée par les numérotations des minutes sur l'horloge pédagogique. Accepter toute expression correcte.
La troisième question est l'évaluation d'une durée : la réponse est une demi-heure ou 30 minutes. Permettre aux élèves en difficulté de faire les manipulations nécessaires sur leur horloge en carton.

Exercice 13 Lecture de l'heure

Attendus de fin de cycle : Se repérer dans le temps et mesurer des durées. Lire l'heure.

Compétence spécifique : Lire l'heure en heures et minutes. Compléter la position des aiguilles sur une horloge connaissant les horaires.

Commentaire : Le premier item évalue la capacité à lire l'heure sur une horloge pédagogique en heures et minutes. Le fait de dessiner les aiguilles dans la bonne position peut s'avérer difficile pour certains. Demander aux élèves de placer les aiguilles sur leur horloge pédagogique en carton. Pour 3 heures et demie, considérer comme correct le placement de la petite aiguille sur 3.

Exercice 14 Unités de mesure

Attendus de fin de cycle : Identifier quand il s'agit d'une longueur, d'une masse, d'une contenance ou d'une durée. Estimer les ordres de grandeurs de quelques longueurs, masses et contenances en relation avec les unités métriques.

Compétences spécifiques : Compléter des expressions de mesures de longueur et de masse avec les unités adéquates. Connaitre un ordre de grandeur pour les unités de mesure.

Commentaire : Cet exercice permet d'évaluer si les élèves associent les noms d'unités à certaines grandeurs (longueur, masse, durée), puis de voir s'ils choisissent convenablement les unités suivant leur ordre de grandeur : Moustik pèse 5 kg (et non 5 g).

Exercice 15 Unités de durée

Attendus de fin de cycle : Exprimer une mesure dans une ou plusieurs unités imposées. Unités de mesure usuelles de durées : jour, semaine, heure, minutes. Relations entre ces unités.

Compétences spécifiques : Compléter des équivalences connues entre unités de durée.

Commentaire : Cet exercice permet d'évaluer la connaissance des équivalences citées dans le programme.

Exercice 16 Unités de longueur

Attendus de fin de cycle : Résoudre des problèmes impliquant des conversions simples d'une unité usuelle à une autre. Relations entre les unités usuelles.

Compétence spécifique : Comparer des longueurs étant données leurs mesures. Utiliser l'équivalence 1 m = 100 cm.

Commentaire : Certains élèves comparent directement les nombres sans comprendre qu'ils expriment des mesures qui ne sont pas dans la même unité.
Il peut s'avérer nécessaire pour ces élèves de repérer les mesures données (1 m et 95 cm) sur la règle de tableau.
Pour ceux qui ont du mal à mémoriser des équivalences usuelles comme 1 m = 100 cm, la référence aux instruments de mesure (double décimètre, règle de tableau) aide à se construire une représentation de l'ordre de grandeur d'une unité et de sa conversion dans d'autres unités.

Exercice 17 Unités de masse

Attendus de fin de cycle : Comparer des masses par mesurage. Mesurer des masses avec des instruments adaptés. Exprimer une mesure dans une ou plusieurs unités.

Compétence spécifique : Comparer, mesurer des masses à l'aide d'une balance à plateaux. Exprimer une mesure, utiliser les unités usuelles : g et kg.

Commentaire : Pour les élèves en difficulté sur ces exercices, s'assurer qu'ils comprennent que les images représentent une balance à plateaux et leur demander d'évoquer cet instrument. Leur demander d'être attentif à la position des plateaux.
Ces exercices permettent d'évaluer si les élèves ont compris le fonctionnement d'une telle balance comme instrument de comparaison de masses et de mesure.

Exercice 18 Carré, rectangle

Attendus de fin de cycle : Construire quelques figures géométriques. Propriété des angles et égalités de longueur des côtés pour les rectangles. Lien entre propriétés géométriques et instruments de tracé.

Compétences spécifiques : Terminer la construction d'un rectangle sur papier uni. Utiliser un gabarit pour tracer un angle droit. Utiliser une règle graduée pour tracer un segment de longueur donnée.

Commentaire : Cet exercice nécessite d'utiliser les propriétés du rectangle (angles droits et côtés opposés de même longueur) et de mettre en œuvre les techniques de tracé d'un angle droit et d'un segment connaissant sa longueur. On pourra observer les élèves pour distinguer ceux qui font des tracés au jugé de ceux qui utilisent les instruments même maladroitement.

Exercice 19 Reproduction d'une figure

Attendus de fin de cycle : Reproduire des figures ou des assemblages de figures planes sur papier uni. Utiliser la règle comme instruments de tracé.

Compétence spécifique : Analyser une figure et l'amorce de sa reproduction pour la terminer. Utiliser la règle graduée pour prolonger un trait, mesurer et reporter une longueur.

Commentaire : L'ordre des tracés est contraint par les données :
1- Prolonger une longueur du rectangle.
2- Tracer la seconde largeur.
3- Placer le milieu de cette largeur.
4- Tracer les deux segments joignant chacun les milieux de deux côtés consécutifs du rectangle.

Les difficultés peuvent tout aussi bien se situer au niveau de l'analyse de la figure, dans l'utilisation de ses propriétés pour engager la construction ou encore dans l'utilisation de la règle pour prolonger un trait, tracer un segment dont on connait les extrémités, mesurer un segment, reporter une longueur.

Exercice 20 Axe de symétrie d'une figure

Attendus de fin de cycle : Reconnaitre et utiliser la notion de symétrie. Reconnaitre si une figure présente un axe de symétrie (à trouver).

Compétence spécifique : Déterminer l'axe ou les axes de symétrie d'une figure.

Commentaire : La première figure est sur papier blanc, elle possède un axe de symétrie qui est une de ses diagonales.
La deuxième figure est un carré dessiné sur papier quadrillé ; elle possède 4 axes de symétrie ; le support quadrillé aide à repérer et tracer ces axes. Du fait de l'orientation de la figure, les axes de symétrie qui sont les diagonales du carré sont plus facilement repérables. Pour les élèves en difficulté, autoriser à plier la feuille pour repérer ou valider les axes de symétrie.

Exercice 21 Pavé droit

Attendus de fin de cycle : Reconnaitre, décrire, nommer quelques solides. Nommer des solides (cube, pavé droit). Décrire des polyèdres (face).

Compétence spécifique : Nommer et décrire un polyèdre : nombre et nature de ses faces.

Commentaire : Cet exercice ne devrait pas poser de difficulté majeure car le pavé droit est maintenant familier aux élèves. Toutefois, certains peuvent travailler seulement à partir de la photographie sans se référer au solide présent dans la classe, ce qui peut occasionner des erreurs sur la détermination du nombre et de la forme des faces.

Matériel : Disposer en plusieurs endroits de la classe plusieurs lots de solides (a) à (f) ; (i) et (k). Les élèves peuvent les voir, mais ne sont pas autorisés à se déplacer.
Toutefois, il est possible de regrouper les élèves en difficulté autour d'un lot de solides pour qu'ils puissent les manipuler.

Exercice 22 Cube

Attendus de fin de cycle : Reproduire quelques solides. Fabriquer un cube : les faces d'un cube sont des carrés.

Compétence spécifique : Savoir et utiliser que les faces d'un cube sont des carrés identiques.

Commentaire : Des élèves peuvent s'arrêter à la forme des faces d'un cube sans prendre en compte qu'elles doivent être toutes identiques, et conclure par l'affirmative.

Matériel : Disposer en plusieurs endroits de la classe des cubes (a) ou tout autre cube.

Corrigés Évaluation de fin de période 3

Fiches photocopiables

Exercice 1
a. 8 b. 10 c. 14 d. 28 e. 45
f. 18 g. 24 h. 60 i. 120 j. 500.

Exercice 2
a. 3 b. 8 c. 3 d. 15 e. 27
f. 2 g. 4 h. 76 j. 3 h. 94.

Exercice 3
a. 80 b. 15 c. 65 d. 50 e. 90 f. 15.

Exercice 4
47 – 23 = **24** 82 – 28 = **54** 80 – 47 = **33**.

Exercice 5
10 × 23 = **230** 5 × 100 = **500**
400 × 2 = **800** 80 × 6 = **480**.

Exercice 6
17 × 5 = **85**.

Exercice 7
Il y avait avant 30 livres.

Exercice 8
Lisa : 27 kg **Axel : 34** kg **Moustik : 5** kg.

Exercice 9
Axel : 10 feuilles **Lisa : 4** feuilles.

Exercice 10
Chaque enfant a reçu **6** bonbons.

Exercice 11
Combien y a-t-il eu d'heures de soleil à Lyon pendant l'été 2015 ?
767 h
– A quelle saison la hauteur de pluie a-t-elle été la plus importante ?
Au printemps
– Que représente l'information 18° dece tableau ?
La température maximale en automne

Exercice 12
Moustik part en promenade à **9 heures 30 minutes (ou 9 heures et demie)**. Il rentre à **10 heures**.
Sa promenade a duré **30 minutes** ou une **demi-heure**.
Elle a duré moins d'1 heure (= 60 minutes).

Exercice 13
Il est **1 heure 20 minutes**.

Il est 11 heures.

Il est 3 heures et demie.

Exercice 14
Moustik pèse 5 **kilogrammes**.
Sa queue rousse mesure 30 **centimètres**.
Il fait des bonds de 1 **mètre** et grimpe dans le placard pour manger du chocolat.
Hier, il a croqué une tablette de 100 **grammes**.

Exercice 15
1 jour = **24** heures
1 heure = **60** minutes
1 semaine = **7** jours

Exercice 16
Le bâton de Lisa est le plus long, car 1 m = 100 cm.

Exercice 17
Faux : la balance n'est pas à l'équilibre. La masse du sac est plus petite que 1 kg.
Vrai : la balance est à l'équilibre. La masse de la boite s'obtient en faisant la somme des masses marquées placées sur l'autre plateau de la balance.

Exercice 18
Le rectangle à terminer a une largeur de **4 cm** etune longueur de 7 **cm**.
Prévoir un calque de la figure à reproduire.

Exercice 19
Prévoir un calque de la figure terminée.

Exercice 20

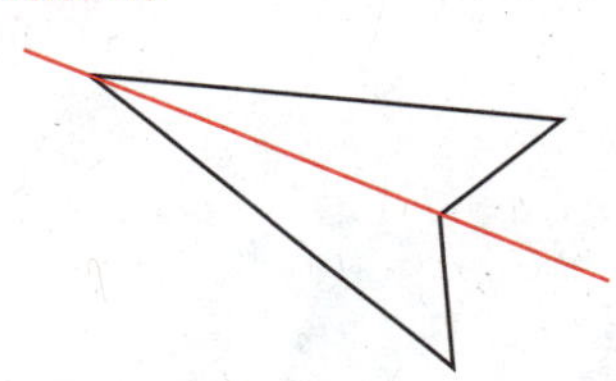

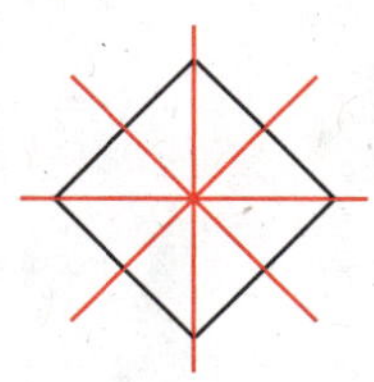

Exercice 21
a- Le solide est un **pavé**.
b- Les phrases justes sont :
- Le solide a 6 faces.
- Toutes ses faces sont des rectangles.

Exercice 22
NON, tous les carrés ne sont pas identiques.

Cap Math CE1 • Planche D : différents points de vue des cônes

A

B

C

D

E

F

G

Achevé d'imprimer en France par Loire Offset Titoulet - dépôt légal n°96439-8/01 - mai 2016